全7科目354分類

ビル管理技術者試験 問題集

設備と管理編集部 編

保健所 **報告,立入検査** 事務所衛生基準規則 **法律に基づく資格や身分 恒常性,フィードバック機構**
建築物衛生法の目的 **湿り空気線図と空調システム** 国又は地方公共団体の用に供する特定建築物の特
建築用語 管理区域・清掃作業の区域 建築材料 **一般廃棄物 家電リサイクル法** ビル管理関連法・・
労働安全衛生法 廃棄物処理 **ごみ 空気質** 排水処理施設 殺虫剤 特定建築物 **一般廃棄物**
地域保健法 **人体生理** 建築基準法 温熱環境 **環境に関する単位 給排水衛生設備** 床維持剤
電磁波・電磁波・紫外線 **ウォータハンマ** 建築物環境衛生管理技術者 建築物環境衛生管理基準
シックビル症候群 環境基本法 避難・防災 視環境 空気調和設備 **空気汚染物質 浄化槽法** 蚊
地下空間・日射 **省エネルギー** 熱伝導率・熱貫流率 **消防設備** 排水槽 清掃用器具 **結露** 二酸化炭素・一酸化炭素
水質汚濁防止法 **書虫** 特定建築物に備え付ける帳簿書類 **冷暖房・冷房病** 廃棄物 ゴキブリ **熱産生,熱放散** 酸素
空気調和方式 浄化槽 **飲料水の消毒 鉄筋コンクリート構造** 活性汚泥法 **化学物質過敏症 送風機**
曲げモーメント 特定建築物 **VDT作業** 空気環境測定器 **し尿処理** 自動制御設備 **給水方式**
ネズミ **水質基準** 排水通気設備 ファンコイルユニット **建築構造** 給水配管 洗剤 **悪臭防止法 アレルギー,アレルゲ**
ベルヌーイの定理 **学校保健安全法** 蓄熱槽 衛生行政組織 **給湯設備** 建築の基本計画・設計・監理 **二酸化硫黄**
地域冷暖房・未利用エネルギー 騒音・振動 **室内環境測定法 衛生器具** 試運転調整 **湿り空気線図**
水道法・下水道法 産業廃棄物 **排水 特定建築物の届出** 給水設備 清掃 維持管理要領 **結核** 音(聴
感染症 **エアフィルタ** 排水トラップ 産熱と放熱 **ダニ 廃棄物の処理及び清掃に関する法律 カドミウム**

Ohmsha

本書を発行するにあたって，内容に誤りのないようできる限りの注意を払いましたが，
本書の内容を適用した結果生じたこと，また，適用できなかった結果について，著者，
出版社とも一切の責任を負いませんのでご了承ください．

　本書は，「著作権法」によって，著作権等の権利が保護されている著作物です．本書の
複製権・翻訳権・上映権・譲渡権・公衆送信権（送信可能化権を含む）は著作権者が保
有しています．本書の全部または一部につき，無断で転載，複写複製，電子的装置への
入力等をされると，著作権等の権利侵害となる場合があります．また，代行業者等の第
三者によるスキャンやデジタル化は，たとえ個人や家庭内での利用であっても著作権法
上認められておりませんので，ご注意ください．

　本書の無断複写は，著作権法上の制限事項を除き，禁じられています．本書の複写複
製を希望される場合は，そのつど事前に下記へ連絡して許諾を得てください．

出版者著作権管理機構
（電話 03-5244-5088，FAX 03-5244-5089，e-mail：info@jcopy.or.jp）

JCOPY ＜出版者著作権管理機構　委託出版物＞

はじめに

　この本は，2018年3月に発行した『全7科目365分類ビル管理技術者試験問題集』の後継書（改題改訂版）です．前書の基本コンセプトと全体構成を引き継ぎつつ，試験問題の収録対象年を2012（平成24）～2021（令和3）年の直近10年間に改めるとともに，出題傾向の変化に合わせて，分類するキーワードの見直しも行いました．その結果，キーワード数は365分類から354分類に，1800問から精選した収録問題数は1152問から1120問に変わりました．

　問題精選の基本方針は以下のとおりです．

- 出題頻度が多い（重要度が高い）分野ほど，収録問題数を多くしました（ただし，10年間での出題回数とこの本での収録数が必ずしも比例しているわけではありません）．
- 不適切なものを問う問題，適切なものを問う問題，文章の穴埋め問題，用語とその説明文の組み合わせ問題など，一つのキーワードでの出題形式ができるだけ多様になるようにしました．
- 出題年度は異なるものの，同じ出題形式で同じ選択肢が並んでいる問題が複数選んであるのは，そのキーワードの出題パターンがほぼ1種類しかないと思われるためです．
- キーワードは，問題の冒頭で「○○○○に関する次の記述のうち…」などと表記されている言葉を基本としていますが，その対象範囲が非常に広い場合は，さらに細分化するためのキーワードを新たに設定しました．

　また，この本では，2021年12月に公布され2022年4月1日に施行となった建築物衛生法の政省令改正にも対応しました．2022（令和4）年度以降の試験で，この改正内容に関する問題が出題されるだろうことは容易に想像できるので，この本では，収録した問題の解答に政省令改正が影響するものがある場合は，解説文に注釈を付けてあります．

　ビル管理技術者試験の受験勉強は，過去問の反復練習が主流です．そのため，多くの受験者は年度別にまとめられた問題集を使用しています．この方法は，試験の出題範囲すべてを漏れなく勉強するにはうってつけです．しかし，さらに踏み込んで，得意分野や不得意分野など，範囲を絞って勉強するには，この本のようにキーワード分類されているほうが向いています．

　この本で勉強をした受験者の皆さんが試験に合格されるよう，編集部一同，心から祈っています．

　2022年3月

　　　　　　　　　　　　　　　　　　　　　　　　　　　設備と管理 編集部

CONTENTS

科目5　給水及び排水の管理

科目 1

建築物衛生行政概論

　憲法，地域保健法など，多岐にわたる関係法令から出題される．建築物における衛生的環境の確保に関する法律（建築物衛生法）からは，特定建築物，建築物環境衛生管理技術者，事業の登録，建築物環境衛生管理基準などが頻出問題．

科目1　建築物衛生行政概論　問題

001　日本国憲法25条

日本国憲法からは，生存権と国の社会的使命について規定している第25条から出題される．「健康で文化的な最低限度の生活」，「社会福祉，社会保障及び公衆衛生」の部分は確実に覚えよう．

問001-1　日本国憲法第25条に規定されている次の条文の［　　　］内に入る語句の組合せとして，正しいものはどれか．（2020年問題1）

　第25条　すべて国民は，［　ア　］で文化的な最低限度の生活を営む権利を有する．

　2　国は，すべての［　イ　］について，社会福祉，［　ウ　］及び［　エ　］の向上及び増進に努めなければならない．

	ア	イ	ウ	エ
(1)	健康	国民	生活環境	環境衛生
(2)	健康	生活部面	社会保障	公衆衛生
(3)	健全	国民	生活環境	公衆衛生
(4)	健全	国民	社会保障	公衆衛生
(5)	健全	生活部面	社会保障	環境衛生

問001-2　国民の生存権と国の社会的任務に関する日本国憲法第25条に規定されているものは次のうちどれか．（2016年問題1）

(1) すべて国民は，個人として尊重される．

(2) 何人も，いかなる奴隷的拘束も受けない．

(3) すべて国民は，勤労の権利を有し，義務を負ふ．

(4) 国民は，すべての基本的人権の享有を妨げられない．

(5) すべて国民は，健康で文化的な最低限度の生活を営む権利を有する．

002　WHO憲章

WHO（World Health Organization）憲章の健康の定義が出題される．健康とは，「身体的，精神的，社会的」に良好な状態と定義され，「最高基準」の健康の享受は基本的権利であると記述されている．

問002-1　世界保健機関（WHO）憲章の前文に述べられている健康の定義に関する次の文章の［　　　］内に入る語句の組合せとして，最も適当なものはどれか．

（2021年問題2）

　　健康とは完全な肉体的，〔　ア　〕及び社会的福祉の状態にあり，単に疾病又は病弱の存在しないことではない．

　　到達しうる最高水準の健康を享有することは，〔　イ　〕，宗教，政治的信念又は経済的若しくは社会的条件の差別なしに万人の有する基本的権利の一つである．

	ア	イ
(1)	経済的 ———— 人種	
(2)	文化的 ———— 性別	
(3)	文化的 ———— 人種	
(4)	精神的 ———— 性別	
(5)	精神的 ———— 人種	

問002-2　世界保健機関（WHO）憲章の前文に述べられている健康の定義に関する次の文章の〔　　〕内に入る語句の組合せのうち，最も適当なものはどれか．
（2012年問題1）

　　健康とは，身体的，〔　ア　〕及び社会的に完全に良好な状態にあることであり，単に病気又は病弱でないということではない．

　　到達しうる最高基準の〔　イ　〕を享受することは，人種・宗教・政治的信念・経済的ないし社会的条件の如何にかかわらず，何人もが有する〔　ウ　〕のうちの一つである．

	ア	イ	ウ
(1)	精神的 ———— 健康 ———— 健康権
(2)	精神的 ———— 健康 ———— 基本的権利
(3)	精神的 ———— 権利 ———— 健康権
(4)	経済的 ———— 健康 ———— 基本的権利
(5)	経済的 ———— 権利 ———— 健康権

003　行政組織

関係法規と所管の行政機関の組み合わせを押さえておこう．口に入る飲料水に係る水道法は厚生労働省，下水道法は国土交通省と環境省が所管である．下水道法と同様に，浄化槽法も環境省と国土交通省の所管である．

問003-1　現在の行政組織に関する次の記述のうち，正しいものはどれか．（2021年問題1）

(1) 消防法は，内閣府が所管している．

(2) 学校保健安全法は，総務省が所管している．

(3) 下水道法は，国土交通省と環境省が所管している．

(4) 浄化槽法は，厚生労働省が所管している．

(5) 保健所には，労働基準監督官が置かれている．

問003-2　現在の行政組織に関する次の記述のうち，最も適当なものはどれか．（2013年問題2）

(1) 全国には，保健所が372箇所設置されている．

(2) 消防法を所管する官庁は，総務省である．

(3) 下水道の終末処理場の維持管理に関することは，厚生労働省の所管である．

(4) 保健所には，労働基準監督官が置かれている．

(5) 建築基準法で規定されている特定行政庁とは，国土交通省である．

問003-3　次に掲げる法律とその法律を所管する行政機関との組合せのうち，正しいものはどれか．（2012年問題2）

(1) 下水道法 ——————— 経済産業省

(2) 学校保健安全法 ——— 総務省

(3) 水道法 ——————————— 国土交通省，環境省

(4) 浄化槽法 ——————— 農林水産省

(5) 地域保健法 ————— 内閣府

004 建築物衛生法（目的・内容）

建築物衛生法第1条に，多数の者が使用する建築物の環境衛生に関する維持管理上の事項を定め，公衆衛生に資することを目的とすると規定されている．構造や設計については，別法である建築基準法に定められている．

問004-1　建築物における衛生的環境の確保に関する法律（以下「建築物衛生法」という．）に関する次の記述のうち，誤っているものはどれか．（2021年問題3）
- (1) 建築物衛生法は，建築物の設備・構造面と維持管理面の両面から規制を行っている．
- (2) 建築物衛生法に基づく事業の登録に関する事務は，都道府県知事が行う．
- (3) 特定建築物以外の建築物であっても，多数の者が使用し，又は利用する建築物については，建築物環境衛生管理基準に従って維持管理をするように努めなければならない．
- (4) 特定建築物の維持管理権原者は，建築物環境衛生管理基準に従って維持管理をしなければならない．
- (5) 特定建築物の所有者等には，所有者以外に，特定建築物の全部の管理について権原を有する者が含まれる．

問004-2　建築物衛生法令の主な制度改正に関する次の記述のうち，誤っているものはどれか．ただし，記載された年については判断しないものとする．（2018年問題4）
- (1) 昭和45年に，特定建築物の届出が厚生省（現厚生労働省）から都道府県知事等に変更された．
- (2) 昭和55年に，一定の人的・物的基準を要件とする事業者の都道府県知事による登録制度が設けられた．
- (3) 平成13年に，新たに建築物空気調和用ダクト清掃業と建築物排水管清掃業が追加された．
- (4) 平成14年に，建築物環境衛生管理基準の大幅な改正及び特定建築物の範囲の見直しが行われた．
- (5) 平成22年に，特定建築物の届出事項に特定建築物の維持管理権原者の氏名などが追加された．

問004-3 建築物における衛生的環境の確保に関する法律に関する次の記述のうち，誤っているものはどれか．（2014年問題3）

(1) 特定建築物の衛生的環境の確保を目的に，空気調和及び給排水等の建築設備の設計指針を定めている．

(2) 特定建築物の建築物環境衛生上の維持管理に関する監督官庁は，都道府県知事，保健所を設置する市の市長，又は特別区の区長である．

(3) 保健所の業務として，多数の者が使用し又は利用する建築物の維持管理に関する環境衛生上の正しい知識の普及，相談に応じること並びに必要な指導を行うことを定めている．

(4) 建築物環境衛生管理基準は，最低許容限度の基準ではなく，環境衛生上良好な状態を目標としている．

(5) 特定建築物以外であっても，多数の者が使用し，又は利用する建築物の維持管理の権原を有するものは，建築物環境衛生管理基準に従って維持管理するよう努めなければならない．

問004-4 建築物における衛生的環境の確保に関する法律の目的に関する次の文章の[　　]内に入る語句の組合せとして，正しいものはどれか．（2013年問題3）

この法律は，多数の者が使用し，又は利用する建築物の[　ア　]に関し[　イ　]上必要な事項等を定めることにより，その建築物における衛生的な環境の確保を図り，もって[　ウ　]の向上及び増進に資することを目的とする．

	ア	イ	ウ
(1)	維持管理	公衆衛生	環境衛生
(2)	維持管理	環境衛生	公衆衛生
(3)	管理体制	室内環境	保健衛生
(4)	構造設備	公衆衛生	環境衛生
(5)	構造設備	環境衛生	公衆衛生

005 特定建築物

建築物衛生法が適用される，特に定められた建築物を特定建築物という．特定建築物の要件は，建物の用途と延べ面積であるが，複合用途の建物などについて，特定建築物に該当するか否かが出題されている．

問005-1　次の建築物のうち，建築物における衛生的環境の確保に関する法律（以下「建築物衛生法」という．）に基づく特定建築物に該当しないものはどれか．（2020年問題3）

(1) 延べ面積が7 000 m² の幼稚園

(2) 延べ面積が5 000 m² の自動車学校

(3) 延べ面積が10 000 m² の特別支援学校

(4) 延べ面積が6 000 m² の予備校

(5) 延べ面積が9 000 m² の幼保連携型認定こども園

問005-2　次の建築物のうち，建築物衛生法に基づく特定建築物に該当するものはどれか．（2019年問題6）

(1) 延べ面積が2 500 m² の事務所を併せもつ，5 000 m² の自然科学系研究施設

(2) 延べ面積が3 500 m² の中学校と4 000 m² の高等学校を併せもつ，7 500 m² の中高一貫校

(3) 延べ面積が1 500 m² の体育施設を併せもつ，6 500 m² の専門学校

(4) 延べ面積が2 500 m² の事務所を併せもつ，5 000 m² の寺院

(5) 延べ面積が2 500 m² の店舗と2 000 m² の貸倉庫を併せもつ，4 500 m² の複合建築物

問005-3　建築物における衛生的環境の確保に関する法律（以下「建築物衛生法」という．）に基づく特定建築物に該当するかどうかの判断に関する次の文章の[　　　]内に入る数値と語句の組合せとして，正しいものはどれか．

ただし，A社，B社，C社相互に関連はない．（2017年問題2）

　A社の事務所2 000 m²，B社の店舗600 m²，A社とB社の共用部分小計200 m²，B社の店舗駐車場400 m²，C社の倉庫300 m² である建築物の特定用途に供される部分の延べ面積は[　ア　]m² なので，この建築物は特定建築物に該当[　イ　]．

	ア		イ
(1)	3 500	──	する
(2)	3 200	──	する
(3)	3 100	──	する
(4)	2 800	──	しない
(5)	2 600	──	しない

問005-4　建築物衛生法に基づく特定建築物の定義及びその判断に関する次の記述のうち，誤っているものはどれか．（2016年問題3）

(1) 建築基準法に定める建築物であること．

(2) 同一敷地内に独立した複数の建築物がある場合は，それらを合計した延べ面積で判断すること．

(3) 特定用途に附随する廊下，階段，便所等の共用部分は，特定用途の延べ面積に含むこと．

(4) 特定用途に供される部分の延べ面積が，3 000m²以上（ただし，学校教育法第1条に規定される学校等は8 000m²以上）であること．

(5) 特定建築物の延べ面積の算定方法は，建築基準法の定義に基づく算定方法とは異なる場合がある．

006　特定建築物の用途

百貨店など不特定多数の者が使用する用途は特定用途に該当する．共同住宅は，特定される者が使用するので特定用途に該当しない．ただし，不特定多数の者が使用する用途でも，病院，自然科学研究所は特定用途から除外されている．

問006-1　建築物衛生法における特定建築物の特定用途に供される部分として，延べ面積に含めるものは次のうちどれか．（2021年問題4）

(1) 地下街の地下道

(2) 建築物の地下に電気事業者が設置した変電所

(3) 建築物内部にある鉄道のプラットホーム

(4) 地下街の店舗に付属する倉庫

(5) 建築物の地下に設置された，管理主体の異なる公共駐車場

問006-2　建築物における衛生的環境の確保に関する法律（以下「建築物衛生法」という．）に基づく特定建築物の用途に関する次の記述のうち，最も不適当なものはどれか．（2019年問題2）

(1) 百貨店は，大規模小売店舗立地法に規定する大規模小売店舗をいう．
(2) 興行場は，興行場法に規定する興行場に限らない．
(3) 図書館は，図書館法に規定する図書館に限らない．
(4) 博物館は，博物館法に規定する博物館に限らない．
(5) 旅館は，旅館業法に規定する旅館業を営むための施設をいう．

問006-3　建築物衛生法施行令に掲げられている特定建築物の用途に該当しないものの組合せは，次のうちどれか．（2017年問題3）

(1) 博物館と寄宿舎と旅館
(2) 図書館と遊技場
(3) 共同住宅と百貨店
(4) 集会場と旅館と図書館
(5) 寄宿舎と共同住宅

問006-4　建築物における衛生的環境の確保に関する法律に基づく特定建築物に関する次の記述のうち，特定用途に供される部分として延べ面積に含めるものはどれか．（2013年問題5）

(1) 事務所ビルの2階に併設された歯科診療所
(2) 百貨店ビルの地階に設置された公共駐車場
(3) 地下街の地下道
(4) 駅ビル内に設置された鉄道線路敷地内の運転保安施設
(5) 映画館のロビー

007 　特定建築物の延べ面積

特定用途に供される部分の延べ面積が3 000m²（学校教育法の学校は8 000m²）以上の建築物が，特定建築物に該当する．特定用途に供される部分には，付随部分（廊下等），付属部分（倉庫等）も含まれる．

問007-1　次に掲げる複合用途の建築物に関する記述として，正しいものはどれか．ただし，A社，B社，C社，D社に相互の関連はない．（2020年問題4）

A社の学習塾900 m²，B社の銀行1 500 m²，A社とB社の共用地下駐車場500 m²，B社の倉庫100 m²，C社のトランクルーム（貸倉庫）300 m²，D社の保育施設700 m²である建築物．

(1) 特定用途に供される部分の延べ面積は4 000 m²で，特定建築物に該当する．
(2) 特定用途に供される部分の延べ面積は3 300 m²で，特定建築物に該当する．
(3) 特定用途に供される部分の延べ面積は3 000 m²で，特定建築物に該当する．
(4) 特定用途に供される部分の延べ面積は2 900 m²で，特定建築物に該当しない．
(5) 特定用途に供される部分の延べ面積は2 400 m²で，特定建築物に該当しない．

問007-2　建築物衛生法に基づく特定建築物の延べ面積に関する次の記述のうち，誤っているものはどれか．（2018年問題3）

(1) 事務所に付随する廊下，階段，便所等の共用部分は，除外される．
(2) 店舗ビルに隣接しているが，独立して設置された客用立体駐車場は，除外される．
(3) 同一敷地内に独立した複数の建築物がある場合は，一棟の建築物ごとに算出する．
(4) 百貨店内の商品倉庫は，含まれる．
(5) 鉄道の運転保安施設は，除外される．

問007-3　次の建築物のうち，建築物衛生法に基づく特定建築物に該当しないものはどれか．（2017年問題4）

(1) 延べ面積が10 000 m²の高等専門学校
(2) 延べ面積が4 000 m²の研修所
(3) 延べ面積が9 000 m²の幼保連携型認定こども園
(4) 延べ面積が5 000 m²の各種学校

(5) 延べ面積が7 000 m²の特別支援学校

問007-4　次の建築物のうち，建築物衛生法に基づく特定建築物に該当しないものはどれか．（2016年問題5）

(1) 教室3 200m²，実習室700m²，職員室100m²を併せもつ各種学校
(2) 事務所3 800m²，商品倉庫200m²を併せもつ事務所ビル
(3) 宿泊施設2 800m²，宴会場700m²を併せもつホテル
(4) 売り場3 800m²，商品倉庫200m²を併せもつデパート
(5) 共同住宅3 200m²，店舗800m²を併せもつ複合ビル

008　特定建築物の届出

所有者等は，建築物の使用から1か月以内に，場所，用途，延べ面積および構造設備の概要，建築物環境衛生管理技術者の氏名などを知事（保健所を設置する市，区は市長，区長）に届け出なければならないと規定されている．

問008-1　建築物衛生法に基づく特定建築物の届出等に関する次の記述のうち，最も適当なものはどれか．（2021年問題5）

(1) 現に使用されている建築物が，用途の変更により新たに特定建築物に該当することになる場合は，1カ月前までに届け出なければならない．
(2) 特定建築物の届出をせず，又は虚偽の届出をした場合には，30万円以下の罰金の適用がある．
(3) 建築物が解体される場合は，あらかじめ，特定建築物に該当しなくなることを届け出なければならない．
(4) 届出事項は，政令により定められている．
(5) 届出の様式は，厚生労働省の通知で示されている．

問008-2　建築物衛生法に基づく特定建築物の届出の際に記載が必要な事項として，建築物衛生法施行規則において規定されていない項目は次のうちどれか．（2020年問題5）

(1) 特定建築物所有者等の氏名及び住所
(2) 特定建築物維持管理権原者の氏名及び住所
(3) 特定用途に供される部分の延べ面積

(4) 建築物環境衛生管理技術者の氏名及び住所

(5) 特定建築物の竣工年月日

問008-3 　建築物衛生法に基づく特定建築物の届出について，同法施行規則において規定されていない事項は，次のうちどれか．（2018年問題5）

(1) 名称

(2) 構造設備の概要

(3) 建築確認済の年月日

(4) 用途

(5) 使用されるに至った年月日

問008-4 　建築物における衛生的環境の確保に関する法律に基づく特定建築物の届出に関する次の記述のうち，正しいものはどれか．（2014年問題8）

(1) 特定建築物の所在地を所管する保健所を経由して，厚生労働大臣に届け出る．

(2) 特定建築物の竣工前1カ月以内に届け出なければならない．

(3) 長期間にわたって届出を行わなかったときは，当該建築物の使用停止処分を受けることがある．

(4) 建築物が用途の変更等により特定建築物に該当しなくなったときは，その日から1カ月以内にその旨を届け出なければならない．

(5) 特定建築物の届出には，当該建築物の建築確認済証の写しを添付しなければならない．

009　帳簿書類

所有者等が，建築物の維持管理に関し環境衛生上必要な事項を記載した帳簿書類を備えておかなければならないと規定されている．帳簿の保存期間は，図面は永久，維持管理記録は5年である．

問009-1 　建築物衛生法に基づき備え付けておかなければならない帳簿書類とその保存期間との組合せとして，最も適当なものは次のうちどれか．（2021年問題6）

(1) 飲料水貯水槽の修繕の記録 ——————— 2年間

(2) 維持管理に関する設備の配置図 ——————— 5年間

(3) 更新した空調設備の整備記録 ——————— 3年間

(4) 臨時に実施した空気環境測定の結果 —————— 3年間

(5) 排水管清掃の実施記録 ————————————— 5年間

問009-2 建築物衛生法に基づく備え付けておくべき環境衛生上必要な帳簿書類に関する次の文章の[　　　]内の語句のうち，誤っているものはいくつあるか．（2017年問題6）

建築物衛生法第10条による帳簿書類の種類については，省令により次の3項目が規定されている．

① 空気環境の調整，給水及び排水の管理，清掃並びに[廃棄物処理]の状況（これらの措置に関する測定又は検査の結果並びに当該措置に関する設備の点検及び整備の状況を含む.）を記載した帳簿書類

② 特定建築物の平面図及び断面図並びに当該特定建築物の維持管理に関する設備の[配置及び系統]を明らかにした図面

③ その他当該特定建築物の[維持管理]に関し環境衛生上必要な事項を記載した帳簿書類

また，①及び③の帳簿書類は，[10年間]保存しなければならない．

(1) 0個（なし）

(2) 1個

(3) 2個

(4) 3個

(5) 4個（すべて）

問009-3 建築物衛生法に基づき備え付けておかなくてはならない帳簿書類として，誤っているものは次のうちどれか．（2016年問題7）

(1) 飲用に供する給水配管の系統図

(2) 空気環境測定結果の記録

(3) 昇降機の点検整備記録

(4) ねずみ等の生息状況調査結果の記録

(5) 排水設備の点検整備記録

問009-4 建築物衛生法に基づき備え付けておかなくてはならない帳簿書類とそ

の保存期間との組合せとして，正しいものは次のうちどれか．（2015年問題7）

(1) 貯水槽の臨時清掃と修理を実施した記録書類 ―――――――― 5年間
(2) 維持管理に関する設備の系統を明らかにした図面 ――――――― 5年間
(3) 空気環境測定の結果 ―――――――――――――――――― 3年間
(4) ねずみ等の生息状況調査結果と駆除を実施した記録書類 ―――― 3年間
(5) 清掃の実施と廃棄物の処理量の記録書類 ―――――――――― 3年間

010　ビル管理基準

空気環境測定，統一的な大掃除，ねずみ等の発生・被害の統一的な調査，雑用水の水質検査，加湿装置の清掃などの，環境衛生の維持管理上必要な事項について，実施すべき周期が出題されるので覚えておこう.

問010-1　建築物環境衛生管理基準のうち，建築物衛生法施行規則に規定されているものは，次のどれか．（2019年問題10）

(1) 浮遊粉じんの量
(2) 相対湿度
(3) 二酸化炭素の含有率
(4) ホルムアルデヒドの量
(5) 特例による一酸化炭素の含有率

問010-2　建築物環境衛生管理基準に関する次の記述のうち，誤っているものはどれか．（2016年問題8）

(1) 建築物衛生法に基づく特定建築物の所有者等の維持管理について権原を有するものは，建築物環境衛生管理基準に従って維持管理をしなければならない.
(2) 空気調和設備を設けている特定建築物では，浮遊粉じんの量，一酸化炭素の含有率，二酸化炭素の含有率，窒素酸化物の含有率，温度，相対湿度及び気流について，各基準値を遵守しなければならない.
(3) 建築物環境衛生管理基準は，空気環境の調整，給水及び排水の管理，清掃，ねずみ等の防除，その他環境衛生上良好な状態を維持するのに必要な措置を定めている.
(4) 建築物環境衛生管理基準において，ねずみその他の厚生労働省令で定める動物とは，昆虫その他の人の健康を損なう事態を生じさせるおそれのある動物

をいう.

(5) 建築物衛生法に基づく特定建築物以外の建築物であっても，多数の者が使用，又は利用する場合は，所有者等の維持管理について権原を有するものは，建築物環境衛生管理基準に従った維持管理をするよう努めなければならない.

問010-3　建築物環境衛生管理基準に関する次の記述のうち，誤っているものはどれか．（2015年問題10）

(1) 室内空気中の一酸化炭素及び二酸化炭素の含有率の測定は，2カ月以内ごとに1回，定期に実施すること.

(2) 雨水等を原水とする雑用水は，遊離残留塩素，pH値，臭気及び外観に関する水質検査を7日以内ごとに1回，定期に実施すること.

(3) 加湿装置の清掃は，1年以内ごとに1回，定期に実施すること.

(4) 排水に関する設備の掃除は，6カ月以内ごとに1回，定期に実施すること.

(5) 室内空気中のホルムアルデヒドの測定は，1年以内ごとに1回，6月1日から9月30日の間に定期に実施すること.

011　ビル管理基準（空気環境）

測定項目と基準値は確実に覚えよう．覚えにくい数値は，浮遊粉じんの0.15mg/m³は「冬の追い込み」，気流の0.5m/sは「桐生のレイコ」など，自分で覚えやすい語呂合わせを考えるのも一手.

問011-1　建築物環境衛生管理基準に規定されている空気環境の調整に関する次の記述のうち，正しいものはどれか．（2021年問題7）

(1) 機械換気設備を設けている場合，ホルムアルデヒドの量の基準は適用されない.

(2) 居室における温度を外気の温度より低くする場合は，その差を著しくしない.

(3) 空気調和設備等を設けている一般事務所にあっては建築物衛生法と事務所衛生基準規則が適用され，居室における二酸化炭素の含有率の基準値も同一である.

(4) 外気の一酸化炭素の含有率が高いため基準値の10ppm以下を保てない場合は，基準値を50ppm以下とすることができる.

(5) 浮遊粉じんの量の基準値は，相対沈降径がおおむね20μm以下の粒子を対象

としている.

建築物衛生法に基づく空気環境の測定方法に関する次の記述のうち,最も不適当なものはどれか.（2020年問題7）
(1) 二酸化炭素の含有率の測定に,検知管方式による二酸化炭素測定器を使用した.
(2) 温度の測定に,0.5度目盛の温度計を使用した.
(3) 気流の測定に,0.2メートル毎秒以上の気流を測定することのできる風速計を使用した.
(4) 相対湿度の測定に,0.5度目盛の乾湿球湿度計を使用した.
(5) 浮遊粉じんの量の測定に,経済産業大臣の登録を受けた者により較正された機器を使用した.

問011-3 建築物環境衛生管理基準に基づく空気環境の測定に関する次の記述のうち,最も適当なものはどれか.（2019年問題8）
(1) 新築の特定建築物では,最初の1年間は毎月測定しなければならない.
(2) 測定を行う場合は,1日2回以上測定することが必要である.
(3) 階数が多い場合は,各階ごとに測定しなくてもよい.
(4) 測定場所は,適当な居室を選択し,測定しやすい場所で行う.
(5) ホルムアルデヒドの測定結果が基準を超えた場合は,空調・換気設備を調整するなど軽減措置を実施後,速やかに測定し,効果を確認しなければならない.

問011-4 建築物環境衛生管理基準に基づく空気環境の調整に関する次の記述のうち,正しいものはどれか.（2018年問題6）
(1) 温度の基準は,15℃以上29℃以下である.
(2) 相対湿度の基準は,40%以上70%以下である.
(3) 粉じん計は,2年以内ごとに1回較正する.
(4) ホルムアルデヒドの測定は,毎年6月1日から9月30日までの間に行う.
(5) 測定位置は,居室の中央部の床上70cm以上160cm以下である.

問011-5　建築物衛生法に基づく空気環境の測定方法に関する次の記述のうち，誤っているものはどれか．（2018年問題7）

(1) 温度の測定器は，0.5度目盛の温度計を使用する．

(2) 相対湿度の測定器は，0.5度目盛の乾湿球湿度計を使用する．

(3) 一酸化炭素の含有率の測定は，検知管方式による一酸化炭素検定器を使用する．

(4) 二酸化炭素の含有率の測定は，検知管方式による二酸化炭素検定器を使用する．

(5) 気流の測定には，0.5メートル毎秒以上の気流を測定することのできる風速計を使用する．

問011-6　建築物衛生法で規定される空気環境について，その要因と人体への影響に関する次の記述のうち，最も不適当なものはどれか．（2018年問題8）

(1) 浮遊粉じんの人体への影響は著しいものがあり，特に呼吸器系に対しては直接的である．

(2) 二酸化炭素は極めて有毒な気体であり，中毒死，あるいは死に至らなくとも脳障害の後遺症が残る等，人体に対する影響は重大である．

(3) 室内温度と外気温度の差を無視した過度の冷房による神経痛などの冷房病，また過度の暖房による呼吸器系疾患など，温度は人体への影響が大きい．

(4) 気流は，湿度と同様に，温度との関連に注意する必要があり，冷風の人体に対する影響を考慮して規定されている．

(5) ホルムアルデヒドは，不快感を伴う目・鼻・喉への刺激，さらに高濃度になれば催涙・呼吸困難等の症状を引き起こす．

012　空気環境測定結果

測定結果の具体的な数値から，管理基準に適合しているかどうか判定させる問題が出題される．浮遊粉じん，CO，CO_2の汚染物質は平均値で，温度，湿度，気流の快適性指標は瞬時値で判定する．

問012-1　下の表は，ある事務室の空気環境の測定結果の一部である．建築物環境衛生管理基準に適合しない項目の組合せは，次のうちどれか．（2016年問題9）

測定項目	一酸化炭素の含有率	二酸化炭素の含有率	温度	相対湿度
単　位	ppm	ppm	℃	%
1回目	1.5	1 100	22.5	30
2回目	3.5	1 200	23.0	35

(1) 一酸化炭素の含有率と温度

(2) 一酸化炭素の含有率と相対湿度

(3) 二酸化炭素の含有率と温度

(4) 二酸化炭素の含有率と相対湿度

(5) 温度と相対湿度

問012-2　下の表はA室の空気環境の測定結果である．建築物環境衛生管理基準に適合しない項目の組合せは次のうちどれか．（2014年問題10）

測定項目		浮遊粉じんの量	一酸化炭素の含有率	二酸化炭素の含有率	温度	相対湿度	気流
単　位		mg/m³	ppm	ppm	℃	%	m/s
A室	1回目	0.13	8.5	900	24.5	65	0.6
	2回目	0.17	7.5	1 200	28.5	55	0.3

(1) 浮遊粉じんの量と二酸化炭素の含有率と相対湿度

(2) 浮遊粉じんの量と温度と気流

(3) 一酸化炭素の含有率と二酸化炭素の含有率と相対湿度

(4) 一酸化炭素の含有率と二酸化炭素の含有率と温度

(5) 二酸化炭素の含有率と温度と気流

問012-3　下の表はA室の空気環境の測定結果である．建築物環境衛生管理基準に適合する項目の組合せは，次のうちどれか．（2012年問題8）

測定項目		浮遊粉じんの量	一酸化炭素の含有率	二酸化炭素の含有率	温度	相対湿度	気流
単　位		mg/m³	ppm	ppm	℃	%	m/s
A室	1回目	0.14	1.5	850	24.5	45	0.1
	2回目	0.17	3.5	1 100	28.5	35	0.2

(1) 一酸化炭素の含有率と二酸化炭素の含有率と気流

(2) 一酸化炭素の含有率と温度と相対湿度

(3) 二酸化炭素の含有率と温度と気流

(4) 浮遊粉じんの量と二酸化炭素の含有率と温度

(5) 浮遊粉じんの量と相対湿度と気流

013 空調設備の管理基準

冷却塔，加湿装置，空調機の排水受け（いわゆるドレンパン）は，レジオネラ属菌などの繁殖のおそれが高いので，点検（必要に応じ清掃）を1か月ごと，清掃を1年ごとに実施することが定められている．

問013-1 空気調和設備である加湿装置の維持管理に関する次の記述のうち，最も適当なものはどれか．（2018年問題9）

(1) 加湿装置の汚れの点検は，使用期間中に1回行う．

(2) 加湿装置の清掃は，2年以内ごとに1回行う．

(3) 加湿装置により，居室内部の空気が病原体によって汚染されることはない．

(4) 加湿装置に供給する水は，水道法の水質基準に適合した水を使用する．

(5) 加湿装置の排水受け（ドレンパン）に，水が常時十分に溜まっていることを確認する．

問013-2 建築物環境衛生管理基準に基づく空気調和設備の病原体汚染を防止するために講ずべき衛生上の措置として，誤っているものは次のうちどれか．（2017年問題8）

(1) 冷却塔は，使用開始時及び使用開始後2カ月以内ごとに1回，定期に汚れの状況の点検と，必要に応じ，冷却塔の清掃及び換水等を行う．

(2) 空気調和設備内にある排水受けは，使用開始時及び使用開始後1カ月以内ごとに1回，定期に汚れや閉塞の状況の点検と，必要に応じ，排水受けの清掃を行う．

(3) 冷却塔及び加湿装置に供給する水を水道法第4条に規定する水質基準に適合させるため必要な措置を講ずる．

(4) 冷却塔，冷却水の水管及び加湿装置の清掃を，それぞれ1年以内ごとに1回，定期に行う．

(5) 加湿装置は，使用開始時及び使用開始後1カ月以内ごとに1回，定期に汚れ

の状況の点検と，必要に応じ，加湿装置の清掃を行う．

問013-3 建築物環境衛生管理基準に規定されている空気調和設備による居室内部の病原体汚染を防止するために講ずべき衛生上の措置に関する次の記述のうち，正しいものはどれか．（2013年問題9）

(1) 加湿装置について，当該加湿装置の使用開始時及び使用を開始した後，2カ月以内ごとに1回，定期にその汚れの状況を点検する．

(2) 冷却塔，冷却水の水管及び加湿装置の清掃は，それぞれ2年以内ごとに1回，定期に行う．

(3) 冷却塔及び冷却水について，当該冷却塔の使用開始時及び使用を開始した後，2カ月以内ごとに1回，定期にその汚れの状況を点検する．

(4) 空気調和設備内に設けられた排水受けについて，当該排水受けの使用開始時及び使用を開始した後，3カ月以内ごとに1回，定期にその汚れ及び閉塞の状況を点検する．

(5) 冷却塔及び加湿装置に供給する水を水道法第4条に規定する水質基準に適合させるため必要な措置を講ずる．

014　給排水設備の管理基準

給水栓における残留塩素の含有率の基準値は，遊離残留塩素と結合残留塩素では値が異なる．「遊離残留塩素のほうが，殺菌力が強くて消毒上，有利なので，結合残留塩素よりも基準値が小さい」と覚えるのも一手．

問014-1 建築物環境衛生管理基準に基づく飲料水の衛生上必要な措置に関する次の記述のうち，最も不適当なものはどれか．（2021年問題9）

(1) 水道事業者が供給する水（水道水）を直結給水により，特定建築物内に飲料水として供給する場合，定期の水質検査を行う必要はない．

(2) 水道事業者が供給する水（水道水）を特定建築物内の貯水槽に貯留して供給する場合，貯水槽以降の飲料水の管理責任者は，当該特定建築物の維持管理権原者である．

(3) 供給する水が人の健康を害するおそれがあると知ったときは，直ちに給水を停止し，かつ，その水を使用することが危険である旨を関係者に周知する．

(4) 飲用目的だけでなく，炊事用など，人の生活の用に供する水も，水道法で定

める水質基準に適合する水を供給することが必要である.

(5) 水道事業者が供給する水（水道水）以外の井水等を使用する場合，水道水と同様の水質が確保されていれば,給水栓における残留塩素の保持は必要ない.

問014-2　建築物衛生法に基づく特定建築物における給排水設備の維持管理に関する次の記述のうち，最も不適当なものはどれか.（2020年問題8）

(1) 水景に使用している雑用水について，残留塩素濃度，濁度，臭気，外観は毎日，pH値，大腸菌については1カ月に1回検査を実施している.

(2) 建築物衛生法施行規則第4条に規定する16項目の飲料水の水質検査を6カ月ごとに実施している.

(3) 飲料水の残留塩素の測定を給水栓末端で毎日実施している.

(4) 貯水槽・貯湯槽の清掃を1年に1回定期に実施している.

(5) 排水槽の清掃を4カ月ごとに実施している.

問014-3　建築物環境衛生管理基準に基づく雑用水の衛生上の措置等に関する次の記述のうち，誤っているものはどれか.（2017年問題9）

(1) 水洗便所の用に供する水には，一般細菌が検出されないこと.

(2) 遊離残留塩素の検査を，7日以内ごとに1回，定期に行うこと.

(3) 水洗便所の用に供する水の外観に関する基準は，ほとんど無色透明であること.

(4) 給水栓における水に含まれる遊離残留塩素の含有率を，100万分の0.1以上とすること.

(5) 雑用水の水槽の点検等有害物，汚水等によって水が汚染されるのを防止するための必要な措置を講ずること.

問014-4　建築物環境衛生管理基準に基づく給水・給湯設備の衛生上必要な措置に関する次の記述のうち，誤っているものはどれか.（2015年問題9）

(1) 供給する飲料水が人の健康を害するおそれがあるときは，飲料用以外の用途に使用するよう直ちに関係者に周知すること.

(2) 飲用のために給水設備を設ける場合は，水道法第4条の規定による水質基準に適合する水を供給すること.

(3) 飲料水に含まれる残留塩素の検査を７日以内ごとに１回，定期に行うこと．

(4) 給水栓における水の色，濁り，臭い，味などに異常を認めたときは，水質基準に関する省令に基づく必要な項目について検査を行うこと．

(5) 給湯用の貯湯槽の清掃は，１年以内ごとに１回，定期に行うこと．

問014-5 建築物環境衛生管理基準に基づく給排水設備の衛生上必要な措置に関する次の記述のうち，誤っているものはどれか．（2013年問題10）

(1) 飲料水の貯水槽の清掃は，１年以内ごとに１回，定期に行うこと．

(2) 給湯用の貯湯槽の清掃は，１年以内ごとに１回，定期に行うこと．

(3) 排水設備の清掃は，１年以内ごとに１回，定期に行うこと．

(4) 飲料水の遊離残留塩素の検査は，７日以内ごとに１回，定期に行うこと．

(5) 雑用水の遊離残留塩素の検査は，７日以内ごとに１回，定期に行うこと．

015　ビル管理技術者

建築物環境衛生管理技術者に関して，特定建築物の常駐，他の特定建築物との兼任，特定建築物の所有者等との雇用関係，建築物維持管理権原者への意見具申などの事項が出題される．

問015-1 建築物環境衛生管理技術者に関する次の記述のうち，最も適当なものはどれか．（2021年問題８）

(1) 特定建築物の維持管理が環境衛生上適正に行われるよう，監督する．

(2) 選任された特定建築物に常駐することが必要である．

(3) 特定建築物所有者等と雇用関係がなければならない．

(4) 特定建築物維持管理権原者に設備改善を命じることができる．

(5) 環境衛生上必要な事項を記載した帳簿書類を備えておかなければならない．

問015-2 建築物環境衛生管理技術者に関する次の記述のうち，最も適当なものはどれか．（2019年問題９）

(1) 特定建築物ごとに選任しなければならないので，同時に２以上の特定建築物の建築物環境衛生管理技術者となることは，いかなる場合も認められない．

(2) 建築物環境衛生管理技術者は，必要があると認めるときは，建築物維持管理権原者に意見を述べることができ，建築物維持管理権原者はこの意見に従わ

なければならない.
- (3) 建築物環境衛生管理技術者が管理業務の指揮監督を怠たり健康被害が発生した場合は，建築物環境衛生管理技術者に対して罰則の適用がある.
- (4) 建築物環境衛生管理技術者の免状の記載事項に変更を生じたときは，厚生労働大臣に免状の書換え交付を申請しなければならない.
- (5) 建築物環境衛生管理技術者の免状の再交付を受けた後，失った免状を発見したときは，5日以内にこれを厚生労働大臣に返還する.

問015-3　建築物衛生法に基づく建築物環境衛生管理技術者に関する次の記述のうち，最も適当なものはどれか．（2016年問題11）
- (1) 選任された特定建築物に常駐しなければならない.
- (2) 特定建築物の環境衛生上の維持管理に関する帳簿書類を備える義務が課せられている.
- (3) 特定建築物維持管理権原者に対して設備改善等の命令をすることができる.
- (4) 建築物環境衛生管理基準に関する測定又は検査結果の評価を行う.
- (5) 環境衛生上の維持管理に従事する職員の雇用を行う.

問015-4　建築物衛生法に基づく建築物環境衛生管理技術者に関する次の記述のうち，最も適当なものはどれか．（2015年問題11）
- (1) 建築物環境衛生管理技術者の免状は，都道府県知事が交付する.
- (2) 建築物環境衛生管理技術者は，選任された特定建築物に常駐しなければならない.
- (3) 建築物環境衛生管理技術者の選任には，特定建築物の所有者等との間に直接の雇用関係が必要である.
- (4) 建築物環境衛生管理技術者は，建築物環境衛生管理基準に従った維持管理が行われるよう建築物維持管理権原者に対して意見を述べることができる.
- (5) 建築物環境衛生管理技術者は，環境衛生上必要な事項を記載した帳簿書類を備えておかなければならない.

問015-5　建築物における衛生的環境の確保に関する法律に基づく特定建築物の所有者等に選任された建築物環境衛生管理技術者に関する次の記述のうち，最も適

当なものはどれか．（2014年問題6）

(1) 都道府県知事等の立入検査があった場合には，立ち会う義務がある．

(2) いかなる事由があっても同時に2以上の特定建築物を兼任することはできない．

(3) 特定建築物の所有者等との間に直接の雇用関係は必要とされない．

(4) 特定建築物で，環境衛生上著しく不適当な事態が発生した場合は，建築物環境衛生管理技術者に罰則が適用される．

(5) 環境衛生上の問題に迅速に対応できるよう，選任された特定建築物に常駐しなければならない．

016　ビル管理技術者免状

建築物環境衛生管理技術者免状について，交付，再交付，返納などに関する事項が出題される．免状は，厚生労働大臣により交付される．したがって，建築物衛生法に違反した場合の返納先も，厚生労働大臣である．

問016-1　建築物環境衛生管理技術者免状に関する次の記述のうち，誤っているものはどれか．（2020年問題9）

(1) 厚生労働大臣は，免状の交付を受けている者が建築物衛生法に違反したときは，その免状の返納を命ずることができる．

(2) 免状の交付を受けている者は，免状を破り，よごし，又は失ったときは，厚生労働大臣に免状の再交付を申請することができる．

(3) 免状の交付を受けている者が死亡した場合は，戸籍法に規定する届出義務者は，1年以内に，厚生労働大臣に免状を返還する．

(4) 厚生労働大臣は，免状の返納を命じられ，その日から起算して1年を経過しない者には，免状の交付を行わないことができる．

(5) 免状の交付を受けている者は，本籍地を変更した場合は，厚生労働大臣に免状の書換え交付を申請することができる．

問016-2　建築物環境衛生管理技術者免状に関する次の記述のうち，誤っているものはどれか．（2016年問題12）

(1) 免状の返納を命じられ，その日から起算して1年を経過しない者には，免状の交付がされない場合がある．

(2) 免状の交付を受けている者が，免状を失った場合は，免状の再交付を申請することができる．

(3) 免状の交付を受けようとする者は，都道府県知事に申請書を提出しなければならない．

(4) 免状の交付を受けている者が，免状の記載事項に変更を生じたときは，免状の書換え交付を申請することができる．

(5) 免状の交付を受けている者が，建築物衛生法に違反したときは，その免状の返納を命じられることがある．

問016-3　建築物における衛生的環境の確保に関する法律に基づく建築物環境衛生管理技術者免状に関する次の文章の[　　　]内に入る語句の組合せとして，正しいものはどれか．（2013年問題15）

　　[　ア　]は，建築物環境衛生管理技術者免状の交付を受けている者が，建築物における衛生的環境の確保に関する法律又はこの法律に基づく[　イ　]に違反したときは，その建築物環境衛生管理技術者免状の[　ウ　]を命ずることができる．

	ア	イ	ウ
(1)	厚生労働大臣	処分	返納
(2)	厚生労働大臣	処分	取消し
(3)	厚生労働大臣	業務	取消し
(4)	都道府県知事	処分	返納
(5)	都道府県知事	業務	取消し

017　事業登録

事業の登録とは，建築物の環境衛生上の維持管理を行う業者について，一定の人的・物的基準を充足していることを要件とする都道府県知事による登録制度のことである．

問017-1　建築物衛生法に基づく事業の登録に関する次の記述のうち，最も不適当なものはどれか．（2021年問題11）

(1) 事業登録制度は，建築物の環境衛生上の維持管理を行う事業者の資質の向上を図っていくため，設けられた制度である．

(2) 登録を受けていない者は，登録業者もしくはこれに類似する表示をすること

は禁止されている.

(3) 本社で登録を行えば，支社の営業所においても登録業者である旨を表示することができる.

(4) 都道府県は，条例により独自に登録基準を定めることはできない.

(5) 平成14年4月に建築物空気調和用ダクト清掃業と建築物排水管清掃業が追加され，現在8業種となっている.

問017-2　建築物衛生法に基づく建築物清掃業の登録に必要な人的要件となる従事者の研修に関する次の記述のうち，最も不適当なものはどれか.（2020年問題10）

(1) アルバイトも研修の受講が必要である.

(2) 従事者全員が，原則として1年に1回以上研修を受講する体制が必要である.

(3) カリキュラムの参考例が，厚生労働省の通知で示されている.

(4) 研修の実施主体について定められている.

(5) 従事者全員の研修は一度に実施しなければならない.

問017-3　建築物衛生法に基づく事業の登録に必要な物的要件に関する次の記述のうち，誤っているものはどれか.（2019年問題12）

(1) 建築物空気調和用ダクト清掃業は，機械器具を適切に保管することのできる専用の保管庫が必要である.

(2) 建築物空気環境測定業は，機械器具を適切に保管することのできる専用の保管庫が必要とされていない.

(3) 建築物飲料水貯水槽清掃業は，機械器具を適切に保管することのできる専用の保管庫が必要である.

(4) 建築物ねずみ・昆虫等防除業は，機械器具及び薬剤を適切に保管することのできる専用の保管庫が必要である.

(5) 建築物環境衛生総合管理業は，機械器具を適切に保管することのできる専用の保管庫が必要とされていない.

問017-4　建築物環境衛生管理技術者の免状を交付されている者であっても，建築物衛生法に基づく事業の登録における人的基準の要件として認められないものは，次のうちどれか.（2018年問題10）

（1）建築物空気環境測定業の空気環境測定実施者

（2）建築物排水管清掃業の排水管清掃作業監督者

（3）建築物空気調和用ダクト清掃業のダクト清掃作業監督者

（4）建築物飲料水貯水槽清掃業の貯水槽清掃作業監督者

（5）建築物ねずみ昆虫等防除業の防除作業監督者

問017-5 建築物衛生法第12条の6に基づき，厚生労働大臣が指定した登録業者等の団体（指定団体）による業務として，最も不適当なものは次のうちどれか．（2018年問題11）

（1）登録業者の業務を適正に行うための技術上の基準の設定

（2）登録業者の業務についての指導

（3）登録業者の業務を受託する料金の統一

（4）登録業者の業務に従事する者の福利厚生に関する施設

（5）登録業者の業務に従事する者に対する業務に必要な知識及び技能についての研修

018 事業登録の対象

登録の対象は，清掃，空気環境測定，ダクト清掃，水質検査，貯水槽清掃，排水管清掃，ねずみ昆虫防除，総合管理の8業種である．覚え方は「清らかな空気，濁度のない水質のため，貯水から排水まで，寝ずに総合管理する」

問018-1 建築物衛生法に基づく事業の登録の対象になっている業種は，次のうちどれか．（2016年問題13）

（1）建築物の浄化槽の清掃を行う事業（建築物浄化槽清掃業）

（2）建築物の排水槽の清掃を行う事業（建築物排水槽清掃業）

（3）建築物の空気調和設備の管理を行う事業（建築物空気調和設備管理業）

（4）建築物の廃棄物処理を行う事業（建築物廃棄物処理業）

（5）建築物の排水管の清掃を行う事業（建築物排水管清掃業）

問018-2 建築物における衛生的環境の確保に関する法律に基づく事業の登録の対象になっている業種は，次のうちどれか．（2014年問題13）

（1）建築物における飲料水の給水管の清掃を行う事業（建築物飲料水給水管清掃

業）

(2) 建築物の廃棄物の処理を行う事業（建築物廃棄物処理業）

(3) 建築物における飲料水の水質検査を行う事業（建築物飲料水水質検査業）

(4) 建築物の排水槽の清掃を行う事業（建築物排水槽清掃業）

(5) 建築物の浄化槽の清掃を行う事業（建築物浄化槽清掃業）

問018-3　建築物における衛生的環境の確保に関する法律に基づく事業の登録の対象になっていない業種は，次のうちどれか．（2013年問題14）

(1) 建築物の排水管の清掃を行う事業（建築物排水管清掃業）

(2) 建築物の空気調和用ダクトの清掃を行う事業（建築物空気調和用ダクト清掃業）

(3) 建築物における清掃を行う事業（建築物清掃業）

(4) 建築物の空気調和設備の管理を行う事業（建築物空気調和設備管理業）

(5) 建築物における清掃，空気環境の調整及び測定，給水及び排水の管理並びに日常の簡易な飲料水の水質検査を併せて行う事業（建築物環境衛生総合管理業）

問018-4　建築物における衛生的環境の確保に関する法律に基づく事業の登録の対象になっている業種は，次のうちどれか．（2012年問題13）

(1) 建築物の空気調和機の清掃を行う事業（建築物空気調和機清掃業）

(2) 建築物の排水管の清掃を行う事業（建築物排水管清掃業）

(3) 建築物の排水槽の清掃を行う事業（建築物排水槽清掃業）

(4) 建築物の廃棄物処理を行う事業（建築物廃棄物処理業）

(5) 建築物の浄化槽の清掃を行う事業（建築物浄化槽清掃業）

019　立入検査

都道府県知事による立入検査において，日時を通知する必要はないが，住居に対しては居住者の承諾が必要である．立入検査の結果，必要に応じて管理権原者に対し，改善命令または一部使用停止の処分がなされる．

問019-1　建築物衛生法に基づく特定建築物の立入検査に関する次の記述のうち，最も不適当なものはどれか．（2021年問題13）

(1) 特定建築物に該当していなくても，多数の者が使用し，又は利用する建築物に対して，立入検査を行うことができる．

(2) 都道府県知事は，必要があると認めるときは特定建築物に立入検査を行うことができる．

(3) 特定建築物の立入検査を行う職員を，環境衛生監視員という．

(4) 立入検査の権限は，保健所を設置する市の市長及び特別区の区長にも付与されている．

(5) 特定建築物に対する立入検査は，犯罪捜査のために行ってはならない．

問019-2 建築物衛生法に基づく立入検査及び改善命令に関する次の文章の[　]内に入る語句の組合せとして，正しいものはどれか．（2018年問題13）

　都道府県知事（保健所を設置する市又は特別区にあっては市長又は区長）が必要と認めるときは，[ア]に，立入検査を行わせることができる．この立入検査によって，特定建築物の維持管理が建築物環境衛生管理基準に従って行われておらず，かつ，当該特定建築物内における[イ]をそこない，又はそこなうおそれのあるときは，その特定建築物の[ウ]に対して維持管理の方法の改善，その他必要な措置をとることを命ずることができる．

	ア	イ	ウ
(1)	環境衛生監視員	人の健康	維持管理権原者
(2)	環境衛生指導員	人の健康	環境衛生管理技術者
(3)	環境衛生指導員	公衆の利益	維持管理権原者
(4)	環境衛生監視員	公衆の利益	環境衛生管理技術者
(5)	環境衛生監視員	人の健康	環境衛生管理技術者

問019-3 建築物衛生法に基づく都道府県知事等による立入検査に関する次の記述のうち，最も適当なものはどれか．（2017年問題12）

(1) 特定建築物の立入検査は，事前に立入検査の日時を通知しなければならない．

(2) 特定建築物の維持管理が建築物環境衛生管理基準に従って行われていないときは，直ちに改善命令を出さなければならない．

(3) 特定建築物に対する立入検査は，犯罪捜査のために行う．

(4) 特定建築物の立入検査の職権を行う職員を，環境衛生監視員と称する．

(5) 特定建築物内にある住居に立ち入る場合，居住者の承諾を得ずに強制的に立入検査をすることができる．

020 罰則

罰則は，建築物環境衛生管理技術者の未選任，改善命令違反，未届出，帳簿の不備，立入検査の拒否に対して，管理権原者に適用される．管理基準の不適合は，改善命令が出ても従わない場合に，罰則が適用される．

問020-1 建築物衛生法において，罰則が適用されないものは次のうちどれか．（2021年問題14）

(1) 特定建築物に建築物環境衛生管理技術者を選任しない者
(2) 都道府県知事の改善命令に従わない者
(3) 特定建築物の維持管理に関する帳簿書類に虚偽の記載をした者
(4) 建築物環境衛生管理基準を遵守しない者
(5) 都道府県知事の立入検査を拒んだ者

問020-2 建築物衛生法に基づき，10万円以下の過料となるものは次のうちどれか．（2019年問題14）

(1) 建築物環境衛生管理技術者を選任していない特定建築物の所有者
(2) 特定建築物の届出義務に違反した者
(3) 特定建築物の維持管理に関し環境衛生上必要な事項を記載した帳簿書類の備付け義務に違反した音
(4) 改善命令等に従わない者
(5) 正当な理由がないのに，厚生労働大臣の命令に違反して建築物環境衛生管理技術者免状を返納しなかった者

問020-3 建築物衛生法に基づく特定建築物所有者等への罰則が適用されないものは，次のうちどれか．（2015年問題14）

(1) 都道府県知事による改善命令に違反した場合
(2) 都道府県知事が行う特定建築物への立入検査を拒んだ場合
(3) 特定建築物の維持管理に関する帳簿書類を備えていなかった場合
(4) 受水槽を設けている特定建築物において，受水槽の清掃を行わなかった場合

(5) 特定建築物に建築物環境衛生管理技術者の選任を行わなかった場合

021　公共の用に供する特定建築物

国や地方公共団体の用に供する特定建築物には，特例が定められており，建築物
環境衛生管理技術者の選任，管理基準の遵守などは課されるが，立入検査と改善
命令は課されない．

問021-1　建築物衛生法に基づく国又は地方公共団体の公用又は公共の用に供す
る特定建築物に関する次の事項のうち，誤っているものはどれか．（2020年問題11）
(1) 都道府県知事等による資料の提出要求
(2) 特定建築物の届出
(3) 都道府県知事等による改善命令
(4) 建築物環境衛生管理基準の遵守
(5) 建築物環境衛生管理技術者の選任

問021-2　建築物衛生法に基づく，国又は地方公共団体の用に供する特定建築物
に関する次の記述のうち，正しいものはどれか．（2018年問題12）
(1) 建築物環境衛生管理技術者の選任は必要ない．
(2) 建築物環境衛生管理基準は適用されない．
(3) 都道府県知事等は，立入検査を行うことができない．
(4) 都道府県知事等は，維持管理記録の提出を求めることができない．
(5) 都道府県知事等は，改善措置の勧告をすることができない．

問021-3　建築物衛生法に基づく特定建築物が国又は地方公共団体の公用又は公
共の用に供する場合に関する次の文章の[　　　]内に入る語句の組合せとして，正
しいものはどれか．（2017年問題13）

　特定建築物が国又は地方公共団体の公用又は公共の用に供するものである場合
について，当該特定建築物の維持管理が建築物環境衛生管理基準に従って行われ
ておらず，かつ，当該特定建築物内における人の健康をそこなう等環境衛生上著
しく不適当な事態が存すると認めるときは，都道府県知事は，当該国若しくは地
方公共団体の[　ア　]者に対し，その旨を通知するとともに，当該維持管理の方
法の[　イ　]べきことを[　ウ　]することができる．

	ア	イ	ウ
(1)	建築物環境衛生管理技術	掲示などにより利用者にその旨を周知す	勧告
(2)	建築物環境衛生管理技術	改善その他の必要な措置を採る	助言
(3)	建築物環境衛生管理技術	改善その他の必要な措置を採る	命令
(4)	機関の長又はその委任を受けた	掲示などにより利用者にその旨を周知す	助言
(5)	機関の長又はその委任を受けた	改善その他の必要な措置を採る	勧告

問021-4　建築物における衛生的環境の確保に関する法律に基づく「国又は地方公共団体の用に供する特定建築物に関する特例」に関する次の記述のうち，誤っているものはどれか．（2014年問題14）

(1) 都道府県知事等は，立入検査を行うことはできない．

(2) 建築物環境衛生管理基準は適用されない．

(3) 都道府県知事等は，設備や維持管理に関する改善を命じることはできない．

(4) 都道府県知事等は，必要な説明や資料の提出を求めることができる．

(5) 環境衛生上著しく不適当な事態が存すると認めた時は，都道府県知事等は必要な措置を勧告することができる．

022　水道法

水道は，コレラなどの水系感染症対策として普及が図られたものである．水質基準の項目は多数あるが，一般細菌と大腸菌，鉄と銅，味と臭気，色度と濁度くらいの基準値は押さえておこう．

問022-1　次に示すものは，建築物衛生法に基づく，ある特定建築物の飲料水水質検査結果である．このうち，水道法第4条で規定する水質基準を満たしていないものはどれか．（2019年問題15）

(1) 一般細菌（1 mLの検水で形成される集落数）―― 25個

(2) 濁度 ―――――――――――――――――――― 2度

(3)　pH値 ———————————————————— 7.5

(4)　鉄及びその化合物 ————————————— 3 mg/L

(5)　有機物(全有機炭素(TOC)の量) ———————— 1 mg/L

問022-2　水道法第4条(水道により供給される水が備えなければならない要件)の条文に規定されるものとして，誤っているものは次のうちどれか．(2018年問題15)

(1) 銅，鉄，フッ素，フェノールを含まないこと．
(2) 病原生物に汚染され，又は病原生物に汚染されたことを疑わせるような生物若しくは物質を含むものでないこと．
(3) 異常な酸性又はアルカリ性を呈しないこと．
(4) 異常な臭味がないこと．ただし，消毒による臭味を除く．
(5) 外観は，ほとんど無色透明であること．

023　感染症法

感染症法では，感染症を第1類から第5類，新型インフルエンザ等に分類している．直ちに届出が必要な感染症には，第1類から第4類の感染症，第5類のうち麻しん，風しん，ならびに新型インフルエンザである．

問023-1　感染症の予防及び感染症の患者に対する医療に関する法律(以下「感染症法」という．)に基づく感染症で，医師が診断後，都道府県知事に直ちに届け出なければならない感染症として，誤っているものは次のうちどれか．(2020年問題12)

(1) ラッサ熱
(2) 百日咳
(3) コレラ
(4) 急性灰白髄炎
(5) デング熱

問023-2　感染症の予防及び感染症の患者に対する医療に関する法律に基づく感染症で，医師が診断後，都道府県知事に直ちに届け出なければならない感染症として，誤っているものは次のうちどれか．(2016年問題15)

(1) 麻しん

(2) エボラ出血熱

(3) ペスト

(4) 結核

(5) 新型インフルエンザ

問023-3 感染症の予防及び感染症の患者に対する医療に関する法律の目的に関する次の文章の[　　　]内に入る語句の組合せとして，正しいものはどれか．（2014年問題15）

　この法律は，感染症の予防及び感染症の患者に対する医療に関し必要な[　ア　]を定めることにより，感染症の発生を予防し，及びその[　イ　]の防止を図り，もって公衆衛生の向上及び[　ウ　]を図ることを目的とする．

	ア	イ	ウ
(1)	措置	まん延	増進
(2)	措置	再発	普及
(3)	措置	再発	増進
(4)	基準	まん延	普及
(5)	基準	再発	普及

024　地域保健法・保健所

保健所の業務が出題される．地域保健，人口動態，食品衛生，環境衛生，医事・薬事，公共医療などに関する業務は保健所の業務であるが，国民健康保険，労働災害，健康診断などに関する業務は保健所の業務ではない．

問024-1 地域保健法に関する次の記述のうち，最も不適当なものはどれか．（2021年問題15）

(1) 保健所長は，原則として医師をもって充てる．

(2) 特別区には，保健所が設置されている．

(3) 都道府県が設置する保健所は，市町村の求めに応じ，技術的助言を行うことができる．

(4) 全国に設置されている保健所のうち，政令市が設置している保健所が最も多い．

(5) 地域保健対策の推進に関する基本的な指針には，対人保健のほか，建築物衛生に関わる事項も含まれている．

問024-2 地域保健法に基づく保健所の事業として，最も適当なものは次のうちどれか．（2020年問題13）

(1) 社会福祉に関する思想の普及及び向上に関する事項
(2) 精神保健に関する事項
(3) 介護認定に関する事項
(4) 水道，下水道，廃棄物の処理，清掃その他の環境の保全に関する事項
(5) 児童虐待の防止に関する事項

問024-3 保健所の業務に関する事項として，最も不適当なものは次のうちどれか．（2012年問題17）

(1) 食品衛生に関する事項
(2) 人口動態統計に関する事項
(3) 精神保健に関する事項
(4) 薬事に関する事項
(5) 国民健康保険に関する事項

025 学校保健安全法

学校環境衛生基準の検査項目，学校薬剤師の職務などが出題される．学校薬剤師の業務の一つに，定期的，または必要に応じ，飲料水，プール水の水質検査，教室の空気環境・光環境の検査をすることが規定されている．

問025-1 学校保健安全法における教室等の環境に係る学校環境衛生基準の検査項目に含まれないものは，次のうちどれか．（2020年問題14）

(1) 照度
(2) 換気
(3) 騒音レベル
(4) 振動レベル
(5) 温度

問025-2 学校保健安全法に基づく教室の室内空気の検査の職務執行者は，次のうちどれか．（2017年問題15）
- (1) 学校の設置者
- (2) 学校薬剤師
- (3) 学校医
- (4) 校長
- (5) 学校保健技師

問025-3 学校保健安全法における学校環境衛生基準に定められていない検査項目は，次のうちどれか．（2016年問題17）
- (1) 運動場の微小粒子状物質の濃度
- (2) 水泳プールの水の水質
- (3) 校舎内のネズミの生息状況
- (4) 教室内の照度
- (5) 教室内の騒音レベル

問025-4 学校保健安全法に規定されている学校薬剤師の職務として，最も不適当なものは次のうちどれか．（2015年問題16）
- (1) 学校保健計画の立案への参与
- (2) 水泳プールの水の検査
- (3) 健康診断
- (4) 学校における医薬品の管理に関する指導
- (5) 教室の照度の検査

026　下水道法

下水道法は，公共下水道，流域下水道，都市下水路の基準などを定めて整備し，都市の健全な発達と公衆衛生の向上に寄与し，公共用水域の保全に資することを目的としている．

問026-1 下水道法の第1条に規定する目的に関する次の条文の［　　　］内に入る語句の組合せとして，正しいものはどれか．（2021年問題16）

　この法律は，流域別下水道整備総合計画の策定に関する事項並びに公共下水道，

流域下水道及び都市下水路の設置その他の管理の基準等を定めて，下水道の整備を図り，もって都市の健全な発達及び[　ア　]に寄与し，あわせて公共用水域の[　イ　]に資することを目的とする．

	ア	イ
(1)	健康で文化的な生活の確保 ——	水質の保全
(2)	生活環境の改善 ——————	環境の保全
(3)	生活環境の改善 ——————	水質の保全
(4)	公衆衛生の向上 ——————	環境の保全
(5)	公衆衛生の向上 ——————	水質の保全

問026-2　下水道法に関する次の記述のうち，最も不適当なものはどれか．（2019年問題16）

(1) 下水道の整備を図り，もって都市の健全な発達及び公衆衛生の向上に寄与し，あわせて公共用水域の水質の保全に資することを目的とする．

(2) 厚生労働大臣は，緊急の必要があると認めるときは，公共下水道等の工事又は維持管理に関して必要な指示をすることができる．

(3) 終末処理場とは，下水を最終的に処理して河川等に放流するために，下水道の施設として設けられる処理施設及びこれを補完する施設をいう．

(4) 都道府県は，下水道の整備に関する総合的な基本計画を定めなければならない．

(5) 環境大臣は，緊急の必要があると認めるときは，終末処理場の維持管理に関して必要な指示をすることができる．

問026-3　下水道法に関する次の記述のうち，最も不適当なものはどれか．（2018年問題16）

(1) 下水とは生活若しくは事業（耕作の事業を除く．）に起因し，若しくは付随する廃水又は雨水をいう．

(2) 公共下水道の排水区域内の土地の所有者，使用者又は占有者は，その土地の下水を公共下水道に流入させるために必要な排水設備を設置しなければならない．

(3) 公共下水道管理者は，公共下水道を設置しようとするときは，あらかじめ，

事業計画を定めなければならない.

(4) 公共下水道の設置，改築，修繕，維持その他の管理は，原則として都道府県が行う.

(5) 公共下水道管理者は，公共下水道などに著しく悪影響を及ぼすおそれのある下水を継続して排除して公共下水道を使用する者に対し，除害施設の設置などの必要な措置をしなければならない旨を定めることができる.

027 　生活衛生関連営業

生活衛生関係営業の運営の適正化及び振興に関する法律では，興行場法，旅館業法，公衆浴場法，食品衛生法に係る営業は許可が，理容師法，美容師法，クリーニング業法に係る営業は届出が必要である.

問027-1 　次の生活衛生関係営業のうち，施設の開設又は営業に当たって許可を要しないものの組合せとして正しいものはどれか. （2018年問題18）

ア 　映画館
イ 　ホテル
ウ 　理容所
エ 　公衆浴場
オ 　クリーニング所

(1) アとイ
(2) アとウ
(3) イとエ
(4) ウとオ
(5) エとオ

問027-2 　生活衛生関係営業の運営の適正化及び振興に関する法律が適用される「営業」を所管する法律として，誤っているものは次のうちどれか. （2014年問題17）

(1) 興行場法
(2) 理容師法
(3) 薬事法
(4) 美容師法

(5) クリーニング業法

問027-3 生活衛生関係営業について，施設の開設又は営業に当たって，許可を要しないものは次のうちどれか．（2013年問題18）

(1) 興行場

(2) 旅館

(3) 飲食店

(4) 公衆浴場

(5) 美容所

028 廃棄物処理法

廃棄物処理法では，廃棄物を，事業活動に伴って生じた産業廃棄物と，産業廃棄物以外の廃棄物である一般廃棄物に分類している．産業廃棄物は都道府県の，一般廃棄物は市町村の監督下に置かれている．

問028-1 廃棄物の処理及び清掃に関する法律の第1条に規定する目的に関する次の条文の[　　　]内に入る語句の組合せとして，正しいものはどれか．（2017年問題18）

　この法律は，廃棄物の排出を抑制し，及び廃棄物の適正な分別，保管，収集，運搬，再生，[　ア　]等の処理をし，並びに[　イ　]することにより，[　ウ　]及び公衆衛生の向上を図ることを目的とする．

	ア		イ		ウ
(1)	焼却	——	生活環境を清潔に	——	生活環境の保全
(2)	焼却	——	資源を有効に活用	——	経済の発展
(3)	焼却	——	良好な景観を形成	——	生活環境の保全
(4)	処分	——	生活環境を清潔に	——	生活環境の保全
(5)	処分	——	資源を有効に活用	——	経済の発展

問028-2 廃棄物の処理及び清掃に関する法律の規定として，誤っているものは次のうちどれか．（2014年問題18）

(1) 国内において生じた廃棄物は，なるべく国内において適正に処理されなければならない．

(2) 事業活動に伴って生じた廃棄物のうち，建築物の除去に伴って生じたがれき類は一般廃棄物である．

(3) 事業者は，その事業活動に伴って生じた廃棄物を，自らの責任において適正に処理しなければならない．

(4) 生活環境の保全及び公衆衛生の向上を図ることを目的としている．

(5) 建物の占有者は，その占有する建物の清潔を保つように努めなければならない．

問028-3 廃棄物の処理及び清掃に関する法律に規定する廃棄物に該当しないものは，次のうちどれか．（2012年問題18）

(1) ごみ

(2) 放射性物質

(3) 燃え殻

(4) ふん尿

(5) 動物の死体

029　旅館業法

旅館業法では，営業者に対して，施設の換気，採光，照明，防湿および清潔その他衛生に必要な措置を講じるよう規定されている．また，ダニやカビの発生を防ぐために防湿が規定されている．「関西消防の精鋭が宿泊」と覚えよう．

問029-1 旅館業法施行令に定める旅館・ホテル営業の施設の基準について，誤っているものは次のうちどれか．（2020年問題15）

(1) 宿泊しようとする者との面接に適する玄関帳場等を有すること．

(2) 適当な換気，採光，照明，防湿及び排水の設備を有すること．

(3) 客室の数は5室以上であること．

(4) 客室の床面積は，寝台を置く客室においては9平方メートル以上であること．

(5) 善良の風俗が害されるような文書，図面その他の物件を旅館業の施設に掲示し，又は備え付けないこと．

問029-2 旅館業法第4条第1項に規定されている次の条文の[　　　]内に入る語句の組合せとして，正しいものはどれか．（2016年問題18）

営業者は，営業の施設について，[　ア　]，採光，照明，[　イ　]及び清潔その他宿泊者の[　ウ　]に必要な措置を講じなければならない．

	ア		イ		ウ
(1)	換気	——	保湿	——	衛生
(2)	換気	——	防湿	——	衛生
(3)	防音	——	保湿	——	安全
(4)	防音	——	防湿	——	安全
(5)	防音	——	防湿	——	衛生

030　興行場法

興行場法では，営業者に対して，興行場の換気，照明，防湿および清潔その他衛生に必要な措置を講じるよう規定されている．前項の旅館業法の措置に類似しているが，採光が規定されていない．

問030-1　興行場法に関する次の記述のうち，最も不適当なものはどれか．（2021年問題17）

(1) 興行場は，映画，演劇，スポーツ，演芸又は観せ物を，公衆に見せ，又は聞かせる施設をいう．

(2) 興行場の営業を行う場合には，興行場法に基づき許可を得なければならない．

(3) 興行場の維持管理は，都道府県の条例で定める換気，照明，防湿，清潔等の衛生基準に従わなければならない．

(4) 興行場は，国が定める構造設備基準に従わなければならない．

(5) 特定建築物に該当する興行場の場合は，建築物衛生法と興行場法のそれぞれの衛生上の基準を守らなければならない．

問030-2　興行場法第3条に規定されている次の条文の[　　　　]内に入る語句の組合せとして，正しいものはどれか．（2018年問題17）

営業者は，興行場について，換気，[　ア　]，[　イ　]及び清潔その他入場者の衛生に必要な措置を講じなければならない．その措置の基準については，[　ウ　]で，これを定める．

	ア		イ		ウ
(1)	採光	——	防湿	——	都道府県が条例

(2)　採光 ——— 防湿 ——— 厚生労働省が省令

　(3)　照明 ——— 防湿 ——— 都道府県が条例

　(4)　照明 ——— 保温 ——— 厚生労働省が省令

　(5)　採光 ——— 保温 ——— 都道府県が条例

問030-3　興行場法に関するア～オの記述のうち，誤っているものの組合せは次のどれか．（2017年問題17）

　ア　興行場とは，映画，演劇，音楽，スポーツ，演芸又は観せ物を，公衆に見せ，又は聞かせる施設をいう．

　イ　業として興行場を経営しようとする者は，都道府県知事（保健所を設置する市又は特別区にあっては，市長又は区長．）に届け出なければならない．

　ウ　興行場営業を営む者は，興行場について，換気，照明，防湿及び清潔その他入場者の衛生に必要な措置を講じなければならない．

　エ　入場者の衛生に必要な措置の基準については，厚生労働省令によって定められている．

　オ　入場者は，興行場において，場内を著しく不潔にし，その他公衆衛生に害を及ぼす虞のある行為をしてはならない．

　(1)　アとイ

　(2)　アとウ

　(3)　イとエ

　(4)　ウとオ

　(5)　エとオ

031　環境基本法

環境基本法では，公害を，「事業活動等に伴って生ずる相当範囲にわたる『大気の汚染』『水質の汚濁』『土壌の汚染』『騒音』『振動』『地盤の沈下』および『悪臭』によって，被害が生ずること」と定義されている．

問031-1　環境基本法において，環境基準に定められていないものは次のうちどれか．（2021年問題19）

　(1)　大気の汚染

　(2)　振動

(3) 土壌の汚染

(4) 騒音

(5) 水質の汚濁

問031-2 環境基本法に基づく大気の汚染に係る環境基準に定められていない物質は，次のうちどれか．（2016年問題19）

(1) 浮遊粒子状物質

(2) 一酸化炭素

(3) 二酸化炭素

(4) 二酸化窒素

(5) 光化学オキシダント

問031-3 環境基本法に規定する公害に該当しないものは，次のうちどれか．（2015年問題19）

(1) 土壌の汚染

(2) 大気の汚染

(3) 水質の汚濁

(4) 海面の上昇

(5) 地盤の沈下

032 大気汚染防止法

大気汚染防止法では，事業活動等に伴うばい煙，揮発性有機化合物および粉じんの排出などを規制している．ばい煙とは，いおう酸化物，ばいじんおよび窒素酸化物などの有害物質であると定義されている．

問032-1 大気汚染防止法第1条の目的に関する次の記述のうち，誤っているものはどれか．（2021年問題18）

(1) 排出ガスに係るダイオキシン類の量について許容限度を定める．

(2) 揮発性有機化合物の排出等を規制する．

(3) 有害大気汚染物質対策の実施を推進する．

(4) 自動車排出ガスに係る許容限度を定める．

(5) 水銀等の排出を規制する．

　大気汚染防止法に定められていないものは，次のうちどれか．（2013年問題19）

(1) 工場及び事業場における事業活動等に伴うばい煙等の排出等の規制

(2) 土壌中の特定有害物質の飛散に係る許容限度

(3) 有害大気汚染物質対策の実施の推進

(4) 大気の汚染の状況の監視

(5) 大気の汚染に関して健康被害が生じた場合における事業者の損害賠償の責任

033　　悪臭防止法

悪臭防止法では，不快なにおいの原因となり，生活環境を損なうおそれのある特定悪臭物質として，アンモニア，メチルメルカプタン，硫化水素，アセトアルデヒド，トルエンなどの物質が定められている．

問033-1　　悪臭防止法に規定する特定悪臭物質に該当しないものは，次のうちどれか．（2020年問題17）

(1) アンモニア

(2) ホルムアルデヒド

(3) 硫化水素

(4) トルエン

(5) メチルメルカプタン

034　　水質汚濁防止法

水質汚濁防止法では，人の健康に係る被害を生ずるおそれがある有害物質として，カドミウム，シアン，鉛，六価クロム，砒素，水銀，ポリ塩化ビフェニル，トリクロロエチレンなどの物質が定められている．

問034-1　　水質汚濁防止法に関する次の記述のうち，誤っているものはどれか．（2020年問題16）

(1) 特定施設を有する事業場（特定事業場）から排出される水について，排水基準以下の濃度で排水することを義務付けている．

(2) 公共用水域への排出とは河川，湖，海等への排出であって，下水道に排出する場合を含まない．

(3) 都道府県は，条例により国が定めた排水基準よりも厳しい基準を定めること

ができる.

(4) 工場や事業場から公共用水城に排出される排水が規制対象であり, 地下への水の浸透を含まない.

(5) 日平均排水量が50 m³以上であるホテルは, 水質汚濁防止法に基づく特定事業場である.

問034-2　水質汚濁防止法第1条に定めるこの法律の目的に関する次の条文の[　　]内に入る語句の組合せとして, 正しいものはどれか. (2019年問題18)

　「この法律は, 工場及び事業場から公共用水域に排出される水の排出及び地下に浸透する水の浸透を規制するとともに, [　ア　]の実施を推進すること等によって, 公共用水域及び地下水の水質の汚濁の防止を図り, もって[　イ　]とともに生活環境を保全し, 並びに工場及び事業場から排出される汚水及び廃液に関して人の健康に係る被害が生じた場合における[　ウ　]について定めることにより, 被害者の保護を図ることを目的とする.」

	ア	イ	ウ
(1)	生活排水対策	国民の健康を保護する	事業者の損害賠償の責任
(2)	下水対策	水質の基準を維持する	事業者の損害賠償の責任
(3)	生活排水対策	水質の基準を維持する	緊急時の措置
(4)	下水対策	国民の健康を保護する	緊急時の措置
(5)	生活排水対策	水質の基準を維持する	事業者の損害賠償の責任

問034-3　水質汚濁防止法に規定されていない事項は, 次のうちどれか. (2012年問題19)

(1) 生活排水対策の推進

(2) 事業場から公共下水道に排出される水の排出の規制

(3) 水質汚濁の状況の監視

(4) 事業場からの排出水に関して人の健康被害が生じた場合における事業者の損害賠償責任

(5) 総量削減基本方針及び総量削減計画

035 労働安全衛生法

労働安全衛生法は，労働基準法と相まって，労働災害防止のための危害防止基準の確立，責任体制の明確化および自主的活動の促進などにより，労働者の安全と健康の確保，快適な職場環境の形成を目的としている．

問035-1 労働安全衛生法に規定されている内容として，最も不適当なものは次のうちどれか．（2021年問題20）

(1) 国による労働災害防止計画の策定
(2) 一定の事業場における安全衛生委員会の設置
(3) 都道府県知事によるボイラの製造許可
(4) 一定の事業者による産業医の選任
(5) 事業者による快適な作業環境の維持管理

問035-2 労働安全衛生法に規定されている労働災害防止に関する次の記述のうち，誤っているものはどれか．（2020年問題18）

(1) 厚生労働大臣は，労働災害防止計画を策定しなければならない．
(2) 事業者は，規模に応じて総括安全衛生管理者を選任しなければならない．
(3) 事業者は，業種と規模に応じて安全委員会を設けなければならない．
(4) 都道府県知事は，重大な労働災害が発生した場合，事業者に対し特別安全衛生改善計画を作成することを指示することができる．
(5) 安全委員会の構成委員には，当該事業場の労働者で，事業者が指名した者が含まれなければならない．

問035-3 労働安全衛生法に規定する事業者の責務に関する次の記述のうち，最も不適当なものはどれか．（2018年問題19）

(1) 事業場の規模に応じて，産業医を選任しなければならない．
(2) 事業場の規模に応じて，健康診断の結果を保健所長に報告しなければならない．
(3) 有害な業務を行う屋内作業場その他の作業場で，必要な作業環境測定を行い，及びその結果を記録しておかなければならない．
(4) 一定規模の事業場においては，常時使用する労働者に対し，医師，保健師等による心理的な負担の程度を把握するための検査を行わなければならない．

(5) 伝染性の疾病その他の疾病で，厚生労働省令で定めるものにかかった労働者については，その就業を禁止しなければならない.

問035-4 労働安全衛生法に規定されている内容として，正しいものは次のうちどれか．（2012年問題20）
(1) 都道府県知事による労働災害防止計画の策定
(2) 都道府県労働局長による安全衛生委員会の設置
(3) 市町村長によるボイラーの製造許可
(4) 事業者による産業医の選任
(5) 保健所長による作業環境測定

036 事務所衛生基準規則

事務所衛生基準規則は，労働安全衛生法を実施するために，労働安全衛生法の規定に基づき定められている．事務室の環境管理として，気積，換気，温度，照度などの基準が規定されている．

問036-1 事務所衛生基準規則において，労働者を常時就業させる室の環境に関する次の記述のうち，最も不適当なものはどれか．（2019年問題19）
(1) 空気調和設備を設けている場合は，室の気温が17℃以上28℃以下になるように努めなければならない.
(2) 窓その他の直接外気に向かって開放できる部分の面積が，常時床面積の20分の1以上となるようにするか，有効な換気設備を設けなければならない.
(3) 室の気温が10℃以下の場合は，暖房するなどの適当な温度調節の措置を講じなければならない.
(4) 気積は，設備の占める容積及び床面から3mを超える高さにある空間を除き，労働者1人について，8m³以上としなければならない.
(5) 室の作業面の照度は，普通の作業の場合は150 lx以上でなければならない.

問036-2 労働安全衛生法に基づく事務所衛生基準規則第17条に定める便所の設置についての基準に規定されていないものは，次のうちどれか．（2017年問題19）
(1) 流出する清浄な水を十分に供給する手洗い設備を設けること.
(2) 男性用小便所の箇所数は，同時に就業する男性労働者30人以内ごとに1個以

上とすること.

(3) 女性用便所の便房の数は，同時に就業する女性労働者20人以内ごとに1個以
上とすること.

(4) 便所内に，高齢者，障害者等が円滑に利用することができる構造の水洗器具
を設けた便房を1個以上設けること.

(5) 男性用と女性用に区別すること.

問036-3　労働安全衛生法に基づく事務所衛生基準規則の照度等に関する次の文
章の[　　　]内に入る語句の組合せとして，正しいものはどれか．ただし，感光材
料の取扱い等特殊な作業を行う室については，この限りでない．（2016年問題20）

　事業者は，労働者を常時就業させる室について，精密な作業を行う作業面の照
度を[　ア　]ルクス以上，普通の作業を行う作業面の照度を150ルクス以上，粗
な作業を行う作業面の照度を70ルクス以上に適合させなければならない.

　また，事業者は，労働者を常時就業させる室の照明設備について，[　イ　]以
内ごとに1回，定期に，点検しなければならない.

　　　　　ア　　　　　　イ
(1)　500 ───── 1年
(2)　500 ───── 6カ月
(3)　300 ───── 1年
(4)　300 ───── 6カ月
(5)　200 ───── 1年

問036-4　労働安全衛生法に基づく事務所衛生基準規則に関する次の文章の
[　　　]内に入る数値の組合せとして，正しいものはどれか．（2013年問題20）

　労働者を常時就業させる室の気積は，設備の占める容積及び床面から[　ア　]
mをこえる高さにある空間を除き，労働者1人について，[　イ　]m³以上としな
ければならない.

　　　　ア　　　　イ
(1)　3 ───── 8
(2)　4 ───── 8
(3)　4 ───── 10

(4) 5 ——— 8

(5) 5 ——— 10

037　健康増進法

健康増進法は，国民の健康の増進に関し基本的な事項を定め，国民の健康の増進を図るための措置を講じ，国民保健の向上を図ることを目的としている．第25条に，受動喫煙の防止が定められている．

問037-1　平成30年の健康増進法の改正に関する次の文章の[　　　]内に入る語句の組合せとして，正しいものはどれか．（2020年問題19）

平成30年の健康増進法の改正では[　ア　]の[　イ　]の強化が行われ，原則として，学校・病院・児童福祉施設での[　ウ　]の禁煙の徹底が図られている．

	ア	イ	ウ
(1)	能動喫煙 ———	削減 ———	敷地内
(2)	能動喫煙 ———	防止 ———	屋内
(3)	受動喫煙 ———	防止 ———	屋内
(4)	受動喫煙 ———	防止 ———	敷地内
(5)	受動喫煙 ———	削減 ———	屋内

問037-2　次の法律のうち，受動喫煙防止を規定しているものはどれか．（2019年問題20）

(1)　健康増進法

(2)　有害物質を含有する家庭用品の規制に関する法律

(3)　悪臭防止法

(4)　環境基本法

(5)　美容師法

038　建築基準法

建築主事等が建築確認する際には，消防長等に通知し，同意を得なければならない．建築物衛生法の特定建築物の場合には，保健所長に通知しなければならない．保健所長は，必要な場合，意見を述べることができる．

問038-1　建築物衛生法と関連する法律に関する次の記述のうち，最も不適当な

ものはどれか．（2018年問題20）

(1) 地域保健法に基づいて設置された保健所は，建築物環境衛生に関する相談指導などを行う．

(2) 建築基準法は，建築物について環境衛生上の維持管理を行うことを定めている．

(3) 労働安全衛生法は，労働者という特定の集団を対象として，工場など特定の作業場における環境条件などを定めている．

(4) 学校保健安全法は，児童及び生徒という特定の集団を対象として，学校における環境条件などを定めている．

(5) 建築物衛生法は，給水の水質基準などについて水道法の基準の一部を準用している．

問038-2 建築物衛生法における特定建築物についての建築基準法による取扱いに関する次の文章の［　　　］内に入る語句の組合せとして，正しいものはどれか．（2017年問題20）

　建築主事又は［　ア　］は，建築物における衛生的環境の確保に関する法律に規定する特定建築物に該当する建築物に関して，建築基準法第6条の規定による確認の申請書を受理した場合は遅滞なく，これを当該申請に係る建築物の工事施工地又は所在地を管轄する［　イ　］に通知しなければならない．

　［　イ　］は，必要があると認める場合においては，この法律の規定による許可又は確認について，［　ウ　］，建築主事又は［　ア　］に対して意見を述べることができる．

	ア	イ	ウ
(1)	指定確認検査機関	保健所長	特定行政庁
(2)	指定確認検査機関	市町村長	特定行政庁
(3)	都道府県知事	保健所長	国土交通省
(4)	都道府県知事	市町村長	国土交通省
(5)	都道府県知事	市町村長	特定行政庁

問038-3 建築物における衛生的環境の確保に関する法律に基づく特定建築物についての建築基準法による取扱いに関する次の文章の［　　　］内に入る語句の組合

せとして，正しいものはどれか．(2014年問題20)

　　建築主事又は[　ア　]は，建築物における衛生的環境の確保に関する法律に該当する特定建築物に関して建築確認申請書を受理した場合においては，[　イ　]に[　ウ　]しなければならない．[　イ　]は，必要があると認められる場合においては，建築基準法に規定する許可又は確認について，特定行政庁，建築主事又は[　ア　]に対して[　エ　]ことができる．

	ア	イ	ウ	エ
(1)	都道府県知事	市町村長	通知	改善を求める
(2)	都道府県知事	市町村長	連絡	意見を述べる
(3)	都道府県知事	保健所長	通知	意見を述べる
(4)	指定確認検査機関	市町村長	連絡	改善を求める
(5)	指定確認検査機関	保健所長	通知	意見を述べる

科目1　建築物衛生行政概論　解答と解説

001　日本国憲法25条

問001-1　正解（2）

すべての国民は，[**ア　健康**]で文化的な最低限度の生活を営む権利を有する.

2　国は，すべての[**イ　生活部面**]について，社会福祉，[**ウ　社会保障**]及び[**エ　公衆衛生**]の向上及び増進に努めなければならない.

問001-2　正解（5）

憲法25条は，「国民の生存権と国の社会的任務」を明確にしている. 公衆衛生および衛生行政の基本となる法令であって，以下の二つの条項から構成されている.

第1項　すべての国民は，健康で文化的な最低限度の生活を営む権利を有する.

第2項　国は，すべての生活部面について，社会福祉，社会保障および公衆衛生の向上および増進に努めなければならない.

002　WHO憲章

問002-1　正解（5）

世界保健機関（WHO）の憲章の前文は以下のとおりである.

健康とは，完全な肉体的，[**ア　精神的**]および社会的福祉の状態にあり，単に疾病または病弱の存在しないことではない. 到達しうる最高水準の健康を享有することは，[**イ　人種**]，宗教，政治的信念または経済的もしくは社会的条件の差別なしに万人の有する基本権利の一つである.

問002-2　正解（2）

世界保健機関（WHO）憲章の前文である.

003　行政組織

問003-1　正解（3）

(1) 消防法は総務省の所管である.

(2) 学校保健安全法は文部科学省の所管である.

(4) 浄化槽法は国土交通省と環境省の所管である.

(5) 労働基準監督官は労働局や労働基準監督署に置かれている.

問003-2　正解（2）

消防法は，総務省が所管する.

(1) 2021年4月1日現在，保健所は全国に470か所（うち都道府県立は354か所）設置されている.

(3) 終末処理場の維持管理に関することは，環境省と国土交通省の共管である.

(4) 労働基準監督官は厚生労働省の職員であり，都道府県労働局および労働基準監督署に置かれている.

(5) 特定行政庁とは，建築主事を置く市町村の区域については当該市町村の長のことをいい，その他の市町村の区域については都道府県知事のことをいう.

問003-3　正解（3）

水道法は，国土交通省と環境省が所管する.

(1) 下水道法は，国土交通省と環境省である.

(2) 学校保健安全法は，文部科学省である.

(4) 浄化槽法は, 国土交通省と環境省である.

(5) 地域保健法は, 厚生労働省である.

004　建築物衛生法(目的・内容)

問004-1　正解 (1)

建築物衛生法は, 多数の者が使用し, または利用する建築物の維持管理に関し, 環境衛生上必要な事項を定めている(同法第1条).

問004-2　正解 (1)

昭和45年法律第20号として公布された建築物衛生法第5条(届出先)には, 都道府県知事と明記されているので, (1)の厚生省(現厚生労働省)から都道府県知事へ変更されたという記述は誤り.

問004-3　正解 (1)

特定建築物の衛生の環境の確保のために定められているのは, 建築設備の設計指針ではなく, 建築物環境衛生管理基準である.

(2) 建築物衛生法第5条(特定建築物の届出)ほかにより正しい.

(3) 同法第3条(保健所の業務)により正しい.

(4) 同法第4条(建築物環境衛生管理基準)第2項により正しい.

(5) 同法第4条第3項により正しい.

問004-4　正解 (2)

建築物における衛生的環境の確保に関する法律(建築物衛生法)の目的は第1条にあり, 出題頻度が高い.

この法律は, 多数の者が使用し, 又は利用する建築物の[ア　維持管理]に関し

[イ　環境衛生]上必要な事項等を定めることにより, その建築物における衛生的な環境の確保を図り, もって[ウ　公衆衛生]の向上及び増進に資することを目的とする.

005　特定建築物

問005-1　正解 (1)

学校教育法第1条に規定する学校と該当しない学校に関する設問である.

(1) 幼稚園は学校である. 延べ面積が8 000m²に満たないので特定建築物に該当しない.

(2) 自動車学校は学校ではなく第1条学校等以外の学校に分類される. 延べ面積が3 000m²以上であるので特定建築物に該当する.

(3) 特別支援学校は学校である. 延べ面積が8 000m²以上であるので特定建築物に該当する.

(4) 予備校は学校ではなく第1条学校等以外の学校に分類される. 延べ面積が3 000m²以上であるので特定建築物に該当する.

(5) 幼保連携型認定こども園は学校である. 延べ面積が8 000m²以上であるので特定建築物に該当する.

問005-2　正解 (3)

学校教育法第1条に規定しない専門学校の場合は, 延べ面積3 000m²以上で特定建築物である. 設問では延べ面積が6 500m²であるから特定建築物である.

(1) 該当しない. 自然科学系研究施設は特定用途ではないので延べ面積に含ま

れない. 事務所部分は特定用途であるが, 3 000m^{2}に満たないので特定建築物に該当しない.

(2) 該当しない. 中高一貫校は, 学校教育法第1条に規定する学校であるが, 合計延べ面積が8 000m^{2}に満たないので, 特定建築物に該当しない.

(4) 該当しない. 寺院は, 特定用途ではないので延べ面積に含まれない. したがって, 事務所部分は3 000m^{2}に満たないので特定建築物に該当しない.

(5) 該当しない. 貸倉庫は管理権原者が別に存在し, 店舗が管理しているわけではないので, 店舗の付属物とはみなされない. したがって, 店舗部分は3 000m^{2}に満たないので特定建築物に該当しない.

問005-3　正解（2）

本来, 共用部は特定用途本体に「付随するもの」として, また建築物内の駐車場, 倉庫は特定用途本体に「付属するもの」として特定用途に含まれる. しかし, 設問の場合, C社には特定用途本体がなく倉庫のみであるから, 付属物に該当せず, 特定用途から除かれる. したがって, 特定用途の延べ面積は（2 000＋600＋200＋400＝）[ア　3 200] m^{2}となり, 面積が3 000m^{2}以上（学校教育法第1条に規定する学校は8 000m^{2}以上）なので特定建築物に該当[イ　する].

問005-4　正解（2）

同一敷地内に独立した複数の建築物が存在する場合は, 棟ごとに面積を算出して, 特定建築物に該当するかどうかを判定する.

006　特定建築物の用途

問006-1　正解（4）

(1)(2)(3)(5)は特定用途に該当しない（同法第2条）.

(4) の地下街の店舗は特定用途に該当するので, 付属する倉庫は延べ面積に含める.

問006-2　正解（2）

興行場は,「映画, 演劇, 音楽, スポーツ, 演芸または観せ物を, 公衆に見せ, 又は聞かせる施設」と定義されている. その定義に規定する施設はすべて興行場である.

(1) 適当. 大規模小売店舗立地法（同法施行令第2条）により, 大規模小売店舗の条件は, 店舗面積が1 000m^{2}以上と規定されているから, 百貨店はその範疇に該当する.

(3) 適当. 図書館には企業が設置する専門の図書館等も含まれるから, すべてが図書館法第2条に規定する図書館とは限らない.

(4) 適当. 博物館法では, 第2条により登録制が採用されている. したがって, 法の対象外の博物館も存在する.

(5) 適当. 旅館は, 旅館業法（第2条）に規定されている旅館業を営むための施設である.

問006-3　正解（5）

施行令では, 寄宿舎と共同住宅は特定用途に該当しない.

問006-4　正解（5）

映画館のロビーは, 延べ面積に含まれ

る.

007　特定建築物の延べ面積

問007-1　正解（3）

　A社の学習塾とB社の銀行は事務所に該当するので特定用途である．また，A社とB社の共用地下駐車場とB社の倉庫は，それぞれの付属物に該当するので特定用途に加算される．よって，

　　特定用途の合計面積

　　　$= 900 + 1\,500 + 500 + 100$

　　　$= 3\,000\,[\mathrm{m}^2]$

となり，特定建築物に該当する．

　なお，C社のトランクルームは，特定用途の主体が当建築物内に存在しないので，特定用途には含まれない．D社の保育施設は，社会福祉施設に分類されるので特定用途ではない．

問007-2　正解（1）

　特定用途に付随する共用部分（廊下，階段等）は，特定用途に含まれる．事務所は特定用途に該当するので(1)は誤り．

問007-3　正解（5）

(1)　学校教育法第1条に規定する学校（以下「学校」）に該当し，延べ面積が8 000m²以上であるので特定建築物に該当する．

(2)　延べ面積が4 000m²の研修所は第1条学校等以外の学校に分類され，3 000m²以上であるので，特定建築物である．

(3)　幼保連携型認定こども園とは，「幼稚園と保育園が一体化した施設」であり，「学校」として認定されてい

る.したがって，延べ面積9 000m²は8 000m²を超えているので特定建築物である．なお，幼稚園は「学校」であり，保育園は「児童福祉施設」であって「学校」ではない．

(4)　延べ面積が5 000m²の各種学校は第1条学校等以外の学校に分類され，3 000m²以上であるので，特定建築物である．

(5)　特別支援学校は「学校」であるが，延べ面積が7 000m²であり，8 000m²に満たないので，特定建築物ではない．

問007-4　正解（5）

　共同住宅は個人の住居の集合体であるから,特定建築物に該当しない.したがって，店舗部分（800m²）だけでは特定建築物の要件を満たさない．

008　特定建築物の届出

問008-1　正解（2）

(1)　使用開始後1か月以内に届け出る（同法第5条）．

(3)　解体後，1か月以内に届け出る（同法第5条）．

(4)　届出事項は，政令ではなく，同法施行規則第1条で規定されている．

(5)　届出の様式は,厚生労働省ではなく,都道府県で定めている．

問008-2　正解（5）

　特定建築物の届出の際の記載事項に関して,「特定建築物の施工年月日」は同法施行規則第1条には規定されていない.

問008-3　正解（3）

同法施行規則第1条(届出)には，建築確認済の年月日は規定されていない.

問008-4　正解 (4)

建築物衛生法第5条(特定建築物についての届出)第3項により，建築物が特定建築物に該当しなくなったときは，1か月以内に届け出る必要がある.

(1) 同法第5条第1項により，都道府県知事に届け出る.

(2) 同法第5条第1項により，特定建築物の使用開始から1か月以内に届け出る.

(3) 同法第16条第1号により，30万円以下の罰金に処せられる.

(5) 同法施行規則第1条(特定建築物の届出)が定める届出内容に，「建築確認済証の写し」は含まれていない.

009　帳簿書類

問009-1　正解 (5)

保管を必要とする帳簿書類とその保管期間は以下のとおりである.

保管期間	帳簿の分類	帳簿の例
5年間	空気環境の調整	空気環境測定記録
	給水・排水の管理	貯水槽・排水槽の清掃記録
	清　掃	統一的な大掃除の実施記録
	ねずみ，衛生害虫などの防除状況	統一的な衛生害虫の防除記録
	その他環境衛生上必要なもの	騒音・照明関係の記録
永　久	建築物・設備の図面	平面図，設備の配置・系統図
選任期間	一人の建築物環境衛生管理技術者が複数の特定建築物を兼任しても業務上支障がないことを確認した結果を記載した書面	

注1) 永久とは，建築物が存在する期間中という意味である.

注2) 選任期間とは，当該の建築物環境衛生管理技術者を選任している期間中という意味である.

問009-2　正解 (3)

以下の2カ所が誤り.

①[廃棄物処理]は誤りで，[ねずみ・昆虫等の防除]が正しい.

③[10年間]は誤りで，[5年間]が正しい.

問009-3　正解 (3)

昇降機の点検整備は建築基準法，労働安全衛生法で規定されている.

問009-4　正解 (1)

建築物衛生法施行規則第20条(帳簿書類)に関する問題で，貯水槽の臨時清掃と修理を実施した記録書類は5年間保存しなければならない.

(2) 維持管理に関する設備の系統を明らかにした図面は，永久保存が必要である.

(3) 空気環境測定の結果の保存期間は，5年間である.

(4) ねずみ等の生息状況調査結果と駆除を実施した記録書類の保存期間は，5年間である.

(5) 清掃の実施と廃棄物の処理量の記録書類の保存期間は，5年間である.

010　ビル管理基準

問010-1　正解　正解なし
　　　　　　　(正解の選択肢なし)

出題当時は(5)が正解．しかし，一酸化炭素の外気濃度が高い場合などに，室内の基準値を20ppm以下にできるとい

う特例（施行規則第2条）は，2022（令和4）年4月1日に廃止となった．

問010-2 正解 （2）

（2）の中の窒素酸化物の含有率は，建築物環境衛生管理基準に含まれていない．

問010-3 正解 （5）

建築物衛生法施行規則第3条の2（空気環境の測定法）第4号で，空気環境については建築等（建築，大規模な修繕・模様替え）を完了し，その使用を開始した日以後最初に到来する測定期間（6月1日から9月30日までの期間）中に1回，測定すること，と定められている．

(1) 同法施行規則第3条の2第3号により正しい．

(2) 同法施行規則第4条の2（雑用水に関する衛生上必要な措置等）第3号・第5号により正しい．

(3) 同法施行規則第3条の18（空気調和設備に関する衛生上必要な措置）第5号により正しい．

(4) 同法施行規則第4条の3（排水に関する設備の掃除等）第1項により正しい．

011 ビル管理基準（空気環境）

問011-1 正解 （2）

(1) ホルムアルデヒドの基準値は0.1mg/m³であり，機械換気設備の有無にかかわらず適用される．

(3) 特定建築物では建築物衛生法と事務所衛生基準規則の両方が適用されるが，一般事務所では事務所衛生基準規則のみが適用される．なお，一

般事務所での二酸化炭素の含有率の基準値は，建築物衛生法と同様，原則1 000ppm以下だが，空調設備や換気装置を設けていない場合に限り，5 000ppm以下に緩和されている（事務所衛生基準規則第3条・第5条）．

(4) 一酸化炭素の外気濃度が高い場合などに，室内の基準値を20ppm以下にできるという特例（施行規則第2条）は，2022（令和4）年4月1日に廃止となった．

(5) 浮遊粉じんの基準値は，相対沈降径がおおむね10μm以下の粒子を対象としている．

問011-2 正解 （5）

浮遊粉じんの測定は，同法施行規則第3条3により，厚生労働大臣の登録を受けた者により較正された機器を使用しなければならない．設問の「経済産業大臣」は誤り．

問011-3 正解 （2）

建築物衛生法施行規則第3条の2に関する問題である．空気環境管理基準の測定項目には，平均値で評価するもの（浮遊粉塵の量，一酸化炭素の濃度，二酸化炭素の濃度）が含まれているので，1日に2回以上測定しなければならない．

(1) 不適当．設問のような規定は存在せず，2か月ごとに測定しなければならない．

(3) 不適当．各階ごとに測定しなければならない．

(4) 不適当．測定場所は，室内の中央部分である．

(5) 不適当. 設問の規定は，建築物衛生法関連法令には存在しない（ただし，記述の内容は，実際に基準値を超えた場合の対処方法としておおむね妥当と言える）.

問011-4　正解 (2)

(1) 温度の基準は，<u>18℃以上28℃以下</u>.

(3) 粉じん計は，<u>1年以内ごとに較正し</u>なければならない.

(4) ホルムアルデヒドの測定は，6月1日から9月30日までの期間に実施しなければならないが，管理基準に合格すれば翌年の測定は免除される. したがって，<u>毎年測定する必要はない</u>.

(5) 測定位置の高さの基準は，<u>75cm以上150cm以下</u>.

問011-5　正解 (5)

気流の測定には，<u>0.2m/s以上の気流を</u>測定することのできる風速計を使用する.

問011-6　正解 (2)

二酸化炭素は，空気中に0.03～0.04%程度含まれているので，<u>中毒死するような物質ではない</u>. ただし，空気中の濃度が3～4%くらいになると頭痛, めまい, 吐き気などが見られるようになり, 7%を超えると数分で意識を失う. そのため, 建築物衛生法の管理基準では1 000ppm（0.1%）以下に維持管理することになっている.

012　空気環境測定結果

問012-1　正解 (4)

一酸化炭素と二酸化炭素は平均値で評価, 温度と相対湿度は瞬時値で評価し, 2回の測定値ともに基準値以内でなければ不合格となる.

一酸化炭素（6ppm以下）：平均値は2.5ppmで合格.

二酸化炭素（1 000ppm以下）：平均値は1150ppmで不合格.

温度（18～28℃）：1回目22.5℃, 2回目23℃で合格.

相対湿度（40～70%）：1回目（30%）, 2回目（35%）ともに不合格.

問012-2　正解なし（正解の選択肢なし）

空気環境の建築物環境衛生管理基準は, 建築物衛生法施行令第2条（建築物環境衛生管理基準）第一号に示されている.

イ　空気調和設備を設けている場合

一　浮遊粉じんの量	空気1 m³につき0.15mg以下	
二　一酸化炭素の含有率	6/100万	
三　二酸化炭素の含有率	1 000/100万以下	
四　温度	一　18℃以上28℃以下 二　居室における温度を外気の温度より低くする場合は, その差を著しくしないこと	
五　相対湿度	40%以上70%以下	
六　気流	0.5 m/秒以下	
七　ホルムアルデヒドの量	空気1 m³につき0.1 mg以下	

これらのうち, 一～三は平均値, 四～七は瞬間値で判断する. したがって, 設問では一酸化炭素の含有率, 二酸化炭素の含有率, 温度, 気流の4項目が基準不

適合なので，正解なし（出題当時の正解は (5)）．

問012-3　正解 **(1)**

上表から (1) が正解．

013　空調設備の管理基準

問013-1　正解 **(4)**

(1) 加湿器の汚れの点検は，使用中に1回だけではなく，<u>使用開始時および使用中1か月以内ごとに1回</u>点検し，必要に応じ換水，清掃等を行う．

(2) 加湿装置の清掃は，2年以内ごとではなく，<u>1年以内ごとに1回</u>実施する．

(3) 加湿装置の維持管理が不十分な場合，カビやレジオネラ属菌が発生しやすくなり，居室内空気が<u>汚染される可能性が高くなる</u>．

(4) 加湿装置の排水受けには，<u>水が溜まっていないこと</u>を確認する．

問013-2　正解 **(1)**

冷却塔を<u>1か月以内ごとに1回</u>，定期に点検し，必要に応じて清掃，換水を行う．

問013-3　正解 **(5)**

建築物衛生法施行規則第3条の18（空気調和設備に関する衛生上必要な措置）により，冷却塔および加湿装置に供給する水は，水道法第4条に規定する基準に適合させるための措置を講じなければならない．

定期点検などの頻度については，以下のように定められている．

(1) 加湿装置の点検は<u>1か月以内ごとに1回</u>

(2) 冷却塔等の清掃は<u>1年以内ごとに1回</u>

(3) 冷却塔の点検は<u>1か月以内ごとに1回</u>

(4) 空気調和設備内の排水受けの点検は<u>1か月以内ごとに1回</u>

014　給排水設備の管理基準

問014-1　正解 **(5)**

井水などの水を使用する場合であっても，水道法第4条の水質基準に適合する水を供給しなければならない．また，建築物衛生法施行規則第4条により，残留塩素濃度は水道水と同水準を維持しなければならない．

問014-2　正解 **(1)**

水景に使用する雑用水の水質検査期間は，同法施行規則第4条2により以下のとおりとなっている．したがって (1) は不適当である．

- 7日ごと：pH，臭気，外観，残留塩素濃度
- 2か月ごと：大腸菌群，濁度

問014-3　正解 **(1)**

雑用水における一般細菌の基準値は，集落数 $100/mL$ 以下である．

問014-4　正解 **(1)**

建築物衛生法施行規則第4条（飲料水に関する衛生上必要な措置等）第1項第8号で，供給する飲料水が人の健康を害するおそれがあるときは直ちに給水を停止し，かつ，その水を使用することが危険である旨を関係者に周知させること，と定められている．

(2) 同法施行令第2条（建築物環境衛生管理基準）第2号イにより正しい.

(3)(4)(5) 同法施行規則第4条第5号・第7号により正しい.

問014-5　正解（3）

建築物衛生法施行規則第4条の3（排水に関する設備の掃除等）により，（3）排水設備の清掃は6か月以内ごとに1回，定期に行わなければならない.

015　ビル管理技術者

問015-1　正解（1）

(2) 常駐することは要しない.

(3) 雇用関係は必要としない.

(4) 命じることができるのではなく，意見を述べることができる（同法第6条）.

(5) 帳簿書類を備えておく義務者は，特定建築物所有者等である.

問015-2　正解（5）

建築物衛生法施行規則第12条により，免状の再交付後に失った免状を発見したときは，5日以内に厚生労働大臣に返還する.

(1) 建築物衛生法施行規則第5条等の改正により，一人の建築物環境衛生管理技術者が複数の特定建築物で選任されても業務上支障がないことを，特定建築物所有者等が確認することを条件に，2022（令和4）年4月1日から，兼任が容認されることとなった.

(2) 管理権原者は，同法第6条により建築物環境衛生管理技術者の意見は尊重しなければならないのであって，必ず従わなければならないのではない.

(3) 罰則の適用は，建築物環境衛生管理技術者ではなく，維持管理権原者等に対して行われる.

(4) 同法施行規則第11条により，厚生労働大臣に申請することが「できる」のであって，「しなければならない」のではない.

問015-3　正解（4）

建築物環境衛生管理技術者は，建築物環境衛生管理基準に関する測定または検査結果の評価を行う.

(1) 特定建築物での常駐を要しない.

(2) 帳簿書類を備える義務はない. 義務があるのは維持管理権原者である.

(3) 管理権原者に対して改善命令ではなく，意見を述べることができる.

(5) 職員の雇用を行う義務はない.

問015-4　正解（4）

建築物衛生法第6条（建築物環境衛生管理技術者の選任）第2項により，建築物環境衛生管理技術者は，建築物環境衛生管理基準に従った維持管理が行われるよう建築物維持管理権原者に対して意見を述べることができる.

(1) 同法第7条（建築物環境衛生管理技術者免状）第1項により，厚生労働大臣が交付する.

(2)(3)「選任する」とは「置く」場合と異なり，所有者との間に何らかの法律上の関係（例：委任契約など）があれば足り，直接の雇用関係があることを要せず，かつ，その特定建築物に常駐することは必ずしも必要ではない，とい

うのが厚生労働省の見解である.

(5) 同法第10条(帳簿書類の備付け)で,<u>特定建築物所有者等</u>に備付けの義務が課されている.

問015-5　正解 (3)

特定建築物所有者等が建築物環境衛生管理技術者を選任する場合は,雇用関係を結ぶ必要はない.

(1) 建築物衛生法にそのような<u>規定はない</u>.

(2) 建築物衛生法施行規則第5条等の改正により,一人の建築物環境衛生管理技術者が複数の特定建築物で選任されても業務上支障がないことを,特定建築物所有者等が確認することを条件に,2022(令和4)年4月1日から,兼任が容認されることとなった.

(4) 同法第12条(改善命令等)により,環境衛生上著しく不適当な事態が発生したとき,都道府県知事は,その建築物の維持管理権原者に対し,<u>改善命令や建物・設備の一部の使用停止・使用制限を行うことができる</u>.

(5) 同法第6条第1項が規定しているのは建築物環境衛生管理技術者の「選任」である.「選任」は,「置く」場合と異なり,所有者等との間に直接の雇用関係は必要なく,なんらかの法律関係(委任契約など)があれば足りる.また,その建物に<u>常駐することは必ずしも必要ではない</u>.

016　　ビル管理技術者免状

問016-1　正解 (3)

免状の交付を受けている者が死亡した場合,戸籍法の規定による届出義務者は<u>1か月以内</u>に厚生労働大臣へ免状返還の義務がある.設問の「1年以内」は誤り.

問016-2　正解 (3)

免状の交付申請先は,都道府県知事ではなく<u>厚生労働大臣</u>である.

問016-3　正解 (1)

建築物衛生法第7条(建築物環境衛生管理技術者免状)第3項より,

[ア　<u>厚生労働大臣</u>]は,建築物環境衛生管理技術者免状の交付を受けている者が,建築物における衛生的環境の確保に関する法律又はこの法律に基づく[イ　<u>処分</u>]に違反したときは,その建築物環境衛生管理技術者免状の[ウ　<u>返納</u>]を命ずることができる.

017　　事業登録

問017-1　正解 (3)

事業の登録とその表示は,<u>営業所単位</u>で必要である.

問017-2　正解 (5)

従事者全員の研修を一度に実施することが困難な場合は,<u>分割して実施する</u>ことができる.

問017-3　正解 (1)

事業登録8業種において,物的要件として保管庫を必要とする業種は以下の3業種である.

• 建築物飲料水貯水槽清掃業(建築物衛生法施行規則第28条)

• 建築物排水管清掃業(同施行規則第28条の3)

- 建築物ねずみ昆虫等防除業（同施行規則第29条）

問017-4　正解（5）

　建築物環境衛生管理技術者の有資格者は，初回だけは講習を受講しなくても，①空気環境測定実施者，②排水管清掃作業監督者，③空気調和用ダクト清掃作業監督者，④貯水槽清掃作業監督者の四つの事業登録の人的要件として認められているが，ねずみ昆虫等の防除作業監督者は受講しないかぎり認められない．

問017-5　正解（3）

　指定団体の業務の中には，登録業者の業務を受託する料金の統一は規定されていない．

018　　事業登録の対象

問018-1　正解（5）

　建築物衛生法第12条の2（登録）第1項により，事業の登録を受けられる業種は以下の8業種である．

①建築物清掃業

②建築物空気環境測定業

③建築物空気調和ダクト清掃業（間違えやすい事例：厨房用ダクト清掃業は対象外）

④建築物飲料水水質検査業

⑤建築物飲料水用貯水槽清掃業（間違えやすい事例：給水管清掃業は対象外）

⑥建築物排水管清掃業（間違えやすい事例：排水槽清掃業は対象外）

⑦建築物ねずみ・昆虫等防除業

⑧建築物環境衛生総合管理業

問018-2　正解（3）

　上記のとおりで，建築物飲料水水質検査業が正しい．

問018-3　正解（4）

　建築物衛生法第12条の2（登録）により，（4）の建築物の空気調和設備の管理を行う事業（建築物空気調和設備管理業）は，登録の対象になっていない．

問018-4　正解（2）

　上記のとおりで，建築物排水管清掃業が正しい．

019　　立入検査

問019-1　正解（1）

　立入検査は，公共の用に供されるものを除き，特定建築物に対して行われる．

問019-2　正解（1）

　法第12条（改善命令）に関する設問である．

　都道府県知事による改善命令は，[**ア　環境衛生監視員**]による立入検査の結果，特定建築物の維持管理が環境管理基準に従って行われておらず，かつ，[**イ　人の健康**]を損ない，または損なうおそれがある場合，この二つの条件が重なったとき，[**ウ　維持管理権原者**]に対して発令される．

問019-3　正解（4）

（1）立入検査は，事前に通知する必要はない．

（2）建築物環境衛生管理基準に違反し，健康障害の発生や環境衛生上著しく不当と認められないかぎり，直ちに改善命令が出されることはない．

（3）立入検査は，犯罪捜査のために行わ

れるものではない.

(5) 住居への立入検査は, 居住者の承諾を必要とする.

020　罰則

問020-1　正解(4)

同法第16条により, 以下に該当する場合は維持管理権原者に対して30万円以下の罰則が科される. 設問(4)は, その規定に含まれていない.

①特定建築物に関する届出を怠った者, 虚偽の届出をした者

②建築物環境衛生管理技術者の選任を怠った者

③必要な帳簿書類を備えなかった者, 記載しなかった者, 虚偽の記載をした者

④立入検査を拒んだ者, 都道府県知事が求める報告や答弁を怠った者

⑤改善命令に従わなかった者

注) 建築物衛生法は, 良好な環境衛生を維持するための法令であって, 最低基準ではない. したがって, (4)の場合, 立入検査の対象にはなっても, それだけでは罰則の対象にはならない.

問020-2　正解(5)

正当な理由なく, 厚生労働大臣の命令に違反して建築物環境衛生管理技術者免状を返納しなかった者は, 10万円以下の過料が科される(建築物衛生法第18条).

問020-3　正解(4)

建築物衛生法第16条に関する問題で, 特定建築物において受水槽の清掃を行わなかった場合に, 罰則は適用されない.

(1) 同法第16条第5号により, 30万円以下の罰金に処せられる.

(2) 同法第16条第4号により, 30万円以下の罰金に処せられる.

(3) 同法第16条第3号により, 30万円以下の罰金に処せられる.

(4) 同法第16条第3号により, 30万円以下の罰金に処せられる.

(5) 同法第16条第2号により, 30万円以下の罰金に処せられる.

021　公共の用に供する特定建築物

問021-1　正解(3)

都道府県知事は, 必要と認めるときには特定建築物に対して立入検査を行い, 改善命令を発令することができる. ただし, 同法13条により, 公共の用に供する特定建築物に対しては, 改善命令ではなく改善勧告となる.

問021-2　正解(3)

国または地方公共団体の用に供する特定建築物であっても, 以下の四つの規制を受ける.

(1) 建築物環境衛生管理技術者の選任は必要である.

(2) 建築物環境衛生管理基準の適用を受ける.

(4) 都道府県知事は, 維持管理記録の提出を求めることができる.

(5) 都道府県知事は, 改善措置の勧告をすることができる.

しかし, 都道府県知事等には立入検査の権限はない.

問021-3　正解(5)

国または地方公共団体の用に供する特定建築物に対しては, 改善命令(改善その他の必要な措置をとるべきこと)の要

件を満たしていても，命令ではなく，勧告が行われる．その相手先は，機関の長またはその委任を受けた者である．

問021-4 　正解（2）

建築物衛生法第13条（国又は地方公共団体の用に供する特定建築物に関する特例）の特例では，国または地方公共団体の用に供する特定建築物にも，建築物環境衛生管理基準は適用される．

(1) 同法第13条（国又は地方公共団体の用に供する特定建築物に関する特例）第1項により正しい．

(3) 同条第3項により正しい．

(4) 同条第2項により正しい．

(5) 同条第3項により正しい．

022　水道法

問022-1 　正解（4）

「鉄及びその化合物」は，水道水が有すべき性状に関する項目に属し，その基準値は鉄の量に関し0.3mg/L以下．

問022-2 　正解（1）

水道法に基づく水道の用に供する水が備えなければならない要件は，(1)の銅は1.0mg/L以下，鉄は0.3mg/L以下，フッ素は0.8mg/L以下，フェノールは0.005mg/L以下と定められている．すなわち，含んではならない（検出されてはならない）わけではない．

023　感染症法

問023-1 　正解（2）

感染症と診断された場合，直ちに届出が必要な感染症は，1類，2類，3類，4類，5類（麻しん，風しんのみ）である（麻しん，風しん以外の5類は，7日以内に届出が必要）．

設問の(1)ラッサ熱は1類，(2)百日咳は5類，(3)コレラは3類，(4)急性灰白髄炎は2類，(5)デング熱は4類である．したがって，(2)百日咳は，直ちに届出を必要とする感染症ではない．

問023-2 　正解なし（正解の選択肢なし）

この問題は，五つの選択肢が感染症法第12条第1項第1号に該当する感染症か否かを問うものである．同条文に規定されている感染症は次のとおり．

- 一類感染症
- 二類感染症
- 三類感染症
- 四類感染症
- 厚生労働省令で定める五類感染症
- 新型インフルエンザ等感染症
- 新感染症

これに対し，各選択肢は以下のとおりに判別され，正解とすべき選択肢が存在しない．

(1) 麻しん：厚生労働省令（同法施行規則第4条第3項）で定める五類感染症

(2) エボラ出血熱：一類感染症

(3) ペスト：一類感染症

(4) 結核：二類感染症

(5) 新型インフルエンザ：新型インフルエンザ等感染症（同法第6条第7項により，新型インフルエンザ等感染症は，新型インフルエンザと再興型インフルエンザからなる）

問023-3 　正解（1）

感染症法第1条（目的）の条文である.

この法律は，感染症の予防及び感染症の患者に対する医療に関し必要な[ア　措置]を定めることにより，感染症の発生を予防し，及びその[イ　まん延]の防止を図り，もって公衆衛生の向上及び[ウ　増進]を図ることを目的とする.

024　地域保健法・保健所

問024-1　正解（4）

全国に設置されている保健所は約470か所であり，そのうち都道府県立は約360か所で，政令都市による設置数よりも多い.

問024-2　正解（2）

地域保健法第6条に関する設問である.

(1) 不適当. 社会福祉ではなく，地域保健に関する思想の普及が正しい.

(3) 不適当. 第6条には介護認定に関する事項は規定されていない.

(4) 不適当. 第6条には水道，下水道，廃棄物の処理，清掃等環境の保全に関する事項は規定されていない.

(5) 不適当. 第6条には児童虐待防止に関する事項は規定されていない.

問024-3　正解（5）

地域保健法では保健所の業務を以下のように規定しており，国民健康保険に関する事項は含まれていない.

第6条　保健所は，次に掲げる事項につき，企画，調整，指導及びこれらに必要な事業を行う.

一　地域保健に関する思想の普及及び向上に関する事項

二　人口動態統計その他地域保健に係る統計に関する事項

三　栄養の改善及び食品衛生に関する事項

四　住宅，水道，下水道，廃棄物の処理，清掃その他の環境の衛生に関する事項

五　医事及び薬事に関する事項

六　保健師に関する事項

七　公共医療事業の向上及び増進に関する事項

八　母性及び乳幼児並びに老人の保健に関する事項

九　歯科保健に関する事項

十　精神保健に関する事項

十一　治療方法が確立していない疾病その他の特殊な疾病により長期に療養を必要とする者の保健に関する事項

十二　エイズ，結核，性病，伝染病その他の疾病の予防に関する事項

十三　衛生上の試験及び検査に関する事項

十四　その他地域住民の健康の保持及び増進に関する事項

025　学校保健安全法

問025-1　正解（4）

振動レベルは，学校環境衛生基準の検査項目には含まれていない.

問025-2　正解（2）

学校薬剤師は，学校保健安全法により，学校の環境衛生の維持管理を担当する.

問025-3　正解（1）

運動場の微小粒子状物質の濃度は，学

校保健安全法に規定されていない.

問025-4　正解（3）

　学校保健安全法施行規則第22条（学校医の職務執行の準則）第5号で，健康診断は学校医の職務と規定されている.

(1) 同法施行規則第24条（学校薬剤師の職務執行の準則）により，学校保健計画の立案への参与は学校薬剤師の職務である.

(2) 同法施行規則第24条（学校薬剤師の職務執行の準則）により，水泳プールの水の検査は学校薬剤師の職務である.

(4) 同法施行規則第24条（学校薬剤師の職務執行の準則）により，学校における医薬品の管理に関する指導は学校薬剤師の職務である.

(5) 同法施行規則第24条（学校薬剤師の職務執行の準則）により，教室の照度の検査は学校薬剤師の職務である.

026　下水道法

問026-1　正解（5）

　この法律は，流域別下水道整備総合計画の策定に関する事項並びに公共下水道，流域下水道及び都市下水路の設置その他の管理の基準等を定めて，下水道の整備を図り，もって都市の健全な発達及び[ア　公衆衛生]の向上に寄与し，あわせて公共用水域の[イ　水質の保全]に資することを目的とする.

問026-2　正解（2）

　国土交通大臣は，緊急の必要があると認めるときは，公共下水道等の工事又は維持管理に関して必要な指示をすることができる（下水道法第37条）.

問026-3　正解（4）

　公共下水道の管理は市町村，流域下水道の管理は都道府県が実施している.

027　生活衛生関連営業

問027-1　正解（4）

　営業施設の開設に当たって都道府県知事の「許可」必要とするものは「興行場，旅館，公衆浴場等」，「届出」を必要とするものは「理容所，美容所，クリーニング店等」である.

問027-2　正解（3）

　生活衛生関係営業に関する法律は，規制の体系の差異により以下の2種類に区分され，薬事法は含まれていない.

- 営業許可を要するもの：興行場法，旅館業法，公衆浴場法，食品衛生法
- 届出を要するもの：理容師法，美容師法，クリーニング業法

問027-3　正解（5）

　美容所の開設または営業にあたって許可は要しないが，美容師法第11条（美容所の位置等の届出）により，都道府県知事（保健所を設置する市または特別区にあっては市長または区長）に届け出なければならない.

028　廃棄物処理法

問028-1　正解（4）

　廃棄物処理法の目的は以下のとおりである.

　この法律は廃棄物の排出を抑制し，廃

棄物の適正な分別，保管，収集，運搬，再生，[**ア　処分**]等の処理をし，並びに[**イ　生活環境を清潔**]にすることにより，[**ウ　生活環境の保全**]及び公衆衛生の向上を図ることを目的とする．

問028-2　正解（2）

廃棄物処理法施行令第2条（産業廃棄物）第9号により，建築物の除去に伴って生じたがれき類は，産業廃棄物に分類される．

(1) 同法第2条の2（国内の処理等の原則）第1項により正しい．
(3) 同法第3条（事業者の責務）第1項により正しい．
(4) 同法第1条（目的）により正しい．
(5) 同法第5条（清潔の保持等）第1項により正しい．

問028-3　正解（2）

廃棄物処理法第2条（定義）において，「廃棄物」とは，「ごみ，粗大ごみ，燃え殻，汚泥，ふん尿，廃油，廃酸，廃アルカリ，動物の死体その他の汚物又は不要物であって，固形状又は液状のもの（放射性物質及びこれによって汚染された物を除く．）をいう」と規定されており，放射性物質は含まれていない．

029　旅館業法

問029-1　正解（3）

2018（平成30）年6月15日施行の改正旅館業法により，最低客室数（ホテル10室以上，旅館5室以上）の規定は廃止されている．

問029-2　正解（2）

旅館営業法のキーワードは，防湿（ダニ対策）である．

営業者は，営業の施設について，[**ア　換気**]，採光，照明，[**イ　防湿**]及び清潔その他宿泊者の[**ウ　衛生**]に必要な措置を講じなければならない．

030　興行場法

問030-1　正解（4）

興行場法案第2条第2項により，興行場は，都道府県が定める構造設備基準に従わなければならない．

問030-2　正解（3）

興行場法第3条には以下の条文が規定されている．

営業者は，興行場について，換気，[**ア　照明**]，[**イ　防湿**]及び清潔その他入場者の衛生に必要な措置を講じなければならない．

2　前項の措置の基準については，[**ウ　都道府県が条例**]で，これを定める．

採光の規定がないことに注意（映画館等には不要）．また，キーワードは「防湿（カビ，ダニ対策）」である．

問030-3　正解（3）

(イ) 興行場の開設は，届出ではなく，都道府県知事の許可を受ける必要がある．
(エ) 入場者の衛生に必要な基準は，都道府県の条例によって定められている．

031　環境基本法

問031-1　正解（2）

振動は，環境基本法の環境基準（第16条）には含まれていない．

問031-2　正解（3）

二酸化炭素濃度は，環境基本法の環境基準に定められていない．

問031-3　正解（4）

環境基本法第2条（定義）第3項に関する問題で，海面の上昇は公害に該当しない．

032　大気汚染防止法

問032-1　正解（1）

大気汚染防止法第1条（目的）には，設問(1)に関する記述はない．

問032-2　正解（2）

大気汚染防止法では，土壌中の特定有害物質の飛散に係る許容限度は定められていない．

033　悪臭防止法

問033-1　正解（2）

ホルムアルデヒドは，同法施行規則第3条に規定されている特定悪臭物質の中に含まれていない．

034　水質汚濁防止法

問034-1　正解（4）

工場から排出される排水は，同法第5条第3項により地下への浸透が規制されている．

問034-2　正解（1）

水質汚濁防止法第1条の条文に関する問題である．

この法律は，工場及び事業場から公共用水域に排出される水の排出及び地下に浸透する水の浸透を規制するとともに，[ア　生活排水対策]の実施を推進すること等によって，公共用水域及び地下水の水質の汚濁の防止を図り，もって[イ　国民の健康を保護する]とともに生活環境を保全し，並びに工場及び事業場から排出される汚水及び廃液に関して人の健康に係る被害が生じた場合における[ウ　事業者の損害賠償の責任]について定めることにより，被害者の保護を図ることを目的とする．

問034-3　正解（2）

水質汚濁防止法には，事業場から公共下水道に排出される水についての規定はない．(1)と(4)は水質汚濁防止法第1条（目的）のとおりである．(3)は同法第15条（常時監視），(5)は同法第4条の2（総量削減基本方針）ならびに同法第4条の3（総量削減計画）に規定されている．

第1条（目的）　この法律は，工場及び事業場から公共用水域に排出される水の排出及び地下に浸透する水の浸透を規制するとともに，生活排水対策の実施を推進すること等によって，公共用水域及び地下水の水質の汚濁（水質以外の水の状態が悪化することを含む．以下同じ．）の防止を図り，もって国民の健康を保護するとともに生活環境を保全し，並びに工場及び事業場から排出される汚水及び廃液に関して人の健康に係る被害が生じた場合における事業者の損害賠償の責任について定めるところにより，被害者の保護を図ることを目的とする．

035 労働安全衛生法

問035-1 正解（3）

ボイラの製造許可をするのは，都道府県知事ではなく，都道府県労働局長である．

問035-2 正解（4）

重大な労働災害が発生した場合，事業者に対して特別安全衛生改善計画の作成を指示するのは，都道府県知事ではなく，都道府県労働局長である．

問035-3 正解（2）

労働安全衛生法による労働者の健康診断の結果は，保健所長ではなく，労働基準監督署長に提出しなければならない．

問035-4 正解（4）

労働安全衛生法第13条（産業医等）により，事業者は産業医を選任しなければならない．

(1) 労働災害防止計画の策定は，厚生労働大臣による．

(2) 安全衛生委員会の設置は，事業者による．

(3) ボイラーの製造許可は，都道府県労働局長による．

(5) 作業環境測定は，事業者による．

036 事務所衛生基準規則

問036-1 正解（1）（4）（5）

出題当時は(4)が正解．(1)は建築物衛生法政令改正に合わせて2022（令和4）年4月1日に改正，(5)は後述のとおり．

(1) 空気調和設備を設けている場合は，室の気温が18℃以上28℃以下（中略）に

なるように努めなければならない（事務所衛生基準規則第5条第3項）．

(4) 事業者は，労働者を常時就業させる室の気積を，設備の占める容積及び床面から4 mをこえる高さにある空間を除き，労働者一人について，$10m^3$以上としなければならない（事務所衛生基準規則第2条）．

(5) 事務所衛生基準規則第10条の改正により，室の作業面照度の基準値が2022年11月末日までと2022年12月1日以降で異なるので，試験実施年度によっては「正解（＝不適当なもの）」となる．

2022年11月末日まで

精密な作業	300ルクス以上
普通の作業	150ルクス以上
粗な作業	70ルクス以上

2022年12月1日以降

一般的な事務作業	300ルクス以上
付随的な事務作業	150ルクス以上

問036-2 正解（4）

事務所衛生基準規則第17条には，高齢者用・障害者用水洗便所の設置を義務づける規定はない．

問036-3 正解（4）または正解なし

問036-1の(5)についての解説で記したとおり，室の作業面照度の基準値が2022年12月1日をもって改正となるので，設問の前段部分は，試験の実施年度によって注意が必要．

なお，後段の照明設備の点検周期については法改正されておらず，[イ　6か月]以内ごとが正解．

問036-4　正解（3）

事務所衛生基準規則第2条（気積）の条文からの出題である.

労働者を常時就業させる室の気積は，設備の占める容積及び床面から[ア　4]mをこえる高さにある空間を除き，労働者1人について，[イ　10]m³以上としなければならない

037　健康増進法

問037-1　正解（4）

受動喫煙対策に関する設問である. 同法の改正は，望まない受動喫煙防止として，「マナーからルール」へのスローガンのもと，2020（令和2）年4月1日から施行されている. その骨子は，敷地内は全面禁煙，屋内は喫煙室のみ喫煙可とするものである. したがって，設問の空白部分は，以下のようになる.

平成30年の健康増進法の改正では，[ア　受動喫煙]の[イ　防止]の強化が行われ，原則として，学校，病院，児童福祉施設での[ウ　敷地内]の禁煙の徹底が図られている.

問037-2　正解（1）

受動喫煙防止は，健康増進法第25条に規定されている.

038　建築基準法

問038-1　正解（2）

建築物の環境衛生上の維持管理を定めているのは建築物衛生法であって，建築基準法ではない.

問038-2　正解（1）

特定建築物の建築確認に関して，保健所長は，以下のように意見を述べることができるとされている.

建築主事又は[ア　指定建築確認検査機関]は，建築物における衛生的環境の確保に関する法律に該当する特定建築物に関して建築確認申請書を受理した場合においては，[イ　保健所長]に通知しなければならない. [イ　保健所長]は，必要があると認められる場合においては，建築基準法に規定する許可または確認について，[ウ　特定行政庁]，建築主事又は[ア　指定建築確認検査機関]に対して意見を述べることができる.

問038-3　正解（5）

建築基準法第93条（許可又は確認に関する消防長等の同意等）第5項および第6項に基づいている.

建築主事又は[ア　指定確認検査機関]は，建築物における衛生的環境の確保に関する法律に該当する特定建築物に関して建築確認申請書を受理した場合においては，[イ　保健所長]に[ウ　通知]しなければならない. 保健所長は，必要があると認められる場合においては，建築基準法に規定する許可又は確認について，特定行政庁，建築主事又は[ア　指定確認検査機関]に対して[エ　意見を述べる]ことができる.

科目 2

建築物の環境衛生

　人体，熱，有害物質，音，光，電磁波，放射線，感染症，薬剤など，広範囲にわたる環境衛生の知識が問われる．塩素消毒の溶液濃度の計算問題が毎年出題されているので，確実に正解できるようにマスターしておこう．

039　物理的・化学的環境要因

建築物の環境衛生に影響を与える要因にはさまざまなものがあるが，大きく物理的要因と化学的要因に分類される．それぞれの環境要因が，物理的要因なのか，化学的要因なのかが出題される．

問039-1　健康に影響を与える環境要因のうち，物理的要因として最も不適当なものは次のうちどれか．（2021年問題22）

- (1) オゾン
- (2) 湿度
- (3) 気圧
- (4) 温度
- (5) 音

問039-2　健康に影響を与える環境要因のうち，化学的要因として最も不適当なものは次のどれか．（2016年問題21）

- (1) 二酸化炭素
- (2) 粉じん
- (3) オゾン
- (4) 硫黄酸化物
- (5) 振動

問039-3　健康に影響を与える室内環境要因のうち，化学的要因として最も不適当なものは次のどれか．（2012年問題21）

- (1) 二酸化炭素
- (2) 酸素
- (3) オゾン
- (4) 放射線
- (5) 硫黄酸化物

040 基準値・許容値の根拠

建築物の環境衛生に影響を与える有害物質には基準値や許容値が定められており，それらは科学的な根拠に基づいて設定されている．根拠の元となるのは，科学的なデータである．そのことを理解しているかが問われる．

問040-1 環境衛生に関する次の記述のうち，最も不適当なものはどれか．（2019年問題22）

(1) 許容限界とは，生物が耐えきれなくなるストレス強度の限界のことである．

(2) 労働者の有害物質による健康障害を予防するために，許容濃度が日本産業衛生学会より勧告されている．

(3) 有害物による特定の反応においては，曝露量が増加すると陽性者の率は増加する．

(4) 集団の反応率と有害物への曝露量との関係を，量—影響関係という．

(5) 学校における環境衛生の基準は，学校保健安全法で定められている．

問040-2 環境基本法に基づく環境基準の説明として，最も不適当なものは次のうちどれか．（2018年問題21）

(1) 人の健康を保護する上で維持することが望ましい基準である．

(2) 実験室内での動物実験などの生物学的研究を判断に用いている．

(3) 罹患状況の疫学調査を判断に用いている．

(4) 経験的に証明されている有害濃度を基礎とした安全度を考慮している．

(5) 地球環境を保全する上で維持することが望ましいものである．

問040-3 環境中における有害物質などの基準を設定する科学的な根拠として，最も不適当なものは次のうちどれか．（2012年問題22）

(1) 疫学調査

(2) 量—影響関係

(3) 量—反応関係

(4) 動物実験のデータ

(5) 世論調査

041 臓器系

最も身近な人体であるが，ふだん，建物の管理に従事しているビル管理者は，建物の内部についての知識はあっても，人体の内部については知らないことが多い．よく，建物は人体にたとえられるが，逆に，人体を建物に置き換えると理解しやすい場合もあるだろう．

問041-1　人体の臓器系とその臓器・組織との組合せとして，最も不適当なものは次のうちどれか．（2020年問題21）
- (1)　造血器系 ——————— 脾臓
- (2)　内分泌系 ——————— 下垂体
- (3)　呼吸器系 ——————— 肺
- (4)　神経系 ——————— 甲状腺
- (5)　循環器系 ——————— 毛細血管

問041-2　人体の臓器系と疾病との組合せとして，最も不適当なものは次のうちどれか．（2017年問題22）
- (1)　内分泌系 ——————— 腎不全
- (2)　呼吸器系 ——————— 肺気腫
- (3)　神経系 ——————— パーキンソン病
- (4)　循環器系 ——————— 心筋梗塞
- (5)　造血器系 ——————— 白血病

問041-3　臓器系の機能に関する次の記述のうち，最も不適当なものはどれか．（2016年問題22）
- (1)　筋骨格系は，身体の構成と運動をつかさどる．
- (2)　感覚器系は，外部からの刺激を受けて神経系に伝える．
- (3)　腎臓・泌尿器系は，血液の中から老廃物などを尿として排泄する．
- (4)　呼吸器系は，循環器系が運んできた全身からの酸素を体外に排出する．
- (5)　消化器系は，栄養や水を摂取して体内で再合成と排泄を行う．

問041-4　細胞・組織・臓器・臓器系とその機能との組合せとして，最も不適当なものは次のうちどれか．（2015年問題21）

(1)　自律神経 ──────── 中枢からの命令を運動器官に伝える

(2)　腎臓 ──────── 血液の老廃物を尿として排泄

(3)　視覚器 ──────── 光刺激を神経系に伝達

(4)　血小板 ──────── 止血作用

(5)　内分泌系 ──────── 成長，代謝等の活性のコントロール

042　生体機能の恒常性

人体は，フィードバック機構により，体温などが常に一定の状態に保たれている．これを恒常性という．空気調和設備の自動制御であるフィードバック制御により室温が一定に保たれているのとよく似ている．

問042-1　生体の恒常性（ホメオスタシス）等に関する次の記述のうち，最も不適当なものはどれか．（2021年問題21）

(1)　外部環境の変化に対し内部環境を一定に保つ仕組みを恒常性という．

(2)　恒常性は，主に，神経系，内分泌系，免疫系の機能によって維持されている．

(3)　外部からの刺激は，受容器で受容されて中枢に伝達され，その後，効果器に興奮が伝えられて反応が起こる．

(4)　生体に刺激が加えられると，生体内に変化が生じ，適応しようとする反応が非特異的に生じる．

(5)　加齢とともに摂取エネルギー量は低下するが，エネルギーを予備力として蓄えておく能力は増加する．

問042-2　生体機能の恒常性に関する次の記述のうち，最も不適当なものはどれか．（2017年問題23）

(1)　有害ストレッサは，恒常性を乱し，病気の発症や経過に影響を与える．

(2)　フィードバック機構により，生体機能の恒常性が破綻する．

(3)　熱射病は，高温にさらされた結果，体温調節機能が破綻することにより生じる．

(4)　神経系や内分泌系，免疫系等の機能により維持されている．

(5)　ストレス負荷による影響は，個人差が大きい．

問042-3　生体機能の恒常性を乱す有害なストレッサとなりうる要因として，最

も不適当なものは次のうちどれか. (2016年問題23)

(1) 物理的刺激
(2) 加齢
(3) 化学的刺激
(4) 社会的な要因
(5) 精神的な要因

問042-4　外部環境の変化に対する生体のフィードバック機構に関する次の文章
の[　　]内に入る語句の組合せとして, 最も適当なものはどれか. (2013年問題21)

外部環境の変化は, まず生体の[　ア　]でとらえられ, 神経系等により[　イ　]
に伝達される. [　イ　]は, 神経系等により, 筋肉等の[　ウ　]に指令し, 反応
等を起こす.

　　　　　　　　　ア　　　　　　　イ　　　　　　　ウ
(1)　受容器 ——————— 調節中枢 ——————— 効果器
(2)　受容器 ——————— 効果器 ——————— 調節中枢
(3)　調節中枢 ——————— 効果器 ——————— 受容器
(4)　効果器 ——————— 調節中枢 ——————— 受容器
(5)　効果器 ——————— 受容器 ——————— 調節中枢

043　エネルギー代謝

代謝とは, 生命維持活動に必須なエネルギーの獲得や, 成長に必要な有機材料を
合成するために生体内で起こるすべての生化学反応の総称である. 代謝のうち,
生命維持活動に必須なエネルギーのためのものを, エネルギー代謝という.

問043-1　作業区分とその例との組合せとして, 最も不適当なものは次のうちど
れか. なお, 単位のm^2は体表面積である. (2018年問題22)

　　　　　　　作業区分　　　　　　　　　　　　　　　　例
(1)　安静(平均代謝率65W/m^2) ——————— 仰臥位(仰向け)
(2)　低代謝率(平均代謝率100W/m^2) ——————— 軽い手作業
(3)　中程度代謝率(平均代謝率165W/m^2) —— のこぎりをひく
(4)　高代謝率(平均代謝率230W/m^2) ——————— コンクリートブロックを積む
(5)　極高代謝率(平均代謝率290W/m^2) ——————— 階段を登る

（平均代謝率の数値は，ISO 7243，JIS Z 8504による．）

問043-2 エネルギー代謝に関する次の記述のうち，最も不適当なものはどれか．
（2017年問題25）

(1) 基礎代謝とは，早朝覚醒後の空腹時仰臥の姿勢におけるエネルギー代謝のことである．

(2) 日本人の30歳代の男子の平均基礎代謝量は2 650 kcal/日，女子の平均基礎代謝量は1 950 kcal/日である．

(3) 安静時代謝量は，基礎代謝のおよそ20％増しである．

(4) 熱産生は，摂取した食物の代謝による化学的エネルギーに由来する．

(5) 睡眠時のエネルギー消費量は，基礎代謝量より低い．

044 体温

人体の体温は体の部位ごとに異なり，部位ごとの体温の比較について出題される．基本的に体温は，体表面よりの体内のほうが，体の末端よりも中心のほうが，高い傾向にある．

問044-1 体温調節に関する次の記述のうち，最も不適当なものはどれか．（2021年問題24）

(1) 寒冷環境では，温暖環境に比較して，体内と身体表層部との温度差が小さくなる．

(2) 平均皮膚温の算出式であるHardy-DuBoisの7点法で，皮膚温の重みづけが一番大きいのは腹である．

(3) 冷房や扇風機の利用は，行動性体温調節である．

(4) 熱放散は，対流，放射，伝導，蒸発の物理的過程からなる．

(5) 核心温は，身体表面の温度に比べて，外気温の影響を受けにくい．

問044-2 体温に関する次の記述のうち，最も不適当なものはどれか．（2019年問題23）

(1) 発汗反応は，行動性体温調節の一つの反応である．

(2) 平均皮膚温は，各部位の皮膚温をそれぞれの面積で重みづけした平均の値である．

(3) 核心温は，ホメオスタシスによって約37℃に保たれている．

(4) 体温調節は，自律性体温調節と行動性体温調節に分類される．

(5) 外気温（22〜25℃）では，手足より顔の皮膚温は高い．

問044-3 下の図は，気温と人体各部位（顔，手，足，直腸）の温度及び平均皮膚温との関係を示している．図中のア〜オのうち，直腸温として最も適当なものは次のどれか．（2016年問題24）

(1) ア
(2) イ
(3) ウ
(4) エ
(5) オ

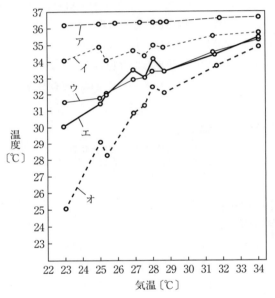

問044-4 体温に関する次の記述のうち，最も不適当なものはどれか．（2013年問題23）

(1) 体温調節は，自律性体温調節と行動性体温調節に分類される．

(2) 顔，手，足等の身体表層部の温度は，外気温の影響を受けやすい．

(3) 寒冷環境では，温暖環境に比較して，体内と身体表層部との温度差が小さくなる．

(4) 直腸温は，核心温の一つである．

(5) 平均皮膚温は，各部位の皮膚温をそれぞれの皮膚面積で重みづけ平均した値である．

045 体熱平衡，熱産生，熱放散

人体は，熱産生や熱放散をすることで，体熱平衡を確保している．ふるえなど，寒冷環境で人体が示す熱産生のための反応，発汗など，温熱環境で人体が示す熱放散のための反応について出題される．

問045-1 温熱環境と体熱平衡に関する次の記述のうち，最も不適当なものはどれか．（2021年問題25）

(1) 対流による熱放散は，流体の流れに伴う熱エネルギーの移動現象である．

(2) 蒸発による熱放散は，水分が皮膚から気化するときに皮膚表面から潜熱を奪う現象である．

(3) 高温環境下においては，人体の熱産生量は低下する．

(4) 人体側の温熱環境要素は，代謝量と着衣量である．

(5) 伝導による熱放散は，体と直接接触する物体との間の熱エネルギーの移動現象である．

問045-2 体温調節機能に関する次の文章の[　　　]内に入る語句の組合せとして，最も適当なものはどれか．（2020年問題22）

生体は，体内における産熱と放熱が平衡を保ち，一定の体温を維持している．産熱機能は，[　ア　]の増進などによって制御されている．放熱機能は，[　イ　]，[　ウ　]，皮下組織の熱遮断等によって調節されている．

	ア	イ	ウ
(1)	消化	呼吸	神経興奮
(2)	発汗	筋収縮	神経興奮
(3)	発汗	呼吸	内分泌
(4)	基礎代謝	尿産生	血液循環
(5)	基礎代謝	呼吸	血液循環

問045-3 ヒトの熱収支に関する次の記述のうち，最も不適当なものはどれか．（2019年問題25）

(1) 日本人（30歳代）の平均的基礎代謝量は，男子が女子よりも大きい．

(2) 日本人の基礎代謝は，冬が低く夏は高い．

(3) 着衣の保温性を表す量として，クロ値（clo）がある．

(4) 蒸発は，水分が皮膚より気化するときに潜熱で皮膚表面の熱を奪う現象である．

(5) 不感蒸泄により，皮膚表面から常に水分が蒸散している．

問045-4 人体の熱放散機能として，最も適当なものの組合せは次のうちどれか．
（2016年問題25）

ア　食べ物の代謝

イ　筋緊張

ウ　ふるえ

エ　皮膚血管の拡張

オ　発汗

(1)　アとイ

(2)　アとオ

(3)　イとウ

(4)　ウとエ

(5)　エとオ

046　温熱環境指数

乾球温度，湿球温度，黒球温度，不快指数，有効温度，修正有効温度などの温熱環境を示す指標である温熱環境指数について出題される．似たような用語が多いので，混同せず，確実に定義を理解しよう．

問046-1 温熱環境指数に関する次の記述のうち，最も不適当なものはどれか．
（2021年問題23）

(1) 黒球温度は，熱放射と対流に関わる温度の測定に用いられる．

(2) 湿球黒球温度（WBGT）は，屋内外における暑熱作業時の暑熱ストレスを評価するために使用されている．

(3) 有効温度は，湿度100%で無風の部屋の気温に等価な環境として表す主観的経験指数である．

(4) 標準新有効温度は，気温，湿度，風速，熱放射，着衣量，代謝量の6要素を含んだ温熱環境の指標である．

(5) 不快指数は，気温に関係なく用いられる指標である．

問046-2 次の温熱環境指数のうち，人体熱平衡式を基準とし着衣量やエネルギー代謝量を用いて求めるものはどれか．（2017年問題24）

(1) 予測平均温冷感申告（PMV）

(2) 不快指数（DI）

(3) 修正有効温度（CET）

(4) 黒球温度（Tg）

(5) 湿球黒球温度（WBGT）

問046-3 熱中症予防の指標となるWBGT指数に関する次の文章の[ ]内に入る語句として，最も適当なものはどれか．（2015年問題23）

WBGT指数は，屋外で太陽照射のある場合，次式，$0.7Tw + 0.2Tg + 0.1Ta$で求められる．

ただし，Twは[ア]，Tgは[イ]，Taは[ウ]である．

	ア	イ	ウ
(1)	湿球温度	黒球温度	乾球温度
(2)	湿球温度	乾球温度	黒球温度
(3)	乾球温度	湿球温度	黒球温度
(4)	乾球温度	黒球温度	湿球温度
(5)	黒球温度	湿球温度	乾球温度

問046-4 不快指数を求める項目として，最も適当なものの組合せは次のうちどれか．（2013年問題25）

ア 黒球温度

イ 気流

ウ 気温

エ 相対湿度

オ 着衣量

(1) アとイ

(2) アとオ

(3) イとウ

(4) ウとエ

(5) エとオ

047　温冷感，快適温度

人の温冷感，すなわち暑さ・寒さの感じ方は，着衣量や作業量などの状態により
異なる．人が快適に感じる温度には，性差，年齢差がある．常識的に理解してい
る部分もあると思うが，正しく認識しているかチェックしておこう．

問047-1　温熱条件の快適性に関する次の記述のうち，最も不適当なものはどれ
か．（2020年問題25）

(1) 温冷感とは心理反応であり，人間の主観的評価による指標である．
(2) 快適感は，核心温の状態に関わらず一定である．
(3) 一般に，平均皮膚温が33〜34℃の時に温熱的中性申告が得られる．
(4) 温熱的快適感とは，熱環境に対して満足感を表現できる心の状態をいう．
(5) 快適感尺度は，諸外国で開発されたものを日本語に翻訳して用いられている
ものが多く，言語による違いが生じる．

問047-2　高齢者の快適温度に関する記述として，最も不適当なものは次のうち
どれか．（2018年問題23）

(1) 一般に若年者に比べ，暖かい温度を好むとされている．
(2) 冬季には，室温は若年者と比較して高い場合が多い．
(3) 冬季には，若年者に比べ深部体温は低い傾向にある．
(4) 放射熱がない場合，高齢者の8割を満足させる気温の範囲は青年に比べ狭い
範囲となる．
(5) 高齢者では，寒冷環境に曝露された際の血圧の変動が若年者に比べ顕著であ
る．

問047-3　ヒトの温熱的快適性に影響する因子として，最も不適当なものは次の
うちどれか．（2016年問題26）

(1) 代謝量
(2) 室内の相対湿度
(3) 室内の二酸化炭素濃度
(4) 性差

(5) 加齢

問047-4　オフィスビルの快適温度に関するア～オの記述のうち，不適当なものの組合せは次のどれか．（2015年問題24）

　ア　代謝量により影響を受ける．
　イ　着衣量により影響を受ける．
　ウ　女性の快適温度は，一般に男性より低い．
　エ　高齢者は，一般に若年者より暖かい室温を好むとされている．
　オ　高齢者では，寒さに対する感受性が高まる．
　（1）　アとイ
　（2）　アとエ
　（3）　イとウ
　（4）　ウとオ
　（5）　エとオ

048　熱中症

熱中症とは，暑熱環境下においての身体適応の障害によって起こる状態の総称のことをいい，最悪の場合は死に至る．特に，熱中症予防の指標となるWBGT指数について，定義をしっかり理解しておこう．

問048-1　熱中症に関する次の記述のうち，最も不適当なものはどれか．（2021年問題26）

　（1）熱けいれんは，大量に発汗した際，水分のみを大量に摂取することによって起きる．
　（2）熱疲労では，大量の発汗により体内の水分，塩分が不足し，臓器の機能低下が起きる．
　（3）熱失神はもっとも重い熱中症であり，体温は異常に上昇する．
　（4）皮膚疾患や重度の日焼けのときには発汗作用は低下するので，注意が必要である．
　（5）熱射病の治療においては，冷やしすぎに注意する必要がある．

問048-2　高温障害の種類とその特徴に関する組合せとして，最も不適当なもの

は次のうちどれか．（2019年問題26）

(1) 熱中症 ————— 暑熱障害による症状の総称
(2) 熱失神 ————— 血圧の上昇
(3) 熱けいれん ——— 低ナトリウム血症
(4) 熱疲労 ————— 脱水
(5) 熱射病 ————— 中枢神経機能の異常

問048-3　熱中症で起こる症状として，最も不適当なものは次のうちどれか．
（2016年問題27）

(1) けいれん
(2) 失神
(3) 下痢・嘔吐
(4) 体温低下
(5) 頭痛・めまい

049　冷房障害

冷房障害とは，夏季に冷房されている環境下で生じる人体の障害で，体や足がだるい，疲れる，体や足が冷えるなどのほか，胃腸障害，神経痛，生理障害などがある．冷房障害の症状とともに，冷房障害の対策が出題される．

問049-1　冷房障害対策として，最も適当なものの組合せは次のうちどれか．
（2012年問題25）

ア　室温と外気温の差を7℃以上にする．
イ　冷房の吹出口の風をじかに受けないようにする．
ウ　座業が長く続く場合は，軽い運動をする．

(1) アとイとウ
(2) アとイのみ
(3) アとウのみ
(4) イとウのみ
(5) イのみ

050　湿度

湿度が環境に与える影響について出題される．湿度が低下すると，ほこりの発生やインフルエンザが問題となり，湿度が上昇すると，結露やカビの発生が問題となる．

問050-1　湿度・加湿に関する次の記述のうち，最も不適当なものはどれか．（2020年問題27）

(1) 高湿度では，風邪などの呼吸器疾患に罹患しやすくなる．

(2) 高湿度では，結露しカビやダニが発生する．

(3) 低湿度では，静電気が発生しやすくなる．

(4) 低湿度では，ほこりが飛散しやすくなる．

(5) 水に混入した真菌が，加湿の過程でエアロゾルとして放出されることがある．

問050-2　建築物内の低湿度による影響に関する次の記述のうち，最も不適当なものはどれか．（2017年問題26）

(1) ほこりが飛散しやすくなる．

(2) インフルエンザウイルスの生存率が高まる．

(3) 静電気が発生する．

(4) 体感温度の上昇をもたらす．

(5) 皮膚，粘膜の乾燥が起こる．

問050-3　建築物での高湿度による悪影響として，最も適当なものの組合せは次のうちどれか．（2014年問題25）

ア　静電気の発生

イ　カビ・ダニの発生

ウ　結露

エ　風邪をひきやすくなる

オ　ほこりの発生

(1)　アとイ

(2)　アとオ

(3)　イとウ

(4)　ウとエ

(5) エとオ

051 事務所衛生基準規則

事務所衛生基準規則は，科目2では基準項目に関する問題が出題されるが，この規則は科目1の建築物衛生行政概論でも出題されるので，まとめて理解しておこう．

問051-1 空気調和設備を設けている事務所について，労働安全衛生法に基づく事務所衛生基準規則で定められる基準の項目とその基準値との組合せとして，最も不適当なものは次のうちどれか．（2017年問題21）

(1) 二酸化炭素の含有率 ———— 1 000 ppm以下
(2) 気流 ———————— 0.5 m/s以下
(3) 気温 ———————— 23～28 ℃
(4) 相対湿度 ————————— 40～70 %
(5) 照度（普通作業）———————— 150 lx以上

問051-2 労働安全衛生法に基づく事務所衛生基準規則において，基準として定められていない項目は，次のうちどれか．（2013年問題22）

(1) 相対湿度
(2) 二酸化窒素の含有率
(3) 気流
(4) 浮遊粉じん量
(5) 一酸化炭素の含有率

052 空気環境，空気質

本来の空気が有している成分である窒素，酸素などについての「空気質」に関する事項と，二酸化硫黄や一酸化炭素などの「有害物質」に関する事項，そのほか，酸素欠乏などの事項が複合的に出題され，空気環境の幅広い知識が問われる．

問052-1 室内空気環境に関する次の記述のうち，最も不適当なものはどれか．（2016年問題32）

(1) 良好な室内空気環境を維持するためには，1人当たり10m³/h以上の換気量が必要である．

(2) 室内環境下では，窒素の人体への健康影響はない．

(3) 労働安全衛生法に基づく酸素欠乏症等防止規則では，酸素濃度が18％未満を酸素欠乏と定めている．

(4) 二酸化炭素濃度は，室内空気の汚染や換気の総合指標として用いられる．

(5) 窒素は，大気の約78％を占める．

053　空気汚染物質

空気汚染物質には，ホルムアルデヒドのような化学物質，粉じんなどの物質，微生物といったさまざまなものがあり，空気汚染物質と健康障害との組み合わせ，室内空気汚染質と発生源との組み合わせなどについて出題される．

問053-1　室内空気汚染とその健康障害との組合せとして，最も不適当なものは次のうちどれか．（2020年問題32）

(1)　レジオネラ属菌 ——————— 肺がん

(2)　二酸化窒素 ——————— 慢性気管支炎

(3)　オゾン ——————— 肺気腫

(4)　ホルムアルデヒド ——————— 喘息様気管支炎

(5)　ハウスダスト ——————— アレルギー性疾患

問053-2　室内に存在する汚染物質とその健康障害の組合せとして，最も不適当なものは次のうちどれか．（2019年問題30）

(1)　細菌 ——————— 慢性閉塞性肺疾患

(2)　たばこ煙 ——————— 喉頭癌

(3)　ハウスダスト ——————— 慢性鼻炎

(4)　真菌 ——————— アスペルギルス症

(5)　ホルムアルデヒド ——————— シックハウス症候群

問053-3　空気汚染物質とその健康障害との組合せとして，最も不適当なものは次のうちどれか．（2016年問題28）

(1)　オゾン ——————— 気道粘膜の刺激

(2)　ホルムアルデヒド ——————— シックハウス症候群

(3)　ハウスダスト ——————— 喘息

(4) たばこ煙 ―――――――――― 慢性閉塞性肺疾患（COPD）

(5) 二酸化窒素 ―――――――――― 過敏性肺炎

問053-4 室内空気汚染による次の健康障害のうち，慢性影響として最も適当なものはどれか．（2012年問題27）

(1) 感冒

(2) レジオネラ症

(3) インフルエンザ

(4) 気管支喘息発作

(5) 発癌

054 シックビル症候群

シックビル症候群とは，密閉性の高いビルで働く人に生じる症候群で，二酸化炭素のほか，建材などから発生するホルムアルデヒドなども原因となり，粘膜の刺激，頭痛，疲労などさまざまな症状がある．

問054-1 シックビル症候群でみられる症状等に関する次の記述のうち，最も不適当なものはどれか．（2021年問題30）

(1) 目やのどの刺激やくしゃみ等の症状は，加湿により減少する．

(2) そのビルを使用，利用する全ての人に症状がみられる．

(3) 外気の供給不足が発症の危険因子である．

(4) 胸部圧迫感，息切れ，咳などの症状を呈することがある．

(5) アトピー体質が発症の危険因子である．

問054-2 シックビル症候群に関する次の記述のうち，最も不適当なものはどれか．（2019年問題27）

(1) そのビルに居住する人の20％以上が不快感に基づく症状を認める．

(2) 部屋の気密性が高いことは発症要因となる．

(3) 原因物質は同定されている．

(4) 学校でもみられる．

(5) 職場のストレスは，発症の危険因子となる．

問054-3　シックビル症候群に関する次の記述のうち，最も不適当なものはどれか．（2018年問題26）

(1) 仕事のストレスは，発症の危険因子である．

(2) 揮発性有機化合物が原因の一つと考えられる．

(3) 特異的な症状を呈する．

(4) アトピー体質は，発症の危険因子である．

(5) 問題となるビルから離れれば症状は治まる．

問054-4　シックビル症候群でみられる症状として，最も不適当なものは次のうちどれか．（2017年問題27）

(1) めまい

(2) 頭痛

(3) 下痢

(4) 息切れ

(5) 疲労感

055　気管支喘息

気管支喘息は，気管支が炎症により狭窄し，呼吸困難や咳・痰を生じるもので，アレルギーが関与していることが多い．試験問題では，アレルギーの原因であるアレルゲンについて出題される．

問055-1　気管支喘息に関する次の記述のうち，最も不適当なものはどれか．（2019年問題28）

(1) 有害な免疫反応により引き起こされる．

(2) 症状の発現には，体内の肥満細泡の働きが関係する．

(3) アレルゲンの同定方法の一つに皮内テストがある．

(4) 原因としては，真菌が最も多い．

(5) 患者の素因は，発症・増悪因子の一つである．

問055-2　気管支喘息に関する次の記述のうち，最も適当なものはどれか．（2015年問題27）

(1) 原因となるアレルゲンは，ペットの毛が最も多い．

(2) 免疫グロブリンは，アレルゲンの一つである．

(3) 患者の素因は，発症・増悪に関係しない．

(4) アレルゲンの同定は，予防や治療の上で重要である．

(5) 増悪予防には，部屋の湿度を下げる．

問055-3 気管支喘息の原因となるアレルゲンとして，最も多いものは次のうちどれか．（2014年問題27）

(1) スギ

(2) ブタクサ

(3) ハウスダスト

(4) 犬毛

(5) アスペルギルス

056　アレルギー

アレルゲン（抗原）が体内に侵入し，これに対抗するため免疫グロブリン（抗体）がアレルゲンと結合すると，ヒスタミンという物質が生成され，アトピー性皮膚炎などのアレルギー症状を発する．

問056-1 アレルギーに関する次の記述のうち，最も不適当なものはどれか．（2021年問題29）

(1) 低湿度は，アトピー性皮膚炎の増悪因子である．

(2) アレルゲンの同定は予防，治療の上で重要である．

(3) ヒスタミンは，アレルゲンの一種である．

(4) アレルギー反応は，体に有害である免疫反応をいう．

(5) 過敏性肺炎の一種である加湿器肺の予防には，加湿器の微生物汚染の防止が重要である．

問056-2 アレルギー疾患に関する次の記述のうち，最も不適当なものはどれか．（2017年問題29）

(1) 低湿度は，アトピー性皮膚炎の増悪因子である．

(2) 真菌は，アレルゲンとなる．

(3) 花粉症は，アレルギー疾患である．

（4）アレルゲンの同定は，症状発生の防止，治療の上で重要である.

（5）低湿度は，気管支喘息の症状を緩和する.

問056-3　アレルギーに関する次の記述のうち，最も不適当なものはどれか.
（2014年問題28）

（1）アレルギー反応は，ヒトに有害な免疫反応である.

（2）抗体は，免疫グロブリンと呼ばれるたん白質である.

（3）アトピー性皮膚炎は，アレルギー性疾患に含まれる.

（4）ヒスタミンは，アレルゲンの一種である.

（5）低湿度は，アレルギー性疾患を増悪させる.

問056-4　アレルギー疾患に関する次の記述のうち，最も不適当なものはどれか.
（2013年問題28）

（1）アレルギー反応の発現には，体内の肥満細胞の働きが関係する.

（2）アレルギー反応は，体に有害である免疫反応をいう.

（3）免疫グロブリンをアレルゲンと称する.

（4）アレルゲン同定の方法の一つに，皮内テストがある.

（5）低湿度は，アトピー性皮膚炎の増悪因子である.

057　発がん

2021（令和3）年初出の出題分野で，発がんの原因に関する複合問題. 有害物質や環境因子から生活習慣まで，取り上げられているさまざまな原因候補はもちろん，正解を記憶の隅にとどめておこう.

問057-1　ヒトの発がんの原因に関する次の記述のうち，最も不適当なものはどれか.（2021年問題27）

（1）発がんの要因として，食事が3分の1を占める.

（2）感染症が発がんの原因となることがある.

（3）ラドンのばく露は肺がんのリスクを上昇させる.

（4）DNAに最初に傷を付け，変異を起こさせる物質をプロモータという.

（5）ホルムアルデヒドには発がん性が認められる.

ホルムアルデヒドは，シックビル症候群などの原因となる有害物質で，ホルムアルデヒドの性質や，建築物環境衛生管理基準におけるホルムアルデヒド量の基準値などが出題される．

問058-1　ホルムアルデヒドに関する次の記述のうち，最も不適当なものはどれか．（2020年問題31）

(1) 常温では気体として存在する．

(2) 酸化力が強い．

(3) 水やアルコールに溶けやすい．

(4) たばこ煙中に存在する．

(5) 粘膜に対する刺激が強い．

問058-2　ホルムアルデヒドに関する次の記述のうち，最も不適当なものはどれか．（2018年問題28）

(1) 可燃性である．

(2) 防腐剤として用いられる．

(3) 発がん性がある．

(4) 水に溶けにくい．

(5) 建築基準法により，含有建材の使用が制限されている．

問058-3　建築物環境衛生管理基準におけるホルムアルデヒド量の基準値として，正しいものは次のうちどれか．（2016年問題29）

(1) $1\,mg/m^3$以下

(2) $0.5mg/m^3$以下

(3) $0.15mg/m^3$以下

(4) $0.1mg/m^3$以下

(5) $0.08mg/m^3$以下

問058-4　ホルムアルデヒドに関する次の記述のうち，最も不適当なものはどれか．（2015年問題28）

(1) 水やアルコールに溶けやすい．

(2) 常温では気体として存在する.

(3) 合成樹脂や接着剤の原料となる.

(4) 不燃性である.

(5) 発がん性がある.

059 浮遊粉じん，エアロゾル

エアロゾルとは，気体中に固体または液体の微粒子がコロイド状（粒子が細かく散らばって溶けたように見える状態）に浮遊している状態をいい，一般的には大気中に浮遊するちりなどの微粒子を指す.

問059-1 浮遊粉塵に関する次の文章の[　　]内に入る数値の組合せとして最も適当なものはどれか.（2016年問題30）

粒径[　ア　]μm以下の粉じんは長時間にわたり浮遊し，ヒトの気道内に取り込まれる．特に肺に沈着し，人体に有害な影響を及ぼすのは，通常[　イ　]μm前後から以下の大きさである.

	ア		イ
(1)	50	——	10
(2)	40	——	10
(3)	20	——	5
(4)	10	——	5
(5)	10	——	1

問059-2 室内のエアロゾル粒子に関する次の記述のうち，最も不適当なものはどれか.（2012年問題28）

(1) ヒュームは，物質の加熱蒸発により生成される.

(2) 粒径が 5 μm程度のものが 1 μm程度のものと比較して肺に沈着しやすく，人体に有害な影響を与える.

(3) 粒径が10 μm以上のものは，すぐに沈降する.

(4) 花粉は，エアロゾル粒子に含まれる.

(5) 建築物における衛生的環境の確保に関する法律の制定時と比較して，建築物内の浮遊粉じん量は減少の傾向にある.

060 アスベスト

アスベストは，天然に産する繊維状けい酸塩鉱物で石綿（「せきめん」「いしわた」）とも呼ばれている．アスベストとは，燃えないことから，「永遠不滅」を意味するギリシャ語が由来になっている．

問060-1 アスベストに関する次の記述のうち，最も不適当なものはどれか．
（2021年問題28）

(1) 合成された化学物質である．

(2) 胸膜中皮腫の潜伏期間の多くは，20～50年である．

(3) 吸引すると肺の線維化を生じさせる．

(4) 肺がんに対して，アスベストばく露と喫煙の相乗作用が示唆されている．

(5) 中皮腫や肺がんの発症の危険度は，アスベストの累積ばく露量が多いほど高くなる．

問060-2 アスベストに関する次の記述のうち，最も適当なものはどれか．（2017年問題28）

(1) 合成された化学物質である．

(2) 過去に断熱材として建築物に使用されたが，現在は残っていない．

(3) 過敏性肺炎の原因となる．

(4) 労働安全衛生法により，試験研究を除き使用禁止である．

(5) 健康障害は，アスベスト製品製造工場の従業員に限られる．

問060-3 アスベストに起因する疾患として，最も適当な組合せは次のうちどれか．（2016年問題31）

ア　悪性中皮腫

イ　過敏性肺炎

ウ　肺癌

エ　肺線維症

オ　気管支喘息

(1) アとイとウ

(2) アとウとエ

(3) アとエとオ

(4) イとウとオ

(5) イとエとオ

問060-4 アスベストに関する次の記述のうち，最も不適当なものはどれか．
（2013年問題27）

(1) 過敏性肺炎の原因となる．

(2) 繊維状の水和化したケイ酸塩鉱物の総称である．

(3) クリソタイルは，アスベストの一種である．

(4) 肺癌(がん)に対して喫煙との相乗作用が疫学的に示唆されている．

(5) 肺の線維化を生じさせる．

061 酸素，酸素欠乏

労働安全衛生法において，酸素欠乏と定義される酸素濃度の数値や，人体に与える健康影響の酸素濃度の数値について出題される．酸素欠乏と定義される酸素濃度，めまいなどを起こす酸素濃度の数値などは押さえておこう．

問061-1 酸素欠乏に関する次の文章の[　　　]内に入る数値の組合せとして，正しいものはどれか．（2020年問題28）

　労働安全衛生法に基づく酸素欠乏症等防止規則では，空気中の酸素濃度が[　ア　]％末満である状態を酸素欠乏と定義している．

　また，酸素濃度と人体影響の関係では，空気中の酸素濃度が「　イ　」％以下になると意識障害やけいれんが生じる．

	ア		イ
(1)	20	——	18
(2)	20	——	16
(3)	18	——	16
(4)	18	——	10
(5)	16	——	10

問061-2 健常者が呼吸及び脈拍の増加やめまいを起こす酸素濃度として，最も適当なものは次のうちどれか．（2014年問題31）

(1) 20〜18％

(2) 17〜16%

(3) 11〜10%

(4) 7〜6%

(5) 4%以下

062　一酸化炭素

一酸化炭素は，無色・無臭の気体で，水に溶けにくい．石油や燃料用ガスなどの不完全燃焼によって発生する．猛毒で，血液中のヘモグロビンと結合し，ヘモグロビンの酸素運搬の機能を失わせる．

問062-1　建築物衛生法による一酸化炭素の含有率の基準値として，最も適当なものは次のうちどれか．（2018年問題30）

(1) 原則 1ppm以下

(2) 原則 2ppm以下

(3) 原則 5ppm以下

(4) 原則10ppm以下

(5) 原則50ppm以下

問062-2　一酸化炭素に関する次の記述のうち，最も適当なものはどれか．（2017年問題32）

(1) ヘモグロビン親和性は，酸素と同等である．

(2) 我が国では，大気汚染物質としての環境中濃度は増加している．

(3) 特有の臭気がある．

(4) 喫煙により発生する．

(5) 建築物衛生法による基準値は，1ppm以下である．

問062-3　一酸化炭素に関する次の記述のうち，最も不適当なものはどれか．（2016年問題33）

(1) 我が国では，大気汚染物質としての濃度は増加している．

(2) 酸素よりも200倍以上強いヘモグロビン親和性をもつ．

(3) 石油や都市ガスなどの不完全燃焼で発生する．

(4) 無臭の気体である．

(5) 血中の一酸化炭素ヘモグロビンの濃度が5％未満では症状はみられない.

問062-4 一酸化炭素に関する次の記述のうち，最も不適当なものはどれか．(2012年問題30)

(1) 自動車の排ガス規制により大気中の濃度は減少した.

(2) ガス器具などの不完全燃焼により発生する.

(3) 喫煙者では，非喫煙者と比べ，血液中の一酸化炭素ヘモグロビン濃度が高くなる.

(4) 血液中の一酸化炭素ヘモグロビン濃度が5％以下では，無症状のことが多い.

(5) 酸素よりも約20倍強いヘモグロビン親和性を持つ.

063　二酸化炭素

大気中に存在する無色・無臭の気体であり．水に溶けて弱酸性を示す．人の呼気や燃料の燃焼により発生する．大気中の二酸化炭素濃度(世界平均)は2016年現在，400ppm程度となっている.

問063-1 ヒトが不快感を覚えるとされている室内の二酸化炭素濃度として，最も適当なものは次のうちどれか．(2020年問題29)

(1) 0.5％

(2) 1〜2％

(3) 3〜4％

(4) 6％

(5) 7〜10％

問063-2 二酸化炭素に関する次の文章の[　　　]内に入る数値の組合せとして，最も適当なものはどれか．(2018年問題31)

大気中の二酸化炭素濃度は[　ア　]ppm程度である．建築物衛生法では，室内の二酸化炭素の含有率の基準は[　イ　]ppm以下と定められている.

	ア		イ
(1)	100	——	1 000
(2)	400	——	1 000
(3)	400	——	5 000

(4)　4 000 ——— 5 000

(5)　4 000 ——— 10 000

問063-3　呼吸中枢が刺激されて呼吸の増加，脈拍・血圧の上昇，頭痛，めまい等の病状が現れるときの二酸化炭素濃度として，最も適当なものは次のうちどれか．（2017年問題33）

(1)　　 500 ppm

(2)　1 000 ppm

(3)　5 000 ppm

(4)　10 000 ppm

(5)　40 000 ppm

問063-4　二酸化炭素に関する次の文章の[　　　]内に入る数字の組合せとして，最も適当なものはどれか．（2014年問題30）

　大気中の二酸化炭素濃度は，[　ア　]％程度であるが，人の呼気中には約[　イ　]％存在する．

	ア	イ
(1)	0.001 ———	2
(2)	0.04 ———	2
(3)	0.04 ———	4
(4)	0.10 ———	2
(5)	0.10 ———	4

064　オゾン

オゾンは，三つの酸素原子からなる酸素の同素体で，特有な臭気を有する気体である．大気のオゾン層は，有害な紫外線を吸収する効果があるが，オゾン自体は有毒な気体である．

問064-1　オゾンに関する次の記述のうち，最も不適当なものはどれか．（2017年問題31）

(1) 光化学オキシダントの主成分である．

(2) 特有の臭気がある．

(3) 紫外線による光化学反応で生成される.

(4) 静電式コピー機は，発生源となる.

(5) 水に溶けやすい.

問064-2　オゾンに関する次の記述のうち，最も不適当なものはどれか．(2013年問題30)

(1) 赤外線による光化学反応で生成される.

(2) 特有の臭気がある.

(3) 水に溶けにくい.

(4) 室内では，高電圧を利用している機器から発生する.

(5) 吸入すると肺の奥まで達する.

065　たばこ

たばこに関しては，健康増進法第25条に「多数の者が利用する施設を管理する者は，これらを利用する者について，受動喫煙を防止するために必要な措置を講ずるように努めなければならない」と規定されている.

問065-1　受動喫煙に関する次の記述のうち，最も適当なものはどれか．(2021年問題31)

(1) 医療機関における受動喫煙防止対策は，地域保健法により規定されている.

(2) 喫煙専用室には，二十歳未満の者は立ち入れない旨の掲示が必要である.

(3) 副流煙は，喫煙者が吐き出す煙のことである.

(4) たばこ煙に含まれるニコチンやタールは，副流煙より主流煙の方に多く含まれる.

(5) 受動喫煙により，小児の呼吸器系疾患のリスクは増加しない.

問065-2　たばこに関する次の記述のうち，最も不適当なものはどれか．(2018年問題29)

(1) 喫煙により，肺気腫のリスクが増大する.

(2) 受動喫煙により，小児の呼吸器系疾患のリスクが増加する.

(3) 副流煙は，喫煙者が吐き出す煙のことである.

(4) 妊娠中の喫煙により，低出生体重児の頻度が高くなる.

(5) 主流煙と副流煙の組成は異なる.

問065-3 たばこに関する次の記述のうち, 最も不適当なものはどれか. (2015年問題31)

(1) 公共の建築物内における分煙は, 医療法によって努力義務とされている.

(2) 受動喫煙により肺がんや小児の呼吸器疾患のリスクが増大する.

(3) 喫煙は, 慢性閉塞性肺疾患の原因の大部分を占める.

(4) 主流煙と副流煙の組成は異なる.

(5) 妊娠中の喫煙により, 低出生体重児や早産の頻度が高くなる.

066 音

音の強さ[W/m²]は, 単位時間に単位面積を通過する音のエネルギー量である. 音圧[Pa]は, 音による圧力である. 音圧レベル[dB]は, 音圧を基準値(人間の最小可聴値)との比を対数により表した量である.

問066-1 音に関する次の記述のうち, 最も不適当なものはどれか. (2021年問題32)

(1) 聴力レベルがプラスの値は, 基準値よりも聴力が良いことを意味する.

(2) 音の感覚の受容器である耳は, 外耳, 中耳, 内耳に分けられる.

(3) 聴覚の刺激となる音には, 頭蓋骨を伝わる音が含まれる.

(4) 音の大きさを評価する尺度として, 聴覚系の周波数特性で補正したA特性音圧レベルがある.

(5) 聴力レベルのスクリーニングとして, 職場の定期健康診断では1 000Hzと4 000Hzの聴力レベルが測定される.

問066-2 聴覚に関する次の記述のうち, 最も不適当なものはどれか. (2020年問題33)

(1) 加齢に伴い, 低い周波数から聴力低下が起きる.

(2) 超低周波空気振動は, 低い周波数でヒトが聴き取ることができないものをいう.

(3) 音の感覚の3要素は, 音の大きさ, 高さ, 音色である.

(4) 中耳は, 鼓膜, 耳小骨, 鼓室, 耳管等で構成されている.

(5) 最も鋭敏な周波数は，4 000 Hz付近である．

問066-3　人の音の聞こえに関する次の記述のうち，最も不適当なものはどれか．
（2014年問題32）

(1) 音の聞こえ方は，音圧レベル，周波数特性，時間的変動特性等によって異なる．

(2) 音声の主要周波数は，約20～8 000 Hzである．

(3) 可聴範囲の上限周波数は，約20 kHzである．

(4) 最大可聴値とは，これ以上の音圧レベルでは，不快感や痛みなどの他の感覚が生ずる閾値である．

(5) マスキング効果は，マスクする音があるときの，マスクされる音の最小可聴値の音圧レベル上昇量で示される．

067　音の周波数，可聴周波数領域

周波数とは，音波などの波が1秒間に繰り返す波の数である．周波数が高い音は高音に，周波数が低い音は低音に聞こえる．人の耳に聞こえる音の周波数を可聴周波数といい，20～20 000Hz程度の範囲である．

問067-1　音に関する次の記述のうち，最も不適当なものはどれか．（2019年問題31）

(1) マスキング量は，マスクする雑音などが存在するとき，マスクされる音の最小可聴域の音圧レベル上昇量で示される．

(2) ヒトの聴器で聴き取ることのできる周波数帯の範囲は，約10オクターブである．

(3) 聴覚の刺激となる音には，鼓膜を通じた空気の振動による音と，骨を通じて伝わる音がある．

(4) オージオメータを用いた聴力検査で測定されたマイナスの測定値は，聴力が基準よりも良いことを意味する．

(5) ヒトの聴覚が最も敏感な周波数は，8 000Hz付近である．

問0067-2　健常者の聞こえる音の周波数範囲として，最も適当なものは次のうちどれか．（2012年問題32）

(1)　20～10 000 Hz

(2) $20 \sim 20\,000$ Hz

(3) $100 \sim 10\,000$ Hz

(4) $100 \sim 20\,000$ Hz

(5) $100 \sim 30\,000$ Hz

068 騒音，難聴，聴力障害

難聴とは，聴力が低下した状態をいう．難聴には，先天性のものと後天性のものがある．後天性のものには，大きな音を継続的に受けたことによる騒音性難聴や，加齢に伴う難聴などがある．

問068-1　騒音に関する次の記述のうち，最も不適当なものはどれか．（2018年問題32）

(1) 騒音によって起こる$4\,000$ Hz付近の聴力低下を，C^5ディップという．

(2) 大きく高い騒音に一時的に曝露されることによる聴力の低下を，一過性聴力閾値低下という．

(3) 騒音によって，末梢血管の収縮，血圧の上昇，胃の働きの抑制等が起きる．

(4) マスキング効果は，マスクされる音の最小可聴値の音圧レベル上昇量で示される．

(5) 騒音による永久性難聴の程度や進行具合には，個人差が大きい．

問068-2　騒音に関する次の記述のうち，最も不適当なものはどれか．（2017年問題34）

(1) 住民の騒音苦情の大半は，聴取妨害と心理的影響による．

(2) 超音波は，強いレベルの場合には耳鳴り，頭痛，吐き気等の身体影響を生じさせる．

(3) 大きく，高い騒音に一時的に曝露されることによる聴力の低下は，一過性であることが多く，安静により回復する．

(4) 一般の環境騒音に関しては，1日の曝露騒音として等価騒音レベルが70dB未満であれば，永久性の聴力障害はほとんど起こらない．

(5) 騒音により自律神経系が刺激されると，末梢血管の拡張，血圧の低下等が起きる．

問068-3 騒音性難聴に関する次の文章の[   ]内に入る数値の組合せとして，最も適当なものはどれか．（2015年問題33）

　騒音職場などの健康診断では，オージオメータで[ア]Hzと[イ]Hzの聴力レベルが測定されるが，騒音性難聴の初期の特徴は，通常，約[ウ]Hz付近での聴力低下である．

	ア	イ	ウ
(1)	1 000	2 000	2 000
(2)	1 000	4 000	1 000
(3)	1 000	4 000	4 000
(4)	2 000	4 000	2 000
(5)	2 000	4 000	4 000

問068-4 騒音とその影響に関する次の記述のうち，最も不適当なものはどれか．（2014年問題33）

(1) 騒音によって，末梢血管の収縮，血圧の上昇，胃の働きの抑制等が起きる．

(2) 大きく，高い騒音による一時的な聴力低下を一過性聴力閾値上昇という．

(3) 騒音曝露による健康影響は，年齢や生活習慣，生活・活動環境などによる複合的な影響と考えられている．

(4) 聴覚系の周波数特性を補正した尺度をC特性音圧レベルという．

(5) 住民の騒音苦情は聴取妨害とともに，うるさい，不快だ，迷惑だという心理的影響が大半を占めている．

069　振動

レイノー現象（白ろう病）は，寒冷刺激や精神的緊張のほかに，チェーンソー・鋲（びょう）打ち機などを長期間使用する場合にみられる職業病症状で，振動により手に血行障害をもたらし，指が蝋細工のように白くなり，しびれや痛みを伴う．

問069-1 振動に関する次の記述のうち，最も不適当なものはどれか．（2021年問題34）

(1) 振動レベルの単位はデシベル（dB）である．

(2) 局所振動による健康障害は冬期に多くみられる．

(3) 局所振動による障害にレイノー現象といわれる指の末梢神経障害がある．

(4) フォークリフトの運転により垂直振動にばく露されることで，胃下垂などが生じる．

(5) 全身振動は，垂直振動と水平振動に分けて評価される．

問069-2 振動に関する次の記述のうち，最も不適当なものはどれか．（2020年問題34）

(1) 全身振動の知覚は，内耳の前庭器官と三半規管が関係している．

(2) 振動の知覚は，皮膚，内臓，関節等，全身に分布する運動神経末端受容器によりなされる．

(3) 全身振動の大きさの感覚は，振動継続時間によって異なる．

(4) 振動レベルの単位は，dB（デシベル）である．

(5) 白ろう病は，手持ち振動工具による指の血行障害である．

問069-3 振動に関する次の記述のうち，最も不適当なものはどれか．（2014年問題34）

(1) 振動の基本的物理量は，変位，速度，加速度，周波数等である．

(2) 乗り物酔いや動揺病は，周波数が1Hz未満で振幅が大きい場合に起こりやすい．

(3) 交通車両の運転業務により受ける振動障害は，強い水平振動による．

(4) 局所振動で問題となる振動数は，約8～1 000Hzである．

(5) 長期間振動作業による神経障害が進行すると，手指の伸展に支障がみられることがある．

問069-4 振動に関する次の記述のうち，最も不適当なものはどれか．（2013年問題33）

(1) 全身振動の場合，三半規管は，加速度の知覚に関係している．

(2) 全身振動は，鉛直振動と水平振動に分けて評価される．

(3) 全身振動の大きさの感覚は，振動継続時間によって異なる．

(4) 振動レベルの単位は，Hz（ヘルツ）である．

(5) 白ろう病は，手持ち振動工具による指の血行障害である．

070　光環境と視覚

網膜には杆体細胞と錐体細胞がある．杆体細胞の名は，杆 (桿＝さお) 状の形状から，錐体細胞の名は円錐 (えんすい) 状の形状に由来している．桿体細胞と錐体細胞の機能と特徴がよく出題されている．

問070-1　光の知覚に関する次の記述のうち，最も不適当なものはどれか．(2021年問題35)

(1) 目が視対象物の細部を見分ける能力を視力という．

(2) 視対象を正確に認識することを明視といい，この条件は，大きさ，対比，時間，明るさである．

(3) 視細胞は角膜に存在する．

(4) 暗順応に要する時間は明順応よりも長い．

(5) 錐体細胞には，赤，青，緑の光にそれぞれ反応する3種があり，反応の組合せで色を感じる．

問070-2　光環境と視覚に関する次の記述のうち，最も適当なものはどれか．(2019年問題32)

(1) 網膜にある杆体細胞は，明るいときに働きやすい．

(2) 明るい場所から暗い場所への順応を暗順応といい，およそ2分程度で順応が完了する．

(3) 杆体細胞と錐体細胞を比較すると，感光度は錐体細胞の方が高い．

(4) 杆体細胞と錐体細胞を比較すると，数は錐体細胞の方が多い．

(5) 視力は，照度0.1 lx付近（輝度では0.01cd/m^2）で大きく変化する．

問070-3　光の色の知覚に関する次の記述のうち，最も適当なものはどれか．(2017年問題36)

(1) 網膜にある視細胞には杆体細胞と錐体細胞があるが，錐体細胞はロドプシンを含み，感光度が非常に高い．

(2) 網膜にある錐体細胞は解像力に優れ，色覚に必要な化学物質を含んでいる．

(3) 明るい場所から暗い場所への順応を暗順応といい，およそ2分程度で順応が完了する．

(4) 網膜にある錐体細胞は，赤，青，黄の光にそれぞれ反応する3種類がある．

(5) 視対象を正確に認識することを明視といい，この条件は，大きさ，明るさの二つである．

問070-4 光環境と視覚に関する次の記述のうち，最も不適当なものはどれか．
(2014年問題35)
(1) 網膜にある杆体細胞は，感光度が高く，錐体の約500倍の感度をもつ．
(2) 近年普及している発光ダイオード（LED）は，指向性が弱く，拡散光が得やすい．
(3) 明るい場所から暗い場所に入ったとき，目が完全に順応するには約40分以上かかる．
(4) 照明の質を高めるためには，グレアを防止することが必要である．
(5) 錐体細胞は，解像力に優れ，色覚に必要な化学物質を含んでいる．

071　照明，照度

照明に関しては，省電力，長寿命な照明器具であるLED（発光ダイオード）が普及しつつある状況を受け，LEDに関する出題が増えている．点光源の光度による照度計算，JIS照度基準なども出題されている．

問071-1 発光ダイオード（LED）の性質に関する次の記述のうち，最も不適当なものはどれか．（2020年問題35）
(1) 小型・軽量である．
(2) 熱に弱い．
(3) 拡散しやすい．
(4) 寿命が長い．
(5) 高効率である．

問071-2 LED（発光ダイオード）の性質に関する次の記述のうち，最も不適当なものはどれか．（2016年問題35）
(1) 熱に強い
(2) 小型軽量である
(3) 白色光光源として利用できる
(4) 指向性が強い

(5) 高効率・長寿命である

問071-3 事務所建築物内の次の場所の組合せのうち，JISの照明基準総則に定める事務所の維持照度の推奨値として，イの値がアの値より高いものはどれか．（2015年問題35）

	ア	イ
(1)	会議室	化粧室
(2)	エレベーターホール	エレベーター
(3)	製図室	印刷室
(4)	応接室	書庫
(5)	廊下	階段

072　VDT作業

VDT作業とは，ディスプレイ，キーボードなどにより構成されるVDT (Visual Display Terminals) を使用した作業をいう．厚生労働省より「情報機器作業における労働衛生管理のためのガイドライン」が示されている．

問072-1 情報機器作業に関する次の記述のうち，最も不適当なものはどれか．（2021年問題36）

(1) 作業者の健康に関する調査で，最も多い自覚症状は眼の症状である．
(2) ディスプレイのグレア防止には，直接照明を用いる．
(3) 書類上及びキーボード上における照度は300lx以上が推奨される．
(4) ディスプレイ画面上における照度は500lx以下が推奨される．
(5) ディスプレイ画面の明るさ，書類及びキーボード面における明るさと，周囲の明るさとの差は，なるべく小さくする．

問072-2 情報機器作業（VDT作業）と健康に関する次の記述のうち，最も不適当なものはどれか．（2020年問題36）

(1) グレア防止用の照明器具を用いる．
(2) ディスプレイ画面における照度を500 lx以下とする．
(3) キーボード上の照度は，300 lx以上とする．
(4) デスクトップ型パソコンとノート型パソコンでは，デスクトップ型パソコン

科目2　環境衛生

の方が疲労の訴えが多い．

(5) 眼と表示画面，眼と書類などとの距離は，同じ程度にすることが望ましい．

問072-3 VDT作業の光環境に関する次の文章の[　　　]内に入る数値の組合せとして，正しいものはどれか．（2019年問題34）

「厚生労働省のガイドラインでは，ディスプレイを用いる場合のディスプレイ画面上における照度は[　ア　]lx以下，書類上及びキーボード上における照度は[　イ　]lx以上とすることが推奨されている．」

	ア	イ
(1)	500 —— 200
(2)	500 —— 300
(3)	700 —— 300
(4)	1 000 —— 300
(5)	1 000 —— 500

問072-4 VDT作業と健康に関する次の記述のうち，最も不適当なものはどれか．（2017年問題37）

(1) VDT作業では，普段使用している遠近両用メガネを使用することで眼の疲労を防ぐことができる．

(2) VDT作業では，表示画面を注視することにより，瞬目回数が減少する．

(3) 視野内に高輝度のものがあると網膜の感度が下がり，疲労につながる．

(4) 厚生労働省ガイドラインでは，ディスプレイ画面上の照度は，500 lx以下とすることとなっている．

(5) VDT作業者の健康に関する調査で最も多い自覚症状は，眼に関するものである．

073　色彩

マンセル表色系とは，色を定量的に表す体系である表色系の一つで，色彩を色の三属性（色相，明度，彩度）によって表現する．JIS Z 8721（色の表示方法－三属性による表示）として規格化されている．

問073-1 色彩に関する次の記述のうち，最も不適当なものはどれか．（2014年

問題36)

(1) 色彩は，色相，明度，輝度の三つの属性の組合せによって表現される．

(2) 色彩を使って環境を調節する一つの指針として，ジャッドの色彩調節の原理がある．

(3) 配色については，室内などの全面積の10％以上を占める色を基調色，それ以外の色をアクセント色という．

(4) 環境を機能的に整える環境配色では，一般に事務所などの天井は白又はごく薄い色とし，壁も明るい色とする．

(5) 環境色の管理は，色彩のもつ性質を利用して安全で疲労の少ない快適な環境づくりを行うためのものである．

問073-2 色彩に関する次の記述のうち，最も不適当なものはどれか．（2012年問題35）

(1) 色相，明度，彩度の三つの属性の組合せによって表現される．

(2) マンセル表色系は，色彩の表現の一方法である．

(3) 彩度によって暖色系と寒色系が区別される．

(4) 暗い色は明るい色に比べて，より重厚な感覚を与える．

(5) 暖色系は，手前に進出して見える進出色である．

---

074 JIS安全色

JIS Z 9101・9103で規定されている安全色は「赤」「黄赤」「黄」「緑」「青」「赤紫」の6色からなり，また安全標識などで安全色を引き立てる対比色として「白」と「黒」の2色がある．

問074-1 JISによる安全色の意味とその色の組合せとして，最も不適当なものは次のうちどれか．（2019年問題33）

(1) 防火 ———— 赤

(2) 注意警告 ——— 黄赤

(3) 安全状態 ——— 緑

(4) 誘導 ———— 黄

(5) 放射能 ———— 赤紫

問074-2 JISの安全色の規定に基づく危険箇所などに用いる色とその意味との組合せとして，誤っているものは次のうちどれか．（2013年問題35）

(1) 赤 ——————— 禁止，停止

(2) 黄赤 ——————— 危険

(3) 黄 ——————— 通路

(4) 緑 ——————— 安全状態

(5) 青 ——————— 指示，誘導

075 電場，磁場，電磁波

電磁波とは，空間の電場と磁場の変化によって形成される波で，光（赤外線，可視光線，紫外線）や電波は，電磁波の一種である．赤外線と紫外線は，波長の長さにより分類され，それぞれ特異な性質を有している．

問075-1 電磁波に関する次の記述のうち，最も不適当なものはどれか．（2021年問題37）

(1) レーザー光線には可視光のレーザーの他，赤外線や紫外線のレーザーがある．

(2) 溶接作業で発生する電気性眼炎は紫外線による．

(3) 赤外線は白内障の原因となる．

(4) マイクロ波の主な用途の一つとして，家庭用電子レンジがある．

(5) 可視光線の波長は赤外線より長い．

問075-2 電場，磁場，電磁波に関する次の記述のうち，最も不適当なものはどれか．（2019年問題37）

(1) 赤外線は，電離作用を持っている．

(2) 電磁波は，波長の長短により性質が大きく異なる．

(3) 磁場の単位は，T（テスラ）又はG（ガウス）である．

(4) 家庭用電化製品，送電線等から発生する電磁場は変動磁場である．

(5) 冬場には，静電場が生じやすい．

問075-3 電場，磁場，電磁波に関する次の組合せのうち，最も不適当なものはどれか．（2013年問題36）

(1) 静磁場の強度の単位 ——————————— T（テスラ）

(2) ドルノ線の波長 ———————————— 280〜320 nm

(3) マイクロ波の周波数 ———————————— 300 MHz〜300 GHz

(4) 電場の強度の単位 ———————————— V/m

(5) 携帯電話端末の局所SAR
(Specific Absorption Rate)の許容値 ———————— 4 W/kg

問075-4 電磁波及び磁場に関する次の記述のうち，最も適当なものはどれか．(2012年問題39)

(1) 紫外線は，赤外線より皮膚透過性が大きい．

(2) 磁場の強さを示す単位として，ジュール（J）が用いられる．

(3) レーザ光線は，複数の波長を組み合せた電磁波のことである．

(4) 可視光線の波長は，赤外線の波長より長い．

(5) 赤外線は，工業用加熱装置に用いられる．

076　放射線

放射線には，α（アルファ）線，β（ベータ）線，γ（ガンマ）線，X（エックス）線などの種類があり，それぞれ透過力が異なる．α線は紙で，βは薄い金属板で．γ線・X線は鉛板で，それぞれ遮へいできる．

問076-1 電離放射線による健康影響のうち，確定的影響かつ晩発影響として最も適当なものは次のうちどれか．（2021年問題38）

(1) 不妊

(2) 染色体異常

(3) 白血病

(4) 白内障

(5) 甲状腺がん

問076-2 電離放射線に関する次の記述のうち，最も適当なものはどれか．（2020年問題38）

(1) γ線は，鉛，鉄の板を通過する．

(2) 放射線の人体に与える影響の単位は，Bq（ベクレル）である．

(3) 放射線の健康影響のうち，がんに対する影響には閾値が存在する．

(4) 胸のX線検査1回で被曝する線量は，自然放射線からの年間被曝量の世界平均よりも多い.

(5) 感受性が最も高い細胞は，リンパ球である.

問076-3 放射線障害防止対策に関する次の組合せのうち，最も不適当なものはどれか．（2020年問題39）

(1) 体内被曝の防護 ──────── 被曝時間の短縮

(2) 個人被曝線量管理 ──────── フィルムバッジの使用

(3) 体外被曝の防護 ──────── 遮蔽

(4) 環境管理 ──────── 環境モニタリング

(5) 個人健康管理 ──────── 健康診断

問076-4 放射線の身体的影響のうち，早期影響は次のうちどれか．（2018年問題37）

(1) 白内障

(2) 不妊

(3) 悪性リンパ腫

(4) 皮膚癌

(5) 胎児の障害

問076-5 電離放射線に関する次の記述のうち，最も適当なものはどれか．（2017年問題39）

(1) β線は，鉛・鉄の板を通過する.

(2) 放射線の人体に与える影響の単位は，シーベルト（Sv）である.

(3) 放射線の健康影響のうち，がんに対する影響には閾値が存在する.

(4) 感受性が最も高い細胞は，神経細胞である.

(5) 胸のX線検査1回当たりでの被曝線量は，自然放射線による年間被曝量の世界平均よりも多い.

077　赤外線

赤外線とは，可視光線より波長が長く，電波より波長の短い電磁波で，人間の目では見ることができない光である．赤外線は熱作用を有しており，熱中症の原因になる場合がある．

問077-1　赤外線による生態影響として，最も不適当なものは次のうちどれか．（2020年問題37）

(1) 熱中症
(2) 皮膚血流促進
(3) 電気性眼炎
(4) ガラス工白内障
(5) 代謝促進

問077-2　赤外線の作用による疾患に関する次の記述のうち，最も適当なものはどれか．（2018年問題35）

(1) 熱中症
(2) 皮膚癌
(3) 無精子症
(4) 白血病
(5) 急性角膜炎

問077-3　赤外線による生体影響として，最も不適当なものは次のうちどれか．（2015年問題38）

(1) 白内障
(2) 熱中症
(3) 皮膚血管拡張
(4) 代謝促進
(5) 電気性眼炎

078　紫外線

紫外線とは，可視光線より波長が短く，放射線より波長の長い電磁波で，人間の目では見ることができない光である．紫外線は，皮膚の悪性黒色腫や電気性眼炎（いわゆる「雪眼」）の原因になる場合がある．

問078-1　紫外線に関する次の記述のうち，最も不適当なものはどれか．（2019年問題35）

(1) 波長によって，3領域に分類される．

(2) 慢性曝露で緑内障を発症する．

(3) 皮膚の老化を促進する．

(4) ビタミンDを生成して，くる病を予防する．

(5) 赤外線と比較して皮膚透過性が低い．

問078-2　紫外線の性質・作用に関する次の記述のうち，最も不適当なものはどれか．（2016年問題37）

(1) 赤外線と比較して皮膚透過性が高い

(2) 皮膚の悪性黒色腫の発生

(3) 電気性眼炎の発生

(4) ビタミンDの生成

(5) 殺菌作用

問078-3　紫外線の作用に関する次の記述のうち，最も不適当なものはどれか．（2012年問題37）

(1) 熱中症の発生

(2) 体内のビタミンDの生成

(3) 皮膚の紅斑の出現

(4) 皮膚の悪性黒色腫の発生

(5) 殺菌作用

079 人と水

人体に含まれる水分量や，人が1日に必要とする水分量，人が老廃物の排泄のために必要とする1日の尿量などが出題されるので，概数を記憶しておく必要がある．そのほか，水分が欠乏したときの症状について出題される．

問079-1　ヒトと水に関する次の記述のうち，最も適当なものはどれか．（2021年問題39）

(1) 通常の状態で，水が最も多く排泄されるのは尿であり，その次は皮膚からの蒸泄（せつ）である．

(2) 成人の体内の水分量は，体重の約80％である．

(3) 水分欠乏が体重の5％以上で，喉の渇きを感じる．

(4) ヒトが生理的に必要とする水分量は，成人の場合，1日当たり約3リットルである．

(5) 体内では細胞内液より細胞外液の方が多い．

問079-2　健常者と水に関する次の記述のうち，最も不適当なものはどれか．（2018年問題38）

(1) 体重当たりの水分欠乏率が2％程度になると，強い口喝が認められる．

(2) 体内における食物の代謝過程で生成される代謝水は，1日約0.3Lである．

(3) 一般に体重当たりの体内水分量は，女性の方が男性より多い．

(4) 成人の体内の水分量は，体重の約50〜70％である．

(5) 小児が生理的に必要とする水分量は，体重当たりに換算すると成人より多い．

問079-3　身体の水分量に関する次の文章の[　　　]内に入る割合（％）の組合せとして，最も適当なものはどれか．（2015年問題39）

　健常な一般成人における体内の水分量は，体重の[　ア　]程度である．さらに，その水分量は，細胞内部の水分である細胞内液と，細胞外部の水分である細胞外液とに区分される．成人の場合には，細胞内液は体重の約[　イ　]，細胞外液は約[　ウ　]である．

	ア	イ	ウ
(1)	80%	40%	40%
(2)	60%	40%	20%

   (3)   60% ——— 20% ——— 40%

   (4)   40% ——— 30% ——— 10%

   (5)   40% ——— 20% ——— 20%

問079-4 健常者における体重当たりの水分欠乏率とその脱水症状との組合せとして，最も不適当なものは次のうちどれか．（2015年問題40）

   (1)   2% ——— 強い渇き

   (2)   4% ——— 腎機能不全

   (3)   8% ——— チアノーゼ

   (4)   10% ——— 失神

   (5)   20% ——— 死亡

080 　水質基準

水道法に定められた水質基準の項目は50項目を超え，項目名だけでも，とても全数を記憶できる物量ではない．したがって，試験に登場する主な項目について，人体に与える影響を押さえておこう．

問080-1 水質汚濁に係る環境基準項目に関する次の記述のうち，最も適当なものはどれか．（2021年問題40）

   (1) ヒ素は，急性ばく露により皮膚の色素沈着を起こす．

   (2) 亜鉛は，水俣病の原因となる．

   (3) カドミウムは，水質汚濁に関する環境基準において検出されないこととなっている．

   (4) アルキル水銀は，生物学的濃縮を起こす．

   (5) ベンゼンは，ヒトに対する発がん性は認められない．

問080-2 水道法の水質基準に規定される物質とその疾病との組合せとして，最も不適当なものは次のうちどれか．（2020年問題42）

   (1)   ヒ素 —————— ボーエン病

   (2)   亜硝酸態窒素 ——— メトヘモグロビン血症

   (3)   四塩化炭素 ——— 肝がん

   (4)   ベンゼン ———— 再生不良性貧血

(5) フッ素 ──────── 舌がん

問080-3　環境基本法における水質汚濁に係る環境基準において，人の健康の保護に関する環境基準項目に含まれていないものは次のうちどれか．（2017年問題40）

(1) 全シアン
(2) 砒(ひ)素
(3) ホルムアルデヒド
(4) ベンゼン
(5) トリクロロエチレン

問080-4　水道法に基づく水質基準項目に関する次の記述のうち，最も不適当なものはどれか．（2013年問題40）

(1) 硝酸態窒素とは，水中の硝酸イオン及び硝酸塩に含まれている窒素のことである．
(2) 水銀及びその化合物には，有機水銀化合物及び無機水銀化合物の両方が含まれる．
(3) 鉛及びその化合物は，神経系の障害や貧血等の中毒症状を起こす．
(4) ヒ素化合物の毒性の強さは，その結合形によらず一定である．
(5) クロロホルムは，消毒副生成物の一つである．

081　カドミウム

カドミウムは，銀白色の軟らかく展性に富む金属で，合金，塗料のほか，原子炉の制御やニッケルカドミウム電池などに用いられている．富山県神通川流域の公害，イタイイタイ病の原因物質である．

問081-1　カドミウムに関する次の記述のうち，最も不適当なものはどれか．（2016年問題40）

(1) 合金，塗料，電池等の用途に用いられる．
(2) 過剰に摂取すると大脳に蓄積して，中枢神経の障害を起こす．
(3) 富山県神通川流域の一般環境汚染により，イタイイタイ病の原因となった．
(4) 水道法に基づいて定められる，水道により供給される水の水質基準の基準項目に含まれている．

(5) 水質汚濁防止法に基づいて定められる，健康に係わる有害物質についての排水基準の基準項目に含まれている．

082 ヒ素

ヒ素は，単体や化合物として，環境中に広く分布している．有害性が高く，微量であっても長期間摂取すると，慢性ヒ素中毒をもたらす．また，無味・無臭・無色な毒であるため，古来より暗殺に用いられてきた．

問082-1 　ヒ素に関する次の記述のうち，最も適当なものはどれか．（2018年問題40）

(1) ５価の化合物の方が３価の化合物よりも毒性が強い．
(2) 水俣病は，その慢性中毒である．
(3) 慢性影響として，皮膚の色素沈着や角化は認められない．
(4) 環境基本法に基づく水質汚濁に係る環境基準項目に含まれない．
(5) ヒトに対する発がん性が認められる．

問082-2 　ヒ素に関する次の記述のうち，最も適当なものはどれか．（2014年問題40）

(1) ヒトに対する発がん性は，認められない．
(2) イタイイタイ病は，その慢性中毒である．
(3) 水俣病は，その急性中毒である．
(4) 水道法に基づく水質基準項目には含まれない．
(5) 慢性曝露により，皮膚の色素沈着や角化を起こす．

083 水銀

水銀には，有機水銀と無機水銀がある．水俣病は，有機水銀であるメチル水銀による慢性中毒である．生態系の食物連鎖の上位の生物体内に濃縮され，生物濃縮を起こす．

問083-1 　有機水銀に関する次の記述のうち，最も不適当なものはどれか．（2019年問題39）

(1) 生物濃縮が起こる．
(2) 水俣病はメチル水銀による．

(3) 小脳性失調を認める.

(4) 水質汚濁防止法に基づく排水基準の項目に含まれる.

(5) 慢性曝露で低分子蛋白尿を認める.

問083-2　水銀に関する次の記述のうち,最も不適当なものはどれか.（2017年問題41）

(1) 一般に,有機水銀と無機水銀に分けられる.

(2) 有機水銀は,生物濃縮を起こすことが知られている.

(3) 水俣病は,メチル水銀による公害病である.

(4) 重要な影響の一つに,中枢神経障害がある.

(5) 皮膚癌の原因となることが知られている.

問083-3　水銀に関する次の記述のうち,最も不適当なものはどれか.（2012年問題40）

(1) 水銀による急性中毒では,口内炎や腎障害などがみられる.

(2) 水銀及びその化合物は,水道法に基づく水質基準項目の一つである.

(3) 一般に有機水銀と無機水銀に分けられる.

(4) イタイイタイ病は,水銀による慢性中毒である.

(5) 生物濃縮を起こすことが知られている.

084　病原体

身の回りの目に見えない多くの微生物類（細菌,ウイルス,真菌（カビ,酵母など）のうち,感染症を引き起こすものを病原体という.病原体と感染症の組み合わせに関する問題は頻出.

問084-1　次の感染症のうち,原虫によって引き起こされる疾患の組合せとして,正しいものはどれか.（2018年問題41）

ア　発しんチフス

イ　カンジダ症

ウ　クリプトスポリジウム症

エ　マラリア

オ　ワイル病

(1) アとイ

(2) アとオ

(3) イとウ

(4) ウとエ

(5) エとオ

問084-2 感染症とその病原体の種類との組合せとして，最も適当なものは次のうちどれか．（2017年問題42）

(1) 麻しん ——————————— ウイルス

(2) ワイル病 ——————————— 真菌

(3) カンジダ症 ——————————— 細菌

(4) つつが虫病 ——————————— 原虫

(5) クリプトスポリジウム症 ——— リケッチア

問084-3 次の感染症のうち，細菌によって引き起こされる疾患の組合せとして，正しいものはどれか．（2016年問題41）

ア 白癬症

イ レジオネラ症

ウ 結核

エ マラリア

オ 発疹チフス

(1) アとイ

(2) アとオ

(3) イとウ

(4) ウとエ

(5) エとオ

問084-4 病原体の種類とその感染症との組合せとして，最も適当なものは次のうちどれか．（2015年問題42）

(1) 原虫 ——————— 白癬症

(2) 真菌 ——————— 発疹チフス

(3)　リケッチア ─────── B型肝炎

(4)　細菌 ─────── ペスト

(5)　ウイルス ─────── マラリア

問084-5　次の感染症のうち，ウイルスによって引き起こされる疾患の組合せとして，正しいものはどれか．（2014年問題42）

ア　日本脳炎

イ　B型肝炎

ウ　コレラ

エ　レジオネラ症

オ　つつが虫病

(1)　アとイ

(2)　アとオ

(3)　イとウ

(4)　ウとエ

(5)　エとオ

085　感染源

感染源とは，病原体に感染した人・動物・昆虫や，病原体で汚染された物や食品などを指す．具体的には，感染者や感染動物などからの排泄物・嘔吐物・血液・体液などが挙げられる．

問085-1　次の感染症のうち，主に空気を介して感染するものはどれか．（2021年問題42）

(1)　デング熱

(2)　B型肝炎

(3)　ペスト

(4)　日本脳炎

(5)　麻しん

問085-2　飲用水汚染事故の発生原因として，最も不適当なものは次のうちどれか．（2020年問題41）

(1) ノロウイルス

(2) アニサキス

(3) カンピロバクター・ジェジュニ

(4) 病原性大腸菌

(5) 赤痢アメーバ

問085-3　食物や水が主な感染源となる感染症として，最も適当なものは次のうちどれか．（2016年問題42）

(1) デング熱

(2) A型肝炎

(3) インフルエンザ

(4) 梅毒

(5) 日本脳炎

086　感染症対策

感染症対策には，感染者を隔離するなどの「感染源対策」，手洗いやうがいなどの「感染経路対策」，予防接種などの「感受性対策」がある．対策が，これらのいずれに該当するかが出題される．

問086-1　次の感染症対策のうち，感染経路対策として，最も不適当なものはどれか．（2019年問題42）

(1) ネズミの駆除

(2) 手洗いの徹底

(3) N95マスクの着用

(4) 水と空気の浄化

(5) ワクチンの接種

問086-2　次の感染症対策のうち，感受性対策として最も適当な組合せはどれか．（2016年問題43）

ア　患者の隔離

イ　手洗いの徹底

ウ　予防接種

エ　抵抗力の向上

オ　マスクの着用

(1)　アとイ

(2)　アとオ

(3)　イとウ

(4)　ウとエ

(5)　エとオ

問086-3　　次の感染症対策のうち，宿主の感受性対策として最も適当なものはどれか．（2014年44）

(1)　媒介動物の駆除

(2)　患者の治療

(3)　マスクの着用

(4)　一般的な体力の向上

(5)　患者の隔離

問086-4　　次の感染症予防対策のうち，病原体に対する人の感受性対策として，最も適当なものはどれか．（2012年問題43）

(1)　予防接種

(2)　保菌者の管理

(3)　患者の隔離

(4)　マスクの着用

(5)　水や空気の浄化

087　感染症法上の類別

感染症法は，正式には「感染症の予防及び感染症の患者に対する医療に関する法律」という．同法では，感染症を危険性が高い順に一類から五類に分類している．感染症と類別の組み合わせを問う問題などが出題される．

問087-1　　感染症の予防及び感染症の患者に対する医療に関する法律（以下「感染症法」という．）における感染症の類型に関する次の記述のうち，最も不適当なものはどれか．（2021年問題41）

(1) 一類感染症では，交通が制限されることがある．

(2) 二類感染症では，建物の立ち入りは制限されない．

(3) 三類感染症では，就業制限される職種がある．

(4) 四類感染症では，積極的疫学調査は実施されない．

(5) 五類感染症には，ジアルジア症が含まれる．

問087-2　感染症法に基づく感染症の類型のうち，1類，2類，3類全てに実施される措置として，最も不適当なものは次のどれか．（2020年問題43）

(1) 健康診断受診の勧告

(2) 就業制限

(3) 死体の移動制限

(4) 入院勧告

(5) 積極的疫学調査

問087-3　感染症の予防及び感染症の患者に対する医療に関する法律（以下「感染症法」という．）に基づく感染症の類型において，三類感染症に分類されるものは次のうちどれか．（2018年問題42）

(1) マラリア

(2) コレラ

(3) 日本脳炎

(4) 狂犬病

(5) デング熱

問087-4　次の感染症のうち，感染症の予防及び感染症の患者に対する医療に関する法律において，二類感染症に分類されるものはどれか．（2012年問題42）

(1) 後天性免疫不全症候群

(2) 麻しん

(3) マイコプラズマ肺炎

(4) 結核

(5) 破傷風

088　水系感染症の特徴

水系感染症とは，病原体に汚染された水を摂取することに起因した感染症のことである．汚染された水が調理に使用されたりすると，食中毒となり，多くは消化器疾患を引き起こす．

問088-1　水系感染症の病原体として，最も不適当なものは次のうちどれか．
（2018年問題39）

- （1）ノロウイルス
- （2）麻しんウイルス
- （3）A型肝炎ウイルス
- （4）赤痢アメーバ
- （5）パラチフス菌

問088-2　水系感染症の特徴に関する次の記述のうち，最も適当なものはどれか．
（2017年問題43）

- （1）発生は，一般に特定の年齢層や職業に集中する．
- （2）一般に重症例が多く，致死率が高い．
- （3）発生は，おおむね梅雨から夏季に限定される．
- （4）初発患者の発生から数日で爆発的に患者が増える．
- （5）一般に水の汚染が証明又は確定されることは少ない．

問088-3　次の病原微生物のうち，飲料水の汚染による水系感染を起こすものとして，最も不適当なものはどれか．（2014年問題41）

- （1）ノロウイルス
- （2）風しんウイルス
- （3）ポリオウイルス
- （4）クリプトスポリジウム
- （5）赤痢菌

089 消毒，滅菌

ある環境中のすべての微生物を死滅させることを滅菌といい，そのなかの病原体のみを死滅させることを消毒という．消毒や滅菌の方法によって病原体への効果が異なり，方法に対する効果を問う問題が出題される．

問089-1 滅菌に用いられるものとして，最も不適当なものは次のうちどれか．
（2021年問題45）

- (1) γ線
- (2) ろ過
- (3) エチレンオキサイドガス
- (4) 高圧蒸気
- (5) 紫外線

問089-2 消毒薬に関する次の記述のうち，最も不適当なものはどれか．（2020年問題45）

- (1) クレゾールは，食器の消毒には不適である．
- (2) 逆性石けんは，緑膿菌や結核菌に対する殺菌力は弱い．
- (3) ホルマリンは，全ての微生物に有効である．
- (4) 消毒用エタノールは，一部のウイルスには無効である．
- (5) 次亜塩素酸ナトリウムは，芽胞にも有効である．

問089-3 消毒に関する次の記述のうち，最も不適当なものはどれか．（2019年問題44）

- (1) 波長254nm付近の紫外線は，消毒作用がある．
- (2) 消毒用エタノールは，芽胞や一部のウイルスに対して無効である．
- (3) 100％エタノールの方が，70％エタノールより消毒に適している．
- (4) 酸化エチレンは，ガス滅菌に用いられる．
- (5) ホルマリンは，全ての微生物に有効である．

問089-4 滅菌と消毒に関する次の文章の[　　　]内に入る語句の組合せとして，最も適当なものはどれか．（2012年問題44）

ある環境中の[　ア　]微生物を死滅させることを滅菌といい，そのなかの

[　イ　]のみを死滅させることは消毒という.

　　　　　ア　　　　　　　イ
(1)　すべての ――― 病原体
(2)　すべての ――― 細菌
(3)　有害な ――― 病原体
(4)　有害な ――― 細菌
(5)　有害な ――― 真菌

090　レジオネラ症

1976年にアメリカのフィラデルフィアで開かれた在郷軍人(Legionnair)大会で集団発生したことからこの名前が付いた.レジオネラ属菌の含まれた水冷式空調装置の水が飛び散って空気感染したといわれる.

問090-1　レジオネラ症に関する次の記述のうち,最も適当なものはどれか.
(2018年問題43)

(1)　病原体は,一般に10℃前後で最もよく繁殖する.
(2)　病原体は,自然界の土壌や淡水中等に生息している.
(3)　感染症法において,二類感染症に分類されている.
(4)　垂直感染する感染症である.
(5)　感染の起こりやすさに対して,ヒトの個体差や体調差は影響しない.

問090-2　レジオネラ症に関する次の記述のうち,最も不適当なものはどれか.
(2014年問題43)

(1)　病原体は,一般に20～50℃で繁殖する.
(2)　病原体は,自然界の土壌や淡水中などに生息している.
(3)　病原体によって汚染された水のエアロゾル吸入は,感染経路の一つである.
(4)　感染の起こりやすさには,人の個体差や体調差が影響すると考えられる.
(5)　レジオネラ症は,感染症の予防及び感染症の患者に対する医療に関する法律において,二類感染症に分類されている.

091 クリプトスポリジウム症

クリプトスポリジウムは、ウシ、ブタ、イヌ、ネコ、ネズミなどの腸管寄生原虫である。過去に、1993年の米国ミルウォーキーや、1996年の埼玉県で水道水を汚染源とする集団感染が発生している。

問091-1 クリプトスポリジウム症に関する次の記述のうち、最も適当なものはどれか。（2021年問題43）

- (1) 病原体は細菌である。
- (2) ヒトや哺乳動物の消化管で増殖する。
- (3) 水道水の塩素消毒で死滅する。
- (4) 水道におけるクリプトスポリジウム等対策指針では、レベル1が最もリスクが高い。
- (5) 下痢症状は1～2日で消失する。

問091-2 クリプトスポリジウム症とその病原体に関する次の記述のうち、最も不適当なものはどれか。（2020年問題44）

- (1) 感染した哺乳類の糞便が感染源となる。
- (2) 大きさ4～6μmの原虫である。
- (3) 感染すると、2～5日後に下痢や腹痛等の症状が表れる。
- (4) 特定の環境下では、2～6カ月間感染力を維持する。
- (5) 対策として、給水栓末端における遊離残留塩素濃度を、0.2 mg/L以上に保つことが重要である。

092 ノロウイルス

急性胃腸炎を引き起こすウイルスで、感染力が非常に強い。ノロウイルスによる感染症は、ビル管理の現場でも発生する可能性が高いので、実務においても、対策などについて熟知しておく必要があるだろう。

問092-1 ノロウイルスに関する次の記述のうち、最も不適当なものはどれか。（2017年問題44）

- (1) ヒトからヒトへ感染する。
- (2) 感染しても発症しない場合がある。
- (3) 潜伏期間は、1週間である。

(4) ノロウイルス感染症は，冬季を中心に発生する．

(5) ノロウイルス感染症の主な症状は，嘔吐，下痢等である．

問092-2　ノロウイルスに関する次の記述のうち，最も不適当なものはどれか．
（2013年問題43）

(1) ヒトからヒトへ感染する．

(2) 食中毒の原因となる．

(3) 感染力が強い．

(4) ノロウイルス感染症は，夏季を中心に発生する．

(5) ノロウイルス感染症の主な症状は，嘔吐，下痢，発熱である．

093　溶液計算

溶液計算では，次のことを認識しておく必要がある．設問の○％溶液とは重量パーセントを示している．溶液の密度は水と同等の1000kg/m³であり，体積１mLの溶液は１gの重量を有している．

問093-1　５％溶液として市販されている次亜塩素酸ナトリウムを水で希釈して100mg/Lの濃度の溶液を10L作る場合，必要となる５％溶液の量として，最も近いものは次のうちどれか．（2021年問題44）

(1) 　0.2mL

(2) 　4mL

(3) 　20mL

(4) 　40mL

(5) 200mL

問093-2　６％次亜塩素酸ナトリウム溶液100mLを水30Lに加えた場合，この濃度の次亜塩素酸ナトリウム濃度に最も近いものは次のうちどれか．（2019年問題45）

(1) 　20mg/L

(2) 　60mg/L

(3) 100mg/L

(4) 200mg/L

(5) 300mg/L

問093-3　5％溶液として市販されている次亜塩素酸ナトリウム16mLに水を加え，およそ20mg/Lの濃度に希釈するときに加える水の量として，最も近いものは次のうちどれか．（2018年問題45）

(1)　0.8 L

(2)　3.2 L

(3)　4 L

(4)　32 L

(5)　40 L

039　物理的・化学的環境要因

問039-1　正解（1）

健康に影響を与える環境要因としてのオゾンは，化学的要因に分類される．

問039-2　正解（5）

振動は，健康に影響を与える環境要因のうち，物理的要因である．

問039-3　正解（4）

放射線は化学的要因ではなく，物理的要因である．

040　基準値・許容値の根拠

問040-1　正解（4）

集団の反応率と有害物への曝露量との関係を，量―反応関係という．量―影響反応とは，個体レベルにおける影響と有害物への曝露量との関係をいう．

問040-2　正解（5）

環境基本法に基づく環境基準は，環境基本法第16条に「政府は，大気の汚染，水質の汚濁，土壌の汚染及び騒音に係る環境上の条件について，それぞれ，人の健康を保護し，及び生活環境を保全する上で維持されることが望ましい基準を定めるものとする」と規定されている．

問040-3　正解（5）

有害物質などの基準を設定する科学的な根拠とされるものは，疫学調査，量―影響関係，量―反応関係，動物実験のデータである．

041　臓器系

問041-1　正解（4）

甲状腺は内分泌系の臓器である．

問041-2　正解（1）

腎不全は腎臓の疾病であり，腎臓は，腎臓・泌尿器系の臓器に分類される．内分泌系は，脳のうち視床下部と下垂体，副腎，甲状腺，性腺（卵巣・精巣）などからなる．

問041-3　正解（4）

呼吸器系は，循環器系が運んできた全身からの二酸化炭素を体外に排出する．

問041-4　正解（1）

自律神経は，生命の維持に必要な消化，呼吸，循環などの諸機能を調整する．中枢からの命令を運動器官に伝えるのは，運動神経である．

042　生体機能の恒常性

問042-1　正解（5）

加齢とともに，摂取エネルギー量も，エネルギーを予備力として蓄えておく能力も低下する．

問042-2　正解（2）

フィードバック機構により，生体機能の恒常性が維持される．

問042-3　正解（2）

生体機能の恒常性を乱す有害なストレッサには，物理的刺激，化学的刺激，社会的な要因，精神的な要因がある．加齢は，ストレスに対する反応の要因である．

問042-4　正解（1）

生体のフィードバック機構の記述に関する出題である．

外部環境の変化は，まず生体の［ア

受容器]でとらえられ，神経系等により
[イ　調節中枢]に伝達される．[イ　調
節中枢]は，神経系等により，筋肉等の[ウ
効果器]に指令し，反応等を起こす．

043　エネルギー代謝

問043-1　正解（3）

　のこぎりをひく作業は，高代謝率の作
業区分に分類される．中程度代謝率の作
業の例には，くぎ打ちなどがある．

問043-2　正解（2）

　日本人の30歳代の平均的基礎代謝量
は，男子で約1 452 kcal/日，女子で約
1 167 kcal/日である．

044　体温

問044-1　正解（1）

　寒冷環境では，温暖環境に比較して，
体内と身体表層部の温度差が大きくな
る．

問044-2　正解（1）

　発汗反応は，自律性体温調節の一つの
反応である．暑熱環境における行動性体
温調節には，薄着になる，冷房を使用す
る，などがある．

問044-3　正解（1）

　直腸温のような身体内部の温度は，顔，
手，足のような身体表面の温度に比べ，
外気温にあまり左右されず，ほぼ一定の
値を示す．

問044-4　正解（3）

　寒冷環境における体内と身体表層部と
の温度差は，温暖環境に比較して大きく
なる．

045　体熱平衡，熱産生，熱放散

問045-1　正解（3）

　高温の環境では，汗の分泌量や血流量
の増加で，代謝量はわずかに増加するの
で，熱産生は低下しない．

問045-2　正解（5）

　産熱機能は[ア　基礎代謝]の増進など
によって制御されている．放熱機能は，
[イ　呼吸]，[ウ　血液循環]，皮下組織
の熱遮断等によって調節されている．

問045-3　正解（2）

　日本人の基礎代謝は，夏が低く冬は高
い．

問045-4　正解（5）

　皮膚血管の拡張と発汗は，人体の熱放
散機能である．皮膚血管は，暑熱環境で
は拡張し，寒冷環境では収縮する．

046　温熱環境指数

問046-1　正解（5）

　不快指数は，乾球温度と湿球温度から
算定される，気温と湿度に関係する指標
である．

問046-2　正解（1）

　予測平均温冷感申告（PMV）は，人体
熱平衡式を基準とし，気温，湿度，風速，
平均放射温度，エネルギー代謝量，着衣
量の六つの温熱環境要素を用いて求め
る．

問046-3　正解（1）

　「WBGT指数は，屋外で太陽照射のあ
る場合，次式，0.7Tw＋0.2Tg＋0.1Taで
求められる．

ただし，Twは[**ア　湿球温度**]，Tgは[**イ　黒球温度**]，Taは[**ウ　乾球温度**]である．

問046-4　正解（4）

不快指数（DI：Discomfort Index）は，次式のどちらかで求められる．

$$DI = 0.72(T_a + T_w) + 40.6$$
$$DI = 0.81T_a + 0.01RH(0.99T_a - 14.3) + 46.3$$

ここで，　T_a　：気温〔℃〕
　　　　　T_w　：湿球温度〔℃〕
　　　　　RH　：相対湿度〔%〕

よって，ウ（気温）とエ（相対湿度）の組み合わせが最も適当である．

047　温冷感，快適温度

問047-1　正解（2）

快適感は核心温の影響を受け，核心温が高いときには冷たい刺激を快適に感じる．

問047-2　正解（2）

高齢者の寒さに対する感受性は，若年者に比べて低下している．そのため，冬季には，高齢者の室温は若年者と比較して低い場合が多い．

問047-3　正解（3）

室内の二酸化炭素濃度は，温熱的快適性には関係しない．

問047-4　正解（4）

女性の快適温度は，一般に男性より高い．また，高齢者は，一般に若年者より暖かい室温を好むが，寒さに対する感受性は低い．

048　熱中症

問048-1　正解（3）

熱失神は軽度に分類される熱中症である．熱射病が最も重い熱中症であり，体温が異常に上昇する．

問048-2　正解（2）

熱失神の特徴の一つに，血圧の低下が見られる．

問048-3　正解（4）

熱中症で起こる症状は，体温上昇である．

049　冷房障害

問049-1　正解（4）

冷房障害対策には，冷房の吹出口の風をじかに受けないようにすることと，座業が長く続く場合は，軽い運動をすることが必要である．

050　湿度

問050-1　正解（1）

低湿度では，風邪などの呼吸器疾患に罹患しやすくなる．

問050-2　正解（4）

湿度が低下すると，体感温度が低下する．

問050-3　正解（3）

湿度による影響は以下のとおり．

高湿度	低湿度
かび・ダニの発生 結露 建材の腐朽など	静電気の発生 風邪をひきやすくなる ほこりの発生など

051　事務所衛生基準規則

問051-1　正解（3）(5)

出題当時は(3)が正解．(5)は後述のとおり．

(3) 気温の基準値は18～28℃．

(5) 事務所衛生基準規則第10条の改正により，室の作業面照度の基準値が2022年12月1日前後で異なるので，試験実施年度によっては「正解（＝不適当なもの）」となる．

2022年11月末日まで

精密な作業	300ルクス以上
普通の作業	150ルクス以上
粗な作業	70ルクス以上

2022年12月1日以降

| 一般的な事務作業 | 300ルクス以上 |
| 付随的な事務作業 | 150ルクス以上 |

問051-2　正解（2）

事務所衛生基準規則には，二酸化窒素の含有率は規定されていない．

052　空気環境・空気質

問052-1　正解（1）

建築基準法では，機械換気設備の有効換気量〔m^3/h〕を，床面積より算定した人員に20を乗じたものとして規定している．したがって，良好な室内空気環境の維持には，1人当たり20m^3/h以上の換気量が必要である．

053　空気汚染物質

問053-1　正解（1）

レジオネラ属菌による健康障害は，肺炎である．

問053-2　正解（1）

慢性閉塞性肺疾患の主な発生原因は，喫煙である．

問053-3　正解（5）

過敏性肺炎は，空気調和機や加湿器が微生物により汚染され，飛散した微生物を反復吸入することで発症する．

問053-4　正解（5）

発がんは，室内空気汚染による健康障害の慢性影響である．

(1) 感冒，(2) レジオネラ症，(3) インフルエンザ，(4) 気管支喘息発作は，健康障害の急性影響である．

054　シックビル症候群

問054-1　正解（2）

シックビル症候群は，そのビルを使用，利用する一部の人に症状がみられる（すべての人が発症するとは限らない）．

問054-2　正解（3）

シックビル症候群の原因物質は同定されていない．

問054-3　正解（3）

シックビル症候群は，特異的な症状を呈せず，多様な症状が出現する．

問054-4　正解（3）

下痢は，一般的に，シックビル症候群でみられる症状に該当しない．

055　気管支喘息

問055-1　正解（4）

気管支喘息の原因としては，家屋じん

（ハウスダスト）や，その成分であるヒョウヒダニ属が最も多い．

問055-2　正解（4）

(1) 原因となるアレルゲンは，家屋じん（ハウスダスト）が最も多い．

(2) 免疫グロブリンは，抗原に結合する抗体であり，アレルゲンではない．

(3) アレルギー疾患の増悪には，患者の素因や各種の因子が関係している．

(5) 低湿度は，気管支喘息の増悪因子となる．

問055-3　正解（3）

室内環境で気管支ぜんそくの原因となるアレルゲンとして最も多いものは，「ほこりやダニ」を含むハウスダストである．

056　アレルギー

問056-1　正解（3）

アレルゲンとは，アレルギーの原因物質をいう．ヒスタミンは，アレルゲンが原因で過剰に分泌される物質であり，アレルゲンではない．

問056-2　正解（5）

低湿度は，気管支喘息の増悪因子であり，症状を悪化させる．

問056-3　正解（4）

ヒスタミンは体内にあり，じんましんなどのアレルギー症状を起こさせる物質であり，アレルギーの原因物質（アレルゲン）ではない．

問056-4　正解（3）

免疫グロブリンは，あるアレルゲン（抗原）に特異的に結合する抗体のことで，アレルゲンによってこれが体内に生じ，

再度，アレルゲンが体内に侵入した際にアレルギーが引き起こされる．

057　発がん

問057-1　正解（4）

DNAに最初に傷を付け，変異を起こさせる物質はイニシエーターという．プロモータとは，イニシエーターの作用を促進させる物質である．

058　ホルムアルデヒド

問058-1　正解（2）

ホルムアルデヒドは還元性が強い．

問058-2　正解（4）

ホルムアルデヒドは，水に溶けやすい．

問058-3　正解（4）

建築物環境衛生管理基準におけるホルムアルデヒド量の基準値は，$0.1\,\mathrm{mg/m^3}$ 以下である．

問058-4　正解（4）

ホルムアルデヒドは，常温では可燃性の無色の気体として存在する．

059　浮遊粉塵，エアロゾル

問059-1　正解（5）

粒径[ア　10]μm以下の粉じんは長時間にわたり浮遊し，ヒトの気道内に取り込まれる．特に肺に沈着し，人体に有害な影響を及ぼすのは，通常[イ　1]μm前後から以下の大きさである．

問059-2　正解（2）

エアロゾルとは空気中に浮遊している粒子状物質の総称をいい，生成過程から，粉じん，ヒューム，煙，ミストに分類さ

れる．粒径5μm程度のものは気道の粘液繊毛運動により排出され，肺に沈着するのは，通常1μm以下のものである．

060　アスベスト

問060-1　正解 (1)

アスベストは，自然界に存在する繊維状の鉱物である．

問060-2　正解 (4)

(1) アスベストは，自然界に存在する繊維状の鉱物である．
(2) 過去に断熱材などとして建築物に使用され，現在も残存しているものがある．
(3) 過敏性肺炎は，真菌などの微生物の吸入により引き起こされる．
(5) アスベスト製品製造工場の従業員以外にも，健康障害が発生している．

問060-3　正解 (2)

アスベストに起因する疾患は，悪性中皮腫，肺癌，肺線維症などである．

問060-4　正解 (1)

過敏性肺炎の原因は，加湿器や空調設備に増殖した好熱性放線菌や真菌などである．

061　酸素，酸素欠乏

問061-1　正解 (4)

空気中の酸素濃度が[ア　18]％未満である状態を酸素欠乏と定義している．空気中の酸素濃度が[イ　10]％以下になると意識障害やけいれんが生じる．

問061-2　正解 (2)

酸素濃度と健康障害の関係は以下のとおりである．

(1) 20〜18％：正常．
(2) 17〜16％：呼吸，脈拍の増加，めまいなどの症状が現れる．
(3) 11〜10％：眠気を催し，動作が鈍くなる．
(4) 7〜6％：感覚鈍重で知覚を失う．
(5) 4％以下：卒倒，死亡．

062　一酸化炭素

問062-1　正解　正解なし
　　　　　　　　（正解の選択肢なし）

出題当時は (4) が正解．2022年4月1日以降の基準値は6ppm以下．

問062-2　正解 (4)

(1) ヘモグロビン親和性は，酸素の200倍以上も強い．
(2) わが国では，大気汚染物質としての環境中濃度は低下している．
(3) 無臭の気体である．
(5) 建築物衛生法による基準値は，6ppm以下である．

問062-3　正解 (1)

我が国では，大気汚染物質としての一酸化炭素の濃度は，自動車の排ガス規制などにより，低下している．

問062-4　正解 (5)

一酸化炭素は，酸素より200倍以上も強いヘモグロビン親和性をもち，赤血球中のヘモグロビンと結合し，酸素の運搬を阻害する．

063　二酸化炭素

問063-1　正解 (2)

人が不快感を覚える室内の二酸化炭素濃度は，1〜2％程度である．

問063-2　正解（2）

大気中の二酸化炭素濃度は［ア　400］ppm程度である．建築物衛生法では，二酸化炭素の含有率の基準は［イ　1 000］ppm以下と定められている．

問063-3　正解（5）

空気中の二酸化炭素濃度が3〜4％（30 000〜40 000 ppm）になると，呼吸の増加，脈拍・血圧の上昇，頭痛，めまいなどの症状が現れる．

問063-4　正解（3）

大気中の二酸化炭素は400 ppmくらいで，これをパーセントで表すと0.04％であり，呼気中に含まれる二酸化炭素は4％程度である．

064　オゾン

問064-1　正解（5）

オゾンは水に溶けにくい．

問064-2　正解（1）

オゾンは，紫外線による光化学反応で生成される．

065　たばこ

問065-1　正解（2）

(1) 病院などの医療機関も含めて，受動喫煙防止対策は，健康増進法により規定されている．

(3) 副流煙は，たばこの先端から発生する煙のことである．喫煙者が吸い込んでから吐き出す煙は，主流煙である．

(4) たばこ煙に含まれるニコチンやター

ルは，主流煙よりも副流煙のほうに多く含まれる．

(5) 受動喫煙により，小児の呼吸器系疾患のリスクは増加する．

問065-2　正解（3）

副流煙は，たばこが燃えている部分から直接空気中に立ち昇る煙をいう．

問065-3　正解（1）

多数が利用する施設の管理者は，健康増進法により，分煙などの受動喫煙を防止するための必要な努力を講ずるよう努めなければならない．

066　音

問066-1　正解（1）

基準値ゼロよりも聴力レベルがプラスの値は，基準値よりも聴力が悪いことを意味する．

問066-2　正解（1）

加齢に伴い，高い周波数から聴力低下が起きる．

問066-3　正解（2）

音声の主要周波数は，100〜4 000 Hzである．

067　音の周波数，可聴周波数領域

問067-1　正解（5）

ヒトの聴覚が最も鋭敏な周波数は，4 000 Hz付近である．

問067-2　正解（2）

人の音の可聴範囲は20〜20 000 Hzで，20 Hz未満を超低周波音，20 000 Hz（20kHz）以上を超音波といい，人は聞くことができない．

068　騒音，難聴，聴力障害

問068-1　正解（2）

　大きく高い音に一時的に曝露されることによる聴力の低下を，一過性聴力閾値上昇という．

問068-2　正解（5）

　騒音により自律神経系が刺激されると，末梢血管の収縮，血圧の上昇などが起きる．

問068-3　正解（3）

　騒音職場などの健康診断では，オージオメータで[ア　1 000]Hzと[イ　4 000]Hzの聴力レベルが測定されるが，騒音性難聴の初期の特徴は，通常，約[ウ　4 000]Hz付近での聴力低下である．

問068-4　正解（4）

　聴感は対象音の周波数によって音の強弱（音圧）が異なるという特徴があり，その聴覚系の周波数特性を補正した尺度をA特性音圧レベルといい，騒音計の補正回路に用いられている．

　一方，C特性は，A特性よりも平坦な周波数特性を持っているので，騒音計の出力を記録するときや衝撃音を測定するときなどに用いられる．

069　振動

問069-1　正解（3）

　局所振動による障害にレイノー現象といわれる指の末梢循環（血行）障害がある（末梢神経障害ではない）．

問069-2　正解（2）

　振動の知覚は，全身に分布する知覚神経末端受容器によってなされる．

問069-3　正解（3）

　交通車輌の運転業務により受ける振動障害は，水平振動ではなく，鉛直振動によるものである．

問069-4　正解（4）

　振動レベルの単位は，dB（デシベル）である．

070　光環境と視覚

問070-1　正解（3）

　視細胞は，角膜ではなく，網膜に存在する．

問070-2　正解（5）

(1) 杆体細胞は，暗いときに働きやすい．明るいときには錐体細胞が働く．

(2) 明順応は2分程度で順応するが，暗順応は40分以上かかることがある．

(3) 杆体細胞と錐体細胞では，感光度は杆体細胞のほうが高い．

(4) 杆体細胞は約1億2 500万個，錐体細胞は約600万個と，数は杆体細胞のほうが多い．

問070-3　正解（2）

(1) 桿体細胞はロドプシンを含み，感光度が非常に高い．

(3) 明順応は2分程度で完了するが，暗順応は40分以上かかることがある．

(4) 錐体細胞は，赤，青，緑の光に反応する3種類がある．

(5) 明視の条件には，大きさ，明るさのほかに対比（コントラスト），時間がある．

問070-4　正解（2）

LEDはレンズを用いて集光性を高め，指向性を持たせることが可能という特徴がある．一般に市販されているLEDは，レンズや反射板を用いず拡散光が得られるようにしてある．

071　照明，照度

問071-1　正解（3）

発光ダイオード（LED）は，指向性が強く，光が拡散しにくい．

問071-2　正解（1）

LED（発光ダイオード）は，熱にはあまり強くない．

問071-3　正解（5）

JIS照度基準総則の推奨値は，廊下は100 lx，階段は150 lxなので，階段の値のほうが高い．

072　VDT作業

以下の4問はいずれも出題当時の正解で，2002年制定の「VDT作業における労働衛生管理のためのガイドライン」に基づく．しかし，2019年制定，2021年一部改正の「情報機器作業における労働衛生管理のためのガイドライン」では，「ディスプレイ画面上の照度は500 lx以下」という記載はないので注意が必要．

問072-1　正解（2）

ディスプレイのグレア防止には，間接照明を用いる．

問072-2　正解（4）

デスクトップ型パソコンよりもノート型パソコンのほうが疲労の訴えが多い．

問072-3　正解（2）

ディスプレイ画面上における照度は［ア　500］lx以下，書類上およびキーボード上における照度は［イ　300］lx以上とすることが推奨されている．

問072-4　正解（1）

（1）不適当．VDT作業に，普段使用している遠近両用メガネを使用すると，画面とキーボードが見にくくなり，目の疲労につながる．

073　色彩

問073-1　正解（1）

色彩は，色相，明度，彩度で表現される．「色相→明度→彩度」の順に色彩を表現する表示法をマンセル表示法という．

問073-2　正解（3）

暖色系と寒色系は，色相によって区別される．

074　JIS 安全色

問074-1　正解（4）

JISによる安全色では，指示・誘導は青である．

問074-2　正解（3）

黄色は，注意の意味で用いられる．

075　電場，磁場，電磁波

問075-1　正解（5）

可視光線の波長は赤外線より短い．

問075-2　正解（1）

赤外線は，物質をイオン化する電離作用を有していない．

問075-3　正解（5）

携帯電話端末の局所SARの許容値は，

2 W/kgである.

問075-4　正解　(5)

(1) 紫外線は，赤外線より皮膚透過性が小さい.

(2) 磁場（磁束密度）の単位はT（テスラ，SI単位）またはG（ガウス）.磁界の強さを表す場合のSI単位はA/m.

(3) レーザー光線は位相のそろった単一波長で，指向性，収束性に優れる.

(4) 可視光線は，赤外線より波長が短い.

076　放射線

問076-1　正解　(4)

　選択肢のうち，電離放射線による健康障害の確定的影響かつ晩発影響であるものは，白内障である.

問076-2　正解　(5)

(1) γ線は，鉛，鉄の板を通過しない.

(2) 放射線の人体に与える影響の単位は，Sv（シーベルト）である.

(3) 放射線の健康影響のうち，がんに対する影響には閾値が存在しない.

(4) 胸のX線検査1回で被曝する線量は，自然放射線からの年間被曝量の世界平均よりも少ない.

問076-3　正解　(1)

　被曝時間の短縮は，体外被曝の防護の一つである.

問076-4　正解　(2)

　放射線の身体的影響のうち，不妊は，早期影響に該当する.白内障，悪性リンパ腫，皮膚がん，胎児の障害は，晩発影響に該当する.

問076-5　正解　(2)

(1) β線は，鉛，鉄の板を通過しない.

(3) 放射線のがんに対する影響に閾値は存在しない.

(4) 放射線に対する感受性が最も高い細胞は，リンパ球である.

(5) 胸のX線検査1回当たりの被曝線量は，自然放射線による年間被曝線量の世界平均よりも少ない.

077　赤外線

問077-1　正解　(3)

　電気性眼炎は，紫外線による生態影響である.

問077-2　正解　(1)

　熱中症は，赤外線の作用による疾患の一つである.

問077-3　正解　(5)

　溶接作業で発生する電気性眼炎は，紫外線による生体影響である.

078　紫外線

問078-1　正解　(2)

　紫外線の慢性曝露で白内障を発症する.

問078-2　正解　(1)

　紫外線よりも，赤外線のほうが皮膚透過性が高い.

問078-3　正解　(1)

　熱中症は，赤外線が原因となる熱障害による総称であり，熱失神，熱けいれん，熱疲労などが挙げられる.

079　人と水

問079-1　正解　(1)

(2) 成人の体内の水分量は，体重の約60%である．

(3) 水分欠乏が体重の2%以上で，喉の渇きを感じる．

(4) ヒトが生理的に必要とする水分量は，成人の場合，1日当たり約1.5リットルである．

(5) 体内では細胞内液より細胞外液のほうが少ない．

問079-2 正解（3）

一般に体重当たりの体内水分量は，女性のほうが男性より少ない．

問079-3 正解（2）

健常な一般成人における体内の水分量は，体重の[ア 60%]程度である．さらに，その水分量は，細胞内部の水分である細胞内液と，細胞外部の水分である細胞外液とに区分される．成人の場合には，細胞内液は体重の約[イ 40%]，細胞外液は約[ウ 20%]である．

問079-4 正解（2）

腎機能不全の脱水症状は，水分欠乏率10〜12%で生じる．

080 水質基準

問080-1 正解（4）

(1) ヒ素は，慢性曝露により皮膚の色素沈着を起こす．

(2) 水俣病の原因物質はメチル水銀である．

(3) カドミウムは，水質汚濁に関する環境基準の基準値が0.003mg/L以下と定められている．

(5) ベンゼンは，ヒトに対する発がん性

が認められる．

問080-2 正解（5）

フッ素が原因となる疾病は，斑状歯である．

問080-3 正解（3）

ホルムアルデヒドは，環境基本法における水質汚濁に係る環境基準において，人の健康の保護に関する環境基準の項目に含まれていない．

問080-4 正解（4）

ヒ素化合物の毒性の強さは，その結合形によって異なる．

081 カドミウム

問081-1 正解（2）

カドミウムはイタイイタイ病の原因物質で，骨障害などを引き起こす．中枢神経の障害を引き起こすのは，水俣病の原因物質である有機水銀などである．

082 ヒ素

問082-1 正解（5）

(1) 5価の化合物よりも3価の化合物のほうが，毒性が強い．

(2) 水俣病は，有機水銀による慢性中毒である．

(3) 慢性影響として，皮膚の色素沈着や角化が認められる．

(4) 環境基本法に基づく水質汚濁に係る環境基準項目に含まれている．

問082-2 正解（5）

ヒ素の慢性症状には，剥離性の皮膚炎や過度の色素沈着，骨髄障害，末梢神経炎，黄疸，腎不全などがあり，皮膚病変

としては，ボーエン病が有名である．

(1) ヒトに対する発がん性が確認されている．

(2) イタイイタイ病の原因物質はカドミウムである．

(3) 水俣病の原因物質は有機水銀（メチル水銀）である．

(4) 水道法に基づく水質基準で，0.01mg/L以下と定められている．

083　水銀

問083-1　正解（5）

低分子蛋白尿は，カドミウムによる腎障害で認められる．

問083-2　正解（5）

皮膚癌の原因となることは，確認されていない．

問083-3　正解（4）

イタイイタイ病は，カドミウムが原因である．

084　病原体

問084-1　正解（4）

(ア) 発しんチフスの病原体は，リケッチアである．

(イ) カンジタ症の病原体は，真菌である．

(ウ) クリプトスポリジウム症の病原体は，原虫である．

(エ) マラリアの病原体は，原虫である．

(オ) ワイル病の病原体は，スピロヘータである．

問084-2　正解（1）

(2) ワイル病の病原体は，スピロヘータ

（真性細菌）である．

(3) カンジダ症の病原体は，真菌である．

(4) つつが虫病の病原体は，リケッチアである．

(5) クリプトスポリジウム症の病原体は，原虫である．

分類	大きさ・形態	感染症の例
ウイルス	10～400nm球状の小体	痘瘡，麻疹，B型肝炎，インフルエンザ
リケッチア	300～500nm球形ないしは桿形の小体	発疹チフス，つつが虫病
細菌	1μm前後球形ないしは桿形の単細胞生物	コレラ，ペスト，結核，レジオネラ症
真菌	1～10μm程度のカビの仲間	カンジダ症，白癬症
スピロヘータ	6～15μmのらせん形の細長い単細胞生物	梅毒，ワイル病
原虫	20～500μm以上の単細胞生物	マラリア，クリプトスポリジウム症

問084-3　正解（3）

選択肢のうち，細菌によって引き起こされる疾患は，レジオネラ症と結核である．それぞれ，レジオネラ属菌，結核菌によって引き起こされる．白癬症は真菌，マラリアは原虫，発疹チフスはリケッチアによって引き起こされる．

問084-4　正解（4）

ペストの病原体は細菌（ペスト菌）である．

(1) 白癬症の病原体は真菌である．

(2) 発疹チフスの病原体はリケッチアである．

(3) B型肝炎の病原体はウイルスである．

(5) マラリアの病原体は原虫である.

問084-5　正解（1）

アとイの病原体はウイルス，ウとエの病原体は細菌，オの病原体はリケッチアである.

085　感染源

問085-1　正解（5）

麻しんは，空気を介して感染する．その他の選択肢の媒介物は以下のとおり.

(1) デング熱：ネッタイシマカ，ヒトスジシマカ
(2) B型肝炎：血液感染，経皮的感染，軽粘膜感染
(3) ペスト：ネズミ類，ネズミノミ
(4) 日本脳炎：コガタアカイエカ

問085-2　正解（2）

アニサキスは魚介類の寄生虫で，魚介類を食すことで健康被害が生じる.

問085-3　正解（2）

(1) デング熱の感染源は，蚊である.
(3) インフルエンザは，人のせきやくしゃみによる飛沫によって感染する.
(4) 梅毒は，人の粘膜や体液との接触が主な感染源である.
(5) 日本脳炎の感染源は，蚊である.

086　感染症対策

問086-1　正解（5）

感染症対策のうち，ワクチンの接種は感受性対策に分類される.

問086-2　正解（4）

選択肢のうち，感受性対策はウの予防接種とエの抵抗力の向上である．アの患

者の隔離は感染源対策，イの手洗いの徹底とオのマスクの着用は感染経路対策である.

問086-3　正解（4）

(4) は体力向上により免疫性を高めるもので，感受性対策に該当する．(1)(2)(5)は感染源対策，(3)は感染経路対策である.

問086-4　正解（1）

感染症予防対策には感染源対策，感染経路対策，感受性対策があり，予防接種は感受性対策である.

(2) 保菌者の管理は，感染源対策である.
(3) 患者の隔離は，感染源対策である.
(4) マスクの着用は，感染経路対策である.
(5) 水や空気の浄化は，感染経路対策である.

087　感染症法上の類別

問087-1　正解（4）

積極的疫学調査は，一類～五類感染症を対象にしている.

問087-2　正解（4）

入院勧告は一類・二類感染症に実施される措置であり，三類感染症に実施される措置ではない.

問087-3　正解（2）

マラリア，日本脳炎，狂犬病，デング熱は，四類感染症に分類される.

問087-4　正解（4）

感染症法第6条（定義）第3項により，二類感染症は，急性灰白髄炎，結核，ジフテリア，重症急性呼吸器症候群（病原

体がコロナウイルス属SARSコロナウイルスであるものに限る），鳥インフルエンザ（病原体がインフルエンザウイルスA属インフルエンザAウイルスであってその血清亜型がH5N1であるものに限る）を指す.

(1)後天性免疫不全症候群，(2)麻しん，(3)マイコプラズマ肺炎，(5)破傷風は五類感染症に属する.

088　水系感染症の特徴

問088-1　正解（2）

麻しんウイルスの感染経路は，空気感染，飛沫感染，接触感染であり，水系感染症の病原体には該当しない.

問088-2　正解（4）

(1) 性別，職業，年齢などに関係なく発生する.

(2) 一般に軽症例が多く，致死率が低い.

(3) 季節などに左右されることは少なく，夏季以外にも発生する.

(5) 一般に，水の汚染が証明または確定されることが多い.

問088-3　正解（2）

風しんは，くしゃみや咳などでウイルスが飛散することで感染する飛沫感染である.

089　消毒，滅菌

問089-1　正解（5）

紫外線は，消毒には用いられるが，滅菌には用いられない.

問089-2　正解（5）

次亜塩素酸ナトリウムは，芽胞には無効である.

問089-3　正解（3）

消毒用エタノールは70%が至適濃度であり，70%エタノールのほうが100%エタノールより消毒に適している.

問089-4　正解（1）

ある環境中の[ア　すべての]微生物を死滅させることを滅菌といい，そのなかの[イ　病原体]のみを死滅させることは消毒という.

090　レジオネラ症

問090-1　正解（2）

(1) 病原体は，一般に36℃前後で最もよく繁殖する.

(3) 感染症法において，四類感染症に分類されている.

(4) レジオネラ属菌を含むエアロゾルを吸入することで感染し，ヒトからヒトに直接感染することはない.

(5) ヒトの個体差や体調差が，感染の起こりやすさに影響する.

問090-2　正解（5）

レジオネラ症は，感染症の予防及び感染症の患者に対する医療に関する法律施行令第1条(四類感染症)によって四類感染症に分類されている.

091　クリプトスポリジウム症

問091-1　正解（2）

(1) 病原体は原虫である.

(3) 水道水の塩素消毒に抵抗性を示し，死滅しない.

(4) 水道におけるクリプトスポリジウム

等対策指針では，レベル4が最もリス
クが高く，レベル1が最もリスクが低
い．

(5) 下痢症状は1週間程度で消失する．

問091-2　正解 (5)

クリプトスポリジウムは，塩素に抵抗
性を示すので，遊離残留塩素濃度の確保
に有効性はない．

092　ノロウイルス

問092-1　正解 (3)

ノロウイルスの潜伏期間は24～48時間
程度である．

問092-2　正解 (4)

ノロウイルス感染症は，冬季を中心に
発生する．

093　溶液計算

問093-1　正解 (3)

100mg/Lの濃度の溶液10Lに含まれる
次亜塩素酸ナトリウムの重量は，次式で
求められる．

$$100〔mg/L〕×10〔L〕=1\,000〔mg〕$$
$$=1〔g〕$$

必要となる5％溶液の量を$x〔mL〕$と
すると，溶液$x〔mL〕$は$x〔g〕$なので次式
が成り立つ．

$$0.05x=1$$
$$x=1/0.05=100/5=20〔g〕=20〔mL〕$$

問093-2　正解 (4)

次亜塩素酸ナトリウム6％溶液100mL
の質量は100gである．次亜塩素酸ナト
リウム6％溶液100gに含まれる次亜塩素
酸ナトリウムの質量は，次式で算定され

る．

$$100×\frac{6}{100}=6〔g〕=6\,000〔mg〕$$

次亜塩素酸ナトリウム溶液100mLに水
30Lを加えた場合の次亜塩素酸ナトリウ
ム濃度は，次式で算定される．

$$\frac{6\,000}{\frac{100}{1\,000}+30}≒\frac{6\,000}{30}=200〔mg/L〕$$

問093-3　正解 (5)

次亜塩素酸ナトリウム5％溶液16mL
の質量は16gである．次亜塩素酸ナトリ
ウム5％溶液16gに含まれる次亜塩素酸
ナトリウムの質量は，次式で算定される．

$$16×\frac{5}{100}=0.8〔g〕=800〔mg〕$$

希釈するときの水の量を$x〔L〕$とする
と，次式が成り立つ．

$$\frac{800}{\frac{16}{1\,000}+x}=20〔mg/L〕$$

$$x=\frac{800}{20}-\frac{16}{1\,000}=40-0.016≒40〔L〕$$

MEMO

科目 3

空気環境の調整

　熱力学，液体工学，空気線図，エアロゾル，空調方式，空調機器，換気量計算，粉じん測定，有害物質の測定法，照度計算，騒音・振動，音の合成，省エネ，自動制御，温熱や有害物質などの空気環境，光環境について出題される．

094　熱・音などの単位

熱伝導率と熱伝導抵抗，音の強さと音圧，光度と輝度など，熱や音，照明に関する紛らわしい用語と，それに対する単位の組み合わせについて出題される．間違えやすいので気を付けよう．

問094-1　次の用語とその単位との組合せとして，誤っているものはどれか．
（2020年問題46）

- (1)　輝度 —————————— cd/m^3
- (2)　熱伝達抵抗 ——————— $m^2 \cdot K/W$
- (3)　音の強さ ———————— W/m^2
- (4)　吸音力 ————————— m^2
- (5)　比熱 —————————— $kJ/(kg \cdot K)$

問094-2　次の用語とその単位との組合せのうち，誤っているものはどれか．
（2018年問題46）

- (1)　比エンタルピー ————— $W/kg(DA)$
- (2)　光度 —————————— cd
- (3)　振動加速度 ——————— m/s^2
- (4)　熱伝導率 ———————— $W/(m \cdot K)$
- (5)　音圧 —————————— Pa

問094-3　熱と湿気に関する用語とその単位との組合せとして誤っているものは次のうちどれか．（2016年問題46）

- (1)　比エンタルピー ————— $kJ/kg(DA)$
- (2)　水蒸気分圧 ——————— kPa
- (3)　比容積 ————————— $m^3/kg(DA)$
- (4)　貫流熱流量 ——————— W/m^2
- (5)　熱伝導抵抗 ——————— $m \cdot K/W$

問094-4　音・振動に関する用語とその単位との組合せとして，誤っているものは次のうちどれか．（2015年問題46）

(1)　音の強さ ──────── N/m^2

(2)　吸音力 ──────── m^2

(3)　振動加速度 ──────── m/s^2

(4)　音圧 ──────── Pa

(5)　透過損失 ──────── dB

095　用語，略語，数値

アルファベットの略語と日本語訳の組み合わせについての問題で，かなり幅広い分野の略語が出題されている．LEDとLCC，COPとCODなど紛らわしい略語を間違えないようにしよう．

問095-1　次の用語とその略語との組合せのうち，最も不適当なものはどれか．（2013年問題46）

(1)　ライフサイクルコスト ─── LCC

(2)　発光ダイオード ──────── HID

(3)　ビル関連病 ──────── BRI

(4)　集落形成単位 ──────── CFU

(5)　平均放射温度 ──────── MRT

096　放射率，吸収率

建築材料表面の長波長放射率と，日射吸収率の関係図の図説問題が頻出している．位置関係をよく覚えておこう．また，建築材料表面ごとの長波長放射率と日射吸収率の概数も位置関係から導き出せるようにしておこう．

問096-1　建築材料表面（白色プラスター，アスファルト，新しい亜鉛鉄板，光ったアルミ箔）の長波長放射率と日射吸収率の関係を下の図中に示している．最も適当なものはどれか．（2021年問題48）

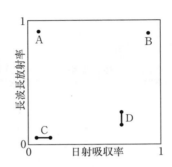

	A	B	C	D
(1)	白色プラスター	アスファルト	光ったアルミ箔	新しい亜鉛鉄板
(2)	光ったアルミ箔	新しい亜鉛鉄板	白色プラスター	アスファルト
(3)	白色プラスター	アスファルト	新しい亜鉛鉄板	光ったアルミ箔
(4)	アスファルト	白色プラスター	新しい亜鉛鉄板	光ったアルミ箔
(5)	新しい亜鉛鉄板	光ったアルミ箔	白色プラスター	アスファルト

建築材料表面(白色ペイント,黒色ペイント,酸化した亜鉛鉄板,光ったアルミ箔)の長波長放射率と日射吸収率の関係を下の図中に示している.最も適当な組合せは次のうちどれか.(2016年問題47)

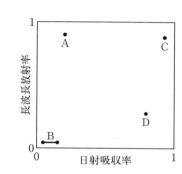

	A	B	C	D
(1)	光った アルミ箔	白色 ペイント	酸化した 亜鉛鉄板	黒色 ペイント
(2)	光った アルミ箔	酸化した 亜鉛鉄板	白色 ペイント	黒色 ペイント
(3)	酸化した 亜鉛鉄板	光った アルミ箔	黒色 ペイント	白色 ペイント
(4)	白色 ペイント	酸化した 亜鉛鉄板	光った アルミ箔	黒色 ペイント
(5)	白色 ペイント	光った アルミ箔	黒色 ペイント	酸化した 亜鉛鉄板

問096-3 建築材料表面（白色ペイント，黒色ペイント，新しい亜鉛鉄板，光っ
たアルミ箔）の長波長放射率と日射吸収率の関係を示した下の図のうち，最も適当
なものは次のどれか．（2012年問題49）

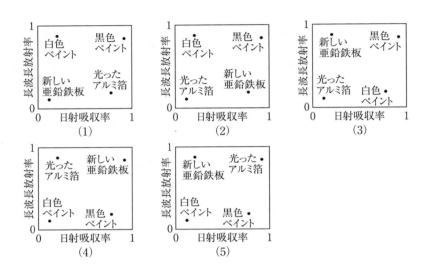

097　壁内の定常温度分布

異なる部材で構成された壁における，定常状態の内部温度分布の図説問題がよく
出題されている．断熱材は熱が伝わりにくいので，断熱材間の温度勾配が大きく
なる．この部分は間違えやすいので，特に注意しよう．

問097-1　下の図は，厚さの異なるA，B，C部材で構成された建築物外壁におけ
る定常状態の内部温度分布を示している．この図に関する次の記述のうち，最も不
適当なものはどれか．（2021年問題49）

(1) A，B，C部材のなかで，最も熱伝導率が大きい部材はB部材である．

(2) 熱伝達率は，屋外側の方が室内側より大きい．

(3) B部材が主体構造体であるとすれば，この図は内断熱構造を示している．

(4) 壁表面近傍で空気温度が急激に変化する部分を境界層という．

(5) A，B，C部材のなかで，部材を流れる単位面積当たりの熱流量が最も大き
いのはA部材である．

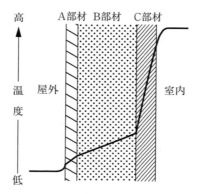

問097-2 下の図は，外壁の断面図上に，冬期暖房時の壁内定常温度分布を示している．この図に関する次の記述のうち，最も適当なものはどれか．（2019年問題46）

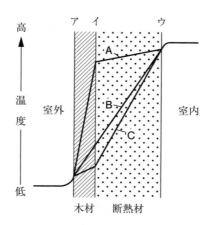

(1) 温度分布はAとなり，壁内結露の防止のためにイに防湿層を設けることは有効である．

(2) 温度分布はBとなり，壁内結露の防止のためにウに防湿層を設けることは有効である．

(3) 温度分布はCとなり，壁内結露の防止のためにイに防湿層を設けることは有効である．

(4) 温度分布は**A**となり，壁内結露の防止のためにアに防湿層を設けることは有効である．

(5) 温度分布は**C**となり，壁内結露の防止のためにウに防湿層を設けることは有効である．

問097-3　下の図は，同じ厚さのA部材とB部材で構成された建築物外壁の定常状態における温度分布を示している．この図に関する次の記述のうち，最も不適当なものはどれか．（2012年問題47）

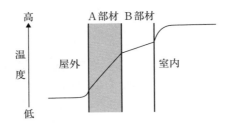

(1) A部材の方がB部材より流れる熱流は大きい．

(2) B部材の方がA部材より熱伝導率は大きい．

(3) A部材の方がB部材より熱伝導抵抗は大きい．

(4) B部材が主体構造体であるとすれば，この図は外断熱構造を示している．

(5) 壁表面近傍で温度が急激に変化する部分を境界層という．

098　伝熱計算

題意で与えられている諸元が熱貫流抵抗，熱伝導抵抗，熱伝達率，熱貫流率と，設問によって異なる場合があり，注意する必要がある．題意で与えられている諸元の単位に注意して，方程式を立てて解を求めよう．

問098-1　面積8 m²の外壁の熱貫流（熱通過）抵抗が2.0m²·K/Wであったとする．外気温度が−5℃のときに室温20℃とすると，外壁を通過する熱量として，正しいものは次のうちどれか．（2019年問題48）

(1)　60 W

(2)　80 W

- (3) 100 W
- (4) 400 W
- (5) 800 W

問098-2　壁体の熱貫流率が 4 W/(m²·K) であるとき，室内温度が24℃，室外温度が 4℃であった．この壁の室内側表面温度に，最も近いものは次のうちどれか．ただし，室内側熱伝達率を10 W/(m²·K)，室外側熱伝達率を20 W/(m²·K)とする．（2018年問題48）

- (1) 8℃
- (2) 12℃
- (3) 14℃
- (4) 16℃
- (5) 20℃

科目3　空気環境

問098-3　一辺が 3 mの正方形の壁材料を組み合わせて立方体の室を作り，日射が当たらない条件で床面を地表面に固定した．壁材料の熱貫流抵抗を0.5(m²·K)/W，隙間換気は無視できるとし，外気温度が10℃の条件下で内部を加熱したところ，十分に時間が経過した後の室温度が30℃になった．なお，床面は完全に断熱されており，床を通しての貫流熱流はない．このとき，室内での発熱量として，最も適当なものは次のうちどれか．（2014年問題49）

- (1) 90 W
- (2) 360 W
- (3) 450 W
- (4) 900 W
- (5) 1 800 W

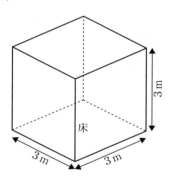

問098-4 　右の図のようなＡ部材とＢ部材からなる
外壁がある．いま，Ａ部材とＢ部材の熱伝導抵抗がそ
れぞれ0.95m²・K/W，0.4m²・K/Wであり，室内側熱伝
達率と屋外側熱伝達率がそれぞれ10W/(m²・K)，
20W/(m²・K)であるとする．室内と屋外の温度差が
15℃であるとき，この外壁の単位面積当たりの熱流量
として，正しいものは次のうちどれか．（2013年問題
48）

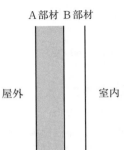

(1)　0.5 W

(2)　2 W

(3)　10 W

(4)　20 W

(5)　30 W

099　熱移動，熱伝導

熱の伝わりやすさに関する記述か，熱の伝わりにくさに関する記述か，問題文を
よく読んで注意しよう．密度の大きい金属は熱が伝わりやすく，繊維系断熱材は，
水分を含むと断熱性能が低下する．

問099-1 　熱移動の関連用語とその影響要因との組合せとして，最も不適当なも
のは次のうちどれか．（2020年問題48）

(1)　放射熱伝達率 ——————— 材料の色

(2)　対流熱伝達率 ——————— 境界層外部風速

(3)　中空層の熱抵抗 ——— 熱流の方向

(4)　熱伝導率 ————————— 材料の密度

(5)　熱貫流抵抗 ——————— 固体壁の厚さ

問099-2 　熱移動に関する次の記述のうち，最も不適当なものはどれか．（2019
年問題49）

(1)　一般に，同一材料でも内部に水分を多く含むほど，熱伝導率は小さくなる．

(2)　一般に，密度が大きい材料ほど，熱伝導率は大きくなる．

(3) 一般に，同一材料でも熱伝導率は，温度によって異なる．

(4) 中空層の熱抵抗は，密閉の程度に関係する．

(5) ガラス繊維などの断熱材の熱伝導率が小さいのは，繊維材によって内部の空気の流動が阻止されることによる．

問099-3 熱移動に関する次の記述のうち，最も不適当なものはどれか．（2015年問題48）

(1) 均質な材料で作られた壁内部の温度は，定常状態であれば厚さ方向へ直線分布となる．

(2) 同一材料でも，一般に熱伝導抵抗は温度によって異なる．

(3) 密度が大きい材料ほど，一般に熱伝導抵抗は小さくなる．

(4) 固体内の熱流は，局所的な温度勾配に熱伝導抵抗を乗じて求められる．

(5) 同一材料でも，一般に内部に湿気を多く含むほど熱伝導抵抗は小さくなる．

問099-4 壁体における熱移動に関する次の記述のうち，最も不適当なものはどれか．（2013年問題47）

(1) 中空層の熱抵抗は，中空層の密閉度に関係する．

(2) 熱伝達は熱放射と対流によって行われ，その熱流量はそれぞれの熱流量の和となる．

(3) 壁表面から射出される単位面積当たりの放射熱流量は，壁表面の絶対温度に比例する．

(4) 壁体内の単位面積当たりの熱流量は，壁体内の温度勾配と壁材料の熱伝導率の積に比例する．

(5) 熱貫流率は，外部の風速が大きいほど大きくなる．

100　熱放射

「物体表面から射出される単位面積当たりの放射熱流は，物体表面の絶対温度の4乗に比例する」というシュテファン・ボルツマンの法則と，太陽放射の可視光の波長の数値を押さえておこう．

問100-1　放射に関する次の記述のうち，最も不適当なものはどれか．（2019年問題47）

(1) 同一温度の物体間では，物体の放射率と吸収率は等しい．

(2) 白色プラスターの日射吸収率は，0.1程度である．

(3) 常温物体から射出される電磁波は，波長が10 µm付近の赤外線が主体である．

(4) 温度が0℃の固体表面も，熱放射している．

(5) 光ったアルミ箔の長波長放射率は，0.9程度である．

問100-2　熱放射に関する次の記述のうち，最も不適当なものはどれか．（2015年問題49）

(1) 温度が0℃の固体表面からも，熱放射を放出している．

(2) 物体表面の太陽放射の吸収率（日射吸収率）は，必ずしも長波長放射率と等しくない．

(3) 物体表面から放射される単位面積当たりの放射熱流は，絶対温度の2乗に比例する．

(4) 太陽放射は，可視光である0.38µm～0.78µm付近の電磁波の比率が大きい．

(5) 常温物体から放射される電磁波は，波長が10µm付近の赤外線が主体であり，長波長放射と呼ばれる．

101　結露，湿気

湿り空気が露点以下に冷やされると結露を生じるというメカニズムを頭に入れて，問題文をよく読んで解答しよう．壁の内部結露防止のためには，壁内部に湿気を入れないよう，湿気のあるほうに防湿層を設ける．

問101-1　冬期における結露に関する次のア～ウの文章の[　　　　]内の語句のうち，最も不適当なものはどれか．（2020年問題47）

ア　通常，室内においては，空気中の絶対湿度の空間的な分布は[(1) 比較的小

さい]．そのため，局所的に温度が低い場所があると，その場所での飽和水蒸気圧が［(2) 低下し］，結果として結露が発生する．

イ 窓の［(3) アルミサッシ］や断熱材が切れている場所等で［(4) 熱橋］を生じ，局所的に結露が発生しやすくなる．

ウ 内部結露を防ぐための方策としては，断熱層の［(5) 室外側］に防湿層を設ける方法が一般的に採用される．

問101-2 湿り空気と湿度に関する次の記述のうち，最も不適当なものはどれか．
(2018年問題50)

(1) 湿り空気の温度が一定の状態で絶対湿度を増加させると，比エンタルピーは増加する．

(2) 絶対湿度とは，湿り空気 1 kg に含まれる水蒸気の質量のことである．

(3) 湿り空気中の水蒸気の持つ分圧を水蒸気分圧という．

(4) 露点温度における湿り空気では，乾球温度と湿球温度は等しい．

(5) 相対湿度とは，同じ温度での，飽和水蒸気圧に対する水蒸気分圧の比である．

問101-3 冬季の結露に関する次の記述のうち，最も不適当なものはどれか．
(2012年問題48)

(1) 露点における湿り空気では，乾球温度と湿球温度は等しい．

(2) 露点における湿り空気の相対湿度は，100％となる．

(3) 室内の局所的に温度が低い部分では，飽和水蒸気量は減少する．

(4) 局部的に断熱が途切れて熱橋となった部分は，結露しにくい．

(5) 壁内結露の防止には，水蒸気圧の高い室内側に防湿層を設けることが有効である．

102　浮遊粒子の動力学的性質

常識や理屈から考えて判断できる設問もあるが，暗記して対応すべき問題が多い．浮遊粒子の動力学の詳細については，ビル管理の実務においてもあまり問われることはないので，試験のための暗記と割り切って覚えよう．

問102-1　浮遊粒子の次のア〜エの動力学的性質のうち，粒径が大きくなると数値が大きくなるものの組合せとして，最も適当なものはどれか．（2021年問題57）

ア　終末沈降速度
イ　拡散係数
ウ　気流に平行な垂直面への沈着速度
エ　粒子が気体から受ける抵抗力

(1)　アとイ
(2)　アとウ
(3)　アとエ
(4)　イとエ
(5)　ウとエ

問102-2　エアロゾル粒子の壁面沈着と再飛散に関する次の記述のうち，最も不適当なものはどれか．（2017年問題51）

(1)　再飛散は，沈着した粒子が壁面から離れて再び気相に取り込まれる現象である．
(2)　層流下でストークス領域の粒子の再飛散は，一定室内気流のもとではほとんどない．
(3)　沈着速度は，壁面へ粒子が沈着する時の衝突する速さである．
(4)　粒子の表面付着力には，ファンデルワールス力がある．
(5)　気流に平行な鉛直壁面への沈着数は，等濃度の場合，小粒径粒子ほど多い．

問102-3　微粒子が気体中を運動する場合の抵抗力に関する次の記述のうち，最も適当なものはどれか．（2014年問題51）

(1)　抵抗係数は，粒子が小さくなると，気体の分子運動の影響を受けない．
(2)　抵抗係数は，ストークス域ではレイノルズ数に比例する．
(3)　粒子の抵抗は，粒子の流体に対する相対速度の二乗に比例する．

(4) 粒子の抵抗は，ニュートン域ではレイノルズ数に反比例する．

(5) 粒子の抵抗は，粒子の体積に比例する．

問102-4 浮遊粒子の動力学的性質に関する次の記述のうち，最も不適当なものはどれか．（2013年問題55）

(1) 抵抗係数は，ストークス域ではレイノルズ数に比例する．

(2) 電気移動度は，電界中の電荷をもつ粒子の移動速度を電界強度で除した値である．

(3) 球形粒子の拡散係数は，粒径に反比例する．

(4) 沈着速度は，単位時間当たりの沈着量を気中濃度で除した値である．

(5) 球形粒子の重力による終末沈降速度は，粒径の二乗に比例する．

103　エアロゾル粒子と粒径

気体中に浮遊する微小な液体または固体の粒子をエアロゾルという．花粉やたばこの煙などのエアロゾル粒子と一般的な粒径について出題される．粒径の数値とともに，各粒子の大小関係を覚えよう．

問103-1 エアロゾル粒子の一般的な粒径が，大きい順に並んでいるものは次のうちどれか．（2018年問題47）

(1) 霧雨 ─────── 花粉 ─────── ウイルス

(2) バクテリア ─── ウイルス ─── 霧雨

(3) ウイルス ─── 霧雨 ─────── バクテリア

(4) 花粉 ─────── ウイルス ─── バクテリア

(5) ウイルス ─── バクテリア ─── 花粉

問103-2 エアロゾル粒子の相当径には幾何相当径と物理相当径があるが，幾何相当径に分類されるものは次のうちどれか．（2017年問題50）

(1) 光散乱径

(2) 電気移動度径

(3) 円等価径

(4) ストークス径

(5) 空気力学径

エアロゾル粒子とその測定粒径との組合せとして，最も適当なものは次のうちどれか．（2015年問題56）

   (1) 海岸砂 ──────── 10 μm

   (2) ウイルス ──────── 3.0 μm

   (3) 花粉(スギ) ──────── 1.0 μm

   (4) たばこ煙 ──────── 0.10 μm

   (5) 細菌 ──────── 0.01 μm

104 流体，ベルヌーイの定理

流体力学の基本定理であるベルヌーイの定理は，キーワードを中心に，よく理解しておこう．レイノルズ数とは，流体が層流になるか乱流になるかの判断に用いられる数値．一般的に，乱流は好ましくない現象である．

問104-1 流体に関する次の記述のうち，最も不適当なものはどれか．（2020年問題49）

   (1) ダクト内気流の静圧と動圧の和を全圧として扱う．

   (2) ダクト内における連続の式は，流体の密度，流速，断面積の積が一定となることを意味する．

   (3) 開口部の流量係数は，通常の窓では1.2である．

   (4) 摩擦抵抗係数は，ダクト内粗度の他，ダクト内気流のレイノルズ数によって変化する．

   (5) 管内流れでは，レイノルズ数が4 000程度以上で乱流になる．

問104-2 流体の基礎に関する次の文章の[　　]内に入る語句の組合せとして，正しいものはどれか．（2017年問題52）

流管の二つの断面A，B間における流れの力学的エネルギーの保存を仮定すると以下の式が得られる．

$$\frac{1}{2}\rho U_A^2 + P_A + \rho g h_A = \frac{1}{2}\rho U_B^2 + P_B + \rho g h_B$$

この式は，［　ア　］と呼ばれ，各辺の第一項を［　イ　］，第二項を［　ウ　］，第三項を位置圧と呼ぶ．ただし，ρ：密度，U：速度，P：圧力，g：重力加速度，h：高さ．

	ア	イ	ウ
(1)	ベルヌーイの定理 ——	動圧 ——	静圧
(2)	ベルヌーイの定理 ——	静圧 ——	動圧
(3)	ベルヌーイの定理 ——	動圧 ——	絶対圧
(4)	連続の式 ——————	動圧 ——	静圧
(5)	連続の式 ——————	動圧 ——	絶対圧

問104-3　流体に関する次の記述のうち，最も不適当なものはどれか．（2016年問題51）

(1) 流体の粘性力に対する慣性力の比を表す無次元数がレイノルズ数である．

(2) 直線ダクトの圧力損失は，風速の2乗に比例する．

(3) 開口部を通過する風量は，開口部前後の圧力差の2乗に比例して増加する．

(4) ベルヌーイの定理は，流れの力学的エネルギーの保存の仮定から導かれる．

(5) 無秩序な乱れによる流体塊の混合を伴う流れを乱流という．

問104-4　流体の基礎に関する次の文章の［　　　］内に入る語句の組合せとして，正しいものはどれか．（2014年問題50）

摩擦のないダクト中の流れを考える．流れの上流側にA断面，下流側にB断面をとると，AB断面間に，単位時間に流入する流れと流出する流れの［　ア　］は等しい．この関係を示す数式を［　イ　］という．

また，流れの運動エネルギーの保存を仮定すると，次のような［　ウ　］を表す式が得られる．

$$\frac{1}{2}\rho U^2 + P + \rho g h = 一定$$

ただし，ρ：密度，U：速度，P：圧力（静圧），g：重力加速度，h：高さ　とする．

この式の各項の単位は［　エ　］であり，第一項を動圧，第二項を静圧，第三項を位置圧と呼び，摩擦のない理想流体の流れでは，その合計値は一定値となる．

	ア	イ	ウ	エ
(1)	質量 ———	連続の式 ———	ベルヌーイの定理 ———	Pa
(2)	質量 ———	流れの式 ———	フーリエの法則 ———	N
(3)	速度 ———	連続の式 ———	フーリエの法則 ———	m/s
(4)	圧力 ———	連続の式 ———	フーリエの法則 ———	N
(5)	圧力 ———	流れの式 ———	ベルヌーイの定理 ———	Pa

105　空気力学

ダクトの圧力損失，ダクト内部の摩擦抵抗係数，ダクト内の全圧・静圧・動圧，ダクト中の流体の密度・断面積・流速の積が一定となる連続の式，開口部を通過する風量，温度差換気量などについて出題される．

問105-1　流体力学に関する次の記述のうち，最も不適当なものはどれか．（2021年問題51）

(1) 直線ダクトの圧力損失は，長さに比例する．

(2) 直線ダクトの圧力損失は，風速に比例する．

(3) 直線の円形ダクトの圧力損失は，直径に反比例する．

(4) ダクトの形状変化に伴う圧力損失は，形状抵抗係数に比例する．

(5) 開口部を通過する風量は，開口部前後の圧力差の平方根に比例する．

問105-2　空気力学に関する次の記述のうち，最も不適当なものはどれか．（2015年問題51）

(1) 円形ダクトの圧力損失は，ダクト直径の2乗に反比例する．

(2) ダクト内部の摩擦抵抗係数は，レイノルズ数によって変化する．

(3) 点源吸込気流の速度は，吸込口に近い領域を除き，吸込口中心からの距離の2乗に反比例する．

(4) ダクト内気流の静圧と動圧の和を全圧として扱う．

(5) 連続の式は，ダクト中の流体の密度，断面積，流速の積が一定となることを意味する．

問105-3 流体力学に関する次の記述のうち，最も不適当なものはどれか．（2013年問題50）

(1) 無秩序な乱れによる流体塊の混合を伴う流れを乱流という．

(2) 単位時間にダクトへ流入する空気の質量と，そのダクトから流出してくる空気の質量は，途中に漏れがなければ等しい．

(3) 摩擦のないダクト中の理想流体の流れでは，どの断面においても動圧と静圧と位置圧との合計が等しくなる．

(4) 浮力に対する慣性力の比を表す無次元数をレイノルズ数という．

(5) 開口部の面積と流量係数との積を開口部の実効面積又は相当開口面積という．

問105-4 流体力学に関する次の記述のうち，最も不適当なものはどれか．（2012年問題52）

(1) 円形ダクトの圧力損失は，ダクト直径に比例する．

(2) 流れのレイノルズ数は，速度に比例する．

(3) 合流，分岐のないダクト中を進む気流の速度は，断面積に反比例する．

(4) 開口部の通過流量は，開口部前後の圧力差の平方根に比例する．

(5) 点源吸込気流の速度は，吸込口に近い領域を除き，吸込口中心からの距離の2乗に反比例する．

106 ダクト内圧力の計算

ダクト内の全圧とは，静圧と動圧の和である．また，ダクト内の動圧は，流体，すなわち空気の密度と，流速，すなわち風速から導き出せる．この二つのことを理解して，全圧，静圧，動圧を計算できるようにしておこう．

問106-1 ダクト内気流速度が4.0 m/sであったとすると，この気流の動圧（速度圧）の値として，最も適当なものは次のうちどれか．ただし，ダクト内の空気の密度は1.2 kg/m³とする．（2018年問題51）

(1) 2.4 Pa

(2) 9.6 Pa

(3) 19.2 Pa

(4)　38.4 Pa

(5)　76.8 Pa

問106-2　ダクト内気流速度が5.0m/sであったとすると，この気流の動圧の値として最も適当なものは次のうちどれか．（2012年問題50）

(1)　3.0 Pa

(2)　6.0 Pa

(3)　13 Pa

(4)　15 Pa

(5)　30 Pa

107　空気の流動，ドラフト

ドラフトとは，通風，気流のこと．特に，人に対して不快感を与えるような気流をドラフトと呼んでいる．コールドドラフトとは，人に不快感を与える冷気のことをいう．ビル管理の現場でもよく使用される用語である．

問107-1　空気の流動に関する次の記述のうち，最も不適当なものはどれか．（2021年問題50）

(1)　天井面に沿った冷房による吹出し噴流は，速度が小さいと途中で剥離して降下することがある．

(2)　コールドドラフトは，冷たい壁付近などで生じる下降冷気流である．

(3)　自由噴流の第3域では，中心軸速度が吹出し口からの距離に反比例して減衰する．

(4)　吹出しの影響は遠方まで及ぶのに対し，吸込みの影響は吸込み口付近に限定される．

(5)　通常の窓の流量係数は，約1.0である．

問107-2 下の図は，暖房時の各種吹出方式による室内気流を示したものである．暖房時に好ましい方式の室内気流の組合せとして，最も適当なものは次のうちどれか．（2019年問題52）

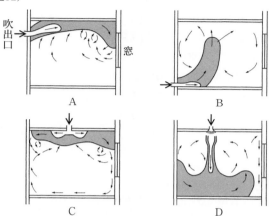

(1) AとC
(2) BとD
(3) AとD
(4) BとC
(5) CとD

問107-3 室内気流に関する次の記述のうち，最も不適当なものはどれか．（2017年問題53）

(1) 置換換気は，室温よりやや低温の空気を床面付近に低速で供給し，天井面付近で排気する方式である．

(2) コールドドラフトは，冷たい壁付近などで自然対流によって生じる下降流が原因で生じることがある．

(3) ドラフトとは不快な局部気流のことであり，風速，気流変動の大きさ，空気温度の影響を受ける．

(4) 壁面上部からの水平吹出しの空気調和方式では，冷房時に居住域に停滞域が生じて上下温度差が大きくなりやすい．

(5) 天井中央付近から下向き吹出しの空気調和方式では，冷房時に冷気が床面付

近に拡散し，室上部に停滞域が生じやすい．

問107-4 暖冷房時に，ドラフトや停滞域を生じにくい場合として，最も不適当なものは次のうちどれか．（2015年問題54）
(1) 側壁下部から温風を水平に吹き出す場合
(2) 側壁上部から温風を水平に吹き出す場合
(3) 天井中央から温風を下向きに吹き出す場合
(4) 天井中央付近から冷風を水平に吹き出す場合
(5) 側壁上部から冷風を水平に吹き出す場合

108 換気

自然換気に機械換気を組み合わせた換気方式である「ハイブリッド換気」，給気口から空気が移動するのにかかる時間である「空気齢」，換気量を室容積で除したものである「換気回数」などの定義を，よく理解しておこう．

問108-1 空気清浄化と換気に関する次の記述のうち，最も不適当なものはどれか．（2018年問題55）
(1) 空気交換効率は，室全体の換気効率を表すものである．
(2) 電気集じん機は，ガス状物質の除去に利用できる．
(3) 必要換気量は，人体への影響，燃焼器具への影響，熱・水蒸気発生の影響等から決定される．
(4) 単位時間当たりに室内に取り入れる新鮮空気(外気)量を室容積で除したものを換気回数という．
(5) 室内空気の清浄化にとって，換気は重要な役割を果たす．

問108-2 室用途別の1人当たりの専有面積と必要換気量に関する次の組合せのうち，最も不適当なものはどれか．（2018年問題74）

室用途	1人当たりの専有面積 (m^2/人)	必要換気量 ($m^3/(h \cdot m^2)$)
(1) 食堂(営業用)	1.0	30.0
(2) ホテル客室	10.0	3.0

（3）　宴会場 ——————— 0.8 ——————— 37.5

（4）　事務所（一般）——————— 4.2 ——————— 4.5

（5）　デパート（一般売場）——— 1.5 ——————— 20.0

問108-3　換気に関する次の記述のうち，最も不適当なものはどれか．（2016年問題79）

（1）排気フードは，局所換気に用いられる．

（2）ハイブリッド換気は，自然換気に機械換気や空調設備を補助的に組み合わせたものである．

（3）第1種機械換気は，室内の圧力を正圧にも負圧にも設定できる．

（4）第3種機械換気は，給気口及び排風機により構成される．

（5）感染症室などの汚染室の換気では，室内の圧力を周囲より高くする．

問108-4　換気に関する次の記述のうち，最も不適当なものはどれか．（2014年問題54）

（1）一人当たりの必要換気量は，呼吸による酸素の消費量を基準として求めることが多い．

（2）空気交換効率は，室全体の換気効率を表すものである．

（3）換気回数は，換気量を室容積で除したものである．

（4）局所換気は，室全体でなく，汚染物質が発生する場所を局部的に換気する方法である．

（5）機械換気は，送風機や排風機等の機械力を利用して室内の空気の入替えを行う．

問108-5　換気と必要換気量に関する次の記述のうち，最も不適当なものはどれか．（2013年問題56）

（1）必要換気量は，燃焼器具の影響，空気汚染物質・熱・水蒸気発生の影響等から決定される．

（2）ハイブリッド換気は，一方向の流れとなるように室内に供給し，そのまま排気口へ押し出す方式である．

（3）理論廃ガス量は，燃料が完全燃焼した場合の廃ガス量のことである．

科目3 空気環境

(4) 局所換気は，汚染物質が発生する場所を局部的に換気する方式である．

(5) 局所平均空気齢とは，新鮮空気の給気口から任意の点に移動するのにかかる
平均時間をいう．

問108-6　　換気設備に関する次の記述のうち，最も不適当なものはどれか．（2012
年問題78）

(1) 浴室・シャワー室において，湿気を除去するために，第3種機械換気を行った．

(2) 駐車場において，排ガスを除去するために，第1種機械換気を行った．

(3) ボイラ室において，酸素の供給及び熱を除去するために，第3種機械換気を
行った．

(4) 学校の教室において，自然換気と機械換気のハイブリッド換気を行った．

(5) 電気室において，熱の除去のために，第1種機械換気を行った．

109　　自然換気

自然換気は，風力による換気力，または，温度差による換気力を利用して換気す
る方式である．風力による換気力は，風圧係数や風速との関係．温度差による換
気力は，空気の密度差や開口部の高低差との関係が問われる．

問109-1　　自然換気に関する次の記述のうち，最も不適当なものはどれか．（2020
年問題50）

(1) 温度差による換気量は，給気口と排気口の高さの差の平方根に比例して増加
する．

(2) 温度差による換気量は，室内外の空気の密度差に比例して増加する．

(3) 風力による換気量は，外部風速に比例して増加する．

(4) 風力による換気量は，風圧係数の差の平方根に比例して増加する．

(5) 開口部の風圧係数は，正負の値をとる．

問109-2 下の図のように，風上側と風下側にそれぞれ一つの開口部を有する建築物における外部の自然風のみによる自然換気に関する次の記述のうち，最も不適当なものはどれか．（2019年問題51）

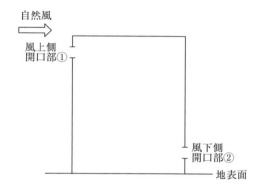

(1) 換気量は，外部の自然風の風速に比例する．

(2) 換気量は，開口部①と②の風圧係数の差に比例する．

(3) 開口部①と②の両方の開口面積を2倍にすると，換気量は2倍になる．

(4) 風下側に位置する開口部②の風圧係数は，一般的に負の値となる．

(5) 流量係数は，開口部の形状に関係する．

110　機械換気方式

第1種，第2種，第3種の三つの機械換気方式の概要，特徴，用途などをよく理解しておこう．清浄性が求められるクリーンルームは第2種が，臭気などが発生する用途室は第3種が用いられる．

問110-1 次に示すア〜エの室について，第3種換気方式が利用できる組合せはどれか．（2015年問題53）

ア　手術室

イ　感染症室

ウ　クリーンルーム

エ　ちゅう房

(1)　アとイ

(2)　アとウ

(3)　イとウ

(4)　イとエ

(5)　ウとエ

111　空気汚染物質

オゾン，ベンゼン，トルエン，スチレン，ホルムアルデヒド，二酸化硫黄などの化学物質の性質について出題される．パラジクロロベンゼン，ダイアジノンなどの害虫防除の化学物質も登場している．

問111-1　空気汚染物質の特性を表すア～エの記述のうち，ホルムアルデヒドの特性を表すものの組合せとして，最も適当なものは次のどれか．（2017年問題55）

ア　常温で淡黄色の気体である．

イ　発生源には，複合フローリング材・合板等がある．

ウ　人為的な発生よりも火山や森林火災など自然発生の量が多いと推定されている．

エ　水溶性の有機化合物である．

(1)　アとイ

(2)　アとウ

(3)　イとウ

(4)　イとエ

(5)　ウとエ

問111-2　空気汚染物質の特性を表すア～エの記述のうち，オゾンの特性を表すものの組合せとして，最も適当なものは次のうちどれか．（2016年問題56）

ア　常温で特異な刺激臭をもつ不安定な気体である．

イ　一酸化窒素と結合し，二酸化窒素と酸素を生成する．

ウ　人為的な発生源には，自動車の排気ガス，燃焼器具の生成物がある．

エ　比較的低分子の有機化合物である．

(1)　アとイ

(2)　アとウ

 (3) イとウ

 (4) イとエ

 (5) ウとエ

問111-3 空気汚染物質に関する次の記述のうち，最も不適当なものはどれか．
（2014年問題55）

 (1) 一酸化炭素の建築物内の発生源は，燃焼器具や駐車場排気の侵入などである．

 (2) アスベストは，人工的に作られた繊維状鉱物の総称である．

 (3) 窒素酸化物の発生源として，自動車排気ガスや燃焼器具などがある．

 (4) オゾンは，コピー機やレーザプリンタなどが室内発生源である．

 (5) 二酸化炭素の発生源は，ヒトの呼吸や燃焼器具などである．

問111-4 室内空気汚染物質に関する次の記述のうち，最も不適当なものはどれか．（2014年問題56）

 (1) 揮発性有機化合物は，一般に沸点を基準に分類される．

 (2) におい物質は，揮発性，化学反応性に富む比較的高分子の有機化合物が多い．

 (3) 二酸化硫黄は，無色の刺激性の気体で，石炭や重油などの燃焼排気に含まれる．

 (4) ホルムアルデヒドは，無色の刺激臭を有する気体で水溶性である．

 (5) $PM_{2.5}$は，中位径が2.5 μm以下の微小粒子状物質のことである．

112 非電離放射線

非電離放射線とは，原子や分子を電離させるだけのエネルギーはもたない放射線であり，紫外線，可視光線，赤外線，マイクロ波，低周波などが挙げられる．電離放射線とは，電離する作用をもつ放射線の総称である．

問112-1 放射線は，非電離放射線と電離放射線に分類されるが，非電離放射線に含まれるものは次のうちどれか．（2016年問題59）

 (1) 紫外線

 (2) γ 線

 (3) α 線

(4) 中性子線

(5) エックス線

113 空気汚染物質の発生源

燃焼などにより発生する一酸化炭素，窒素酸化物，硫黄酸化物，人の呼吸などにより発生する二酸化炭素，コピー機などから発生するオゾン，土壌から発生するラドンなどの組み合わせをしっかり覚えておこう．

問113-1 室内汚染物質とその発生源との組合せとして，最も不適当なものは次のうちどれか．（2021年問題55）

(1) アセトアルデヒド ——— 加熱式たばこ

(2) 窒素酸化物 ——— 開放型燃焼器具

(3) オゾン ——— レーザープリンタ

(4) ラドン ——— 石材

(5) フェノブカルブ ——— 接着剤

問113-2 揮発性有機化合物（VOCs）と室内での主な発生源との組合せとして，最も不適当なものは次のうちどれか．（2020年問題55）

(1) アセトアルデヒド ——— コンクリート

(2) ホルムアルデヒド ——— 接着剤

(3) エチルベンゼン ——— 塗料

(4) クロルピリホス ——— 防蟻剤

(5) フタル酸ジ-2-エチルヘキシル ——— プラスチックの可塑剤

問113-3 室内における空気汚染物質に関する次の記述のうち，最も不適当なものはどれか．（2018年問題54）

(1) 一酸化炭素の発生源は，燃焼器具，たばこ等である．

(2) 二酸化炭素の室内の発生源は，ヒトの活動（呼吸）などであり，換気の指標とされている．

(3) ホルムアルデヒドの室内の発生源は，コピー機，レーザプリンタ等である．

(4) 浮遊粉じんの発生源は，たばこ，ヒトの活動，外気等である．

(5) 二酸化炭素の濃度が経時的に高くなる場合には，居室の過密使用などが考えられる．

問113-4 次の室内における汚染物質のうち，石油の燃焼により発生しないものはどれか．（2016年問題58）
(1) 浮遊粉じん
(2) アスベスト
(3) 硫黄酸化物
(4) 窒素酸化物
(5) 一酸化炭素

問113-5 室内空気汚染物質とその発生源との組合せとして，最も不適当なものは次のうちどれか．（2016年問題60）
(1) 臭気 ——————— 喫煙
(2) キシレン ——————— 塗料の溶剤
(3) クリソタイル ——— 断熱材の除去工事
(4) ラドン ——————— 土壌，岩石
(5) アスペルギルス ——— 防虫剤

114 アレルゲンと微生物

建物内の主なアレルゲンである，ダニ，カビ，花粉については，大きさ（ナノサイズ，マイクロサイズなど）や分類（真菌，細菌など），性質や特徴を，よく理解しておこう．実務でもこれらの発生には気を付けよう．

問114-1 アレルゲンと微生物等に関する次の記述のうち，最も不適当なものはどれか．（2021年問題58）
(1) ウイルスは建材表面で増殖することがある．
(2) アスペルギルスは，一般環境中に生息するカビである．
(3) オフィスビル内の細菌の主な発生源は在室者である．
(4) 酵母は真菌に分類される．
(5) カビアレルゲンの大部分は，数μm以上の粒子である．

問114-2　アレルゲンと微生物に関する次の記述のうち，最も不適当なものはどれか．（2020年問題58）

(1) ウイルスは，生きている細胞中でしか増殖できない．

(2) クラドスポリウムは，一般環境中に生育するカビである．

(3) 空調時の事務所室内では，浮遊細菌より浮遊真菌の濃度の方が高い場合が多い．

(4) ダンプネスは，過度の湿気を原因とする問題が確認できるような状態をいう．

(5) ダニアレルゲンの大部分は，2 μm以上の粒子である．

問114-3　アレルゲンと微生物に関する次の記述のうち，最も不適当なものはどれか．（2017年問題59）

(1) 建築物衛生法では，ダニ又はダニアレルゲンに関する基準を定めている．

(2) 酵母は，真菌に分類される．

(3) ウイルスは，生きている細胞中でしか増殖できない．

(4) ペニシリウムは，アレルギー症状を引き起こす原因物質の一つである．

(5) ダニアレルゲンの大部分は，数 μm以上の粒子である．

問114-4　アレルゲンと微生物に関する次の記述のうち，最も不適当なものはどれか．（2016年問題61）

(1) 住環境内の主なダニアレルゲンは，ヒョウヒダニ類の糞と虫体からなる．

(2) カビアレルゲンの大部分は，ナノサイズの粒子である．

(3) 黒カビは，結露した壁などの表面で増殖する．

(4) 疫学調査の結果，カビと小児の呼吸器系疾患の間に有意な関係があることが明らかにされている．

(5) オフィス内浮遊細菌濃度には，エアフィルタの捕集率が関係する．

115　空気環境測定結果の推移

東京都における建築物環境衛生管理基準の空気環境の調整の項目について，不適合率の経年変化を示した図や文章が出題される．分煙化，禁煙化が進んだ結果，浮遊粉じんの不適合率は，劇的に改善されている．

問115-1　浮遊粉じんに関する次の文章の[　　　]内の語句のうち，最も不適当なものはどれか．（2020年問題54）

建築物衛生法の測定対象となる浮遊粉じん濃度は，[(1) 相対沈降径]が[(2) 10μm以下]の粒子を対象に，[(3) 0.15mg/m³]以下と規定されており，標準となる測定法は，ローボリウムエアサンプラによる[(4) 質量濃度測定法]である．かつては空気環境管理項目の中で不適率の高い項目であったが，大気汚染物質の減少，禁煙及び分煙等の受動喫煙対策，エアフィルタの高性能化により，不適率は[(5) 10%]程度となった．

問115-2　東京都における建築物環境衛生管理基準に関わる空気環境の測定結果に関する次の文章の内容を表す項目として，最も適当なものはどれか．（2016年問題54）

建築物衛生法施行時以降，平成10年度までの不適率は10〜20%であったが，近年は30%前後で推移しており，不適率が漸増する傾向がみられる．

- (1)　温度
- (2)　相対湿度
- (3)　二酸化炭素の含有率
- (4)　浮遊粉じんの量
- (5)　気流

問115-3　東京都における建築物環境衛生管理基準に関わる空気環境の測定結果に関する次の文章の[　　　]内に入る語句として，最も適当なものはどれか．（2013年問題53）

[　　　]は，かつては，最も不適合率の高い項目であり，昭和50年代初頭までは，6割前後の不適合率であったが，その後急激に減少し，近年の不適合率は，0〜1%程度である．

- (1)　温度

(2)　相対湿度

(3)　気流

(4)　浮遊粉じんの量

(5)　二酸化炭素の含有率

116　換気計算

換気回数から一定時間経過後の二酸化炭素濃度を算出する問題などが出題される．必要換気量の計算式（ザイデルの式）を暗記しておき，数値を代入して落ち着いて計算すれば，解答を得ることが可能である．

問116-1　ある居室に16人在室しているとき，室内の二酸化炭素濃度を建築物環境衛生管理基準値以下に維持するために最低限必要な換気量として，正しいものは次のうちどれか．（2021年問題53）

　ただし，室内は定常状態・完全混合（瞬時一様拡散）とし，外気二酸化炭素濃度は400ppm，在室者一人当たりの二酸化炭素発生量は0.018 m^3/hとする．

(1)　320 m^3/h

(2)　400 m^3/h

(3)　480 m^3/h

(4)　600 m^3/h

(5)　720 m^3/h

問116-2　室面積40 m^2，天井高2.5mの居室に8人在室しているとき，換気によって室内の二酸化炭素濃度が900ppmに維持されていたとする．この部屋の換気量 [m^3/h]として，最も近いものは次のうちどれか．（2020年問題56）

　ただし，室内は定常状態・完全混合（瞬時一様拡散）とし，外気二酸化炭素濃度は400ppm，在室者一人当たりの二酸化炭素発生量は0.025 m^3/hとする．

(1)　　50 m^3/h

(2)　　100 m^3/h

(3)　　200 m^3/h

(4)　　400 m^3/h

(5)　1 000 m^3/h

問116-3 ある室において，在室者数6人，在室者1人当たりのCO_2発生量 0.022m^3/h，室内CO_2許容値1 000ppm，外気CO_2濃度400ppmのとき，必要換気量 [m^3/h]として最も近いものは次のうちどれか．ただし，室内は，定常状態で完全混合(瞬時一様拡散)とする．(2019年問題55)

 (1) 40m^3/h

 (2) 120m^3/h

 (3) 180m^3/h

 (4) 220m^3/h

 (5) 330m^3/h

問116-4 床面積20m^2，天井高2.5mの居室に，2人が在室し，換気回数1.0回/h の換気がされている．定常状態におけるこの室と外気との二酸化炭素濃度差の値として，最も近い値は次のうちどれか．ただし，室内は完全混合(瞬時一様拡散)とし，一人当たりの二酸化炭素発生量は，20L/hとする．(2012年問題57)

 (1) 0.8 ppm

 (2) 400 ppm

 (3) 800 ppm

 (4) 1 250 ppm

 (5) 2 000 ppm

117 濃度計算

トルエン，ホルムアルデヒドといった揮発性有機化合物の濃度を算出する問題などが出題される．題意で換算式が与えられており，数値を代入して落ち着いて計算すれば，解答を得ることが可能である．

問117-1 20℃の室内において，ホルムアルデヒドの容積比濃度が0.04ppmであったとき，空気1m^3中に含まれているホルムアルデヒドの量として，最も近い値は次のうちどれか．(2020年問題57)

ただし，濃度換算には以下の式が用いられ，ホルムアルデヒドの分子式は HCHO，炭素，水素，酸素の原子量はそれぞれ12，1，16とする．

$$C_{mg/m^3} = C_{ppm} \times \frac{M}{22.41} \times \frac{273}{(273+t)}$$

ただし，C_{mg/m^3}：質量濃度（mg/m³）

C_{ppm}：容積比濃度（ppm）

t：温度（℃）

M：分子量

- (1)　0.15 mg
- (2)　0.1 mg
- (3)　0.08 mg
- (4)　0.05 mg
- (5)　0.025 mg

問117-2　喫煙室において，1時間当たり15本のたばこが喫煙されている定常状態の濃度として，最も近いものは次のうちどれか．（2017年問題57）

局所換気以外の換気システムはなく局所換気により排出される空気量は200 m³/hで，たばこにより発生した粉じんの80%は直接局所換気で排気されるが，残りは喫煙室全体に一様拡散し喫煙室空気として排気されるとする．ただし，たばこ1本当たりの粉じん発生量10 mg，喫煙室に侵入する空気の粉じん濃度0.05 mg/m³とし，たばこ以外の粉じん発生，壁面への吸着などの影響は無視できるものとする．

- (1)　0.15 mg/m³
- (2)　0.20 mg/m³
- (3)　0.30 mg/m³
- (4)　0.75 mg/m³
- (5)　0.80 mg/m³

問117-3　室容積500m³の居室において，換気回数1.0回/hで換気がされている．汚染物質の定常的発生があり，初期濃度0.01mg/m³が1時間後に室内濃度0.02mg/m³に増加した．その時の汚染物質の発生量として，最も近い値は次のうちどれか．ただし，室内は完全混合（瞬時一様拡散）とし，外気濃度は0.01mg/m³，室内濃度は，以下の式で表される．なお，e＝2.7とする．（2016年問題57）

$$C = C_0 + (C_s - C_0)\frac{1}{e^{nt}} + \frac{M}{Q}\left(1 - \frac{1}{e^{nt}}\right)$$

ただし，　C：室内濃度〔mg/m³〕

　　　　　C_s：初期濃度〔mg/m³〕

　　　　　C_0：外気濃度〔mg/m³〕

　　　　　M：汚染物質発生量〔mg/h〕

　　　　　Q：換気量〔m³/h〕

　　　　　n：換気回数〔回/h〕

　　　　　t：時間〔h〕

(1)　3 mg/h

(2)　5 mg/h

(3)　8 mg/h

(4)　13 mg/h

(5)　16 mg/h

118　湿り空気

湿り空気を加熱または冷却したとき，絶対湿度，相対湿度はどのように変化するのか，あるいは変化しないのか．丸暗記するのではなく，空気線図をイメージするなどして，理屈で説明できるようにしよう.

問118-1　湿り空気に関する次の記述のうち，最も不適当なものはどれか．（2017年問題47）

(1) 相対湿度が同じ湿り空気では，温度が低い方が，比エンタルピーは高い.

(2) 絶対湿度が一定の状態で，温度が低下すると相対湿度は上昇する.

(3) 乾球温度が等しい湿り空気において，絶対湿度が上昇すると，水蒸気分圧は上昇する.

(4) 絶対湿度が低下すると，露点温度は低下する.

(5) 比エンタルピーが等しい湿り空気において，温度が高い湿り空気の絶対湿度は，温度が低い湿り空気の絶対湿度より低い.

湿り空気に関する次の記述のうち，最も不適当なものはどれか．（2013年問題60）

(1) 熱水分比とは，比エンタルピーの変化量と絶対湿度の変化量との比である．

(2) 露点温度とは，湿り空気を冷却したとき飽和状態になる温度のことである．

(3) 顕熱比とは，顕熱の変化量と潜熱の変化量との比である．

(4) 相対湿度とは，ある湿り空気の水蒸気分圧とその湿り空気と同一温度の飽和水蒸気分圧との比を百分率で表したものである．

(5) 飽和度とは，ある湿り空気の絶対湿度とその湿り空気と同一温度の飽和空気の絶対湿度との比を百分率で表したものである．

問118-3 湿り空気と湿度に関する次の記述のうち，最も不適当なものはどれか．（2012年問題46）

(1) 湿り空気中の水蒸気の圧力を水蒸気分圧という．

(2) 湿り空気の飽和水蒸気圧に対する水蒸気圧の比を相対湿度という．

(3) 水蒸気を限界まで含んだ湿り空気の状態を飽和という．

(4) 湿り空気の水蒸気質量をその湿り空気の質量で除したものを絶対湿度という．

(5) 顕熱量の変化量と全熱量の変化量の比を顕熱比という．

119　湿り空気線図

湿り空気線図とは，線図上に，乾球温度，湿球温度，露点，絶対湿度，相対湿度，比エンタルピーなどを記入し，そのうちの二つの値を求めることにより，湿り空気の状態がわかるようにしたものである．

問119-1　下に示す湿り空気線図に関する次の記述のうち，最も不適当なものはどれか．（2021年問題46）

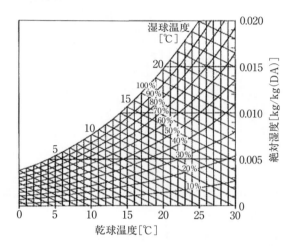

(1) 乾球温度14℃，相対湿度80%の空気を加熱コイルで25℃に温めると相対湿度は約40%となる．

(2) 乾球温度10℃，相対湿度80%の空気は，乾球温度22℃，相対湿度30%の空気より絶対湿度が高い．

(3) 乾球温度22℃，相対湿度60%の空気が表面温度15℃の窓ガラスに触れると結露する．

(4) 乾球温度19℃の空気が含むことのできる最大の水蒸気量は，0.010 kg/kg（DA）より大きい．

(5) 露点温度10℃の空気は，乾球温度29℃において約30%の相対湿度となる．

問119-2 下に示す湿り空気線図に関する次の記述のうち，最も不適当なものはどれか．（2016年問題49）

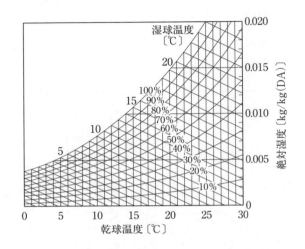

(1) 乾球温度14℃，相対湿度50％の空気を伝熱ヒーターで29℃に温めると相対湿度は約20％となる．

(2) 乾球温度10℃，相対湿度50％の空気は，乾球温度30℃，相対湿度10％の空気より絶対湿度が高い．

(3) 露点温度14℃の空気は，乾球温度25℃において約60％の相対湿度となる．

(4) 乾球温度21℃の空気が含むことのできる最大の水蒸気量は，0.015kg/kg(DA)より大きい．

(5) 乾球温度22℃，相対湿度60％の空気が表面温度13℃の窓ガラスに触れると結露する．

問119-3 湿り空気の混合に関する次の文章の[　　]内に入る数値の組合せとして，最も適当なものはどれか．（2016年問題62）

　湿り空気線図上のA点は，乾球温度26℃，絶対湿度0.013kg/kg(DA)である．また，B点は，乾球温度34℃，絶対湿度0.025kg/kg(DA)である．A点の空気300kg/hとB点の空気100kg/hを混合した空気は，乾球温度[　ア　]℃，絶対湿度[　イ　]kg/kg(DA)である．

	ア	イ
(1)	28 ———	0.016
(2)	28 ———	0.019
(3)	30 ———	0.019
(4)	32 ———	0.016
(5)	32 ———	0.022

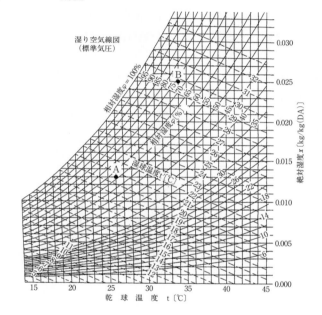

湿り空気線図
(標準気圧)

相対湿度 φ = 100%

相対湿度 φ%

湿球温度 t [℃]

絶対湿度 x [kg/kg(DA)]

乾球温度 t [℃]

問119-4 湿り空気線図 (h − x 線図) に関する次の記述のうち,最も不適当なものはどれか. (2012年問題61)

(1) 乾球温度と相対湿度がわかれば,絶対湿度が求められる.

(2) 乾球温度と絶対湿度がわかれば,比エンタルピーが求められる.

(3) 湿球温度と風速がわかれば,乾球温度が求められる.

(4) 湿球温度と絶対湿度がわかれば,比容積が求められる.

(5) 相対湿度と絶対湿度がわかれば,比エンタルピーが求められる.

120 湿り空気線図上の変化

湿り空気を加熱，冷却，加湿したり，異なる状態の湿り空気を混合したりしたとき，湿り空気線図上でどのような変化をするかを扱う図説問題である．湿り空気線図の読み方を理解し，得点につなげよう．

問120-1 冷水コイルによる空気冷却に関する次の文章の[　　]内に入るものの組合せとして，最も適当なものはどれか．（2021年問題63）

湿り空気線図上で，冷水コイル入口空気の状態点をA，コイル出口空気の状態点をBとし，乾球温度がA点と等しく，かつ絶対湿度がB点と等しい状態点をCとする．

A点，B点，C点の比エンタルピーをそれぞれh_A，h_B，h_Cとし，冷水コイルを通過する空気の質量流量をG[kg/h]とすると，冷水コイルによる除去熱量の潜熱分は[　ア　]，顕熱分は[　イ　]で表される．

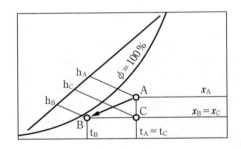

	ア		イ
(1)	$G(h_A - h_B)$	———	$G(h_A - h_C)$
(2)	$G(h_A - h_C)$	———	$G(h_A - h_B)$
(3)	$G(h_A - h_C)$	———	$G(h_C - h_B)$
(4)	$G(h_C - h_B)$	———	$G(h_A - h_B)$
(5)	$G(h_C - h_B)$	———	$G(h_A - h_C)$

問120-2 湿り空気線図上のア～オは，加湿・除湿操作による状態変化を表している．各状態変化と加湿・除湿操作との組合せとして，最も不適当なものは次のうちどれか．（2015年問題62）

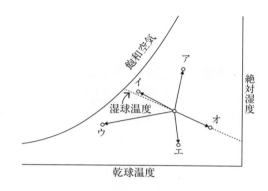

(1) ア ——— 蒸気加湿
(2) イ ——— 気化式加湿
(3) ウ ——— 空気冷却器による冷却除湿
(4) エ ——— シリカゲルなどの固体吸着剤による除湿
(5) オ ——— 液体吸収剤による化学的除湿

問120-3 湿り空気線図上に示した空気の状態変化の三つのプロセスとその加湿装置との組合せとして，最も適当なものは次のうちどれか．（2012年問題63）

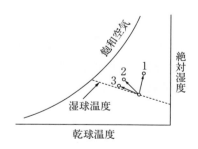

　　　　水加湿　　　　温水加湿　　　　蒸気加湿
(1)　　　1 ——————— 2 ——————— 3

(2)	1	———	3	———	2
(3)	2	———	3	———	1
(4)	3	———	1	———	2
(5)	3	———	2	———	1

121　湿り空気線図と空調システム

冷房時または暖房時における空調システム内の湿り空気の状態変化が，湿り空気線図上でどのように図示されるかを扱う図説問題である．理屈を理解しつつ，空気線図上の点と線の形状も覚えておこう．

<u>問121-1</u>　空気調和における湿り空気線図上での操作に関する次の記述のうち，最も不適当なものはどれか．（2021年問題62）

(1) 暖房時に水噴霧加湿を用いる場合，温水コイル出口の温度は設計給気温度より高くする必要がある．

(2) 冷房時の室内熱負荷における顕熱比SHF＝0.8の場合，空調機からの吹出し空気の絶対湿度は室内空気より低くする必要がある．

(3) 温水コイル通過後の空気は単純加熱となり，通過前後で絶対湿度は変化しない．

(4) 還気と外気の混合状態は，湿り空気線図上において還気と外気の状態点を結んだ直線上に求められる．

(5) 冷水コイルによる冷却除湿では，コイル出口における空気の相対湿度は100％となる．

<u>問121-2</u>　暖房時における空気調和システムを図－Aに示す．図－Bは，図－Aのa〜eにおける空気の状態変化を湿り空気線図上に表したものである．図－Aのdに相当する図－B中の状態点は，次のうちどれか．（2020年問題61）

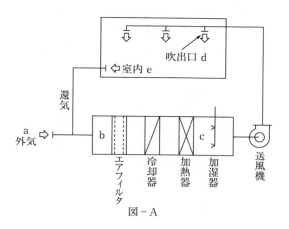

図 − A

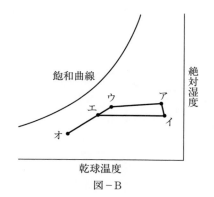

図 − B

(1)　ア

(2)　イ

(3)　ウ

(4)　エ

(5)　オ

問121-3 冷房時における単一ダクト方式の空気調和システムを図－Aに示す.

図－Bは，図－Aのa～eにおける空気の状態変化を湿り空気線図上に表したものである．図－A中のdに相当する図－B中の状態点は，次のうちどれか．（2017年問題60）

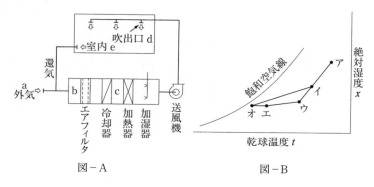

図－A　　　　　　　　　　　　図－B

(1)　ア

(2)　イ

(3)　ウ

(4)　エ

(5)　オ

122　熱負荷

熱負荷の用語に関する問題や，冷房時・暖房時において，見込んで設計するか，無視して設計するかの「空調熱負荷の考え方」に関する問題，そのほか空調熱負荷に関する問題が出題される．

問122-1　次の空調熱負荷のうち，室内負荷の構成要素に分類されないものはどれか．（2019年問題59）

(1)　ガラス窓透過日射熱負荷

(2)　透湿熱負荷

(3)　外気負荷

(4)　間欠空調における蓄熱負荷

(5)　隙間風熱負荷

問122-2 次の熱負荷のうち，一般に暖房時に無視するものはどれか．（2018年問題58）

(1) 外壁からの構造体負荷

(2) ガラス面の熱通過負荷

(3) 送風機による負荷

(4) 隙間風負荷

(5) 配管による負荷

問122-3 熱負荷計算における負荷の種類とその設定条件の単位との組合せとして，最も不適当なものは次のうちどれか．（2016年問題63）

(1) 外気 ——— $L/(m^3 \cdot s)$

(2) 在室者 ——— $人/m^2$

(3) 照明 ——— W/m^2

(4) 隙間風 ——— 回/h

(5) 構造体 ——— $W/(m^2 \cdot K)$

問122-4 空調熱負荷に関する次の記述のうち，最も不適当なものはどれか．（2014年問題62）

(1) 百貨店やスーパーマーケットの売場は，特に照明負荷が大きい．

(2) 劇場客席は，特に取入外気量が多く，床面積当たりの空調熱負荷も大きい．

(3) 病院病室は，床面積当たりの在室者数が少なく，空調熱負荷が小さい．

(4) 最大暖房負荷の算定には，透過日射を含める．

(5) 人体からの発熱量や器具からの発熱量は，暖房負荷計算では，安全側として算定しないことがある．

123　熱負荷の大小関係

冷凍機，ボイラー，パッケージ空調機などの熱源機器の熱源負荷，ユニット形空気調和機，ファンコイルユニットなどの空調機負荷，そして室内負荷の大小関係が出題される．

問123-1　建築物の空気調和設計における熱負荷の大小関係として，最も適当なものは次のうちどれか．（2015年問題63）

- (1)　室内負荷　＞空調機負荷＞熱源負荷
- (2)　熱源負荷　＞室内負荷　＞空調機負荷
- (3)　熱源負荷　＞空調機負荷＞室内負荷
- (4)　空調機負荷＞熱源負荷　＞室内負荷
- (5)　空調機負荷＞室内負荷　＞熱源負荷

124　顕熱負荷，潜熱負荷

空調熱負荷には，温度変化に伴う熱負荷である顕熱負荷と，湿度変化に伴う熱負荷である潜熱負荷があり，空調熱負荷が顕熱負荷のみの熱負荷か，潜熱負荷を含む熱負荷かが出題される．

問124-1　空調熱負荷に関する次の記述のうち，最も不適当なものはどれか．（2016年問題64）

- (1)　装置蓄熱負荷は，熱源負荷に含まれる．
- (2)　送風機による負荷は，空調機負荷に含まれる．
- (3)　接地床の構造体負荷は，一般に冷房時には無視する．
- (4)　外気負荷では，一般に潜熱負荷を無視する．
- (5)　人体負荷には，顕熱負荷と潜熱負荷がある．

問124-2　空調熱負荷の考え方に関する次の記述のうち，最も不適当なものはどれか．（2015年問題64）

- (1)　人体負荷には，顕熱負荷と潜熱負荷がある．
- (2)　隙間風負荷は，外部風や煙突効果などに基づく漏気量に対応した熱負荷である．
- (3)　外気負荷は，室内負荷に含まれる．

(4) 空調系内の送風機による負荷は，一般に暖房時には無視する．

(5) 空調系内のポンプによる負荷は，一般に暖房時には無視する．

125 空調に関する用語

熱水分比，顕熱比，バイパスファクタ，混合損失，誘引ユニット，ゾーニング，モリエル (モリエ) 線図，エリミネータ，コージェネレーションといった空調に関する用語について出題される．

問125-1 空気調和に関する用語として，最も不適当なものは次のうちどれか．（2018年問題59）

(1) 顕熱比

(2) 熱水分比

(3) ブリージング

(4) コンタクトファクタ

(5) 混合損失

問125-2 次の用語のうち，直接，空気調和に関連しないものはどれか．（2015年問題65）

(1) 熱水分比

(2) 通気弁

(3) 顕熱比

(4) バイパスファクタ

(5) 混合損失

問125-3 次の用語のうち，直接，空気調和に関連しないものはどれか．（2014年問題63）

(1) 気送管

(2) 混合損失

(3) 誘引ユニット

(4) ゾーニング

(5) モリエル(モリエ)線図

126 空調方式

定風量単一ダクト方式，変風量単一ダクト方式，ダクト併用ファンコイルユニット方式，ターミナルエアハンドリングユニット方式，床吹出空調システムといった空調方式について出題される．

問126-1 空気調和方式に関する次の記述のうち，最も不適当なものはどれか．
（2021年問題64）

- (1) 定風量単一ダクト方式は，給気量が一定であり，給気温度を可変することにより熱負荷の変動に対応する方式である．
- (2) 変風量単一ダクト方式は，定風量単一ダクト方式と比較して空気質確保に有利である．
- (3) ダクト併用ファンコイルユニット方式は，単一ダクト方式とファンコイルユニットを併用することにより，個別制御性を高めたシステムである．
- (4) 放射冷暖房は，冷房時の表面結露や空気質確保に配慮が必要である．
- (5) マルチゾーン空調方式は，負荷変動特性の異なる複数のゾーンの温湿度調整を1台の空調機で行う方式である．

問126-2 空気調和方式に関する次の記述のうち，最も不適当なものはどれか．
（2019年問題63）

- (1) 全空気方式では，熱負荷を処理するための熱媒として空気のみを用いるため，比較的大型の空気調和機が必要である．
- (2) 外調機併用ターミナルエアハンドリングユニット方式は，ダクト併用ファンコイルユニット方式に比べ，高品位な空調空間が達成されやすい．
- (3) 定風量単一ダクト方式では，室内空気質の維持に必要な新鮮外気量の確保が難しい．
- (4) デシカント空調方式は，潜熱・顕熱を分離して制御できる空調システムである．
- (5) 分散設置空気熱源ヒートポンプ方式は，圧縮機のインバータによる比例制御が可能な機種が主流である．

問126-3　空気調和方式に関する次の記述のうち，最も不適当なものはどれか．
（2015年問題66）

(1) 床吹出空調システムは，二重床を空気調和に利用している．
(2) ダクト併用ファンコイルユニット方式は，空気−水方式に分類される．
(3) 天井パネルを用いる放射冷暖房方式では，冷房運転時の結露対策に配慮する．
(4) 定風量単一ダクト方式は，必要な新鮮外気量を確保しやすい．
(5) ターミナルエアハンドリングユニット方式は，全空気方式に分類される．

問126-4　空気調和方式に関する次の記述のうち，最も不適当なものはどれか．
（2013年問題62）

(1) 床吹出方式は，二重床を利用する．
(2) 変風量単一ダクト方式は，全空気方式に分類される．
(3) 定風量単一ダクト方式は，必要な新鮮外気量を確保しやすい．
(4) 外調機併用ターミナルエアハンドリングユニット方式は，細分されたゾーンの空調に適している．
(5) 放射冷暖房方式は，単独で換気の能力を有している．

127　個別空調方式

空気熱源ヒートポンプパッケージ，水熱源ヒートポンプパッケージを用いたビル用マルチパッケージ方式や，ウォールスルー型ユニットなどを用いた分散型空調機器による個別空調方式について出題される．

問127-1　個別方式の空気調和設備に関する次の記述のうち，最も不適当なものはどれか．（2017年問題65）

(1) 分散設置の水熱源ヒートポンプ方式では，一般に冷房運転と暖房運転を混在させることはできない．
(2) 圧縮機の駆動力として電力を用いるものと，ガスエンジンによるものがある．
(3) 通常は外気処理能力を持たないため，外調機などの外気処理装置と併用するなどの対策が必要である．
(4) 分散設置空気熱源方式のマルチ型では，1台の室外機に複数台の室内機が接続される．

(5) 分散設置空気熱源ヒートポンプ方式では，インバーター制御によって容量制御する機種が増えてきたため，部分負荷効率が改善された．

問127-2　個別方式の空気調和設備に関する次の記述のうち，最も不適当なものはどれか．（2015年問題67）
(1) パッケージ型空気調和機は，冷房専用機と暖房専用機に分類される．
(2) 個別方式の空気調和機は特殊なものを除き，通常，外気処理機能をもたない．
(3) 個別方式の代表的な空気調和機は，パッケージ型空気調和機である．
(4) パッケージ型空気調和機の圧縮機の駆動源としては，電動機の他，ガスエンジンもある．
(5) 空気熱源方式のパッケージ型空気調和機では，室内において水損事故がない．

問127-3　個別方式の空気調和設備に関する次の記述のうち，最も不適当なものはどれか．（2014年問題64）
(1) 個別方式の空気調和設備は，通常，外気処理機能を有している．
(2) 現在採用されているほとんどのものは，ヒートポンプ式冷暖房兼用機である．
(3) 中央方式の空気調和設備と異なり，他の熱源設備を必要としない．
(4) ヒートポンプは，採熱源（ヒートソース）によって水熱源ヒートポンプと空気熱源ヒートポンプに分類される．
(5) 個別方式における代表的な空気調和機は，パッケージ型空気調和機である．

問127-4　個別方式空気調和設備に関する次の記述のうち，最も不適当なものはどれか．（2013年問題63）
(1) 現在採用されている個別方式空気調和設備は，ヒートポンプ式冷暖房兼用機が大部分を占める．
(2) 個別方式空気調和設備は，通常，外気処理装置が併用される．
(3) 分散設置水熱源ヒートポンプ方式は，冷房と暖房が混在する場合に熱回収運転を行うことができる．
(4) ビル用マルチパッケージは，圧縮機のオン・オフ制御が主流である．
(5) 分散設置空気熱源ヒートポンプ方式は，電動のものの他にガスエンジン駆動のものがある．

128 ファンコイル方式

建物の内周部 (インテリア) はユニット形空気調和機によるダクトで, 建物の外周部 (ペリメーター) はファンコイルユニットを配置して空調する, ダクト併用ファンコイルユニット方式について出題される.

問128-1 ダクト併用ファンコイルユニット方式に関する次の記述のうち, 最も不適当なものはどれか. (2017年問題64)

(1) 単一ダクト方式にファンコイルユニットを併用することで, 個別制御性を高めたシステムである.

(2) ファンコイルユニットごとの発停が可能である.

(3) ファンコイルユニットは, 熱負荷変動が小さいインテリアゾーンに配置されることが多い.

(4) 単一ダクト方式に比べ, 空気調和機及び主ダクトの小容量化・小型化が可能である.

(5) ダクト吹出空気と, ファンコイル吹出空気による混合損失が発生する場合がある.

問128-2 ダクト併用ファンコイルユニット方式に関する次の記述のうち, 最も不適当なものはどれか. (2013年問題66)

(1) ファンコイルユニットに単一ダクト方式を併用することで, 個別制御性を高めたシステムである.

(2) ファンコイルユニットまでの熱の搬送は, 冷温水で行う.

(3) 単一ダクト方式に比べ, 空気調和機及び主ダクトの小容量化・小型化が可能である.

(4) ファンコイルユニットは, 熱負荷変動が小さいインテリアゾーンに配置されることが多い.

(5) ダクト吹出空気と, ファンコイル吹出空気による混合損失が発生する場合がある.

129　空調設備を構成する機器

冷凍機，冷却塔，ボイラなどの熱源設備，ユニット形空気調和機，ファンコイルユニット，パッケージ形空気調和機などの空調設備と，それらを構成する配管，ダクトなどの部材の組み合わせについて出題される.

問129-1　空気調和設備に関する次の記述のうち，最も不適当なものはどれか.
（2021年問題60）

(1) HEMSと呼ばれる総合的なビル管理システムの導入が進んでいる.

(2) 空気調和機には，広くはファンコイルユニットも含まれる.

(3) 熱搬送設備は，配管系設備とダクト系設備に大別される.

(4) 冷凍機，ボイラ，ヒートポンプ，チリングユニットは，熱源機器にあたる.

(5) 自動制御設備における中央監視装置は，省エネルギーや室内環境の確保を目的に設備機器を監視，制御する設備である.

問129-2　空気調和方式と設備の構成要素に関する次の組合せのうち，最も不適当なものはどれか.（2018年問題61）

(1) 定風量単一ダクト方式 ―――――――――― 還気ダクト

(2) 分散設置水熱源ヒートポンプ方式 ――――― 冷却塔

(3) 変風量単一ダクト方式 ―――――――――― 混合ユニット

(4) 放射冷暖房方式 ―――――――――――――― 放射パネル

(5) ダクト併用ファンコイルユニット方式 ――― 冷温水配管

問129-3 空気調和設備を構成する設備に関する次の記述のうち，最も不適当なものはどれか．（2013年問題65）

(1) 蓄熱システムの代表的な顕熱利用蓄熱材として，氷がある．

(2) 空気調和機は，室内に供給する空気の清浄度，温度，湿度を所定の状態に調整する装置である．

(3) 熱源設備は，冷凍機，冷却塔，ボイラ，蓄熱槽等によって構成される．

(4) 自動制御設備は，計測器（検出器），操作器，調節器，中央監視装置等で構成される．

(5) 空気調和機の代表的な装置として，ユニット型空調機，ターミナル型空調機，パッケージ型空調機等がある．

問129-4 空気調和方式と設備の構成に関する次の組合せのうち，最も不適当なものはどれか．（2012年問題66）

(1) 定風量単一ダクト方式 ——————————— 給気ダクト

(2) 変風量単一ダクト方式 ——————————— 還気ダクト

(3) ダクト併用ファンコイルユニット方式 ——— 冷温水配管

(4) 空気熱源ヒートポンプ方式 ——————— 冷却塔

(5) ターミナルエアハンドリングユニット方式 ———— 混合ユニット

130 冷凍機

中・大規模な用途に採用される遠心型，シリンダ—ピストンにより圧縮する往復動式，小型化が可能な回転式，騒音・振動が小さい吸収冷凍機など，各種冷凍機の特徴や用途が出題される．

問130-1 冷凍機に関する次の記述のうち，最も不適当なものはどれか．（2021年問題65）

(1) スクロール圧縮機は，渦巻き状の固定スクロールと渦巻き状の旋回スクロールの旋回により冷媒を圧縮する．

(2) スクリュー圧縮機を用いた冷凍機は，スクロール圧縮機を用いたものより，冷凍容量が大きい．

(3) 吸収冷凍機は，都市ガスを使用するので，特別な運転資格が必要である．

(4) 遠心圧縮機は，容積式圧縮機と比較して，吸込み，圧縮できるガス量が大きい．

(5) シリカゲルやゼオライト等の固体の吸着剤を使用した吸着冷凍機は，高い成績係数を得ることができない．

問130-2 冷凍機に関する次の記述のうち，最も不適当なものはどれか．（2014年問題67）

(1) 吸収冷凍機の吸収剤には，水が用いられる．

(2) ヒートポンプは，蒸気圧縮冷凍サイクルの凝縮潜熱（温熱）を利用するものである．

(3) 回転式冷凍機は，圧縮機本体の小型化・低振動化が進んでいる．

(4) ターボ型冷凍機は，中・大規模建築物の空気調和用をはじめ，地域冷暖房，産業用大規模プロセス冷却用等で用いられる．

(5) レシプロ冷凍機は，シリンダ内のピストンを往復動させることによって冷媒ガスを圧縮する．

131 冷凍サイクル

蒸気圧縮冷凍サイクルと吸収冷凍サイクルについて，蒸発器，圧縮機，凝縮器，膨張弁，吸収器，再生器といった構成機器とそれらの組み合わせなどが出題される．両サイクルの違いをよく把握しておこう．

問131-1 図は，蒸気圧縮冷凍サイクルにおける冷媒の標準的な状態変化をモリエル線図上に表したものである．圧縮機の出口直後に相当する図中の状態点として，最も適当なものは次のうちどれか．（2021年問題67）

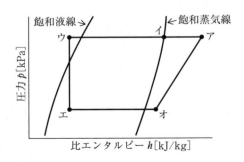

(1)　ア

(2)　イ

(3)　ウ

(4)　エ

(5)　オ

問131-2　冷凍機の冷凍サイクルとその構成機器との組合せとして，最も不適当なものは次のうちどれか．(2014年問題66)

(1)　蒸気圧縮冷凍サイクル ———— 再生器

(2)　蒸気圧縮冷凍サイクル ———— 蒸発器

(3)　吸収冷凍サイクル —————— 凝縮器

(4)　吸収冷凍サイクル —————— 吸収器

(5)　蒸気圧縮冷凍サイクル ———— 膨張弁

132　蒸気圧縮冷凍機

蒸発，圧縮，凝縮，膨張の過程で構成される蒸気圧縮冷凍サイクルについて，各過程の冷媒の状態，圧力，比エンタルピーについて出題される．モリエル線図を利用して覚えるのも一手．

問132-1　蒸気圧縮式冷凍機における圧縮機の種類と特徴に関する次の記述のうち，最も不適当なものはどれか．(2019年問題65)

(1)　往復動圧縮機は，シリンダ内のピストンを往復運動することで，冷媒ガスを圧縮する．

(2)　スクロール圧縮機は，渦巻き状の固定スクロールと渦巻き状の旋回スクロールの旋回により，冷媒を圧縮する．

(3)　スクリュー圧縮機を用いた冷凍機は，スクロール圧縮機を用いたものよりも冷凍容量の大きな範囲で使用される．

(4)　自然冷媒(アンモニア，CO_2等)を使用する機種では，通常の冷媒を使用する場合よりも低い圧縮比で使用される．

(5)　遠心圧縮機を用いた冷凍機は，羽根車の高速回転が可能であり，大容量としてもコンパクトな機種とすることができる．

問132-2 蒸気圧縮式冷凍機を構成する機器として，最も不適当なものは次のうちどれか．（2017年問題67）

(1) 圧縮機
(2) 凝縮器
(3) 膨張弁
(4) 吸収器
(5) 蒸発器

問132-3 蒸気圧縮冷凍サイクルに関する次の記述のうち，最も不適当なものはどれか．（2012年問題68）

(1) 圧縮機により，冷媒の比エンタルピーが増加する．
(2) 凝縮器により，冷媒が液化する．
(3) 膨張弁により，冷媒の圧力が上昇する．
(4) 蒸発器により，冷媒の比エンタルピーが増加する．
(5) 蒸発器により，冷媒がガス化する．

133 吸収冷凍機

冷水を製造するのに加熱源が必要な吸収冷凍機は，空調設備の中で理屈を理解しにくい機器の一つである．蒸発器，吸収器，凝縮器，再生器の四つの機能を正しく理解することが大切である．

問133-1 下の図は蒸気熱源吸収冷凍機の冷凍サイクルを示したものである．図中のA，B，Cに対応する蒸気，冷水，冷却水の組合せとして，最も適当なものは次のうちどれか．（2020年問題67）

	蒸気	冷水	冷却水
(1)	A ——	B ——	C
(2)	B ——	A ——	C
(3)	B ——	C ——	A
(4)	C ——	A ——	B
(5)	C ——	B ——	A

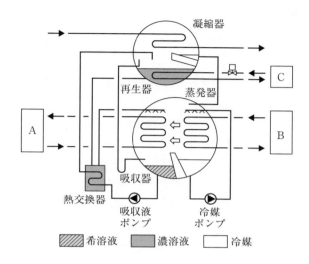

凝縮器

再生器　蒸発器

A

B

C

吸収器

熱交換器

吸収液
ポンプ

冷媒
ポンプ

///// 希溶液　　■ 濃溶液　　□ 冷媒

問133-2 同じ冷凍能力の蒸気圧縮冷凍機と比較した場合の吸収冷凍機の利点に関する次の記述のうち，最も不適当なものはどれか．（2018年問題64）

(1) 冷凍機本体及び冷却塔容量ともに小さくなる．

(2) 回転部分が少なく，騒音・振動が小さい．

(3) 消費電力量が少ない．

(4) 冷凍機内は真空であり，圧力による破裂などのおそれがない．

(5) 特別な運転資格を必要としない．

問133-3 吸収冷凍機に関する次の記述のうち，最も不適当なものはどれか．（2013年問題67）

(1) 蒸発器では，冷水が取り出される．

(2) 吸収器では，冷媒が吸収液に吸収される．

(3) 再生器では，冷媒と吸収液が分離される．

(4) 冷媒には，水が使用される．

(5) 凝縮器では，冷媒が気化する．

134　冷媒，熱媒

CFC，HCFC，HFCの「FC」はフルオロカーボン（炭素－フッ素化合物）で，FCの左のCはクロル（塩素），Hは水素である．オゾン層破壊は塩素が原因なので，FCの左にCのないHFCのオゾン破壊係数はゼロである．

問134-1　冷凍機の冷媒に関する次の記述のうち，最も不適当なものはどれか．
（2018年問題65）

(1) オゾン破壊係数（ODP）は，大気中に放出されるガスのオゾン層破壊に関与する影響度を表す指標である．

(2) HCFC系冷媒は，代替フロンと呼ばれオゾン破壊係数（ODP）が0である．

(3) CFC系冷媒は，オゾン層破壊問題から全面的に製造中止とされた．

(4) 地球温暖化係数（GWP）は，大気中に放出されるガスの地球温暖化に関与する影響度を表す指標である．

(5) 自然冷媒の二酸化炭素は，環境負荷の点でフロン系冷媒より優れている．

問134-2　冷凍機の冷媒に関する次の記述のうち，最も不適当なものはどれか．
（2015年問題69）

(1) CFC系冷媒は，オゾン層破壊問題から全面的に製造中止となった．

(2) HCFC系冷媒は，CFC系冷媒に替わるものとして用いられているが，将来全廃の予定である．

(3) アンモニアは，安全性及び経済性の点でフロン系冷媒よりも優れている．

(4) HFC系冷媒は，代替フロンと呼ばれ，オゾン破壊係数（ODP）はゼロである．

(5) 自然冷媒の二酸化炭素は，環境負荷の点でフロン系冷媒よりも優れている．

問134-3　空気調和機と熱媒との組合せとして，最も不適当なものは次のうちどれか．（2012年問題73）

(1) エアハンドリングユニット —————— 冷温水

(2) パッケージ型空気調和機 —————— 冷温水

(3) ファンコイルユニット —————— 冷温水

(4) ルームエアコンディショナ —————— 冷媒

(5) ビル用マルチユニット —————— 冷媒

135 冷却塔

冷凍機の冷却水に蓄積された熱を，大気に放熱するための機器が冷却塔である．冷却塔は，管理が不十分であるとレジオネラ属菌の温床となりやすく，冷却塔と冷却水の維持管理などについて出題される．

問135-1　冷却塔に関する次の記述のうち，最も不適当なものはどれか．（2021年問題69）

(1) 開放型冷却塔は，密閉型と比べて小型である．

(2) 開放型冷却塔内の冷却水は，レジオネラ属菌の繁殖に注意が必要である．

(3) 開放型冷却塔は，密閉型冷却塔に比べて送風機動力が増加する．

(4) 密閉型冷却塔は，電算室，クリーンルーム系統の冷却塔として使用される．

(5) 密閉型冷却塔は，散布水系統の保有水量が少ないため，保有水中の不純物濃度が高くなる．

問135-2　冷却塔に関する次の記述のうち，最も不適当なものはどれか．（2020年問題69）

(1) 開放型冷却塔の水質管理として，強制的な循環水ブロー及び補給，薬品による水処理等が必要である．

(2) 密閉型冷却塔は，電算室やクリーンルーム系統用に採用されることが多い．

(3) 開放型冷却塔は通風抵抗が大きいため，密閉型冷却塔よりも大きな送風機動力が必要である．

(4) 開放型冷却塔と外気収入口との距離は，10 m以上とする．

(5) 開放型冷却塔では白煙防止対策として，冷却塔の壁面に熱交換器を設置して外気を加熱する方法がある．

問135-3　空気調和設備に用いられる冷却塔に関する次の記述のうち，最も不適当なものはどれか．（2013年問題72）

(1) 冷却塔は，主として冷凍機の凝縮熱を大気に放出するための装置として利用され，冷却水循環系統の一部を形成する．

(2) 開放型冷却塔は，循環する冷却水が直接空気と接触し，冷却水の一部が蒸発することにより，残りの水が冷却される．

(3) 密閉型冷却塔は，散布水系統で不純物が濃縮することがないため，水質管理

が不要という特徴がある.

(4) 密閉型冷却塔は, 大気による冷却水の汚染がないため, 電算室やクリーンルーム系統の冷却塔としての採用例が多い.

(5) 開放型冷却塔は, 密閉型冷却塔に比べて小型である.

136 地域冷暖房システム

地域冷暖房システムとは, 一定地域内の建物群に熱供給設備 (地域冷暖房プラント) から, 冷水・温水・蒸気などの熱媒を地域導管を通して供給し, 冷房・暖房・給湯などを行うシステムである.

問136-1 地域冷暖房システムに関する次の記述のうち, 最も不適当なものはどれか. (2020年問題63)

(1) 一定地域内の建築物に対して, 熱源プラントで製造した熱媒を供給する方式である.

(2) 欧米では熱供給が中心である.

(3) 大気汚染防止などの公害防止対策となる.

(4) 個別の建築物の機械室スペースが大きくなる.

(5) 熱源装置の大型化・集約化・集中管理化により, 安全性や効率性は向上する.

問136-2 地域冷暖房システムに関する次の記述のうち, 最も不適当なものはどれか. (2015年問題70)

(1) 個別熱源システムに比べて, 一般に環境負荷は増加する.

(2) 一定規模以上の熱媒体を供給する能力をもつ熱源プラントは, 熱供給事業法の適用を受け, 安定した熱供給が義務付けられている.

(3) 各建築物の煙突や冷却塔が不要となり, 都市景観の向上に役立つ.

(4) 熱源装置の大型化, 集約化により効率的な運用が可能となる.

(5) 個別の建築物の有効用途面積が拡大し収益性が増大する.

137 熱源

ボイラーなどの温熱源，冷凍機などの冷熱源のほか，地域冷暖房システム，電源と熱源の熱電併給システムであるコージェネレーションシステム，ピークシフトに有効な蓄熱システムなどが出題される．

問137-1　熱源方式に関する次の記述のうち，最も不適当なものはどれか．（2021年問題68）

(1) ヒートポンプ方式は，1台で温熱源と冷熱源を兼ねることができる．

(2) 蓄熱システムにおける顕熱利用蓄熱体として，氷，無機水和塩類が用いられる．

(3) ヒートポンプ方式は，地下水や工場排熱等の未利用エネルギーも活用することができる．

(4) 太陽熱を利用した空調熱源システムは，安定的なエネルギー供給が難しい．

(5) 吸収式冷凍機＋蒸気ボイラ方式は，空調以外に高圧蒸気を使用する用途の建物で用いられることが多い．

問137-2　熱源方式に関する次の記述のうち，最も不適当なものはどれか．（2019年問題62）

(1) 電動冷凍機＋ボイラ方式は，冷熱源として電動機駆動の冷凍機と，温熱源としてボイラを用いたものである．

(2) 吸着冷凍機は，比較的高温度の温水を加熱源としており，高い成績係数を得ることが可能である．

(3) ヒートポンプ方式には，ガスエンジン駆動のヒートポンプがあり，エンジン排熱を暖房熱源に利用することが可能である．

(4) 吸収冷凍機＋蒸気ボイラ方式は，年間を通じてガス又は油が使用され，冷熱源は冷水，温熱源は蒸気である．

(5) コージェネレーション方式では，高いエネルギー利用効率を得るために，燃焼排熱の有効活用が重要である．

問137-3　空気調和設備の熱源方式に関連する次の記述のうち，最も不適当なものはどれか．（2018年問題62）

(1) 電動機駆動ヒートポンプ方式は，電動冷凍機とボイラを組合せる方式に比べ

夏期と冬期における電力使用量の変化が小さい.

(2) 空調用蓄熱システムは，熱源装置容量の削減や夏期冷房期における電力の ピークカットに寄与する.

(3) 空調用熱源として，地球温暖化防止のため太陽熱や地中熱などの自然エネル ギーが注目されている.

(4) 不特定多数の需要家に熱供給する熱源プラントは，規模の大小にかかわらず 熱供給事業法の適用を受ける.

(5) 蒸気ボイラと吸収冷凍機を組合せる方式は，病院・ホテルでの採用例が多い.

問137-4 空気調和設備の温熱源に関する次の記述のうち，最も不適当なものは どれか.（2016年問題69）

(1) 鋳鉄製ボイラは，鋳鉄製のセクション内部の清掃が難しい.

(2) 炉筒煙管ボイラは，洗浄・消毒等の用途に高圧蒸気を必要とする病院・ホテ ル等で多く採用されている.

(3) 貫流ボイラは，蒸気を熱媒としている.

(4) 真空式温水発生機は，高温水を熱媒としている.

(5) 水管ボイラは，蒸気を熱媒としている.

問137-5 熱源方式に関する次の記述のうち，最も不適当なものはどれか.（2013 年問題69）

(1) ヒートポンプ方式は，ガス又は油を直接燃焼させ，1台の機器で冷水又は温 水，あるいは必要に応じて冷水と温水を同時に製造する吸収冷凍機を用いる 方式である.

(2) 吸収冷凍機＋蒸気ボイラ方式は，空調以外の給湯・洗浄・消毒等の用途に高 圧蒸気を必要とする病院，ホテル，工場等での採用例が多い.

(3) 電動冷凍機＋ボイラ方式は，冷熱源として電動機駆動のレシプロ冷凍機や ターボ冷凍機を，温熱源としてセクショナルボイラや炉筒煙管ボイラを用い る方式である.

(4) コージェネレーション方式は，エンジンなどを駆動して発電するとともに， 排熱を回収して利用する方式である.

(5) 蓄熱システムは，熱源設備により製造された冷熱・温熱を計画的に効率よく

蓄熱し，必要な時に必要な量だけ取り出して利用するシステムである．

138 ボイラー

低温・低圧・小容量に用いられる「鋳鉄製ボイラー」，筒状の炉と煙の通る管で構成される「炉筒煙管ボイラー」，水の通る管で構成されている「貫流ボイラー」，ボイラーとしての法的な適用を受けない「真空式温水発生機」などが出題される．

問138-1 ボイラに関する次の記述のうち，最も不適当なものはどれか．（2020年問題68）

(1) 鋳鉄製ボイラは，スケール防止のため装置系を密閉系で設計・使用する．
(2) 貫流ボイラの取扱いには，容量によらずボイラ技士に関する資格が必要である．
(3) 炉筒煙管式ボイラは，直径の大きな横型ドラムを本体とし，燃焼室と煙管群で構成される．
(4) 真空式温水発生機では，缶体内を真空に保持して水を沸騰させ，熱交換器に伝熱する．
(5) 真空式温水発生機では，容量によらずボイラに関する取扱資格は不要である．

問138-2 ボイラに関する次の記述のうち，最も不適当なものはどれか．（2017年問題68）

(1) 炉筒煙管ボイラは，直径の大きな横型ドラムを本体とし，燃焼室，煙管群で構成される．
(2) 鋳鉄製ボイラは，スケール防止のため，装置系を開放系で設計・使用する．
(3) 貫流ボイラは，水管壁に囲まれた燃焼室及び水管群からなる対流伝熱面で構成される．
(4) 真空式温水発生機では，真空中で水蒸気を発生させ熱交換器に伝熱する．
(5) 真空式温水発生機では，容量によらずボイラに関する取扱資格は不要となる．

問138-3 ボイラに関する次の記述のうち，最も不適当なものはどれか．（2013年問題68）

(1) 鋳鉄製ボイラは，大容量のものの製作が難しい．

(2) 小型貫流ボイラは，蒸気暖房用に使われる．

(3) 貫流ボイラは，大きなドラムがないことが特徴である．

(4) 真空式温水発生機は，缶体内を大気圧より低く保持しながら水を沸騰させる．

(5) 炉筒煙管ボイラは，水管壁に囲まれた燃焼室を有する．

139 蓄熱方式

蓄熱方式とは，熱源設備と空調設備の間に蓄熱槽などを設けて熱を蓄えるもので，熱の生産と熱の消費の時間をずらすことが可能である．たとえば，夜間に熱源設備を運転して蓄熱槽にためておき，昼間にその熱で空調する．

問139-1 躯体蓄熱システムに関する次の文章の[　　　]内に入る語句の組合せとして，最も適当なものはどれか．（2021年問題61）

躯体蓄熱システムにより蓄熱槽や熱源機器の容量が低減されるが，氷蓄熱に比べ，熱損失が[　ア　]，蓄熱投入熱量比が[　イ　]．また，放熱時の熱量制御は[　ウ　]である．

	ア	イ	ウ
(1)	大きく	大きい	容易
(2)	小さく	大きい	容易
(3)	大きく	小さい	容易
(4)	小さく	大きい	困難
(5)	大きく	小さい	困難

問139-2 蓄熱槽を用いた蓄熱システムに関する次の記述のうち，最も不適当なものはどれか．（2020年問題66）

(1) 負荷の大きな変動に対応できる．

(2) 熱源機器の容量が大きくなる．

(3) 開放式の水槽の場合，より大きなポンプ能力が必要となる．

(4) 熱源を定格で運転できる．

(5) 氷蓄熱では冷凍機の効率が低下する．

140 熱交換系統

熱交換とは，保有する熱エネルギーが異なる二つの物体間で，熱エネルギーを交換することをいう．熱交換のための機器を熱交換器という．温度の高い物体から低い物体へ熱を移動させ，物体の加熱や冷却を行う．

問140-1 熱交換器に関する次の記述のうち，多管式熱交換器について述べているものはどれか．（2020年問題70）

(1) 構造的にU字管式・全固定式・遊動頭式に分類される．

(2) 内部に封入された作動媒体が，蒸発と凝縮サイクルを形成して熱輸送する．

(3) 熱交換器の中では，設置面積や荷重が小さい．

(4) 伝熱板の増減により伝熱面積の変更が可能である．

(5) 一体成形された構造のブレージング型は，汚れやすい流体の使用には向かない．

問140-2 空気調和設備に用いられる熱交換器に関する次の記述のうち，最も不適当なものはどれか．（2018年問題69）

(1) 代表的な空気冷却用熱交換器としては，プレートフィン式冷却コイルがある．

(2) 空気−空気熱交換器は，主に排気熱の回収に用いられる．

(3) 静止型全熱交換器は，仕切り板の伝熱性と透湿性により給排気間の全熱交換を行う．

(4) ヒートパイプは，構造・原理が単純で，熱輸送能力の高い全熱交換器である．

(5) プレート式水−水熱交換器は，コンパクトで容易に分解洗浄できるという特徴がある．

問140-3 空気調和設備における熱交換系統に関する次の記述のうち，最も不適当なものはどれか．（2015年問題72）

(1) 空気の冷却や加熱のために，プレートフィン付き管型熱交換器が多く用いられる．

(2) U字管式蒸気−水熱交換器は，プレート式熱交換器と比べて伝熱面積が大きい．

(3) 密閉型冷却塔は，外気に開放されていない冷却水を散布水で冷却する構造である．

(4) プレート式水－水熱交換器は，多管式熱交換器と比べて高性能・コンパクトである.

(5) 空気加熱器には，蒸気用，温水用，冷媒用，電熱用がある.

問140-4 空気調和設備に用いられる熱交換器に関する次の記述のうち，最も不適当なものはどれか. (2014年問題69)

(1) 温水製造には温水ボイラだけでなく，蒸気利用の多管式熱交換器も利用される.

(2) 回転型全熱交換器は，空調排気の熱回収を主目的とする空気－空気熱交換器である.

(3) 顕熱交換器は，潜熱の移行を伴わない.

(4) プレートフィン式冷温水コイルは，空気調和機内に設置される冷温水製造装置である.

(5) プレート式水－水熱交換機は，伝熱板の増減により伝熱面積を設置後に変更できることが特徴である.

問140-5 空気調和設備の熱交換系統に関する次の記述のうち，最も不適当なものはどれか. (2012年問題71)

(1) 冷却コイルには，フィン付き管型熱交換器が多く使用される.

(2) 全熱交換器は，ちゅう房や温水プールの換気に多く使用される.

(3) 回転型全熱交換器は，円筒形のエレメントの回転によって熱交換を行う.

(4) 静止型全熱交換器は，給排気を隔てる仕切り板が伝熱性と透湿性を有する材料で構成されている.

(5) 加熱コイルでは，熱膨張に対して工夫が凝らされている場合が多い.

141 全熱交換器

全熱交換器は，ビルなどの空調設備や換気設備に使用され，換気によって失われる空調エネルギーの全熱（顕熱と潜熱）を熱交換して回収する機器である．交換素子が回転する回転型と静止している静止型に大別される．

問141-1 全熱交換器に関する次の記述のうち，最も不適当なものはどれか．（2019年問題68）

(1) 回転型は，静止型よりも目詰まりを起こしやすい．

(2) 回転型は，ロータの回転に伴って排気の一部が給気側に移行することがある．

(3) 外気負荷の軽減を目的として，空気中の顕熱・潜熱を同時に熱交換する装置である．

(4) 静止型の給排気を隔てる仕切り板は，伝熱性と透湿性をもつ材料である．

(5) 冬期・夏期のいずれも省エネルギー効果が期待できるが，中間期の運転には注意が必要である．

問141-2 空気調和設備に用いられる全熱交換器に関する次の記述のうち，最も不適当なものはどれか．（2015年問題73）

(1) 全熱交換器は，排気中の顕熱・潜熱を同時に回収して省エネルギー化を図るための熱交換器である．

(2) 回転型全熱交換器では，エレメントが低速回転して吸湿と放湿が連続的に切り替わる．

(3) 回転型全熱交換器のエレメントには，シリカゲルやイオン交換樹脂などが吸着材として利用される．

(4) 全熱交換器を使用する方式では，別に外気取入用系統が必要である．

(5) 静止型全熱交換器の仕切り板には，伝熱性と同時に透湿性が求められる．

142 空気調和機

エアハンドリングユニット，ファンコイルユニット，パッケージ型空気調和機といった空気調和機の特徴や構成機器などが出題される．熱源機器がパッケージされているのがパッケージ型空気調和機である．

問142-1 空気調和機を構成する機器に関する次の記述のうち，最も不適当なものはどれか．（2021年問題71）

(1) システム型エアハンドリングユニットは，全熱交換器，制御機器，還気送風機等の必要機器が一体化された空調機である．

(2) エアハンドリングユニットは，冷却，加熱のための熱源を内蔵している空調機である．

(3) ファンコイルユニットは，送風機，熱交換器，エアフィルタ及びケーシングによって構成される．

(4) パッケージ型空調機は，蒸発器，圧縮機，凝縮器，膨張弁等によって構成される．

(5) パッケージ型空調機のうちヒートポンプ型は，採熱源によって水熱源と空気熱源に分類される．

問142-2 空気調和機に関する次の記述のうち，最も適当なものはどれか．（2020年問題71）

(1) パッケージ型空調機は，圧縮機の駆動源は電力のみである．

(2) ファンコイルユニットは，冷媒を利用する．

(3) パッケージ型空調機は，個別制御が難しい．

(4) エアハンドリングユニットは，使用目的に合わせて構成機器を変更することはできない．

(5) エアハンドリングユニットは，冷却・加熱のための熱源をもたない．

問142-3 空気調和機の熱交換器・送風機・ポンプに関する次の記述のうち，最も不適当なものはどれか．（2014年問題72）

(1) 多管式熱交換器は，空気調和機に使用する温度帯の水−水熱交換器として，プレート式熱交換器に比べて優れている．

(2) プレート式熱交換器の伝熱板には，一般にステンレス鋼板が使用される．

(3) 吐出圧力20kPaの送風機は，ブロワに分類される．

(4) キャビテーションにより，騒音・振動が発生し，吐出量が低下する場合もある．

(5) ポンプの実揚程は，全揚程から損失水頭を差し引いたものである．

問142-4 標準的なエアハンドリングユニット本体を構成する機器に含まれていないものは，次のうちどれか．（2012年問題72）

(1) 膨張弁

(2) 加湿器

(3) ドレンパン

(4) 送風機

(5) エアフィルタ

143　湿度，湿度調整，加湿

加湿装置には，超音波式加湿装置，蒸気ノズル式加湿装置，エアワッシャ式加湿装置，スプレーノズル式加湿装置，滴下式加湿装置などがある．室内の快適性や衛生性の確保のためには，湿度調整が重要である．

問143-1 加湿装置の種類と加湿方式の組合せとして，最も不適当なものは次のうちどれか．（2021年問題70）

(1) 滴下式 ――― 気化方式

(2) 電極式 ――― 蒸気方式

(3) パン型 ――― 蒸気方式

(4) 遠心式 ――― 水噴霧方式

(5) 超音波式 ――― 気化方式

問143-2 除湿装置に関する次の文章の[　　　]内に入る語句の組合せとして，最も適当なものはどれか．（2020年問題72）

冷却除湿方式は，空気を冷却し[　ア　]温度以下にして水蒸気を凝縮分離する方法で，吸収式除湿方式は，塩化リチウムなど吸湿性の[　イ　]液体吸収剤に水蒸気を吸収させて除湿し，吸着式除湿方式は，[　ウ　]などの個体吸着剤に水蒸気を吸着させて除湿する方式である．

	ア	イ	ウ
(1)	露点 ——— 低い ——— ポリ塩化ビニル
(2)	露点 ——— 高い ——— ポリ塩化ビニル
(3)	露点 ——— 高い ——— シリカゲル
(4)	室内 ——— 低い ——— シリカゲル
(5)	室内 ——— 高い ——— ポリ塩化ビニル

問143-3 加湿装置の方式に関する次の記述のうち，最も不適当なものはどれか．(2019年問題69)

(1) 気化方式は，吹出し空気の温度が降下する．

(2) 気化方式は，結露する可能性が低い．

(3) 水噴霧方式は，給水中の不純物を放出しない．

(4) 水噴霧方式は，吹出し空気の温度が降下する．

(5) 蒸気方式は，吹出し空気の温度が降下しない．

問143-4 空気調和設備における湿度調整に関する次の記述のうち，最も不適当なものはどれか．(2016年問題71)

(1) 加湿装置は，主に暖房時に用いられる．

(2) 湿度調整は，有害微生物の発生や感染の防止に役立つ．

(3) 加湿装置の維持管理が不十分な場合には，微生物が装置で増殖することがある．

(4) 水噴霧式の加湿装置は，温度降下を生じないという特長がある．

(5) 除湿には，冷却減湿法や化学的減湿法がある．

144 送風機

送風機は，送風機の羽根車に対する空気の流れ方向により，「軸流式送風機」「遠心式送風機」「横流式送風機」「斜流式送風機」に分類される．また，吐出圧力の大きさによりファンとブロワに分類される．

問144-1 送風機に関する次の記述のうち，最も不適当なものはどれか．(2021年問題73)

(1) 軸流送風機は，空気が羽根車の中を軸方向から入り，軸方向へ抜ける．

(2) シロッコファンは，遠心式に分類される．

(3) ダンパの開度を変えると，送風系の抵抗曲線は変化する．

(4) 送風系の抵抗を大きくして風量を減少させると，空気の脈動により振動，騒音が発生し，不安定な運転状態となることがある．

(5) グラフの横軸に送風機の風量，縦軸に送風機静圧を表した送風機特性曲線は，原点を通る二次曲線となる．

問144-2 送風機に関する次の記述のうち，最も不適当なものはどれか．(2015年問題74)

(1) 斜流式送風機は，空気が軸方向から入り，軸に対して傾斜して通り抜ける構造である．

(2) 遠心式送風機は，空気が羽根車の中を軸方向から入り，径方向に通り抜ける構造である．

(3) 送風機の特性曲線は，グラフの横軸に風量をとり，縦軸に各風量における圧力・効率・軸動力等をとって表したものである．

(4) 横流式送風機は，空気が羽根車の外周の一部から入り，反対側の外周の一部へ通り抜ける構造である．

(5) 空気調和用の送風機には，ブロワが多用される．

問144-3 送風機に関連する用語として，最も不適当なものは次のうちどれか．(2013年問題73)

(1) 吐出し圧力

(2) ブロワ

(3) サージング

(4) 揚程

(5) 羽根車

145 送風機の特性

空気を搬送する流体機器である送風機の特性は，横軸に流量（風量），縦軸に圧力（静圧）をとったグラフの曲線で表される．この曲線を特性曲線という．基本的に，送風機の特性曲線は右下がりの曲線となる．

問145-1 下の図は，送風機の運転と送風量の関係を示している．この図に関連して，次の文章の［　］内に入る語句の組合せとして，最も適当なものはどれか．（2018年問題72）

送風機の［　ア　］は，グラフの横軸に風量をとり，縦軸に［　イ　］をとって曲線Pのように示される．一方，送風系の抵抗曲線は，同じグラフ上に，原点を通る二次曲線Rとして示される．ここで，2曲線の交点Aは，運転点を示している．その送風量を Q_A から Q_B に減少したい場合には，送風系の［　ウ　］を操作することで調整できる．

	ア	イ	ウ
(1)	特性曲線 ——	静圧 ——	インバータ
(2)	特性曲線 ——	動圧 ——	ダンパ
(3)	動圧曲線 ——	動圧 ——	インバータ
(4)	特性曲線 ——	静圧 ——	ダンパ
(5)	動圧曲線 ——	静圧 ——	ダンパ

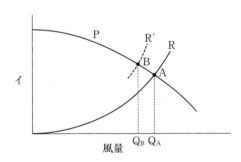

問145-2 空気調和設備に用いられる送風機の特性と送風系に関する次の文章の［　］内に入る語句の組合せとして，最も適当なものはどれか．（2016年問題72）

送風機の特性曲線は，グラフの横軸に［　ア　］をとり，縦軸に［　イ　］をとって

示される．一方，送風系の［　ウ　］曲線は，同じグラフ上に，原点を通る2次曲線として示される．ここで，二つの曲線の交点は，運転点を示している．

	ア		イ		ウ
(1)	静圧	——	風量	——	抵抗
(2)	動力	——	静圧	——	性能
(3)	動力	——	風量	——	静圧
(4)	風量	——	静圧	——	抵抗
(5)	風量	——	動力	——	性能

問145-3　下の図は，空気調和設備に用いられる送風機の運転と送風系における風量調整を示している．この図に関連して，次の文章の［　　　］内に入る語句の組合せとして，最も適当なものはどれか．（2013年問題74）

送風機の［　ア　］は，グラフの横軸に風量をとり縦軸には［　イ　］をとってPのように示される．一方，送風系の抵抗曲線は，同じグラフ上に，風量の二次曲線Rとして示される．ここで，2曲線の交点Aは，運転点を示している．その送風量Q_Aが設計風量Q_Bよりも大きいことが判明した場合には，送風系の［　ウ　］を操作することで，設計風量と同一となるように調整することができる．

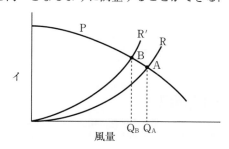

	ア		イ		ウ
(1)	特性曲線	——	動力	——	三方弁
(2)	特性曲線	——	静圧	——	ダンパ
(3)	動圧曲線	——	動力	——	ダンパ
(4)	動圧曲線	——	動力	——	三方弁
(5)	動圧曲線	——	静圧	——	三方弁

146　ダクト

ダクトとは，空気の送気用・還気用の風道のことで，断面形状が円形の「丸ダクト」と長方形の「角ダクト」に分類される．亜鉛鉄板製が多く，そのほか，グラスウール，ステンレス鋼板などが用いられる．

問146-1　ダクト系に関連する用語として，最も不適当なものは次のうちどれか．
（2016年問題73）
　(1)　フレキシブル継手
　(2)　たわみ継手
　(3)　キャビテーション
　(4)　多翼型ダンパ
　(5)　混合ユニット

問146-2　次の用語のうち，ダクト系の構成要素として，最も不適当なものはどれか．（2014年問題73）
　(1)　バタフライダンパ
　(2)　VAV装置
　(3)　軸流吹出口
　(4)　可とう継手
　(5)　多翼送風機

147　ダクトと付属品

ダクト系の付属品には，風量の調整に用いられる風量調整ダンパや，火災の延焼防止や煙の遮断に用いられる防火ダンパ・防煙ダンパ，給気口・排気口・吹出口といった制気口などがある．

問147-1　防火ダンパに関する次の記述の[　　　　]内に入る値の組合せとして，最も適当なものはどれか．（2021年問題72）
　温度ヒューズ型の溶解温度は，一般換気用[　ア　]，厨房排気用[　イ　]，排煙用[　ウ　]である．

	ア	イ	ウ
(1)	60℃	120℃	280℃

(2)　60℃ ────── 130℃ ────── 270℃

(3)　72℃ ────── 120℃ ────── 270℃

(4)　72℃ ────── 120℃ ────── 280℃

(5)　72℃ ────── 130℃ ────── 270℃

問147-2　ダクトとその付属品に関する次の記述のうち，最も不適当なものはどれか．(2021年問題74)

(1) フレキシブル継手は，ダクトと吹出し口を接続する際に，位置を調整するために用いられる．

(2) 防火ダンパの羽根及びケーシングは，一般に板厚が1.5 mm以上の鋼板で製作される．

(3) グリル型吹出し口は，誘引効果が高いので，均一度の高い温度分布が得やすい．

(4) 低圧の亜鉛鉄板製長方形ダクトでは，一般に板厚が0.5〜1.2 mmのものが用いられる．

(5) グラスウールダクトは，消音効果が期待できる．

問147-3　ダクトとその付属品に関する次の記述のうち，最も不適当なものはどれか．(2019年問題72)

(1) ピッツバーグはぜは，鋼板ダクトの組立てに用いられる．

(2) 鋼板製長方形ダクト同士を接合する継手には，アングルフランジ工法継手がある．

(3) 耐食性を必要とするダクトには，ステンレス鋼板が用いられる．

(4) 風量調整ダンパには，バタフライ型がある．

(5) 丸ダクトはスパイラルダクトに比べて，はぜにより高い強度が得られる．

ダクトとその付属品に関する次の記述のうち，最も不適当なものはどれか．（2017年問題73）

(1) 多湿箇所に設置されるダクトや耐食性を必要とするダクトには，ステンレス鋼板が用いられる．

(2) 鋼板製長方形ダクト同士を接続する継手には，アングルフランジ工法継手と共板フランジ工法継手がある．

(3) 防煙区画を貫通するダクトには，煙感知器と連動して閉鎖する防煙ダンパが設けられる．

(4) 防火ダンパの羽根及びケーシングは，一般に1.5 mm以上の鋼板で製作される．

(5) たわみ継手は，主にダクトと吹出口を接続する際に，位置調整のために用いられる．

問147-5 ダクトとその付属品に関する次の記述のうち，最も不適当なものはどれか．（2014年問題74）

(1) 防煙区画を貫通するダクトには，煙感知器と連動して閉鎖する防火ダンパ（FD）が設けられる．

(2) フランジは，組み立てられたダクト同士を接続するのに用いられる．

(3) 風量調整ダンパ（VD）は，ダクト系の抵抗損失の不揃いに対する微調整・風量変更や一部分の閉止などに使用される．

(4) 温度ヒューズの溶解温度は，一般換気用で72℃である．

(5) 代表的なダクトの材料として，亜鉛鉄板，ステンレス鋼板，鋼材等が用いられる．

148 吹出口，吸込口

アネモ型吹出口とは，天井面に設置される空調の吹出口である．丸形あるいは角形のコーン状をした複数の羽根を数枚重ねた形状で，吹き出される空気が，放射線状に拡散し，室内空気とよく混合される特徴がある．

問148-1 吹出口に関する次の記述のうち，最も不適当なものはどれか．（2020年問題75）

(1) 面状吹出口には，多孔パネル型，天井パネル型がある．

(2) 線状吹出口は，主にペリメータ負荷処理用として窓近傍に設置されることが多い．

(3) ふく流吹出口は，誘引効果が高く，均一度の高い温度分布が得やすい．

(4) 軸流吹出口の吹出気流は，到達距離が短い．

(5) 軸流吹出口には，グリル型がある．

問148-2 空気調和設備の吹出口に関する次の記述のうち，最も不適当なものはどれか．（2018年問題70）

(1) ノズル型は，軸流吹出口に分類される．

(2) パン型は，ふく流吹出口に分類される．

(3) 天井パネル型は，面状吹出口に分類される．

(4) アネモ型は，ふく流吹出口に分類される．

(5) グリル型は，面状吹出口に分類される．

問148-3 吹出口と吸込口に関する次の記述のうち，最も不適当なものはどれか．（2017年問題74）

(1) ふく流吹出口は，他の吹出口に比べて誘引効果が高く，均一度の高い温度分布が得られる．

(2) 軸流吹出口は，誘引比が小さいため到達距離が長いのが特徴である．

(3) 線状吹出口は，ペリメータ負荷処理用として窓近傍に設置されることが多い．

(4) 面状吹出口は，天井板に細孔をあけた有孔天井を用い，吹出空気は天井全面から微風速で吹き出す方式が一般的である．

(5) 吸込口の吸込気流には方向性があるので，吸い込む向きに注意が必要である．

問148-4 吹出口と吸込口に関する次の記述のうち，最も不適当なものはどれか．（2015年問題76）

(1) アネモ型吹出口は，ふく流吹出口に分類される．

(2) 面状吹出口は，天井板に細孔をあけた有孔天井を用い，吹出空気は天井全面から微風速で吹き出す方式が一般的である．

(3) 線状吹出口は，周囲空気の誘引比が高く，均一な温度分布を得やすい．

(4) ノズル吹出口は，誘引比が大きく，到達距離が短いのが特徴である．

(5) 吸込口の吸込気流には，吹出気流のような指向性がない．

149　空気浄化装置

空気浄化装置とは，空調空気中の粉じんや臭気を除去して浄化する装置である．
粉じんを除去するものとしてろ過式フィルタなどが，臭気を除去 (脱臭) するもの
として活性炭フィルタなどが使用されている．

問149-1　空気浄化装置に関する次の記述のうち，最も不適当なものはどれか．
(2021年問題75)

(1) 自動巻取型エアフィルタのろ材の更新は，タイマによる方法や圧力損失を検
知して行う方法が用いられている．

(2) ろ過式粒子用エアフィルタとは，さえぎり，慣性，拡散，静電気等の作用で，
粉じんをろ材繊維に捕集するものをいう．

(3) 空気中の有害ガスを除去するガス除去用エアフィルタとして，イオン交換繊
維を使用したものがある．

(4) 一般にHEPAフィルタの圧力損失は，一般空調用フィルタのそれと比較して
小さい．

(5) 粒子用エアフィルタの性能は，圧力損失，粉じん捕集率，粉じん保持容量で
表示される．

問149-2　空気浄化装置に関する次の記述のうち，最も不適当なものはどれか．
(2020年問題76)

(1) 電気集じん器は，高圧電界による荷電及び吸引・吸着によって粉じんを捕集・
除去するもので，ろ過式に分類される．

(2) ガス除去用エアフィルタの使用に伴う圧力損失の変化は，ほとんどない．

(3) 空気浄化装置を空気が通過するときの抵抗を圧力損失といい，空気浄化装置
の上流と下流側の全圧差[Pa]で表示される．

(4) ガス除去用エアフィルタには，シリカゲル，活性炭等を用いた吸着剤フィル
タがある．

(5) HEPAフィルタやULPAフィルタは，極微細な粉じん粒子を高い性能で捕集
できる．

問149-3　空気浄化装置に関する次の記述のうち，最も不適当なものはどれか．
（2019年問題73）

(1) 静電式は，高圧電界により粉じんを荷電し，吸引吸着することによって捕集・除去するもので，電気集じん機が代表的な装置である．

(2) ろ過式は，慣性，拡散，さえぎりなどの作用で粉じんをろ材繊維に捕集するものをいう．

(3) HEPAフィルタやULPAフィルタは，圧力損失が大きい傾向にある．

(4) ろ過式は各種フィルタがあるが，粒子捕集率の値の範囲は狭い．

(5) 空気浄化装置は，排気系統に設置される場合もある．

問149-4　空気調和設備に用いられる空気浄化装置に関する次の記述のうち，最も不適当なものはどれか．（2015年問題77）

(1) 折込み形エアフィルタは，ろ材通過風速を上げることにより，圧力損失を減らしている．

(2) 静電式は，圧力損失が少なく，微細な粉じんまで効率よく捕集できる．

(3) 空気浄化装置が除去対象とする汚染物質は，一般に粉じんとガスである．

(4) ろ過式フィルタは，適切な時期に交換を行わないと，捕集した粉じんの再飛散を起こす．

(5) 活性炭フィルタは，主にガス状汚染物質の吸着除去を目的とする．

問149-5　空気浄化装置に関する次の記述のうち，最も不適当なものはどれか．
（2014年問題75）

(1) 空気浄化装置の性能を表示する指標に，汚染除去率がある．

(2) 活性炭フィルタは，ガス除去用エアフィルタの一種である．

(3) HEPAフィルタは，ろ過式折込み形エアフィルタの一種である．

(4) 自動巻取型エアフィルタのろ材の更新には，タイマによる方法がある．

(5) 汚染除去（粉じん保持）容量は，kg/m^3で表示される．

150 　ポンプ，配管

水撃作用（ウォーターハンマ），キャビテーション，サージングなどの異常現象について出題される．そのほか，ダイレクトリターン方式，リバースリターン方式などの配管方式についても出題される．

問150-1　空気調和設備のポンプ・配管に関する次の記述のうち，最も不適当なものはどれか．（2021年問題76）

- (1) ポンプの損失水頭は，管内流速の2乗に比例する．
- (2) 片吸込み渦巻きポンプは，ターボ型ポンプに分類される．
- (3) 歯車ポンプは，油輸送などの粘度の高い液体の輸送用途に用いられることが多い．
- (4) ポンプの急停止による水撃作用を防止するには，緩閉式逆止め弁を用いる方法がある．
- (5) キャビテーションとは，流量と圧力の周期的な変動が続き運転が安定しない現象をいう．

問150-2　空気調和設備の配管・ポンプに関する語句の組合せとして，最も不適当なものは次のうちどれか．（2019年問題74）

- (1) 伸縮継手 ──────── 振動防止対策
- (2) 容積型ポンプ ──────── 歯車ポンプ
- (3) ポンプの特性曲線 ──── 全揚程
- (4) 蒸気トラップ ──────── 凝縮水の分離
- (5) キャビテーション ──── 吐出量の低下，揚水不能

問150-3　弁類に関する次の記述のうち，最も不適当なものはどれか．（2017年問題77）

- (1) バタフライ弁は，軸の回転によって弁体が開閉する構造である．
- (2) リフト式逆止弁は，立て配管に取り付ける．
- (3) 玉形弁は，弁体と弁座の隙間を変えて流量を調節するものである．
- (4) ボール弁は，抵抗が少なく，流量調整ができる．
- (5) 空気抜き弁は，配管中にたまった空気を自動的に排出する．

問150-4 ダクトとその付属品に関する次の記述のうち，最も不適当なものはどれか．(2016年問題74)

(1) ダクト材は用途によって，亜鉛鉄板，塩化ビニル被覆鋼板，ステンレス鋼板等が用いられる．

(2) ダクト系には風量調整ダンパのほか，防火ダンパや防煙ダンパが用いられる．

(3) グラスウールダクトは，消音効果がある．

(4) ダクトの形状としては角ダクトのほか，丸ダクトがある．

(5) 防火ダンパは，煙感知器と連動して流路を遮断する．

151 空調配管と温度・圧力

高温水配管，冷却水配管，冷水配管，温水配管，高圧蒸気配管，低圧蒸気配管などの空気調和設備に用いられる配管と，それに関連する温度，圧力の値の組み合わせについて出題される．

問151-1 空気調和設備に用いられる配管の種類とそれに使用する温度又は圧力との組合せとして，最も不適当なものは次のうちどれか．(2018年問題73)

(1) 氷蓄熱用不凍液配管 ———— $-10 \sim -5℃$

(2) 冷水配管 ———————— $5 \sim 10℃$

(3) 冷却水配管 ————————— $20 \sim 40℃$

(4) 高温水配管 ———————— $120 \sim 180℃$

(5) 低圧蒸気配管 ——————— $0.1 \sim 1\,MPa$

問151-2 空気調和設備に用いられる配管の種類とそれに関連する温度又は圧力との組合せとして，最も不適当なものは次のうちどれか．(2016年問題77)

(1) 高温水配管 ——————— $80 \sim 90℃$

(2) 冷却水配管 ——————— $20 \sim 40℃$

(3) 冷水配管 ———————— $5 \sim 10℃$

(4) 高圧蒸気配管 —————— $0.1 \sim 1\,MPa$

(5) 低圧蒸気配管 ————— $0.01 \sim 0.05MPa$

問151-3　空気調和設備に用いられる配管の種類とそれに関連する温度又は圧力との組合せとして，最も不適当なものは次のうちどれか．（2013年問題77）

(1) 冷水配管 ——————————— 5〜10 ℃
(2) 高温水配管 ——————————— 120〜180 ℃
(3) 冷却水配管 ——————————— 20〜40 ℃
(4) 氷蓄熱用不凍液配管————————— −10〜−5 ℃
(5) 低圧蒸気配管 ————————— 0.1〜1 MPa

152　空調配管の材料・使用区分

冷温水配管，油配管，冷却水配管，蒸気配管などの空気調和設備に用いられる配管と材料の組み合わせについて出題される．高温になる蒸気系統の配管には，熱に弱い樹脂管は不適であることを押さえておこう．

問152-1　空気調和設備の配管系における配管名称と使用区分との組合せとして，最も不適当なものは次のうちどれか．（2020年問題77）

(1) 圧力配管用炭素鋼鋼管 ————————————— 蒸気
(2) 一般配管用ステンレス鋼鋼管 ———————— 冷却水
(3) 水道用硬質塩化ビニルライニング鋼管 ———— 冷却水
(4) 架橋ポリエチレン管 ————————————— 蒸気
(5) 配管用ステンレス鋼鋼管 ——————————— 冷却水

問152-2　空調設備の配管材料とその使用区分との組合せとして，最も不適当なものは次のうちどれか．（2016年問題78）

〔配管材料〕 〔使用区分〕
(1) 配管用炭素鋼鋼管（白管）————————— 冷温水
(2) 配管用炭素鋼鋼管（黒管）————————— 油
(3) フランジ付硬質塩化ビニルライニング鋼管 ——— 冷却水
(4) 硬質ポリ塩化ビニル管 ———————————— 蒸気
(5) 配管用ステンレス鋼管 ———————————— 蒸気還管

153　温熱環境の測定

アウグスト乾湿計，アスマン通風乾湿計，グローブ温度計，バイメタル温度計，サーミスタ温度計と，カタカナ名の温度計が出題されるので，測定原理や用途などをよく理解しておこう．

問153-1　温熱環境要素の測定に関する次の記述のうち，最も不適当なものはどれか．(2021年問題80)
- (1) 熱式風速計は，白金線などから気流に奪われる熱量が風速に関係する原理を利用している．
- (2) サーミスタ温度計は，2種類の金属の膨張率の差を利用している．
- (3) 自記毛髪湿度計は，振動の多い場所での使用は避ける．
- (4) アスマン通風乾湿計は，周囲気流及び熱放射の影響を防ぐ構造となっている．
- (5) 電気抵抗式湿度計は，感湿部の電気抵抗が吸湿，脱湿によって変化することを利用している．

問153-2　温熱環境要素の測定に関する次の記述のうち，最も不適当なものはどれか．(2020年問題78)
- (1) サーミスタ温度計は，電気抵抗式温度計の一種である．
- (2) 熱線風速計には，定電圧式と定温度式がある．
- (3) 気流の測定法としては，球体部の冷却力と気流との関係を利用する方法がある．
- (4) グローブ温度計の値は，平均放射温度(MRT)の2乗に比例する関係にある．
- (5) 相対湿度の測定には，乾湿球温度から水蒸気圧を求める方法がある．

問153-3　環境要素の測定に関する次の記述のうち，最も不適当なものはどれか．(2018年問題75)
- (1) グローブ温度計は，室内気流速度が小さくなるにつれ，平均放射温度に近づく傾向にある．
- (2) ピトー管による風速測定では，ベルヌーイの式を用いて流速を算出する．
- (3) アスマン通風乾湿計の湿球温度は，一般に乾球温度より低い値を示す．
- (4) バイメタル式温度計は，2種類の金属の導電率の差を利用している．
- (5) 超音波風速計は，超音波の到着時間と気流との関係を利用している．

科目3　空気環境

問153-4 温熱環境要素の測定器に関する次の記述のうち，最も不適当なものは
どれか．（2017年問題80）

(1) 超音波風速計は，超音波の強度と気流との関係を利用している．
(2) 熱線風速計は，電流を通じて加熱された白金線などから気流に奪われる熱量
が風速に関係する原理を利用している．
(3) 電気抵抗式湿度計は，感湿部の電気抵抗が吸湿や脱湿により変化することを
利用している．
(4) アスマン通風乾湿計は，周囲気流及び熱放射の影響を防ぐ構造となっている．
(5) グローブ温度計の示度が安定するまでには，15〜20分間を要する．

問153-5 温熱環境要素の測定器に関する次の記述のうち，最も不適当なものは
どれか．（2014年問題77）

(1) グローブ温度計は，熱放射の測定に用いられるもので，気流の影響を受ける．
(2) 相対湿度の測定には，毛髪などの伸縮を利用する方法がある．
(3) ピトー管による風速測定では，ストークスの定理を用いている．
(4) 風速の測定法として，超音波の到着時間と気流との関係を利用する方法があ
る．
(5) ガラス製温度計は，気象庁の登録検定機関の検定済みのものを使用する．

154 室内空気環境の測定

環境要素と測定法を問う問題が出題される．エライザ法，ザルツマン法，オルファ
クトメータ法，ガルバニ電池法，トレーサガス減衰法，ガスクロマトグラフ法など，
測定法は覚えにくいので自分で工夫して覚えよう．

問154-1 環境要素の測定に関する次の記述のうち，最も不適当なものはどれか．
（2020年問題79）

(1) 微生物の間接測定法には，核酸増幅法がある．
(2) 酸素の測定には，ガルバニ電池方式がある．
(3) 花粉の測定には，培養法がある．
(4) オゾンの測定には，吸光光度法がある．
(5) イオウ酸化物の測定には，溶液導電率法がある．

問154-2　室内環境の測定に関する次の記述のうち，最も不適当なものはどれか．（2018年問題76）

(1) 微生物の測定には，ATP法がある．

(2) アスベストの測定には，分析透過電子顕微鏡法がある．

(3) 臭気の測定には，官能試験法がある．

(4) 花粉アレルゲンの測定には，表面プラズモン共鳴法がある．

(5) オゾンの測定には，赤外線吸収法がある．

問154-3　室内環境の測定に関する次の記述のうち，最も不適当なものはどれか．（2017年問題81）

(1) 二酸化炭素の測定には，化学発光法がある．

(2) アスベストの測定には，位相差顕微鏡による測定法がある．

(3) 浮遊真菌の測定には，フィルタ法がある．

(4) ホルムアルデヒドの測定には，検知管法がある．

(5) 花粉アレルゲンの測定には，免疫学的な方法がある．

問154-4　室内環境の測定に関する次の記述のうち，最も不適当なものはどれか．（2014年問題78）

(1) 浮遊真菌の測定には，フィルタ法がある．

(2) アスベストの測定には，紫外線吸収スペクトル法がある．

(3) イオウ酸化物の測定には，溶液導電率法がある．

(4) オゾンの測定には，化学発光法がある．

(5) 放射線の空間線量の測定には，シンチレーション検出器が用いられる．

問154-5　室内空気環境の測定に関する次の記述のうち，最も不適当なものはどれか．（2013年問題80）

(1) 一酸化炭素の測定法には，ガスクロマトグラフ法がある．

(2) アスベストの測定法には，X線回折分析法がある．

(3) 二酸化炭素の測定法には，化学発光法がある．

(4) 浮遊微生物の捕集法には，衝突法がある．

(5) 花粉アレルゲンの測定法には，表面プラズモン共鳴法がある．

問154-6 室内空気環境の測定に関する次の記述のうち，最も不適当なものはどれか．（2012年問題81）

(1) 一酸化炭素の測定法には，検知管法がある．

(2) 二酸化炭素の測定法には，非分散型赤外線吸収法がある．

(3) 窒素酸化物の測定法には，エライザ(ELISA)法がある．

(4) オゾンの測定法には，紫外線吸収法がある．

(5) 微生物の測定法には，培地法がある．

155 浮遊粉じんの測定

粉じん計に関する問題が出題される．ピエゾ効果（圧電効果）を利用したピエゾバランス粉じん計や，散乱光の波長により相対濃度を測定するデジタル粉じん計などが出題される．

問155-1 浮遊粉じんの測定法と測定器に関する次の記述のうち，最も不適当なものはどれか．（2016年問題81）

(1) 浮遊粉じんの測定法には，捕集測定法と浮遊測定法がある．

(2) 散乱光法は，浮遊粉じん浮遊測定法の一つである．

(3) デジタル粉じん計は，粉じんによる散乱光の波長により相対濃度を測定する．

(4) 建築物環境衛生管理基準に基づきローボリウムエアサンプラ法を用いる場合には，分粒装置を装着する必要がある．

(5) デジタル粉じん計の受光部などは，経年劣化が生じることから，定期的に較正を行う．

問155-2 浮遊粉じんの測定に関する次の文章の[ ]内に入る語句の組合せとして，最も適当なものはどれか．（2015年問題80）

建築物衛生法の測定対象となる浮遊粉じん濃度は，粉じんの化学的組成を考慮することなく，[ア]が[イ]以下の粒子を対象として[ウ]で規定されている．

	ア	イ	ウ
(1)	幾何相当径	1 μm	個数濃度
(2)	幾何相当径	10 μm	質量濃度

(3)　相対沈降径 ——— 1 μm ——— 個数濃度

(4)　相対沈降径 ——— 10 μm ——— 個数濃度

(5)　相対沈降径 ——— 10 μm ——— 質量濃度

問155-3　ピエゾバランス粉じん計に関する次の文章の[　　　]内に入る語句の組合せとして，最も適当なものはどれか．（2013年問題81）

ピエゾバランス粉じん計は，[　ア　]の原理に基づくものであり，試料空気中の浮遊粉じんを[　イ　]により圧電結晶素子に捕集し，捕集された粉じんの質量により変化する圧電結晶素子の[　ウ　]の差を利用して，相対濃度として指示値を得る測定器である．

　　　　　　　　ア　　　　　　　　イ　　　　　　　　ウ
(1)　圧電天秤 ——— 静電沈着 ——— 固有周波数
(2)　圧電天秤 ——— 慣性衝突 ——— 固有周波数
(3)　圧電天秤 ——— 静電沈着 ——— 基本周波数
(4)　吸光光度 ——— 慣性衝突 ——— 基本周波数
(5)　吸光光度 ——— 静電沈着 ——— 基本周波数

問155-4　建築物における衛生的環境の維持管理について（平成20年1月25日健発第0125001号）に示された建築物環境衛生維持管理要領の粉じん計の較正に関する次の文章の[　　　]内に入る語句の組合せとして，正しいものはどれか．（2012年問題80）

浮遊粉じん量の測定に使用される較正機器にあっては[　ア　]以内ごとに1回，建築物における衛生的環境の確保に関する法律施行規則第3条の2第1項の規定に基づく厚生労働大臣の[　イ　]を受けた者の較正を受けること．

　　　　　　　ア　　　　　　　イ
(1)　6カ月 ——— 指定
(2)　6カ月 ——— 登録
(3)　1年 ——— 指定
(4)　1年 ——— 登録
(5)　2年 ——— 指定

156　浮遊粉じん量

光散乱式の粉じん計を用いて浮遊粉じん濃度を計算する問題である．カウント，感度，較正係数で構成される粉じん濃度を導く数式を覚えていれば算出できるが，数式の理屈も理解しておこう．

問156-1　光散乱式の粉じん計を用いて室内の浮遊粉じんの相対濃度を測定したところ，3分間当たり90カウントであった．この粉じん計のバックグランド値は10分間当たり60カウントで，標準粒子に対する感度が1分間当たり1カウント0.001mg/m³，室内の浮遊粉じんに対する較正係数が1.3であるとすると，室内の浮遊粉じんの量として，最も近い数値は次のうちどれか．（2021年問題78）

- (1)　0.01 mg/m³
- (2)　0.03 mg/m³
- (3)　0.04 mg/m³
- (4)　0.07 mg/m³
- (5)　0.20 mg/m³

問156-2　光散乱式の粉じん計を用いて室内の浮遊粉じんの相対濃度を測定したところ，6分間当たり120カウントであった．この粉じん計のバックグランド値は1分間当たり6カウントで，標準粒子に対する感度が1分間1カウント当たり0.001 mg/m³，室内浮遊粉じんに対する較正係数が1.3であるとすると，室内浮遊粉じんの濃度として，最も近いものは次のうちどれか．（2017年問題82）

- (1)　0.010 mg/m³
- (2)　0.013 mg/m³
- (3)　0.018 mg/m³
- (4)　0.020 mg/m³
- (5)　0.026 mg/m³

157 VOCs測定法

VOCs測定法については，厚生労働省による「室内空気中化学物質の測定マニュアル」とその別添「室内空気中化学物質の採取方法と測定方法」にまとめられている．

問157-1 揮発性有機化合物（VOCs）測定に関する次の記述のうち，最も不適当なものはどれか．（2021年問題82）

(1) VOCsの採取には，アクティブサンプリング法とパッシブサンプリング法がある．

(2) 固相捕集・加熱脱着－GC/MS法では，前処理装置により脱着操作を行う．

(3) 固相捕集・溶媒抽出－GC/MS法では，加熱脱着法に比べ，測定感度は落ちる．

(4) TVOC（Total VOC）を測定する装置では，方式によらず各VOCに対して同じ感度である．

(5) TVOCは，GC/MSによりヘキサンからヘキサデカンの範囲で検出したVOCsの合計である．

問157-2 揮発性有機化合物（VOCs）測定法に関する次の記述のうち，最も不適当なものはどれか．（2019年問題81）

(1) 固相捕集・加熱脱着－GC/MS法は，空気中のVOCsを捕集した吸着剤を加熱脱着装置によりGC/MSへ導入する方法である．

(2) 固相捕集・溶媒抽出－GC/MS法は，空気中のVOCsを捕集した吸着剤を二硫化炭素で抽出した後，GC/MSへ導入する方法である．

(3) TVOC（Total VOC）の測定には，パッシブ法を使用することができる．

(4) トルエン，パラジクロロベンゼンは，検知管法により測定することができる．

(5) 半導体センサを用いたモニタ装置により，トルエン，キシレンを測定することができる．

問157-3 揮発性有機化合物（VOCs）測定法に関する次の記述のうち，最も不適当なものはどれか．（2017年問題85）

(1) VOCsの測定には，基本的にガスクロマトグラフ質量分析計を用いる．

(2) 加熱脱着法は，溶媒抽出法と比較して測定感度が高い．

(3) VOCsのパッシブサンプリング法は，静電気力を利用している．

- (4) TVOCの簡易な定量には，トルエン換算法がある．
- (5) 市販のTVOCモニタは，定期的に標準ガスによる較正が欠かせない．

158　ホルムアルデヒド測定法

パッシブ，アクティブ，DNPH，HPLC，TFBA，GC/MS，AHMTなど，カタカナ用語，アルファベット用語が多いので，混同しないように定義や用途，特徴などを覚えておこう．

問158-1　ホルムアルデヒド測定法に関する次の記述のうち，最も不適当なものはどれか．（2021年問題81）

- (1) 簡易測定法には，検知管法，定電位電解法がある．
- (2) DNPHカートリッジは，オゾンにより正の妨害を受ける．
- (3) DNPHカートリッジは，冷蔵で保存する必要がある．
- (4) パッシブ法は，試料採取に8時間程度を要する．
- (5) パッシブサンプリング法では，ポンプを使用しない．

問158-2　ホルムアルデヒド測定法として，最も不適当なものは次のうちどれか．（2019年問題80）

- (1) DNPHカートリッジ捕集 – HPLC法
- (2) 検知管法
- (3) 定電位電解法
- (4) 電気化学的燃料電池法
- (5) 光散乱法

問158-3　建築物衛生法に基づくホルムアルデヒド測定法に関する次の記述のうち，最も不適当なものはどれか．（2018年問題80）

- (1) 分析機器を用いて正確に測定値が得られる精密測定法と，現場で簡便に測定値が得られる簡易測定法がある．
- (2) DNPH-HPLC法（DNPHカートリッジ捕集-高速液体クロマトグラフ法）に用いるDNPHカートリッジは，冷蔵保管が必要である．
- (3) DNPH-HPLC法によるパッシブ法の試料は，電動ポンプを用いて採取する．

    (4) 検知管法においては，サンプリングに電動ポンプを使用する．

    (5) 簡易測定法は，妨害ガスの影響を受けることがある．

問158-4 ホルムアルデヒド測定法に関する組合せとして，最も不適当なものは次のうちどれか．（2014年問題80）

    (1) アクティブ法 ———— 吸光光度法（拡散スクラバー法）

    (2) アクティブ法 ———— 光電光度法（AHMT試験紙）

    (3) アクティブ法 ———— 化学発光法

    (4) パッシブ法 ———— 燃料電池法

    (5) パッシブ法 ———— DNPH含浸チューブ-HPLC法

159　測定法，測定器，測定対象

温度，湿度，気流などの温熱環境要因，粉じん，化学物質などの室内空気環境要因と，それらの測定対象に対応する測定法，測定器の組み合わせを問う総合的な問題である．

問159-1 空気環境の測定に関する次の記述のうち，最も不適当なものはどれか．（2019年問題78）

    (1) 酸素の測定には，紫外線吸収法がある．

    (2) 微生物の測定には，免疫クロマトグラフ法がある．

    (3) イオウ酸化物の測定には，溶液導電率法がある．

    (4) オゾンの測定には，半導体法がある．

    (5) 花粉アレルゲンの測定には，エアロアレルゲン・イムノブロット法がある．

問159-2 環境要素の測定に関する用語の組合せとして，最も不適当なものは次のうちどれか．（2017年問題83）

    (1) 温度 ———— 熱電対

    (2) 臭気 ———— 官能試験

    (3) 熱放射 ———— ピトー管

    (4) 酸素 ———— ガルバニ電池

    (5) 気流 ———— サーミスタ

問159-3 環境要素とその測定法との組合せとして，最も不適当なものは次のうちどれか．（2016年問題83）

(1) ダニアレルゲン ―――― エライザ(ELISA)法
(2) オゾン ―――――――― 検知管法
(3) 微生物 ――――――― ザルツマン法
(4) アスベスト ―――― 光学顕微鏡法
(5) 二酸化炭素 ―――― 非分散型赤外線吸収法

問159-4 測定器とそれらを特徴付ける構成要素との組合せとして，最も不適当なものは次のうちどれか．（2013年問題82）

(1) 電気抵抗式温度計 ――――――― 白金線
(2) 熱電対温度計 ――――――――― 2種類の金属線
(3) グローブ温度計 ―――――――― 断熱材製の中空球体
(4) ローボリウムエアサンプラ ―――― 分粒装置
(5) マノメータ ――――――――――― U字管

160 汚染物質の単位

化学物質，放射性物質，アスベスト，粉じん，細菌などの汚染物質とその濃度または強さを表す単位の組み合わせが出題される．不適当なものを選ぶ問題が多いので，紛らわしいものに注意してよく覚えておこう．

問160-1 汚染物質とその濃度又は強さを表す単位の組合せとして，最も不適当なものは次のうちどれか．（2021年問題79）

(1) アスベスト ―――――― CFU/m^3
(2) 放射能 ――――――― Bq
(3) オゾン ―――――――― μg/m^3
(4) 二酸化イオウ ―――― ppm
(5) トルエン ―――――――― μg/m^3

問160-2 汚染物質とその単位の組合せとして，最も不適当なものは次のうちどれか．（2019年問題79）

(1) キシレン濃度 ―――――― $\mu g/m^3$

(2) 浮遊細菌濃度 ―――――― CFU/m^3

(3) オゾン濃度 ――――――― Sv

(4) アスベスト濃度 ――――― 本/L

(5) イオウ酸化物濃度 ――― ppm

問160-3 汚染物質とその濃度又は強さを表す単位との組合せとして，最も不適当なものは次のうちどれか．（2017年問題84）

(1) アスベスト ―――――― 本/L

(2) ダニアレルゲン ――――― CFU/m^3

(3) キシレン ――――――― $\mu g/m^3$

(4) 放射能 ―――――――― Bq

(5) 二酸化窒素 ―――――― ppb

問160-4 汚染物質とその濃度を表す単位との組合せとして，最も不適当なものは次のうちどれか．（2015年問題82）

(1) トルエン ――――――― mg/m^3

(2) アスベスト ―――――― f/L

(3) 臭気 ――――――――― cpm

(4) ダニアレルゲン ――――― ng/m^3

(5) 細菌 ――――――――― cfu/m^3

161　空調設備の維持管理

ダクト，加湿器，冷却塔などの維持管理について出題される．原因物質が特定されないものはシックビル症候群（SBS），原因物質が特定できるものはビル関連病（BRI）と呼ばれている．

問161-1　空気調和設備の維持管理に関する次の記述のうち，最も不適当なものはどれか．（2021年問題83）

- (1) 加湿装置は，使用開始時及び使用期間中の1年以内ごとに1回，定期的に汚れの状況を点検し，必要に応じて清掃などを行う．
- (2) 空調システムを介して引き起こされる微生物汚染問題として，レジオネラ症がある．
- (3) 空気調和設備のダクト内部は，使用年数の経過につれ清掃を考慮する必要がある．
- (4) 冷却塔に供給する水は，水道法に規定する水質基準に適合させる必要がある．
- (5) 冷却水管を含む冷却塔の清掃は，1年以内ごとに1回，定期に行う．

問161-2　冷却塔と冷却水の維持管理に関する次の記述のうち，最も不適当なものはどれか．（2020年問題81）

- (1) 連続ブローなどの冷却水濃縮管理は，スケール防止に有効である．
- (2) 冷却水系の化学的洗浄には，過酸化水素が用いられる．
- (3) 冷却塔及び冷却水の水管は，1年以内ごとに1回清掃する．
- (4) 冷却塔及び冷却水は，その使用開始後，1カ月以内ごとに1回，定期にその汚れの状況を点検する．
- (5) スケール防止剤，レジオネラ属菌の殺菌剤等を有するパック剤は，薬注装置を利用し連続的に注入してその効果を発揮する．

問161-3　空気調和・換気設備の維持管理に関する次の記述のうち，最も不適当なものはどれか．（2018年問題81）

- (1) 物理的劣化とは，機器の持つ機能と時代とともに高度化していく要求機能との乖離が次第に大きくなることをいう．
- (2) 点検，整備，検査，修理を行う業務は保全業務に位置づけられる．
- (3) 予防保全は，部品の劣化を保全計画に組み入れて計画的に修理，交換する方

法である.

(4) 維持管理の目的として，故障，事故の発生の予知，危険・災害の未然防止がある.

(5) 平均故障間隔(MTBF)とは，システム，機器，部品等で発生する故障間の動作時間の平均値をいう.

問161-4 空気調和設備の維持管理に関する次の記述のうち，最も不適当なものはどれか．(2017年問題79)
(1) 空気調和機内の細菌・真菌は，冷房期，暖房期ともに生息している.
(2) スライム防止，レジオネラ属菌対策，腐食防止効果をもつ多機能型薬剤は，連続的に注入するのが効果的である.
(3) 冷却水系のレジオネラ属菌の増殖を抑制するには，化学的洗浄と殺菌剤添加を併用するのが望ましい.
(4) 空気調和用ダクト内の粉じん中の細菌・真菌の量は，還気ダクトより給気ダクトの方が多い.
(5) 冷却塔の強制ブローは，スケール防止に有効である.

162 空調の節電・省エネ

空気調和設備の節電対策，省エネルギー対策として，冷水温度，温水温度，冷却水温度の制御，室内温度の設定，電動機の回転数制御，蓄熱，予冷・予熱運転，外気冷房などの事項が出題される.

問162-1 夏季ピーク時における空気調和設備の節電対策に関する次の記述のうち，最も不適当なものはどれか．(2016年問題85)
(1) 冷凍機の冷却水入口温度を低下させる.
(2) 空気調和機のエアフィルタを清掃する.
(3) 熱源機の熱交換器を洗浄する.
(4) ヒートポンプ屋外機の熱交換器に散水する.
(5) 冷凍機の冷水出口温度を低下させる.

問162-2 空気調和設備の節電対策に関する次の記述のうち，最も不適当なものはどれか．（2014年問題82）

(1) 夏期に，冷凍機の冷水出口温度を上昇させる．

(2) 夏期に，冷凍機の冷却水入口温度を低下させる．

(3) 夏期に，室内の冷房設定温度を上昇させる．

(4) 冬期に，ボイラの温水出口温度を低下させる．

(5) 冬期に，冷凍機の冷却水入口温度を上昇させる．

問162-3 夏季ピーク時における空気調和設備の節電対策に関する次の記述のうち，最も不適当なものはどれか．（2012年問題83）

(1) ヒートポンプ屋外機の熱交換器に散水する．

(2) 蓄熱槽の蓄熱温度を低下させる．

(3) 熱源機の熱交換器を洗浄する．

(4) 冷凍機の冷却水入口温度を上昇させる．

(5) 冷凍機の冷水出口温度を上昇させる．

163　音と振動

音に関する用語や，騒音と振動環境に関する事項が出題される．暗騒音，オクターブ，コインシデンス効果，透過損失，純音，固体伝搬音，空気伝搬音などの用語を理解しておこう．

問163-1 音に関する次の記述のうち，最も不適当なものはどれか．（2021年問題84）

(1) 人間の可聴範囲は，音圧レベルでおよそ 0 〜130 dB の範囲である．

(2) 対象音と暗騒音のレベル差が15 dBより大きい場合は，暗騒音による影響の除去が必要である．

(3) 空気中の音速は，気温の上昇と共に増加する．

(4) 低周波数域の騒音に対する人の感度は低い．

(5) 時間によって変動する騒音は，等価騒音レベルによって評価される．

問163-2 音・振動環境に関する次の記述のうち，最も不適当なものはどれか．（2020年問題85）

(1) 立位，座位では聞こえなくても，寝た場合に，骨伝導で固体伝搬音が感知されることがある．

(2) ポンプに接続された管路系で発生する騒音は，空気伝搬音である．

(3) 空気伝搬音を低減するためには，窓，壁，床等の遮音などが必要であるのに対し，固体伝搬音は，振動源の発生振動低減や防振対策が重要である．

(4) 外部騒音が同じ場合，コンサートホール・オペラハウスより，録音スタジオの方が高い遮音性能が求められる．

(5) 床スラブ厚が薄い機械室に隣接する居室の振動対策としては，設備機器などの防振支持が重要である．

問163-3 振動に関する次の記述のうち，最も不適当なものはどれか．（2019年問題84）

(1) 空気調和機による振動は，定常的で変動が小さい．

(2) 風による建物の振動は，不規則である．

(3) 環境振動で対象とする周波数の範囲は，鉛直方向の場合，1～80Hzである．

(4) 不規則かつ大幅に変動する振動のレベルは，時間率レベルで表示する．

(5) 防振溝は，溝が深いほど，また，溝が振動源に近いほど効果が大きい．

問163-4 音に関する用語の説明として，最も不適当なものは次のうちどれか．（2016年問題86）

(1) 暗騒音 ——— ある騒音環境下で対象とする特定の音以外の音の総称

(2) 吸音率 ——— 入射音響エネルギーに対する透過エネルギーの割合

(3) 純音 ——— 一つの周波数からなる音波のこと

(4) 拡散音場 ——— 空間に音のエネルギーが一様に分布し，音があらゆる方向に伝搬している状態のこと

(5) 遮音 ——— 壁などで音を遮断して，透過する音のエネルギーを小さくすること

問163-5　騒音と振動環境に関する次の記述のうち，最も不適当なものはどれか．（2015年問題85）

(1) 点音源の場合，音源までの距離を2倍にすると，音圧レベルは約6dB減衰する．

(2) 隔壁を介する2室間の遮音性能は，受音室の吸音力が大きいほど高くなる．

(3) 低周波数の全身振動よりも，高周波数の全身振動の方が感じやすい．

(4) 防振溝の溝が深いほど，効果的に道路交通振動を防止することができる．

(5) カーペットや畳などを敷いても，重量床衝撃音はほとんど軽減できない．

問163-6　音に関する次の記述のうち，最も不適当なものはどれか．（2013年問題85）

(1) 1オクターブ幅とは，周波数が2倍になる間隔である．

(2) 空気密度，音速が一定であれば，音の強さは音圧の平方根に比例する．

(3) 媒質が1回振動している間に進む距離を波長という．

(4) 純音とは，一つの周波数の音波のことである．

(5) 音の強さの単位には，W/m^2 が用いられる．

164　音の反射・透過・吸収

音の反射・透過・吸収に関する定義について，図示問題が出題される．反射率，透過率，吸音率，そして透過損失の定義をしっかり理解しておこう．特に透過率と透過損失は間違えやすいので注意しよう．

問164-1　遮音に関する次の記述のうち，最も不適当なものはどれか．（2019年問題83）

(1) 床衝撃音に対する遮音等級は，値が小さいほど遮音性能が優れている．

(2) 複層壁の場合，共鳴によって音が透過することがある．

(3) 軽量床衝撃音は，床仕上げ材を柔らかくすることで軽減できる．

(4) 複数の断面仕様の異なる部材で構成される壁の透過損失は，最も透過損失の大きい構成部材の値を用いる．

(5) 重量床衝撃音は，床躯体構造の質量や曲げ剛性を増加させることで軽減できる．

165 伝搬音の種類

伝搬音は 2 種類ある. 音源から放出された音が空気中を伝搬する「空気伝搬音」と,振動源から発生した振動が床スラブなどを振動して伝わり受音室の壁などを振動させ, 空気中に音として放射する「固体伝搬音」である.

問165-1 空調機械室からの騒音に関する次のアからウの記述のうち, 伝搬音の種類の組合せとして, 最も適当なものはどれか. (2014年問題86)

ア 空気調和機から発生した音が隔壁・隙間等を透過してくる音

イ ダクト・管路系の振動に起因する音

ウ ダクト内を伝搬して給排気口から放射する音

	ア	イ	ウ
(1)	固体伝搬音	空気伝搬音	固体伝搬音
(2)	固体伝搬音	固体伝搬音	空気伝搬音
(3)	固体伝搬音	空気伝搬音	空気伝搬音
(4)	空気伝搬音	固体伝搬音	空気伝搬音
(5)	空気伝搬音	空気伝搬音	固体伝搬音

科目3 空気環境

166 音圧レベル

音圧レベルは, 単位〔dB〕(デシベル)で表され, 対数で定義されている. したがって, 音圧レベルの計算は本来, 対数計算が必要である. しかし, 実際の試験問題は, 対数計算を行わなくても解答できるレベルのものが出題されている.

問166-1 1 台73 dB (A) の騒音を発する機械を, 測定点から等距離に 6 台同時に稼働させた場合の騒音レベルとして, 最も近いものは次のうちどれか. ただし, $\log_{10}2 = 0.3010$, $\log_{10}3 = 0.4771$ とする. (2020年問題84)

(1) 76 dB(A)

(2) 78 dB(A)

(3) 81 dB(A)

(4) 438 dB(A)

(5) 568 dB(A)

問166-2 音圧レベル70dBの音源室と面積10m²の隔壁で仕切られた等価吸音面積(吸音力)20m²の受音室の平均音圧レベルを40dBにしたい．このとき，隔壁の音響透過損失として確保すべき値に最も近いものは次のうちどれか．

なお，音源室と受音室の音圧レベルには以下の関係がある．

$$L1 - L2 = TL + 10\log_{10}\frac{A2}{Sw}$$

ただし，$L1$，$L2$は，音源室，受音室の平均音圧レベル[dB]，$A2$は，受音室の等価吸音面積[m²]，Swは，音の透過する隔壁の面積[m²]，TLは，隔壁の音響透過損失[dB]である．

ただし，$\log_{10}2 = 0.3010$，$\log_{10}3 = 0.4771$とする．（2018年問題85）

(1)　24 dB

(2)　27 dB

(3)　30 dB

(4)　33 dB

(5)　43 dB

問166-3 騒音レベル83dBと92dBの騒音を合成した場合の騒音レベルとして，最も近いものは次のうちどれか．

ただし，$\log_{10}2 = 0.3010$，$\log_{10}3 = 0.4771$とする．（2015年問題86）

(1)　85.0 dB

(2)　87.5 dB

(3)　90.0 dB

(4)　92.5 dB

(5)　95.0 dB

167 床衝撃音

床衝撃音には，床に分厚い本を落下させたときのようなドスンという重量床衝撃音と，床にスプーンを落下させたときのようなコツンという軽量床衝撃音に分けられる．床衝撃音の測定方法は，JISに定められている．

問167-1 床衝撃音に関する次の記述のうち，最も不適当なものはどれか．（2020年問題83）

(1) 軽量床衝撃音の対策として，床仕上げ材の弾性の向上がある．

(2) 重量床衝撃音は，衝撃源自体の衝撃力が高周波数域に主な成分を含む．

(3) 軽量床衝撃音の衝撃源は，重量床衝撃音の衝撃源と比べて硬いことが多い．

(4) 重量床衝撃音の対策として，床躯体構造の曲げ剛性の増加がある．

(5) 床衝撃音に対しては，一般に学校よりもホテルの方が高い遮音性能が求められる．

問167-2 床衝撃音に関する次の文章の[　　]内に入る語句の組合せとして，最も適当なものはどれか．（2017年問題87）

重量床衝撃音は，[　ア　]ときに発生し，衝撃音は[　イ　]に主な成分を含む．対策としては[　ウ　]が効果的である．

	ア	イ	ウ
(1)	食器を落とした	高周波数域	柔らかい床仕上げ材
(2)	食器を落とした	低周波数域	床躯体構造の質量増加
(3)	人が床上で飛び跳ねたりした	高周波数域	柔らかい床仕上げ材
(4)	人が床上で飛び跳ねたりした	低周波数域	柔らかい床仕上げ材
(5)	人が床上で飛び跳ねたりした	低周波数域	床躯体構造の質量増加

問167-3　床衝撃音に関する次の記述のうち，最も不適当なものはどれか．（2012年問題86）

(1) 重量床衝撃音は衝撃源自体の衝撃力が高周波数域に主な成分を含む．

(2) 軽量床衝撃音は重量床衝撃音と比べて，衝撃源が硬いことが多い．

(3) 軽量床衝撃音は重量床衝撃音と比べて，床仕上げ材の弾性が大きく影響する．

(4) 重量床衝撃音の対策として，床躯体構造の質量の増加が挙げられる．

(5) 床衝撃音の測定は，JISに定められている方法により測定する．

168　遮音等級

壁や床の遮音等級を，題意で与えられた測定値により，基準周波数特性のグラフから読み取る問題が出題されている．対数計算よりも，こちらのほうが簡便に求められるので，読み取れるようにマスターしておこう．

問168-1　上階で発生させた軽量床衝撃音の床衝撃音レベルを下室にて周波数ごとに測定した結果，63 Hzで78 dB，125 Hzで75 dB，250 Hzで75 dB，500 Hzで73 dB，1 000 Hzで67 dB，2 000 Hzで64 dB，4 000 Hzで64 dBであった．この床の遮音等級として，最も適当なものは次のうちどれか．右図の床衝撃音レベルに関する遮音等級の基準周波数特性を用いて求めよ．（2016年問題87）

(1) Lr-75

(2) Lr-70

(3) Lr-65

(4) Lr-60

(5) Lr-55

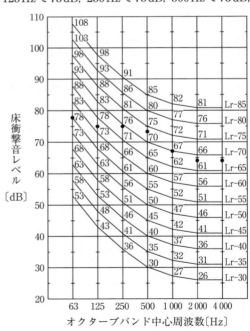

オクターブバンド中心周波数〔Hz〕

169 音源からの伝搬特性

面状の音源である面音源と点状の音源である点音源では，音源からの伝搬特性が異なる．音は伝搬する距離に従い減衰するが，面音源と点音源では，距離に対する減衰特性が異なる．違いを理解しておこう．

問169-1 音に関する次の文章の［　　　］内に入る数値の組合せとして，最も適当なものはどれか．（2021年問題86）

点音源の場合，音源からの距離が2倍になると約［　ア　］dB，距離が10倍になると約［　イ　］dB音圧レベルが減衰する．線音源の場合，音源からの距離が2倍になると約［　ウ　］dB，距離が10倍になると約［　エ　］dB音圧レベルが減衰する．

	ア	イ	ウ	エ
(1)	3 ──	15 ──	6 ──	30
(2)	3 ──	10 ──	6 ──	20
(3)	6 ──	20 ──	3 ──	10
(4)	6 ──	20 ──	3 ──	15
(5)	6 ──	30 ──	3 ──	15

問169-2 面音源からの音圧レベルの伝搬特性に関する次の文章の［　　　］内に入る語句の組合せとして，最も適当なものはどれか．（2019年問題85）

「下の図に示す寸法が$a \times b\,(a < b)$の長方形の面音源について，面音源中心から面に対して垂直方向への距離をdとした場合，音源付近$d < \dfrac{a}{\pi}$では［　ア　］としての伝搬特性を示し，$\dfrac{a}{\pi} < d < \dfrac{b}{\pi}$では線音源に対応する減衰特性を，$d > \dfrac{b}{\pi}$の範囲では［　イ　］に対応する減衰特性を示す．よって，$d > \dfrac{b}{\pi}$の範囲で音源からの距離が2倍になると［　ウ　］dB減衰する．」

	ア	イ	ウ
(1)	点音源 ──	面音源 ──	3
(2)	点音源 ──	面音源 ──	6
(3)	面音源 ──	点音源 ──	3
(4)	面音源 ──	点音源 ──	6
(5)	面音源 ──	点音源 ──	10

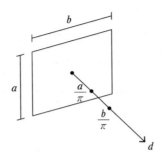

問169-3 音源からの伝搬特性に関する次の文章の[　　　]に入る語句の組合せとして，最も適当なものはどれか．（2014年問題83）

　下の図 − A に示す寸法 $a×b$（$a<b$）の長方形の面を音源とした場合，音源付近（a/π 以下）までは[　ア　]としての伝搬特性を示し，$a/\pi \sim b/\pi$ の間は線音源に対応する減衰特性を，b/π 以上の範囲では[　イ　]に対応する減衰特性を示す．よって，音源からの距離による減衰を示した線は図 − B 中の[　ウ　]のようになる．

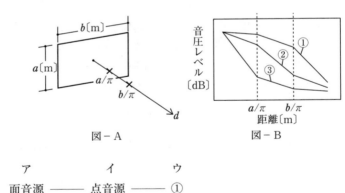

図 − A　　　　　　　　　　図 − B

	ア		イ		ウ
(1)	面音源	—	点音源	—	①
(2)	面音源	—	点音源	—	②
(3)	点音源	—	面音源	—	①
(4)	点音源	—	面音源	—	②
(5)	点音源	—	面音源	—	③

問169-4 音に関する次の文章の［　　　］内に入る数値の組合せとして，最も適当なものはどれか．（2013年問題86）

点音源の場合，音源からの距離が2倍になると音圧レベルは約［　ア　］[dB]，距離が10倍になると約20[dB]の減衰となる．線音源の場合，音源からの距離が2倍になると約［　イ　］[dB]，10倍になると約［　ウ　］[dB]の減衰となる．

	ア		イ		ウ
(1)	3	——	6	——	40
(2)	4	——	2	——	10
(3)	4	——	4	——	20
(4)	6	——	3	——	10
(5)	6	——	12	——	40

170 騒音・振動対策

騒音・振動問題の対策や音・振動環境の保守管理，遮音・防振に関する事項から出題される．音や振動は，ビル管理の実務においても，入館者などからのクレームになりやすいので，よく理解して対応しよう．

問170-1 遮音と振動に関する次の記述のうち，最も不適当なものはどれか．（2021年問題87）

(1) 道路交通による振動は，不規則に起こり，変動が大きい．

(2) 隔壁を介する2室間の遮音性能は，受音室の吸音力が大きいほど高くなる．

(3) カーペットや畳等を敷いても，重量床衝撃音はほとんど軽減できない．

(4) 床衝撃音に関する遮音等級のLr値は，値が大きい方が，遮音性能が高いことを表す．

(5) コインシデンス効果により，壁面の透過損失は減少する．

問170-2 振動と遮音に関する次の記述のうち，最も不適当なものはどれか．（2018年問題86）

(1) 固体伝搬音問題には振動が関与する．

(2) 対象振動が正弦波の場合，振動加速度の実効値は，最大振幅の$\dfrac{1}{\sqrt{2}}$で求め

られる.
(3) コインシデンス効果が生じると，壁体の透過損失は増加する．
(4) 床仕上げ材は，柔らかくなるほど，軽量床衝撃音の減衰性能が向上する．
(5) 建物内で感じる道路交通による振動は，不規則で変動も大きい．

問170-3 騒音・振動問題の対策に関する次の記述のうち，最も不適当なものはどれか．（2016年問題88）
(1) 固体伝搬音を低減するためには，振動源の発生振動低減や防振対策が重要となる．
(2) 外部騒音が同じ場合，コンサートホール・オペラハウスの方が録音スタジオよりも高い遮音性能が求められる．
(3) 空気伝搬音を低減するためには，窓・壁・床等を遮音する必要がある．
(4) 設備機器などの振動が建築躯体内を伝搬して居室の内装材から放射される音は，固体伝搬音である．
(5) 寝室における騒音について，骨伝導で感知される固体伝搬音についても確認するため，立位・座位・仰臥位で評価する．

問170-4 音・振動環境の保守管理に関する次の記述のうち，最も不適当なものはどれか．（2015年問題87）
(1) 室内の平均的な音の大きさを評価するためには，多くの点で測定し，測定値を平均化することが望ましい．
(2) 扉の日常的な開閉により，ゴムパッキンが切れたり，ずれたりすることで，遮音性能が低下することがある．
(3) 対象となる騒音・振動を測定するには，暗騒音・暗振動が大きい時間帯に実施することが望ましい．
(4) 風・地震等により建築物の層間変位が起こり，壁や床に隙間が生じ，遮音性能が低下することがある．
(5) 設備機器の振動による固体伝搬音の対策として，振動源の発生振動低減や防振対策が重要である．

171　光と照明，昼光照明，測光量

光束とは，光源の明るさを人間の感じる量で表したものである．単位は〔lm〕（ルーメン）．照度とは，照らされる面の明るさを単位面積当たりの光束で表したものである．単位は〔lx〕（ルクス）．

問171-1　光と照明に関する次の記述のうち，最も不適当なものはどれか．（2020年問題86）

(1) 光色は，色温度が高くなるにしたがって，赤い色から青っぽい白色に変化する．

(2) 事務所における文書作成作業においては，製図作業よりも高い維持照度が求められる．

(3) 光色が同じであっても，蛍光ランプとLEDとでは分光分布が異なる．

(4) 観測者から見た照明器具の発光部の立体角が大きいほど，照明器具の不快グレアの程度を表すUGRの値は大きくなる．

(5) 基準光で照らした場合の色をどの程度忠実に再現できるかを判定する指標として，演色評価数が用いられる．

問171-2　測光量に関する次の文章の〔　　　〕内に入る語句の組合せとして，最も適当なものはどれか．（2019年問題86）

「照度は〔　ア　〕当たりに入射する光束であり，単位は通常〔　イ　〕と表される．光度は〔　ウ　〕当たりから放出される光束であり，単位は通常〔　エ　〕と表される．」

	ア	イ	ウ	エ
(1)	単位面積	lx	単位立体角	cd/m²
(2)	単位面積	lx	単位立体角	cd
(3)	単位面積	lm	単位立体角	cd
(4)	単位立体角	cd	単位面積	cd/m²
(5)	単位立体角	lm	単位面積	cd

問171-3 光に関する用語の説明として、誤っているものは次のうちどれか.
(2017年問題89)
- (1) 照度均斉度 ——— 一定期間使用した後の作業面上の平均照度と初期平均照度との比
- (2) 輝度 ——— 観測方向から見た見かけの面積当たりの光度
- (3) 演色性 ——— 基準光で照らした場合の色を、どの程度忠実に再現しているかを判定する指標
- (4) 照度 ——— 単位面積当たりに入射する光束
- (5) 昼光率 ——— 全天空照度に対する室内のある点の昼光による照度の比率

問171-4 昼光照明と窓に関する次の記述のうち、最も不適当なものはどれか.
(2015年問題88)
- (1) 設計用全天空照度は、快晴よりも薄曇りの方が低い.
- (2) 同じ面積であれば、側窓より天窓の方が多く昼光を採り入れられる.
- (3) グローバル照度(全天照度)は、直射照度と全天空照度の合計値である.
- (4) 間接昼光率は、室内の反射率の影響を受ける.
- (5) 昼光率は、窓ガラスの透過率の影響を受ける.

172 ランプ，光源，照明器具

事務室の人工照明の主流は、商用周波蛍光灯から高周波蛍光灯、そして、発光ダイオード (LED) へと変遷している。それに伴い、今後、ますますLEDに関する出題が多くなると推測される。

問172-1 ランプに関する用語の組合せとして、最も不適当なものは次のうちどれか. (2020年問題87)
- (1) 蛍光ランプ ——————— 低圧放電
- (2) エレクトロルミネセンス(EL) ——— 電界発光
- (3) 発光ダイオード(LED) ————— 放電発光
- (4) 白熱電球 ——————— 温度放射
- (5) 水銀ランプ ——————— 高輝度放電

問172-2 各種光源の相対分光分布を下の図中に示している．最も適当な組合せは次のうちどれか．（2018年問題88）

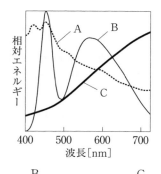

	A	B	C
(1)	白熱電球 ———	照明用LED ———	北の青空光
(2)	白熱電球 ———	北の青空光 ———	照明用LED
(3)	北の青空光 ———	照明用LED ———	白熱電球
(4)	北の青空光 ———	白熱電球 ———	照明用LED
(5)	照明用LED ———	白熱電球 ———	北の青空光

問172-3 照明器具に関する次の記述のうち，最も不適当なものはどれか．（2013年問題90）

(1) 照明率は，光源の設計光束維持率の影響を受けない．

(2) 照明率は，照明器具の清掃間隔の影響を受ける．

(3) 保守率は，照明器具構造の影響を受ける．

(4) 保守率は，室内の粉じん発生量の影響を受ける．

(5) 保守率は，使用する光源の種類の影響を受ける．

問172-4 照明に関する次の記述のうち，最も不適当なものはどれか．（2012年問題88）

(1) 白熱電球の色温度は，2 800 K 程度である．

(2) 蛍光ランプの発光効率は，一般に 50〜100 lm/W である．

(3) 照明率は，室内表面の反射率の影響を受ける．

(4) ブラケットは，壁，柱に取り付ける照明器具である．

(5) LEDランプは，HIDランプの一種である．

173　点光源直下の照度

照度E〔lx〕は光度I〔cd〕に比例し，光源からの距離r〔m〕の2乗に反比例する．
照度E〔lx〕$= \dfrac{光度 I 〔cd〕}{距離 r^2 〔m〕}$　　この公式を憶えておくことが必須である．

問173-1　点光源直下3.0mの水平面照度が450 lxである場合，点光源直下1.0mの水平面照度として，最も近いものは次のうちどれか．（2021年問題90）

(1)　　450 lx

(2)　　900 lx

(3)　1 350 lx

(4)　4 050 lx

(5)　4 500 lx

問173-2　点光源直下2.0mの水平面照度が300 lxである場合，点光源直下3.0mの水平面照度として，最も近いものは次のうちどれか．（2018年問題89）

(1)　100 lx

(2)　130 lx

(3)　200 lx

(4)　450 lx

(5)　670 lx

174　水平面照度・法線照度

太陽光の法線照度と太陽高度から水平面照度を求める問題が多いので，少なくとも以下の三角関数の値を頭に入れておこう．$\sin 30° = 1/2 = 0.5$，$\sin 45° = \sqrt{2}/2 \fallingdotseq 0.707$，$\sin 60° = \sqrt{3}/2 \fallingdotseq 0.866$

問174-1　地表における直射日光による法線面照度が80 000 lxのとき，直射日光による水平面照度として，最も近いものは次のうちどれか．ただし，このときの太陽高度は60度とする．（2019年問題88）

(1)　35 000 lx

(2)　40 000 lx

(3)　55 000 lx

(4)　70 000 lx

(5)　80 000 lx

問174-2　地表における直射日光による法線照度が90 000 lxのとき，直射日光による水平面照度として最も近いものは次のうちどれか．ただし，このときの太陽高度は30度とする．（2016年問題89）

(1)　23 000 lx

(2)　30 000 lx

(3)　39 000 lx

(4)　45 000 lx

(5)　78 000 lx

175　ランプ灯数

実際の出題パターンはランプ灯数を問うものがほとんどで，以下の公式を使用する．

$$ランプ灯数N = \frac{作業面照度E \times 床面積A}{1灯当たりの光束F \times 照明率U \times 保守率M}$$

問175-1　ある部屋の作業面の必要照度が500 lxであった．ランプ1灯当たりの光束が2 000 lmのランプの必要灯数として，最も近いものは次のうちどれか．（2020年問題88）

ただし，その部屋の作業面面積は50 m²，照明率を0.6，保守率を0.7とする．

(1)　12灯

(2)　18灯

(3)　20灯

(4)　30灯

(5)　80灯

問175-2 ある部屋の作業面の必要照度が750 lxであった．ランプ1灯当たりの光束が2 500 lmのランプの必要灯数として，最も近いものは次のうちどれか．（2017年問題90）

ただし，その部屋の床面積は80 m²，照明率を0.5，保守率を0.75とする．

- (1) 　24灯
- (2) 　32灯
- (3) 　48灯
- (4) 　64灯
- (5) 　100灯

176　光環境の保守

照明器具の光源の交換は，ビル管理の現場で日常行う機会が多い業務の一つである．照明器具の光源の交換方式には，個別交換方式と集団交換方式がある．集団交換方式は，一斉交換方式とも呼ばれている．

問176-1 照明施設の保守に関する次の記述のうち，最も不適当なものはどれか．（2019年問題89）

- (1) 照明器具の保守率は，照明施設の管理状況によらず，光源，照明器具の性能のみで決まる．
- (2) LED照明器具の場合，周辺環境の清浄度が同じであれば，露出形と完全密閉形の設計光束維持率は同等である．
- (3) 既設の蛍光ランプ用照明器具のランプを直管形LEDランプで代替する場合，適切なランプと照明器具の組合せでないと，照明器具の焼損や火災を招くおそれがある．
- (4) 光源の交換と清掃の時期を合理的に組み合わせることが，所要照度の維持にとって望ましい．
- (5) JIS C 8105-1によれば，照明器具の適正交換の目安は，累積点灯時間30 000時間としている．

問176-2 光環境の保守に関する次の記述のうち，最も不適当なものはどれか．
（2018年問題90）

(1) 保守率は，照明施設をある期間使用した後の作業面上の平均照度と初期平均照度との比で表される．

(2) 周辺環境の清浄度が同じ場合，下面開放形の照明器具よりも，完全密閉形の照明器具の方が設計光束維持率が低い．

(3) 蛍光ランプは，白熱電球やHIDランプ（高輝度放電ランプ）と比べ，周辺温度による光束変動が大きい．

(4) 水銀ランプやメタルハライドランプの光束は，白熱電球や蛍光ランプ，高圧ナトリウムランプよりも点灯姿勢による影響を受けやすい．

(5) 照明器具の清掃間隔は，汚れによる照度低下によって損失する照明費をちょうど1回分の清掃費で相殺できる期間が，最も経済的な清掃間隔である．

問176-3 光環境の保守に関する次の記述のうち，最も不適当なものはどれか．
（2014年問題90）

(1) 日本の事務所建築では光源の交換方式として，集団交換方式より個別交換方式が多い．

(2) 光源の設計光束維持率は，点灯時間の経過に伴う光源自体の光束減退などによる照度低下を補償するための係数である．

(3) 高圧ナトリウムランプは，点灯姿勢による影響を受けやすい．

(4) 保守率は，使用する光源の種類，照明器具の構造等によって左右される．

(5) ハロゲン電球は，一般に蛍光ランプより寿命が短い．

科目
3

空気環境

177 　設計光束維持率

光源の設計光束維持率曲線に関する図示問題が出題されている．曲線は上から，ナトリウム灯・水銀灯・蛍光灯・メタルハライドランプ（標準形・低始動電圧形）の順であり，「那須の蛍を愛でる」と覚えよう．

問177-1　下の図の(1)〜(5)に示す光源の設計光束維持率曲線とその光源との組合せとして，最も不適当なものは次のうちどれか．（2015年問題90）

(1)　高圧ナトリウムランプ

(2)　蛍光水銀ランプ

(3)　蛍光ランプ

(4)　メタルハライドランプ

(5)　一般照明用白熱電球

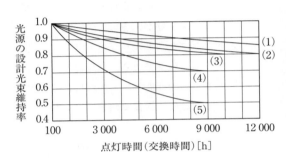

178 　自動制御

空気調和設備などの建築物設備の自動制御方式，検出器などの自動制御機器について出題される．設備管理の実務においても，自動制御を把握することは重要である．自動制御を制する者は設備管理を制する．

問178-1　空気調和設備の自動制御機器として利用される検出器に関する次の文章の[　　　]内に入る語句の組合せとして，最も適当なものはどれか．（2012年問題90）

[　ア　]は，線膨張係数が異なる2種類の薄い金属板を貼り合わせ，周囲の温度変化による金属の伸縮差を利用し，電気式調節器の[　イ　]制御に利用される．

	ア		イ
(1)	ベローズ	————	比例
(2)	白金測温抵抗体	————	比例
(3)	ダイヤフラム	————	二位置
(4)	バイメタル	————	二位置
(5)	リモートバルブ	————	積分

094　熱，音等の単位

問094-1　正解（1）

輝度の単位は，cd/m^{2}である．

問094-2　正解（1）

比エンタルピーは，乾き空気1kg当たりの湿り空気のもっている熱量で，単位はkJ/kg(DA)である．

問094-3　正解（5）

熱伝導抵抗は，その物質の厚さを熱伝導率で除した値で，単位は，m^2·K/Wである．なお，選択肢にはないが，熱伝導率は，熱の伝わりやすさを表す物性で，単位はW/(m·K)である．

問094-4　正解（1）

音の強さの単位は，W/m^{2}である．

095　用語，略語，数値

問095-1　正解（2）

発光ダイオードに関係が深いのは，LEDランプである．なお，HIDとは高輝度放電のことで，HIDランプは，高圧水銀ランプ，メタルハライドランプ，高圧ナトリウムランプなどの総称である．

096　放射率，吸収率

問096-1　正解（1）

一般に，白っぽい材料では長波長放射率0.9，日射吸収率0.1程度，黒っぽい材料では長波長放射率，日射吸収率ともに0.9程度，光ったアルミ箔では長波長放射率，日射吸収率ともに0.1程度である．なお，日射吸収率が小さく，可視光が反射するため，白っぽく見えると考えられ

ている．

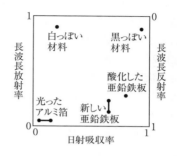

問096-2　正解（5）

ペンキと金属では，ペンキのほうが長波長を放射する．黒色と白色では，黒色のほうが日射吸収率は高い．光ったアルミ箔と酸化した亜鉛鉄板では，アルミ箔のほうが太陽光反射率は大きいから日射吸収率は低い．

問096-3　正解（2）

ペンキと金属では，ペンキのほうが長波長を放射する．黒色と白色では，黒色のほうが日射吸収率は高い．光ったアルミ箔と亜鉛鉄板では，アルミ箔のほうが太陽光反射率は大きいから日射吸収率は低い．

097　壁内の定常温度分布

問097-1　正解（5）

部材を流れる単位面積当たりの熱流量は，A，B，C部材のどれも同じである．

問097-2　正解（5）

設問の図は，木材の壁の室内側に断熱をしているので，内断熱とした冬期暖房時の壁内定常温度分布を示したものである．木材の壁を室外側とした場合，当然，

木材の壁の温度勾配は小さい．つまり，Cのような温度勾配となる．また，壁内結露を防止するためには，防湿層をウに設けることが有効といえる．

問097-3 正解 (1)

定常状態では，壁内を流れる熱流は各部とも等しい．なお，温度勾配が大きいほうが熱伝導率が小さく，熱を伝えにくい．この壁構造は外断熱構造である．

098　伝熱計算

問098-1 正解 (3)

$$Q = K \times A(t_i - t_o)$$

ここで，Q：熱貫流量〔W〕
K：熱貫流率〔$W/(m^2 \cdot K)$〕
A：壁体面積〔m^2〕
t_i：室内気温〔℃〕
t_o：屋外気温〔℃〕

壁体の総合的な熱の伝わりやすさが熱貫流率 K〔$W/(m^2 \cdot K)$〕で，伝わりにくさが熱貫流抵抗 R〔$(m^2 \cdot K)/W$〕であり，両者は逆数の関係にある．

題意から，

$K = 1 \div 2.0 = 0.5$〔$W/(m^2 \cdot K)$〕
$A = 8$〔m^2〕
$t_i = 20$〔℃〕
$t_o = -5$〔℃〕

したがって，

$Q = 0.5 \times 8 \times \{20 - (-5)\} = 100$〔W〕

問098-2 正解 (4)

熱貫流率の計算は，通常，各部の熱抵抗の和で求めるが，これにより，壁体各部の温度分布を知ることができる．これを数式で表すと，

$$t_i - t_x = \frac{R_x}{R_t}(t_i - t_o)$$

ここで，
t_i：室内温度〔℃〕
t_o：室外温度〔℃〕
t_x：壁体の任意の部分の温度〔℃〕
R_t：熱貫流抵抗(熱貫流率の逆数)
R_x：高温側の空気から任意の部分までの熱抵抗の和(熱貫流率の逆数)

題意から，
$t_i = 24$℃
$t_o = 4$℃
$R_t = 1/4 = 0.25$
$R_x = 1/10 = 0.10$

なお，R_xは，室内温度が室外温度よりも高いので，室内側熱伝達抵抗の和としているが，本問では，壁体材料は一つであると考えられる．

したがって，

$$24 - t_x = \frac{0.10}{0.25}(24 - 4)$$

$$t_x = 24 - 0.4 \times 20 = 24 - 8 = 16〔℃〕$$

問098-3 正解 (5)

$$Q = K \times A(t_i - t_o)$$

ここで，Q：熱貫流量〔W〕
K：熱貫流率〔$W/(m^2 \cdot K)$〕
A：壁体面積〔m^2〕
t_i：室内気温〔℃〕
t_o：屋外気温〔℃〕

題意から，
$K = 1 \div 0.5 = 2.0$〔$W/(m^2 \cdot K)$〕
$A = 3 \times 3 \times 5 = 45.0$〔$m^2$〕
$t_i = 30$〔℃〕
$t_o = 10$〔℃〕

したがって,

$Q = 2.0 \times 45.0 \times (30 - 10) = 1\,800〔\mathrm{W}〕$

なお, 壁体面積〔m^2〕は, 床の貫流熱流がないという条件であるので, 床を除く5面として計算した.

問098-4 正解(3)

$q \times R = 15〔\mathrm{K}〕 (= 室内と屋外の温度差)$

ここで, q：外壁の単位面積当たりの熱流量〔$\mathrm{W/m}^2$〕

R：熱貫流抵抗〔$\mathrm{m}^2 \cdot \mathrm{K/W}$〕

$R = \dfrac{1}{室内側熱伝達率} + \mathrm{A}部材の熱伝導抵抗$
$+ \mathrm{B}部材の熱伝導抵抗 + \dfrac{1}{屋外側熱伝達率}$

$= 0.1 + 0.95 + 0.4 + 0.05 = 1.5〔\mathrm{m}^2 \cdot \mathrm{K/W}〕$

$q = 15〔\mathrm{K}〕 \div 1.5〔\mathrm{m}^2 \cdot \mathrm{K/W}〕 = 10〔\mathrm{W/m}^2〕$

099　熱移動, 熱伝導

問099-1 正解(1)

材料の色への影響要因は, 長波長放射率, 日射吸収率であり, 放射熱伝達率は関係がない.

放射による熱量の移動は壁間の温度差に比例する. 放射熱伝達率はその比例係数のことをいい, 常温で室内の放射率が0.9程度とすれば, 放射熱伝達率は4.5〔$\mathrm{W/}$ ($\mathrm{m}^2 \cdot \mathrm{K}$)〕程度となる.

問099-2 正解(1)

一般に, 同一材料でも内部に水分を多く含むほど, 熱伝導率は大きくなる. なお, 熱伝導率の逆数である熱伝導抵抗は, 当然, 小さくなる.

問099-3 正解(4)

固体内の熱流は, 局所的な温度勾配に

熱伝導率を乗じて求められる.

問099-4 正解(3)

壁表面から射出される単位面積当たりの放射熱流量は, 壁表面の絶対温度の4乗に比例する.

$q = \varepsilon \sigma T^4$

ここで, q：放射熱流量〔$\mathrm{W/m}^2$〕

ε：放射率

σ：シュテファン・ボルツマン定数

$(5.67 \times 10^{-8}〔\mathrm{W/m}^2 \cdot \mathrm{K}^4〕)$

T：物体表面の絶対温度〔K〕

100　熱放射

問100-1 正解(5)

下図のように, 光ったアルミ箔は, 日射吸収率が小さく, 長波長放射率も小さい.

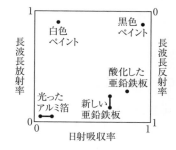

問100-2 正解(3)

単位面積当たりの放射熱流量 q〔$\mathrm{W/m}^2$〕は, 次式で表される.

$q = \varepsilon \sigma T^4$

ここで, ε：放射率

σ：シュテファン・ボルツマン定数

T：絶対温度

すなわち，物体表面から放射される単位面積当たりの放射熱流量は，放射率とシュテファン・ボルツマン定数と絶対温度の4乗の積で表される．

101　結露，湿気

問101-1　正解（5）

内部結露を防ぐための方策としては，水蒸気圧が高い断熱層の室内側に防湿層を設ける方法が一般的に採用されている．

問101-2　正解（2）

絶対湿度とは，空気中の水蒸気の質量を，同じ空気中の乾き空気の質量で除したものである．

問101-3　正解（4）

躯体の入隅部分などでは，局所的に断熱が途切れることがある．このような部分では建築物の内外が熱的につながったような状態となることから，これを熱橋という．熱橋となった部分では，局所的に結露が発生しやすくなる．

102　浮遊粒子の動力学的性質

問102-1　正解（3）

ア　終末沈降速度は，粒径の小さな粒子ほど数値は小さい．

イ　拡散係数は，ストークス－アインシュタインの式によって粒子の大きさに反比例するので，粒径が大きくなると数値が小さくなる．

ウ　気流に平行な垂直面への沈着速度は，粒径が大きくなると数値が小さくなる．

エ　粒子が気体から受ける抵抗力は，粒子の流体に対する相対速度の2乗に比例するので，粒径の小さな粒子ほど数値は小さくなる．

したがって，解答は（3）アとエとなる．

問102-2　正解（3）

（1）エアロゾル粒子が気相中を移動し，壁面（固体・液体）に到達して付着する現象を沈着といい，沈着した粒子が壁面から離れて再び気相に取り込まれる現象を再飛散という．

（2）ストークス流れとは，物体の大きさが小さい場合に，層流れの中で慣性の法則を無視した流れが起きる領域のこと．室内で一定の気流の条件では，再飛散はほとんどない．

（3）沈着速度は，単位時間当たりの沈着量を気中濃度で除した値である．

（4）粒子の表面付着力は，主として，ファンデルワールス力，静電気力，吸着液体の皮膜による表面張力である．ファンデルワールス力とは，原子や分子の間に働く引力または反発力のこと．

（5）粒子の沈着に加わる外力には，重力・慣性力・静電気力・拡散などが挙げられる．気流に平行な鉛直壁面への沈着数は，等濃度の場合，拡散によって，小粒径粒子ほど多くなる．

問102-3　正解（3）

（1）抵抗係数は，粒子が小さくなると，気体の分子運動の影響を受けやすくなる．

（2）抵抗係数は，ストークス域ではレイノルズ数に反比例する．

(4) 粒子の抵抗は，ニュートン域ではレイノルズ数に比例する．

(5) 粒子の抵抗は，粒子の体積に反比例する．

問102-4　正解 (1)

ストークス域では，抵抗係数はレイノルズ数に反比例する．

なお，抵抗係数は，レイノルズ数が2未満であるストークス域では，以下のような式となる．

抵抗係数＝24÷レイノルズ数

103　エアロゾル粒子と粒径

問103-1　正解 (1)

エアロゾル粒子の粒径範囲は，おおむね，霧雨200〜500μm，花粉10〜100μm，バクテリア0.3〜30μm，ウイルス0.05〜0.5μmである．したがって，大きい順に並べた場合，霧雨＞花粉＞バクテリア＞ウイルスとなる．

問103-2　正解 (3)

エアロゾル粒子のように小さい粒子は，形が球状ではない場合がある．その場合，幾何学形状で算出するのを「幾何相当径」，「仮想粒子」と同じ測定量とするものを「物理相当径」という．

幾何相当径：定方向径，円等価径

物理相当径：空気力学径，ストークス径，光散乱径，電気移動度径

問103-3　正解 (4)

(1) 海岸砂は，100〜2 000μmである．

(2) ウイルスは，10〜400nmである．

(3) 花粉(スギ)は，約30μmである．

(5) 細菌は，1μm内外である．

104　流体，ベルヌーイの定理

問104-1　正解 (3)

開口部の流量係数は，開口部の形態によって異なるが，常に1.0以下で，通常の窓では0.6〜0.7である．

問104-2　正解 (1)

この式は，[ア　ベルヌーイの定理]と呼ばれ，各辺の第一項を[イ　動圧]，第二項を[ウ　静圧]，第三項を位置圧と呼ぶ．

問104-3　正解 (3)

開口部を通過する風量は，開口部前後の圧力差の平方根に比例する．

問104-4　正解 (1)

摩擦のないダクト中の流れを考えたとき，流れの上流側にA断面，下流側にB断面をとると，AB断面間に，単位時間に流入する流れと流出する流れの[ア　質量]は等しい．この関係を示す数式は[イ　連続の式]という．また，流れの運動エネルギーの保存を仮定すると，次のような[ウ　ベルヌーイの定理]を表す式が得られ，第一項を動圧，第二項を静圧，第三項を位置圧と呼ぶ．この式の各項の単位は[エ　Pa]である．

$$\frac{1}{2}\rho U^2 + P + \rho gh = 一定$$

ここで，ρ：密度

U：速度

P：圧力(静圧)

g：重力加速度

h：高さ

105　空気力学

問105-1　正解（2）

　直線ダクトの圧力損失は，<u>風速の２乗に比例</u>する．

問105-2　正解（1）

　円形ダクトの圧力損失は，<u>ダクト直径</u>に反比例する．

問105-3　正解（4）

　浮力に対する慣性力の比を表す無次元数は，<u>リチャードソン数</u>である．レイノルズ数は，粘性力に対する慣性力の比を表す無次元数である．

問105-4　正解（1）

　円形ダクトの圧力損失は，ダクト直径に反比例する．

106　ダクト内圧力

問106-1　正解（2）

　ベルヌーイの定理により，気体の場合，次式が成り立つ．

$$動圧 = \frac{\rho U^2}{2}$$

　ここで，ρ：密度〔kg/m^3〕
　　　　　U：速度〔m/s〕
空気の密度を1.2kg/m^{3}として，

$$動圧 = \frac{1}{2} \times 1.2 \times 16 = 9.6 〔Pa〕$$

問106-2　正解（4）

　前問で示した動圧の式を用い，空気の密度を1.2kg/m^{3}として，

$$動圧 = \frac{1}{2} \times 1.2 \times 25 = 15 〔Pa〕$$

107　空気の流動，ドラフト

問107-1　正解（5）

　開口部の流量係数は，開口部の形態によって異なるが，常に1.0以下で，通常の窓では0.6〜0.7である．

問107-2　正解（2）

　図のBは，側壁下部からの水平吹出しで，Dは天井からの下向き吹出しである．暖房時に好ましい方式はBとDで，Bの場合，十分吹出し速度が大きいと，噴流の方向に沿ってドラフトが生じる場合があるけれども，上下温度差を小さくすることができる．また，Dの場合，居住域部分に，一部，速度の速い領域が生じるけれども，温度分布は一様となりやすい．

問107-3　正解（4）

　壁面上部からの水平吹出しの空気調和方式では，下図のように冷房時ではなく<u>暖房時に，上部に滞留域を生じて，上下温度差が大きくなり，壁からのコールドドラフトを生じやすい．</u>

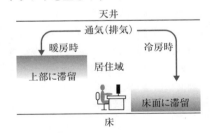

問107-4　正解（2）

　側壁上部からの水平吹出しの場合，暖房時のような温風は，居住域に滞留域が生じて，上下温度差が大きくなり，<u>壁からのコールドドラフトを生じやすいの</u>

で，吹出し速度を慎重に調整する必要がある．

108　換気

問108-1　正解（2）

電気集じん機は，粒子状物質の除去に利用できる．

問108-2　正解（4）

本問は，1人当たりの必要換気量を約33m³/hとして，1人当たりの専有面積〔m²/人〕と必要換気量〔m³/（h·m²）〕を室用途別にまとめた問題である．その中で，事務所（一般）は，1人当たりの専有面積は4.2m²/人，必要換気量は7.2m³/（h·m²）である．

問108-3　正解（5）

感染症室などの汚染室の換気では，第3種換気方式に代表されるように，室内の圧力を周囲よりも低くし，負圧とする．

問108-4　正解（1）

換気量は，室内空気の二酸化炭素濃度で決める．1人当たりの必要換気量も，呼気の二酸化炭素排出量から計算される．

問108-5　正解（2）

ハイブリッド換気とは，自然換気の省エネルギー性と機械換気の安定性という両者の長所を活かした換気方式である．一方向の流れとなるように清浄空気を供給し，そのまま排気口へ押し出すのは，整流方式である．

問108-6　正解（3）

ボイラー室は火気を使用することを前提としているので，燃焼用の新鮮空気の

安定供給が困難になる可能性がある第3種機械換気（排気のみ機械）は採用しない．

109　自然換気

問109-1　正解（2）

温度差による換気量は，開口部面積に比例し，室内外の温度差と，中性帯（中間のある高さで室内外圧力差が0となる面）と開口部との高さの差の平方根に比例する．なお，設問が「温度差による換気力」という表現であれば，正しい文章と言える．

問109-2　正解（2）

換気量は，外部の自然風の風速に比例し，開口部①と②の風圧係数の差の平方根に比例する．

110　機械換気方式

問110-1　正解（4）

第3種換気方式の特徴として，周囲に汚染空気を出してはならない室に適用されることから，感染症室，厨房などが，それに該当する．

111　空気汚染物質

問111-1　正解（4）

ホルムアルデヒド（HCHO）は，無色透明の水溶性の有機化合物で，毒性が強く，酸化メチレン，メタナールとも呼ばれている．室内環境では，複合フローリング材，合板などに使用される接着剤，衣類の仕上げ加工剤などから発生する．

問111-2　正解（1）

オゾン（O_3）は，大気汚染物質の一つ

である光化学オキシダントの主成分として知られ，主に紫外線の光化学反応で生成される．オゾンは，常温で特異な刺激臭をもつ不安定な気体であり，一酸化窒素と結合し，二酸化窒素と酸素を生成する．室内では，コピー機，レーザープリンタなど，高電圧を利用している機器から発生するほか，抗菌，脱臭などを目的として用いられているオゾン発生器からの漏洩も問題となる．

問111-3　正解（2）

アスベストは，自然界に存在するケイ酸塩の繊維状鉱物のことをいい，一般に石綿と呼ばれている．

問111-4　正解（2）

におい物質は，アミノ酸分解によって生じる揮発性物質がほとんどで，室内で発生する代表的なものに，体臭，喫煙臭，燃焼臭，燃焼排気臭，台所臭，トイレ臭，配管臭などがある．

112　非電離放射線

問112-1　正解（1）

放射線は，非電離放射線と電離放射線に分類される．非電離放射線は，紫外線の一部，可視光線，赤外線，テレビ・ラジオなどの電波など，周波数が3 000兆ヘルツ〔Hz〕以下の電磁波であり，生体組織の分子・原子を電離，励起するようなエネルギーをもたず，発がんや突然変異などの生体作用を示さない．一方，電離放射線は，周波数が3 000兆ヘルツ〔Hz〕を超えるα線，γ線，中性子線，エックス線などの電磁波で，物質をイオン化

する作用をもつ高エネルギー放射線であり，発がんや突然変異などの顕著な生体作用を及ぼすことがある．

113　空気汚染物質と発生源

問113-1　正解（5）

室内汚染物質のうち，フェノブカルブは，防虫剤，防蟻剤で使用され，接着剤には使用されていない．

問113-2　正解（1）

アセトアルデヒドは無色の液体で，合板の接着剤，合成樹脂，合成ゴムなどの原料として用いられ，独特の臭気と刺激性をもつ．また，たばこ煙にも含まれているため，喫煙によっても発生する．さらに，飲酒によって人体内でも生成される．コンクリートは，アセトアルデヒドの発生源ではない．

問113-3　正解（3）

ホルムアルデヒドの室内の発生源は，合板やフローリングに使用される合成樹脂や接着剤，また，たばこや暖房器具などから発生する燃焼排気ガスなどである．なお，コピー機，レーザープリンタなどは，室内のオゾンの発生源である．

問113-4　正解（2）

アスベストは，石油の燃焼によって発生するものではない．アスベストは，自然界に存在するケイ酸塩の繊維状鉱物のことをいい，一般に石綿と呼ばれている．

問113-5　正解（5）

アスペルギルスは，どこにでもいる真菌で，堆肥の山，通気口，空気中のほこりの中などによく見られ，主にその胞子

を吸い込むことでアスペルギルス症が起こる場合がある．なお，アスペルギルス症は，肺や副鼻腔内に，菌糸，血液のかたまり，白血球が絡まった球状のかたまりが形成される．また，咳に血が混ざったり，発熱，胸痛，呼吸困難が生じる場合もあり，さらに肝臓や腎臓に広がると，その器官の機能が低下することがある．

114　アレルゲンと微生物

問114-1　正解（1）

ウイルスは生きている細胞中で増殖するため，建材表面で増殖することはない．

問114-2　正解（3）

空調時の事務所建築物の室内では，浮遊細菌濃度よりも浮遊真菌濃度のほうが低い場合が多い．なお，室内浮遊細菌の発生源は主に在室者であり，空調システム内からの発生がない場合の室内浮遊真菌の発生源は主に外気であるといわれている．

問114-3　正解（1）

建築物衛生法では，浮遊粉じん，一酸化炭素，二酸化炭素，温度，相対湿度，気流，ホルムアルデヒドの量には基準があるが，ダニまたはダニアレルゲンに関する基準は定められていない．なお（4）のペニシリウムはアオカビ属のカビである．

問114-4　正解（2）

カビアレルゲンの大部分は，数 μm以上の粒子であり，ナノサイズの粒子ではない．

115　空気環境測定結果の推移

問115-1　正解（5）

建築物衛生法の測定対象である浮遊粉じん濃度における不適率は0～1％程度である．

問115-2　正解（3）

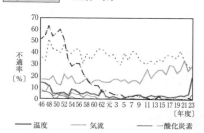

出典：『改訂　建築物の環境衛生管理』（公財）日本建築衛生管理教育センター，2015年

上図のように，二酸化炭素の含有率は，建築物衛生法施行時以降，平成10年度までの不適率は10～20％であったが，近年は30％前後で推移しており，不適率が漸増する傾向がみられる．

問115-3　正解（4）

前問の図のように，［浮遊粉じんの量］は，かつては，最も不適合率の高い項目であり，昭和50年代初頭までは，6割前後の不適合率であったが，その後急激に減少し，近年の不適合率は，0～1％程度である．

116　換気計算

問116-1　正解（3）

必要換気量Q〔m³/h〕は，次式で求められる．なお，室内の二酸化炭素濃度を建

築物環境衛生管理基準値以下に維持するために，1 000ppmを代入して計算する.

$$Q = \frac{CO_2\,発生量〔m^3/(h \cdot 人)〕}{室内CO_2濃度 - 外気CO_2濃度〔ppm〕} \times 10^6$$

$$= \frac{0.018 \times 16}{1\,000 - 400} \times 10^6 = 480〔m^3/h〕$$

問116-2　正解（4）

前問と同じ必要換気量の計算式（ザイデルの式）を用いる.

題意より，

$$Q = \frac{0.025〔m^3/(h \cdot 人)〕 \times 8〔人〕}{900 - 400〔ppm〕} \times 10^6$$

$$= 400〔m^3/h〕$$

問116-3　正解（4）

前問と同じ必要換気量の計算式（ザイデルの式）を用いる.

題意より，

$$Q = \frac{0.022 \times 6}{1\,000 - 400} \times 10^6 = 220〔m^3/h〕$$

問116-4　正解（3）

前問と同じ必要換気量の計算式（ザイデルの式）を用いる.

また，

$$N = \frac{Q \times 人数}{V}$$

ここで，N：必要換気回数〔回/h〕
V：室容積〔m^3〕

これにより，

$$Q = \frac{N \times V}{人数} = \frac{1.0 \times 20 \times 2.5}{2}$$

$$= 25〔m^3/(h \cdot 人)〕$$

したがって，

（室内CO_2濃度 - 外気CO_2濃度）

$$= \frac{CO_2\,発生量〔m^3/(h \cdot 人)〕}{Q〔m^3/(h \cdot 人)〕} \times 10^6$$

$$= \frac{0.02}{25} \times 10^6 = 800〔ppm〕$$

117　濃度計算

問117-1　正解（4）

題意より，まず，ホルムアルデヒドの分子量は，$1 + 12 + 1 + 16 = 30$である. 問題で与えられた式に数値を代入すると，

$$0.04 \times \frac{30}{22.41} \times \frac{273}{(273 + 20)} = 0.04989$$

$$\fallingdotseq 0.05〔mg〕$$

問117-2　正解（2）

必要換気量は以下の式から求められる.

$$Q = \frac{M}{C - C_0}$$

ここで，Q：必要換気量〔m^3/h〕
M：室内粉じん発生量〔mg/h〕
C：喫煙室の粉じん濃度〔mg/m^3〕
C_0：喫煙室に侵入する粉じん濃度〔mg/m^3〕

局所換気により排出される空気量が200m^3/h，たばこにより発生した粉じんの80%が直接，局所換気で排気され，残り20%は喫煙室に一様拡散し，喫煙室空気として排気されることから，

$$Q = \frac{200}{1 - 0.8} = 1\,000〔m^3/h〕$$

これにより，

$$1\,000〔m^3/h〕= \frac{150〔mg/h〕}{C - 0.05〔mg/m^3〕}$$

したがって,

$C = 150 \div 1\,000 + 0.05 = 0.20\,[\mathrm{mg/m^3}]$

問117-3　　　　　正解 (3)

問題で与えられたe^{mt}に関する式に,

$C = 0.02$

$C_s = 0.01$

$C_0 = 0.01$

$Q = 500$

$n = 1$

$t = 1$

を代入して計算すると,

$0.02 = 0.01 + (0.01 - 0.01)\dfrac{1}{2.7} + \dfrac{M}{500}\left(1 - \dfrac{1}{2.7}\right)$

$0.01 = \dfrac{M}{500}\left(1 - \dfrac{1}{2.7}\right)$

$\therefore M \fallingdotseq 7.94$

したがって, 5肢選択する数値で一番近い数値は, 8 mg/hである.

118　湿り空気

問118-1　正解 (1)

比エンタルピー$[\mathrm{J/kg(DA)}]$は, 乾き空気1 kg当たりの空気がもっている熱量であり, 比エンタルピーを求める式には, 相対湿度は入っていないことから関係性が低い. なお, 絶対湿度が同じ湿り空気では, 温度が高いほうが, 比エンタルピーは高くなる.

問118-2　正解 (3)

顕熱比とは, 顕熱の変化量と全熱の変化量との比である.

問118-3　正解 (4)

絶対湿度とは, 空気中の水蒸気質量を, 同じ空気中の乾き空気の質量で除したも

のである.

119　湿り空気線図

問119-1　正解 (3)

乾球温度22℃, 相対湿度60％の空気が, 表面温度15℃の窓ガラスに触れても結露はしない. 結露するのは, 表面温度が約14℃以下の場合である.

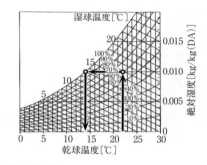

問119-2　正解 (3)

露点温度14℃の空気は, 乾球温度25℃において約50％の相対湿度となる.

問119-3　正解 (1)

混合空気の状態点をCとした場合, 湿り空気線図上では, A点とB点を結んだ直線を質量流量の逆比で内分した点となる. つまり, A点の空気300kg/h, B点の空気100kg/hを混合するので, AC間の距離:CB間の距離 = 1:3となり, 乾球温度28℃, 絶対湿度0.016kg/kg(DA)である.

湿り空気線図上のA点は, 乾球温度26℃, 絶対湿度0.013kg/kg(DA)である. また, B点は, 乾球温度34℃, 絶対湿度0.025kg/kg(DA)である. A点の空気300kg/hとB点の空気100kg/hを混合し

た空気は，乾球温度[ア　28℃]，絶対湿度[イ　0.016kg/kg(DA)]である．

問119-4　正解 (3)

湿り空気線図($h-x$線図)の原理は，空気の状態における，乾球温度，湿球温度，露点温度，相対湿度，絶対湿度，比エンタルピー，比容積のうち，二つの条件が与えられれば，他の条件が決まるというものである．風速はそれらの条件に含まれていない．

120　湿り空気線図上の変化

問120-1　正解 (3)

湿り空気線図上で，冷水コイル入口空気の状態点をA，コイル出口空気の状態点をBとし，乾球温度がA点と等しく，かつ絶対湿度がB点と等しい状態点をCとする．

A点，B点，C点の比エンタルピーをそれぞれh_A，h_B，h_Cとし，冷水コイルを通過する空気の質量流量をG[kg/h]とすると，冷水コイルによる除去熱量の潜熱分は[ア　$G(h_A-h_C)$]，顕熱分は[イ　$G(h_C-h_B)$]で表される．

問120-2　正解 (4)

エは，乾球温度がほぼ同じ(等温)で除湿する場合を示しており，一般には，除湿冷却と加熱の二つの状態変化の組み合わせによって実現する．

問120-3　正解 (5)

加湿の方法には，加圧スプレーなどを用いた水(噴霧)加湿，多量の温水を直接接触させて空気を加熱する温水加湿，水蒸気を空気中に噴霧する蒸気加湿に大別

できる．水(噴霧)加湿は，噴霧水の比エンタルピーを用いるので，湿り空気線図では，3の方向になる．温水加湿は，等湿温度線に沿って断熱的に熱交換が行われることと，水(噴霧)加湿と蒸気加湿の中間に近い状態であるので，湿り空気線図では，2の方向になる．さらに，蒸気加湿は，絶対湿度が急激に増加するので，湿り空気線図では，1の方向になる．

121　湿り空気線図と空調システム

問121-1　正解 (5)

冷水コイルによる冷却除湿では，冷水コイル内を通過する空気を完全に伝熱面に接触させることは不可能であり，一部の空気は伝熱面に接触することなく通過する．これをバイパス空気と呼ぶ．コイル出口では，このバイパス空気と，完全に伝熱面に接触した空気(装置露点温度)とが混合した空気の相対湿度となるため，相対湿度は100%にはならない．

問121-2　正解 (1)

暖房時の空気調和システムだから，室内空気e(ウ)と外気a(オ)は混合して，b(エ)となる．加熱器で加熱され温度が上がってc(イ)になり，加湿器で蒸発加湿され，送風機によって吹出口d(ア)で室内に送風される．したがって，ア＝d，イ＝c，ウ＝e，エ＝b，オ＝aとなる．

問121-3　正解 (4)

イ→オは冷却コイル(冷却器)で冷却除湿される状態を，オ→エは加熱コイル(加熱器)で加熱され，温度上昇した状態を示す．その後，送風機を経て，吹出口に

送風される.

したがって，dに相当するのは，「エ」である.

122　熱負荷

問122-1　正解（3）

空調熱負荷のうち，室内負荷の構成要素は，構造体負荷，ガラス面負荷，室内発生負荷，隙間風負荷，透湿熱負荷，間欠空調による蓄熱負荷であり，外気負荷は構成要素に入っていない.

問122-2　正解（3）

送風機による負荷は，一般に，暖房時には無視する. なお，そのほかに暖房時に無視する負荷としては，ポンプによる負荷がある.

問122-3　正解（1）

熱負荷計算における外気の単位は，一般にm^3/hが用いられる.

問122-4　正解（4）

最大暖房負荷の算定では，透過日射は，通常無視される（影響が大きい場合のみ考慮される）.

123　熱負荷の大小関係

問123-1　正解（3）

建築物の空気調和設計において，その建築物の目的に合った温湿度に保つために必要な冷却・加熱・減湿・加湿のための熱量の総称を熱負荷といい，室内負荷・空調機（装置）負荷・熱源負荷に大別され，その大小関係は，以下のとおりである.

　熱源負荷＞空調機（装置）負荷＞室内負荷

124　顕熱負荷，潜熱負荷

問124-1　正解（4）

外気負荷には，顕熱負荷と潜熱負荷の両方が含まれる.

問124-2　正解（3）

外気負荷は，空調機負荷に含まれる.

125　空調に関する用語

問125-1　正解（3）

ブリージングとは，コンクリート打設後，ペーストの中のセメントや骨材が沈降して，分離した水が浮く現象をいう.

- 編集部注：実際の試験問題では，（1）の選択肢に誤字があったため，（1）を選択しても正解扱いになったが，本書では，問題文を正しい表記に変更し掲載した.

問125-2　正解（2）

通気弁は，給排水衛生設備の一つであり，直接，空気調和に関連がない.

問125-3　正解（1）

気送管は，エアシューターともいい，専用の筒の中に書類などを入れて管の中を圧縮空気もしくは真空圧を利用して輸送する手段であり，直接，空気調和に関連していない.

126　空調方式

問126-1　正解（2）

変風量単一ダクト方式は，定風量単一ダクト方式と比較して，給気風量を可変としているため，必要となる新鮮外気量の確保に対策が必要である.

問126-2　正解（3）

定風量単一ダクト方式は，常時，一定

の給気風量が保たれることから，必要な新鮮外気量を確保しやすく，清浄度を含んだ室内空気質の維持には有利なシステムである．

問126-3　正解（5）

ターミナルエアハンドリングユニット方式は，空気−水方式に分類される．なお，ターミナルエアハンドリングユニット方式は，各室や細分化されたゾーンの空調に特化した小風量タイプの空気調和機である．

問126-4　正解（5）

放射冷暖房方式は，単独では新鮮外気の導入や室内空気循環による除じん機能をもたないので，他の空気調和方式と併用する必要がある．

127　個別空調方式

問127-1　正解（1）

分散設置の水熱源ヒートポンプ方式は，冷房と暖房が混在する場合に熱回収運転を行うことができる．

問127-2　正解（1）

パッケージ型空気調和機は，空気調和機の基本構成要素に冷凍機またはヒートポンプの機能を組み込んだ冷暖房兼用機であり，高い個別制御性が最大の特徴である．

問127-3　正解（1）

個別方式の空気調和設備の代表的な装置は，パッケージ型空気調和機（パッケージユニット）であり，現在，多用されているほとんどのものはヒートポンプ式冷暖房兼用機で，居室に必要な導入外気に対

する温湿度調整・空気浄化などの処理を専用に行う外調機を備えた外気処理機能は有していない．

問127-4　正解（4）

ビル用マルチパッケージは，現在では圧縮機のインバータ制御が主流である．

128　ファンコイル方式

問128-1　正解（3）

ファンコイルユニットは，熱負荷が過大となるペリメータゾーンに配置されることが多い．

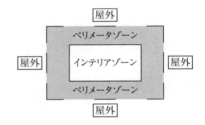

問128-2　正解（4）

ファンコイルユニットは，熱負荷が過大となるペリメータゾーンに配置されることが多い．

129　空調設備を構成する設備

問129-1　正解（1）

HEMSとは，「Home Energy Management System（ホーム・エネルギー・マネジメント・システム）」の略で，主に家庭で使用し，エネルギーを節約するための管理システムであり，総合的なビル管理システムには用いない．

問129-2　正解（3）

変風量単一ダクト方式は，給気ダクト

を介して吹出口から室へと吹き出す途中に変風量ユニットは設置するが，混合ユニットはない．なお，変風量ユニットと混合ユニットが設置されている空気調和方式は，外調機併用ターミナルエアハンドリングユニット方式である．

問129-3　正解 (1)

蓄熱システムの代表的な顕熱利用蓄熱材は，水である．

問129-4　正解 (4)

空気熱源ヒートポンプ方式は，一般的に採熱源は外気であり，外気との熱交換を行う屋外機と室内空気を温湿度調整する室内機を冷媒配管で結合した形態である．したがって，冷却塔は必要ない．

130　冷凍機

問130-1　正解 (3)

吸収冷凍機は，特別な運転資格を必要としない．

問130-2　正解 (1)

吸収冷凍機の吸収剤は，一般に，臭化リチウム (LiBr) 溶液が用いられる．

131　冷凍サイクル

問131-1　正解 (1)

蒸気圧縮冷凍サイクルにおける冷媒の標準的な状態変化は，モリエル線図上では，まず，点オから，圧縮機で気体の冷媒を圧縮し，冷媒の比エンタルピーが増加して，点アに至る．その後，凝縮器によって，点アから点イを経て，冷却させて冷媒が液化され，点ウの状態となる．そして，膨張弁で冷媒の圧力を下げられ，

点ウから点エの状態となる．さらに，蒸発器によって，低温の状態で気化させて気化熱を奪い取り，点オの状態となり，冷媒がガス化されるというサイクルをたどる．

つまり，以下の冷媒の状態変化を示している．

①点オ→点アの間は，圧縮機による冷媒の状態変化

②点ア→点ウの間は，凝縮器による冷媒の状態変化

③点ウ→点エの間は，膨張弁による冷媒の状態変化

④点エ→点オの間は，蒸発器による冷媒の状態変化

したがって，圧縮機の出口直後に相当する図中の状態点は，点アである．

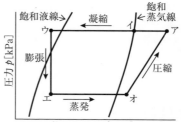

問131-2　正解 (1)

蒸気圧縮冷凍サイクルの構成機器には，再生器はない．再生器は，吸収冷凍サイクルの構成機器である．

132　蒸気圧縮冷凍機

問132-1　正解 (4)

自然冷媒を使用する機種では，通常の冷媒を使用する場合よりも高い圧縮比で

使用される.

　なお，圧縮比とは，吐出圧力を吸入圧力で割った値をいう.つまり，シリンダーのように密閉した容器に入っている気体を圧縮したときの体積の比で，たとえば，最初の体積をV_1，圧縮後の体積がV_2とすると，圧縮比は$\dfrac{V_2}{V_1}$となる.

問132-2　正解（4）

　蒸気圧縮冷凍サイクルは，気体の冷媒を圧縮機で圧縮し，凝縮器で冷却して液体をつくり，膨張弁で圧力を下げ，蒸発器で低温の状態で気化させて気化熱を奪い取る仕組みである．したがって，吸収器は，蒸気圧縮冷凍サイクルを構成する機器ではない．

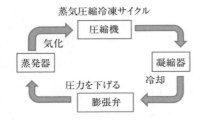

蒸気圧縮冷凍サイクル

問132-3　正解（3）

　蒸気圧縮冷凍サイクルにおける膨張弁の役割は，冷媒の圧力を下げることである．なお，蒸気圧縮冷凍サイクルは，気体の冷媒を圧縮機で圧縮し，凝縮器で冷却して圧力が高い液体をつくり，膨張弁で圧力を下げ，蒸発器で低温の状態で気化させて気化熱を奪い取る仕組みである．

133　吸収冷凍機

問133-1　正解（5）

　吸収冷凍機の冷凍サイクルは，一般に，再生器，凝縮器，蒸発器，吸収器で構成されており，冷媒（水）と吸収剤（臭化リチウム溶液など）の2種類の溶液が用いられている．再生器内と凝縮器内は高圧で，蒸発器内と吸収器内は低圧となっている．再生器は，加熱によって水分（冷媒）を蒸発させ，濃度の高い吸収剤に戻す役割のため，図のCは蒸気と考えられる．

　次に，冷媒溶液は圧力差によって蒸発器に送られ，冷水によって蒸発する．真空に近い状態で水をパイプにかけると，水は勢いよく蒸発し，気化熱によってパイプ内の水を冷やす．したがって，図のBは冷水である．

　さらに，凝縮器内では，水蒸気（冷媒）が冷却水の通っているパイプに触れると，凝縮して水に戻り，液化する．なお，一般に，凝縮器と冷却塔はつながっており，その部分が図中のAである．また，溶液ポンプも冷却する必要がある．したがって，図のAは冷却水である．

問133-2　正解（1）

　吸収冷凍機は，圧縮機の動力の代わりに再生器で加熱して，冷媒蒸気の分離を行う．熱を使用するので，蒸発圧縮冷凍機よりも大きい冷却塔が必要になる．

問133-3　正解（5）

　凝縮器では，再生器で分離された冷媒の水蒸気が冷却水で冷やされて液体の水に戻り，液体の水に戻った冷媒は，蒸発

器に供給される．したがって，冷媒は気化しない．

134　冷媒，熱媒

問134-1　正解（2）

HCFC系冷媒は，CFC系冷媒に替わるものとして，CFCに水素を加えることでオゾン層破壊の影響度を緩和したフロンであるが，オゾン破壊係数（ODP）は完全に0ではない．なお，HCFC系冷媒は，2020年を目途に全廃される予定である．

問134-2　正解（3）

冷媒は，フロン系冷媒と自然冷媒に大別される．アンモニアは，水，空気，二酸化炭素などの自然冷媒の一つに位置づけられており，環境負荷の面では，フロン系冷媒よりも優れている一方，安全性，経済性の面では，フロン系冷媒よりも劣る．

問134-3　正解（2）

パッケージ型空気調和機は，熱源と空気調和機を一体とし，高い個別制御性が最大の特徴である．熱源機は，標準的な蒸気圧縮冷凍サイクルを用いて，冷房用蒸発器（暖房用凝縮器），圧縮機，冷房用凝縮器（暖房用蒸発器），膨張弁などによって構成されている．熱媒としては，冷温水ではなく冷媒を使用する．

135　冷却塔

問135-1　正解（3）

開放型冷却塔は，循環する冷却水が直接空気に接触し，冷却水の一部が蒸発することによって残りの水が冷却されるもので，密閉型冷却塔に比べて小型で，送風機動力も低減できる．

問135-2　正解（3）

開放型冷却塔は，循環する冷却水が直接空気に接触し，冷却水の一部が蒸発することによって残りの水が冷却されるもので，密閉型冷却塔に比べて小型で，送風機動力も低減できる．

問135-3　正解（3）

密閉型冷却塔は，散布水系統の保有水量が少ないことに起因し，この部分での不純物の濃縮が激しいため，散布水系統に対する水質管理は厳密に行う必要がある．

136　地域冷暖房システム

問136-1　正解（4）

地域冷暖房システムは，個別の建築物の機械室スペースが小さくでき，有効用途面積が拡大し，収益性が増大することが期待できる．

問136-2　正解（1）

地域冷暖房は，集約化による省エネルギーでCO_2の排出負荷低減，集中化による排熱削減でヒートアイランド対策，適切な排ガス処理によって，大気汚染防止ができる．したがって，環境負荷は低減する．

137　熱源

問137-1　正解（2）

蓄熱システムにおける顕熱利用蓄熱体の主流は，水である．

問137-2　正解（2）

吸着冷凍機は，容器内で吸着材と呼ばれる固体吸着剤（シリカゲル，ゼオライトや活性炭などの多孔質材料）に水蒸気やアルコール蒸気などの冷媒を吸着・脱着させることで，吸収式冷凍機と同じ仕組みをもたせた冷凍機であるが，必ずしも高い成績係数が得られるとは限らない.

問137-3　正解（4）

21GJ/h以上の熱媒体を，不特定多数の需要家に供給する能力をもつ熱源プラントは，熱供給事業法の適用を受け，安定した熱供給が義務づけられている.

問137-4　正解（4）

真空式温水発生機は，空気を抽気することにより，缶体内を33kPa程度の真空に保持しながら水を沸騰させ，内蔵した暖房用および給湯用熱交換器に伝熱する構造のものである. 運転中の内部の圧力が大気圧よりも低いため，吸収冷温水機と同様，ボイラーとしての法的な適用を受けず，取扱い資格も不要である.

問137-5　正解（1）

ヒートポンプ方式は，1台の機器で冷熱源と温熱源としての動作が可能であり，冷房・暖房の切替えによって冷水または温水を製造する方式である. ガスまたは油を直接燃焼させ吸収冷凍機を用いるのは，直焚吸収冷温水機方式である.

138　ボイラー

問138-1　正解（2）

水管壁に囲まれた燃焼室を有する貫流ボイラーは，下の図のように，伝熱面積〔m²〕，最高使用圧力〔MPa〕によって，ボイラー技士を必要とする場合と，必要でない場合に分けられている.

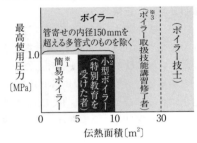

注1）気水分離器付きの場合

　※1　$D \leq 200$かつ$V \leq 0.02$に限る.

　※2　$D \leq 300$かつ$V \leq 0.07$に限る.

　※3　$D \leq 400$かつ$V \leq 0.4$に限る.

　ここで，D：気水分離器の内径〔mm〕

　　　　　V：気水分離器の内容積〔m³〕

注2）管寄せと気水分離器のいずれも有しない内容積が$0.004\,\text{m}^3$以下の貫流ボイラーであって，その使用する最高のゲージ圧力をMPaで表した数値と内容積をm³で表した数値との積が0.02以下のものは簡易ボイラーに含まれる.

問138-2　正解（2）

鋳鉄製ボイラーは，鋳鉄製のセクションによる組み合わせで，ボイラー容量を適量なものにできる一方，構造が複雑で，清掃が難しいので，スケール防止のため，装置系を密閉系で設計・使用するのが原則である.

問138-3　正解（5）

炉筒煙管ボイラーは，直径の大きな横型ドラムを本体とし，内部に設けた炉筒

（燃焼室）と直管の煙管群（対流伝熱面）から構成されている．なお，水管壁に囲まれた燃焼室を有するのは，<u>貫流ボイラー</u>である．

139　蓄熱方式

問139-1　正解（5）

躯体蓄熱システムにより蓄熱槽や熱源機器の容量が低減されるが，氷蓄熱に比べ，熱損失が[ア　大きく]，蓄熱投入熱量比が[イ　小さい]．また，放熱時の熱量制御は[ウ　困難]である．

問139-2　正解（2）

蓄熱槽を用いた蓄熱システムでは，日中に発生する冷房負荷のピークに対して，夜間につくって蓄えた冷熱と，日中につくった冷熱を合わせて対応する．そのため，蓄熱しないシステムで必要な設備容量の大きさと比べて，約半分程度に小容量化でき，<u>熱源設備容量が小さくて済む</u>ので，契約電力削減によって電気料金が低減できる．

140　熱交換系統

問140-1　正解（1）

多管式熱交換器は，蒸気－水熱交換器，水－水熱交換器の用途に用いられ，構造的にU字管式，全固定式，遊動頭式（フローティングヘッド式）に分類される．いずれの型式も，伝熱管には，銅管や鋼管のほか，ステンレス鋼管やニッケル銅合金管が用いられる．

問140-2　正解（4）

ヒートパイプは，構造・原理が簡単で

あり，熱輸送能力が高く，かつ，熱流が一方向で温度の均一性が高いなどの特徴がある．パソコン・家電用品における放熱素子などの用途に広く利用されているが，<u>全熱交換器ではない</u>．

問140-3　正解（2）

U字管式蒸気－水熱交換器は，多管式熱交換器の代表的なものであり，プレート式熱交換器と比較して，<u>伝熱面積は小さい</u>．一般に，プレート式熱交換器は，高性能でコンパクトであり，設置面積，荷重の点で優れている特徴がある．

問140-4　正解（4）

プレートフィン式冷温水コイルは，空気調和機内に設置される．たとえば，エアハンドリングユニットなどで使用されるもので，冷水コイルには通常5〜7℃の冷水が供給され，空気を冷却する．一方，温水コイルには通常40〜60℃の温水が供給される．<u>冷温水を製造する装置ではない</u>．

問140-5　正解（2）

水分の回収を必要としない厨房や温水プール，寒冷地方の空調用熱回収などの用途には，全熱交換器に代わって<u>顕熱交換器</u>が用いられる．

141　全熱交換器

問141-1　正解（1）

回転型全熱交換器は，円筒形のエレメントの回転によって熱交換を行う．一方，静止型は給排気を隔てる仕切り板を伝熱性と透湿性をもつ材料で構成し，顕熱と潜熱の熱交換を同時に行うもので，静止

型は，回転型に比べて，目詰まりを起こしやすい．

問141-2　正解（4）

　全熱交換器を使用する方式では，外気取入用系統は不必要である．逆に外気取入用系統があるとエネルギー効率が悪くなってしまうので，たとえば，外気冷房などの場合でも，全熱交換器をバイパスする回路を通す方法がとられる．

142　空気調和機

問142-1　正解（2）

　エアハンドリングユニットは，冷却，加熱のための熱源を内蔵していない．他の熱源設備から供給される冷水・温水・蒸気・水などを用い，冷却・加熱・減湿・加湿・混合・除じんなどを行い，各ゾーン・各室に処理空気をダクトによって送風する空調機である．

問142-2　正解（5）

(1) パッケージ型空調機には，圧縮機の駆動源として，電力ではなく，ガスエンジンを用いたガスエンジンヒートポンプ方式もある．

(2) ファンコイルユニットは，熱源として，冷媒ではなく，冷温水を利用する．

(3) パッケージ型空調機は，熱源と空調機を一体とし，高い個別制御性が最大の特徴である．

(4) エアハンドリングユニットは，小風量から大風量まで幅広いバリエーションがあり，使用目的に合わせて構成機器の組み合わせを変更することもできる．

問142-3　正解（1）

　多管式熱交換器は，蒸気-水熱交換器，水-水熱交換器の用途に用いられる．蒸気-水熱交換もしくは高温水-水熱交換の場合に適し，空調に使用する温度帯の冷水や温水を対象とした水-水熱交換器としては，プレート式熱交換器に比べ，やや不向きである．

問142-4　正解（1）

　エアハンドリングユニットは，冷却・加熱のための熱源をもたず，他の熱源設備から供給される冷水・温水・蒸気・水などを用い，冷却・加熱・減湿・加湿・混合・除じんなどを行い，各ゾーン・各室に処理空気をダクトによって送風する空調機である．電動機(モーター)，送風機(ファン)，ドレンパン，加湿器，熱交換器(コイル)，エアフィルターなどから構成されているが，膨張弁はない．

143　湿度，湿度調整，加湿

問143-1　正解（5）

　加湿装置は，方式によって，蒸気吹出し方式，水噴霧方式，気化方式に大別される．電熱式，電極式，赤外線式などは蒸気吹出し方式に，遠心式，超音波式，スプレーノズル式などは水噴霧方式に，エアワッシャ式，滴下式，透湿膜式などは気化方式に，それぞれ分類される．

問143-2　正解（3）

　冷却防湿方式は，空気を冷却し[ア　露点]温度以下にして水蒸気を凝縮分離する．吸収式防湿方式は，塩化リチウムなどの吸湿性の[イ　高い]液体吸収剤に

水蒸気を吸収させて除湿する．吸着式防湿方式は，［ウ　シリカゲル］などの個体吸着剤に水蒸気を吸着させて防湿する．

問143-3　正解（3）

加湿装置は，方式によって，蒸気吹出し方式，水噴霧方式，気化方式に大別される．水噴霧方式は，噴霧圧力，遠心力，超音波振動などを利用して水を霧状にし，空気中に放出して加湿する方式であり，短所の一つとして，給水中の不純物が放出されることがある．

問143-4　正解（4）

水噴霧式の加湿装置は，噴霧圧力，遠心力，超音波振動などを利用して水を霧状にし，空気中に放出して加湿する方式である．なお，温度降下を生じないという特長をもつ代表的な加湿装置は，蒸気吹出し式である．

144　送風機

問144-1　正解（5）

送風機の特性曲線は，グラフ上の横軸に風量をとり，縦軸に静圧などの圧力・効率・軸動力・騒音をとって表したものをいう．

特性曲線と同一グラフ上で，原点を通る二次曲線は，抵抗曲線である．

問144-2　正解（5）

送風機は，吐出し圧力が9.8kPaを境にして，ファンとブロワに分類される．空調用送風機はすべて，圧力が9.8kPa未満のファンに属し，特に約1.5kPa以下のものが多く用いられる．

問144-3　正解（4）

送風機に関連する用語として，揚程は不適当である．揚程が関連している機器は，ポンプである．

145　送風機の特性

問145-1　正解（4）

送風機の［ア　特性曲線］は，グラフの横軸に風量をとり，縦軸に［イ　静圧］をとって曲線Pのように示される．一方，送風系の抵抗曲線は，同じグラフ上に，原点を通る二次曲線Rとして示される．ここで，2曲線の交点Aは，運転点を示している．その送風量をQ_AからQ_Bに減少したい場合には，送風系の［ウ　ダンパ］を操作することで調整できる．

問145-2　正解（4）

送風機の特性曲線は，グラフの横軸に［ア　風量］をとり，縦軸に［イ　静圧］をとって示される．一方，送風系の［ウ　抵抗］曲線は，同じグラフ上に，原点を通る2次曲線として示される．ここで，二つの曲線の交点は，運転点を示している．

問145-3　正解（2）

送風機の［ア　特性曲線］は，グラフの横軸に風量をとり縦軸には［イ　静圧］をとってPのように示される．一方，送風系の抵抗曲線は，同じグラフ上に，風量の二次曲線Rとして示される．ここで，2曲線の交点Aは，運転点を示している．その送風量Q_Aが設計風量Q_Bよりも大きいことが判明した場合には，送風系の［ウ　ダンパ］を操作することで，設計

科目3　解答と解説

風量と同一となるように調整することができる.

146　ダクト

問146-1　正解（3）

　キャビテーションとは，流体が流動しているときに，ある部分における圧力がそのときの液体温度に相当する蒸気圧力以下になると，その部分で液体が局部的な蒸発を起こして気泡を発生する現象である.

問146-2　正解（4）

　ダクト系の構成要素では，継手には，たわみ継手，フレキシブル継手を使用し，可とう継手は使用しない.

147　ダクトと付属品

問147-1　正解（4）

　防火ダンパの温度ヒューズ型におけるヒューズ溶解温度は，一般換気用［ア　72℃］，厨房排気用［イ　120℃］，排煙用［ウ　280℃］である.

問147-2　正解（3）

　グリル型は軸流吹出口の一つで，誘引比と拡散角度が小さく，到達距離が長いのが特徴である.

　なお，誘引効果が高く，均一度の高い温度分布が得やすいのは，アネモ型のような，ふく流吹出口である.

問147-3　正解（5）

　スパイラルダクトと異なり，丸ダクトにははぜがないので，スパイラルダクトよりも強度は劣る.　なお，現在では，工場生産品として規格化されたスパイラル

ダクトが主流で，丸ダクトはあまり使用されていない.

問147-4　正解（5）

　たわみ継手は，主にダクトと吹出口を接続する際に，振動防止の目的で設けられる.

問147-5　正解（1）

　防煙区画を貫通するダクトには，煙感知器と連動して閉鎖する防煙ダンパ(SD)が設けられる.

148　吹出口，吸込口

問148-1　正解（4）

　軸流吹出口は，誘引比と拡散角度が小さく，到達距離が長いことが特徴である.

問148-2　正解（5）

　吹出口は，ふく流吹出口（天井ディフューザ），軸流吹出口，線状（スロット型）吹出口，面状吹出口に大別できる.アネモ型，パン型などはふく流吹出口（天井ディフューザ）に，ノズル型，グリル型などは軸流吹出口に，線状型は線状（スロット型）吹出口に，パネル型は面状吹出口に，それぞれ分類される.

問148-3　正解（5）

　吸込口の吸込気流には，吹出気流のような指向性がない.

問148-4　正解（4）

　ノズル吹出口は，軸流吹出口に分類される.　一般に，軸流吹出口は，誘引比と拡散角度が小さく，到達距離が長いことが特徴である.

149　空気浄化装置

問149-1　正解 (4)

　HEPAフィルタは,「定格風量で粒径が0.3μmの粒子に対して99.97％以上の粒子捕集率を持ち, かつ, 初期圧力損失が245Pa以下の性能をもつフィルタ」とJIS Z 8122で規定されている. 半導体製造や精密機械装置などの工業用クリーンルーム, 医学・製薬・食品などのバイオクリーンルームなどの施設で使用され, 圧力損失は一般空調用フィルタと比較して大きい.

問149-2　正解 (1)

　電気集じん器は, 高圧電界による荷電と吸引・吸着によって粉じんを捕集・除去するもので, 静電式に分類される.

問149-3　正解 (4)

　ろ過式は, 粉じん粒子が, より大きな外形の繊維空間を通る際に生じる遮り, 慣性, 拡散, 静電気などの作用を利用し, 繊維などに沈着・捕集させるもので, 多様なフィルタがあり, 一般に, 粒子捕集率の値の範囲は広い.

問149-4　正解 (1)

　折込み形エアフィルタは, ろ材通過風速を遅くすることにより, 圧力損失を低くしている.

問149-5　正解 (5)

　汚染除去(粉じん保持)容量は, 空気浄化装置が使用限界に達するまでに保持することができる汚染物質の質量を示し, 単位当たりの質量として, kg/m²または kg/個で表示される.

150　ポンプ, 配管

問150-1　正解 (5)

　流量と圧力の周期的な変動が続き, ポンプの運転が脈動を伴う不安定な現象をサージングという.

　キャビテーションとは, 流体が流動しているときに, ある部分における圧力が, そのときの液体温度に相当する蒸気圧力以下になると, その部分で液体は局部的な蒸発を起こして気泡が発生し, 騒音・振動が発生するばかりでなく, 吐出量の低下, 揚水不能の事態を招く現象をいう.

問150-2　正解 (1)

　伸縮継手は, 振動防止対策ではなく, 主に膨張対策である.

問150-3　正解 (2)

　リフト式逆止弁は, 水平配管に取り付ける.

問150-4　正解 (5)

　防火ダンパは, 煙感知器ではなく, 温度感知器と連動して流路を遮断する.

151　空調配管と温度・圧力

問151-1　正解 (5)

　低圧蒸気配管の使用圧力範囲は0.1 MPa未満で, 一般に0.01～0.05 MPaである. 一方, 高圧蒸気配管の使用圧力範囲は0.1 MPa以上で, 一般に0.1～ 1 MPaである.

問151-2　正解 (1)

　高温水配管は, 120～180℃である. 一方, 温水配管は, 40～80℃である.

問151-3　正解（5）

低圧蒸気配管の使用圧力範囲は0.1MPa未満で，一般に0.01～0.05MPaである．一方，高圧蒸気配管の使用圧力範囲は，0.1MPa以上で，一般に0.1～1MPaである．

152　空調配管の材料・使用区分

問152-1　正解（4）

架橋ポリエチレン管は，ポリエチレン管の一種で，ポリエチレンの弱点であった耐熱性を改良したものである．主に集合住宅などの給水・給湯配管や床暖房などに用いられるが，蒸気管には使用しない．

問152-2　正解（4）

硬質ポリ塩化ビニル管の使用区分は，蒸気ではなく，冷却水である．

153　温熱環境の測定

問153-1　正解（2）

サーミスタ温度計は，金属・半導体の電気抵抗変化を利用した温度計である．

線膨張係数の異なる2種類の金属（バイメタル）を利用したものは，バイメタル式温度計である．

問153-2　正解（4）

グローブ温度計の値が平均放射温度（MRT）の2乗に比例する関係はない．

グローブ温度計と周囲壁との位置関係，壁温度の関係から，放射効果が等しいような，均一な周囲壁面温度を平均放射温度とすると，以下の式が成り立つ．

$$MRT = t_g + 2.37\sqrt{v(t_g - t)}$$

ここで，t_g：グローブ温度〔℃〕
　　　　t：室内空気温度〔℃〕
　　　　v：気流速度〔m/s〕

問153-3　正解（4）

バイメタル式温度計は，2種類の金属の膨張率の差を利用するものである．

問153-4　正解（1）

超音波風速計は，超音波の到着時間と気流との関係を利用している．

問153-5　正解（3）

ピトー管による風速測定は，ベルヌーイの定理を用いて，「動圧と静圧の和である全圧が流れに沿って一定値になる」ことを応用したものである．

154　室内空気環境の測定

問154-1　正解（3）

花粉アレルゲンの測定には，エアロアレルゲン・イムノブロット法，表面プラズモン共鳴法などがある．

問154-2　正解（5）

オゾンの測定には，紫外線吸収法，半導体法，吸光光度法，化学発光法，検知管法，CT法などが用いられている．

問154-3　正解（1）

二酸化炭素の測定法は，検知管方式，非分散型赤外線吸収法，気体容量法，凝縮気化法，ガスクロマトグラフ法などがある．なお，化学発光法は，オゾンや窒素酸化物濃度の測定法である．

問154-4　正解（2）

アスベストの測定には，計数法と質量法があり，計数法には光学顕微鏡，電子顕微鏡，繊維状粒子自動計数装置を使用

する方法が，質量法にはX線回折分析法，赤外線吸収スペクトル分析，示差熱分析法などがある．

問154-5 正解（3）

二酸化炭素の測定法は，検知管方式，非分散型赤外線吸収法，気体容量法，凝縮気化法，ガスクロマトグラフ法などがある．なお，化学発光法は，オゾンや窒素酸化物濃度の測定法である．

問154-6 正解（3）

窒素酸化物（NO_x）の主な測定法には，ザルツマン法，化学発光法，フィルタパッジ法などがある．エライザ（ELISA）法は，アレルゲンの測定法である．

155　浮遊粉じんの測定

問155-1 正解（3）

デジタル粉じん計は，粉じんによる散乱光の強さにより，相対濃度を測定する．すなわち，空気中の浮遊粒子に光を照射すると粒子から散乱光が生じる光散乱現象を利用し，その散乱光の強さが粉じん濃度と相対的に比例することを利用して測定するものである．

問155-2 正解（5）

建築物衛生法の測定対象となる浮遊粉じん濃度は，粉じんの化学的組成を考慮することなく，［ア　相対沈降径］が［イ　10μm］以下の粒子を対象として［ウ　質量濃度］で規定されている．

問155-3 正解（1）

ピエゾバランス粉じん計は，［ア　圧電天秤］の原理に基づくものであり，試料空気中の浮遊粉じんを［イ　静電沈着］

により圧電結晶素子に捕集し，捕集された粉じんの質量により変化する圧電結晶素子の［ウ　固有周波数］の差を利用して，相対濃度として指示値を得る測定器である．

問155-4 正解（4）

建築物環境衛生維持管理要領（平成20年1月25日健発第0125001号）の「第1　空気環境の調整」より，浮遊粉じん量の測定に使用される較正用機器にあっては，［ア　1年］以内ごとに1回，厚生労働大臣の［イ　登録］を受けた者の較正を受けることとされている．

156　浮遊粉じん量

問156-1 正解（2）

浮遊粉じん濃度（量）は，以下の式で求められる．

$$C=(R-D)\times K\times A$$

ここで，C：浮遊粉じん濃度〔mg/m^3〕
　　　　R：1分間のカウント数〔cpm〕
　　　　D：バックグランド値（ダークカウント）〔cpm〕
　　　　K：標準粒子に対する1cpm当たりの質量濃度（粉じん計の感度）〔mg/m^3〕
　　　　A：較正係数

題意より，
$$C=\{(90\div3)-(60\div10)\}\times0.001\times1.3$$
$$=0.0312〔mg/m^3〕$$

問156-2 正解（3）

前問と同じ式を用い，題意より，
$$C=\{(120\div6)-6\}\times0.001\times1.3$$
$$=0.0182〔mg/m^3〕$$

157　VOCs測定法

問157-1　正解（4）

TVOC（Total VOC）を測定する装置は，方式によって各VOCへの感度が異なるため，注意が必要である．また，湿度の影響を受けやすいことから，必要であれば補正を行う．

問157-2　正解（3）

TVOCの測定は，VOCsの測定と同様，アクティブ法による．なお，簡易に定量化するには，トルエン換算法を使用する．

問157-3　正解（3）

(1) ガスクロマトグラフ質量分析法（GC/MS）は，ガスクロマトグラフィー（GC）で分離した成分の検出に質量分析計を用いることで，質量情報から成分の定性・定量を行うことができる．なお，ここでガスクロマトグラフ法（GC）とは，クロマトグラフ法の一種に分類され，固定相に対する気体の吸着性あるいは分配係数の差異などを利用し，成分を分離する手法である．

(2) 加熱脱着法は，試料採取の器材が簡便で広範囲の測定に利用でき，大気捕集量を多くすることで定量下限値を低くすることができる．溶媒抽出法と比較して測定感度が高い反面，捕集した試料の全量を分析に用いる必要がある．

(3) VOCsのパッシブサンプリング法は，分子の拡散原理を利用している．

(4) TVOCの測定は，VOCsの測定と同様で，アクティブ法による測定方法で

あるが，簡易に定量化するには，トルエン換算法がある．

(5) 市販のTVOCモニタは，方式によって各VOCへの感度が異なるため，注意が必要である．また，湿度の影響を受けやすいことから，必要であれば補正を行う．

158　ホルムアルデヒド測定法

問158-1　正解（2）

DNPHカートリッジは，オゾンによって負の妨害を受ける．したがって，発生源の存在が予想される場合，たとえば，近くにコピー機などが多くある場合には，オゾン除去管（粒状ヨウ化カリウム充填管）の装着が望まれる．

問158-2　正解（5）

ホルムアルデヒド測定法のうち，精密測定法のアクティブ法にDNPHカートリッジ捕集−HPLC法が，簡易測定法のアクティブ法に検知管法，定電位電解法，電気化学的燃料電池法がある．なお，光散乱法は，浮遊粉じんの測定法の一つである．

問158-3　正解（3）

DNPH−HPLC法などのパッシブ法は，基本的にはポンプを使用せずに，測定対象とする分子の拡散現象を利用して，捕集剤である吸着面に吸着させ，サンプリングを行う方法である．

問158-4　正解（4）

ホルムアルデヒド測定法のうち，パッシブ法には，精密測定法でDNPH含浸チューブ-HPLC法，TEA含浸チューブ-

吸光光度法，簡易測定法で検知紙法（バイオセンサ法）がある．なお，燃料電池法は，アクティブ法の簡易測定法の一つである．

159　測定法，測定器，測定対象

問159-1　正解（1）

　酸素の測定は，一般居住環境で行われることはあまりなく，主に貯水槽，排水槽などで行われることが多い．酸素濃度の代表的な測定法には，ガルバニ電池方式，ポーラログラフ方式がある．なお，紫外線吸収法は，オゾンや窒素酸化物の測定法である．

問159-2　正解（3）

　熱放射の測定には，ピトー管ではなく，グローブ温度計（黒球温度計）を使用する．ピトー管は，風速測定に使用され，ベルヌーイの定理を用いて，動圧と静圧の和である全圧が流れに沿って一定値になることを応用したものである．

問159-3　正解（3）

　微生物の測定法のうち，浮遊微生物の測定は培地を用いる方法（培地法）と用いない方法に大別でき，代表的な方法として，衝突法，フィルタ法などがある．

問159-4　正解（3）

　グローブ（黒球）温度計は，断熱材製ではなく，薄銅板製の直径15cmの中空球体表面を黒色つや消し塗りし，その中心にガラス管温度計の球部が達するように挿入したものである．

160　汚染物質の単位

問160-1　正解（1）

　アスベストの大気中の濃度単位は，「本/L（リットル）」を使用する．
　「CFU/m^3」は，真菌や浮遊細菌などのコロニー形成の単位である．

問160-2　正解（3）

　オゾンの濃度単位は，ppmを使用する．なお，Sv（シーベルト）は，生体の被曝による生物学的影響の大きさを表す単位である．

問160-3　正解（2）

　ダニアレルゲンの濃度単位は，CFU/m^3ではなく，ng/m^3である．

問160-4　正解（3）

　臭気濃度の単位は，ppmあるいはppbである．

161　空調設備の維持管理

問161-1　正解（1）

　加湿装置は，建築物環境衛生管理基準に基づき，使用開始時と使用期間中，1か月以内ごとに1回定期に，汚れの状況を点検することが求められる．

問161-2　正解（5）

　スケール防止剤，レジオネラ属菌の殺菌剤などを有するパック剤は，冷却塔の下部水槽，または散水板に固定して使用する．冷却水中に，薬剤が徐々に溶け出す加工がなされていて，効果は1〜3か月間持続する．

問161-3　正解（1）

　物理的劣化とは，時間経過や繰り返し

使用されることに伴う化学的・物理的変化によって，品質や性能が損なわれる劣化のことである．なお，設問文は，社会的劣化についての文章である．

問161-4　正解（4）

空気調和用ダクト内の粉じん中の細菌・真菌の量は，一般に，給気ダクト内よりも還気ダクト内のほうが多い．

162　空調の節電・省エネ

問162-1　正解（5）

夏期に，冷凍機の冷水出口温度を上昇させると，効率の向上が図られるので，空気調和設備の節電対策として効果的である．

問162-2　正解（5）

冬期に，冷凍機の冷却水入口温度を低下させると，効率の向上が図られるので，空気調和設備の節電対策として効果的である．

問162-3　正解（4）

冷凍機は，冷却水入口温度が低いほど，冷凍機の効率が向上する．（一財）省エネルギーセンターの実績値によると，中間期に冷却水入口温度を28℃から25℃に3℃低下させると，冷凍機出力は約16％向上したという事例もある．

163　音と振動

問163-1　正解（2）

対象音と暗騒音のレベル差が10dBよりも大きい場合は，合成レベルに対する暗騒音の影響は0.4dB以下となる．したがって，暗騒音の影響を除去するために

も，測定時には対象音と暗騒音のレベル差が10dB以上あることを確認することが必要である．

問163-2　正解（2）

空気調和機から発生した音が隔壁・隙間などを透過してくる音やダクト内を伝播して給排気口から放射する音は空気伝播音，ダクト・ポンプに接続された管路系の振動に起因する音は固体伝播音である．

問163-3　正解（2）

風による建物の振動は，風圧変化，カルマン渦の発生などによるもので，正弦波の長周期が特徴である．

問163-4　正解（2）

吸音率とは，入射音響エネルギーに対する透過および吸収エネルギー（反射されてこない音のエネルギー）の割合のことである．

問163-5　正解（3）

全身振動は，高周波数域のほうが感じにくい．全身振動に対する感覚は，低周波数域に対しては鋭く，周波数の増加とともに鈍くなっていく．

問163-6　正解（2）

空気密度，音速が一定であれば，音の強さは音圧の2乗に比例する．

164　音の反射・透過・吸収

問164-1　正解（4）

複数の断面仕様の異なる部材で構成される壁の透過損失は，各部材の透過損失が変化するので，総合透過損失を用いる．

165　伝搬音の種類

問165-1　正解（4）

　空気調和機から発生した音が隔壁・隙間などを透過してくる音やダクト内を伝搬して給排気口から放射する音は[ア・ウ　空気伝搬音]，ダクト・管路系の振動に起因する音は[イ　固体伝搬音]である．なお，ここで，空気伝搬音とは，設備機器などから発生した音が空気中を伝搬してくる音，固体伝搬音とは，設備機器などの振動が建築物躯体内を伝搬して居室の内装材から放射される音のことである．

166　音圧レベル

問166-1　正解（3）

　同じ音圧レベルの音L_0〔dB〕をX個合成したときの音圧レベルL〔dB〕は以下の式で計算できる．

$$L = L_0 + 10 \log_{10} X$$

　$\log_{10} 2 = 0.3010$，$\log_{10} 3 = 0.4771$とすると，同じ音を二つ合成したとき（$X=2$のとき），以下に示すように，音圧レベルは約3dB上昇する．

$$L = L_0 + 10 \log_{10} 2 = L_0 + 3.01 〔dB〕$$

　同じ音を三つ合成したとき（$X=3$のとき），以下に示すように，音圧レベルは約4.8dB上昇する．

$$L = L_0 + 10 \log_{10} 3 = L_0 + 4.771 〔dB〕$$

　73dBが6台の音圧レベルは，73dBが2台分の76dBの機械が3台あるのに等しいから，$76 + 4.8 = \underline{81.4 〔dB〕}$となる．

問166-2　正解（2）

　設問で提示されている式を用いて，題意から，

$$TL = (70 - 40) - 10 \log_{10} \frac{20}{10}$$
$$= 30 - 10 \times 0.3010 = 30 - 3.010$$
$$≒ 26.99 〔dB〕$$

問166-3　正解（4）

　問166-1で述べたように，同じ音を2個合成すると約3dB，3個合成すると約4.8dB，音圧レベルが上昇することをもとに，L_0〔dB〕をX個合成した場合の音圧レベルをL_X〔dB〕として考える．

　4個合成するのは，2個合成した音を2個組み合わせるのに等しいから，6dB上昇する．

$$L_4 = L_2 + 3 = L_0 + 3 + 3 = L_0 + 6$$

　6個合成するのは，3個合成した音を2個組み合わせるのに等しいから，7.8dB上昇する．

$$L_6 = L_3 + 3 = L_0 + 4.8 + 3 = L_0 + 7.8$$

　8個合成するのは，4個合成した音を2個組み合わせるのに等しいから，9dB上昇する．

$$L_8 = L_4 + 3 = L_0 + 6 + 3 = L_0 + 9$$

　9個合成するのは，3個個合成した音を3個組み合わせるのに等しいから，9.6dB上昇する．

$$L_9 = L_3 + 4.8 = L_0 + 4.8 + 4.8 = L_0 + 9.6$$

　$92 - 83 = 9$〔dB〕だから，92dBの騒音は83dBの騒音を8個合成したものに等しい．すなわち，93dBと83dBの騒音を合成するのは，83dBの騒音を9個合成するとみなすことができる．したがって，

求める騒音レベルは,

$$83 + 9.6 = 92.6〔dB〕$$

167　床衝撃音

問167-1　正解 (2)

人が床の上で飛び跳ねたり, 小走りしたりすると, 下階住戸に重量床衝撃音が発生する. 重量床衝撃音は, 衝撃源自体の衝撃力が<u>低周波数域</u>に主な成分がある. その対策の基本は, 床躯体構造の質量増加, 曲げ剛性の増加である.

問167-2　正解 (5)

重量床衝撃音は, [**ア　人が床上で飛び跳ねたりした**]ときに発生し, 衝撃音は[**イ　低周波数域**]に主な成分を含む. 対策としては, [**ウ　床躯体構造の質量増加**]が効果的である.

問167-3　正解 (1)

人が床上で飛び跳ねたり, 小走りしたりした場合, 下階住戸に重量床衝撃音が発生する. 重量床衝撃音は, 衝撃源自体の衝撃力が<u>低周波数域</u>に主な成分を含む. その対策の基本は, 床躯体構造の質量や曲げ剛性の増加による.

168　遮音等級

問168-1　正解 (1)

上階で発生させた軽量床衝撃音の床衝撃レベルを下室で周波数ごとに測定した結果を, 図の床衝撃音レベルに関する遮音等級の基準周波数特性を用いて求める. 測定した結果をそれぞれプロットして, すべての周波数帯域において, 基準曲線を下回る場合, その最小の基準曲線に付けられた数値によって遮音等級が表されるので, この床の遮音等級は, Lr-75である.

169　音源からの伝搬特性

問169-1　正解 (3)

点音源の場合, 音源からの距離が2倍になると約[**ア　6**]dB, 距離が10倍になると約[**イ　20**]dB, 音圧レベルが減衰する. 線音源の場合, 音源からの距離が2倍になると約[**ウ　3**]dB, 距離が10倍になると約[**エ　10**]dB, 音圧レベルが減衰する.

問169-2　正解 (4)

設問の図に示す寸法 $a \times b$ $(a < b)$ の長方形の面音源について, 面音源中心から面に対して垂直方向への距離を d とした場合, 音源付近 $d < \dfrac{a}{\pi}$ では[**ア　面音源**]としての伝搬特性を示し, $\dfrac{a}{\pi} < d < \dfrac{b}{\pi}$ では線音源に対応する減衰特性を, $d > \dfrac{b}{\pi}$ の範囲では[**イ　点音源**]に対応する減衰特性を示す. よって, $d > \dfrac{b}{\pi}$ の範囲で音源からの距離が2倍になると[**ウ　6**]dB減衰する.

問169-3　正解 (1)

問題の図 − Aに示す $a \times b$ $(a < b)$ の長方形の面を音源とした場合, 音源付近 $(a/\pi$ 以下) までは[**ア　面音源**]としての伝搬特性を示し, $a/\pi \sim b/\pi$ の間は線音源に対応する減衰特性を, b/π 以上の範囲では[**イ　点音源**]に対応する減衰特性

を示す．したがって，音源からの距離
による減衰を示した線は図－B中の［**ウ**
①］のようになる．

　なお，距離減衰は，面音源では音源
付近（a/π以下）まではあまり減衰せず，
$a/\pi \sim b/\pi$の間の線音源では音源からの
距離と受音点までの距離が2倍になる
と，3dB減衰し，点音源では音源から
の距離と受音点までの距離が2倍になる
と6dB減衰する特性をもつ．

問169-4　正解（4）

　点音源の場合，音源からの距離が2倍
になると音圧レベルは約［**ア**　6］〔dB〕，
距離が10倍になると約20〔dB〕の減衰と
なる．線音源の場合，音源からの距離が
2倍になると約［**イ**　3］〔dB〕，10倍に
なると約［**ウ**　10］〔dB〕の減衰となる．

170　騒音・振動対策

問170-1　正解（4）

　床衝撃音に関する遮音等級のLr値は，
値が小さいほうが，遮音性能が高いこと
を表す．

問170-2　正解（3）

　コインシデンス効果が生じると，壁体
の透過損失は減少する．

問170-3　正解（2）

　日本建築学会遮音性能規準によれば，
コンサートホール・オペラハウスの遮音
等級はNC-25（1級，遮音性能上，優れ
ている）あるいはNC-30（2級，遮音性能
上，標準的），録音スタジオの遮音等級
はNC-20（1級，遮音性能上，優れている）
あるいはNC-25（2級，遮音性能上，標

準的）である．

　NC値は，小さい値のほうが遮音性能
が高いので，外部騒音が同じ場合，録音
スタジオのほうがコンサートホール・オ
ペラハウスよりも高い遮音性能が求めら
れる．

問170-4　正解（3）

　実際の測定では，対象騒音・振動は，
暗騒音・暗振動よりも若干高い場合が多
く，このような場合，対象騒音・振動は
暗騒音・暗振動の影響を受けていること
を認識する必要がある．したがって，対
象となる騒音・振動を測定するには，暗
騒音・暗振動が小さい時間帯に実施する
のが望ましい．

171　光と照明，昼光照明，測光量

問171-1　正解（2）

　JIS Z 9110での基準面における維持照
度の推奨値は，非常に精密な視作業（設
計，製図作業）が1 500 lx，普通の視作業
（文書作成作業）が500 lxと規定されてい
る．

問171-2　正解（2）

　照度は，［**ア**　単位面積］当たりに入射
する光束であり，単位は通常［**イ**　lx］と
表される．光度は［**ウ**　単位立体角］当た
りから放出される光束であり，単位は通
常［**エ**　cd］と表される．

問171-3　正解（1）

　照度均斉度とは，照度計算において重
要視される指標の一つで，室内において，
壁側1mを除いた箇所の最低照度と最高
照度の比率を示したものである．照度分

布の均斉程度を示すことで，明るさのムラがないかを数値によって検証でき，明るい部分と暗い部分が発生した空間は，均斉度が低い空間として評価する．

問171-4　正解 (1)

設計用全天空照度は，快晴よりも薄曇りのほうが高い．快晴の青空で10 000〔lx〕，薄曇り（特に明るい日）で50 000〔lx〕程度である．

172　ランプ，光源，照明器具

問172-1　正解 (3)

発光ダイオード（LED）は，半導体を用いたpn接合と呼ばれる構造で，陰極に負電圧を，陽極に正電圧を加えて発光させる．人工光源の分類では，エレクトロルミネセンス（EL）と同様，電界発光に位置付けられている．

問172-2　正解 (3)

光にも色があり，ランプも種類によって光色の違いがある．光の色は，可視光線の範囲である380～780nmのうち，どの波長域に分布しているかによって決まる．これを分光分布という．

光の発生メカニズムは，温度放射とルミネセンス放射という二つに大別される．この両者の代表的光源を示したものが相対分光分布である．温度放射による白熱電球の分光分布は連続的で滑らかである一方，ルミネセンス放射の一種である放電発光の蛍光ランプ，照明用LEDや放電ランプでは，ある特定の波長域に輝線と呼ばれる山が出ている．さらに，北の青空光では，波長が430～460nmに

多少の輝線が現れるといわれている．

したがって，設問の図では，Aが北の青空光，Bが照明用LED，Cが白熱電球となる．

問172-3　正解 (2)

照明率は，光源から放射された光束に対する作業面に入射する光束の比率であり，照明器具の配光，器具効率，室内面反射率，室指数（室の大きさ・形状）によって決まるので，清掃間隔の影響は受けない．照明器具の清掃間隔の影響を受けるのは保守率である．

問172-4　正解 (5)

LEDランプは，これまでの白熱ランプ，蛍光ランプ，HIDランプとは異なり，特殊な構造をもつ物質に与えた電気エネルギーが直接光に変わるという仕組み（＋の性質をもつ物質と，－の性質をもつ物質の接合部で発光する）の光源である．したがって，LEDランプは，HIDランプの一種ではない．なお，HIDランプは，高圧水銀ランプ，メタルハライドランプ，高圧ナトリウムランプの総称である．

173　点光源直下の照度

問173-1　正解 (4)

照度E〔lx〕は，光源からの距離r〔m〕の2乗に反比例する．したがって，点光源の光度I〔cd〕は，

$$I = E \times r^2 = 450 \times 3^2 = 4\ 050 〔cd〕$$

したがって，直下1mの照度Eは，

$$E = \frac{4\ 050}{1^2} = 4\ 050 〔lx〕$$

問173-2　正解　(2)

前問と同じ計算式を用いて，

$I = E \times r^2 = 300 \times (2.0)^2 = 1\,200\,〔cd〕$

したがって，直下3.0mの水平面照度Eは，

$E = \dfrac{1\,200}{3.0^2} ≒ 133.3\,〔lx〕$

174　水平面照度・法線照度

問174-1　正解　(4)

太陽高度をh〔°〕とすると，

$$
\begin{aligned}
水平面照度〔lx〕 &= 法線照度〔lx〕 \times \sin h \\
&= 80\,000 \times \sin 60° \\
&= 80\,000 \times 0.866 \\
&= 69\,280 \\
&≒ 70\,000\,〔lx〕
\end{aligned}
$$

問174-2　正解　(4)

太陽高度をh〔°〕とすると，

$$
\begin{aligned}
水平面照度〔lx〕 &= 法線照度〔lx〕 \times \sin h \\
&= 90\,000 \times \sin 30° \\
&= 90\,000 \times 0.5 \\
&= 45\,000\,〔lx〕
\end{aligned}
$$

175　ランプ灯数

問175-1　正解　(4)

ランプの必要灯数Nは，以下の式で表される．

$$N = \dfrac{E \times A}{F \times U \times M}$$

ここで，E：照度〔lx〕

$\quad\quad A$：面積〔m²〕

$\quad\quad F$：ランプ1灯当たりの光束〔lm〕

$\quad\quad U$：照明率

$\quad\quad M$：保守率

題意より，

$$N = \dfrac{500 \times 50}{2\,000 \times 0.6 \times 0.7} = 29.76 ≒ 30$$

問175-2　正解　(4)

前問と同じ計算式を用いて，

$$N = \dfrac{750 \times 80}{2\,500 \times 0.5 \times 0.75} = 64\,〔灯〕$$

176　光環境の保守

問176-1　正解　(1)

照明器具の保守率は，照明器具の構造，使用する光源の種類，室内の粉じん発生量などの影響を受ける．

問176-2　正解　(2)

周辺環境の清浄度が同じ場合，下面開放形の照明器具よりも，完全密閉形の照明器具のほうが設計光束維持率は高い．

問176-3　正解　(3)

高圧ナトリウムランプ，白熱電球，蛍光ランプは，点灯姿勢による光束への影響をほとんど受けない．

177　設計光束維持率

問177-1　正解　(5)

設問に示されている光源の設計光束維持率曲線において，(1)が高圧ナトリウムランプ，(2)が蛍光水銀ランプ，(3)が蛍光ランプ，(4)がメタルハライドランプ，(5)はメタルハライドランプ(低始動電圧形)で一般照明用白熱電球ではない．

178　自動制御

問178-1　正解　(4)

〔ア　バイメタル〕は，線膨張係数の異

科目3　解答と解説

なる2種類の薄い金属板を貼り合わせた
ものである．自動制御では，金属の温度
上昇に伴う性質を利用し，周囲の温度変
化を計測する電気式調節器の[イ　二位
置]（オン・オフ）制御に利用されている．

科目 4

建築物の構造概論

環境，日射，建築材料，建築物の計画・設計・施工，設計図書・表示記号，建築士法，地盤・基礎，建築物の構造，構造力学，鉄筋コンクリート構造，鉄骨構造，ガス設備，エレベーターなどの搬送設備，防火・防災，耐震・制振・免震などについて出題される．

179　建築物と環境

ヒートアイランド現象，サスティナブルディベロップメント，リノベーション，コージェネレーション，ストリートキャニオン，スプロール現象といったカタカナ用語の意味などが出題される．

問179-1　都市及び建築の熱環境に関する次の記述のうち，最も不適当なものはどれか．（2018年問題91）

(1) 室温は，屋外の気温やその他の気候要素の影響を受けて時々刻々と変化する．

(2) アルベドとは，任意の面に入射した日射量に対し，その面での反射した日射量の割合をいう．

(3) 温室効果とは，太陽光線が大気中の二酸化炭素などに吸収され，大気が温まることで地球上の気温が上昇することをいう．

(4) 熱容量の相異なる材料に，同一熱量をそれぞれ与えた場合，同じ容積なら熱容量の大きい方が温まりにくい．

(5) 水が蒸発すると，その蒸発面は気化熱が奪われ冷える．

問179-2　郊外の環境と比べた場合の都市に形成される環境の特徴に関する次の記述のうち，最も不適当なものはどれか．（2017年問題91）

(1) 年平均気温が高い．

(2) 年平均相対湿度が低い．

(3) 雨水の保水能力が少ない．

(4) 年平均風速が大きい．

(5) 年平均二酸化炭素濃度が高い．

問179-3　建築物と環境に関する用語の組合せとして，最も関係が少ないものは次のうちどれか．（2015年問題91）

(1) ヒートアイランド現象 ———————— 都市気候

(2) サスティナブルディベロップメント ——— 持続可能な開発

(3) メタン ————————————— 温室効果ガス

(4) リノベーション ————————— エネルギー管理

(5) コージェネレーション ——————— 排熱の有効利用

180 日射

建築物の鉛直面・水平面の日射受熱に関する問題が出題される．建築物の鉛直面は外壁面，建築物の水平面は屋上面が相当する．受熱面と太陽高度の関係を理解していると，問題が解きやすい．

問180-1 太陽放射に関する次の記述のうち，最も不適当なものはどれか．（2020年問題91）

(1) 太陽位置は，太陽の方位角と，高度から求めることができる．

(2) 直達日射と天空日射は，短波長放射と呼ばれる．

(3) UV-A，UV-B，UV-Cと称される紫外線のうち，波長が最も短いのはUV-Aである．

(4) 太陽定数とは，大気圏外において太陽に正対するときの単位面積当たりに入射する放射エネルギーのことをいう．

(5) 紫外線（ドルノ線）は，体内でビタミンDを生成する作用がある．

問180-2 日射・日照に関する次の記述のうち，最も不適当なものはどれか．（2019年問題92）

(1) 太陽から放射される可視光線，紫外線，近赤外線のうち，紫外線の波長が最も短い．

(2) 遮熱性塗料や遮熱性舗装の特徴は，近赤外線の反射率が大きいことである．

(3) 天空日射とは，太陽光が大気中で散乱して，地上に降りそそいだものである．

(4) 夏至の晴天日において，南向き鉛直壁面の日積算日射受熱量は，札幌の方が那覇より多い．

(5) 日影曲線とは，冬至の日において，地面に垂直な単位長さの棒が水平面に落とす影を時間別に描いたものである．

問180-3 日射・日照及びその調整手法に関する次の記述のうち，最も不適当なものはどれか．（2019年問題93）

(1) 樹木の緑葉の日射反射率は，コンクリートに比べて大きい．

(2) ライトシェルフとは，部屋の奥まで光を導くよう直射日光を反射させる庇である．

(3) オーニングとは，窓に取り付ける日除けの一種である．

(4) 照返しの熱量は，照返し面での日射反射量と，その面での熱放射量とに分けられる．

(5) 内付けブラインドの日射遮蔽効果は，外付けブラインドに比べて小さい．

問180-4 東京において，建築物の晴天日における日射・日照に関する次の記述のうち，最も不適当なものはどれか．（2018年問題92）

(1) 夏至の日の日積算日射量は，南向き鉛直壁面よりも東・西向き鉛直壁面の方が多い．

(2) 冬至の日の日積算日射量は，南向き壁面よりも水平面の方が多い．

(3) 南向き鉛直壁面が受ける日積算日射量は，夏至の日よりも冬至の日の方が多い．

(4) 夏至の日の可照時間は，一年を通して最も長い．

(5) 夏至の日の正午における方位別日射受熱量は，水平面が他の鉛直壁面に比べて最も多い．

181　計画，設計，施工

「179　建築物と環境」とは若干分野が異なるが，カタカナ用語の意味に関する問題，建物の計画・設計・施工の各段階で使用される用語などが出題される．設計者・施工者との打ち合わせで頻出する用語でもある．

問181-1 建築物の計画と設計に関する次の記述のうち，最も不適当なものはどれか．（2017年問題93）

(1) 街路や広場などに面する建築物の正面をなす外観をファサードという．

(2) スケルトン・インフィル建築物とは，建築躯体と設備・内装仕上げ等を分離した工法による建築物である．

(3) コンペティションとは，設計者の選定方式の一つである．

(4) 多目的ホールに用いられる可動席の床をフリーアクセスフロアという．

(5) テクスチャとは，材料の質感，材質感のことである．

問181-2 建築物の設計・施工における実施設計図書として，最も不適当なものは次のうちどれか．（2016年問題92）

(1) 建築構造図

(2) 電気設備図

(3) 維持管理書

(4) 給排水衛生設備図

(5) 標準仕様書

182 設計図書

配置図，平面図，立面図，展開図，詳細図，矩計図などの設計図面の内容や位置づけを文章で表した出題が多い．図面以外では，設計図書に含まれる仕様書に含まれる事項・含まれない事項が問われることもある．

問182-1 建築物の設計図書に関する次の記述のうち，最も不適当なものはどれか．（2017年問題92）

(1) 日影図は，直達日射によって生じる建築物の影の形状を1日の時間ごとに描いた図である．

(2) 配置図は，部屋の配置を示した図である．

(3) 立面図は，建築物の外観を示した図である．

(4) 断面図は，建築物の垂直断面を投影した図である．

(5) 矩計図は，建築物の基礎を含む主要な外壁部分の各部寸法を示した断面詳細図である．

問182-2 設計図面（設計図書）の仕様書に記載される事項として，最も不適当なものは次のうちどれか．（2014年問題91）

(1) 成分

(2) 施工方法

(3) 品質

(4) 性能

(5) 積算

問182-3 建築物の設計図書（意匠図面）に関する次の記述のうち，最も不適当なものはどれか．（2013年問題91）

(1) 配置図は，建築物と敷地の関係を示した図で，外構計画などをあわせて示すこともある．

(2) 平面図は，部屋の配置を平面的に示した図で，家具や棚なども記入することがある．

(3) 立面図は，建築物の外観を示した図である．

(4) 透視図は，空間の構成や雰囲気がわかりやすいように，透視図法を用いて立体的に表現した図である．

(5) 詳細図は，各室の内部壁面の詳細を北から時計回りに描いた図である．

183 表示記号

建築図面や設備図面で使用される図記号が出題される．ビル管理の実務でも，これらの図面を読む場面は日常的にあること．ごく基本的な事項の窓と出入口の表示の違いなど，間違えやすいので要注意．

問183-1 建築物の意匠設計図面及び空気調和設備設計図面の平面記号に関する次の記述のうち，最も不適当なものはどれか．（2018年問題93）

(1) 引違い戸は，　　　　　　　　で表示される．

(2) 出入口一般は，　　　　　　　　で表示される．

(3) アネモ型吹出口は，　　　　で表示される．

(4) 空調還気ダクトは，—RA—で表示される．

(5) 空調機は，　AC　で表示される．

問183-2 建築物の意匠設計図面及び建具の表示記号に関する次の記述のうち，最も不適当なものはどれか．（2015年問題93）

(1) 展開図は，各室の内部壁面を時計回りに描いた図である．

(2) 断面図は，建築物の垂直断面を投影した図で，一般に2面以上作成する．

(3) 天井伏図は，天井面の仕上材，割付，照明の位置等が記入された図である．

(4) 両開き窓の平面記号は，　　　　　　で表示される．

(5) 出入口一般の平面記号は，　　　　　　で表示される．

問183-3 空気調和設備に関する用語とその図示記号との組合せとして，最も不

適当なものは次のうちどれか．（2014年問題100）

(1)　エアフィルタ ――――――

(2)　VAVユニット ――――――

(3)　空調還気ダクト ――――― ― RA ―

(4)　空調給気ダクト ――――― ― SA ―

(5)　吸込口 ――――――――

184　建築士法

国土交通大臣による免許である一級建築士，都道府県知事による免許である二級建築士，一定規模の建築物の設備設計の適合性の確認を担う建築設備士など，建築士法に定められた資格に関して出題される．

問184-1　建築士法に関する次の記述のうち，最も適当なものはどれか．（2020年問題92）

(1)　決められた年限以上の構造設計の実務者には，構造設計1級建築士が付与される．

(2)　木造建築士は，木造建築物であれば延べ面積にかかわらず新築の設計をすることができる．

(3)　1級建築士でなければ設計できない建築物が，定められている．

(4)　建築設備士は，建築基準法の適合チェックが義務付けられている建築物に関与しなければならない．

(5)　工事監理とは，その者の責任において，工事を施工図と照合し確認することである．

問184-2　建築物の建築計画及び建築士法に関する次の記述のうち，最も不適当なものはどれか．（2016年問題93）

(1)　一級建築士は，建築士法に基づき，国土交通大臣の免許を受けて得られる資格である．

(2) 二級建築士は，建築士法に基づき，都道府県知事の免許を受けて得られる資格である．

(3) 建築士法に基づき，一定規模の建築物の設備設計については，建築設備士に設備関係規定への適合性の確認が義務付けられている．

(4) 貸事務所における収益部分の床面積を延べ面積で除したものをレンタブル比という．

(5) 建築物において共用スペース，設備スペース，構造用耐力壁等を集約した区画をコアという．

185　地盤，基礎構造

地盤に関する用語として，洪積層と沖積層がよく出題される．沖積層のほうが洪積層よりも堆積した年代が新しく，液状化しやすい．「中学生のほうが高校生よりも若く，弱い」と覚えよう．

問185-1　建築物の基礎構造と地盤に関する次の記述のうち，最も不適当なものはどれか．（2020年問題93）

(1) 液状化現象は，埋立地や砂質地盤等で生じやすい．

(2) 砂質地盤の長期に生じる力に対する許容応力度は，粘土質地盤より小さい．

(3) べた基礎は，地耐力が弱いところに用いられることが多い．

(4) 地盤のうち，第3紀層は土丹層とも呼ばれる．

(5) 地業は，基礎スラブより下に設けた割ぐり石，捨てコンクリート等の部分をいう．

問185-2　建築物の基礎構造と地盤に関する次の記述のうち，最も不適当なものはどれか．（2017年問題94）

(1) 圧密沈下は，粘土質地盤が圧力により沈下することをいう．

(2) 標準貫入試験は，地盤の強度や変形などの性質を得るために行う試験である．

(3) 連続フーチング基礎は，高層建築物の基礎によく用いられる．

(4) 沖積層は新しい堆積層で，一般に軟弱である．

(5) 地盤において，短期許容応力度は，長期許容応力度より大きく設定されている．

186 建築物の構造

ラーメン構造，トラス構造，シェル構造などの建築物の構造の名称や，在来工法，枠組壁工法（ツーバイ方式）などの木造構法の名称などが問われる．ラーメンとはドイツ語でフレームという意味である．

問186-1　建築物とその構造に関する次の記述のうち，最も不適当なものはどれか．（2017年問題96）

(1) コンクリートの中性化は，構造体の寿命に大きく影響を与える．

(2) クリープは，一定の大きさの持続荷重によって，時間とともにひずみが増大する現象をいう．

(3) 耐震補強には，強度を高める方法や変形能力を高める方法がある．

(4) 塑性とは，部材などに荷重を作用させたときに生じる変形が，荷重を取り除いた後に，元の状態に戻る性質をいう．

(5) 免震構造には，アイソレータを用いて地盤から建築物を絶縁する方法がある．

問186-2　建築物の構造とその材料に関する次の記述のうち，最も不適当なものはどれか．（2015年問題95）

(1) 木質構造の工法には，在来工法，プレハブ工法，枠組壁工法（ツーバイ方式）等がある．

(2) プレストレストコンクリート構造は，コンクリートに引張力を導入することで，コンクリートのひび割れやクリープが発生しないようにした構造である．

(3) 混合構造は，鉄筋コンクリート構造や鉄骨構造等の異なった構造の長所を生かして組み合わせた構造をいう．

(4) 合成ばりは，鉄骨ばりとコンクリートスラブをスタッドボルトなどで緊結したものである．

(5) 集成材は板状の材を繊維方向に平行にして重ね合わせ，長さ，幅，厚さ方向に接着して大断面にしたものである．

問186-3　建築物の構造に関する次の記述のうち，最も不適当なものはどれか．（2014年問題92）

(1) 壁式鉄筋コンクリート構造は，集合住宅によく用いられる．

(2) 免震構造は，積層ゴムなどを用いて，地震力による揺れを建築物の上部構造

科目4　建築構造

に伝達させないようにした構造である.
(3) トラス構造は,柱と梁(はり)が剛で接合された骨組である.
(4) ラーメン構造の部材に生じる応力には,曲げモーメント,せん断力,軸方向力がある.
(5) 空気膜構造の膜面には,構造物の内部と外部の空気圧の差により張力を与えている.

問186-4 建築物とその構造に関する次の記述のうち,最も不適当なものはどれか.(2012年問題94)
(1) 層間変形角は,各階の層間変位をその層の高さで除した値である.
(2) 鉄骨造の事務所建築の法定耐用年数は,骨格材の肉厚によって異なる.
(3) 筋かいは,骨組の壁面の垂直構面に入れる斜材である.
(4) 剛性率は,平面的なバランスに対する規定である.
(5) コンクリートのひび割れは,隅角部や開口部に集中して発生する傾向がある.

187 構造力学,荷重

安全性を確保するための工学である構造力学(建築物が,固定荷重・積載荷重・積雪荷重・風荷重・地震荷重などに対して,変形や応力に耐えられるかどうか)に関して,基本的な内容が出題される.

問187-1 建築物の荷重又は構造力学に関する次の記述のうち,最も不適当なものはどれか.(2021年問題95)
(1) 地震力を計算する場合,住宅の居室の積載荷重は,事務室よりも小さく設定されている.
(2) 曲げモーメントは,部材のある点において部材を湾曲させようとする応力である.
(3) 片持ち梁(はり)の先端に集中荷重の作用する梁のせん断力は,梁の固定端部で最も大きい.
(4) ラーメン構造の部材に生じる応力には,曲げモーメント,せん断力,軸方向力がある.
(5) 建築物に作用する土圧は,常時荷重として分類されている.

問187-2 建築物の荷重あるいは構造力学に関する次の記述のうち，最も不適当なものはどれか．（2020年問題95）

(1) 等分布荷重の作用する単純梁のせん断力は，梁中央で最も大きい．

(2) 積載荷重には，物品の重量が含まれる．

(3) 柱を構造計算する場合の積載荷重は，地震力を計算する場合の積載荷重より大きく設定されている．

(4) トラス構造の部材に生じる応力は，主に軸力である．

(5) 一般区域における積雪荷重は，積雪量 1 cm ごと 1 m² につき 20 N 以上として計算される．

問187-3 建築物の荷重又は構造力学に関する次の記述のうち，最も不適当なものはどれか．（2018年問題96）

(1) 床の構造計算をする場合，事務室の積載荷重は，住宅の居室の積載荷重より小さく設定されている．

(2) 積雪荷重は，作用時間により常時荷重（長期）と非常時荷重（短期）に分類される．

(3) 曲げモーメント荷重は，部材のある点を湾曲させようとする荷重をいう．

(4) 単純支持形式において，部材の一端は回転端，もう一端は移動端で支持されている．

(5) トラス構造の部材の接点は，ピン接点として取り扱われる．

問187-4 構造力学と荷重に関する次の記述のうち，最も不適当なものはどれか．（2015年問題96）

(1) 地震力を計算する場合，事務室の積載荷重は，教室の積載荷重より大きく設定されている．

(2) 曲げモーメントは，部材のある点において部材を湾曲させようとする応力である．

(3) 積雪荷重は，屋根勾配に影響される．

(4) 固定端の支点においては，曲げモーメント，軸力，せん断力を伝達する．

(5) 風圧力は，動的な荷重であるが，構造計算では通常，静的荷重として扱う．

[315]

188 鉄筋コンクリート構造

鉄筋コンクリート構造は，Reinforced-Concrete（補強されたコンクリート）から RC構造と略される．引張強度の大きい鉄と圧縮強度の大きいコンクリートのハイブリッド構造である．

問188-1 鉄筋コンクリート構造とその材料に関する次の記述のうち，最も不適当なものはどれか．（2021年問題93）
(1) モルタルは，砂，セメント，水を練り混ぜたものである．
(2) 梁のあばら筋は，一般に135°以上に曲げて主筋に定着させる．
(3) 柱の帯筋は，主にせん断力に対して配筋される．
(4) 柱の小径は，構造耐力上主要な支点間の1/15以上とする．
(5) 直接土に接する床において，鉄筋に対するコンクリートのかぶり厚さは，3 cm以上としなければならない．

問188-2 鉄筋コンクリート構造とその材料に関する次の記述のうち，最も不適当なものはどれか．（2018年問題95）
(1) 柱の主筋は，4本以上とする．
(2) 直接土に接する壁において，鉄筋に対するコンクリートのかぶり厚さは，4 cm以上としなければならない．
(3) 一般の壁の厚さは，10〜15 cm程度である．
(4) 梁せいは，梁断面の下面から上面までの高さをいう．
(5) 柱の帯筋は，曲げモーメントに抵抗する．

問188-3 鉄筋コンクリート構造とその材料に関する次の記述のうち，最も不適当なものはどれか．（2017年問題95）
(1) 梁に入れるせん断補強筋をあばら筋という．
(2) 直接土に接する床において，鉄筋に対するコンクリートのかぶり厚さは，4 cm以上としなければならない．
(3) コールドジョイントが生じると付着性が低下し，構造上の欠陥になりやすい．
(4) 鉄筋コンクリート用棒鋼 SD294A の記号中の数値は，降伏点強度を示す．
(5) 床のコンクリート厚さは，一般に10 cm程度である．

問188-4　鉄筋コンクリート構造とその材料に関する次の記述のうち，最も不適当なものはどれか．（2016年問題94）

(1) 柱の主筋は 4 本以上とし，主筋に直角となるように帯筋が配筋される．

(2) 直接土に接しない柱，梁において，鉄筋に対するコンクリートのかぶり厚さは， 3 cm 以上としなければならない．

(3) 構造耐力上主要な部分である梁は，圧縮側，引張側の両方に主筋を配した複筋梁とする．

(4) 鉄筋とコンクリートの線膨張係数は，ほぼ等しい．

(5) 鉄筋に対するコンクリートのかぶり厚さは，コンクリート表面から鉄筋の中心までの距離をいう．

189　鉄骨構造

鉄骨構造とは，建築物の躯体に鋼製の部材を用いる建築の構造のことで，Steel（鉄鋼）から S 構造と略される．鉄は不燃物ではあるが，温度上昇により強度が低下し，熱に弱いという欠点がある．

問189-1　鉄骨構造とその材料に関する次の記述のうち，不適当なものはどれか．（2021年問題94）

(1) 降伏比の大きい鋼材は，靭性に優れる．

(2) 建築構造用鋼材は，降伏点又は耐力の上限と下限が規定されている．

(3) 鋼材の強度は温度上昇とともに低下し，1 000℃ではほとんど零となる．

(4) 軟鋼の炭素量は0.12〜0.30％である．

(5) 高力ボルト接合の締め付け時の余長は，ねじ山 3 以上とする．

問189-2　鉄骨構造とその鋼材に関する次の記述のうち，最も不適当なものはどれか．（2016年問題95）

(1) 鋼材の強度は温度上昇とともに低下し，1 000℃ではほとんど零となる．

(2) 梁に使用されるH形鋼のウェブは，主にせん断力に対して抵抗する．

(3) デッキプレートは，波状の薄鋼板で，床の下地に用いられる．

(4) 鋼材の耐火被覆工法には，吹付け工法，巻付け工法，成形板張り工法等がある．

(5) 高力ボルト摩擦接合は，材間引張力により力を伝達する．

問189-3 建築物の鉄骨構造とその材料に関する次の記述のうち，最も不適当なものはどれか．（2014年問題94）

(1) 鉄骨構造は，耐食性に優れる．

(2) JISによる鋼材の材質規格には，建築構造用圧延鋼材，溶接構造用圧延鋼材等がある．

(3) 鋼材の強度は，温度上昇とともに低下し，1 000℃ではほとんど零となる．

(4) JISによる鋼材の材質で，SN400Bの場合，記号中の数値は引張強度を示している．

(5) 鉄骨構造の床には，デッキプレートなどが用いられる．

問189-4 鉄骨構造とその材料に関する次の記述のうち，最も不適当なものはどれか．（2013年問題95）

(1) 溶接継手の形式には，溶接される母材の配置により，重ね継手，突合せ継手，T継手等がある．

(2) 合成梁は，鉄骨梁とコンクリート床板をスタッドボルトなどにより緊結したものである．

(3) 鉄骨構造は，耐震性に優れるが，耐火性に乏しい．

(4) ボルト接合には，高力ボルトが多く用いられる．

(5) 鋼材の性質は，炭素量が増すとじん性が高まる．

190 構造計画，構造設計

剛性率，偏心率，層間変形角，許容応力度などの諸元や，筋交い，水平ブレースなどの部材について出題される．耐震設計基準は1981年に改正されており，改正以前の建物では耐震補強などの対策が実施されている．

問190-1 構造計画と構造設計に関する次の記述のうち，最も不適当なものはどれか．（2016年問題96）

(1) 水平ブレースは，床面や屋根面のような水平構面に入れる斜材である．

(2) 偏心率は，建築物の平面的なバランスに対する規定である．

(3) 積雪地帯における吹きだまりは，風に吹かれて生じる局所的な積雪をいう．

(4) 層間変形角は，各階の層の高さをその層間変位で除した値である．

(5) 擁壁は，土圧に抵抗して，盛土又は切土による斜面を支える壁体構造物である．

191 建築材料

鉄筋や鉄骨の材料である鉄鋼，コンクリートの材料であるセメントなどの主要材料をはじめ，ステンレス鋼やアルミニウムなどの金属材料，木材，ガラス，石材などの建築材料の性質，特徴，用途について出題される．

問191-1 建築材料と部材の性質に関する次の記述のうち，最も不適当なものはどれか．（2021年問題97）

(1) スランプ試験によるスランプ値が大きいほど，コンクリートの流動性が高いと評価できる．

(2) CLTは，挽板を繊維方向が直交するように積層した板材である．

(3) AE剤は，モルタルやコンクリートの中に多数の微小な空気泡を均一に分布させるために用いる．

(4) 鋼材の引張試験において，破断したときのひずみ度を伸びという．

(5) 木材の強度は，幹の半径方向（放射軸），年輪の接線方向，繊維方向（幹軸）の順に大きくなる．

問191-2 建築材料と部材の性質に関する次の記述のうち，最も不適当なものはどれか．（2020年問題97）

(1) 鉄鋼の線膨張係数は，コンクリートとほぼ等しい．

(2) アルミニウムは，他の金属やコンクリート等と接触すると腐食する．

(3) コンクリートを構成する砂と砂利の容積は，全体の約70％を占める．

(4) トタンは，鋼板にすずめっきをしたものである．

(5) 網入板ガラスは，フロート板ガラスに比べて，火災時に破片の飛散防止効果がある．

問191-3 建築材料の性質に関する次の記述のうち，最も不適当なものはどれか．（2019年問題98）

(1) 木材の気乾状態の含水率は，25～30％である．

(2) 木材の引火点は，240～270℃程度である．

(3) 高強度鋼は，軟鋼より伸びが小さい．

(4) 鋼材のヤング係数は，鋼材の種類にかかわらずほぼ一定である．

(5) 強化ガラスは，一般板ガラスに特殊な熱処理を施し，表面に圧縮応力を生じ

させたものである.

問191-4 建築材料と部材の性質に関する次の記述のうち，最も不適当なものは
どれか. (2018年問題98)
(1) 鉄鋼の線膨張係数は，コンクリートとほぼ等しい.
(2) 木材は，菌類発生に必要な養分，湿気，空気及び温度の4要素があると腐朽
する.
(3) 下地材料は，構造躯体と仕上げの中間に用いられる.
(4) カーテンウォールは，建築物の耐力壁として使用される.
(5) レイタンスは，打設したコンクリートの硬化時に，石灰岩や骨材の微粒粉が
表面に層状になったものである.

問191-5 建築材料の特徴に関する次の記述のうち，最も不適当なものはどれか.
(2017年問題97)
(1) 木材の熱伝導率は，コンクリートに比べて大きい.
(2) Low-Eガラスは，ガラス表面に特殊金属膜をコーティングしたものである.
(3) 鉄鋼の線膨張係数は，コンクリートとほぼ等しい.
(4) ステンレス鋼は，鉄にクロム，ニッケル等を含む特殊鋼である.
(5) アルミ材は軽いので，カーテンウォールに用いられる.

問191-6 建築材料に関する次の記述のうち，最も不適当なものはどれか. (2016
年問題98)
(1) 合板は，薄い板を繊維方向が互いに交差するように接着剤で重ね合わせたも
のである.
(2) 板ガラスは，不燃材料である.
(3) 高流動性コンクリートは，CFT構造や自己充填コンクリートに用いられる.
(4) アルミニウムの比重は，鋼の約1/3である.
(5) 一般の建築用木材の出火危険温度は，450℃前後である.

問191-7 建築材料及び部材の性質に関する次の記述のうち，最も不適当なもの
はどれか. (2014年問題96)

(1) コンクリートは，セメント，水，砂を混合し，練り混ぜて固めたものをいう．

(2) ルーバは視線や風・光の方向を調節するもので，開口部などに設ける．

(3) シート防水層は，一般的に合成ゴム及びプラスチック系の材料で作られる．

(4) ステンレス鋼は，鉄にクロム，ニッケル等の合金で，耐食性，耐熱性を高めたものである．

(5) 木材の熱伝導率は，鋼材より小さい．

192 建築材料の大小関係

各種建築材料の熱伝導率や密度の大小関係を，不等記号（＜と＞）を使って表した選択肢から正しいものを選ぶ問題である．一般的に，密度・比重の小さいものほど熱伝導率が小さい傾向があることを覚えておこう．

問192-1 建築材科の密度が，大きい順に並んでいるものは次のうちどれか．
（2019年問題97）

(1) 鋼材 ＞ コンクリート ＞ アルミニウム ＞ 合板

(2) 鋼材 ＞ アルミニウム ＞ コンクリート ＞ 合板

(3) コンクリート ＞ 鋼材 ＞ アルミニウム ＞ 合板

(4) コンクリート ＞ アルミニウム ＞ 鋼材 ＞ 合板

(5) コンクリート ＞ 鋼材 ＞ 合板 ＞ アルミニウム

問192-2 建築材料の熱伝導率が，大きい順に並んでいるものは次のうちどれか．
（2015年問題97）

熱伝導率が大きい		熱伝導率が小さい

(1) コンクリート ＞ 硬質ウレタンフォーム ＞ 板ガラス ＞ 木材

(2) コンクリート ＞ 板ガラス ＞ 硬質ウレタンフォーム ＞ 木材

(3) コンクリート ＞ 板ガラス ＞ 木材 ＞ 硬質ウレタンフォーム

(4) 板ガラス ＞ コンクリート ＞ 木材 ＞ 硬質ウレタンフォーム

(5) 板ガラス ＞ コンクリート ＞ 硬質ウレタンフォーム ＞ 木材

問192-3 建築材科の熱伝導率が，大きい順に並んでいるものは次のうちどれか．
（2012年問題97）

	熱伝導率が大きい			熱伝導率が小さい
(1)	コンクリート ＞ 板ガラス ＞ 合板 ＞ グラスウール
(2)	コンクリート ＞ 板ガラス ＞ グラスウール ＞ 合板
(3)	板ガラス ＞ コンクリート ＞ 合板 ＞ グラスウール
(4)	板ガラス ＞ コンクリート ＞ グラスウール ＞ 合板
(5)	板ガラス ＞ グラスウール ＞ コンクリート ＞ 合板

193　板ガラス

複層ガラスと合わせガラス，熱線反射板ガラスと熱線吸収板ガラスは，似て非なるものなので，違いをよく理解しておこう．窓ガラス面の熱性能を表す日射遮へい係数の定義式も，出題されたことがあるので覚えておこう．

問193-1　建築板ガラスの種類とその概要との組合せとして，最も不適当なものは次のうちどれか．（2013年問題97）

- (1)　フロート板ガラス ——— 良好な平滑平面を有する
- (2)　複層ガラス ——— 中空部（空気層）を有する
- (3)　熱線反射板ガラス ——— ミラー効果（鏡面反射）がある
- (4)　熱線吸収板ガラス ——— 無色透明である
- (5)　合わせガラス ——— 破損による飛散を防ぐ

194　建築生産

建築生産とは，建築物を構築するための企画・設計・施工などの一連の活動をいい，企画・契約・監理・請負などの用語が出題される．建築生産が，注文生産，一品生産，現場生産である点も理解しておこう．

問194-1　建築生産に関する次の記述のうち，最も不適当なものはどれか．（2021年問題98）

- (1)　工事監理は，一般に設計者が，建築主の依頼を受けて代行する．
- (2)　一般競争入札は，工事内容や入札条件等を公示して行われる．
- (3)　金属工事は，躯体工事に分類される．
- (4)　建設業法では，発注者の書面による承諾のない限り，一括下請負は禁止されている．
- (5)　設備工事は，建築工事と別枠で契約される場合が多い．

問194-2 建築生産に関する次の記述のうち，最も不適当なものはどれか．（2020年問題98）

(1) 木工事は，仕上げ工事に分類される．

(2) 施工管理の業務には，関係官庁などへの諸手続きも含まれる．

(3) 環境負荷を削減するために，リユース，リサイクル等が重要である．

(4) 工事のための電力や上下水道設備の計画は，仮設計画に含まれる．

(5) 建築主は，建設工事の発注者である．

問194-3 建築生産に関する次の記述のうち，最も不適当なものはどれか．（2018年問題99）

(1) 一般競争入札は，工事内容，入札条件等を公示して行われる．

(2) 建築工事の工程は，仮設，地業，躯体，仕上げの各工事に大別される．

(3) 建築工事において下請負業者の多くは，職別業者又は設備業者である．

(4) 建築生産は，注文生産，一品生産，現場生産の多いことが特徴である．

(5) 工事監理は，施工者が建築主の委託を受けて代行することが多い．

問194-4 建築生産に関する次の記述のうち，最も不適当なものはどれか．（2012年問題96）

(1) 競争入札においては，信用できる二つ以上の施工業者より見積をさせて，施工業者を選択する．

(2) 建築生産は，注文生産，一品生産，現場生産の多いことが特徴である．

(3) 工事監理は，設計者が建築主の委託を受けて代行することが多い．

(4) 工事契約に必要な書類は，工事請負契約約款，設計図書，施工計画書等である．

(5) 躯体工事には，仮設工事，防水工事がある．

195 ガス設備

ガス設備は，建築物の構造概論の科目で出題される．プロパンが主成分である液化石油ガス（LPガス）と，メタンが主成分の液化天然ガス（LNガス）である都市ガスの性質や特徴が出題される．

問195-1 都市ガスとLPガスに関する次の記述のうち，最も不適当なものはどれか．（2021年問題101）

(1) 都市ガスの低位発熱量とは，水蒸気の潜熱を含む場合の発熱量のことである．

(2) LPガスは常温・常圧では気体であるが，加圧や冷却により液化して貯蔵・運搬される．

(3) 都市ガスの大半は，天然ガスを主原料にしている．

(4) 都市ガス及びLPガスは，いずれも臭いがほとんどないガスであるため付臭剤が添加されている．

(5) ガスの比重については，13Aの都市ガスは空気より軽く，LPガスは空気より重い．

問195-2 都市ガス（13A）とLPガスの性質に関する次の文章の[   ]内に入る語句の組合せとして，最も適当なものはどれか．（2016年問題99）

都市ガス（13A）は，空気より[ア]，LPガスは空気より[イ]．ガス1 m³を燃焼させるのに必要な空気量は，都市ガス（13A）に比べてLPガスの方が[ウ]．また，容積当たりの発熱量は，LPガスに比べて都市ガス（13A）の方が[エ]．

	ア	イ	ウ	エ
(1)	軽く	重い	多い	少ない
(2)	軽く	重い	少ない	多い
(3)	重く	軽い	多い	少ない
(4)	重く	軽い	少ない	多い
(5)	重く	軽い	少ない	少ない

問195-3 LPガスとその設備に関する次の記述のうち，最も不適当なものはどれか．（2015年問題102）

(1) LPガスの燃焼における理論空気量は，都市ガス（13A）より小さい．

(2) LPガス容器は，常時40℃以下を保てる場所に設置する．

(3) LPガスは，空気より比重が大きく，万一漏えいした場合は，低部に滞留するおそれがある．

(4) LPガス容器は，一般に鋼板製のものが多い．

(5) LPガスは，1 000倍に希釈しても臭いを感知できる付臭剤の添加が，法令で義務付けられている．

問195-4 ガス設備に関する次の記述のうち，最も不適当なものはどれか．（2013年問題99）

(1) 都市ガス（13A）が漏洩すると，天井付近に滞留しやすい．

(2) マイコンメータには，地震などに対する保安機能が備わっている．

(3) ガスが原因の中毒事故は，大半が不完全燃焼によるものである．

(4) 発熱量［$MJ/m^3(N)$］は，LPガスに比べて都市ガス（13A）の方が高い．

(5) 都市ガス（13A）の供給方式のうち，1.0MPa以上の圧力で供給されるものを高圧供給方式という．

196 建築設備・建築物の運用

インバータ，デューディリジェンス，BEMS，CASBEE，ESCO，COP，LANなど，建築物の運用や建築設備に関する用語，特にカタカナ用語，アルファベット用語がよく出題される．

問196-1 建築設備に関する次の記述のうち，最も適当なものはどれか．（2020年問題99）

(1) 常時遠隔監視・管理が行われているエレベータは，所有者による特定行政庁への定期点検報告は不要である．

(2) 都市ガスの保守管理において，配管，ガス栓，ガス漏れ警報器の日常点検は，ガス設備の所有者又は使用者が行う必要がある．

(3) 分散電源システムとは，商用電源が止まった場合においても給電できる自家発電設備や蓄電池で構成されるシステムのことである．

(4) 建築物の不動産価値を評価するためのデューディリジェンスにおいては，建物の躯体・設備の現況が重要で，維持管理状態や稼働状況の記録は不要である．

(5) ESCO（Energy Service Company）事業のシェアード・セービング方式とは，顧客が自己投資により設備機器を導入し，ESCO事業者が削減効果を保証する方式である．

問196-2 建築設備に関する次の記述のうち，最も不適当なものはどれか．（2018年問題101）

(1) LPガス容器は，一般に鋼板製のものが多い．

(2) エスカレータの公称輸送能力は，定格速度と踏段幅により決定される．

(3) 受変電設備とは，電力会社から送電された電力を受電し，所定の電圧に下げて建物内で利用できるようにする設備である．

(4) 油圧式エレベータは汎用性が高く，中高層，超高層建築物に多用されている．

(5) 非常用エレベータの設置義務は，建築基準法により定められている．

問196-3 建築設備に関する用語の組合せとして，最も不適当なものは次のうちどれか．（2017年問題99）

(1) LAN ―――― 情報通信設備

(2) ITV ―――― 防犯設備

(3) EV ―――― 搬送設備

(4) CAV ―――― 空気調和設備

(5) ESCO ―――― 排水設備

問196-4 建築設備に関する次の記述のうち，最も不適当なものはどれか．（2016年問題100）

(1) 緊急ガス遮断装置は，大規模な地下街，超高層建築物，中圧ガス設備のある建築物等に設置が義務付けられている．

(2) 空気調和設備・換気設備のファン，給排水設備のポンプには直流電動機が幅広く使用されている．

(3) 建築基準法の規定により高さ31mを超える建築物には，原則として非常用の昇降機を設けなければならない．

(4) ESCOとは，省エネルギー診断，システム設計，設備導入工事，さらに効果検証まで一貫したサービスを提供するエネルギー総合サービス事業のことである．

(5) 受変電設備とは，電力会社から高圧で受電した電気を，所定の電圧に下げて建築物内部に配電する設備である．

197 電気設備

2018 (平成30) 年から登場した新規分野である．問題の難易度は高くないが，電気 (理論) の基礎，受変電設備，電動機 (スターデルタ起動)，インバータ，ケーブルなど，幅広い範囲から出題されている．

問197-1 電気及び電気設備に関する次の記述のうち，最も不適当なものはどれか．（2021年問題99）

(1) 同一定格の電力では，同一電流値であれば交流のピーク電圧値は，直流に比べて高い．

(2) 建築設備に電力を送るケーブルの許容電流値は，配線用遮断器の定格電流値より小さくする．

(3) 電動機の起動時に過電流が流れて異常を起こさないために，スターデルタ起動方式が用いられる．

(4) 電力は，電圧と電流の積に比例する．

(5) 地域マイクログリッドとは，自然エネルギー発電を組み合わせ，地域の電力需要を満足する電力システムである．

問197-2 電気設備に関する次の記述のうち，最も不適当なものはどれか．（2019年問題100）

(1) 「非常用の照明装置」は，停電を伴った災害発生時に安全に避難するための設備で，消防法により設置場所・構造が定められている．

(2) インバータ制御は，交流電動機の回転速度調整や出力トルク調整が容易で，効率の大幅改善が期待できる．

(3) 電動機は，起動時に定格を超える電流が流れ異常振動等を起こすことがあるため，スターデルタ起動方式により運転するのが望ましい．

(4) 契約電力50kW以上の建築物の場合，高圧 (6.6kV) で受電し，自家用変電設備で低圧 (200V・100V) に変圧して給電する．

(5) 地階を除く階数が，11階以上の階に，非常コンセント設備の設置が義務付けられている．

問197-3 建築物の電気設備に関する次の記述のうち，最も不適当なものはどれか．（2018年問題100）

(1) 実効値100 Vの交流電圧は，ピーク時の電圧が約140 Vである．

(2) 受変電設備の容量は，建築物内部の電気設備の負荷合計に利用率を乗じて求める．

(3) 電線の配電距離が長くなると，電圧の低下を招くことがある．

(4) 磁束密度は，電流の強さとコイルの巻き数との積に比例する．

(5) 電気事業法に規定される電圧種別のうち特別高圧に区分されるのは，交流にあっては600 Vを超えるものである．

198 輸送設備

建築物内の代表的な輸送設備は，エレベーターである．エレベーターには，ロープ式と油圧式があり，これらの特徴や用途などが出題される．また，建築基準法に規定されている非常用エレベーターについても出題される．

問198-1 建築物内の昇降設備に関する次の記述のうち，最も不適当なものはどれか．（2020年問題100）

(1) 非常用エレベータは，緊急時には消防隊員の活動が優先される．

(2) 小荷物専用昇降機は，かごの床面積及び天井高の上限が定められている．

(3) 動く歩道の定格速度は，勾配に応じて定められている．

(4) 乗用エレベータには，火災時に最寄り階まで自動運転する管制運転装置を備える必要がある．

(5) エスカレータには，当該竪穴区画の防火シャッタ閉鎖時に連動して停止する制動装置が設けられている．

問198-2 エレベーター設備に関する次の記述のうち，最も不適当なものはどれか．（2015年問題101）

(1) JIS規格に定める積載荷重が900kgのエレベーターの最大定員は，13人である．

(2) ロープ式エレベーターは汎用性が高く，中高層，超高層建築物に多用されている．

(3) 非常用エレベーターの設置義務は，電気事業法により定められている．

(4) 規格型のエレベーターでは，機械室なしが標準的な仕様となってきている．

(5) エレベーターの安全装置には，制動装置がある．

問198-3 輸送設備に関する次の記述のうち，最も不適当なものはどれか．（2014年問題101）

(1) エレベータに使用される巻上電動機には，交流式と直流式がある．

(2) 建築基準法の規定により，高さ31mを超える建築物には，原則として非常用の昇降機を設けなければならない．

(3) エスカレータの公称輸送能力は，定格速度と踏段幅により決定する．

(4) 建築基準法の規定により，エレベータの安全装置として，制動装置を設けなければならない．

(5) 油圧式エレベータは，走行機の速度制御が広範囲にわたって可能である．

問198-4 エレベーター設備に関する次の文章の[　　　]内に入る語句の組合せとして，最も適当なものはどれか．（2012年問題100）

エレベーターは，大きく分けて，ロープ式と油圧式に分かれる．[　ア　]エレベーターは汎用性が高く，中高層や超高層建築物に多用されている．また，建築基準法により，高さ[　イ　]を超える建築物（政令で定めるものを除く．）には，非常用の昇降機の設置が義務付けられている．

	ア		イ
(1)	ロープ式	————————	40 m
(2)	ロープ式	————————	31 m
(3)	ロープ式	————————	20 m
(4)	油圧式	————————	31 m
(5)	油圧式	————————	20 m

199 防災

展炎性，火災荷重，二方向避難，マグニチュード，ライフライン，震度階級，フラッシュオーバなど，災害や防災に関係する語句について出題される．マグニチュードや震度といった用語は，正確に理解しておこう．

問199-1 防犯・防災の管理に関する次の記述のうち，最も不適当なものはどれか．（2020年問題103）

(1) 防犯用ネットワークカメラは，撮影した高解像度の映像を伝送でき，高画質なシステムを構築できる．

(2) アクティブセンサとは，人などの発熱体を赤外線で検知し，その発熱体が移動する場合に動作する防犯センサである．

(3) 夜間無人となる建物の機械警備業務では，異常発生時には25分以内に警備員が駆け付けなくてはならない．

(4) 大規模事業所においては，従来の防火管理者，自衛消防組織に加えて，大地震などに備えた防災管理者を置くことが必要である．

(5) 入退室管理システムには，緊急避難時において，電気錠の一斉開錠機能をもたせることが必要である．

問199-2 建築物の防災対策等に関する次の記述のうち，最も不適当なものはどれか．（2019年問題101）

(1) 高層ビルの回転式の扉は，内外気温差で生じる出入口での強風を減じる効果がある．

(2) 超高層ビルの足元にあるサンクンガーデンは，ビル風対策としても効果がある．

(3) Jアラートは，緊急の気象関係情報，有事関係情報を国から住民等に伝達するシステムである．

(4) エレベータには，地震時に直ちに避難階へ直行させる地震管制モードが備わっている．

(5) 集中豪雨時に浸水しやすい地下街，地下階への浸水対策として，止水板，土囊が用いられる．

問199-3 防災に関する次の記述のうち，最も不適当なものはどれか．（2017年問題101）

(1) 火災荷重は，建築部材などの可燃物の潜在発熱量を，木材の発熱量で規準化した単位面積当たりの可燃物重量のことである．

(2) 差動式熱感知器は，感知器の周辺温度が定められた一定温度以上になると作動する．

(3) 火災室内の温度が急激に上昇し，火炎が噴出し，燃焼が一気に室全体に拡大する急速な燃焼現象をフラッシュオーバという．

(4) 防炎物品は，カーテン，絨毯等に薬剤処理を施し，着火，展炎しにくくした

ものである.

(5) 防排煙対策の目的は，種々の手段により煙の挙動を制御し，安全な避難経路や消防活動拠点を確保することである.

問199-4 防災などに関する語句の組合せとして，最も不適当なものは次のうちどれか．（2016年問題101）

(1) マグニチュード ——— 地震の規模を表す指標

(2) ライフライン ——— 建築物を保全するための諸設備

(3) 震度階級 ——— 観測点における地震の揺れの強さを示す指標

(4) 耐震診断 ——— 建築物の耐震改修の促進に関する法律

(5) マイコンメータ ——— 地震発生時，自動的にガスを遮断するガスメータ

200 地震

マグニチュードは地震のエネルギーを1 000の平方根を底とした対数で表した数値で，マグニチュードが2増えると地震のエネルギーは1 000倍になる．1増えると$\sqrt{1\,000}$＝約32倍になる．

問200-1 地震に関する次の記述のうち，最も不適当なものはどれか．（2018年問題103）

(1) 気象庁震度階級は，地震の規模（大きさ）を表す表記である.

(2) 耐震診断は，建築物の耐震改修の促進に関する法律に定められている.

(3) 設備の耐震性能確保も，構造体と同様に重要である.

(4) 防災管理者は，当該建築物について地震の被害軽減のための自主検査を行う.

(5) 液状化現象は，埋立地や砂質地盤等で起こりやすい.

問200-2 地震に関する次の記述のうち，最も不適当なものはどれか．（2014年問題102）

(1) 液状化現象は，埋立地や砂質地盤などで起こりやすい.

(2) 気象庁震度階級は，10階級に分類される.

(3) マグニチュードの値が1大きくなると，エネルギーは約10倍になる.

(4) 地下は地上に比べ地震動の増幅が小さいため，構造的には安全性が高い.

(5) ガス用マイコンメータには，地震などに対する保安機能が備わっている.

201　防火，消火，避難，防排煙

建築物の防火対策や防排煙設備，火災時の消火や避難に関する事項が出題される．消防法だけでなく建築基準法にも規定がある分野で，設備機器についてだけでなく，有事にとるべき消火活動や避難行動の知識も重要．

問201-1　火災時の排煙対策に関する次の記述のうち，最も不適当なものはどれか．（2021年問題102）
 (1) 自然排煙方式では排煙窓の他に，当該室の下部に給気経路を確保することが望ましい．
 (2) 排煙設備の給気機の外気取入口は，新鮮な空気を取り入れるため屋上に設置するのが望ましい．
 (3) 機械排煙方式では，火災室が負圧になり廊下への漏煙を防止できるが，避難扉の開閉障害が生じるおそれがある．
 (4) 加圧防煙は，階段室への煙の侵入を防止するため階段室付室や廊下に用いられることが多い．
 (5) 第2種排煙の煙排出量は，排煙窓位置での内外圧力差と排煙窓の有効面積で定まる．

問201-2　建築物の防火に関する次の記述のうち，最も不適当なものはどれか．（2020年問題101）
 (1) 避難安全検証法や耐火性能検証法は，建築基準法令に定められている性能規定である．
 (2) 火災荷重とは，建物内の可燃物量を木材換算した単位床面積当たりの重量のことである．
 (3) 火勢は，窓などの開口条件によらず，建物内部の可燃物量が多いほど激しくなる．
 (4) 避難経路となる廊下や階段に煙が侵入しないよう，防排煙対策が必要である．
 (5) 特定防火設備とは，シャッタや防火扉等，火災を閉じ込めることができる設備のことである．

問201-3　建築物の火災時の避難及び消火に関する次の記述のうち，最も不適当なものはどれか．（2016年問題102）

(1) 非常用の進入口は，外部から開放し，又は破壊して室内に進入できる構造とする．

(2) 非常用の進入口は，原則として3階以上の階に設置が義務付けられている．

(3) 非常用エレベータは，火災時には，かごの戸を開いたままの使用が可能である．

(4) 非常用エレベータは，火災時には，入居者より消防隊の使用が優先される．

(5) 一般の乗用エレベータは，火災時には，最寄り階に停止させることが一般的である．

問201-4　建築物の防火対策と避難計画に関する次の記述のうち，最も不適当なものはどれか．（2014年問題103）

(1) 火災の早期発見，初期消火のため，自動火災報知機やスプリンクラ設備などを設置する．

(2) 火災の拡大防止のため，特定防火設備で区画化して防火区画を作る．

(3) 避難の原則として，二方向以上の避難経路を確保する．

(4) 劇場，集会場等における客室からの出口の戸は，内開きとする．

(5) 避難動線は，日常動線と一致させる．

202　消防法に定める設備

消防法に定める「消火設備」，「消防の用に供する設備」や「消火活動上必要な施設」について出題される．それぞれの法令上の定義とともに，どんな設備が該当するのかを把握しておくことが求められる．

問202-1　建築物の消防用設備に関する次の記述のうち，最も適当なものはどれか．（2019年問題102）

(1) 煙感知器は，熱感知器に比べ火災の検知が早く，アトリウムや大型ドームのような大空間での火災感知に適している．

(2) 差動式熱感知器は，定められた温度を一定時間以上超え続けた場合に作動する．

(3) 小規模社会福祉施設では，上水道の給水管に連結したスプリンクラ設備の使用が認められている．

(4) ハロゲン化物消火設備は，負触媒作用による優れた消火効果があり，コン

ピュータルーム，図書館など水損被害が懸念される用途の空間で普及してい
る．

(5) 排煙設備は，消防法施行令に定めるところの消防の用に供する設備に含まれ
る．

問202-2 　消防法施行令に定める消防の用に供する設備として，該当しないもの
は次のうちどれか．（2018年問題102）

(1) 屋内消火栓設備

(2) 屋外消火栓設備

(3) 排煙設備

(4) 自動火災報知設備

(5) 誘導標識

問202-3 　消火設備に関する次の記述のうち，最も不適当なものはどれか．（2017
年問題100）

(1) 消火方法としては，燃焼の3要素である可燃物，酸素，着火源の一つ以上の
要素を取り除くことを原則としている．

(2) 金属火災に対しては，水による消火が危険になる場合がある．

(3) 消火器は，火災の初期発見段階での消火に利用される．

(4) 連結送水管は，公設消防隊が使用するもので，消防隊専用栓と呼ばれる．

(5) 泡消火設備は，希釈作用により消火する．

問202-4 　消防法に定める「消火活動上必要な施設」として，該当しないものは
次のうちどれか．（2012年問題103）

(1) 排煙設備

(2) 連結散水設備

(3) 無線通信補助設備

(4) 自動火災報知設備

(5) 非常コンセント設備

203　自動火災報知設備

自動火災報知設備とは，火災に伴って生じる熱，煙，炎を感知し，建築物内の関係者に，音響，発光により自動で報知する設備である．自動火災報知設備のうちの火災感知器についての出題が多い．

問203-1　自動火災報知設備で用いられる感知器に関する次の記述のうち，最も不適当なものはどれか．（2013年問題102）

(1) 煙感知器は，感知器周辺の空気に一定以上の煙が含まれるときに火災を感知する．
(2) 差動式熱感知器は，感知器の周辺温度上昇率が一定以上になったときに作動する．
(3) 炎感知器は，炎から放射される紫外線や赤外線の強度により火災を感知する．
(4) 炎感知器は，アトリウムや大型ドームなどの高天井の場所での火災監視に適している．
(5) 熱感知器は煙感知器に比べて，燻焼状態での火災の早期感知に適している．

問203-2　自動火災報知設備で用いられる煙感知器の方式として，最も適当なものは次のうちどれか．（2012年問題102）

(1) 補償式
(2) 定温式
(3) イオン化式
(4) 紫外線式
(5) 赤外線式

204　建築基準法

建築基準法第1条の目的，建築確認や行政手続き，単体規定，集団規定等の事項について出題される．建築基準法はその名のとおり，建築に関する最低基準を定めたものである．

問204-1　建築基準法に関する次の記述のうち，誤っているものはどれか．（2019年問題103）

(1) 建築物とは，土地に定着する工作物であることが前提である．
(2) 鉄道及び軌道の線路敷地内の運転保安に関する施設は，建築物から除かれる．

(3) 建築物の構造上重要でない間仕切壁の過半の模様替えは，大規模の模様替えである．

(4) 敷地とは，一の建築物又は用途上不可分の関係にある二以上の建築物のある一団の土地である．

(5) 集団規定による建築物の制限として，用途地域による建築物の用途制限がある．

問204-2 建築基準法に関する次の記述のうち，誤っているものはどれか．（2019年問題105）

(1) 劇場における客席からの出口の戸は，内開きとしてはならない．

(2) 床面積とは，建築物の各階又はその一部で，壁その他の区画の中心線で囲まれた部分の水平投影面積である．

(3) 耐火性能とは，通常の火災が終了するまでの間，建築物の倒壊・延焼を防止するために，建築物の部分に必要な性能のことをいう．

(4) 建築主事は，建築基準法の規定に違反した建築物に関する工事の請負人に対して，当該工事の施工の停止を命じることができる．

(5) 直通階段とは，建築物の避難階以外の階の居室から，避難階又は地上に直通する階段のことをいう．

問204-3 建築基準法に関する次の記述のうち，正しいものはどれか．（2017年問題102）

(1) 建築基準法は，建築物の意匠・装飾についての設計指針を定めている．

(2) 建築基準法は，建築物の敷地，構造，設備及び用途に関する望ましい基準を定めている．

(3) 建築物の所有者，管理者又は占有者は，その建築物の敷地，構造及び建築設備を常時適法な状態に維持するように努めなければならないとしている．

(4) 建築物に関する法令規定のうち，建築物自体の安全，防火，避難，衛生等に関する技術的基準を定めた規定の総称を集団規定という．

(5) 建築基準法は，建築物の工事管理を行う技術者の資格を定めている．

問204-4 建築基準法の行政手続等に関する次の記述のうち，最も不適当なもの

はどれか．（2017年問題104）

(1) 建築設備においても，建築確認を必要とするものがある．

(2) 建築主は，特定工程を含む建築工事を行う場合には，中間検査の申請が免除される．

(3) 建築主事は，建築確認申請書を審査し，適法と確認した場合には，建築主に確認済証を交付する．

(4) 特定行政庁は，違反建築物に対する必要な措置を命ずることができる．

(5) 建築主事は，市区町村又は都道府県の職員で建築基準適合判定資格者の登録を受けた者のうちから，それぞれ市区町村の長又は都道府県知事により命じられる．

問204-5　建築基準法に関する次の記述のうち，誤っているものはどれか．（2015年問題105）

(1) 建築主事は，建築確認申請書を審査し，適法と確認した場合は建築主に確認済証を交付する．

(2) 高さ20mをこえる建築物には，原則として有効に避雷設備を設置しなければならない．

(3) 特殊建築物等の定期検査の調査者は，1級建築士，2級建築士，国土交通大臣が定める資格を有する者（特殊建築物等調査資格者）である．

(4) 特殊建築物等の定期検査の調査報告先は，国土交通大臣である．

(5) 非常用の蛍光灯照明装置は，床面で2lx以上の照度を確保しなければならない．

205　建築基準法の用語

建築物，特殊建築物，主要構造部，居室，新築，増築，改築，移転，大規模な修繕等，建築基準法第2条に定められた用語が出題される．第2条は第1号から第35号までと数が多いが，確実に理解しておこう．

問205-1　建築基準法及びその施行令の用語に関する次の記述のうち，誤っているものはどれか．（2021年問題103）

(1) 延床面積とは，地階，屋階（屋根裏部屋）を含む各階の床面積の合計である．

(2) 直通階段とは，建築物の避難階以外の階の居室から，避難階又は地上に直通

する階段のことをいう．

(3) 延焼のおそれのある部分とは，可燃性の材料が使われている建築物の外壁部分である．

(4) 耐火性能とは，通常の火災が終了するまでの間，建築物の倒壊・延焼を防止するために必要な性能のことである．

(5) 居室とは，居住，執務等の目的のために継続的に使用する室のことで，廊下，階段は該当しない．

問205-2 建築基準法に規定される建築設備に該当しないものは，次のうちどれか．（2019年問題104）

(1) 汚物処理の設備

(2) 煙突

(3) 共同アンテナ

(4) 昇降機

(5) 避雷針

問205-3 建築基準法及びその施行令に関する次の記述のうち，誤っているものはどれか．（2017年問題103）

(1) 戸建住宅は，特殊建築物ではない．

(2) 基礎は，主要構造部である．

(3) 住宅の納戸は，居室ではない．

(4) 建築物に設ける煙突は，建築設備である．

(5) 小屋組は，構造耐力上主要な部分である．

問205-4 建築基準法の用語に関する次の記述のうち，誤っているものはどれか．（2015年問題104）

(1) 新築とは，建築物の存しない土地の部分に建築物をつくることである．

(2) 増築とは，既存の建築物の床面積を増加させることである．

(3) 改築とは，既存の建築物の全部あるいは一部を除却して，いままで建っていた建築物と構造，規模，用途が著しく異ならないものに建て替えることである．

(4) 建築物とは，土地に定着する工作物で，屋根及び柱若しくは壁を有するものである．

(5) 移転とは，建築物を別の敷地へ移動させることである．

206 建築物関連法令

建築基準法以外の関連法令が出題分野である．さまざまな法令を扱う総合問題の形式の場合と，単一法令の規定内容を問う問題がある．消防法をはじめとして，バリアフリー法，耐震改修促進法，省エネ法，駐車場法などがある．

問206-1 駐車場法に規定される，駐車場・駐車施設に該当しないものは次のうちどれか．（2021年問題100）

(1) 路上駐車場

(2) 附置義務駐車施設

(3) 専用駐車場

(4) 都市計画駐車場

(5) 届出駐車場

問206-2 建築物に関連する法令に関する次の記述のうち，最も不適当なものはどれか．（2020年問題104）

(1) 消防法における特定防火対象物にあっては，消防用設備等の設置及び維持に関する規定は，新規に建築される建築物に限られる．

(2) 高さ31mを超える高層建築物の管理者は，消防法における防火管理者を定め，消防計画を作成する．

(3) 高齢者，障害者等の移動等の円滑化の促進に関する法律（以下「バリアフリー法」という．）でいう建築物特定施設には，出入口，階段，便所がある．

(4) 建築主は，バリアフリー法における2 000 m²以上の特別特定建築物を建築しようとするときは，建築物移動等円滑化基準に適合させなければならない．

(5) 建築物の耐震改修の促進に関する法律における耐震改修とは，地震に対する安全性の向上を目的として，増築，改築，修繕，模様替若しくは一部の除却又は敷地の整備をすることをいう．

207 建築制限

建築面積，延べ面積，敷地面積，建ぺい率，容積率，建築物高さなどの建築基準法の建築物の制限について出題される．これらの用語も建築基準法で定義されているので，確実に理解しておこう．

問207-1 建築基準法の建築物の制限に関する次の記述のうち，最も不適当なものはどれか．（2016年問題104）

- (1) 建築面積は，壁，柱等の内側で固まれた部分の水平投影面積で求められる．
- (2) 敷地面積は，土地の高低差にかかわらず，水平投影面積として求められる．
- (3) 建ぺい率とは，建築面積を敷地面積で除した比である．
- (4) 容積率とは，建築物の延べ面積を敷地面積で除した比である．
- (5) 建築物高さの制限として，北側高さ制限がある．

問207-2 建築基準法による建築物の高さ制限に関する次の規定のうち，定められていないものはどれか．（2013年問題105）

- (1) 道路からの高さ制限
- (2) 南側からの高さ制限
- (3) 隣地境界からの高さ制限
- (4) 日影による中高層建築物の高さの制限
- (5) 絶対高さ制限

208 建築物の管理

ファシリティマネージメント (FM) など，建築物の管理に関する用語について出題される．そのほか，ビルマネジメント (BM) などの建築物の管理に関する用語についても，今後，出題が増えていくものと推測される．

問208-1 建築物の管理に関する次の記述のうち，最も不適当なものはどれか．（2017年問題105）

- (1) ライフサイクルは，JISの設備管理用語によると「設備の製作，運用，保全」と定義されている．
- (2) エネルギー管理に推奨されるPDCAサイクルの活用には，見える化機能が有効である．
- (3) ファシリティマネージメントは，コストと品質の最適化バランスを目的とし

ている．

(4) 放射空調は，温度むらによる不快感が起こりにくい．

(5) 設備の保全活動には，維持活動と改善活動がある．

問208-2 建築物の管理に関する次の記述のうち，最も不適当なものはどれか．
（2016年問題105）

(1) ファシリティマネージメント（FM）とは，企業，団体等が組織活動のために，施設とその環境を総合的に企画，管理，活用する経営活動と定義されている．

(2) 二次エネルギーとは，一次エネルギーを変換や加工して得られるエネルギーのことで，電気に代表される．

(3) 設備管理のライフサイクルとは，設備の計画，設計，製作，運用，保全をへて廃却又は再利用までを含めたすべての段階及び期間までと定義されている．

(4) CASBEEとは，中央監視，エネルギー管理，ビル管理，施設管理を含んだ包括的なシステムである．

(5) 設備の保全活動には，維持活動と改善活動がある．

科目4　建築物の構造概論　解答と解説

179　建築物と環境

問179-1　正解（3）

　大気中に含まれる温室効果ガス（二酸化炭素など）と呼ばれる気体は赤外線を吸収し，再び放出する性質がある．この性質のため，太陽光で暖められた地球の表面から地球の外に向かう赤外線の多くが，熱として大気に蓄積され，再び地球の表面に戻ってくる．この戻ってきた赤外線が，地球の表面付近の大気を暖める．これを温室効果と呼ぶ．

問179-2　正解（4）

　都市では，建築物が密集し，かつ高い建築物が増えることによって，市街の凹凸の規模が大きくなるため，風速は郊外より弱くなる．

問179-3　正解（4）

　リノベーションとは建物の改修のことをいい，エネルギー管理とは関係が少ない．

180　日射

問180-1　正解（3）

　UV-A（波長400〜315nm），UV-B（315〜280nm），UV-C（280nm未満）と称される紫外線のうち，波長が最も短いのはUV-Cである．

問180-2　正解（5）

　地面に垂直に立てた棒の影の先端が，1日の太陽の動きに従って描く曲線を日影曲線という．

問180-3　正解（1）

　日射反射率は，コンクリートのほうが樹木の緑葉より大きい．

問180-4　正解（2）

　冬至の日の日積算日射量は，南向き壁面が年間で最大となる．

181　計画，設計，施工

問181-1　正解（4）

　フリーアクセスフロアとは，床スラブなどの基礎となる床の上にさらに増設して床をつくり，自由に配線・配管をできるようにした二重床のことで，可動床ではない．

問181-2　正解（3）

　維持管理書は実施設計図書に含まれない．維持管理書は建物維持管理のためのものである．

182　設計図書

問182-1　正解（2）

　配置図は，敷地内での建物の位置，方位，道路との関係などを示す図面である．部屋の配置を示すのは平面図である．

問182-2　正解（5）

　設計図書の仕様書には，品質，成分，性能，製造や施工の方法，部品や材料のメーカーなどを指定して記載しており，積算は記載しない．

問182-3　正解（5）

　詳細図は，主要部分の平面，断面，側面，展開などの詳細な納まりを拡大して表した図面である．内部壁面の詳細を北から時計回りに描いた図は展開図である．

183　表示記号

問183-1　正解（1）

（1）の記号は引違い窓のものである．

問183-2　正解（4）

設問の平面記号は両開き戸を表す．両

開き窓は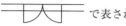で表される．

問183-3　正解（2）

VAVユニットは▬▶で表される．

184　分類

問184-1　正解（3）

（1）構造設計一級建築士は，一級建築士として5年以上の実務があり，所定の講習を修了した者に対して付与される．

（2）木造建築士は，一・二級建築士に限られる建築物以外の100m²を超える木造建築物を新築する場合の設計と工事監理をすることができる．

（4）建築設備士は，建築設備の設計と工事監理について助言できる．建築基準法の適合チェックが義務づけられている建築物に関与する必要があるのは，設備設計一級建築士である．

（5）工事監理とは，その者の責任において，工事を設計図書と照合し，それが設計図書のとおりに実施されているかを確認することである．

問184-2　正解（3）

一定規模の建築物の設備設計については，設備設計一級建築士が建築基準法の設備関係規定に適合しているかの確認を行う必要がある．建築設備士は建築設備の設計・工事監理に関して建築士に助言ができる資格である．

185　地盤，基礎構造

問185-1　正解（2）

当該地の地盤条件次第なので，砂質地盤，粘土質地盤のどちらの許容応力度が大きいかは一概には言えない．

問185-2　正解（3）

連続フーチング基礎（布基礎）は，柱間隔の小さいものや木造などの低層の建築物に多い．

独立　　　　複合　　　　連続
フーチング　フーチング　フーチング

186　建築物の構造

問186-1　正解（4）

塑性とは，部材などに荷重を作用させたとき生じる変形が，荷重を取り除いた後も変形したままで元の状態に戻らない性質をいう．一方，元の状態に戻る性質は弾性という．

中性化とは，強アルカリ性であるコンクリートに大気中の二酸化炭素が侵入し，水酸化カルシウムなどのセメント水和物と反応を起こすことでpHを低下させる現象である．コンクリート中の鉄筋表面に不動態被膜が形成されているが，pHがおおむね11より低くなると不動態被膜は破壊され，鉄筋の腐食が進む．鉄

筋は腐食すると膨張し，コンクリートにひび割れが発生する．ひび割れが発生したコンクリートは中性化によるコンクリート構造物の劣化，雨水などの浸入による鉄筋の腐食が加速される．

問186-2 正解 (2)

プレストレストコンクリート構造は，PC鋼線などを引っ張ることにより，コンクリートに圧縮力を導入して，コンクリートにひび割れやクリープが発生しないようにした構造である．

問186-3 正解 (3)

トラス構造とは，部材を三角形状にピン接合した単位を組み合わせて，軸方向力で構成される構造である．

問186-4 正解 (4)

剛性率は，立面的なバランスに対する規定である．地震荷重に対して求められる層間変形角の逆数を，各階の層間変形角の逆数の全階にわたる平均値で除した率である．

187 構造力学，荷重

問187-1 正解 (3)

片持ち梁の先端に集中荷重の作用する梁のせん断力は，全断面で等しい．

問187-2 正解 (1)

等分布荷重の作用する単純梁のせん断力は，梁中央で最も小さくなる．

問187-3 正解 (1)

床を構造計算する場合，事務所の積載荷重は，住宅の居室より大きく設定されている．

問187-4 正解 (1)

地震力を計算する場合の積載荷重は，事務室が$800\,\text{N/m}^2$，教室が$1\,100\,\text{N/m}^2$と，教室のほうが大きく設定されている．

188 鉄筋コンクリート構造

問188-1 正解 (5)

直接土に接する床において，鉄筋に対するコンクリートのかぶり厚さは4cm以上としなければならない．

問188-2 正解 (5)

柱の帯筋は，せん断力に抵抗する．

問188-3 正解 (5)

一般的な床のコンクリート厚さは，13～20cm程度である．

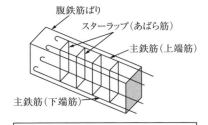

SR：丸鋼
SD：異形棒鋼
降伏点強度

鉄筋表示は（形状＋降伏点○○○N/mm²）の形式で示され，JISに規定されている．丸鋼（steel round bar）はSR○○○，異形鉄筋（steel deformed bar）はSD○○○で表示する．

問188-4 正解 (5)

かぶり厚さとは，コンクリート表面から鉄筋の表面までの距離をいう．鉄筋の中心までの距離ではない．

189　鉄骨構造

問189-1　正解（1）

　靭性に優れているのは，降伏比の小さい鋼材である.

問189-2　正解（5）

　高力ボルト摩擦接合は，高力ボルトで接合材を締め付けた際に生じる材間圧縮力によって得られる接合材間の摩擦抵抗で応力を伝達する接合法である.

問189-3　正解（1）

　鉄骨は，耐食性に乏しいため，防錆処理が必要である.

問189-4　正解（5）

　鋼材の性質は，炭素量が増すと強度が増加するが, 溶接性, じん性は低下する.

190　構造計画，構造設計

問190-1　正解（4）

　層間変形角とは，各階の層間変位をその層の高さで除した値である.

191　建築材料

問191-1　正解（5）

　木材の強度は，「繊維方向＞幹の半径方向＞年輪の接線方向」となる.

問191-2　正解（4）

　トタンは，鋼板に亜鉛めっきをしたものである.

問191-3　正解（1）

　木材の気乾状態の含水率は，15%程度である.

問191-4　正解（4）

　カーテンウォールは，建築物の荷重を負担しない非耐力壁である.

問191-5　正解（1）

（1）木材の熱伝導率は，コンクリートに比べて小さい.

（2）Low-Eガラスは，ガラス表面に特殊金属膜を張ったもの. 一般に複層ガラスとして用いる.

（3）鉄鋼の線膨張係数はコンクリートとほぼ等しく，鉄筋コンクリート構造が成り立つための前提の一つとなっている.

（4）ステンレス鋼は，鉄にクロム，ニッケル等を含むことで，優れた耐久性, 耐熱性, 強度などの特性をもった特殊鋼である.

（5）アルミニウムは軽く，やわらかく加工がしやすいが，熱・電気の伝導率が大きく，火災に弱い.

カーテンウォールの例

問191-6　正解（5）

　一般の建築用木材の出火危険温度は260℃前後であり，400～490℃で発火する.

問191-7　正解（1）

　コンクリートは，セメント，水，砂，砂利の4種類を練り混ぜて固めたものである.

192　建築材料の大小関係

問192-1　正解（2）

設問の材料の密度（比重）は以下のとおりである．鋼材7.85，アルミニウム2.7，コンクリート2.3，合板1以下．

問192-2　正解（3）

熱伝導率〔W/m·K〕はコンクリート1.3，板ガラス0.78，木材0.15，硬質ウレタンフォーム0.027である．

問192-3　正解（1）

熱伝導率〔W/（m·K）〕はコンクリート1.3，板ガラス0.78，合板0.16，グラスウール0.04〜0.05である．

193　板ガラス

問193-1　正解（4）

熱線吸収板ガラスは，一般ガラス組成に鉄・ニッケル・コバルト・セレンなどを微量添加したもので，グリーン，グレー，ブロンズなどの色ガラスである．

194　建築生産

問194-1　正解（3）

金属工事は，仕上げ工事に分類される．

問194-2　正解（1）

木工事は，躯体工事に分類される．

問194-3　正解（5）

工事監理は，一般に設計者が建築主の依頼を受けて代行することが多い．

問194-4　正解（5）

躯体工事に含まれるのは，型枠工事，鉄筋工事，コンクリート工事，鉄骨工事，木工事などであり，仮設工事と防水工事は含まれない．

195　ガス設備

問195-1　正解（1）

都市ガスの低位発熱量とは，水蒸気のままで凝縮潜熱を含まない発熱量をいう．

問195-2　正解（1）

容積当たりの発熱量は，都市ガスはLPガスの1/2以下である．

都市ガス（13A）は，空気より［ア　軽く］，LPガスは空気より［イ　重い］．ガス1m³を燃焼させるのに必要な空気量は，都市ガス（13A）に比べてLPガスの方が［ウ　多い］．また，容積当たりの発熱量は，LPガスに比べて都市ガス（13A）の方が［エ　少ない］．

問195-3　正解（1）

LPガスの燃焼における理論空気量は，都市ガス（13A）より大きい．

問195-4　正解（4）

発熱量〔MJ/m³（N）〕は，LPガスのほうが都市ガス（13A）に比べて2倍以上高い．

196　建築設備・建築物の運用

問196-1　正解（2）

（1）遠隔監視・管理が行われているエレベーターでも，所有者による特定行政庁への定期点検報告は必要である．

（3）分散電源システムとは，電力供給の方法の一つで，比較的小規模な発電装置を消費地近くに分散配置して電力の供給を行う方式のことである．太陽光発

電や風力発電などがその代表例である.

（4）デューディリジェンスの一環として，調査時は建築設備の維持管理と稼働状況に関するデータと記録が求められる.

（5）ESCO事業のシェアード・セービング方式とは，ESCO事業者が資金を調達して設備機器を導入し，省エネルギーによるランニングコスト低減分の中から，設備費・工事費・検証費などを支払っていく方式のことである.

問196-2 　正解（4）

油圧式エレベーターは，大規模な倉庫などで重量物を運搬する場合に使用されるが，昇降行程と速度に制限がある.

問196-3 　正解（5）

(1) LAN：Local Area Network

(2) ITV：Industrial TeleVision（監視カメラ）

(3) EV：EleVator（エレベーター）

(4) CAV：Constant Air Volume（定風量装置）

(5) 不適当.

ESCOとは，Energy Service Company事業の略で，省エネルギー診断，システム設計，設備導入工事，さらには効果検証まで，一貫したサービスを提供するエネルギー総合サービス事業のことである.

問196-4 　正解（2）

一般的な建築物の受電は交流電力であり，空気調和設備・換気設備のファン，給排水設備のポンプなどの設備機械には交流電動機が幅広く利用されている.

197　電気設備

問197-1 　正解（2）

建築設備に電力を送るケーブルの許容電流値は，配線用遮断器の定格電流値より大きくなければ，電流を安全に供給できない（電流値がケーブルの許容電流値を超える前に，配線用遮断器が作動するようにしなければならない）.

問197-2 　正解（1）

「非常用の照明装置」の設置場所・構造を定めているのは，建築基準法施行令である.

問197-3 　正解（5）

特別高圧に分類されるのは，交流にあっては7 000 Vを超えるものである.

198　輸送設備

問198-1 　正解（4）

緊急時の安全装置として火災時にエレベーターを避難階へ直行させる「火災時管制運転装置」や，停電時の最寄階まで自動運転する「停電時自動着床装置」などの装備は，法令で義務化されていない.

問198-2 　正解（3）

非常用エレベーターの設置義務は建築基準法により定められていて，第34条第2項に「高さ31mをこえる建築物には，非常用の昇降機を設けなければならない」と規定されている.

問198-3 　正解（5）

ロープ式エレベータは走行機の速度制御が広範囲にわたって可能であるが，油圧式エレベータは大規模な倉庫などで重

科目4　解答と解説

量物を運搬する場合に使用され，昇降行程と速度に制限がある．

問198-4　正解（2）

汎用性が高く，中高層や超高層建物に多用されているのは[ア　ロープ式]エレベーターである．また，建築基準法第34条第2項に，「高さ[イ　31m]をこえる建築物（政令で定めるものは除く．）には，非常用の昇降機を設けなければならない」と規定されている．

199　防災

問199-1　正解（2）

アクティブセンサとは，赤外線ビームを発射し，そのビームを反射したり遮ったりした物体を検出する防犯センサである．

問199-2　正解（4）

地震管制モードでは，地震感知器が揺れを感知すると，エレベーターは最寄り階に自動停止する．

問199-3　正解（2）

差動式熱感知器は，感知器の周辺温度上昇率が一定以上になったときに作動するものである．

問199-4　正解（2）

ライフラインとは生活を維持するための諸施設をいう．道路・鉄道などの交通施設，電話・放送施設などの通信施設，下水道・電力・ガスなどの供給処理施設などがある．

200　地震

問200-1　正解（1）

気象庁震度階級は，観測点における地震の強さを示す指標である．地震の規模を示すのはマグニチュードである．

問200-2　正解（3）

地震の規模（大きさ）を表す指標のマグニチュード（M）は，数値が1大きくなるとエネルギーは約32倍になる．

201　防火，消火，避難，防排煙

問201-1　正解（2）

外気取入口は，外気に開放された最下階などの防火対象物下部で，周囲に開口部がない位置が望ましい．

問201-2　正解（3）

火勢は，開口条件に影響を受ける．

問201-3　正解（5）

一般の乗用エレベーターには，火災時にエレベーターを避難階へ直行させる「火災時管制運転装置」が設けられるのが一般的である．

問201-4　正解（4）

劇場や集会場などにおける客室からの出口は，避難時に人員がスムーズに退出できるように外開きとする必要がある．

202　消防法に定める設備

問202-1　正解（3）

自力避難困難者が入所する社会福祉施設は，スプリンクラ設備の設置が義務づけられている．そのうち小規模社会福祉施設では，事務所ビルなどと同様の一般的なスプリンクラ設備のほか，上水道の給水管に連結する特定施設水道連結型スプリンクラ設備の設置も認められている．

(1) アトリウムや大型ドームのような大空間での火災感知には，炎感知器が適している．

(2) 差動式熱感知器は，感知器の周辺温度上昇率が一定以上になったときに作動する．

(4) ハロゲン化物のうち，有人区画に設置可能なハロン1301のクリティカルユースには，書庫や図書室が含まれている．しかし，同物質はオゾン層破壊物質として使用抑制が図られており，「普及している」とは言い難い．ちなみに，現状では，設問の用途には窒素ガスなどの不活性ガス消火設備が使われることが多い．

(5) 排煙設備は，消防法施行令に定めるところの消防の用に供する設備には含まれない．

問202-2　正解 (3)

排煙設備は，消防法施行令に定める消防設備のうち「消火活動上必要な施設」である．

問202-3　正解 (5)

泡消火設備は，泡で燃焼物を覆い，窒息作用と冷却作用により消火するものである．

問202-4　正解 (4)

自動火災報知設備は，「消防の用に供する設備」に分類される警報設備である．

203　自動火災報知設備

問203-1　正解 (5)

煙感知器は，感知器周辺の空気に一定以上の煙が含まれているときに火災を感知するものである．熱感知器に比べて煙感知器のほうが，火災の初期に起きやすい燻焼状態での火災の早期感知に適している．

問203-2　正解 (3)

補償式と定温式は熱感知器，紫外線式と赤外線式は炎感知器に適する方法であり，イオン化式が煙感知器に適する方式である．

204　建築基準法

問204-1　正解 (3)

大規模の模様替えとは，建築物の主要構造部の1種以上について行う過半の模様替えをいう．建築物の構造上重要でない間仕切壁は主要構造物に当たらない．

問204-2　正解 (4)

当該工事の施工の停止など，違反建築物に対する措置を行うのは特定行政庁である．

問204-3　正解 (3)

「建築物の所有者，管理者又は占有者は，その建築物の敷地，構造及び建築設備を常時適法な状態に維持するように努めなければならない」(建築基準法第8条第1項)

(1)(2) 建築物の敷地，構造，設備および用途に関する最低の基準を定めている(同法第1条)．

(4) 設問の技術的基準を定めた規定は単体規定である．集団規定は，建築物と都市の関係について定めたものである．

(5) 建築基準法は，建築物の設計を行う

技術者の資格（建築士）を定めている（第5条の6）.

問204-4　正解（2）

建築主は，特定工程を含む建築工事を行う場合，中間検査を申請しなければならない.

(1) 建築基準法第87条の2により，確認の手続きが準用される建築設備がある.エレベーター，エスカレーターなど.

問204-5　正解（4）

特殊建築物等の定期検査の調査報告先は，特定行政庁である.

205　建築基準法の用語

問205-1　正解（3）

建築基準法第2条第6号に規定する「延焼のおそれのある部分」とは，隣地や道路で火災が発生したときに，火が燃え移る可能性のある範囲のことである.

問205-2　正解（3）

建築基準法に規定される建築設備とは，「建築物に設ける電気，ガス，給水，排水，換気，暖房，冷房，消火，排煙若しくは汚物処理の設備又は煙突，昇降機若しくは避雷針」をいう.

すなわち，共同アンテナは含まれていない.

問205-3　正解（2）

基礎は主要構造部ではなく，構造耐力上主要な部分である.

問205-4　正解（5）

移転とは，同一敷地内での建築物の位置の変更をいう.別の敷地へ移動させる場合は，その新しい敷地での新築または増築と扱われる.

206　建築物関連法令

問206-1　正解（3）

料金を徴収しない任意の専用駐車場は，駐車場法の適用を受けない.

問206-2　正解（1）

特定防火対象物にあっては，消防用設備等の設置および維持に関する規定がさかのぼって適用（遡及適用）されるので，常に現行の規定に基づいて消防用設備等の設置，維持に努めなければならない.

207　建築制限

問207-1　正解（1）

建築面積とは建築物の壁，柱などの中心線で囲まれた部分の水平投影面積による.壁，柱などの内側ではない.

問207-2　正解（2）

建築基準法第56条（建築物の各部分の高さ）第1項第3号に，北側からの高さ制限が規定されているが，南側からの高さの制限は規定されていない.

208　建築物の管理

問208-1　正解（1）

ライフサイクルは，JISの設備管理用語によると，「設備の計画，設計，製作，運用，保全を経て廃却又は再利用までを含めたすべての段階及び期間」と定義されている.

問208-2　正解（4）

CASBEEとは，Comprehensive Assessment System for Built

Environment Efficiency（建築環境総合性能評価システム）の略で，省エネルギー，環境負荷削減，室内の快適性，景観への配慮などの指標で<u>建築物の環境性能を総合的に評価</u>する手法である．

MEMO

科目 5

給水及び排水の管理

　給水・排水に関する用語と単位，水道施設，給水方式，塩素消毒，貯水槽，ポンプ，給湯設備，貯湯槽，雑用水設備，雨水利用設備，排水再利用設備，排水通気設備，トラップ，排水槽，衛生器具，浄化槽，消火設備などについて出題される．

209　給排水の単位

圧力，密度，比熱，腐食速度，加熱能力，熱損失，水槽内照度率，BOD負荷量，化学的酸素要求量などの給水及び排水の管理で用いる用語と単位の組み合わせについて出題される．

問209-1　給水及び排水の管理に関する用語と単位の組合せとして，最も不適当なものは次のうちどれか．（2021年問題106）

- (1)　水の比熱 ———————————————— kJ/(kg·℃)
- (2)　腐食速度 ———————————————— mm/年
- (3)　塩化物イオン ———————————————— mg/L
- (4)　揚水ポンプの揚程 ———————————————— m
- (5)　水槽照度率 ———————————————— lm/m²

問209-2　給水及び排水の管理に関する用語とその単位との組合せとして，最も不適当なものは次のうちどれか．（2019年問題106）

- (1)　給湯配管からの熱損失 ———————— W
- (2)　ばっ気槽混合液浮遊物質濃度（MLSS）———— %
- (3)　水の密度 ———————————————— kg/m³
- (4)　溶存酸素濃度 ———————— mg/L
- (5)　BOD負荷量 ———————— g/(人·日)

問209-3　給水及び排水の管理に関する用語とその単位との組合せとして，最も不適当なものは次のうちどれか．（2018年問題106）

- (1)　揚水ポンプの揚程 ———————————————— m
- (2)　水の比体積 ———————————————— m³/J
- (3)　精密ろ過膜の有効径 ———————————————— μm
- (4)　塩化物イオン ———————————————— mg/L
- (5)　BOD容積負荷 ———————————————— kg/(m³·日)

問209-4　給水及び排水の管理に関する用語とその単位との組合せとして，最も不適当なものは次のうちどれか．（2017年問題106）

- (1)　下水道におけるリン含有量 ———————— mg/L

(2)　ゲージ圧力 ———————————— Pa

(3)　病院の単位給湯量 ———————— L/(床・日)

(4)　水の比熱 —————————————— J/℃

(5)　化学的酸素要求量 ——————— mg/L

210　給排水の用語

スライム，スケール，スカム，バイオフィルム，活性汚泥，不動態化，インバータ制御などの給水及び排水の管理に関する用語が出題される．用語とその説明の組み合わせが問われるので，キーワードを覚えておこう．

問210-1　給水及び排水の管理に関する用語の組合せとして，最も不適当なものは次のうちどれか．（2021年問題107）

(1)　スライム障害 ———————————— バイオフィルムの形成

(2)　異臭味 ————————————————— 藻類や放線菌の産生物質

(3)　スカム ———————————————— 排水槽内の浮上物質

(4)　スケール障害 ——————————— トリハロメタンの生成

(5)　赤水 —————————————————— 鉄錆(さび)の溶出

問210-2　給水及び排水の管理に関する用語の説明として，最も不適当なものは次のうちどれか．（2020年問題107）

(1)　逃し通気管 ———————————— 排水系統内の下水ガスによる臭気除去のための管

(2)　FRP ———————————————— ガラス繊維で補強したプラスチック

(3)　スクリーン ——————————— 原水中の夾(きょう)雑物除去のための装置

(4)　バルキング ——————————— 活性汚泥が沈降しにくくなる現象

(5)　バキュームブレーカ —————— 管内が負圧になったときに空気を取り入れる装置

問210-3　給水及び排水の管理に関する次の記述のうち，最も不適当なものはどれか．（2019年問題107）

(1)　膨張管とは，給湯配管系統の安全装置の一つである．

(2)　ゲージ圧力とは，真空を基準とする圧力のことである．

   (3) 富栄養化とは，栄養塩類を含んだ汚水の流入により，湖沼などの水質汚濁が進むことである．

   (4) 金属の不動態化とは，酸化保護被膜の生成をいう．

   (5) バルキングとは，活性汚泥が沈降しにくくなる現象である．

問210-4 給水及び排水の管理に関する用語とその説明として，最も不適当なものは次のうちどれか．（2017年問題107）

   (1) バルキング ―――――― 排水槽の底部に沈殿した固形物や油脂などが集まったもの

   (2) 酸化保護被膜 ――――― 酸化によってできる金属表面の薄い被膜

   (3) ファージ ――――――― 細菌を宿主細胞とする一群のウイルスの総称

   (4) トリハロメタン ―――― 有機物質と消毒用塩素が反応して生成される物質

   (5) スケール ――――――― 炭酸カルシウム，炭酸マグネシウム等の析出物

211 水道法

水道法における水道の区分である専用水道，簡易専用水道は間違えやすいので，両者の定義はしっかり把握しておこう．そのほか，水道施設の構成や給水装置の定義もしっかり把握しておこう．

問211-1 水道法に関する次の記述のうち，最も不適当なものはどれか．（2021年問題108）

   (1) 水道とは，導管及びその他の工作物により，水を人の飲用に適する水として供給する施設の総体をいう．

   (2) 水道事業とは，一般の需要に応じて水道によって水を供給する事業であって，計画上の給水人口が101人以上のものをいう．

   (3) 上水道事業とは，計画給水人口が4001人以上である水道事業をいう．

   (4) 専用水道には，寄宿舎等の自家用水道等で，100人を超えるものにその居住に必要な水を供給するものが含まれる．

   (5) 簡易専用水道とは，水道事業の用に供する水道から供給を受ける水のみを水源とするもので，水槽の有効容量の合計が10 m³を超えるものをいう．

問211-2 水道法に関する次の記述のうち，最も不適当なものはどれか．（2017

(1) 簡易専用水道とは，水道事業の用に供する水道から供給を受ける水のみを水源とするもので，水槽の有効容量の合計が10m³以下のものをいう．

(2) 水道とは，導管及びその他の工作物により，水を人の飲用に適する水として供給する施設の総体をいう．

(3) 専用水道とは，寄宿舎等の自家用水道等で，100人を超えるものにその居住に必要な水を供給するもの，又は人の生活の用に供する1日最大給水量が20m³を超えるものをいう．

(4) 上水道事業とは，一般に計画給水人口が5 001人以上である水道事業をいう．

(5) 給水装置とは，需要者に水を供給するために水道事業者の施設した配水管から分岐して設けられた給水管及びこれに直結する給水用具をいう．

問211-3　水道法に関する次の記述のうち，最も不適当なものはどれか．（2014年問題110)

(1) 簡易専用水道とは，水道事業の用に供する水道から供給を受ける水のみを水源とするもので，水槽の有効容量の合計が10m³を超えるものをいう．

(2) 給水装置とは，需要者に水を供給するために水道事業者の施設した配水管から分岐して設けられた給水管及びこれに直結する給水用具をいう．

(3) 計画給水人口が5 001人以上である水道事業は，一般に上水道事業と呼ばれる．

(4) 専用水道とは，寄宿舎等の自家用水道等で，50人を超えるものにその居住に必要な水を供給するもの，又は人の生活の用に供する1日最大給水量が10m³を超えるものをいう．

(5) 水道事業とは，一般の需要に応じて水道によって水を供給する事業であって，計画上の給水人口が101人以上のものをいう．

212　水質基準

水質基準の項目は数が多く，とても全数を暗記できるものではないので，よく出題される項目に絞って覚えよう．特に水質基準値の数字は暗記しにくいが，自分で工夫するなどして暗記するしかない．

問212-1　水質基準に関する省令に定める基準として，誤っているものは次のうちどれか．（2020年問題108)

(1) 一般細菌は，1 mLの検水で形成される集落数が100以下であること．

(2) 総トリハロメタンは，0.1 mg/L以下であること．

(3) カルシウム，マグネシウム等（硬度）は，500 mg/L以下であること．

(4) 鉛及びその化合物は，鉛の量に関して，0.01 mg/L以下であること．

(5) 塩化物イオンは，200 mg/L以下であること．

問212-2 水質基準に関する省令（平成15年厚生労働省令第101号）に定める基準値として，誤っているものは次のうちどれか．（2017年問題109）

(1) 一般細菌は，1 mLの検水で形成される集落数が100以下であること．

(2) 銅及びその化合物は，銅の量に関して，10 mg/L以下であること．

(3) ホルムアルデヒドは，0.08 mg/L以下であること．

(4) pH値は，5.8以上8.6以下であること．

(5) 色度は，5度以下であること．

問212-3 水質基準に関する省令（平成15年厚生労働省令第101号）に定める基準として，誤っているものは次のうちどれか．（2015年問題108）

(1) 大腸菌は，検出されないこと．

(2) 鉛及びその化合物は，鉛の量に関して，0.1 mg/L以下であること．

(3) 総トリハロメタンは，0.1 mg/L以下であること．

(4) 銅及びその化合物は，銅の量に関して，1.0 mg/L以下であること．

(5) 濁度は，2度以下であること．

213 水道施設

貯水施設，取水施設，導水施設，浄水施設，送水施設，配水施設といった水道施設の構成施設の機能やフローの順序が出題される．機能は漢字から判断できる．フローの順序は覚えておく必要がある．

問213-1 水道施設等に関する次の記述のうち，最も不適当なものはどれか．（2021年問題109）

(1) 市又は特別区の専用水道及び簡易専用水道は，当該市長又は特別区長が指導監督を行う．

(2) 地表水は，伏流水と比較して，水量及び水質の変化が大きい．

(3) 深層地下水は，地表からの汚染を受けにくく，水質は安定しているが，管の腐食を生ずることがある．

(4) 導水施設とは，浄水施設で処理された水を配水施設まで送る施設のことである．

(5) 水道法で規定する給水装置とは，需要者に水を供給するために，水道事業者の施設した配水管から分岐して設けられた給水管及びこれに直結する給水用具のことである．

問213-2 水道施設に関する次の記述のうち，最も不適当なものはどれか．（2019年問題110）

(1) 送水施設は，浄水施設で処理された水を配水施設まで送る施設のことである．

(2) 取水施設の位置の選定に当たっては，水量及び水質に対する配慮が必要である．

(3) 清澄な地下水を水源とする場合，浄水処理は消毒のみで水道水として供給することがある．

(4) 配水池の必要容量は，計画1日最大給水量の8時間分を標準とする．

(5) 緩速ろ過法は，沈殿池で水中の土砂などを沈殿させた後に，緩速ろ過池で4～5m/日の速度でろ過する方法である．

214 給水設備

配水管の最小動水圧，揚水管の勾配，合成樹脂管のクリープ劣化，ヘッダ工法，ウォータハンマ防止器の設置位置，ステンレス鋼管のフランジ接続のガスケットの材質など，広範囲にわたる事項が出題される．

問214-1 給水設備における現象とその原因の組合せとして，最も不適当なものは次のうちどれか．（2021年問題113）

(1) ウォータハンマ ─────── シングルレバー水栓による急閉
(2) 貯水槽水面の波立ち ──── 迂回壁の設置
(3) クリープ劣化 ─────── 長時間継続する応力
(4) 青水 ─────────── 銅イオンの浸出
(5) 孔食 ─────────── ステンレス鋼管内の異物の付着

問214-2 給水設備に関する次の記述のうち，最も適当なものはどれか．（2020年問題112）

(1) 総合病院における1日当たりの設計給水量は，150〜350 L/床とする．

(2) 受水槽の有効容量は，一般に1日最大使用量の1/10とする．

(3) 高層ホテルの給水系統でのゾーニングは，上限水圧を0.5 MPaとなるようにする．

(4) 直結増圧方式は，引込み管に増圧ポンプユニットを設けて水圧を高くし，中層建築物に適用できるようにした方式である．

(5) 高置水槽方式は，他の給水方式に比べて水質汚染の可能性が低い方式である．

問214-3 給水設備に関する次の記述のうち，最も不適当なものはどれか．（2019年問題111）

(1) ウォータハンマとは，給水管路において，弁を急激に閉止するときに弁の下流に生じる著しい圧力上昇が，圧力変動の波として管路に伝わる現象である．

(2) 逆サイホン作用とは，給水管内が負圧になったときに生ずる吸引作用で，汚れた水が吐水口を通じて給水管内に逆流することをいう．

(3) メカニカル形接合とは，ステンレス鋼管などで採用されている接合方法で，ねじ込み，溶接，接着等によらない機械的な接合方法をいう．

(4) さや管ヘッダ工法とは，集合住宅などで，ヘッダから各器具にそれぞれ単独に配管する工法である．

(5) クリープ劣化とは，合成樹脂管などで発生する劣化で，応力が長時間継続してかかり，材料変形が時間とともに進んでいく状態をいう．

問214-4 給水設備に関する次の記述のうち，最も不適当なものはどれか．（2018年問題111）

(1) 受水槽の容量は，一般に1日最大使用水量の50％程度とする．

(2) 超高層集合住宅においてゾーニングする場合の圧力の上限値は，0.7 MPaとする．

(3) FRP製高置水槽は，槽内照度が100 lx以上になると，光合成により藻類が増殖しやすい．

(4) 高置水槽へ送水する揚水ポンプの起動・停止は，高置水槽の水位で行う．

(5) ポンプ直送方式で採用されるインバータ制御は，周波数を変えることで回転数を変化させている．

問214-5 給水設備に関する次の記述のうち，最も適当なものはどれか．（2017年問題110）
(1) 事務所建築における 1 日当たりの設計給水量は，150～200 L/人とする．
(2) 受水槽の有効容量は，一般に 1 日最大使用水量の1/10とする．
(3) 給水配管内の流速は，最大2.0 m/s以下となるように管径を選定する．
(4) 高置水槽方式は，他の給水方式に比べて水質汚染の可能性が低い方式である．
(5) 直結増圧方式は，引込み管に増圧ポンプユニットを設けて水圧を高くし，飲料水のストック機能（貯留機能）が必要な，高層建築物にも適用できるようにした方式である．

問214-6 給水設備に関する次の記述のうち，最も不適当なものはどれか．（2016年問題107）
(1) 配水管から給水管に分岐する箇所での配水管の最小動水圧は，150kPa以上を確保する．
(2) 簡易専用水道の設置者は，水槽の清掃を 1 年以内ごとに 1 回，定期に行う．
(3) 簡易専用水道とは，水道事業の用に供する水道から受ける水のみを水源とするもので，水槽の有効容量の合計が10m³を超えるものをいう．
(4) 建築物環境衛生管理基準においては，給水栓における水について 7 日以内ごとに 1 回の遊離残留塩素濃度の検査が定められている．
(5) 水道法に基づく水質基準における鉛及びその化合物の基準値は，0.05mg/L以下である．

問214-7 給水設備に関する次の記述のうち，最も不適当なものはどれか．（2015年問題111）
(1) 高層建築物では，圧力を抑えるために上下の系統分け（ゾーニング）を行う．
(2) 高置水槽方式の揚水管は，高置水槽に向かって上り勾配で配管する．
(3) 止水弁は，主管からの分岐，各系統の起点，機器との接続部等に設置される．
(4) ポンプ直送方式は，一般に下向き配管方式が用いられる．

(5) 貯水槽と給水ポンプとの間には，可とう継手を使用する．

問214-8 給水設備に関する次の記述のうち，最も不適当なものはどれか．（2014年問題114）

(1) FRPの複合板パネルを用いた貯水槽は，断熱性がよく，結露しにくい．

(2) ステンレス鋼管の接合には，メカニカル接合がある．

(3) 給水配管の枝管の分岐は，上方に給水する場合には下取り出しとする．

(4) 逆サイホン作用の防止対策の基本は，吐水口空間を設けることである．

(5) 飲料用貯水槽の水抜き管を，オーバフロー管と接続することは好ましくない．

215　給水設備の計画

最低必要給水圧力，上限給水圧力，受水槽容量，給水配管の適正流速，建物用途ごとの１日当たりの設計給水量などについて，設計上の適正値が問われるので，これらの適正値を覚えておく必要がある．

問215-1 給水設備に関する語句と数値との組合せとして，最も不適当なものは次のうちどれか．（2018年問題112）

(1) デパートにおける１日当たりの設計給水量 —————— $15\sim30\,L/m^2$

(2) ホテル客室部における１日当たりの設計給水量 ———— $350\sim450\,L/$床

(3) 事務所建築における１日当たりの設計給水量 ————— $60\sim100\,L/$人

(4) 小便器洗浄弁の最低必要水圧 ————————————— $30\,kPa$

(5) 大便器洗浄弁の最低必要水圧 ————————————— $70\,kPa$

問215-2 給水設備に関する次の記述のうち，最も不適当なものはどれか．（2016年問題110）

(1) 事務所ビルのゾーニングの上限給水圧力は，一般に0.5MPaである．

(2) 受水槽容量は，一般に１日最大使用水量の1/10である．

(3) 一般水栓の最低必要水圧は，30kPaである．

(4) 給水配管の適正流速は，0.9〜1.2m/sとされている．

(5) 大便器洗浄弁の最低必要水圧は，70kPaである．

問215-3 給水設備に関する次の記述のうち，最も不適当なものはどれか．（2014

年問題113)

- (1) 事務所建築における1日当たりの設計給水量は，60〜100L/人である.
- (2) 貯水槽を屋内に設置する場合は，貯水槽天板と上部スラブとの距離を1m以上とする.
- (3) 給水配管内の流速は，一般に0.9〜1.2m/sである.
- (4) 高層ホテルのゾーニングでは，上限給水圧力は0.7MPaである.
- (5) 受水槽の容量は，一般に1日最大使用水量の1/2程度である.

問215-4 給水設備に関する次の記述のうち，最も不適当なものはどれか．（2012年問題110)

- (1) 社員食堂における1日当たりの設計給水量は，25〜50L/食である.
- (2) デパートにおける設計給水量は，延べ面積1m²当たり15〜30L/日である.
- (3) 一般水栓の最低必要水圧は，30kPaである.
- (4) 大便器洗浄弁における最低必要水圧は，70kPaである.
- (5) ホテル客室部における1日当たりの設計給水量は，60〜100L/床である.

216　ウォータハンマ

ウォータハンマは，水撃作用ともいい，流水をバルブなどで急閉止したときなどに発生する現象で，衝撃により騒音と圧力上昇を生じ，顕著な場合，配管が破壊されるおそれがある.

問216-1 ウォータハンマの発生場所・影響・防止方法等に関する次の記述のうち，最も不適当なものはどれか．（2018年問題115)

- (1) 瞬間的に開閉できる水栓・弁類を使用する場所で発生しやすい.
- (2) 揚水ポンプの吸込管（サクション）側に衝撃吸収式逆止弁を設ける.
- (3) 配管・機器の振動，騒音の発生，配管の破損の原因になる.
- (4) 配管内の圧力が高い場所で発生しやすい.
- (5) 配管は極力まっすぐに配管し，むやみに曲折させてはならない.

217　塩素消毒

衛生的な飲料水の確保のために必要な塩素消毒．塩素消毒の効果，塩素濃度と接触時間の関係，塩素消毒の反応速度，塩素消毒による副生成物，塩素消毒による臭気などの事項について出題される．

問217-1　水道水の塩素消毒に関する次の記述のうち，最も不適当なものはどれか．（2021年問題110）

(1) 塩素消毒の効果は，懸濁物質が存在すると低下する．
(2) 塩素消毒の反応速度は，温度が高くなるほど速くなる．
(3) 水道水中の窒素化合物と反応することで，塩素消毒の効果が高まる．
(4) 塩素消毒の効果は，アルカリ側で急減する．
(5) 塩素消毒は，多種類の微生物に効果がある．

問217-2　水道水の塩素消毒に関する次の記述のうち，最も不適当なものはどれか．（2020年問題109）

(1) CT値は，塩素濃度を接触時間で除したものである．
(2) 塩素消毒の効果は，懸濁物質が存在すると低下する．
(3) 原虫シストは，塩素消毒に対する抵抗性が強い．
(4) 塩素消毒は，多種類の微生物に対して消毒効果が期待できる．
(5) 塩素消毒の反応速度は，温度が高くなるほど速くなる．

問217-3　塩素消毒の特徴に関する次の記述のうち，最も不適当なものはどれか．（2018年問題110）

(1) 塩素剤の残留の確認と濃度の定量が容易である．
(2) 窒素化合物と反応すると，消毒効果が減少する．
(3) 酸性側で消毒効果が急減する．
(4) 災害など緊急時の使用に適している．
(5) 刺激臭を有するため，異臭味が生じる．

問217-4　給水の塩素消毒に関する次の記述のうち，最も不適当なものはどれか．（2013年問題108）

(1) 塩素濃度を接触時間で除したものをCT値という．

[364]

(2) 消毒効果が多種類の微生物に対して期待できる.

(3) 塩素消毒の反応速度は，温度が高くなるほど速くなる.

(4) 特定の物質と反応して臭気を強める.

(5) 原虫シストは，塩素消毒に対する抵抗性が強い.

218　塩素の消毒力

遊離残留塩素である次亜塩素酸，次亜塩素酸イオン，結合残留塩素であるジクロラミン，モノクロラミンの消毒力の強さの順などが出題される．消毒力の強い順に「ジジイはジモノに強い」と覚えよう.

問218-1　塩素消毒の効果に関する次の記述のうち，最も不適当なものはどれか．
(2018年問題108)

(1) 温度の影響を強く受け，温度が高くなるほど消毒速度は速くなる.

(2) 微生物表面の荷電状態は，消毒剤の細胞内への透過性に影響する.

(3) 懸濁物質が存在すると，その種類，大きさ，濃度等によって，消毒効果が低下する.

(4) 塩素消毒の効果を上げるためには，攪拌（かくはん）が重要である.

(5) 微生物を不活化するための消毒剤の濃度と接触時間の関係は比例する.

問218-2　水中での塩素化合物（モノクロラミン・ジクロラミン・次亜塩素酸・次亜塩素酸イオン）の消毒力の強さの順として，最も適当なものは次のうちどれか．
(2016年問題108)

〔消毒力が強い〕　　　　　　　　　　　　　　　　　　〔消毒力が弱い〕

(1) ジクロラミン $(NHCl_2)$ ＞ モノクロラミン (NH_2Cl) ＞ 次亜塩素酸 $(HOCl)$ ＞ 次亜塩素酸イオン (OCl^-)

(2) モノクロラミン (NH_2Cl) ＞ ジクロラミン $(NHCl_2)$ ＞ 次亜塩素酸イオン (OCl^-) ＞ 次亜塩素酸 $(HOCl)$

(3) 次亜塩素酸イオン (OCl^-) ＞ モノクロラミン (NH_2Cl) ＞ ジクロラミン $(NHCl_2)$ ＞ 次亜塩素酸 $(HOCl)$

(4) 次亜塩素酸 $(HOCl)$ ＞ 次亜塩素酸イオン $(OCl-)$ ＞ モノクロラミン (NH_2Cl) ＞ ジクロラミン $(NHCl_2)$

(5) 次亜塩素酸 $(HOCl)$ ＞ 次亜塩素酸イオン $(OCl-)$ ＞ ジクロラミン $(NHCl_2)$ ＞ モノクロラミン (NH_2Cl)

219 DPD法

DPD法とは，ジエチル・パラ・フェニレンジアミン (DPD) が塩素で酸化すると発色する反応を利用して，残留塩素の濃度を求める測定法である．

問219-1 水中の残留塩素のDPD法による測定に関する次の記述のうち，最も不適当なものはどれか．ただし，DPDはジエチル・パラ・フェニレンジアミン，OTはオルト・トリジンの略とする．（2014年問題109）

(1) DPD法の発色には，残留塩素と反応するDPD試薬とpHを中性に保つリン酸塩が必要である．

(2) DPD法による簡易測定器には，ブロック型，スライド型，ダイアル型等がある．

(3) DPD試薬は，残留塩素と反応し，桃赤色のセミキノン中間体を生成する．

(4) DPD法は，OT法よりも亜硝酸態窒素の影響を受けにくい．

(5) DPD法では，結合型残留塩素の方が遊離型残留塩素よりも先に発色する．

220 給水方式

直結直圧方式，直結増圧方式，高置水槽方式，圧力水槽方式，ポンプ直送方式の各給水方式について，概要や特徴，機能などに関する事項が出題される．特に，各給水方式の違いをよく理解しておく必要がある．

問220-1 建築物の給水方式に関する次の記述のうち，最も不適当なものはどれか．（2016年問題109）

(1) 直結直圧方式は，水道水の汚染のおそれが少ない．

(2) 直結増圧方式は，引込み管径が制限される．

(3) 高置水槽方式は，安定した水圧・水量が得られる．

(4) 圧力水槽方式は，受水槽を必要としない方式である．

(5) ポンプ直送方式は，小型圧力水槽を設けている例が多い．

問220-2 建築物の給水方式に関する次の記述のうち，最も不適当なものはどれか．（2015年問題110）

(1) 給水方式は，水道直結方式と受水槽方式に大別される．

(2) 直結直圧方式は，配水管の圧力によって直接建築物各所に給水する方式である．

(3) 高置水槽方式は，受水槽の水位によって揚水ポンプの起動・停止が行われる．

(4) 直結増圧方式は，受水槽を設ける必要がなく衛生的である．

(5) ポンプ直送方式には，ポンプの回転数を変化させて送水量を調整する方法がある．

問220-3　建築物の給水方式に関する次の記述のうち，最も不適当なものはどれか．（2014年問題115）

(1) 直結直圧方式は，水質汚染の可能性が少なく，かつ経済的な方式である．

(2) ポンプ直送方式は，受水槽を必要としない方式である．

(3) 高置水槽方式は，他の方式に比べて水質汚染の可能性が高い方式である．

(4) 圧力水槽方式は，高置水槽を必要としない方式である．

(5) 直結増圧方式は，引込管に増圧ポンプを設ける方式である．

問220-4　給水方式に関する次の記述のうち，最も不適当なものはどれか．（2013年問題110）

(1) 直結直圧方式は，配水管の水圧により揚水できる高さが決定される．

(2) 高置水槽方式は，他の方式に比べて汚染のおそれが少ない方式である．

(3) 直結増圧方式は，増圧ポンプを設け，水圧を高くして中高層の建築物に適用できるようにした方法である．

(4) 圧力水槽方式は，給水ポンプで水を圧力水槽に送り，水槽内の空気を圧縮して圧力を上げ，その圧力で各所に給水する方法である．

(5) ポンプ直送方式は，受水槽に貯留した水を直送ポンプ（加圧ポンプ）で必要箇所に直接給水する方式である．

221　給水配管

合成樹脂ライニング鋼管，銅管，ステンレス鋼鋼管，硬質ポリ塩化ビニル管などの給水配管に使用される配管材料や，継手，接合方法，金属管に発生する腐食などについて出題される．

問221-1　給水設備の配管に関する次の記述のうち，最も不適当なものはどれか．（2021年問題114）

(1) 給水管と排水管が平行して埋設される場合には，給水管は排水管の上方に埋

科目5　給水排水

設する.

(2) 止水弁は，主管からの分岐，各系統の起点，機器との接続部等に設置する.

(3) ポンプに弁及び配管を取り付ける場合には，その荷重が直接ポンプにかからないように支持する.

(4) 建物の揺れ，配管の振動等による変位を吸収するため，貯水槽と配管との接続には伸縮継手を使用する.

(5) 機器との接続配管は，機器の交換の際に容易に機器が外せるフランジ接合などとする.

問221-2 給水設備に関する配管材料とその接合方法との組合せとして，最も不適当なものは次のうちどれか．（2020年問題113）

(1) 水道用硬質塩化ビニルライニング鋼管 ─────── フランジ接合

(2) 銅管 ──────────────────────── 差込みろう接合

(3) ステンレス鋼管 ─────────────── フランジ接合

(4) ポリブテン管 ─────────────── 接着接合

(5) 硬質ポリ塩化ビニル管 ─────────── 接着接合

問221-3 給水設備の機器・配管材料に関する次の記述のうち，最も適当なものはどれか．（2018年問題114）

(1) TIG溶接は，不活性ガスの雰囲気中で，タングステン電極と溶接母材の間にアークを発生させて溶接する方法である.

(2) ボール弁は，ボール状の弁体を回転させ，管軸と通路とが一致したときが全閉であり，それと90°回転した状態が全開になる.

(3) ステンレス鋼板製貯水槽は，液層部よりも気層部の方が腐食しにくい.

(4) 銅管は，銅イオンが水に浸出して白濁水を生じることがある.

(5) 架橋ポリエチレン管の接続方法は，一般に接着接合である.

問221-4 給水設備配管に関する次の記述のうち，最も不適当なものはどれか.
（2017年問題111）

(1) 給水管と排水管が平行して埋設される場合には，給水管の上方に排水管を埋設する.

(2) ポンプに弁及び配管を取り付ける場合には，その荷重が直接ポンプにかからないように支持する．

(3) 給水配管の枝管の分岐は，下方に分岐する場合には下取り出しとする．

(4) 止水弁は，主管からの分岐，各系統の起点，機器との接続部等に設置される．

(5) 飲料水用配管は，他の配管系統と識別できるようにしなければならない．

問221-5 給水配管に関する次の記述のうち，最も不適当なものはどれか．（2014年問題116）

(1) 合成樹脂ライニング鋼管のねじ接合には，管端防食継手を使用する．

(2) 異種金属の配管を接続すると，異種金属の電位差が大きいほど腐食電流が大きくなり腐食速度が増大する．

(3) 金属のさびこぶの下では，管壁部をアノード，さびこぶ部をカソードとする酸素濃淡電池が形成され腐食が進行する．

(4) 銅管の腐食には，孔食と潰食がある．

(5) ステンレス鋼管の溶接接合では，タングステンイナートガス（TIG）溶接が一般的である．

222 給水用弁

仕切弁，玉形弁，バタフライ弁，ボール弁などの止水弁，リフト式逆止弁，スイング式逆止弁などの逆流防止弁の構造や特徴について出題される．特に，玉型弁とボール弁は紛らわしいので，要注意．

問222-1 給水用止水弁の取付けに関する次の記述のうち，最も不適当なものはどれか．（2020年問題111）

(1) 天井内に止水弁を設置する場合は，その近傍に点検口を設ける．

(2) 給水立て主管からの各階への分岐管には，止水弁を設ける．

(3) 取外しが必要な機器の前後に止水弁を設置する場合は，ねじ込み型とする．

(4) 止水弁には，系統の名称札を設ける．

(5) 止水弁として，仕切弁が多く使用される．

223　貯水槽

受水槽や高置水槽などの飲料用貯水槽の構造や材質などについて，出題される．貯水槽には，FRP製，鋼板製，ステンレス鋼板製，木製などがあり，それぞれの材質の特徴について出題される．

問223-1　受水槽に関する次の記述のうち，最も不適当なものはどれか．（2019年問題113）

(1) 水の使用量が極端に減少する期間がある建築物では，受水槽の水位を通常使用時と少量使用時で切り替える方法を取る．

(2) 流入管からの吐水による水面の波立ち防止策として，防波板を設置する．

(3) 受水槽を独立した室に設置する場合は，出入口に施錠するなどの措置を講ずる．

(4) 受水槽の上部には，他設備の機器や配管が設置されないようにする．

(5) 受水槽の流入口と流出口の位置は，滞留時間を短くするため近接させる．

問223-2　飲料用貯水槽に関する次の記述のうち，最も不適当なものはどれか．（2016年問題112）

(1) 屋内に設置する貯水槽は，建築物の躯体を利用して築造してはならない．

(2) 受水槽を独立した室に設置する場合は，出入口に施錠する．

(3) オーバフロー管は，排水口空間を確保し，間接排水とする．

(4) 流入管は，流入時の波立ちを防止するために水没させる．

(5) 滞留水の防止のために，流入口と流出口を対角線に配置する．

224　貯水槽の清掃

貯水槽の定期的な清掃は，衛生的な飲料水を確保するために必要不可欠なものであり，建物の衛生管理上，最も重要な事項の一つである．そのため，貯水槽の清掃の手順など，かなり詳細な内容についても出題される．

問224-1　建築物衛生法に基づく貯水槽の清掃に関する次の記述のうち，誤っているものはどれか．（2021年問題117）

(1) 清掃終了後の消毒は，有効塩素濃度50～100 mg/Lの次亜塩素酸ナトリウム溶液などの塩素剤を用いる．

(2) 清掃終了後は，2回以上貯水槽内の消毒を行う．

(3) 消毒終了後の水洗いと水張りは，少なくとも30分以上経過してから行う．

(4) 清掃終了後の水質検査における遊離残留塩素濃度の基準値は，0.1 mg/L以上である．

(5) 清掃終了後の水質検査における濁度の基準値は，2度以下である．

問224-2 貯水槽の清掃に関する次の記述のうち，最も不適当なものはどれか．(2020年問題116)

(1) 清掃時は，貯水槽のマンホールの蓋を開け，換気用のファンやダクトを設置し，槽内の換気を図るなどの事故防止対策を行う．

(2) 受水槽と高置水槽の清掃は，原則同じ日に行い，受水槽の清掃後に高置水槽の清掃を行う．

(3) 清掃終了後は，塩素剤を用いて2回以上，貯水槽内の消毒を行う．

(4) 消毒後の水洗いと水張りは，消毒終了後，15分程度経過してから行う．

(5) 清掃終了後の消毒は，有効塩素濃度50〜100mg/Lの次亜塩素酸ナトリウム溶液などの塩素剤を使用する．

問224-3 貯水槽清掃後の水質検査項目と基準との組合せとして，最も不適当なものは次のうちどれか．(2018年問題116)

(1) 色度 ——————————— 5度以下
(2) 濁度 ——————————— 3度以下
(3) 臭気 ——————————— 異常でないこと(消毒によるものを除く)
(4) 味 ———————————— 異常でないこと(消毒によるものを除く)
(5) 残留塩素の含有率 ———— 遊離残留塩素0.2 mg/L以上

問224-4 建築物における衛生的環境の確保に関する法律に基づく特定建築物の貯水槽の清掃に関する次の記述のうち，誤っているものはどれか．(2012年問題114)

(1) 清掃終了後は，塩素剤を用いて2回以上貯水槽内の消毒を行う．

(2) 清掃によって生じた汚泥等の廃棄物は，廃棄物の処理及び清掃に関する法律，下水道法等の規定に基づき，適切に処理する．

(3) 高置水槽，圧力水槽等の清掃を行った後，受水槽の清掃を行う．

(4) 清掃の作業に当たる者は，おおむね6カ月ごとに健康診断を受ける．

(5) 消毒後は，30分以上経過してから水洗いと水張りを行う．

225　給水設備の汚染

人の口に入る飲料水の汚染は，絶対に避けねばならないことであり，給水設備の汚染防止は，建物の衛生管理上の最重要項目の一つである．クロスコネクション禁止，吐水口空間の確保などの事項が出題される．

問225-1　給水設備の汚染に関する次の記述のうち，最も不適当なものはどれか．
（2021年問題111）

(1) 逆サイホン作用とは，給水管内に生じた負圧により，水受け容器にいったん吐水された水が給水管内に逆流することである．

(2) クロスコネクションとは，飲料水系統と他の配管系統を配管などで直接接続することである．

(3) 洗面器における吐水口空間は，給水栓の吐水口と洗面器のあふれ縁との垂直距離である．

(4) 大便器の洗浄弁の下流側には，一般に圧力式バキュームブレーカを設置する．

(5) 逆サイホン作用の防止対策の基本は，吐水口空間を設けることである．

問225-2　給水設備の汚染に関する次の記述のうち，最も不適当なものはどれか．
（2017年問題114）

(1) 飲料用貯水槽のオーバフロー管は，オーバフロー排水を円滑に行うために，一般の排水管に直接接続する．

(2) 吐水口空間を設けることは，逆サイホン作用防止の基本である．

(3) 大便器洗浄弁には，大気圧式バキュームブレーカを設置する．

(4) 上水系統とそれ以外の系統は，いかなる理由があっても直接接続してはならない．

(5) 屋内の貯水槽は，6面から点検ができるように床上に独立して設置する．

問225-3　給水設備の汚染に関する次の記述のうち，最も不適当なものはどれか．
（2016年問題113）

(1) クロスコネクションとは，飲料水系統と他の配管系統を配管などで直接接続

することである.

(2) 逆サイホン作用とは，給水管内に生じた負圧により，水受け容器にいったん吐水された水が給水管内に逆流することである.

(3) 大便器洗浄弁には，大気圧式バキュームブレーカを設置する.

(4) バキュームブレーカには，大気圧式と圧力式がある.

(5) 洗面器における吐水口空間は，水栓の吐水口端と水受け容器のオーバフロー口との垂直距離である.

226 給水設備機器

貯水槽，給水ポンプ，給水配管，給水弁など，給水設備に使用される機器，配管，弁類について出題される．給水設備は，システムとして，必要な水質，水量，水圧での供給が求められるので，給水設備全体から出題される．

問226-1 給水設備機器に関する次の記述のうち，最も不適当なものはどれか．
(2017年問題112)

(1) 木製貯水槽は，断熱性に優れているため結露対策が不要である.

(2) ステンレス鋼板製貯水槽は，気相部の腐食対策が必要である.

(3) 渦巻きポンプは，羽根車を高速回転し，水に向心力を与えて吐出させる.

(4) FRP製貯水槽は，機械的強度が低いため耐震補強が必要である.

(5) 受水槽から高置水槽へ送水する揚水ポンプの起動・停止は，高置水槽の水位により作動させる.

問226-2 給水設備機器に関する次の記述のうち，最も不適当なものはどれか．
(2015年問題112)

(1) 鋼板製貯水槽は，FRP製に比べて機械的強度が大きい.

(2) ポンプは，前面に保守点検スペースを取って配置する.

(3) 直結増圧方式における増圧ポンプの制御には，推定末端圧力一定制御方式がある.

(4) 木製貯水槽は，形状が円形又は楕円形に限られる.

(5) FRP製貯水槽は，紫外線に強い.

227　ポンプ

ポンプは，給排水衛生設備で用いられるのはもちろんだが，空調設備の冷水，温水，冷温水，冷却水などの搬送にも用いられる．建築設備分野における水の搬送の用途には，ターボ型のポンプが多用されている．

問227-1　次のポンプの点検項目のうち，点検頻度を一般に6カ月に1回程度としているものはどれか．（2019年問題116）

- (1) 吐出側の圧力
- (2) ポンプと電動機の芯狂い
- (3) 電動機の絶縁抵抗
- (4) 電流値
- (5) 軸受温度

問227-2　ポンプに関する次の記述のうち，最も不適当なものはどれか．（2012年問題112）

- (1) 歯車ポンプは，速度エネルギーを圧力エネルギーに変換するための，渦巻状のケーシングを備えた遠心ポンプのことである．
- (2) ダイヤフラムポンプは，容積型に分類される．
- (3) インラインポンプは，配管の途中に取り付けられる．
- (4) 多段渦巻きポンプは，2枚以上の羽根車を直列に組み込むことで，高揚程を確保できる．
- (5) 渦巻きポンプは，ターボ型に分類される．

228　給水設備の保守管理

「防錆剤は配管の布設替えまでの応急処置」，「管更生工法は技術評価・審査証明を受けた工法がよい」などは，適当な選択肢として出題されることが多いので，その概要をよく理解しておこう．

問228-1　給水管理に関する次の記述のうち，最も不適当なものはどれか．（2020年問題110）

- (1) 残留塩素濃度の定期検査は，最もその濃度が低いと考えられる末端給水栓で行う．
- (2) 飲料水系統の給水管における赤水などの恒久対策として，防錆剤を使用する．

(3) 飲料水系統配管の維持管理においては，管の損傷，錆，腐食及び水漏れの有無を定期に点検することが重要である．

(4) 給水設備の老朽化に伴って，水量・水圧が減少することがある．

(5) 水質検査の結果，病原生物などが水質基準を超えて水に含まれ，人の健康を害するおそれがある場合は，直ちに給水停止措置をとる．

問228-2 給水設備の保守管理に関する次の記述のうち，最も不適当なものはどれか．（2019年問題115）

(1) 貯水槽の付属装置である定水位弁や電極棒等の動作不良により，断水，溢水事故を起こすことがある．

(2) 地震など，貯水槽の構造や水質に影響を与えるような事態が発生した場合には，速やかにその影響を点検する．

(3) 給水ポンプの吐出側の圧力が変動している場合は，ポンプ内あるいは吐出配管に詰まりがある．

(4) 高置水槽と受水槽の清掃は，原則として同じ日に行い，受水槽の清掃前に高置水槽の清掃を行う．

(5) 給水栓において規定値の残留塩素が保持できない場合は，塩素剤の注入装置を設置して，その適正な管理を行う．

問228-3 建築物衛生法に基づく特定建築物の給水設備の保守管理に関する次の記述のうち，最も不適当なものはどれか．（2018年問題117）

(1) 貯水槽清掃終了後の消毒には，有効塩素濃度10～20 mg/Lの次亜塩素酸ナトリウム溶液などの塩素剤を用いる．

(2) 防錆剤を使用する場合は，定常時においては2カ月以内ごとに1回，防錆剤の濃度を検査しなければならない．

(3) 残留塩素が不検出，又はその濃度変動が激しい場合には，一度吐水された水が，給水管へ逆流している可能性がある．

(4) 貯水槽は，点検を定期に行い，地震などで貯水槽の構造や水質に影響を与えるような事態が発生した場合には，速やかにその影響を点検する．

(5) 受水槽の水位制御の作動点検は，槽内のボールタップを手動で操作して行う．

問228-4 給水設備の保守管理に関する次の記述のうち，最も不適当なものはどれか．（2017年問題116）

(1) 貯水槽の清掃によって生じた汚泥等の廃棄物は，廃棄物の処理及び清掃に関する法律，下水道法等の規定に基づき，適切に処理する．

(2) 防錆剤の使用は，配管の布設替えが行われるまでの応急処置とする．

(3) 管更生工法で管内に合成樹脂ライニングを施す場合には，技術評価・審査証明を受けた工法を採用するのがよい．

(4) ポンプ直送方式では，ポンプの停止時や性能低下時などに，下方の階の方が給水管内は負圧になりやすい．

(5) 配管は，管の損傷，さび，腐食及び水漏れの有無を点検して，必要に応じて補修を行う．

229　給水設備の保守の頻度

給水栓の残留塩素の測定は，地方で独自の行政指導しているところもあり，行政指導に基づき現場で実施している頻度と，建築物衛生法上の頻度が異なる場合があるので，気をつけて覚えよう．

問229-1 給水設備の保守管理に関する次の記述のうち，最も不適当なものはどれか．（2019年問題117）

(1) 飲料用貯水槽の清掃は，1年以内ごとに1回，定期に行う．

(2) 飲料用貯水槽の清掃作業に従事する者は，6カ月に1回程度，健康診断を受ける．

(3) 飲料用貯水槽の点検は，6カ月に1回程度，定期に行う．

(4) 給水栓における残留塩素の測定は，7日以内ごとに1回，定期に行う．

(5) 第2種圧力容器に該当する圧力水槽は，1年以内ごとに1回，定期自主検査を行う．

問229-2 給水設備の保守管理に関する次の記述のうち，最も不適当なものはどれか．（2014年問題117）

(1) 給水栓における残留塩素の測定は，7日以内ごとに1回，定期に行う．

(2) 飲料用貯水槽の清掃は，1年以内ごとに1回，定期に行う．

(3) 飲料用貯水槽の清掃の作業に従事する者は，おおむね1年ごとに健康診断を

受ける必要がある.

(4) 飲料用貯水槽の点検は，1カ月に1回程度，定期に行う.

(5) 第2種圧力容器に該当する圧力水槽は，1年以内ごとに1回，定期自主検査を行う.

問229-3 次のポンプの点検項目のうち，点検頻度を一般に6カ月に1回程度としているものはどれか.（2012年問題113）

(1) 吸込側の圧力

(2) 軸受温度

(3) ポンプと電動機の芯^(しん)狂い

(4) 電流値

(5) 軸受部の水滴の滴下状態

230 貯水槽の水位制御

貯水槽の水位制御は，減水したら貯水槽に給水を開始し，満水になったら貯水槽の給水を停止する．減水し過ぎたり，満水にし過ぎたりしたら，警報を発する．この基本的な制御は，受水槽も高置水槽も同じである．

問230-1 高置水槽の電極による水位制御に関して，図中A～Eの電極棒とその機能の組合せとして，最も適当なものは次のうちどれか.（2016年問題116）

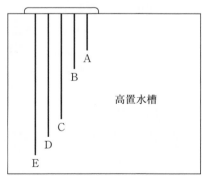

	A	B	C	D	E
(1)	満水警報	給水開始	給水停止	減水警報	共　通
(2)	満水警報	給水停止	給水開始	減水警報	共　通

(3)　共　　通 ── 給水停止 ── 満水警報 ── 減水警報 ── 給水開始

(4)　共　　通 ── 満水警報 ── 給水停止 ── 給水開始 ── 減水警報

(5)　共　　通 ── 満水警報 ── 給水開始 ── 給水停止 ── 減水警報

231　水の性質

水の密度，比体積，比熱，気体の溶解度などの基本的性質が出題される．水は身近な物質であるが，液体の状態よりも固体の状態のほうが密度が小さいといった特有な性質を有している．

問231-1　給湯設備における水の性質に関する次の記述のうち，最も不適当なものはどれか．（2021年問題119）

(1)　4℃以上の水は，温度が高くなると密度は小さくなる．

(2)　配管内の水中における気体の溶解度は，水温の上昇により増加する．

(3)　給湯設備で扱う範囲の水は，ほとんど非圧縮性である．

(4)　水中に溶存している空気は，配管内の圧力が高いと分離されにくい．

(5)　水温が高いほど，金属腐食速度が速くなる．

問231-2　給湯設備における水の性質に関する次の記述のうち，最も不適当なものはどれか．（2016年問題117）

(1)　水中に溶存している空気は，配管内の圧力が高いと分離されにくい．

(2)　水は，ほとんど非圧縮性流体として扱える．

(3)　15℃における水の比熱は，4.186kJ／（kg·℃）である．

(4)　配管内の水中における気体の溶解度は，水温が上昇すると減少する．

(5)　4℃以上の水は，温度が高くなると比体積が小さくなる．

232　給湯循環量，熱損失

給湯配管の循環配管の長さ，給湯循環流量，給湯温度と返湯温度の差から，給湯配管の単位長さ当たりの熱損失を算定する問題が出題されている．算定は，題意で与えられている算定式を用いて行う．

問232-1　循環配管の管長が100mの給湯設備で給湯循環流量を10L/minとした場合，循環配管からの単位長さ当たりの熱損失の値として，最も近いものは次のうちどれか．ただし，加熱装置における給湯温度と返湯温度の差を5℃とする．算定

式は次式を使う．（2021年問題121）

$$Q = 0.0143 \times H_L \div \Delta t$$

ここで，Q：循環流量[L/min]

H_L：循環配管からの熱損失[W]

Δt：加熱装置における給湯温度と返湯温度との差[℃]

(1)　　　0.5 W/m

(2)　　　7.0 W/m

(3)　　　35 W/m

(4)　　140 W/m

(5)　3 500 W/m

問232-2 循環配管の管長が80m，循環配管からの単位長さ当たりの熱損失が50W/mの給湯設備で給湯循環流量を算出した場合，その値として最も近いものは次のうちどれか．ただし，次の算定式を用い，加熱装置における給湯温度と返湯温度の差を5℃とする．（2018年問題119）

$$Q = 0.0143 \times H_L \div \Delta t$$

ここで，Q：循環流量[L/min]

H_L：循環配管からの熱損失[W]

Δt：加熱装置における給湯温度と返湯温度との差[℃]

（1）　　0.14 L/min

（2）　　0.23 L/min

（3）　　11 L/min

（4）　　57 L/min

（5）　286 L/min

233　給湯設備

加熱装置と給湯温度を確保するための循環配管を有している，循環式給湯設備を中心に出題される．循環式給湯設備は，配管内の湯が冷めないように給湯水を循環させつつ，使用場所で吐水する設備である．

問233-1 給湯設備に関する次の記述のうち，最も不適当なものはどれか．（2020年問題117）

(1) ホテル宿泊部の設計給湯量は，50L/（人・日）程度である．

(2) ガス瞬間湯沸器の能力は一般に号数で表され，1号の加熱能力は1.74kWに相当する．

(3) 厨房における業務用皿洗い機のすすぎ温度は，80℃程度である．

(4) 中央式給湯設備の給湯栓の給湯温度は，ピーク使用時においても55℃以上とする．

(5) 貯蔵式湯沸器は，90℃以上の高温湯が得られ，飲用として利用される．

問233-2 給湯設備に関する次の記述のうち，最も不適当なものはどれか．（2019年問題118）

(1) 壁掛けシャワーの使用温度は，42℃程度である．

(2) 総合病院における使用湯量は,40～80L/（床・日）程度である．

(3) 電気温水器の貯湯量は，60～480L程度である．

(4) 強制循環式給湯系統の横管は，1/200以上の勾配で配管する．

(5) 貯湯槽の容量は，ピーク時の必要量の1～2時間分を目安に加熱能力とのバランスから決定する．

問233-3 給湯設備に関する次の記述のうち，最も不適当なものはどれか．（2018年問題121）

(1) 密閉式膨張水槽を設ける場合には，逃し弁も設けなければならない．

(2) 逃し管（膨張管）は，給湯設備の安全装置である．

(3) 銅管の線膨張係数は，ポリブテン管のそれより小さい．

(4) 循環ポンプの脈動による騒音・振動の発生対策としてサイレンサを設置する場合には，ポンプの流入側に設置する．

(5) 耐熱性硬質ポリ塩化ビニル管の許容圧力は,使用温度が高くなると低下する．

問233-4 給湯設備に関する次の記述のうち，最も不適当なものはどれか．（2017年問題118）

(1) 中央式給湯方式の循環ポンプの循環流量は，加熱装置における給湯温度と返湯温度との温度差に反比例する．

(2) ヒートポンプは，排熱回収用の給湯熱源機器として使用される．

(3) 排水から熱回収する場合は，熱効率を上げるために直接熱交換を行う.

(4) エネルギーと水の節約を図るためには，湯と水を別々の水栓から出さずに混合水栓を使用する.

(5) 給湯配管からの放熱損失を低減するため，配管経路の短縮，配管の断熱等に配慮した配管計画を行う.

問233-5　給湯設備に関する次の記述のうち，最も不適当なものはどれか.（2016年問題121）

(1) 貯湯槽の容量は，ピーク時の必要容量の1～2時間分を目安に加熱能力とのバランスから決定する.

(2) 返湯管に銅管を用いる場合は，潰食を考慮して管内流速を1.2 m/s以下にする.

(3) 逃し管の立ち上げ高さは，補給水槽（高置水槽）の水面よりもやや低い位置に設定する.

(4) 給湯設備における金属材料の腐食は，同じ金属材料の給水設備の腐食よりも早期に発生し，腐食速度も速くなる.

(5) 給湯量を均等に循環させるためには，返湯管に定流量弁を設けるとよい.

問233-6　給湯設備に関する次の記述のうち，最も不適当なものはどれか.（2015年問題117）

(1) ボイラは，伝熱面積とゲージ圧力により，一般ボイラ，小型ボイラ，簡易ボイラに分類される.

(2) ガスマルチ式給湯機は，小型のガス瞬間湯沸器を複数台連結してユニット化したものである.

(3) 中央式給湯方式は，給湯箇所の少ない事務所建築に採用される.

(4) 循環ポンプは，背圧に耐えることができるものを選定する.

(5) 逃し管には，弁を設けてはならない.

問233-7　給湯設備に関する次の記述のうち，最も不適当なものはどれか.（2014年問題121）

(1) ちゅう房などの連続的に湯を使用する系統の枝管には，返湯管を設けない場合が多い.

(2) 給湯量を均等に循環させるために，返湯管に定流量弁を設ける．

(3) 給湯設備における金属材料の腐食は，給水設備において使用される場合より早期に発生し，その腐食速度も速い．

(4) 直接加熱方式とは，蒸気や高温水を熱源として，加熱コイルなどによって給湯用の水を加熱する方式である．

(5) 給湯循環ポンプは，返湯管に設置する．

234 給湯配管

循環式給湯設備の給湯配管は，循環水と使用水が流れる往き管と，循環水のみが流れる還り管では配管内の流量のみが異なり，それに伴って配管の径も異なる．強制循環方式の循環ポンプは，循環水のみが流れる還り管に設ける．

問234-1 給湯設備に関する次の記述のうち，最も不適当なものはどれか．（2020年問題118）

(1) 循環式給湯設備の下向き配管方式における給湯横主管は，1/200以上の下り勾配とする．

(2) 返湯管に銅管を用いる場合は，潰食を考慮して管内流速を1.2m/s以下とする．

(3) ライニング鋼管における単式の伸縮管継手の設置間隔は，50m程度とする．

(4) 貯湯槽の容量は，ピーク時の必要容量の1〜2時間分を目安とする．

(5) 耐熱性硬質ポリ塩化ビニル管は，90℃以下で使用する．

問234-2 給湯設備配管に関する次の記述のうち，最も不適当なものはどれか．（2017年問題120）

(1) ステンレス鋼管の線膨張係数は，架橋ポリエチレン管のそれより小さい．

(2) 銅管は，循環配管を設けない一過式配管において腐食の発生がほとんどない．

(3) 循環式給湯設備の下向き配管方式における給湯横主管は，1/200以上の上り勾配とする．

(4) 耐熱性硬質ポリ塩化ビニル管は，90℃以下で使用する．

(5) ステンレス鋼管は，隙間腐食，残留応力腐食等による腐食が生じる可能性がある．

問234-3 給湯設備の配管に関する次の記述のうち，最も不適当なものはどれか．

（2016年問題119）

(1) 配管の伸縮量を吸収するため配管形状は，可とう性を持たせ，長い直線配管には伸縮管継手を設ける．

(2) スリーブ形伸縮管継手は，ベローズ形伸縮管継手に比べて伸縮吸収量が大きい．

(3) 密閉式給湯方式の横管は，無勾配で配管し，管理しやすい位置に自動空気抜き弁を設ける．

(4) 凹配管となる場合は，水抜きのための止水弁を設ける．

(5) ちゅう房など，連続的に湯を使用する系統の枝管には，返湯管を設けない場合が多い．

問234-4 給湯設備の配管に関する次の記述のうち，最も不適当なものはどれか．
（2015年問題121）

(1) 自然循環方式は，配管形状が複雑な中央式給湯設備には適さない．

(2) 循環式給湯設備の下向き配管方式における給湯横主管は，下り勾配とする．

(3) 直管部が長くなる場合には，伸縮管継手を設置する．

(4) 給湯量を均等に循環させるためには，返湯管に定流量弁を設ける．

(5) 循環ポンプの揚程は，循環回路系で最も小さくなる摩擦損失から決定する．

235　給湯配管の材料・腐食

給湯配管は，給水管に比べて使用温度が高く，金属材料の腐食が進行しやすい．そのため，さびやすい管以外のステンレス鋼鋼管，銅管，耐熱性を有した合成樹脂管などが使用される．

問235-1 給湯設備に使用される材料に関する次の記述のうち，最も不適当なものはどれか．（2021年問題120）

(1) 金属材料の曲げ加工を行うと，応力腐食が生じることがある．

(2) 耐熱性硬質ポリ塩化ビニル管の最高使用許容圧力は，使用温度が高くなると低下する．

(3) 樹脂管を温度の高い湯に使用すると，塩素による劣化が生じゃすい．

(4) ステンレス鋼管は，酸化被膜による母材の不動態化によって耐食性が保持される．

科目5　給水排水

[383]

(5) ポリブテン管の線膨張係数は，銅管と比較して小さい．

問235-2 給湯設備に関する次の記述のうち，最も不適当なものはどれか．（2020年問題120）

(1) 樹脂管の許容使用圧力は，使用温度が高くなると低下する．
(2) ステンレス鋼管は隙間腐食が生じる可能性があるので，入念な施工が要求される．
(3) 耐熱性硬質塩化ビニルライニング鋼管の接続には，管端防食継手を使用する．
(4) 返湯管のない単管式の給湯配管に銅管を用いる場合は，給湯循環配管に用いる場合より腐食の発生する可能性が高い．
(5) ステンレス鋼管と銅管の線膨張係数は，ほぼ等しい．

問235-3 給湯設備に使用される材料に関する次の記述のうち，最も不適当なものはどれか．（2019年問題121）

(1) ステンレス鋼管の線膨張係数は，架橋ポリエチレン管の線膨張係数より小さい．
(2) 金属材料の曲げ加工を行った場合には，応力腐食の原因になる．
(3) 樹脂管を温度の高い湯に使用すると，塩素による劣化が生じやすい．
(4) 返湯管に銅管を用いた場合は，他の配管材料を用いた場合と比較して，流速を速く設定できる．
(5) ステンレス鋼管は，隙間腐食，もらい錆（さび）等による腐食が生じる可能性がある．

236 給湯加熱装置

貫流ボイラ，無圧式温水発生機，真空式温水発生機，加熱コイル付き貯湯槽，ガスマルチ式給湯機，貯蔵式湯沸器，ガス瞬間湯沸器など，給湯加熱装置について出題される．

問236-1 給湯設備に関する次の記述のうち，最も不適当なものはどれか．（2021年問題122）

(1) 貫流ボイラは，煙道を備えている．
(2) 貯蔵式湯沸器は，減圧弁を備えている．
(3) 真空式温水発生機は，減圧蒸気室を備えている．

(4) 太陽熱利用温水器には，集熱器と貯湯槽が一体で構成されているものがある．

(5) 潜熱回収型給湯器は，排気ガスの潜熱を回収し，給水の予熱として利用する．

問236-2 給湯設備の加熱装置に関する次の記述のうち，最も不適当なものはどれか．（2020年問題121）

(1) ガス瞬間湯沸器には，給湯の他にセントラルヒーティング用の回路を内蔵したものがある．

(2) 給湯用貫流ボイラは，水管群により構成され耐圧性に優れている．

(3) 無圧式温水発生機は，缶体内を大気圧以下とし，熱媒を蒸発させて内部の熱交換器で熱交換を行い，湯を供給する．

(4) 加熱コイル付き貯湯槽は，蒸気などの熱源が得られる場合に使用される．

(5) ガスマルチ式給湯機は，小型の瞬間湯沸器を複数台連結してユニット化したものである．

問236-3 給湯設備に使用される加熱装置に関する次の記述のうち，最も不適当なものはどれか．（2019年問題120）

(1) ガスマルチ式給湯機は，小型のガス瞬間湯沸器を複数台連結してユニット化したものである．

(2) ヒートポンプは，排熱を利用した給湯熱源機器として使用される．

(3) 間接加熱方式は，蒸気や高温の温水を熱源として，加熱コイルで給湯用の水を加熱するものである．

(4) ボイラは，伝熱面積とゲージ圧力により，ボイラ，小型ボイラ，簡易ボイラに分類される．

(5) 給湯用貫流ボイラは，出湯温度が安定しているので，大規模のシャワー設備の給湯に適している．

問236-4 給湯設備における加熱装置とその説明との組合せとして，最も不適当なものは次のうちどれか．（2012年問題117）

(1) 貫流ボイラ ―――――― 缶水量が少なく，出湯量の変化により出湯温度が変動しやすい．

(2) 貯蔵式湯沸器 ―――――― 高温の湯が得られ，飲用として利用される．

(3) ガスマルチ式 _____ 小型のガス瞬間湯沸器を複数台連結したもので，
　　 給湯機　　　　　　　　　 主に業務用に利用される．

(4) 加熱コイル付き _____ 蒸気などの熱媒が得られる場合に一般的に使用
　　 貯湯槽　　　　　　　　　 される．

(5) 無圧式 _____ 缶体内を大気圧以下とし，熱媒を蒸発させて内
　　 温水発生機　　　　　　　 部の熱交換器で熱交換を行い，湯を供給する．

237　給湯循環ポンプ

給湯循環ポンプの流量（水量）は，循環経路の熱損失から算定される．給湯循環ポンプの圧力（揚程）は，循環経路の圧力損失から算定される．給湯循環ポンプのキーワードは損失である．

問237-1　給湯設備に関する次の記述のうち，最も不適当なものはどれか．（2020年問題119）

(1) 強制循環方式において湯を均等に循環させるため，リバースリターン方式とする．

(2) 密閉式膨張水槽を設ける場合は，逃し弁を設ける．

(3) 給湯循環ポンプの循環流量は，循環配管系などからの熱損失及び加熱装置における給湯温度と返湯温度の温度差より算定する．

(4) 加熱装置から逃し管（膨張管）を立ち上げる場合は，補給水槽の水面よりも高く立ち上げる．

(5) 給湯循環ポンプは，背圧に耐えることのできるものを選定する．

問237-2　給湯設備の循環ポンプに関する次の記述のうち，最も不適当なものはどれか．（2016年問題120）

(1) ポンプは，返湯管に設置する．

(2) ポンプは，背圧に耐えるものを選定する．

(3) ポンプの揚程は，循環管路系で最も大きくなる管路における摩擦抵抗・局部抵抗による圧力損失から決定する．

(4) 循環水量は，配管からの熱損失に反比例する．

(5) 省エネルギー対策のためには，ポンプを連続運転せずに，返湯管の温度が低下した時に作動させる．

238 給湯設備の保守管理

給湯水に基準値を超える一般細菌が検出された場合や，レジオネラ属菌汚染が認められた場合の，温度や塩素濃度を高くして循環させる方法などが出題される．設備管理の実務においても，覚えておくべき内容である．

問238-1 給湯設備の保守管理に関する次の記述のうち，最も不適当なものはどれか．（2021年問題123）

(1) 給湯水にレジオネラ属菌汚染が認められた場合は，高濃度塩素により系統内を消毒する対策がある．

(2) 無圧式温水発生機の定期検査は，労働安全衛生法に規定されている．

(3) 給湯設備は，給水設備に準じた保守管理が必要である．

(4) 給湯水を均等に循環させるため，返湯管に定流量弁を設置する．

(5) ベローズ形伸縮管継手は，ベローズが疲労破壊により漏水することがある．

問238-2 給湯設備の保守管理に関する次の記述のうち，最も不適当なものはどれか．（2020年問題123）

(1) 器具のワッシャには，天然ゴム製のものを使用する．

(2) 使用頻度の少ない給湯栓は，定期的に停滞水の排出を行い，給湯温度の測定を行う．

(3) 貯湯槽は，定期的に底部の滞留水の排出を行う．

(4) SUS444製の貯湯槽には，電気防食を施してはならない．

(5) 給湯栓から出る湯が分離気体によって白濁する場合は，自動空気抜き弁の空気排出口が詰まっている可能性がある．

問238-3 給湯設備の保守管理に関する次の記述のうち，最も不適当なものはどれか．（2019年問題122）

(1) 器具のワッシャには，細菌の繁殖を防止するために合成ゴムを使用する．

(2) 中央式給湯方式においては，加熱により残留塩素が消滅する場合があるので，その水質には留意する．

(3) 貯湯槽が複数ある場合は，停滞水の防止のため，使用しない貯湯槽の水は抜いておく．

(4) 貯湯槽に流電陽極式電気防食を施す場合は，外部電源が必要である．

(5) 給湯設備に防錆剤を使用する場合は，飲料水と同じ管理方法による．

問238-4 給湯設備の保守管理に関する次の記述のうち，最も不適当なものはどれか．（2017年問題122）
(1) 休止中の貯湯槽を再開するときには，点検・清掃を行い，給湯系統内が設定温度になるまで加熱してから使用する．
(2) 貯湯槽は，定期的に底部の滞留水の排出を行う．
(3) ベローズ形伸縮管継手は，ベローズの疲労破壊により漏水することがある．
(4) 給湯水の流量を調節するためには，仕切弁を使用する．
(5) 配管系統の末端では，定期的に停滞水の排出を行い，温度測定を行う．

問238-5 給湯設備の保守管理に関する次の記述のうち，最も不適当なものはどれか．（2015年問題122）
(1) ベローズ形伸縮管継手は，ベローズの疲労破壊により漏水することがある．
(2) 基準値を超える一般細菌が検出された場合は，50℃程度の湯を循環させ加熱処理を行う．
(3) 給湯栓から出る湯が分離気体によって白濁する場合は，自動空気抜き弁の空気排出口が詰まっている可能性がある．
(4) 逃し弁は，1カ月に1回程度，レバーハンドルを操作して作動を確認する．
(5) 器具のワッシャには，細菌の栄養源となる天然ゴムは使用しない．

問238-6 給湯設備の保守管理に関する次の記述のうち，最も不適当なものはどれか．（2014年問題123）
(1) 貯湯槽が複数ある場合は，停滞水の防止のため，使用しない貯湯槽の水は抜いておく．
(2) 加熱装置の給湯温度が上昇しない場合は，使用湯量が少なすぎることがある．
(3) 逃し弁は月に1回，レバーハンドルを操作させて作動を確認する．
(4) SUS444製の貯湯槽には，電気防食を施してはならない．
(5) 給湯設備に防錆剤を使用する場合は，飲料水と同じ方法による．

問238-7 給湯設備の保守管理に関する次の記述のうち，最も不適当なものはど

れか．（2013年問題120）

(1) 給湯設備に用いられる防錆剤は，飲料水用とは異なるので，恒久的に使用することができる.

(2) 中央式給湯方式においては，加熱により残留塩素が消滅する場合があるので，その水質には十分留意する.

(3) 給湯設備の維持管理が適切に行われており，かつ，末端の給水栓における温度が55℃以上に保持されている場合は，遊離残留塩素の含有率について検査を省略することができる.

(4) 給湯栓から出る湯が分離気体によって白濁するような場合には，自動空気抜き弁の空気排出口が詰まっていることが考えられる.

(5) レジオネラ属菌汚染が認められた場合の対策として，高濃度塩素により給湯系統内を一時的に消毒する方法がある.

239　給湯設備の保守の頻度

圧力容器とは，大気圧以上の圧力で気体や液体を貯留する容器のことである．労働安全衛生法に基づき，圧力や規模などにより，ボイラ，第一種圧力容器，第二種圧力容器などに分類される.

問239-1　給湯設備の保守管理に関する次の記述のうち，最も不適当なものはどれか．（2016年問題123）

(1) 逃し弁は，1カ月に1回，作動を確認する.

(2) 各種の弁は，1年に1回以上の分解清掃を行う.

(3) シャワーヘッドは，1年に1回以上の分解清掃を行う.

(4) 維持管理が適切に行われており，かつ，末端給水栓で50℃以上の水温が保持できる場合は，残留塩素の検査を省略することができる.

(5) 基準値を超える一般細菌が検出された場合は，70℃以上の湯を循環して加熱処理を行う.

問239-2　給湯設備の保守管理内容とその実施頻度との組合せとして，最も不適当なものは次のうちどれか．（2015年問題123）

(1) 第一種圧力容器の定期自主検査 ——— 6カ月以内ごとに1回

(2) 第二種圧力容器の定期自主検査 ——— 1年以内ごとに1回

(3) 小型圧力容器の定期自主検査 ―――――― 1 年以内ごとに 1 回

(4) 配管類の管洗浄 ――――――――――― 1 年に 1 回以上

(5) シャワーヘッドの点検 ――――――――― 6 カ月に 1 回以上

240 貯湯槽の保守管理

給湯設備の貯湯槽とは，給湯水を貯水する機能と加熱する機能を有する圧力容器である．労働安全衛生法に基づく性能検査，腐食防止のための電気防食，衛生上の保守管理などが出題される．

問240-1 貯湯槽の保守管理に関する次の記述のうち，最も不適当なものはどれか．（2018年問題123）

(1) 休止中の貯湯槽を再開するときには，点検・清掃を行い，設定温度になるまで加熱してから使用する．

(2) SUS444製の貯湯槽は，腐食を防止するために電気防食を施す．

(3) 定期に貯湯槽の外観検査を行い，漏れや周囲の配管の状態を確認する．

(4) 使用していない貯湯槽の水は，停滞水の防止のため抜いておく．

(5) 開放式の貯湯槽においては，外部からの汚染の経路となりやすいマンホールの気密性，オーバフロー管の防虫網の完全性を点検する．

問240-2 貯湯槽の保守管理に関する次の記述のうち，最も不適当なものはどれか．（2014年問題124）

(1) 貯湯槽は，定期的に底部の滞留水の排出を行う．

(2) 開放式の貯湯槽においては，外部からの汚染の経路となりやすいマンホールの気密性，オーバフロー管の防虫網の完全性を点検する．

(3) 流電陽極式電気防食が施されている場合は，犠牲陽極の腐食状態を調べる．

(4) 外部電源式電気防食が施されている場合は，定期的に電極の取替えが必要である．

(5) 毎日，貯湯槽の外観検査を行い，漏れや周囲の配管の状態を確認する．

問240-3 給湯設備に関する次の記述のうち，最も不適当なものはどれか．（2013年問題121）

(1) 第一種圧力容器に該当する貯湯槽は，1 年以内ごとに 1 回，労働安全衛生法

の規定に基づく性能検査を受ける.

(2) 小型圧力容器は, 1年以内ごとに1回, 定期自主検査を行う.

(3) 貯湯槽は, 定期的に底部の滞留水の排出を行う.

(4) SUS 444製の貯湯槽は, 腐食を防止するために電気防食を施す.

(5) 逃し弁は月に1回, レバーハンドルを操作させて作動を確認する.

問240-4 給湯設備に関する次の文章の[　　　]内に入る語句の組合せとして, 最も適当なものはどれか. (2012年問題121)

貯湯槽の性能検査における, 防食装置の点検では, 流電陽極式電気防食が施されている場合には, その[　ア　]の状態, 外部電源式電気防食の場合には, [　イ　]の設置状態や通電状態の確認と[　ウ　]の調整を行う.

	ア	イ	ウ
(1)	犠牲陽極	電極	防食電流
(2)	犠牲陽極	アース	電極
(3)	電極	犠牲陽極	防食電流
(4)	電極	アース	犠牲陽極
(5)	防食電流	アース	電極

241　雑用水設備

便器の洗浄水や植栽への散水に用いる水は必ずしも上水である必要はないので, これらの用水に上水以外の雑用水を用いると節水につながる. 一方で, 雑用水が飲用系統に給水されないようにすることが重要である.

問241-1 雑用水に関する次の記述のうち, 最も不適当なものはどれか. (2021年問題124)

(1) 地区循環方式は, 複数の建物間で排水再利用設備を共同利用するものである.

(2) 雑用水の原水は, 年間を通じて安定して確保できる排水を優先する.

(3) 雑用水は, 洗面器, 手洗器等に連結しない.

(4) 雑用水受水槽は, 耐食性及び耐久性のある材質のものを用いる.

(5) 原水にし尿を含む雑用水を, 散水, 水景用に使用する場合は, 規定された水質基準に適合する必要がある.

問241-2 次の雑用水処理設備のうち，色度及び臭気の除去に最も適したものはどれか．（2020年問題125）

(1) 沈砂槽
(2) 回転板接触槽
(3) ばっ気槽
(4) 活性炭処理装置
(5) ろ過装置

問241-3 雑用水設備に関する次の記述のうち，最も不適当なものはどれか．（2019年問題124）

(1) 広域循環方式は，複数の建築物間で排水再利用設備を共同利用し，処理水を各建築物に送水して利用するものである．
(2) 雑用水は，災害時における非常用水の原水として利用することができる．
(3) 雨水利用設備における上水代替率とは，使用水量に対する雨水利用量の割合である．
(4) 散水，修景，清掃用水として利用する場合，雑用水受水槽は，6面点検ができるように設置することが望ましい．
(5) 上水管，雑用水管，給湯管等が並行して配管される場合，配管の配列を変えてはならない．

問241-4 雑用水設備に関する次の記述のうち，最も不適当なものはどれか．（2018年問題124）

(1) 個別循環方式の雑用水の利用により，下水道への負荷が軽減される．
(2) 雑用水槽へ飲料水を補給する場合は，吐水口空間を設けて給水する．
(3) コンクリート製雑用水受水槽の内面は，合成樹脂防水モルタルなどで防水処理を行う．
(4) 雑用水の配管は，飲料水用配管と異なる色で塗装する．
(5) 建築物衛生法では，雑用水の水質基準項目として，CODが規定されている．

242　雑用水の処理方式

雨水や雑排水などの原水を雑用水に処理して使用するための雑用水処理設備に適用される処理方法について出題される．原水の処理には砂ろ過，中空糸膜，活性炭，オゾン処理などが適用される．

問242-1　雑用水として使用する場合の標準的な雨水処理施設における次のフローシートの［　　　］内に入る単位装置の組合せとして，最も適当なものはどれか．（2019年問題125）

集水→ ［スクリーン］ → ［　ア　］ → ［　イ　］ ─┐
└→ ［雨水貯留槽］ → ［消毒装置］ → ［雑用水槽］ → 給水

	ア	イ
(1)	沈砂槽 ───────	沈殿槽
(2)	流量調整槽 ───────	活性炭吸着装置
(3)	活性炭吸着装置 ───────	沈殿槽
(4)	流量調整槽 ───────	生物処理槽
(5)	沈砂槽 ───────	生物処理槽

問242-2　雑用水処理設備として用いられる膜分離活性汚泥処理装置に関する次の記述のうち，最も不適当なものはどれか．（2017年問題124）

- (1) 分離膜は，主に逆浸透膜（RO膜）が用いられる．
- (2) 分離膜は，主に活性汚泥と処理水を分離する目的で用いられる．
- (3) 膜モジュールは，一般的に生物処理槽内に浸漬される．
- (4) 処理水は，消毒が必要である．
- (5) 槽内浸漬型における生物処理槽へのばっ気は，微生物に対する酸素の供給のほか，膜表面を洗浄する目的もある．

問242-3　雑用水処理設備に適用される次の処理方法のうち，色度や臭気の除去に最も適したものはどれか．（2014年問題125）

- (1) 活性炭処理法
- (2) 砂ろ過法
- (3) 接触ばっ気法

(4) 散水ろ床法

(5) 回転板接触法

243 　雑用水設備の保守管理

雑用水設備は，上水設備と同等の保守管理が求められると認識しておこう．雑用水の管理で重要なのは，雑用水系統の誤飲，誤使用の防止なので，系統や水栓への雑用水である旨の表示が必須である．

問243-1　雑用水設備における塩素消毒効果に影響を及ぼす要因として，最も不適当なものは次のうちどれか．（2014年問題127）

(1) 接触時間

(2) 水温

(3) 残留有機物量

(4) 溶存酸素

(5) 藻類の繁殖

問243-2　雑用水供給設備の維持管理に関する次の記述のうち，最も不適当なものはどれか．（2012年問題134）

(1) スライムの付着により，水中の残留塩素は増加する．

(2) 水栓には，雑用水であることを示す飲用禁止の表示・ステッカー等を掲示する．

(3) 管の損傷，さび，腐食及び水漏れを点検する．

(4) さび，スケールがある場合には，管内洗浄を行う．

(5) 管内洗浄を行った場合，洗浄に用いた水，砂等を完全に排除する．

244 　雑用水の水質基準

雑用水の水質基準項目(建築物衛生法施行規則)には，pH値，臭気，外観，大腸菌，濁度(便器洗浄に用いる場合は除く)が定められている．その基準の値は，基本的には上水と同等である．

問244-1　建築物衛生法に基づく雑用水の水質検査において，7日以内ごとに1回，定期に行う項目に該当しないものは次のうちどれか．（2021年問題125）

(1) pH

(2) 臭気

(3) 外観

(4) 濁度

(5) 遊離残留塩素

問244-2　建築物衛生法施行規則に規定されている雑用水の水質基準項目とその基準との組合せとして，誤っているものは次のうちどれか．（2020年問題126）

    (1)　大腸菌 ─────── 検出されないこと

    (2)　臭気 ──────── 異常でないこと

    (3)　pH値 ─────── 5.8以上8.6以下であること

    (4)　濁度 ──────── ２度以下であること

    (5)　外観 ──────── 浮遊物質を含まないこと

問244-3　建築物衛生法による雑用水の基準に関する次の記述のうち，誤っているものはどれか．（2019年問題126）

    (1)　散水，修景又は清掃の用に供する雑用水は，し尿を含む水を原水として用いない．

    (2)　水洗便所の用に供する雑用水のpHの基準値は，散水，修景又は清掃の用に供する雑用水の場合と同じ値である．

    (3)　外観の検査は，７日以内ごとに１回，定期に行う．

    (4)　水洗便所の用に供する雑用水の水質基準項目として，濁度が規定されている．

    (5)　大腸菌の検査は，２カ月以内ごとに１回，定期に行う．

245　雨水利用設備

集水装置，スクリーン，ストレーナ，沈砂槽，ろ過装置などの雨水利用設備を構成する単位装置と，それに対する維持管理の項目の組み合わせが出題される．

問245-1　雨水利用設備の単位装置と点検項目の組合せとして，最も不適当なものは次のうちどれか．（2021年問題126）

    (1)　スクリーン ───────── ばっ気状況

    (2)　降雨水集水装置 ─────── 屋根面の汚れ

    (3)　雨水貯留槽 ───────── 沈殿物の有無

(4)　ストレーナ ─────────── 網の破損状態

(5)　ろ過装置 ─────────── ろ層の閉塞状況

問245-2　雨水設備に関する次の記述のうち，最も不適当なものはどれか．（2018年問題128）

(1)　雨水浸透方式は，下水道への負荷の軽減や，地下水の涵養（かん）を図るために設ける．

(2)　雨水ますの流出管は，流入管よりも管底を20 mm程度下げて設置する．

(3)　雨水ますの底部には100 mm程度の泥だめを設け，土砂などが下水道へ流出することを防止する．

(4)　雨水排水管と合流式の敷地排水管を接続する場合は，トラップますを設け，ルーフドレンからの悪臭を防止する．

(5)　ルーフドレンのストレーナの開口面積は，それに接続する雨水排水管の2倍程度とする．

246　排水再利用施設

排水再利用施設のフローシートと，スクリーン，膜処理装置，ろ過槽，オゾン処理装置などの排水利用設備を構成する単位装置，それに対する維持管理の項目の組み合わせが出題される．

問246-1　排水再利用設備の単位装置の維持管理に関する次の記述のうち，最も不適当なものはどれか．（2018年問題125）

(1)　スクリーンにおいては，汚物が堆積しないように適時除去する．

(2)　流量調整槽においては，ポンプなどの作動状況及び水位・流量を確認する．

(3)　活性炭処理装置においては，通水速度を適正に保持する．

(4)　凝集処理装置においては，空気供給量を適正に保持する．

(5)　ろ過装置においては，ろ材の洗浄が適切に行われていることを確認する．

問246-2　排水再利用施設における排水処理の次のフローシートの[　　]内に入る単位装置の組合せとして，最も適当なものはどれか．（2015年問題125）

集水→[スクリーン]→[　ア　]→[　イ　]→[沈殿槽]→[　ウ　]→[消毒槽]→[排水処理水槽]→配水

	ア	イ	ウ
(1)	流量調整槽 ──── ろ過装置 ──── 生物処理槽		
(2)	流量調整槽 ──── 生物処理槽 ──── ろ過装置		
(3)	生物処理槽 ──── 流量調整槽 ──── ろ過装置		
(4)	生物処理槽 ──── ろ過装置 ──── 流量調整槽		
(5)	ろ過装置 ──── 生物処理槽 ──── 流量調整槽		

問246-3 排水再利用設備の単位装置とその保守管理項目との組合せとして，最も不適当なものは次のうちどれか．（2013年問題134）

- (1) スクリーン ──── 汚物の除去
- (2) 膜処理装置 ──── 透過水量の点検
- (3) ろ過槽 ──── 損失水頭の算出
- (4) オゾン処理装置 ──── 色度の測定
- (5) 流量調整槽 ──── MLSS濃度の調整

247 排水の水質

BOD（生物化学的酸素要求量），COD（化学的酸素要求量），DO（溶存酸素），MLSS（活性汚泥浮遊物質），ノルマルヘキサン抽出物質などの排水の水質を表す指標について出題される．

問247-1 排水の水質に関する次の記述のうち，最も不適当なものはどれか．（2021年問題127）

- (1) pH値は，汚水の処理工程において変化するため，処理の進行状況を推定する際に用いられる．
- (2) （BOD/COD）比が高い排水は，生物処理法より物理化学処理法が適している．
- (3) 窒素化合物は，閉鎖性水域の富栄養化の原因物質の一つである．
- (4) 総アルカリ度は，硝化・脱窒反応における指標として用いられる．
- (5) ヘキサン抽出物質は，比較的揮発しにくい油脂類などである．

問247-2 排水の水質項目に関する次の記述のうち，最も不適当なものはどれか．（2018年問題126）

- (1) DOとは，水中に溶解している分子状の酸素である．

(2) 活性汚泥沈殿率（SV）は，活性汚泥の量や沈降性の指標として用いられる.

(3) 全窒素とは，有機性窒素，アンモニア性窒素，亜硝酸性窒素及び硝酸性窒素の総和である.

(4) 大腸菌群は，し尿中に多く含まれ，汚水処理の進行に伴いその数は減少する.

(5) BODは，水中の酸化可能性物質，主として有機物質が酸化剤によって酸化される際に消費される酸素量を表したものである.

問247-3 排水の水質に関する次の記述のうち，最も不適当なものはどれか.
（2017年問題126）

(1) 浮遊物質とは，水中に懸濁している 2 mm 以上の物質である.

(2) BODは，20℃，暗所，5 日間で消費された溶存酸素量を表したものである.

(3) 窒素化合物は，閉鎖性水域の富栄養化の原因物質の一つである.

(4) ノルマルヘキサン抽出物質は，主として比較的揮発しにくい油脂類などである.

(5) 汚泥容量指標（SVI）は，活性汚泥の沈降性を表す指標である.

問247-4 排水の水質に関する用語の説明として，最も不適当なものは次のうちどれか.（2015年問題126）

(1) 透視度 ──────── 浮遊物質と相関を示すことが多く，処理の進行状況を推定する指標である.

(2) DO ──────── 水中に溶解している分子状の酸素をいい，生物処理工程の管理や放流水質を評価する際の指標である.

(3) COD ──────── 水中の酸化可能性物質，主として有機物質が好気性微生物によって分解される際に消費される酸素量を表す.

(4) 溶解性物質 ──────── 試料をガラス繊維ろ紙(孔径 1 μm)でろ過し，ろ液を蒸発乾固したときの残留物の重量で表す.

(5) 活性汚泥 浮遊物質 （MLSS） ──────── ばっ気槽混合液の浮遊物質のことで，活性汚泥中の微生物量の指標の一つとして用いられる.

248　排水通気設備

排水を重力により自然流下させるためには，排水管の口径と勾配を適切にすることと，通気設備により排水を大気圧下に置くことで排水の流れを円滑にすることが大切である．

問248-1　排水通気配管に関する次の記述のうち，最も不適当なものはどれか．
(2021年問題128)
- (1) 通気管の末端を，窓・換気口等の付近に設ける場合は，その上端から600 mm以上立ち上げて大気に開放する．
- (2) 特殊継手排水システムは，排水横枝管への接続器具数が比較的少ない集合住宅やホテルの客室系統に多く採用されている．
- (3) 間接排水管の管径が30 mmの場合の排水口空間は，最小50 mmである．
- (4) 結合通気管は，高層建物のブランチ間隔10以上の排水立て管において，最上階から数えてブランチ間隔10以内ごとに設置する．
- (5) ループ通気管は，最上流の器具排水管が排水横枝管に接続される位置のすぐ下流から立ち上げて，通気立て管に接続する．

問248-2　排水設備に関する次の記述のうち，最も不適当なものはどれか．（2020年問題130）
- (1) 排水ポンプは，吸込みピットの壁面から200 mm以上離して設置する．
- (2) 排水用耐火二層管は，繊維モルタルによる外管と硬質ポリ塩化ビニル管による内管の組合せからなる．
- (3) トラップが直接組み込まれていない阻集器には，その出口側にトラップを設ける．
- (4) 排水槽の底の勾配は，吸込みピットに向かって1/20とする．
- (5) 通気管の大気開口部に設置する通気口の通気率（開口面積/管内断面積）は，100％以上必要である．

問248-3　排水通気設備に関する次の記述のうち，最も不適当なものはどれか．
(2019年問題128)
- (1) 管径50 mmの排水横管の最小勾配は，1/50である．
- (2) 厨房排水用の排水管に設置する掃除口の口径は，排水管径と同径とする．

(3) 飲料用貯水槽の間接排水管の口径が65mmの場合，排水口空間は，最小125mmである．

(4) 排水横主管以降が満流となるおそれのある場合，伸頂通気方式を採用してはならない．

(5) 通気管の末端を，窓・換気口等の付近に設ける場合，その上端から600mm以上立ち上げて大気に開放する．

問248-4 排水通気設備に関する次の記述のうち，最も不適当なものはどれか．（2018年問題132）

(1) ブランチ間隔が3以上で，ループ通気方式とする場合は，通気立て管を設置する．

(2) 即時排水型ビルピット設備は，排水槽の悪臭防止に有効である．

(3) 自然流下式の排水横管の勾配は，管内最小流速が2.0 m/sとなるように設ける．

(4) 間接排水管の配管長が，1 500 mmを超える場合は，悪臭防止のために機器・装置に近接してトラップを設ける．

(5) トラップが直接組み込まれていない阻集器には，その出口側にトラップを設ける．

問248-5 排水通気設備に関する次の記述のうち，最も不適当なものはどれか．（2017年問題129）

(1) 間接排水管の口径が100 mmの場合の排水口空間は，最小150 mmである．

(2) 排水ポンプは，排水槽の吸込みピットの壁などから200 mm以上離して設置する．

(3) 管径125 mmの排水横管の最小勾配は，1/150である．

(4) 伸頂通気方式の排水横主管の水平曲りは，排水立て管の底部より2 m以内に設ける．

(5) 雨水ますの流出管は，流入管よりも管底を20 mm程度下げて設置する．

問248-6 排水通気設備に関する次の記述のうち，最も不適当なものはどれか．（2016年問題131）

(1) ちゅう房用排水槽からの排水を排除するには，汚水ポンプを用いる．

(2) トラップの封水強度は，排水管内に正圧，又は負圧が生じたときのトラップの封水保持能力である．

(3) 雨水浸透方式は，透水性舗装，浸透ます，浸透地下トレンチ等から構成される．

(4) 排水槽のマンホールは，排水水中ポンプ又はフート弁の直上に設置する．

(5) 通気立て管の下部を排水立て管から取り出す位置は，排水立て管に接続された最低位の排水横枝管より低くする．

問248-7 排水通気設備に関する次の記述のうち，最も不適当なものはどれか．
（2015年問題130）

(1) 特殊継手排水システムは，排水横枝管への接続器具数が多い事務所建築物の排水系統に用いられる．

(2) ループ通気方式は，通気管を最上流の器具排水管が排水横枝管に接続される位置のすぐ下流から立ち上げて，通気立て管に接続する方式をいう．

(3) 各個通気方式は，排水横枝管に接続された衛生器具の自己サイホン作用の防止に有効である．

(4) 伸頂通気方式は，排水横主管以降が満流となる場合には使用してはならない．

(5) 結合通気管は，高層建築物でブランチ間隔10以上の排水立て管において，最上階から数えてブランチ間隔10以内ごとに設ける．

問248-8 排水通気設備に関する次の記述のうち，最も不適当なものはどれか．
（2014年問題132）

(1) 通気管端部の通気口は，害虫や鳥などが管内に出入りできないような構造とする．

(2) 雨水ますの流入管と流出管の管底差は，20mm程度とする．

(3) 排水管への掃除口の設置間隔は，管径100mm以下の場合には15m以内とする．

(4) 結合通気管は，高層建築物のブランチ間隔10以上の排水立て管において，最上階から数えてブランチ間隔10以内ごとに設ける．

(5) 管径100mmの排水横管の最小勾配は，1/150である．

249 排水管設備

排水を円滑に自然流下させるために必要な排水設備と通気設備のうち，この項では主として排水管設備に関する問題を抽出している．排水管の口径，勾配，間接排水などについて出題される．

問249-1 排水配管に関する次の記述のうち，最も不適当なものはどれか．（2021年問題130）
(1) 間接排水管の配管長が，1 500 mmを超える場合は，悪臭防止のために機器・装置に近接してトラップを設ける．
(2) 管径65 mmの排水横管の最小勾配は，1/50である．
(3) 雨水排水ますの流出管は，流入管よりも管底を10 mm程度下げて設置する．
(4) 排水立て管のオフセット部の上下600 mm以内に，排水横枝管を設けてはならない．
(5) 伸頂通気方式の排水横主管の水平曲がりは，排水立て管の底部より3 m以内に設けてはならない．

問249-2 排水通気配管に関する次の記述のうち，最も不適当なものはどれか．（2020年問題131）
(1) ループ通気方式は，通気管を最上流の器具排水管が排水横枝管に接続される位置のすぐ下流から立ち上げて，通気立て管に接続する方式である．
(2) 通気管の大気開口部を窓や換気口の付近に設ける場合は，その上端から600 mm以上立ち上げる．
(3) 特殊継手排水システムは，排水横枝管への接続器具数が多いビルに採用されている．
(4) 管径150 mmの排水横管の最小勾配は，1/200である．
(5) 伸頂通気方式では，排水立て管と排水横主管の接続には，大曲がりベンドなどを用いる．

問249-3 排水配管及び通気配管に関する次の記述のうち，最も不適当なものはどれか．（2018年問題127）
(1) 通気立て管の上部は，最高位の衛生器具のあふれ縁から150 mm以上高い位置で，伸頂通気管に接続する．

(2) 排水横管に設置する通気管は，排水管断面の垂直中心線上部から45°以内の角度で取り出す．

(3) 飲料用貯水槽の間接排水管の排水口空間は，最小150 mmとする．

(4) 排水立て管のオフセット部の上下600 mm以内には，排水横枝管を設けてはならない．

(5) 管径125 mmの排水横管の最小勾配は，1/200である．

250 排水管の掃除口，排水ます

「249 排水管設備」に含まれる分野とも言えるが，掃除口と排水ますに特化した出題がなされることがある．それぞれの設置間隔や設置箇所，口径や大きさなどに関する問題で，排水管径によって異なる点に注意が必要．

問250-1 排水管に設置する掃除口と排水ますに関する次の記述のうち，最も不適当なものはどれか．（2021年問題132）

(1) 掃除口の設置間隔は，排水管の管径が75 mmの場合には，25 m程度とする．

(2) 排水ますは，敷地排水管の直管が長い場合，管内径の120倍を超えない範囲内に設置する．

(3) 掃除口の口径は，排水管の管径が125 mmの場合には，100 mmとする．

(4) 掃除口は，建物内の排水横主管と敷地排水管との接続箇所の近くに設置する．

(5) 排水ますの大きさは，配管の埋設深度，接続する配管の大きさと本数，及び点検等を考慮して決定する．

問250-2 排水管へ設置する掃除口及び排水ますに関する次の記述のうち，最も不適当なものはどれか．（2017年問題128）

(1) 掃除口の設置間隔は，排水管の管径が100 mm以下の場合は15 m以内とする．

(2) 掃除口は，排水横主管と敷地排水管の接続部に近い箇所に設置する．

(3) 掃除口の口径は，排水管の管径が125 mmの場合には75 mmとする．

(4) 排水ますの大きさは，配管の埋設深度，接続する配管の大きさと本数，及び点検等を考慮して決定する．

(5) 敷地排水管の直管が長い場合は，管内径の120倍を超えない範囲内に排水ますを設置する．

251 通気設備

通気設備の目的は，排水の流れを円滑にすること，排水管内を換気すること，トラップの封水を保護することである．各個通気方式，ループ通気方式，伸頂通気方式について出題される．

問251-1 排水通気配管方式に関する次の記述のうち，最も不適当なものはどれか．（2019年問題131）

- (1) ループ通気管は，最上流の器具排水管が排水横枝管に接続する点のすぐ下流から立ち上げ，通気立て管に接続する．
- (2) 結合通気管は，高層建築物でブランチ間隔10以上の排水立て管において，最上階から数えてブランチ間隔10以内ごとに設ける．
- (3) ループ通気方式において，大便器及びこれと類似の器具が8個以上接続される排水横枝管には，逃し通気管を設ける．
- (4) 伸頂通気方式において，排水横主管の水平曲がりは，排水立て管の底部より3m以内に設けてはならない．
- (5) 排水横管から通気管を取り出す場合，通気管は，排水管断面の水平中心線から30°以内の角度で取り出す．

問251-2 排水通気方式及び通気配管に関する次の記述のうち，最も不適当なものはどれか．（2017年問題127）

- (1) 結合通気管は，高層建築物でブランチ間隔15以上の排水立て管において，最下階から数えてブランチ間隔15以内ごとに設ける．
- (2) 通気立て管の上部は，最高位の衛生器具のあふれ縁から150mm以上高い位置で伸頂通気管に接続する．
- (3) ループ通気方式は，通気管を最上流の器具排水管が排水横枝管に接続される位置のすぐ下流から立ち上げて，通気立て管に接続する方式である．
- (4) 通気立て管の下部は，排水立て管に接続されている最低位の排水横枝管より低い位置で排水立て管から取り出す．
- (5) 特殊継手排水システムは，排水横枝管への接続器具数が比較的少ない集合住宅やホテルの客室系統に多く採用されている．

問251-3 排水通気設備に関する次の記述のうち，最も不適当なものはどれか．

（2014年問題128）

    (1)　通気立て管の上部は，最高位の衛生器具のあふれ縁から75mm以上高い位置で，伸頂通気管に接続する．

    (2)　伸頂通気方式の排水立て管には，原則としてオフセットを設けてはならない．

    (3)　伸頂通気管は，排水立て管頂部と同じ管径で延長して大気中へ開口する．

    (4)　排水横管が45°を超える角度で方向を変える箇所では，掃除口を設置する．

    (5)　排水横主管以降が満流となるおそれのある場合は，伸頂通気方式を採用してはならない．

252　雨水排水設備

建築物の屋上や敷地に降雨した雨水は，雨水排水設備によって公共下水道へ放流させる．建築物内，敷地内の雨水系統は，汚水系統，雑排水系統と分け，単独系統として屋外へ排出するのが原則である．

問252-1　雨水排水設備に関する次の記述のうち，最も不適当なものはどれか．
（2012年問題126）

    (1)　雨水ますには，泥だめを設ける．

    (2)　雨水排水系統は，単独系統として屋外へ排出することを原則とする．

    (3)　雨水用のトラップは，点検・清掃が容易な位置に設ける．

    (4)　雨水ますの流入管と流出管との管底差は，20mm程度とする．

    (5)　ルーフドレンのストレーナ開口面積は，接続する雨水管の断面積と同程度とする．

253　トラップ・阻集器

トラップとは，排水系統内に封水を滞留することにより，臭気や害虫が室内に侵入するのを防ぐものをいう．一方，阻集器とは，排水すると排水管を詰まらせるなどの障害を与えるものを除外するものをいう．

問253-1　排水トラップと阻集器に関する次の記述のうち，最も不適当なものはどれか．（2021年問題129）

    (1)　ドラムトラップは，サイホントラップに分類される．

    (2)　トラップの封水強度とは，排水管内に正圧又は負圧が生じたときのトラップの封水保持能力をいう．

科目5　給水排水

(3) 砂阻集器に設ける泥だめの深さは，150 mm以上とする．

(4) 開放式のオイル阻集器を屋内に設置する場合は，換気を十分に行う．

(5) 繊維くず阻集器には，金網の目の大きさが13 mm程度のバスケットストレーナを設置する．

問253-2 阻集器に関する次の記述のうち，最も不適当なものはどれか．（2019年問題129）

(1) 阻集器を兼ねる排水トラップの深さは，下限値を50mmとし，上限値を定めない．

(2) グリース阻集器は，器内への排水の流入部へバスケットを設けて，排水中に含まれる厨芥を阻止・分離する．

(3) 排水トラップが組み込まれていない阻集器には，その入口側に排水トラップを設ける．

(4) 砂阻集器は，建築現場等から多量に排出される土砂・石粉・セメント等を阻止・分離・収集するために設ける．

(5) 開放式のオイル阻集器を屋内に設置する場合，屋内換気を十分に行う．

問253-3 排水トラップに関する次の記述のうち，最も不適当なものはどれか．（2015年問題127）

(1) 自掃作用とは，排水の流下水勢によって，トラップの封水部に沈積又は付着するおそれのある夾雑物を押し流す作用をいう．

(2) 排水トラップの深さとは，ディップからウェアまでの垂直距離をいう．

(3) 封水強度とは，排水管内に正圧又は負圧が生じたときのトラップの封水保持能力をいう．

(4) トラップの脚断面積比とは，流入脚断面積を流出脚断面積で除した値をいう．

(5) ドラムトラップは，実験排水などの固形物が排出されるおそれのある箇所に用いられる．

問253-4 阻集器とその設置場所との組合せとして，最も不適当なものは次のうちどれか．（2014年問題129）

(1) グリース阻集器 ─────── ちゅう房

(2) オイル阻集器 ──────── 洗車場

(3) プラスタ阻集器 ──────── 浴場

(4) 毛髪阻集器 ──────── プール

(5) 砂阻集器 ──────── 工場

254 排水槽, 排水ポンプ

地下階などの地表面より低い位置で発生した排水は, 自然流下により公共下水道に放流することはできない. したがって, 地下に設けた排水槽に排水をいったん貯留したのち, 排水ポンプで公共下水道へくみ上げて放流する.

問254-1 排水槽と排水ポンプに関する次の記述のうち, 最も不適当なものはどれか. (2021年問題131)

(1) 排水槽の底部の勾配は, 吸込みピットに向かって1/15以上1/10以下とする.

(2) 排水槽内は, ブロワによってばっ気すると正圧になるので排気を行う.

(3) 排水槽のマンホールは, 排水水中ポンプ又はフート弁の直上に設置する.

(4) 排水ポンプは, 排水槽の吸込みピットの壁面から100 mm程度離して設置する.

(5) 厨房用の排水槽には, 汚物ポンプを用いる.

問254-2 排水槽及び排水ポンプの保守管理に関する次の記述のうち, 最も不適当なものはどれか. (2013年問題127)

(1) 排水槽の清掃後は, 水張りを行い, 防水性能に異常がないことを確認する.

(2) 汚水槽に設置する排水ポンプの自動運転用水位センサには, フロートスイッチを使用する.

(3) 排水槽の清掃は, 最初に酸素濃度が10%以上, 硫化水素濃度が20ppm以下であることを確認してから作業を行う.

(4) 排水ポンプは, 一般に3〜5年でオーバホールを行う.

(5) 排水ポンプの修理後は, ポンプの絶縁抵抗の測定, アース線の接続等の確認をしてから運転する.

255 排水通気設備の用語

自己サイホン作用，誘導サイホン作用，排水口空間，排水口開放，脚断面積比，封水強度，排水立て管のオフセット，プラスタ阻集器など，排水通気設備に関する用語が出題される．

問255-1 排水通気設備に関する語句の組合せとして，最も不適当なものは次のうちどれか．（2020年問題129）

- (1) 各個通気方式 ———————— トラップの自己サイホンの防止
- (2) 排水口空間 ———————— 飲料水槽の汚染防止
- (3) 即時排水型ビルピット ———— 排水槽の悪臭防止
- (4) インバートます ———————— 固形物の滞留防止
- (5) 通気弁 ———————— 通気管内の正圧防止

問255-2 排水通気設備に関する語句の組合せとして，最も不適当なものは次のうちどれか．（2018年問題130）

- (1) 特殊継手排水システム ———— 高層集合住宅へ適用
- (2) 貯湯槽の排水管 ———————— 排水口開放による間接排水
- (3) 排水トラップの深さ ———————— ディップからウェアまでの垂直距離
- (4) 結合通気管 ———————— 排水立て管内の圧力変動の緩和
- (5) 排水鋼管用可とう継手 ———— 排水用硬質塩化ビニルライニング鋼管の接続

問255-3 排水通気設備に関する語句の組合せとして，最も不適当なものは次のうちどれか．（2017年問題130）

- (1) 防水床用の排水トラップ ——— 水抜き孔を設置
- (2) 通気弁 ———————— 寒冷地の集合住宅の通気管に使用
- (3) 通気口の通気率 ———————— 通気口の開口面積／管内断面積
- (4) 即時排水型ビルピット設備 ——— 排水槽の悪臭防止に有効
- (5) トラップの封水強度 ———————— 毛管現象発生時の封水の保持能力

問255-4 排水通気設備に関する語句の組合せとして，最も不適当なものは次のうちどれか．（2015年問題128）

（1）　トラップの補給水装置 ───── 封水の保持
（2）　オイル阻集器 ──────── ちゅう房排水の油脂分の阻止・分離・収集
（3）　誘導サイホン作用 ────── 管内圧力変動による封水の損失
（4）　排水口開放 ──────── 洗濯機排水管
（5）　雨水トラップ ──────── ルーフドレンからの悪臭の防止

256　排水通気設備の保守管理

排水設備は，排水中に混入している固形物により，排水管や排水槽に汚れなどが付着するので，清掃が欠かせない．この項では，点検，清掃などの保守管理全般に関する問題を取り上げている．

問256-1　排水設備とグリース阻集器の保守管理に関する次の記述のうち，最も不適当なものはどれか．（2021年問題134）

（1）　通気管は，1年に1回程度，定期的に，系統ごとに異常がないか点検・確認をする．

（2）　グリース阻集器のグリースは，7〜10日に1回の間隔で除去する．

（3）　ロッド法による排水管の清掃には，最大30mの長さにつなぎ合わせたロッドが用いられる．

（4）　スネークワイヤ法は，排水立て管の清掃に使用する場合では，長さ20m程度が限界である．

（5）　高圧洗浄による排水管の清掃では，0.5〜3MPaの圧力の水を噴射させて洗浄する．

問256-2　排水通気設備の維持管理に関する次の記述のうち，最も不適当なものはどれか．（2020年問題135）

（1）　小便器の排水管内に付着した尿石は，アルカリ性洗剤を用いて除去する．

（2）　排水管内部の詰まり具合や腐食状況は，内視鏡や超音波厚さ計により確認できる．

（3）　ロッド法は，1〜1.8mのロッドをつなぎ合わせ，手動で排水管内に挿入し清掃する方法である．

（4）　排水横管の清掃に用いるスネークワイヤ法は，一般に長さ25m以内で用いられる．

(5) 排水立て管の清掃に用いる高圧洗浄法は，5～30 MPaの圧力の水を噴射し，排水管内を洗浄する方法である.

問256-3 排水通気設備の保守管理に関する次の記述のうち，最も不適当なものはどれか.（2019年問題134）

(1) 排水管内部の詰まり具合や腐食状況は，内視鏡や超音波厚さ計等により確認できる.

(2) 排水槽の清掃では，最初に酸素濃度が15％以上，硫化水素濃度が25ppm以下であることを確認してから作業を行う.

(3) 排水横管の清掃にワイヤ法を使用する場合，一般に長さ25m程度が限界とされている.

(4) 水中ポンプのメカニカルシール部のオイルは，6カ月～1年に1回，交換する.

(5) 排水管の清掃に用いるウォータラム法は，閉塞した管内に水を送り，圧縮空気を一気に放出してその衝撃で閉塞物を除去する.

問256-4 排水通気設備の保守管理に関する次の記述のうち，最も不適当なものはどれか.（2018年問題134）

(1) 排水槽の清掃は，6カ月以内に1回行うことが建築物衛生管理基準で規定されている.

(2) 水中ポンプのメカニカルシール部のオイルは，2年に1回程度交換する.

(3) グリース阻集器は，1カ月に1回程度，槽内の底部，壁面等に付着したグリースや沈殿物を清掃する.

(4) 排水ポンプは，1カ月に1回絶縁抵抗の測定を行い，1MΩ以上であることを確認する.

(5) 高圧洗浄による排水管の清掃では，5～30 MPaの圧力の水を噴射させて洗浄する.

問256-5 排水通気設備の保守管理に関する次の記述のうち，最も不適当なものはどれか.（2017年問題134）

(1) 敷地排水管の清掃に利用するロッド法は，1～1.8mのロッドをつなぎ合わせ，手動で排水管内に挿入して清掃する方法である.

(2) 排水槽内の悪臭防止対策としては，5〜6時間を超えて排水を貯留しないように，タイマ制御による強制排水を行う.

(3) 床下に設置する掃除口は，砲金製のものが適する.

(4) ウォータラム法は，圧縮空気を一気に放出してその衝撃で閉塞物を除去する方法である.

(5) 飲食店などのグリース阻集器内で発生する廃棄物は，産業廃棄物として処理する.

問256-6 排水通気設備の保守管理に関する次の記述のうち，最も不適当なものはどれか.（2016年問題134）

(1) 排水管の有機性付着物は，アルカリ性洗浄剤を用いて除去する.

(2) ウォータラム法は，圧縮空気を一気に放出してその衝撃で閉塞物を除去する方法である.

(3) 排水ポンプは，6カ月に1回絶縁抵抗の測定を行い，1MΩ以上であることを確認する.

(4) 排水槽の清掃は，6カ月以内ごとに1回，定期に行うことが，建築物衛生法で定められている.

(5) 排水横管の清掃にスネークワイヤ法を使用する場合，一般に長さ25m程度が限界とされている.

問256-7 排水通気設備の保守管理に関する語句の組合せとして，最も不適当なものは次のうちどれか.（2015年問題132）

(1) 空圧式清浄
(ウォータラム)法 ―――― 圧縮空気による閉塞物の除去

(2) 薬品洗浄 ―――――――― 有機性付着物の除去

(3) ちゅう房排水槽 ―――――― 電極棒による水位制御

(4) ワイヤ
(スネークワイヤ)法 ―――― グリース等の固い付着物の除去

(5) 超音波厚さ計 ―――――― 排水管の腐食状況の診断

問256-8 排水通気設備の保守管理に関する次の記述のうち，最も不適当なもの

はどれか．（2014年問題134）

(1) 排水槽では，硫化水素の発生が原因となって，躯体部の一部が劣化する場合がある．

(2) 飲食店などのグリース阻集器内で発生する廃棄物は，一般廃棄物として処理する．

(3) 汚水槽の水位制御には，一般にフロートスイッチを用いる．

(4) 排水槽の清掃は，酸素濃度を確認した後，硫化水素濃度が10ppm以下であるかを確認してから作業を行う．

(5) 掃除口には，容易にはずせるようにネジ部にグリースを塗っておく．

257　排水設備の清掃

スネークワイヤ法，高圧洗浄法，薬品洗浄法，ロッド法，ウォーターラム法などの排水管・排水機器の清掃方法や，排水槽の清掃作業に関する事項について出題される．

問257-1　排水設備の清掃・診断に関する用語の組合せとして，最も不適当なものは次のうちどれか．（2018年問題133）

(1) ロッド法 ————————————— 排水槽の清掃

(2) 超音波厚さ計 ————————— 排水管の腐食状況の診断

(3) ワイヤ（スネークワイヤ）法 ——— グリースなどの固い付着物の除去

(4) 内視鏡 ————————————— 管内部の詰り具合の確認

(5) 薬品洗浄 ——————————— 有機性付着物の除去

問257-2　排水設備の清掃に関する次の記述のうち，最も不適当なものはどれか．（2012年問題127）

(1) 高圧洗浄法は，0.5〜3MPaの圧力の水を噴射して排水管内の洗浄を行う方法である．

(2) 排水管の有機性付着物は，アルカリ性洗浄剤を用いて除去する．

(3) 排水槽の清掃作業は，酸素濃度を確認した後，硫化水素濃度が10ppm以下であることを測定・確認して行う．

(4) ウォーターラム法は，圧縮空気を一気に放出してその衝撃で閉塞物を除去する方法である．

258　排水通気設備の保守の頻度

排水槽の清掃，排水水中ポンプの絶縁抵抗測定，メカニカルシールの保守やグリース阻集器の点検・清掃，雨水ますの泥ための清掃など，排水通気設備の保守の頻度（サイクル）について出題される．

問258-1　排水設備の保守管理の内容とその実施頻度との組合せとして，最も不適当なものは次のうちどれか．（2017年問題132）

(1)　排水槽の清掃 ————————————— 6カ月以内に1回

(2)　排水ポンプの
　　　メカニカルシールの交換 ————— 3〜5年に1回

(3)　通気管の点検 ————————————— 1年に1回

(4)　グリース阻集器のトラップの清掃 ——— 2カ月に1回

(5)　排水ポンプの絶縁抵抗の測定 ————— 1カ月に1回

問258-2　排水通気設備の保守管理に関する次の記述のうち，最も不適当なものはどれか．（2015年問題133）

(1) 排水ポンプは，1カ月に1回絶縁抵抗の測定を行い，1MΩ以上あることを確認する．

(2) グリース阻集器から発生する廃棄物は，一般廃棄物として処理する．

(3) 通気管は，1年に1回，定期的に，系統ごとに異常がないかを点検・確認する．

(4) グリース阻集器は，1カ月に1回程度，槽内の底部，壁面等に付着したグリースや沈殿物を清掃する．

(5) 水中ポンプのメカニカルシールは，1〜2年に1回程度交換する．

問258-3　排水通気設備の保守管理に関する次の記述のうち，最も不適当なものはどれか．（2014年問題133）

(1) 排水槽内の悪臭防止対策としては，1〜2時間を超えて排水を貯留しないようにタイマによる強制排水を行う．

(2) グリース阻集器は，1カ月に1回程度，槽内に付着したグリースや沈殿物を清掃する．

(3) 水中ポンプは，6カ月〜1年に1回，メカニカルシール部のオイル交換を行う．

(4) 排水槽の清掃は，建築物環境衛生管理基準に基づき1年以内ごとに1回行う．

(5) 排水ポンプは，1カ月に1回絶縁抵抗の測定を行い，1MΩ以上あることを確認する．

259 排水通気設備の保守の用語

高圧洗浄法などの排水管の清掃に関する用語，防虫網のような害虫の侵入防止に関する用語，超音波厚さ計，内視鏡などの排水管その他配管の診断に関する用語が出題される．超音波厚さ計は配管の腐食を診断する機器である．

問259-1 排水設備の保守管理に関する用語の組合せとして，最も不適当なものは次のうちどれか．（2020年問題133）

(1) 逆流防止弁 ———————— 排水の逆流防止

(2) 床下式の掃除口 ———————— 砲金製プラグの使用

(3) ウォーターラム法 ———————— 圧縮空気の放出による管内閉塞物の除去

(4) 排水槽の開口部への防虫網の設置 ———————— チカイエカの発生防止

(5) 汚水槽のフロートスイッチ ———————— 絶縁抵抗の定期的な測定

問259-2 排水通気設備の保守管理に関する用語の組合せとして，最も不適当なものは次のうちどれか．（2019年問題133）

(1) 敷地内排水管内の清掃 ———————— ロッド法

(2) 敷地外からの建築物内への雨水の浸入 ———— 可動式の堤防装置

(3) 床下式の掃除口 ———————— 鋼製プラグ

(4) 排水槽の清掃 ———————— 空気呼吸器

(5) 厨房排水槽の水位感知 ———————— フロートスイッチ

問259-3 排水通気設備の保守管理に関する語句の組合せとして，最も不適当なものは次のうちどれか．（2016年問題132）

(1) 高圧洗浄法 ——————— 排水槽や排水管の清掃

(2) 排水槽の開口部への防虫網の設置 ——— チョウバエ類の発生防止

(3) ちゅう房排水槽の排水ポンプ ——— フロートスイッチによる水位制御

(4) 逆流防止弁 ——————— 排水通気管からの臭気の逆流防止

(5) ロッド法 ——————— 敷地排水管の清掃

260 衛生器具設備

この分野では，大便器・小便器などの便器，洗面器，手洗い器，掃除用流し，浴槽，シャワー，冷水器，散水栓などの衛生器具全般について，特徴，分類，仕様や材質，維持管理の方法などが出題される．

問260-1 衛生器具に関する次の記述のうち，最も不適当なものはどれか．（2020年問題136）

(1) 衛生器具の材質は，平滑な表面をもち，吸水・吸湿性がなく，衛生的であることが求められる．

(2) 給水器具には，給水栓，洗浄弁，ボールタップ等がある．

(3) 衛生器具の分類において，水受け容器の排水口と排水管とを接続するトラップは，付属品に分類される．

(4) 飲料水に接する部分の材質は，人体に有害な成分が溶出しないことが求められる．

(5) 洋風大便器の便座には，プラスチックや木材等が使用される．

問260-2 衛生器具設備に関する次の記述のうち，最も不適当なものはどれか．（2019年問題136）

(1) 大便器洗浄弁の必要水圧は，70kPaである．

(2) 小便器の排水状態は，6カ月に1回，定期に点検する．

(3) 洗面器のトラップの接合部における緩みの有無は，2カ月に1回，定期に点検する．

(4) 大便器の洗浄タンク内の汚れ状態は，1年に1回，定期に点検する．

(5) JIS A 5207では，節水Ⅱ形の大便器の洗浄水量は，6.5L以下としている．

問260-3　衛生器具設備に関する次の記述のうち，最も不適当なものはどれか．
(2017年問題136)
　(1) 節水機器を導入する場合は，給水器具からの吐水量の削減だけでなく，排水
　　　管内の流下特性などにも配慮する．
　(2) 小便器は乾燥面が広いため，洗浄に注意しないと臭気が発散する．
　(3) 温水洗浄式便座の給水に，雑用水系統であることを表示した再利用水配管を
　　　接続する．
　(4) 節水を目的とした小便器には，個別感知洗浄方式や照明スイッチとの連動に
　　　よる洗浄方式などが用いられている．
　(5) 上質水供給設備では，末端水栓で規定の残留塩素を確保するために，最小限
　　　の塩素注入を行う．

問260-4　衛生器具設備に関する次の記述のうち，最も不適当なものはどれか．
(2015年問題134)
　(1) 小便器の排水状態は，6カ月に1回，定期に点検する．
　(2) 大便器洗浄弁に必要な最低動水圧は，70kPaである．
　(3) 衛生器具は，給水器具，水受け容器，排水器具及び付属品の四つに分類される．
　(4) 温水洗浄式便座への給水は，上水を用いる．
　(5) 洗面器のあふれ縁は，オーバフロー口において，水があふれ出る部分の最下
　　　端をいう．

261　大便器，小便器

大便器は，排水の方式により洗い落とし式，洗い出し式，サイホン式，ブローア
ウト式などに分類される．小便器は，便器の形状により壁掛け形，壁掛けストー
ル形，ストール形などに分類される．

問261-1　大便器に関する次の記述のうち，最も不適当なものはどれか．（2021
年問題135)
　(1) 大便器の給水方式には，タンク式，洗浄弁式，専用洗浄弁式がある．
　(2) 大便器の洗浄水量は，JIS A 5207において，I形は8.5L以下と区分されている．

(3) 大便器洗浄弁が接続する給水管の管径は13 mmとする.

(4) 大便器の取り付け状態は, 6カ月に1回, 定期に点検する.

(5) 大便器の節水型洗浄弁は, ハンドルを押し続けても, 標準吐出量しか吐水しない機能を有している.

問261-2　小便器に関する次の記述のうち, 最も不適当なものはどれか. (2019年問題135)

(1) 壁掛型は, 駅やホテルの共用部などにおいて床清掃のしやすさから選定されている.

(2) 床置型は乾燥面が広いため, 洗浄に注意しないと臭気が発散する.

(3) 手動式洗浄弁は, 使用後, 人為的な操作により洗浄でき, 公衆用に適している.

(4) 洗浄方式は, 一般に洗浄水栓方式, 洗浄弁方式及び自動洗浄方式の三つに分けられる.

(5) 節水を目的として, 個別感知洗浄方式や照明スイッチ等との連動による洗浄方式が用いられている.

問261-3　大便器と小便器に関する次の記述のうち, 最も不適当なものはどれか. (2017年問題135)

(1) 大便器の洗浄タンク内の汚れの状態は, 6カ月に1回, 定期に点検する.

(2) JISでは, 節水Ⅱ型の大便器の洗浄水量は, 6.5 L以下としている.

(3) ロータンク内のボールタップは, 止水機能を備えていなければならない.

(4) 小便器のリップの高さとは, 床面からあふれ縁までの垂直距離をいう.

(5) 使用頻度が高い公衆便所用小便器の排水トラップは, 小便器一体のものが適している.

262　衛生器具設備の保守管理

大便器や小便器などは, 日常清掃により点検を兼ねている部分もあるが, 大便器の洗浄タンクの内部や, 化粧板で隠ぺいされている洗面器下のトラップなどの日常清掃しない部分は定期点検が重要である.

問262-1　衛生器具等の清掃に関する次の記述のうち, 最も不適当なものはどれか. (2021年問題136)

(1) 陶器製の衛生器具に湯を使用する場合，熱湯を直接注ぐと割れることがある．

(2) プラスチック製の衛生器具は，水やぬるま湯に浸した柔らかい布を絞って拭く．

(3) ステンレス製の衛生器具に付いた脂汚れは，中性洗剤を付けたスポンジなどで洗い，洗剤分を完全に洗い落とす．

(4) ほうろう鉄器製の衛生器具に付いた水あかや鉄錆等の汚れは，金属タワシでこすりとる．

(5) 洗面所の鏡に付いた水分をそのままにしておくと表面に白い汚れが付きやすいので，乾いた布でこまめに拭き取る．

問262-2 衛生器具設備の保守管理に関する次の記述のうち，最も不適当なものはどれか．（2012年問題131）

(1) 小便器の排水状態は，6カ月に1回，定期に点検する．

(2) 浄化槽を設置している場合を除き，陶器製の大便器の底部の汚れは，スポンジに塩酸系洗剤を付けて洗い落とし，十分に水洗いする．

(3) 洗面器のトラップの接合部の緩みの有無は，1年に1回，定期に点検する．

(4) わんトラップが設置されている流しは，清掃後にわんが装着されていることを点検する．

(5) 大便器の洗浄タンク内の汚れ状態は，6カ月に1回，定期に点検する．

263 衛生器具の故障

衛生器具の故障は，「水が出ない」，「排水が詰まっている」，「漏水する」といった事例が多い．これらは突発的に発生し，かつ，速やかに復旧する必要があるので，ふだんから故障に対する原因と対策を理解しておこう．

問263-1 衛生器具の故障の現象とその原因との組合せとして，最も不適当なものは次のうちどれか．（2020年問題137）

(1) 小便器内が十分に洗浄されていない ——————— 水出口穴に異物が詰まっている

(2) 小便器の排水の流れが悪い ——————— 排水管内にスケールが付着している

(3) 混合水栓の適温 —————————— 水圧と湯圧の差が大きすぎる
が得られない

(4) 大便器へ少量の —————————— 洗浄弁のシートとシートパッキ
水が流れ続ける ンの間に異物が付着している

(5) サイホン式大便器の溜 ————— タンク内の補助水管がオーバフ
水面が正常より小さい ロー管内に差し込まれている

問263-2 大便器回りの故障の現象とその原因との組合せとして，最も不適当な
ものは次のうちどれか．（2018年問題135）

　　　　　　故障の現象　　　　　　　　　　　　原　因

(1) 便器と床面の —————————— フランジ部シール材の取り付
間が濡れる けが不良である．

(2) 汚物が満足に —————————— 排水路に異物が
流れない 詰まっている．

(3) 洗浄弁のハンドル部か ————— ハンドル押し棒部の取り付
ら漏水する けナットがゆるんでいる．

(4) 少量の水が流れ —————————— 洗浄弁のシート又はシート
放しである パッキンが損傷している．

(5) 吐水時間が短い —————————— 洗浄弁のピストンバルブのス
トレーナが詰まりかけている．

264　厨房排水除害施設

ちゅう房排水除害施設は一般にグリーストラップと呼ばれている．トラップは封
水により臭気，害虫の侵入を防止するためのもの，阻集器は油脂などの排水設備
に有害なものを除去するためのもので，機能が異なる．

問264-1 厨房排水除害施設に関する次の記述のうち，最も不適当なものはどれ

か．（2019年問題137）

(1) 生物処理法は，浮上分離法に比べて発生汚泥量が多い傾向にある．

(2) 動植物油の除去が主な目的である．

(3) 浮上分離法としては，一般的に加圧浮上法が用いられる．

(4) 施設のコンクリート壁面などは，腐食対策が必要となる．

(5) 施設から発生する汚泥は，産業廃棄物として処理する．

問264-2　ちゅう房排水除害施設に関する次の記述のうち，最も不適当なものはどれか．（2016年問題136）
(1) 生物処理法は浮上分離法に比べて，ランニングコストが高い傾向にある．
(2) ちゅう房排水のBOD及びSSは，その他の雑排水よりも高濃度である．
(3) 除害施設を設置する目的の一つとして，下水道の閉塞防止がある．
(4) 浮上分離法としては，一般的に加圧浮上法が用いられる．
(5) 悪臭成分が多く発生するため，処理施設の臭気対策が必要となる．

問264-3　ちゅう房排水除害施設に関する次の記述のうち，最も不適当なものはどれか．（2015年問題135）
(1) 油分の浮上速度は，排水の粘性に比例する．
(2) 生物処理法としては，酵母菌や油分解菌を用いた処理方法が一般的である．
(3) 浮上分離法は，生物処理法に比べて発生汚泥量が多い傾向にある．
(4) コンクリート水槽内の壁面などの腐食対策が必要となる．
(5) バルキングとは，活性汚泥が膨張し，汚泥が沈降しにくくなる現象をいう．

問264-4　ちゅう房排水除害施設に関する次の記述のうち，最も不適当なものはどれか．（2014年問題137）
(1) ちゅう房排水除害施設は，ノルマルヘキサン抽出物質である油分などの除去を主な目的とする．
(2) 生物処理法による油分離は，添加する菌種によってはpHに影響される．
(3) 浮上分離には，一般に加圧浮上分離法が用いられる．
(4) 浮上分離法では，油分の直径が大きいほど浮上速度が速くなる．
(5) 生物処理法は，浮上分離法に比べて発生汚泥量が多い傾向がある．

265 給排水設備・機器・配管

架橋ポリエチレン管の使用温度，TIG溶接，差込ろう接合など，広範囲で詳細な内容の給排水衛生設備機器・配管材料に関して出題される．給排水設備機器に関する全般的な知識が問われる．

問265-1 給排水衛生設備に使用する機器に関する次の記述のうち，最も不適当なものはどれか．（2013年問題132）

(1) 加圧ポンプ・増圧ポンプの制御には，推定末端圧力一定制御方式がある．

(2) 木製貯水槽は，断熱性能が低いため，結露対策が必要である．

(3) FRP製貯水槽は，機械的強度が低いため，耐震補強が必要である．

(4) ステンレス鋼板製貯水槽は，気相部の腐食対策が必要である．

(5) 給湯用循環ポンプは，背圧に耐えるものが選定される．

問265-2 給排水衛生設備に使用する機器及び配管材料に関する次の記述のうち，最も不適当なものはどれか．（2012年問題132）

(1) 架橋ポリエチレン管の接合には，接着接合を用いる．

(2) ボール弁は，抵抗が少なく，流量調整ができる．

(3) 定水位弁は，受水槽の水位を定水位に保つために用いる．

(4) ステンレス鋼管の接合には，メカニカル継手を用いる．

(5) 銅管の接合には，差込ろう接合を用いる．

266 浄化槽法

浄化槽法に基づく浄化槽の定義，浄化槽法第1条（目的），浄化槽管理者，保守点検，水質検査の受検などの事項について出題される．設置後の水質検査の時期についても出題されるので，覚えておこう．

問266-1 浄化槽法に規定する浄化槽管理者に関する次の記述のうち，誤っているものはどれか．（2021年問題138）

(1) 最初の保守点検は，浄化槽の使用開始直後に実施する．

(2) 指定検査機関の行う法定検査を受検する．

(3) 保守点検及び清掃を実施し，その記録を保存する．

(4) 保守点検及び清掃は，法令で定められた技術上の基準に従って行う．

(5) 保守点検は，登録を受けた浄化槽保守点検業者に委託することができる．

問266-2 浄化槽法に規定されている浄化槽の定義に関する次の文章の［　　］内の語句のうち，誤っているものはどれか．（2020年問題138）

　［(1)便所］と連結してし尿及びこれと併せて［(2)雨水］を処理し，［(3)下水道法］に規定する終末処理場を有する公共下水道以外に放流するための設備又は施設であって，同法に規定する公共下水道及び［(4)流域下水道］並びに廃棄物の処理及び清掃に関する法律の規定により定められた計画に従って［(5)市町村］が設置したし尿処理施設以外のものをいう．

問266-3 浄化槽法で規定されている事項として，誤っているものは次のうちどれか．（2019年問題138）

(1) 浄化槽製造業の登録制度
(2) 浄化槽工事業の登録制度
(3) 浄化槽保守点検業の登録制度
(4) 浄化槽清掃業の許可制度
(5) 浄化槽設備士及び浄化槽管理士の国家資格

問266-4 浄化槽法第 1 条（目的）に示されていない項目は，次のうちどれか．（2015年問題136）

(1) 浄化槽保守点検業者の許可制度を整備すること．
(2) 浄化槽の設置，保守点検，清掃及び製造について規制すること．
(3) 浄化槽工事業者の登録制度を整備すること．
(4) 浄化槽設備士及び浄化槽管理士の資格を定めること．
(5) 浄化槽によるし尿及び雑排水の適正な処理を図ること．

267　BOD

浄化槽の放流水の水質は，BODなどにより規定されている．BODとは，水中の有機物の量を，酸化分解のために微生物が消費する酸素の量 (Biochemical Oxygen Demand) を表したもので，水質汚濁の指標として用いられる．

問267-1 浄化槽法に規定する放流水の水質の技術上の基準に示されているBODの値として，正しいものは次のうちどれか．（2018年問題137）

(1)　20 mg/L以下

(2) 30 mg/L以下

(3) 60 mg/L以下

(4) 90 mg/L以下

(5) 120 mg/L以下

問267-2 浄化槽法に規定する放流水の水質の技術上の基準に示されているBOD の値として，正しいものは次のうちどれか．（2014年問題138）

(1) 10 mg/L以下

(2) 20 mg/L以下

(3) 30 mg/L以下

(4) 60 mg/L以下

(5) 90 mg/L以下

268　浄化槽の処理法

生物膜法は，接触材に微生物の薄膜を形成させ，そこに汚水を接触させて微生物により有機物を分解させる方法である．活性汚泥法は，汚泥中の好気性微生物により汚水を分解させる方法である．

問268-1 浄化槽における高度処理で除去対象とする物質とその除去法との組合せとして，最も不適当なものは次のうちどれか．（2017年問題137）

(1) 浮遊性の残存有機物質 ──── 凝集沈殿法

(2) 溶解性の残存有機物質 ──── 活性炭吸着法

(3) 窒素化合物 ──────── 生物学的硝化・脱窒法

(4) アンモニア ──────── イオン交換法

(5) リン化合物 ──────── 急速砂ろ過法

問268-2 浄化槽に採用されている処理法のうち，生物膜法に分類されないものは次のうちどれか．（2015年問題137）

(1) 担体流動法

(2) 回転板接触法

(3) 散水ろ床法

(4) 接触ばっ気法

(5) 長時間ばっ気法

浄化槽における高度処理で除去対象とする物質とその除去法との組合せとして，最も不適当なものは次のうちどれか．（2013年問題135）
(1) 浮遊性の残存有機物質 ──── 生物学的酸化法
(2) リン化合物 ──────── 凝集沈殿法
(3) 窒素化合物 ──────── 生物学的硝化法及び生物学的脱窒法
(4) 溶解性の残存有機物質 ──── 化学的酸化法
(5) アンモニア ──────── イオン交換法

問268-4 浄化槽に用いられる活性汚泥法に関する次の記述のうち，最も不適当なものはどれか．（2012年問題135）
(1) 活性汚泥は，主として好気性条件下で生息する細菌や原生動物などの微生物の集合体である．
(2) 活性汚泥法は，活性汚泥と汚水を効率よく接触させ，汚水中の有機物を微生物の代謝作用によって除去する．
(3) ばっ気槽の設計諸元の一つに，BOD容積負荷がある．
(4) 沈殿槽で沈降分離された汚泥は，再び流量調整槽に返送される．
(5) ばっ気槽混合液は，沈殿槽において沈降分離させて，上澄水は消毒後放流される．

269 浄化槽の設計条件

浄化槽を設置する際の設計条件に関して出題される．出題の内容は，浄化槽処理法のフローシートを理解しているかを問うものである．フローシートのうち，特に返送部分について，よく覚えておこう．

問269-1 ある建築物に接触ばっ気法を採用した処理対象人員1 000人程度の浄化槽を設置したい．この浄化槽の設計条件に関する次の記述のうち，最も不適当なものはどれか．（2013年問題136）
(1) 汚泥濃縮槽からの脱離液の移送先を接触ばっ気槽とする．
(2) 流量調整槽の前段に微細目スクリーンを設ける．
(3) 沈殿槽で分離した上澄水は，消毒槽へ移送する．

(4) 汚泥濃縮槽の後段には，汚泥貯留槽を設ける．

(5) 2次処理では，生物膜法又は活性汚泥法による生物反応槽と沈殿槽とを組み合わせる．

270　浄化槽のBOD

BOD値から，浄化槽のばっ気槽容量，除去量，汚泥発生量などの値を求める計算問題が出題される．題意により与えられている単位，式，数値に留意して算定式を立て，与えられた数値を代入して算定する．

問270-1　下図のように，一次処理装置，二次処理装置からなる浄化槽において，一次処理装置のBOD除去率が30％，二次処理装置のBOD除去率が50％であった場合，浄化槽全体のBOD除去率として，最も適当な値は次のうちどれか．（2019年問題139）

(1)　35％

(2)　40％

(3)　50％

(4)　65％

(5)　80％

問270-2　処理対象人員500人，1人1日当たりの汚水量200L/（人・日），流入汚水のBOD200mg/Lの条件において，BOD容積負荷から算出したばっ気槽の有効容量として，最も適当な値は次のうちどれか．ただし，BOD容積負荷は0.2kg/（m^3・日）とする．（2016年問題138）

(1)　　40 m^3

(2)　100 m^3

(3)　125 m^3

(4)　250 m^3

(5)　400 m^3

問270-3　下の図の反応条件において，生物処理槽のBOD除去量〔kg/日〕として，

最も適当な値は次のうちどれか．（2014年問題139）

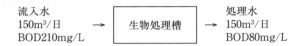

(1) 19.5 kg/日

(2) 22.5 kg/日

(3) 30.0 kg/日

(4) 86.7 kg/日

(5) 130 kg/日

271 浄化槽の処理人員

異なる用途からなる複合用途ビルの，浄化槽により処理すべき対象人数を算定する計算問題が出題される．複合用途ビルの処理対象人員は，それぞれの用途の処理対象人員を合算して求める．

問271-1 延べ面積3 000m²の複合用途ビル〔内訳：一般店舗2 000m²，一般飲食店500m²，事務所（ちゅう房なし）500m²〕に設置される浄化槽の処理対象人員として，最も適当なものは次のうちどれか．ただし，用途別処理対象人員算定は次式とし，共有部分は無視する．（2012年問題136）

一般店舗：n＝0.075 A

一般飲食店：n＝0.72 A

事務所（ちゅう房なし）：n＝0.06 A

n：人員（人）　A：延べ面積（m²）

(1) 150人

(2) 360人

(3) 400人

(4) 450人

(5) 550人

272 浄化槽の点検内容

流量調整槽，ばっ気槽，沈殿槽，消毒槽などの浄化槽を構成する単位装置と，それに対するポンプの作動水位，溶存酸素濃度，沈殿物の生成状況，攪拌状況などの点検項目の組み合わせについて出題される.

問272-1 浄化槽の単位装置として採用されているばっ気槽の点検項目として，最も不適当なものは次のうちどれか．（2021年問題139）

(1) ばっ気槽混合液浮遊物質濃度
(2) 溶存酸素濃度
(3) 空気供給量
(4) 30分間汚泥沈殿率
(5) 透視度

問272-2 浄化槽の単位装置とその点検内容との組合せとして，最も不適当なものは次のうちどれか．（2020年問題139）

(1) 沈殿分離槽 ──────── 溶存酸素濃度
(2) 汚泥貯留槽 ──────── スカムの貯留状況
(3) 流量調整槽 ──────── ポンプの作動水位
(4) 接触ばっ気槽 ─────── 生物膜の生成状況
(5) 消毒槽 ────────── 沈殿物の堆積状況

問272-3 浄化槽の単位装置とその点検内容との組合せとして，最も不適当なものは次のうちどれか．（2017年問題139）

(1) 流入管渠 ──────── 異物などの付着状況
(2) 嫌気ろ床槽 ─────── 目詰まりの状況
(3) 汚泥貯留槽 ─────── スカムの貯留状況
(4) 沈殿槽 ───────── 堆積汚泥の生成状況
(5) 接触ばっ気槽 ────── MLSS濃度

問272-4 浄化槽の単位装置とその点検項目との組合せとして，最も不適当なものは次のうちどれか．（2012年問題138）

(1) 流量調整槽 ──────── ポンプ作動水位

(2) 接触ばっ気槽 ──────── 生物膜の生成状況

(3) 嫌気ろ床槽 ──────── 槽内の溶存酸素濃度

(4) 沈殿槽 ──────── 堆積汚泥の生成状況

(5) 汚泥濃縮貯留槽 ──────── スカムの貯留状況

273　汚泥容量

汚泥容量指標SVI (Sludge Volume Index) とは, 活性汚泥の沈降性を示す指標で, 1gの活性汚泥が占める容積 [mL] で表す. SV (Sludge Volume) とは, 活性汚泥を一定時間放置したときの汚泥の沈殿量の百分率である.

問273-1　含水率98％の汚泥5 m³と, 含水率96％の汚泥15m³を混合したときの含水率として, 最も近い値は次のうちどれか. (2018年問題138)

(1) 96.0 %

(2) 96.5 %

(3) 97.0 %

(4) 97.5 %

(5) 98.0 %

問273-2　水分99.0%の汚泥12m³を水分98.0%に濃縮した場合, 濃縮後の汚泥の容積として, 最も適当なものは次のうちどれか. (2015年問題139)

(1) 2.0 m³

(2) 3.0 m³

(3) 4.0 m³

(4) 6.0 m³

(5) 8.0 m³

問273-3　ある一定規模の浄化槽を流入汚水量150m³/日, 流入水のBODを200mg/L, 放流水のBODを20mg/Lとして運転した場合の汚泥発生量として, 最も近い値は次のうちどれか. ただし, 除去BODに対する汚泥転換率は40％, 発生汚泥の含水率は97.5％及び汚泥の密度は1000kg/m³とし, 汚泥発生量の算定は, 次式のとおりとする. (2013年問題137)

$$汚泥発生量 = 流入BOD量 \times \frac{BOD除去率（\%）}{100}$$
$$\times \frac{汚泥転換率（\%）}{100} \times \frac{100}{(100 - 含水率（\%）)}$$

(1) 0.01 m³/日
(2) 0.43 m³/日
(3) 1.05 m³/日
(4) 2.7 m³/日
(5) 4.8 m³/日

274 下水道

下水道の排除方式，施設の構成，排水設備の設置や構造などについて出題される．下水道の排除方式には，合流式と分流式があり，下水道施設は，管渠，ポンプ施設，処理施設から構成される．

問274-1　下水道に関する次の記述のうち，最も不適当なものはどれか．（2019年問題127）

(1) 下水道は，流域下水道，公共下水道，都市下水路に分けられる．
(2) 下水道施設は，排水管渠，処理施設及びポンプ施設等から構成されている．
(3) 合流式とは，汚水と雨水を同一の管渠系統で排除する方式をいう．
(4) 下水の温度が基準値以上の場合には，除害施設を設置する必要がある．
(5) 流域下水道の事業主体は，原則として市町村である．

問274-2　下水道に関する次の記述のうち，最も不適当なものはどれか．（2013年問題140）

(1) 下水の排除方式には，合流式と分流式がある．
(2) 下水道施設は，管渠，ポンプ施設，処理施設から構成される．
(3) 下水道の役割の一つに，浸水の防除がある．
(4) 流域下水道の事業主体は，原則として市町村である．
(5) 下水道は，水循環の創出に寄与する．

275 消火設備

消火設備には，初期消火に対して手動で消火する消火器，屋内消火栓設備，初期消火に際して自動で消火するスプリンクラー消火設備，ガソリンほかの油火災の消火に用いられる泡消火設備などがある.

問275-1 消火設備に関する次の記述のうち，最も不適当なものはどれか．（2019年問題140）

(1) 連結散水設備は，消火活動が困難な地下街に設置される.

(2) 閉鎖型予作動式スプリンクラ設備は，アトリウムなどの大空間に設置される.

(3) 屋内消火栓設備は，建築物の関係者や自衛消防隊が初期消火を目的として使用するものである.

(4) 粉末消火設備は，消火薬剤として炭酸水素ナトリウムなどの粉末を使用する.

(5) 泡消火設備は，駐車場や飛行機の格納庫等に設置される.

問275-2 消火設備に関する語句とその説明との組合せとして，最も不適当なものは次のうちどれか．（2018年問題140）

(1) 屋内消火栓設備 ——————— 初期発見段階での消火

(2) 泡消火設備 ——————— 油火災を対象

(3) 連結送水管 ——————— 公設消防隊の専用栓

(4) 不活性ガス消火設備 ——— 負触媒作用による消火

(5) スプリンクラー設備 ———— 火災発生時に自動的に散水

問275-3 消火設備に関する次の記述のうち，最も不適当なものはどれか．（2016年問題140）

(1) 消火器は，火災の初期発見段階での消火を目的としたものである.

(2) 泡消火設備は，駐車場や飛行機の格納庫などに設置される.

(3) 屋内消火栓は，公設消防隊が使用するもので，消防隊専用栓とも呼ばれる.

(4) スプリンクラ設備は，火災が発生した際に，自動的に散水して初期消火するものである.

(5) 屋外消火栓には，消火栓弁・ホース・ノズルを内蔵した屋外消火栓箱型と，地下ピット格納型，地上スタンド型がある.

消火設備に関する次の記述のうち，最も不適当なものはどれか．（2014年問題140）

(1) 2号消火栓は，一人でも容易に操作ができるように開発されたものである．

(2) 放水型スプリンクラ設備は，アトリウムや大空間部に設置される．

(3) 連結送水管は，消防隊専用栓とも呼ばれ，公設消防隊が使用するものである．

(4) 不活性ガス消火設備は，手動起動装置の扉を開けて警報を発してから，起動スイッチを押すことによって作動する．

(5) 泡消火設備は，ボイラ室などに設置される．

276　消防用設備の保守管理

消防法で規定する消防用設備等の点検は，消防法と建築基準法に基づいて行われるものがあるので，その違いを把握しておこう．なお，実際の問題は，それらが混在したかたちの出題になっているので，混同しないように注意が必要．

問276-1　消防用設備の保守管理に関する次の記述のうち，最も不適当なものはどれか．（2020年問題140）

(1) 防火設備定期検査制度により，特定行政庁が定める特定建築物の防火設備は，一級建築士，二級建築士又は防火設備検査員が，1年に1回作動状況などを確認する．

(2) 特定防火対象物における法定定期点検の結果とその不備に関する是正措置の報告は，3年に1回行う．

(3) 消防用設備等に附置される動力消防ポンプは，6カ月に1回作動点検を行う．

(4) 法定定期点検の内容は，作動点検，外観点検，機能点検，総合点検である．

(5) 消防法で規定する消防用設備等について，特定防火対象物で一定規模以上のものは，消防設備士又は消防設備点検資格者が点検する．

問276-2　消防用設備の保守管理に関する次の記述のうち，最も不適当なものはどれか．（2015年問題140）

(1) 特定防火対象物で一定規模以上のものは，消防設備士又は消防設備点検資格者が点検する．

(2) 消防の用に供する設備のうち，動力消防ポンプ設備は，1年に1回作動点検を行う．

科目5　給水排水

(3) 特定防火対象物における法定定期点検の結果とその不備に関する是正措置の報告は，1年に1回である．

(4) 法定定期点検の内容は，作動点検，外観点検，機能点検，総合点検である．

(5) スプリンクラー設備については，ヘッドの変形や損傷を日常の点検項目とする．

277 特殊設備

ビル管理の主要な設備分野である空調設備や給排水衛生設備，電気設備や消防設備以外の設備が総合問題の形式で出題される．主な対象は，プールや水系施設，厨房機器や入浴設備などだが，難易度はそれほど高くない．

問277-1 特殊設備に関する次の記述のうち，最も不適当なものはどれか．（2021年問題140）

(1) プールの循環ろ過の取水口には，吸い込み事故を未然に防止するための安全対策を施す．

(2) 厨房機器の材質は，吸水性がなく，耐水性・耐食性を持つものとする．

(3) 水景施設への上水系統からの補給水は，必ず吐水口空間を設けて間接的に給水する．

(4) 水景施設における維持管理としては，貯水部や流水部の底部や側壁に沈殿・付着した汚泥等の除去も必要である．

(5) オーバフロー方式による浴槽循環ろ過設備の循環水は，浴槽水面より高い位置から浴槽に供給する．

問277-2 特殊設備に関する次の記述のうち，最も不適当なものはどれか．（2018年問題139）

(1) 入浴設備において，浴槽からの循環水を消毒する場合には，消毒に用いる塩素系薬剤の投入口は，ろ過器から出た直後に設置する．

(2) 水景設備は，水の持つ親水機能や環境調整機能によって空間を演出するものである．

(3) ちゅう房機器の具備すべき要件として，それに用いる材質は吸水性がなく，耐水性・耐食性を持つものとすることが挙げられる．

(4) プールの循環ろ過にオーバフロー方式を採用する場合には，オーバフローに

床の洗浄水が入らない構造とする.
(5) 入浴設備において,気泡発生装置,ジェット噴射装置等のエアロゾルを発生させる設備を設置する場合には,空気取入口から土ぼこりが入らないような構造とする.

問277-3 特殊設備の維持管理に関する次の記述のうち,最も不適当なものはどれか.(2017年問題140)
(1) ちゅう房機器の具備すべき要件には,食品に接する部分は,衛生的で,容易に洗浄・殺菌ができる構造とすることが挙げられる.
(2) 入浴設備の打たせ湯に,循環している浴槽水を用いる.
(3) プール水の消毒設備には,塩素剤に加えてオゾン消毒や紫外線消毒を併用する例がある.
(4) HACCPとは,食品製造に関して原材料の受入れから最終製品の出荷までの各段階におけるリスク分析に基づき,重点管理点を定めて連続的に監視する安全性確保のための衛生管理手法である.
(5) 水景施設への上水系統からの補給水は,必ず吐水口空間を設けて間接的に給水する.

科目5　給水及び排水の管理　解答と解説

209　給排水の単位

問209-1　正解（5）

水槽照度率の単位は，「％」である．

問209-2　正解（2）

MLSSは，ばっ気槽内のSS（懸濁物質），すなわち活性汚泥の濃度を示すものである．単位はmg/Lで表す．

問209-3　正解（2）

水は温度が高くなるほど密度（単位体積当たりの質量$[kg/m^3]$）が小さくなり，比体積（質量に対する体積$[m^3/kg]$）が大きくなる．

問209-4　正解（4）

比熱とは，ある物質1gの温度を1℃上げるのに必要な熱量をいい，単位は$[J/(kg \cdot K)]$である．ちなみに，水の比熱はおおよそ4 200 J/(kg·K)である．温度の単位は基本単位でケルビン$[K]$を用いているが，1℃の差と1Kの差は同じで，熱量はJ（ジュール）で表し，1 kcal/kg·℃≒4.186 kJ/(kg·K)である．

210　給排水の用語

問210-1　正解（4）

スケール障害は，使用する水の成分が高い場合や，腐食に伴う錆によって配管や水槽の内面に発生して，詰まりを引き起こす．また，加熱によって硬度成分が析出するため，熱交換器などに付着して，熱効率が低下する原因にもなる．

トリハロメタンは，ある種の有機物と消毒用の塩素が反応して，発がん性物質として生成される．

問210-2　正解（1）

逃し通気管とは，排水通気両系統間の空気の流通を円滑にするために設ける通気管をいう．

問210-3　正解（2）

ゲージ圧力とは，圧力計により測定される大気圧を基準とする圧力である．工学系で一般に使用する圧力を表し，単位はPaである．

ゲージ圧力0〔kPa〕

＝大気圧（＝絶対圧力101.3〔kPa〕）

ここで，絶対圧力：完全真空を基準とする圧力

問210-4　正解（1）

(1) バルキングとは，活性汚泥の単位重量当たりの体積が増加して，沈殿しにくくなる現象をいう．水中の汚濁物質が沈殿してできた泥状の物質は，汚泥（スラッジともいう）である．

(2) 酸化保護被膜は，酸化によってできる金属表面の薄い被膜のことで，不動態被膜ともいい，耐食性が保持される．銅管，ステンレス鋼鋼管に形成される．

(3) ファージとは，バクテリオファージのこと．細菌を宿主とする一群のウイルスの総称である．

(4) トリハロメタンは，ある種の有機物質と消毒用の塩素が反応して生じるもので，発がん物質といわれている．

(5) スケールは，水中の炭酸カルシウムや炭酸マグネシウムの付着や，腐食や錆等によって生じるもので，鋼管に多く発生する．

211　水道法

問211-1　正解（3）

上水道事業とは，計画給水人口が5 001人以上である水道事業をいう．

問211-2　正解（1）

「簡易専用水道」とは，水槽の有効水量の合計が10m³を超えるものをいう．設問（1）の水道は「小規模貯水槽水道」である．

問211-3　正解（4）

専用水道とは，常時の居住者101人以上または人の生活の用に供する1日最大給水量が20m³を超えるものをいう．

212　水質基準

問212-1　正解（3）

現行の水道水の水質基準では，カルシウム，マグネシウム等（硬度）は，300 mg/L以下であること，と定められている．

問212-2　正解（2）

銅及びその化合物の基準値は，銅の量に関して1.0mg/Lと定められている．

問212-3　正解（2）

水道法により，鉛及びその化合物は，鉛の量に関して0.01mg/L以下であることと定められている．

213　水道施設

問213-1　正解（4）

導水施設とは，水源から浄水場まで原水を送る施設をいい，導水管あるいは導水路，ポンプ設備などからなる．

問213-2　正解（4）

配水施設における配水池の必要容量は，1日の水使用量の変動を考慮し，計画1日最大給水量の12時間分を標準としており，かつ，地域の特性も考慮する．

214　給水設備

問214-1　正解（2）

貯水槽水面の波立ち防止には，防波板が設けられる．

迂回壁は，大容量貯水槽内の水の滞留を防止するために設置される．

問214-2　正解（4）

（1）総合病院における1日当たりの設計給水量は1 500～3 500 L/床とする．
（2）受水槽の有効容量は，一般に1日最大使用量の1/2程度とする．
（3）高層ホテルの給水系統のゾーニングは，上限水圧を0.3MPaとなるようにする．
（5）高置水槽方式は，他の給水方式に比べて水質汚染の可能性が高い方式である．

問214-3　正解（1）

ウォータハンマ（水撃作用）は，液体が充満して流れている管路において，弁などを急激に閉止すると弁直前に著しい圧力上昇が生じて，この圧力変動の波が管路内を伝わる現象である．

問214-4　正解（2）

給水圧力が過大になると器具類の機能障害やウォータハンマ（水撃作用）発生の原因となるので，減圧弁の使用などで給水圧を0.3MPa以下とするのが望ましい．

問214-5　正解 (3)

給水管内流速は，ウォータハンマの発生を防止するため，最大2.0m/s以下が望ましい．

(1) 事務所建築は，1日当たり<u>60～100 L/人</u>である．
(2) 受水槽の有効容量は一般に1日最大使用水量の<u>1/2</u>，高置水槽の有効容量は1日最大使用水量の1/10とする．
(4) 高置水槽方式は，オーバーフロー管や通気管が開放されているため<u>汚染されやすい</u>．
(5) 直結増圧方式は，<u>貯水槽(貯留機能)</u>を介さない方式である．

問214-6　正解 (5)

厚生労働省令で定める水質基準における鉛及びその化合物は，「鉛の量に関して，<u>0.01mg/L以下であること</u>」と定められている．

問214-7　正解 (4)

ポンプ直送方式は，受水槽に貯留した水を直送ポンプ(加圧ポンプ)で必要箇所に送水するので，空気溜まりができないよう，一般に<u>上向き</u>で配管する．

問214-8　正解 (3)

横走管から上方に給水する場合，下取り出しにすると管内の空気が抜けないことがあり，給水できないおそれがあるので<u>上取り出し</u>とする．

215　給水設備の計画

問215-1　正解 (4)

小便器洗浄弁を作動させるための最低必要圧力は，<u>50kPa</u>である．

問215-2　正解 (2)

受水槽容量は，水道事業体，建物の用途その他の条件で異なる場合があるが，一般的に1日最大使用水量の<u>1/2</u>を確保する．

問215-3　正解 (4)

ホテルや住宅の給水圧力は，給水器具の機能障害やウォーターハンマ防止の観点から，上限圧力を<u>0.3MPa</u>程度にすることが望ましい．

問215-4　正解 (5)

ホテル客室部の1日当たり設計給水量は，<u>350～450L/床</u>である．

216　ウォータハンマ

問216-1　正解 (2)

揚水ポンプ停止時に発生するウォータハンマ防止のためには，<u>ポンプの吐出し側に急閉止しない衝撃吸収逆止弁を設置</u>する．

217　塩素消毒

問217-1　正解 (3)

水道水中の窒素化合物と反応すると，塩素消毒の効果は低下する．

問217-2　正解 (1)

CT値とは，<u>塩素濃度と接触時間の積</u>である．

問217-3　正解 (3)

塩素による消毒効果は，<u>水がアルカリ性を呈するほど急減する</u>．

問217-4　正解 (1)

CT値は，<u>塩素濃度〔mg/L〕と接触時間〔min〕の積</u>である．

218　塩素の消毒力

問218-1　正解（5）

高濃度の消毒剤と水中の微生物を接触させた場合，微生物は短時間で死滅し，低濃度の消毒剤の場合は長時間を要する．すなわち，消毒剤の濃度と接触時間は反比例する．

問218-2　正解（5）

塩素による消毒は，消毒力の強い順から次亜塩素酸＞次亜塩素酸イオン＞ジクロラミン＞モノクロラミンである．

219　DPD法

問219-1　正解（5）

DPD法では，検水に発色試薬を加えて混和して5秒以内に残留塩素比色列と比色すると，遊離残留塩素濃度が求められる．結合型残留塩素はその後に求める．

220　給水方式

問220-1　正解（4）

圧力水槽方式は，受水槽を必要とする方式である．

問220-2　正解（3）

高置水槽方式は，高置水槽内に設けた電極棒などにより水位を検知して揚水ポンプの起動・停止を行う．

問220-3　正解（2）

ポンプ直送方式は，受水槽を設けて圧送ポンプで給水する方式である．

問220-4　正解（2）

高置水槽方式では，受水槽と高置水槽が設けられ，2か所で水が大気に接触するため，他の方式に比べて汚染されやすい．

221　給水配管

問221-1　正解（4）

建物の揺れ，配管の振動などによる変異を吸収するため，貯水槽と配管との接続には可とう継手を用いる．

問221-2　正解（4）

ポリブデン管の接続は，接着剤で溶かすことができないため，メカニカル接続または融着接合が用いられる．

問221-3　正解（1）

(2) ボール弁は，管軸と通路が一致したときが開，それと90°回転したときが閉の状態となる．

(3) ステンレス鋼板製貯水槽は，液層部よりも気層部のほうが腐食しやすい．これは，水道水中の塩素により気層部の塩素濃度が高くなること，壁面や天井面への飛沫などによる塩素の濃縮が原因である．

(4) 銅管で，銅イオンが水に浸出して発生するのは青水である．

(5) 架橋ポリエチレン管の接合方法は，メカニカル形接合または融着接合である．

問221-4　正解（1）

地中に給水管を埋設するとき，排水管が平行して埋設される場合は，配管の水平間隔は500mm以上とし，かつ，両者が交差する場合も含めて，給水管は排水管の上方に埋設する．

問221-5　正解（3）

さびこぶの下では，さびこぶ部をアノード（陽極），管壁部をカソード（陰極）とする酸素濃淡電池が形成され腐食が進行する．

222　給水用弁

問222-1　正解　(3)

取外しが必要な機器の前後に止水弁を設置する場合は，取外し容易なフランジ形の弁が有効である．

223　貯水槽

問223-1　正解　(5)

受水槽への水の流入口と流出口が近接していると水の流れが短絡してしまうので，水の滞留域ができて好ましくない．

問223-2　正解　(4)

流入管は，流入管内が負圧になった場合，逆流が生じないよう吐水口空間（流入管端とオーバーフロー口の底面との距離）を確保する必要がある．

224　貯水槽の清掃

問224-1　正解　(4)

清掃終了後の水質検査における遊離残留塩素濃度の基準値は，0.2mg/L以上である．

問224-2　正解　(4)

消毒後の水洗いと水張りは，消毒終了後，30分以上経過してから行う．

問224-3　正解　(2)

貯水槽清掃後の水質検査基準項目のうち，濁度は2度以下とされている（厚生省告示第194号）．

問224-4　正解　(3)

高置水槽と圧力水槽の清掃は，原則として受水槽の清掃と同じ日に行い，受水槽の清掃が完了してから行う．

225　給水設備の汚染

問225-1　正解　(4)

大便器の洗浄弁の下流側に設けられているバキュームブレーカは，常時は圧力がかからない大気圧式である．

問225-2　正解　(1)

オーバフロー管は，貯水槽の汚染防止のため，口径に関係なく排水管との間に150mm以上の排水口空間を設けて間接排水とする．

問225-3　正解　(5)

洗面器の吐水口空間は，吐水口とあふれ縁（衛生器具またはその他の水使用機器の場合はその上縁，開放式水槽の場合はオーバーフロー口）との距離である．

226　給水設備機器

問226-1　正解　(3)

渦巻きポンプは，羽根車を高速回転し，水に遠心力を与えて吐出させている．

(4) のFRP（Fiberglass Reinforced Plastic）は，プラスチック（不飽和ポリエステル樹脂）をガラス繊維で補強したものである．

問226-2　正解　(5)

FRP製貯水槽は，耐食性があり衛生的であるが，紫外線に弱く，経年変化による強度劣化がある．

227　ポンプ

問227-1　正解（2）

　ポンプと電動機の芯狂いは，軸継手の外周の段違いを，振動・騒音の点検項目に準じて，6か月に1回測定する．その他の選択肢の点検頻度は以下のとおり．
（1）吐出側の圧力：毎日
（3）電動機の絶縁抵抗：1か月に1回
（4）電流値：毎日
（5）軸受温度：毎日

問227-2　正解（1）

　歯車ポンプは，2個の歯車を噛み合わせて回転させて液体を送り出す構造で，粘度の高い重油などの搬送に用いられる．

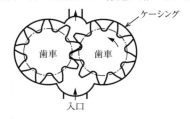

228　給水設備の保守管理

問228-1　正解（2）

　防錆剤は，飲料水系統の給水管における赤水などの応急対策として使用する．

問228-2　正解（4）

　高置水槽の清掃は，清浄な水を用いて行う必要があるので，受水槽の清掃が完了した後に行う．

問228-3　正解（1）

　貯水槽清掃終了後は，有効塩素濃度50～100mg/Lの濃度の次亜塩素酸ナトリウム溶液またはこれと同等以上の消毒能力を有する塩素剤によって，2回以上，貯水槽内の消毒を行う．

問228-4　正解（4）

　ポンプ直送方式は，下階から上階に圧送するので，ポンプの停止時や送水量不足の場合は，上階の管内が負圧になる．

229　給水設備の保守の頻度

問229-1　正解（3）

　飲料用貯水槽の点検は，水漏れの有無その他について，1か月に1回程度，定期に行うのがよいとされている．

問229-2　正解（3）

　飲料用貯水槽の清掃作業に従事する者は，建築物衛生法により，おおむね6か月ごとに1回，健康診断を受ける必要がある．

問229-3　正解（3）

　ポンプと電動機の芯狂いは6か月に1回程度点検する必要がある．なお，他の記述の点検は毎日行う必要がある．「建築物における維持管理マニュアル」（平成20年1月25日健衛発第0125001号）に規定されている．

230　貯水槽の水位制御

問230-1　正解（2）

　一般に（2）の位置に電極棒の先端を設定し，揚水ポンプの発停と警報の発報が行えるようにしている．

231　水の性質

問231-1　正解（2）

　配管内の水中における気体の溶解度

は，水温の上昇により減少する．

問231-2　正解（5）

水の密度（単位体積当たりの質量）は，4℃のとき最も大きくなり，温度が高くなると比体積（単位重量当たりの体積）が大きくなる．密閉式の加熱装置に安全装置が必要になる要因である．

232　給湯循環量，熱損失

問232-1　正解（3）

$Q = 0.0143 \times H_L \div \Delta t$

$H_L = 10 \times 5 \div 0.0143 \fallingdotseq 3\,497〔W〕$

単位長さ当たりの熱損失 $= 3\,497〔W〕 \div 100〔m〕$

$\fallingdotseq 35〔W/m〕$

問232-2　正解（3）

循環配管からの熱損失 H_L は，

$H_L = 80〔m〕 \times 50〔W/m〕 = 4\,000〔W〕$

循環流量 Q は，

$Q = 0.0143 \times 4\,000〔W〕 \div 5〔℃〕$

$= 11.44〔L/min〕$

233　給湯設備

問233-1　正解（1）

ホテル宿泊部の設計給湯量は，150～250L/（人・日）である．

問233-2　正解（2）

総合病院における使用湯量は，150～200L/（床・日）程度である．

問233-3　正解（4）

温水循環ポンプは，小型でも脈動による騒音・振動が発生することがある．このような場合は，ポンプの吐出し側にサイレンサ（整流装置）を設置する．

問233-4　正解（3）

排水から熱回収する場合は，熱交換器の熱交換部の腐食などによる給湯の汚染を防ぐため，間接的に熱交換する必要がある．

問233-5　正解（3）

逃し管の立ち上げ高さは，水槽の水面より高く立ち上げないと，加熱によって膨張した湯が逃し管から常時出ることになる．

問233-6　正解（3）

中央式給湯方式は，機械室などに加熱装置や貯湯槽などを設けて，湯を配管で各所に供給する方式であり，ホテル，病院などの給湯箇所の多い建築物に採用される．事務所建築では一般に，湯沸し室に飲用給湯器を設ける局所式が採用される．

問233-7　正解（4）

直接加熱方式とは，蒸気や電気によって直接，水を加熱する装置から湯を供給する方式である．（4）は間接加熱方式の説明である．

234　給湯配管

問234-1　正解（3）

ライニング鋼管における単式の伸縮管継手の設置間隔は，30m程度とする．

問234-2　正解（3）

循環式給湯設備の下向き配管方式では，配管内の空気が上部に逃げられるように，下がり勾配とする．

問234-3　正解（3）

密閉式給湯方式の横管は，給水配管と

同様，配管内に溶存している空気が抜けるよう，上向き配管方式の横管は<u>上がり勾配</u>とする．

問234-4　正解（5）

給湯循環ポンプの揚程は，給湯配管の往管と返湯管の経路が最も<u>大きい</u>回路系の摩擦損失で算定する．

235　給湯配管の材料・腐食

問235-1　正解（5）

ポリブデン管は，銅管に比べて<u>線膨張係数が大きい</u>．

問235-2　正解（4）

銅管を返湯管のない単管式の給湯配管に用いた場合には<u>腐食はほとんど発生しない</u>が，循環式の給湯配管に用いた場合には腐食が発生することがある．

問235-3　正解（4）

銅管は，表面に酸化被膜が形成され母材が不働態化して耐食性を維持する．中央式給湯方式の循環配管に銅管を使用した場合，特に返湯管の流速が速いと，潰食という<u>腐食</u>を起こすことがある．

236　給湯加熱装置

問236-1　正解（2）

貯蔵式湯沸器には，<u>減圧弁は備えられていない</u>．

問236-2　正解（3）

無圧式温水発生機の缶体は開放容器構造で，缶体内の圧力が<u>大気圧以上にならない</u>ようにしたものである．

問236-3　正解（5）

給湯用貫流ボイラは，水管群で構成さ

れ，耐圧性に優れているが缶水量が少ない．したがって，シャワー設備などで大量に湯を消費する設備には<u>適さない</u>．

問236-4　正解（5）

無圧式温水発生機の缶体は<u>開放容器構造</u>で，缶体内の圧力が大気圧以上にならないようにしたものである．

237　給湯循環ポンプ

問237-1　正解（1）

強制循環方式において湯を均等に循環させるためには，<u>返湯管に定流量弁など</u>を設置して，返湯量を調整する．

問237-2　正解（4）

温水循環ポンプの循環水量は，給湯循環配管系からの熱損失に<u>比例</u>する．

238　給湯設備の保守管理

問238-1　正解（2）

無圧式温水発生器の定期検査は，<u>労働安全衛生法には規定されていない</u>が，毎日外観検査を行い，1年以内ごとに1回，定期的に検査をする．

問238-2　正解（1）

器具のワッシャに天然ゴムを使用すると細菌の栄養源となるので，必ず<u>合成ゴム（クロロプレン系など）を用いる</u>．

問238-3　正解（4）

流電陽極式電気防食は，防食しようとする金属よりも腐食しやすい金属（犠牲陽極という）を接触させて防食する方法で，<u>外部電源は不要である</u>．ただし，犠牲陽極は消耗するため，取替えが必要となる．

一方，外部電源が必要な防食法は，不溶性電極（白金めっきを施したチタン線や炭素電極など）を陽極としたもので，外部電源として低圧直流電源が必要となる．

問238-4　正解　(4)

流量調整には，一般の水栓と同じような構造の玉形弁（グローブ弁またはストップ弁ともいう）を用いる．

問238-5　正解　(2)

給湯系で基準値を超える一般細菌が検出された場合（1 mLの検水で形成される集落が100を超えた場合）は，70℃程度の湯で約20時間循環させる加熱処理を行う．

問238-6　正解　(2)

加熱装置の給湯温度が上昇しない場合は，熱源の供給装置あるいは自動制御装置に異常があるか，使用量が多すぎることが考えられる．

問238-7　正解　(1)

給湯設備の防錆剤の使用も飲料水と同じ扱いとなるので，配管の布設替えまでの応急措置とする．

239　給湯設備の保守の頻度

問239-1　正解　(4)

維持管理が適切で，かつ末端給水栓で55℃以上（レジオネラ属菌の繁殖が防止できる最低温度）の水温が保持できる場合は，水質検査のうち残留塩素の検査を省略できる．

問239-2　正解　(1)

労働安全衛生法に基づく，小型圧力容器以外の第一種圧力容器および小型ボイラ以外のボイラに該当する貯湯槽や給湯ボイラは，1か月以内ごとに1回，定期的に自主検査を行い，1年以内ごとに1回，労働基準監督署の性能検査を受けなければならない．

240　貯湯槽の保守管理

問240-1　正解　(2)

SUS444は，耐孔食性，耐すき間腐食性がSUS304に比較して優れているが，電気防食装置を設けると，水素脆性割れを生ずる性質がある．

問240-2　正解　(4)

外部電源式電気防食は，不溶性電極（白金めっきを施したチタン線や炭素電極など）を陽極としているので，定期的な保守以外，電極の取替えはほとんど必要ない．

問240-3　正解　(4)

SUS444は水素脆化しやすい性質があり，電気防食で生ずる水素によって水素脆性割れが発生するため，電気防食を施してはならない．

問240-4　正解　(1)

流電陽極式電気防食は，鋼に鋼よりも卑な金属（犠牲陽極）を接続しておくと，犠牲陽極が腐食して，鋼が防食される性質を利用した方式．外部電源式電気防食は，不溶性電極を陽極とし，外部電源（低圧直流）により防食電流を流して対象を保護する方式．

241 雑用水設備

<u>問241-1</u> 正解 (5)

建築物衛生法施行規則では,「し尿を含む水を原水」とする場合は,<u>散水,水景用または清掃用には用いてはならない</u>こととされている.

<u>問241-2</u> 正解 (4)

雑用水処理設備において,色度と臭気の除去に適している装置は活性炭処理装置である.

<u>問241-3</u> 正解 (1)

広域循環方式は,<u>公共下水道などからの下水の処理水を広い地域の建築物に供給し,便器洗浄水などの雑用水に利用する方式である</u>.比較的まとまった地区の複数の建築物において,処理水を便器洗浄水などの雑用水に利用するのは,地区循環方式である.

<u>問241-4</u> 正解 (5)

雑用水の水質基準には,<u>COD(化学的酸素要求量)の項目はない</u>.

242 雑用水の処理方式

<u>問242-1</u> 正解 (1)

雨水処理として最も適用例が多いフローである.

<u>問242-2</u> 正解 (1)

雑用水処理設備の膜分離活性汚泥処理装置に用いる分離膜は,比較的低い圧力で使用できる<u>限外ろ過膜(UF)</u>が使用され,活性汚泥の分離・汚泥の濃縮などに利用される.膜分離活性汚泥処理とは,微生物による活性汚泥処理と,膜(高分子膜)によるろ過を組み合わせたものである.膜にはUF(UltraFiltration)とRO(Reverse Osmosis)などがある.

<u>問242-3</u> 正解 (1)

色度や臭気の除去には,活性炭による吸着処理が用いられる.

243 雑用水設備の保守管理

<u>問243-1</u> 正解 (4)

溶存酸素は,<u>塩素消毒効果に大きな影響を及ぼす要因とはならない</u>.

<u>問243-2</u> 正解 (1)

スライム(細菌・藻類,空気中から混入するごみなど)により残留塩素が消費され,<u>減少する</u>.

244 雑用水の水質基準

<u>問244-1</u> 正解 (4)

建築物衛生法に基づく雑用水の水質検査で,7日以内ごとに1回,定期に行わなければならない項目は,pH,臭気,外観,遊離残留塩素である.濁度の検査は,2か月以内に1回,定期に行う.

<u>問244-2</u> 正解 (5)

雑用水の水質基準(建築物衛生法施行規則第4条の2)では,<u>外観はほとんど無色透明であること</u>,と定められている.

<u>問244-3</u> 正解 (4)

便器洗浄水に雑用水を使用する場合の水質基準項目には,<u>濁度が含まれていない</u>(建築物衛生法施行規則第4条の2).

245 雨水利用設備

<u>問245-1</u> 正解 (1)

スクリーンは，落葉，ゴミなど，固形物を除去する．

問245-2　正解（3）

雨水ますの底部には，150mm程度の泥だめを設ける．

246　排水再利用施設

問246-1　正解（4）

標準的な排水再利用の処理では，凝集剤を用いた凝集処理は行わない．

問246-2　正解（2）

標準的な排水再利用の処理方法の一つである．

集水→スクリーン→[ア　流量調整槽]→[イ　生物処理槽]→沈殿槽→[ウ　ろ過装置]→消毒槽→排水処理水槽→配水

問246-3　正解（5）

排水再利用設備の流量調整槽の保守管理は，ポンプなどが正常に作動し，設定水位・所定流量を保つこと，槽の堆積物，計量槽の越流せきに付着した異物を除去することである．

247　排水の水質

問247-1　正解（2）

一般に，（BOD/COD）比が高い排水は生物処理法が採用され，この値が低い場合は物理化学処理法が採用される．

問247-2　正解（5）

BOD（生物化学的酸素要求量）とは，水中の酸化可能性物質，主として有機物質が好気性微生物によって分解される際に消費される酸素量である．

問247-3　正解（1）

浮遊物質（SS）は，水中に懸濁している物質（1μmより大きく2mmより小さい物質）をいう．

問247-4　正解（3）

COD（化学的酸素要求量）は，水の汚濁状態を表す有機汚濁指標の一つで，水中の酸化可能性物質，主として有機物質が酸化剤（主に過マンガン酸カリウムを使用）によって酸化される際に消費される酸素量（mg/L）を表したものである．

248　排水通気設備

問248-1　正解（3）

間接排水管の管径が30mmの場合の排水口空間は，最小100mmである．

問248-2　正解（4）

排水槽の底の勾配は，吸込みピットに向かって1/15以上1/10以下とする．

問248-3　正解（3）

飲料用貯水槽の間接排水管の口径は，最小150mmとする（空気調和・衛生工学会規格）．

問248-4　正解（3）

自然流下式排水管の横管の勾配は，管内流速が0.6〜1.5m/sとなるようにする．

問248-5　正解（4）

伸頂通気方式の排水立て管の底部では管内圧力が上昇するので，排水横主管の水平曲がりは底部より3m以内に設けてはならない．

問248-6　正解（1）

厨房排水や汚水など，固形物が混入しているおそれのある排水には，最小口径80mm以上の汚物ポンプを使用する．

問248-7　正解 （1）

　特殊継手排水システムは，単管式排水システムともいわれ，通気立て管を設けないシステムで，器具数の少ない集合住宅やホテル客室で主に採用されている．

問248-8　正解 （5）

　管径100mmの排水横管の最小勾配は，1/100である（空気調和・衛生工学会規格）．

排水横管の最小勾配

管径〔mm〕	最小勾配
65以下	1/50
75，100	1/100
125	1/150
150～300	1/200

249　　排水管設備

問249-1　正解 （3）

　雨水排水ますの流出管は，流入管よりも管底を20mm程度下げて設置する．

問249-2　正解 （3）

　特殊排水システムは，排水横枝管への接続器具数が少ない集合住宅やホテルに多く採用されている．

問249-3　正解 （5）

　管径125mmの排水横管の最小勾配は1/150である（空気調和・衛生工学会規格）．

250　　排水管の掃除口，排水ます

問250-1　正解 （1）

　掃除口の設置間隔は，排水管の管径が100mmを超える場合は30m以内，100mm以下の場合には15m以内とする．

問250-2　正解 （3）

　掃除口の口径は，排水管の管径が100mm以下の場合は配管と同径とし，100mmを超える場合は100mmより小さくしてはならない．

251　　通気設備

問251-1　正解 （5）

　排水横管からの通気管の取出しは，排水管断面の垂直中心線上部から45°以内の角度で取り出す．

問251-2　正解 （1）

　高層建築物の排水立て管内の圧力変動を軽減するために設ける結合通気管は，排水立て管と通気立て管の間で直接通気を設けるもので，ブランチ間隔が10以上の排水立て管において，最上階から数えてブランチ間隔10以内ごとに設ける．

・ブランチ間隔：排水立て管に接続している各階の排水横枝管または排水横主管の間の垂直距離が2.5mを超える排水立て管の区間

問251-3　正解 （1）

　通気立て管の上部は，最高位の衛生器具のあふれ縁から150mm以上高い位置で，伸頂通気管に接続することを原則とし，やむを得ない場合は単独に大気中に開放する．

252　　雨水排水設備

問252-1　正解 （5）

　ルーフドレンのストレーナ開口面積（雨水が通過できる面積）は，接続する雨水管径の2倍以上必要である．

253 トラップ・阻集器

問253-1 正解（1）

ドラムトラップは非サイホントラップに分類される．トラップは，サイホントラップと非サイホントラップに大別され，サイホントラップには，Pトラップ，Sトラップ，Uトラップがある．

問253-2 正解（3）

阻集器の入口にトラップを設けると，厨芥などでトラップが閉塞するので，出口側に設ける．

問253-3 正解（4）

トラップの脚断面積比は，流出脚断面積を流入脚断面積で除した値（比）をいい，この比が大きい（流入側の流速より流出側の流速が小さい）と封水強度が大きい．

問253-4 正解（3）

プラスタ阻集器は，歯科技工室，外科ギプス室などから排出される排水中のプラスタ，貴金属などを阻止・分離・収集するために設置する．

254 排水槽，排水ポンプ

問254-1 正解（4）

排水ポンプは，空気の巻き込みを防止するために水流の乱れの少ない場所で，周囲の壁などから200 mm以上離して設置する．また，排水の流入部から離れた位置に設ける．

問254-2 正解（3）

排水槽清掃の際は，酸欠事故防止のため，酸素欠乏危険作業主任者の資格を

もった者が作業を指揮し，槽内の酸素濃度が18％以上，硫化水素濃度が10ppm以下であることを確認してから行う．

255 排水通気設備の用語

問255-1 正解（5）

通気弁は，通気管内の負圧を防止するものである．

問255-2 正解（2）

貯湯槽の排水管は，貯水槽と同様の扱いで，排水管は排水口空間を設けた間接排水とする．

問255-3 正解（5）

トラップの封水強度とは，排水管内に正圧（大気圧を基準としてそれより大きい圧力）または負圧が生じたときのトラップの封水保持能力をいう．

問255-4 正解（2）

オイル阻集器は，ガソリンスタンド，洗車場，自動車修理工場などで，排水中に含まれる可燃性のガソリン・油類を阻止・分離・収集するために設ける．厨房排水に設けるのは，グリース阻集器である．

256 排水通気設備の保守管理

問256-1 正解（5）

排水管の高圧洗浄では，5〜30MPaの圧力の水を噴射させて洗浄する．

問256-2 正解（1）

小便器の排水管内に付着した尿石は，酸性洗剤を用いて除去する．

問256-3 正解（2）

排水槽の清掃の際は，酸素濃度が18％

以上，硫化水素濃度が10ppm以下であることを確認してから行う.

問256-4　正解（2）

水中ポンプのメカニカルシール（軸封装置）のオイル交換は，6か月～1年に1回程度行う.

問256-5　正解（2）

排水ポンプの運転をタイマ制御とし，1～2時間で強制的に排水を排除する.

問256-6　正解（3）

排水ポンプは，1か月に1回，絶縁抵抗の測定を行い，1MΩ以上であることを確認する.

問256-7　正解（3）

厨房排水や汚水のように固形物を含む排水槽の水位センサーに電極棒を使用すると，固形物が付着して誤作動を起こすので，フロートスイッチなどを用いる.

問256-8　正解（2）

飲食店などのグリース阻集器から発生した廃棄物は，産業廃棄物となる.

257　排水設備の清掃

問257-1　正解（1）

ロッド法は，1.0～1.8mのロッド（長い棒）をつなぎ合わせ，手動で排水管内に挿入し，清掃する方法である.

問257-2　正解（1）

高圧洗浄法は，5～30MPaの高圧の水を噴射して排水管内を洗浄する.

258　排水通気設備の保守の頻度

問258-1　正解（2）

排水ポンプのメカニカルシールの交換は，1～2年に1回行う.

問258-2　正解（2）

廃棄物処理法により，グリース阻集器から発生する廃棄物は廃油を含むので，産業廃棄物として処理する. なお，し尿を含む汚水槽からの汚泥・浄化槽汚泥は，一般廃棄物として処理する.

問258-3　正解（4）

排水槽の清掃は，6か月以内ごとに1回，定期に行う.

259　排水通気設備の保守の用語

問259-1　正解（5）

汚水槽のフロートスイッチは異物が付着するので，定期的に点検して異物を除去する.

問259-2　正解（3）

床下の排水配管に掃除口がある場合は，腐食しない砲金製プラグを使用する.

問259-3　正解（4）

逆流防止弁は，洪水時に，地表面より低い位置にある排水管や排水路から排水管に逆流することを防止する弁で，スイング式のものが多い.

260　衛生器具設備

問260-1　正解（3）

衛生器具の分類において，水受け容器の排水口と排水管とを接続するトラップは，排水器具に分類される.

問260-2　正解（4）

大便器洗浄タンクの詰まり，汚れなどは，6か月に1回，定期点検として行う.
注：(5)に記載のJIS A 5207は改正され，

洗浄水量区分が「節水Ⅰ形→Ⅰ形」「節水Ⅱ形→Ⅱ形」に名称変更されている.

問260-3 正解 (3)

温水洗浄便座に使用する水は,衛生的観点から上水を使用し,いかなる場合も雑用水を使用してはならない.

問260-4 正解 (5)

空気調和・衛生工学会規格により,あふれ縁とは,「衛生器具またはその他の水使用機器の場合はその上縁において,開放式機器の場合はオーバーフロー口において,水があふれ出る部分の最下端をいう」.したがって,次図のように,洗面器においてはオーバーフロー口ではなく,上縁があふれ面となる.

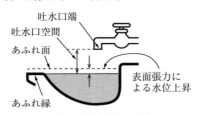

(a) 洗面器などの場合

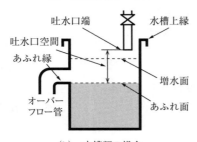

(b) 水槽類の場合
図 あふれ縁

261 大便器, 小便器

問261-1 正解 (3)

大便器洗浄弁に接続する給水管の管径は, 25 mmである.

問261-2 正解 (3)

手動式洗浄弁は,使用後の確実な操作が期待できないので,公衆用には適さない.

問261-3 正解 (5)

公衆便所用は,トラップの詰まりが多いため,トラップ着脱式が適している.
注:(2)に記載のJIS A 5207は改正され,洗浄水量区分が「節水Ⅰ形→Ⅰ形」「節水Ⅱ形→Ⅱ形」に名称変更されている.

262 衛生器具設備の保守管理

問262-1 正解 (4)

ほうろう鉄器製の衛生器具に付いた水あかや鉄錆などの汚れは,クリームクレンザーを付けたスポンジなどでこすり取る.

問262-2 正解 (3)

洗面器については,取付状態(陶器,排水口金物,排水管,トラップなどの接合部の緩みの有無)の点検を,2か月に1回行う.なお,大便器・小便器の取付状態の点検は6か月に1回行う.

263 衛生器具の故障

問263-1 正解 (5)

サイホン式大便器の溜水面が正常より小さい原因は,タンク内の補助水管がオーバフロー管内に差し込まれていないためである.

問263-2 正解 (5)

大便器洗浄弁の吐水時間が短いのは,

開閉ねじを開けすぎているか，ピストンバルブのUパッキンの損傷・摩耗が考えられる．

264　厨房排水除外施設

問264-1　正解（1）

生物処理法は，酵母菌や油分解菌を用いた処理法である．浮上分離法に比べて，発生汚泥量は比較的少ない．

問264-2　正解（1）

生物処理法は，浮上分離法に比べて発生汚泥が少なく，ランニングコストが低い．

問264-3　正解（1）

油分の浮上速度は，排水の粘性係数（粘度）に反比例する．

問264-4　正解（5）

生物処理法は，浮上分離法に比べて発生汚泥量が少ない．

265　給排水設備・機器・配管

問265-1　正解（2）

木製貯水槽は断熱性能に優れているため，結露の心配が少ない．

問265-2　正解（1）

架橋ポリエチレンやポリブテンは接着剤で溶かすことができないため，メカニカル形接合か融着接合（接着面を熱で溶かすことで接合する）とする．

266　浄化槽法

問266-1　正解（1）

浄化槽の最初の保守点検は，浄化槽の使用開始直前に実施する．

問266-2　正解（2）

浄化槽法 第1章 総則 第2条（定義）第1項：浄化槽　便所と連動してし尿及びこれと併せて雑用水（工場排水，雨水その他の特殊な排水を除く）を処理し，下水道法に規定する終末処理場を有する公共下水道以外に放流するための設備又は施設であって，同法に規定する公共下水道及び流域下水道並びに廃棄物の処理及び清掃に関する法律の規定により定められた計画に従って市町村が設置したし尿処理施設以外のものをいう．

問266-3　正解（1）

浄化槽製造業者についての監督権者は国土交通大臣であり，同大臣による認定制度が設けられている．

問266-4　正解（1）

浄化槽法で許可制度を整備するのは浄化槽清掃業のみで，保守点検業は含まれない．なお，浄化槽の保守点検を業とする者は，都道府県（保健所を設置する市または特別区にあっては，市または特別区）の登録を受けなければならない．

267　BOD

問267-1　正解（1）

環境省令第29号で，浄化槽からの放流水の水質の技術上の基準として，生物化学的酸素要求量が1Lにつき20mg以下であること，と定められている．

問267-2　正解（2）

環境省関係浄化槽法施行規則第1条の2（放流水の水質の技術上の基準）に，「浄化槽からの放流水の生物化学的酸素要求

量が1Lにつき20mg以下であること及び浄化槽への流入水の生物化学的酸素要求量の数値から浄化槽からの放流水の生物化学的酸素要求量の数値を減じた数値を浄化槽への流入水の生物化学的酸素要求量の数値で除して得た割合が90%以上であること」とある.

　これは放流水のBODが20mg/L以下，BOD除去率90%以上を意味する.

268　浄化槽の処理法

問268-1　正解（5）

　リン化合物は，凝集剤を注入することにより，沈殿除去する.

問268-2　正解（5）

　長時間ばっ気法は活性汚泥法の一種で，標準的な方式よりもばっ気時間を長くしている.

問268-3　正解（1）

　浮遊性の残存有機物質の除去法には，急速砂ろ過法や凝集沈殿法が用いられる.

問268-4　正解（4）

　ばっ気槽混合液は沈殿槽で上澄み水と汚泥に分離され，上澄み水は消毒槽へ，分離された汚泥の大半はばっ気槽に返送される.

269　浄化槽の設計条件

問269-1　正解（1）

　汚泥濃縮槽からの脱離液は流量調整槽に移送される.

270　浄化槽のBOD

問270-1　正解（4）

　一次処理装置に流入する排水のBOD濃度を100とすると，一次処理でBODを30%除去しており，残りのBOD濃度は70%となる.二次処理装置の除去率は50%であるから，槽全体のBOD除去率は，

$$100 - (70 \times 0.5) = 65 〔\%〕$$

問270-2　正解（2）

　ばっ気槽の有効容量は，以下の式で求められる.

$$200 〔L/（人・日）〕 \times 500 〔人〕 \times 200$$
$$〔mg/L〕 \times 10^{-6} \div 0.2〔kg/（m^3・日）〕 =$$
$$100〔m^3〕$$

問270-3　正解（1）

　BOD除去量
$$= (210 - 80) \times 1/10^6〔kg/L〕 \times 150 \times$$
$$1\,000〔kg/日〕 = 19.5〔kg/日〕$$

271　浄化槽の処理人員

問271-1　正解（5）

　処理対象人員は，
　一般店舗：$0.075 \times 2\,000〔m^2〕$
　　　　　　$= 150〔人〕$
　一般飲食店：$0.72 \times 500〔m^2〕$
　　　　　　　$= 360〔人〕$
　事務所：$0.06 \times 500〔m^2〕 = 30〔人〕$
　$150 + 360 + 30 = 540〔人〕$

272　浄化槽の点検内容

問272-1　正解（5）

　透視度は，浄化槽の単位装置として採用されているばっ気槽の点検項目には含まれていない.

問272-2　正解 (1)

沈殿分離槽の点検内容は，<u>スカム，体積汚泥の生成状況</u>である．

問272-3　正解 (5)

接触ばっ気槽は，<u>生物膜，剥離汚泥，堆積汚泥の生成状況</u>を点検する．MLSS (Mixed Liquor Suspended Solids) とは，ばっき槽混合液の浮遊物質のことで，活性汚泥中の微生物量の指標の一つである．

問272-4　正解 (3)

嫌気ろ床槽の点検内容は，スカム・堆積汚泥の生成状況，異物などの付着状況，目詰まりの状況などである．槽内の溶存酸素濃度の測定が必要なのは<u>ばっ気槽</u>である．

273　汚泥容量

問273-1　正解 (2)

汚泥 $5\,m^3$，含水率98％の容積は，
$$5 \times 0.98 = 4.9\,[m^3]$$
汚泥 $15\,m^3$，含水率96％の容積は，
$$15 \times 0.96 = 14.4\,[m^3]$$
混合後の含水率は，
$$\frac{4.9 + 14.4}{5 + 15} \times 100 = \frac{19.3}{20} \times 100$$
$$= 96.5\,[\%]$$

問273-2　正解 (4)

$$濃縮汚泥量 = \frac{100 - 99}{100 - 98} \times 12 = 6\,[m^3]$$

問273-3　正解 (2)

$1\,[mg/L] = 0.001\,[kg/m^3]$ であるから，
$200\,[mg/L] = 0.2\,[kg/m^3]$
したがって，1日の流入BOD量は，

$$150\,[m^3/日] \times 0.2\,[kg/m^3] = 30\,[kg/日]$$
また，BOD除去率は，
$$\frac{200 - 20}{200} = 90\,[\%]$$
与えられた式に代入すると，
$$30\,[kg/日] \times \frac{90}{100} \times \frac{40}{100} \times \frac{100}{(100 - 97.5)}$$
$$= 432\,[kg/日]$$
汚泥の密度 $1\,000\,kg/m^3$ より，
$$432\,[kg/日] \div 1\,000\,[kg/m^3]$$
$$= 0.432\,[m^3/日] \fallingdotseq 0.43\,[m^3/日]$$

274　下水道

問274-1　正解 (5)

流域下水道とは，2以上の市町村からの下水を処理するための下水道で，終末処理場と幹線管きょからなり，事業主体は原則として<u>都道府県</u>である．

問274-2　正解 (4)

流域下水道は，2以上の市町村からの下水を受けて処理するための下水道で，終末処理場と幹線管きょからなり，事業主体は原則として<u>都道府県</u>である．

なお，下水道分野では，汚水（雑排水を含む）と雨水を同一の管路に流入させる場合，合流式という．給排水衛生設備分野では，汚水（大便器およびこれと類似の用途の排水）と雑排水（汚水以外の洗面器，浴槽，流しなどの排水）を，同一の管路で排出することを「合流式」という．

275　消火設備

問275-1　正解 (2)

閉鎖型予作動式スプリンクラ設備は，アラーム弁（予作動弁）の二次側配管内に圧縮空気などが充填されている．スプリンクラヘッドの損傷による水損事故を防止する目的で開発されたもので，コンピュータ室などに設置される．

問275-2　正解（4）

不活性ガス消火設備は，不活性ガスの放射による希釈作用を主とした消火方法である．消火剤として二酸化炭素，窒素，窒素とアルゴンの混合物などが使用される．触媒作用による消火設備は，ハロン1301などを使用した消火設備である．

問275-3　正解（3）

屋内消火栓は，火災が発生して公設消防隊が現場に到着するまでの初期消火を目的としたものである．

問275-4　正解（5）

泡消火設備は，油火災のように注水では消火できない駐車場，飛行機格納庫，石油貯蔵施設などに設置される．

276　消防用設備の保守管理

問276-1　正解（2）

特定防火対象物における法的定期点検の結果とその不備に関する是正措置の報告は，1年に1回行う．

問276-2　正解（2）

消防法により，動力消防ポンプ設備は，作動点検，外観点検，機能点検を6か月に1回行う．

277　特殊設備

問277-1　正解（5）

オーバフロー方式による浴槽循環ろ過設備の循環水は，浴槽の底部に近い部分から浴槽に供給する．

問277-2　正解（1）

レジオネラ症の発生に対する衛生上の措置として，消毒に用いる塩素系薬剤の注入口は，ろ過器に入る直前に設置する．

問277-3　正解（2）

打たせ湯やシャワーに用いる湯は，衛生上，循環している浴槽水を用いてはならない．

科目 6

清 掃

　清掃分野と廃棄物分野からなり，清掃分野は，清掃作業の計画，資機材倉庫，清掃用機材，洗剤，建材と汚れの知識などが出題される．廃棄物分野は，廃棄物処理法，各種リサイクル関連法令，廃棄物の収集・保管・処理の方法，廃棄物搬送方式などが出題される．

278　清掃の管理基準・管理要領

建築物における衛生的環境の維持管理について（平成20年1月25日健発第0125001号），空気調和設備等の維持管理及び清掃等に係る技術上の基準（平成15年厚生労働省告示第119号）から出題される．

問278-1　建築物における衛生的環境の維持管理について（平成20年1月25日健発第0125001号）に示された，建築物環境衛生維持管理要領に関する次の記述のうち，最も不適当なものはどれか．（2019年問題141）

(1) 帳簿書類には，清掃，点検及び整備を実施した年月日，作業内容等を記載する．

(2) 清掃用機械及び器具は，清潔なものを用い，汚染度を考慮して区域ごとに使い分ける．

(3) 大掃除においては，1年以内ごとに1回，日常清掃の及びにくい箇所等の汚れ状況を点検し，必要に応じ除じん，洗浄を行う．

(4) 清掃用機械及び器具類，清掃用資材の保管庫は，6カ月以内ごとに1回，定期に点検する．

(5) 収集・運搬設備，貯留設備等の廃棄物処理設備は，6カ月以内ごとに1回，定期に点検する．

問278-2　空気調和設備等の維持管理及び清掃等に係る技術上の基準（平成15年厚生労働省告示第119号）に関する次の記述のうち，誤っているものはどれか．（2018年問題142）

(1) カーペット類の洗浄後は，防汚剤を塗布する．

(2) 建築物内で発生する廃棄物の分別，収集，運搬及び貯留について，衛生的かつ効率的な方法により速やかに処理する．

(3) 床面の清掃について，日常における除じん作業のほか，床維持剤の塗布の状況を点検し，必要に応じ，再塗布等を行う．

(4) 廃棄物の処理設備は，定期に点検し，必要に応じ，補修，消毒を行う．

(5) カーペット類に洗剤を使用する場合は，洗剤分が残留しないようにする．

問278-3　空気調和設備等の維持管理及び清掃等に係る技術上の基準（平成15年厚生労働省告示第119号）における清掃に関する次の記述のうち，誤っているものはどれか．（2017年問題141）

(1) 床面の清掃について，日常における除じん作業のほか，床維持剤の塗布の状況を点検し，必要に応じ，再塗布等を行うこと．

(2) 日常的に清掃を行わない箇所の清掃について，6カ月以内ごとに1回，定期に汚れの状況を点検し，必要に応じ，除じん，洗浄等を行うこと．

(3) 廃棄物の収集・運搬設備，貯留設備その他の処理設備について，定期に点検し，必要に応じ，補修，消毒等を行うこと．

(4) カーペット類に洗剤を使用する場合は，洗剤分が残留しないようにすること．

(5) カーペット類の清掃は，1カ月以内ごとに1回定期的にしみ抜きを行うこと．

問278-4　建築物における衛生的環境の維持管理について（平成20年1月25日健発第0125001号）に示された，建築物環境衛生維持管理要領に関する次の記述のうち，最も不適当なものはどれか．（2016年問題141）

(1) 建築物の清掃は当該建築物の用途，使用状況並びに劣化状況，建築資材等を考慮した年間作業計画及び作業手順書を作成し，その計画及び手順書に基づき実施する．

(2) 天井等日常の清掃の及びにくい箇所及び照明器具，給排気口等について，6カ月以内ごとに1回，定期に汚れの状況を点検し，必要に応じ，除じん，洗浄を行う．

(3) 廃棄物の収集・運搬設備，貯留設備その他の廃棄物処理設備については，1年以内ごとに1回，定期に点検し，必要に応じ，補修，消毒等の措置を講じる．

(4) 清掃用機械等について，6カ月以内ごとに1回，定期に点検し，必要に応じ，整備，取替え等を行う．

(5) 建築物内で発生する廃棄物について，所有者等は，分別ができるような環境を整備し，利用者へ分別を促す．

279　清掃の作業計画

清掃業務は，どこの作業区域を，どれくらいの作業周期で，どんな作業方法で実施するのか明確にし，作業計画を立てて実施する必要がある．水を使用する洗浄は定期清掃で実施されることが多い．

問279-1　建築物清掃において一般的に行う日常清掃として，最も不適当なものはどれか．（2021年問題141）

(1) ドアノブなどの金属類の除じん

(2) エスカレーターのランディングプレートの除じん

(3) 駐車場の除じん

(4) 玄関ホールのフロアマットの除じん

(5) 事務室窓台の除じん

問279-2 次の建築物清掃のうち，一般的に日常清掃で行うものとして，最も不適当なものはどれか．（2020年問題142）

(1) 玄関ホールのフロアマットの除じん

(2) エスカレータのランディングプレートの除じん

(3) 廊下壁面の除じん

(4) 駐車場床面の除じん

(5) 玄関ホールの金属部の除じん

問279-3 建築物清掃の作業計画に関する次の記述のうち，最も不適当なものはどれか．（2017年問題142）

(1) 作業計画の作成に当たっては，ムリ，ムダ，ムラがないか留意する．

(2) 日常清掃で除去する汚れと，定期的に除去する汚れを区別することなく，作業を実行できる．

(3) 作業記録の保存は，種々のトラブルの発生に対する処理を迅速化する．

(4) 作業内容が明確になっているので，管理者への対応が的確にできる．

(5) 作業内容が明確化されているため，統一的な指導ができる．

問279-4 建築物清掃の一般的な作業計画に関する語句の組合せとして，最も不適当なものは次のうちどれか．（2015年問題142）

(1) 廊下壁面のスイッチ回りの洗剤拭き ―――――― 定期清掃

(2) 床面（弾性床材）の洗浄と床維持剤塗布 ――――― 定期清掃

(3) フロアマットの洗浄 ――――――――――――― 日常清掃

(4) 繊維床の除じん ―――――――――――――― 日常清掃

(5) 換気口の除じん ―――――――――――――― 定期清掃

問279-5 清掃作業計画に関する次の記述のうち，最も不適当なものはどれか．
（2014年問題142）

(1) エレベータのかご内部の壁面洗浄は，定期清掃で実施する．

(2) トイレ・洗面所の換気口の除じんは，日常清掃で実施する．

(3) 玄関のフロアマットの洗浄は，定期清掃で実施する．

(4) エスカレータのランディングプレートの除じんは，日常清掃で実施する．

(5) 廊下の壁面のスポット洗浄は，定期清掃で実施する．

280 清掃の作業管理・仕様書・手順書

建築物清掃管理仕様書のうち，作業内容を詳細に図表などで表したものを「清掃作業基準表」と呼んでいる．さらに詳細に一つひとつの作業の手順を示したものが「作業手順書」である．

問280-1 建築物清掃管理仕様書に関する次の文章の[　　　]に入る語句として，最も適当なものはどれか．（2021年問題142）

建築物清掃管理仕様書は，基本管理方針や作業範囲，作業環境，作業時間帯等を記載した総括的なものと作業内容を詳細に図表などで表した[　　　]からなる．

(1) 清掃作業基準表

(2) 清掃品質管理表

(3) 清掃作業計画表

(4) 清掃作業予定表

(5) 清掃点検評価表

問280-2 建築物清掃管理仕様書に関する次の文章の[　　　]内に入る語句として，最も適当なものはどれか．（2013年問題141）

建築物清掃管理仕様書は，基本管理方針や作業範囲，作業環境，作業時間帯等を記載した総括的なものと作業内容を詳細に図表などで表したもの（[　　　]）からなる．

(1) 清掃作業予定表

(2) 清掃作業計画表

(3) 清掃品質管理表

(4) 清掃点検評価表

科目6 清掃

281　清掃の安全衛生

清掃作業は，高所からの墜落のほか，転倒，感電，腰痛などの労働災害の発生しやすい作業である．ビルメンテナンス業はサービス業に該当するが，建設業や製造業などとともに，作業中の安全管理に注意すべき業態である．

問281-1　清掃作業における転倒事故の防止対策に関する次の記述のうち，最も不適当なものはどれか．（2020年問題143）

(1) 出入口やコーナーでは，指差し呼称を行う．

(2) 走ったり，ポケットに手を入れない．

(3) 滑りにくい作業靴や滑り止めカバーを使用する．

(4) 使用する機械・器具は乱雑に置かない．

(5) 通路確保のため周辺を整理整頓して作業に当たる．

問281-2　建築物清掃作業の安全衛生に関する次の記述のうち，最も不適当なものはどれか．（2019年問題144）

(1) 清掃作業に関わる転倒事故防止は，清掃作業従事者と第三者の安全確保のために必要である．

(2) 清掃作業に関わる事故の多くは，転倒や墜落・転落事故である．

(3) ノロウイルス感染によると思われる嘔吐物があった場合は，その物をぬぐい取り，その部分を含む広い範囲をクレゾール石けん液で消毒する．

(4) 洗剤などは使用説明書に従って使用し，保護手袋などの保護具を適切に用いる．

(5) 吸殻処理は，清掃業務における防火対策として重要である．

問281-3　建築物清掃における安全衛生に関する次の記述のうち，最も不適当なものはどれか．（2015年問題143）

(1) ゴンドラを操作する場合は，事前に安全のための特別教育が必要である．

(2) 清掃作業終了後は，石けんなどで手洗いを行い，必要に応じ手指消毒を行う．

(3) 真空掃除機の集じん袋などを手入れする場合には，粉じんを吸入しないよう防じんマスクなどを着用して行う．

(4) 清掃従事者は，出入口やコーナーでは第三者との接触に注意し安全を確保する．

(5) 床洗浄の作業範囲を確保するには，ローリングタワーを用いる．

問281-4 建築物清掃における安全衛生に関する次の記述のうち，最も不適当なものはどれか．（2012年問題143）

(1) ゴンドラを操作する場合は，事前に安全のための特別な教育が必要である．

(2) 清掃作業に関わる事故の大多数は，激突や感電事故である．

(3) 清掃作業に関わる転倒事故防止は，清掃従事者と第三者の安全確保のために行う．

(4) ローリングタワー（移動式足場）を用いる場合，作業者はヘルメットを着用する．

(5) 真空掃除機の集じん袋などを手入れする場合には，粉じんを吸入しないよう防じんマスクなどを着用して行う．

282 清掃の作業区域

建築物は外部と内部に大別され，外部は位置関係から外装部と外周部に区分され，内部は用途により，共用区域，専用区域，管理用区域に区分される．さらに，天井，壁，床，照明，衛生器具などの部位に類別される．

問282-1 建築物清掃の作業場所（管理区域）に関する次の記述のうち，最も不適当なものはどれか．（2016年問題143）

(1) 外装区域の窓ガラスは，汚れの固着化を防止するため，1〜2カ月に1回程度の頻度で清掃を行う．

(2) 管理用区域は，一般の人が立ち入らないため，年2回程度清掃を行う．

(3) 共用区域は，建築物内で最も頻繁に使用されるので，1日に1〜2回清掃を行う．

(4) 専用区域は，1日に1回以上清掃を行って清潔の回復に努める．

(5) 外周区域は，公共の場所としての役割があり，1日に1回程度清掃を行う．

問282-2 建築物清掃の一般的な作業計画に関する次の記述のうち，最も不適当なものはどれか．（2012年問題142）

(1) 共用区域は，建築物内で最も頻繁に使用されるところであり，日常頻繁に清掃を行う必要がある．

(2) エスカレータのランディングプレートの除じんは，日常清掃で実施する必要がある．

(3) 管理用区域は，汚れの発生量は少ないが，日常の整理整頓・清掃が重要である．

(4) 建築物外周の通路などの外周区域は，毎日洗浄を実施する必要がある．

(5) 専用区域は，毎日1回以上の清掃を行って清潔の保持に努める必要がある．

283 清掃の資機材倉庫・保管庫

清掃の資機材倉庫の規模と配置は，清掃作業の効率に大きな影響を与える．効率が低下すれば，当然，清掃品質も低下する．規模を確保するとともに，効率的に作業できるよう，分散配置することが大切である．

問283-1 建築物清掃の資機材倉庫に関する次の記述のうち，最も不適当なものはどれか．（2018年問題144）

(1) 施錠できる構造とする．

(2) 適切な照明設備，換気設備を設け，資機材洗浄用の給排水設備を設ける．

(3) 建築物の規模・形態等により，エリアごとに資機材倉庫を設ける場合がある．

(4) 設置位置は，資機材の移動などが容易に行える場所とする．

(5) 濡れたモップなどが置かれる場合があるので，床や壁面を浸透性の建材にする．

問283-2 建築物清掃の資機材倉庫に関する次の記述のうち，最も不適当なものはどれか．（2013年問題143）

(1) 施錠できる構造とする．

(2) 適切な照明設備，換気設備を設け，資機材洗浄用の給排水設備を設ける．

(3) 建築物の規模・形態にかかわらず，資機材倉庫は1箇所に集約する．

(4) 濡れたモップなどが置かれる場合があるので，床や壁面を不浸透性の建材にする．

(5) 設置位置は，資機材の移動などが容易に行える場所とする．

284 清掃業の登録基準

日常的に清掃を行わない箇所については6か月以内ごとに1回，清掃作業の実施状況については3か月以内ごとに1回，定期に点検等を行うことと，規定されている．紛らわしいので注意しよう．

問284-1 建築物清掃業の登録基準に関する次の文章の[　　　]内に入る語句として，正しいものはどれか．（2021年問題143）

作業計画及び作業手順書の内容並びにこれらに基づく清掃作業の実施状況について，[　　　]以内ごとに1回，定期に点検し，必要に応じ，適切な措置を講ずること．

- (1) 3カ月
- (2) 4カ月
- (3) 6カ月
- (4) 1年
- (5) 2年

285 清掃の品質・評価

清掃品質の評価の方法，評価の実施者へのフィードバックなどが出題される．清掃作業は，定められた手順・方法で実施するプロセスも重要であるが，仕上がりの結果を求められる．そして，仕上がりは見た目で評価される．

問285-1 建築物清掃の品質評価に関する次の記述のうち，最も不適当なものはどれか．（2021年問題144）

- (1) きれいさの評価は，主として測定機器（光沢度計など）を用いて行う．
- (2) 改善内容や具体的な対策を示して，清掃責任者に指示する．
- (3) 点検は，インスペクション実施計画に従って実施する．
- (4) 同一の仕様であってもできばえに相当の違いが出てくるので，品質評価が重要である．
- (5) 評価は，利用者の立場になって行う．

問285-2 建築物清掃の点検評価に関する次の記述のうち，最も適当なものはどれか．（2020年問題144）

- (1) 評価は4カ月に1回行う．
- (2) 改善が必要と判断した場合は，評価者が清掃責任者に指示を行う．

(3) 評価は清掃作業者の視点で行う.

(4) 点検は，主として測定機器（光沢度計など）を用いて行う.

(5) 評価範囲は，汚染度の平均的な箇所に重点を置く.

問285-3 建築物清掃の品質評価に関する次の記述のうち，最も不適当なものは
どれか.（2018年問題145）

(1) 品質評価の年間計画に基づき，評価範囲，実施日，点検時間，点検経路等を
決定し実施計画を作成する.

(2) 実施計画に従い，事前に作成した品質評価シートなどを活用して点検を実施
する.

(3) 改善が必要と判断した場合は，評価者が清掃作業者に指示をする.

(4) 改善を指示した箇所について，指示どおりに改善されているか再点検し，そ
の結果を基に再評価を実施する.

(5) 評価者は，業務に精通していることが望ましい.

問285-4 建築物清掃管理の評価に関する次の記述のうち，最も不適当なものは
どれか.（2017年問題144）

(1) 品質評価の第一歩は，自らがセルフインスペクションを行い要求品質との
ギャップを確認することである.

(2) 組織品質は，事業所管理品質と作業品質の二つによって構成される.

(3) 評価結果に基づき改善が必要と判断した場合は，清掃責任者に指示をする.

(4) 評価方法には，測定機器（光沢度計等）を使用する検査と，目視等による官
能検査とがある.

(5) 作業の改善点は，仕様書や作業基準表に限定しないで見いだす必要がある.

286 清掃作業の改善

清掃作業だけにとどまらず，作業の改善はできるだけ高い視点に立って，広い
視野で着眼する必要がある．品質管理の基本サイクルであるPDCAサイクルのA
(action)が改善と訳される．計画，実施，評価，そして改善である.

問286-1 建築物清掃の品質評価と作業改善に関する次の記述のうち，最も不適
当なものはどれか.（2018年問題146）

(1) 清掃作業の精度を向上させることは，品質評価の目的の一つである．

(2) 仕様書，作業基準表に限定せず建築物全体が快適環境になっているかに着眼して改善点を見出す．

(3) 廃棄物処理における実態分析は，衛生的かつ安全で効率的かに着眼して行う．

(4) 評価方法には，測定機器（光沢度計など）を使用する検査と，目視などによる官能検査とがある．

(5) 品質の評価は清掃作業者の立場に立って実施する．

287　清掃の環境対策

床洗浄作業に用いられる洗剤や，洗浄後の排水処理に関する問題などが出題される．強アルカリ性を呈する床維持剤の剥離剤の廃液は，中和処理をしてpHを低減する必要がある．

問287-1　床洗浄作業における環境対策に関する次の記述のうち，最も不適当なものはどれか．（2017年問題146）

(1) 作業頻度を高くすることに配慮し，方法を選定する．

(2) 使用後の酸性又はアルカリ性の洗剤は，中和してから排出する．

(3) 洗剤や水を使用する時の温度は，汚れや建材の性質を考慮して適切に設定する．

(4) 洗剤容器などは，廃棄物が環境負荷にならないものを選定する．

(5) パッドやブラシは，汚れの状況により研磨剤の種類や量を考慮して選定する．

問287-2　国等による環境物品等の調達の推進等に関する法律（グリーン購入法）に基づく特定調達品目（庁舎管理・清掃）の判断基準として，最も不適当なものは次のうちどれか．（2014年問題146）

(1) 清掃に使用する床維持剤，洗浄剤等の揮発性有機化合物の含有量が指針値以下であること．

(2) 洗面所の手洗い洗剤として石けん液又は石けんを使用する場合は，廃油又は動植物油脂を原料としたものを使用すること．

(3) ごみの収集は，資源ごみ，生ごみ，可燃ごみ，不燃ごみを分別し，適切に回収が実施されていること．

(4) 資源ごみのうち紙類については，古紙のリサイクルに配慮した分別・回収が

実施されていること.

(5) 洗剤を使用する場合は，水素イオン濃度（pH）の高いものを使用すること.

288 ビルクリーニング5原則

ビルクリーニングの5原則とは，建材を知り，作業方法を知り，汚れを知り，洗剤を知り，保護膜を知れば，ビルクリーニング作業，危うからずというものである.
作業方法の中には，当然，安全管理も含まれている.

問288-1 ビルクリーニングにおいて，汚れやしみを除去するために必要となる知識（ビルクリーニングの5原則）として，最も不適当なものは次のうちどれか.
（2016年問題145）

(1) 点検評価の知識

(2) 建材の知識

(3) 作業方法の知識

(4) 汚れの知識

(5) 洗剤の知識

289 ほこり・汚れの除去

ほこりや汚れの性状や付着状況，建材の材質などを認識し，正しい方法でほこりや汚れを除去しないと，除去できないばかりか，汚れを拡散させたり，建材を損傷したりするので，注意が必要である.

問289-1 ほこりや汚れの除去に関する次の記述のうち，最も適当なものはどれか.（2021年問題145）

(1) アクリル板のほこりは，載っているだけの状態である.

(2) 湿ったタオルでしみの部分を軽くこすり，タオルに汚れが付着すれば水溶性のしみである.

(3) ほこりは，長期間放置しても除去のしやすさは変わらない.

(4) ダストコントロール法は，水溶性の汚れも除去できる.

(5) ダストクロス法は，油分による床面への弊害が多い.

問289-2 ほこりや汚れの除去に関する次の記述のうち，最も適当なものはどれか.（2018年問題147）

(1) おがくずを用いる方法は，ほこりを付着させる効果が小さい．

(2) ほこりは長期間放置した方が除去しやすい．

(3) 粘度の低い不乾性の鉱油などを布に含ませ，ほこりを除去する方法をダストコントロール法という．

(4) バキュームクリーニングでは，カーペットの織り目に入り込んだほこりや土砂は除去できない．

(5) ダストクロス法は，油分による床面への弊害が多い．

問289-3　ほこりや汚れの除去に関する次の記述のうち，最も適当なものはどれか．（2017年問題145）

(1) 油溶性物質は水に混ざりにくいため，ブラシを用いて物理的に除去する．

(2) おがくずを用いる方法は，ほこりを付着させる効果は小さい．

(3) はたきがけは，建築物室内の清掃方法に適している．

(4) アルミニウム建材の汚れは，弱アルカリ性洗剤で除去する．

(5) 水で湿ったタオルで汚れの部分を軽くこすり，タオルに付着すれば水溶性の汚れである．

問289-4　建材の汚れの予防及び除去に関する次の記述のうち，最も不適当なものはどれか．（2012年問題145）

(1) 空気に触れて酸化する汚染物質もあるので汚れを放置しない．

(2) 汚れ予防のための保護膜は，容易に剥離できるものとする．

(3) 建材に洗剤分を残すことにより，汚れの予防効果が得られる．

(4) 汚れが内部にしみ込みやすい建材は，汚れの除去に手間がかかる．

(5) 耐水性のある建材は，清掃しやすいものが多い．

290　ほこり，付着異物

煙，花粉，土砂，ほこりなどの粒子の大きさ（平均径）や，付着異物の発生原因に関する問題が出題される．付着異物の発生原因には，自然的なものと人為的なものがあり，両者の特徴の比較が出題される．

問290-1　粒子状物質とその粒子の大きさとの組合せとして，最も適当なものは次のうちどれか．（2020年問題145）

(1)　沈降性大気じん ─────────────── 0.1μm～　0.5μm

(2)　たばこ煙 ───────────────── 1 μm～　10μm

(3)　花粉 ──────────────── 10μm～　100μm

(4)　掃除機の排気中の粒子 ──────── 50μm～　500μm

(5)　ダストクロス清掃による発じん ─── 100μm～1 000μm

問290-2　ほこりの予防などに関する次の記述のうち，最も不適当なものはどれか．（2016年問題146）

(1)　ほこりの予防には，ほこりの侵入防止と発生防止の対策がある．

(2)　ほこりの侵入防止には，建築物の出入口にフロアマット類を敷くことは効果的である．

(3)　建築物内におけるほこりは，外部から侵入した綿ほこりの割合が高い．

(4)　土ぼこりの除じん作業では，適切な作業回数の設定が重要である．

(5)　建築物内でほこりが発生する原因には，事務作業や生活動作などがある．

291　予防清掃

清掃作業は，あらかじめ定められた内容の作業を実施し，汚れが発生したらその都度対応すればいい，というものではない．清掃された状態を維持するために，できるだけ汚れの付着を予防することも大切である．

問291-1　建材の予防清掃に関する次の記述のうち，最も不適当なものはどれか．（2019年問題147）

(1)　ほこり以外の汚れ物質は，人間の活動に伴って付着することが多い．

(2)　高気密化している建築物では，窓や隙間がほこりの侵入路として重要視されている．

(3)　汚れは，凹凸が多くて粗い表面には付着しやすく，付着すると除去しにくい．

(4)　建材が親水性か疎水性かによって，付着する汚れの種類は異なる．

(5)　シール剤や床維持剤の塗布により，汚れの予防効果が得られる．

問291-2　建材の予防清掃に関する次の記述のうち，最も不適当なものはどれか．（2018年問題148）

(1)　疎水性の建材には，油溶性物質が付着しやすい．

(2) 汚れは，平滑緻密な表面には付着しにくい．

(3) 耐水性のある建材は，清掃しやすいものが多い．

(4) シール剤や床維持剤の塗布により，美観は向上するが，汚れの予防効果は得られない．

(5) 汚れが内部にしみ込みやすい建材は，汚れの除去に手間がかかる．

問291-3 予防清掃に関連する次の記述のうち，最も適当なものはどれか．（2017年問題147）

(1) 現代の建築物では，窓や隙間がほこりの侵入路として重要視されている．

(2) 建材に洗剤分を残すことにより，汚れの予防効果が得られる．

(3) 親水性の建材には，水溶性の物質が付着しにくい．

(4) 建材の選択に当たっては，清掃の立場も考慮して選ぶ．

(5) 予防清掃としての建材の加工改良は，人為的原因の汚れに対して効果があるが自然的原因の汚れには効果がない．

問291-4 予防清掃に関する次の記述のうち，最も不適当なものはどれか．（2012年問題147）

(1) シール剤や床維持剤の塗布により，汚れの予防効果が得られる．

(2) 建材の選択に当たっては，清掃の立場を考慮して選ぶ．

(3) 汚れの付着によって，さびやカビなどを生じやすい建材は，後の処理に手間がかかる．

(4) 孔隙や凹凸が多くて粗い表面には，汚れが付着しやすく，付着すると除去しにくい．

(5) 疎水性の建材には，油溶性の物質が付着しにくい．

292 ビルクリーニング用機器

真空掃除機，床磨き機などのビルクリーニング用機器に関する問題が出題される．真空掃除機はバキュームクリーナーともいい，主に床の除じんに用いられる．床磨き機はポリッシャーともいい，主に床の洗浄に用いられる．

問292-1 ビルクリーニング用機械・器具に関する次の記述のうち，最も適当なものはどれか．（2020年問題147）

(1) 三つ手ちり取りは，移動する際にごみがこぼれないので，拾い掃き用として広く使われる．

(2) 自在ほうきは，馬毛などを植えた薄いブラシであり，ほこりを舞い上げることが少ない．

(3) 自動床洗浄機は，洗剤供給式床磨き機とドライ式真空掃除機とを結合したものである．

(4) 樹脂床維持剤皮膜の剥離は，床材を傷めないようにするため，床用パッドの赤又は白が使われる．

(5) 凹凸のある床面には，研磨粒子が付着したパッドが使われる．

問292-2　ビルクリーニング用機械・器具に関する次の記述のうち，最も不適当なものはどれか．（2019年問題148）

(1) 床みがき機に用いるブラシは，直径50cm以上のものが多く使われている．

(2) 凹凸のある床面は，研磨粒子入りブラシを付けて洗浄する．

(3) 床みがき機に用いるブラシは，シダの茎，又はナイロン繊維を植えたものが一般的である．

(4) 自在ほうきは，馬毛などを植えた薄いブラシであり，ほこりを舞い上げることが少ない．

(5) 超高速バフ機の回転数は，毎分1 000～3 000回転である．

問292-3　ビルクリーニング用機械に関する次の記述のうち，最も適当なものはどれか．（2018年問題149）

(1) 超高速バフ機の回転数は，毎分150～300回転である．

(2) 自動床洗浄機は，洗剤供給式床みがき機と，吸水式真空掃除機とを結合したものである．

(3) 凹凸のある床面は，研磨粒子が付着したパッドを付けて洗浄する．

(4) 樹脂皮膜の剥離は，床用パッドの青又は赤が使われる．

(5) 床面洗浄用ロボットの連続作業時間は，1バッテリーで30～60分ほどである．

293　床磨き機

床磨き機とは，電動機でパッドやブラシを回転させて，床面を洗浄する清掃機器である．床面の材質や清掃方法に合わせてパッドやブラシを選定する．電動機の電源は，コンセントの交流100Vが用いられる．

問293-1　床みがき機に関する次の記述のうち，最も適当なものはどれか．（2016年問題147）

(1) 自動床洗浄機は，洗剤供給式床みがき機とドライ式真空掃除機とを結合したものである．

(2) 凹凸のある床面には，研磨粒子が付着したパッドを付けて洗浄する．

(3) 床みがき機のブラシは，直径60cm以上のものが多く使われている．

(4) 超高速バフ機の回転数は，毎分1 000〜3 000回転である．

(5) 超高速床みがき機は，通常，カーペット用シャンプークリーニングを行うことができる．

問293-2　床磨き機に関する次の記述のうち，最も不適当なものはどれか．（2015年問題147）

(1) ブラシは，シダの茎又はナイロンを植え付けられたものが普通であるが，ワイヤブラシを用いる場合もある．

(2) タンク式スクラバマシンは，カーペットのシャンプークリーニングを行うことができる．

(3) 高速床磨き機は，主にドライメンテナンス作業に使われる．

(4) 樹脂皮膜の剥離は，床材を傷めないようにするため，床用パッドの青又は赤が使われる．

(5) 自動床洗浄機には，カーペット床の洗浄用のものもある．

問293-3　床磨き機に関する次の記述のうち，最も適当なものはどれか．（2013年問題148）

(1) 広く用いられているのは，3ブラシ式である．

(2) ブラシは，シダの茎又はナイロン繊維を植え付けたものが普通であるが，ワイヤブラシを用いる場合もある．

(3) 凹凸のある床面には，研磨粒子を付着させたパッドを使用する．

(4) 床磨き機のブラシは，直径60cm以上のものが多く使われている．

(5) 電動機は，直流電源を使用するものが大部分である．

294 カーペットクリーニング機器

カーペット表面の除じん用のカーペットスイーパー，パイル内の除じん用のアップライト型真空掃除機，カーペット洗浄用のエクストラクタ，スチーム洗浄機などのカーペットクリーニング機器が出題される．

問294-1　カーペット清掃用機械に関する次の記述のうち，最も不適当なものはどれか．（2021年問題146）

(1) ドライフォーム方式の洗浄機は，洗剤液を泡にし，縦回転ブラシで洗浄する．

(2) カーペットスイーパは，パイル内部のほこりを除去する．

(3) スチーム洗浄機は，カーペットのしみ取りに使われる．

(4) 真空掃除機は，電動ファンによって機械内部に空気の低圧域を作り，ほこりを吸引する構造である．

(5) エクストラクタは，カーペットのシャンプークリーニング後のすすぎ洗いに使用される．

問294-2　カーペット清掃用機械に関する次の記述のうち，最も不適当なものはどれか．（2019年問題149）

(1) ローラブラシ方式の洗浄機は，パイルに対する当たりが柔らかで，パイルを傷めることが少ない．

(2) スチーム洗浄機は，カーペットのしみ取りにも使われる．

(3) アップライト型真空掃除機は，カーペットのほこりを取るのに適している．

(4) 洗剤供給式床みがき機は，ウールのウィルトンカーペットの洗浄に適している．

(5) エクストラクタは，水分に耐えるカーペットの洗浄に適している．

問294-3　カーペットクリーニングに関する次の記述のうち，最も不適当なものはどれか．（2017年問題149）

(1) エクストラクタは，水分に耐えるカーペットの洗浄に適する．

(2) アップライト型真空掃除機は，カーペットのほこりを取るのに適する．

(3) 通常のフィルタ付き真空掃除機は，0.3μm程度の微粒子を捕捉するように設計されている．

(4) 真空掃除機は，電動ファンによって機械内部に空気の低圧域を作りほこりを吸引する．

(5) スチーム洗浄機は，カーペットのしみ取りにも使われる．

問294-4　カーペット洗浄用機械，器具に関する次の記述のうち，最も適当なものはどれか．（2016年問題148）

(1) 洗剤供給式床みがき機は，化学繊維のタフテッドカーペットより，ウールのウイルトンカーペットに適している．

(2) ドライフォーム方式の洗浄機は，洗剤液を泡にし，縦回転ブラシで洗浄する．

(3) パイルの奥の土砂は，カーペットスイーパで除去する．

(4) スチーム洗浄機は，温水を噴射して汚れを分解する．

(5) エクストラクタは，ノズルから泡を噴射して洗浄し，直ちに吸引する．

295　真空掃除機

真空掃除機の分類は，機能では，乾燥した塵埃を吸引するドライ形と湿った塵埃や汚水を吸引するウェット形に，形状からは，スティックの付いたアップライト形とホースの付いたポット形に分類される．

問295-1　真空掃除機に関する次の記述のうち，最も適当なものはどれか．（2013年問題147）

(1) 床移動型のウェット式は，吸引した汚水が機外の汚水タンクに溜まる．

(2) 電動ファンによって，機械内部に空気の高圧域をつくり，ほこりを吸引する．

(3) 床移動型のドライ式は，バッテリー式が主である．

(4) アップライト型は，カーペットのほこりを取るのに適する．

(5) 床移動型のドライ式は，床を回転ブラシで掃きながら，ほこりを吸引する．

296 洗剤

洗剤の主成分である界面活性剤の種類や，主成分以外の助剤，研磨剤などの補助剤，各種洗剤の用途などが出題される．ほかには，汚れや建材に適した洗剤を選定する内容の問題も出題される．

問296-1 清掃作業に使用する洗剤に関する次の記述のうち，最も適当なものはどれか．（2020年問題149）

(1) 表面洗剤は，界面活性剤を配合して，泡立ちやすいようにしてある．

(2) 洗剤に使用する界面活性剤は，陰イオン系と非イオン系に大別される．

(3) 界面活性剤は，液体の表面張力を高くする働きをもつ．

(4) 洗剤の効果を高める助剤（ビルダ）には，汚れの再付着を防止するものがある．

(5) 洗剤は，使用する濃度が低ければ低いほどよい．

問296-2 清掃作業に使用する洗剤に関する次の記述のうち，最も適当なものはどれか．（2018年問題151）

(1) 洗剤の助剤は，界面活性剤の表面張力を高めて洗浄力を向上させる．

(2) アルカリ性の洗剤は，尿石や水垢等の除去に有効である．

(3) アルカリ性の剥離剤は，清掃作業者の皮膚をおかす恐れがある．

(4) 樹脂床維持剤の皮膜手入れ用の表面洗剤は，よく泡立つように作られている．

(5) 洗剤は，高濃度で使用するほうがよい．

問296-3 清掃作業に使用する洗剤に関する次の記述のうち，最も適当なものはどれか．（2016年問題149）

(1) 床や家具の洗浄に使う一般用洗剤は，通常，pH 4 ～ 6 の弱酸性である．

(2) 鉄分を含んだ水あかや尿石の除去には，アルカリ性洗剤が有効である．

(3) 洗剤の助剤は，界面活性剤の表面張力を高めて洗浄力を向上させる．

(4) 真ちゅう金物の洗浄は，研磨剤入り洗剤を使用する．

(5) リノリウムに付着した油汚れを除去するには，アルカリ性洗剤を使用する．

問296-4 洗剤に関する次の記述のうち，最も適当なものはどれか．（2013年問題150）

(1) 合成洗剤は，冷水や硬水にも良く溶け，広く洗浄に使用されている．

（2）洗剤の助剤は，界面活性剤の表面張力を高めて洗浄力を向上させる．

（3）一般用洗剤は，各種の洗浄作業に広く使用され，通常，弱酸性である．

（4）アルカリ性の強い洗剤は，尿石や水あかなどの頑固な汚れの溶解性に優れる．

（5）業務用洗剤では，助剤としてリン酸塩が一般的に使用されている．

問296-5 清掃作業と使用する洗剤との組合せとして，最も不適当なものは次のうちどれか．（2012年問題149）

（1）便器の洗浄 ――――――――――――― 酸性洗剤

（2）カーペットの洗浄 ――――――――――― 中性洗剤

（3）樹脂床維持剤塗布床面の表面洗浄 ――― 酸性洗剤

（4）真ちゅう金物の洗浄 ―――――――――― 研磨剤入り洗剤

（5）大理石床の洗浄 ――――――――――――― 中性洗剤

297 剥離剤

汚れ防止などのために，床面には床維持剤が塗布され，床維持剤により透明で光沢性のある被膜が形成されている．床維持剤は劣化するので，定期的に剥離・再塗布する必要があり，この作業に剥離剤が用いられる．

問297-1 剥離剤の性質及び使用法に関する次の記述のうち，最も適当なものはどれか．（2016年問題150）

（1）塩化ビニル系床材に変色などの影響を及ぼす．

（2）フロアシーラを容易に剥離できる．

（3）酸性で，樹脂床維持剤の皮膜を溶解する．

（4）木質床材に変色や組織の破壊などの影響を及ぼす．

（5）剥離剤を使用後，すすぎ拭きは１回とし，樹脂床維持剤を塗布する．

問297-2 剥離剤の性質及び使用法に関する次の記述のうち，最も不適当なものはどれか．（2015年問題150）

（1）フロアシーラを容易に剥離できる．

（2）ゴム系床材は，ひび割れなどを生じるおそれがある．

（3）リノリウム系床材は，変色を生じるおそれがある．

（4）低級アミンを主剤とし，界面活性剤が添加されている．

(5) 剥離剤の使用後は，すすぎ拭きを十分に行ってから，樹脂床維持剤を再塗布する．

問297-3 剥離剤の性質及び使用法に関する次の記述のうち，最も適当なものはどれか．（2014年問題151）

(1) 塩化ビニル系床材に変色などの影響を及ぼす．
(2) フロアシーラを容易に剥離できる．
(3) 剥離剤を使用後，すすぎ拭きは1回とし，樹脂床維持剤を再塗布する．
(4) 剥離洗浄後，床面をリンス剤で中和する．
(5) 界面活性剤を主剤とし，低級アミンが添加されている．

298　カーペット清掃・管理

カーペット床のことを繊維床材といい，設問でも繊維床材という用語が出てくるので覚えておこう．カーペットに関する事項は，パイル，ウール，アクリルといったカタカナが多いので，用語の意味をよく理解しておこう．

問298-1 カーペット清掃に関する次の記述のうち，最も適当なものはどれか．（2016年問題151）

(1) カーペットのほつれは，年に1～2回まとめて処理する．
(2) しみ取り作業は，定期作業で行う．
(3) カーペットスイーパは，回転ブラシを電動モーターで回して掃き取り，内部に巻き込む機構になっている．
(4) 全面クリーニング方式の一つとして，パウダー方式がある．
(5) パイル上部の汚れ除去には，拭取り方式を用いる．

問298-2 カーペット清掃及びカーペット用繊維に関する次の記述のうち，最も適当なものはどれか．（2015年問題151）

(1) エクストラクタは，機械内部でつくられた泡で洗浄し，直ちに吸引する機械である．
(2) スポットクリーニングは，除じんで除去できない汚れがパイルの上部にあるうちに行う．
(3) アクリル素材は，ウール素材と比較して，しみが染着しやすい．

(4) 全面クリーニング方式の一つとして，パウダー方式がある．

(5) パイル内部のほこりの除去には，カーペットスイーパを用いる．

問298-3 カーペット床の維持管理に関する次の記述のうち，最も不適当なものはどれか．（2013年問題153）

(1) カーペットのほつれは，施工初期にカットすればよい．

(2) しみ取りは，早く対応するとよい．

(3) 全面クリーニングは，パウダー方式を用いる．

(4) パイル表面の粗ごみは，カーペットスイーパなどで除去する．

(5) パイル上部の汚れ除去には，拭き取り方式を用いる．

問298-4 カーペット床の維持管理に関する次の記述のうち，最も不適当なものはどれか．（2012年問題151）

(1) カーペットのほつれは，施工初期でのジョイント部の毛羽立ちが多く，カットすればよい．

(2) 汚れが集中するところは，スポットクリーニングを行う．

(3) しみ取り作業は，日常作業で行う．

(4) 洗剤供給式床磨き機は，カーペットを敷いたままでクリーニングすることができる．

(5) パイル内部のほこりの除去には，カーペットスイーパを用いる．

299　ドライメンテナンス法

洗剤を用いて，床磨き機による床の洗浄を行うウェットメンテナンス法に対して，洗剤を用いず，乾燥した状態で床磨き機により床の研磨を行う方法をドライメンテナンス法という．

問299-1 床維持剤のドライメンテナンス法に関する次の記述のうち，最も不適当なものはどれか．（2020年問題154）

(1) 部分補修がしやすい．

(2) 前方に進む作業が主体となり，作業の安全性が高い．

(3) 汚水がほとんど発生しないので，環境汚染が少ない．

(4) 作業の工程数が少ない．

(5) ドライバフ法の床磨き機は，床面の土砂やほこりの除去に使用される．

問299-2 清掃におけるドライメンテナンスに関する次の記述のうち，最も不適当なものはどれか．（2019年問題154）
(1) 床材への熱影響に注意が必要である．
(2) スプレークリーニング法の仕上げには，フロアポリッシュを塗布する．
(3) ウェットメンテナンス法に比べ，滑りや転倒が多いので注意が必要である．
(4) 床材への水の浸透による劣化を防ぐ．
(5) ドライバフ法で用いる床みがき機は，回転数が高いほど，光沢度の回復が容易である．

問299-3 掃作業におけるドライメンテナンスに関する次の記述のうち，最も適当なものはどれか．（2018年問題154）
(1) ウェットメンテナンス法に比べ，作業の安全性に劣る．
(2) ウェットメンテナンス法に比べ，使用する資機材が多い．
(3) 床材への熱影響に注意が必要である．
(4) ドライバフ法は，研磨剤を含んだフロアパッドで磨き，光沢度を回復させる作業である．
(5) ドライバフ法で用いる床みがき機は，回転数が低いほど，光沢回復が簡単にできる．

300　ウェットメンテナンス法

洗剤を用いて，床磨き機により床の洗浄を行うのがウェットメンテナンス法である．近年はドライメンテナンス法に主役の座を奪われてしまった感があり，出題頻度にも差が出ているが，基本的な事項は押さえておきたい．

問300-1 清掃におけるウェットメンテナンスに関する次の記述のうち，最も不適当なものはどれか．（2019年問題155）
(1) 汚れが激しい箇所を洗剤で洗浄し，床維持剤を塗布する．
(2) 樹脂床維持剤の皮膜を除去するには，酸性の剥離剤で皮膜を溶解させる．
(3) ドライメンテナンス法に比べ，部分補修がしにくい．
(4) シールされた木質床は，水性フロアポリッシュを使用できるが，水の使用を

最小限にして管理する必要がある.

(5) ドライメンテナンス法に比べ，使用する資機材の種類が多い.

301 床維持剤

フロアフィニッシュ，フロアオイル，フロアシーラ，フロアポリッシュなど，紛らわしい用語が出てくるので，正確に覚えよう．フィニッシュは仕上げ，シーラは目止め，ポリッシュは研磨という意味である.

問301-1 床維持剤に関する次の記述のうち，最も適当なものはどれか．（2021年問題147）

(1) 剥離剤は，酸の作用で，樹脂床維持剤の皮膜を溶解する.

(2) フロアポリッシュは，物理的・化学的方法により，容易に除去できない.

(3) 剥離剤の使用後は，すすぎ拭きを十分に行ってから，樹脂床維持剤を再塗布する.

(4) フロアオイルは，主に表面加工された木質系床材の保護のために用いられる.

(5) 床維持剤には，乳化性フロアポリッシュが多く使われている.

問301-2 床維持剤に関する次の記述のうち，最も適当なものはどれか．（2017年問題151）

(1) フロアフィニッシュは，顔料などの着色剤を含有する床用塗料である.

(2) フロアシーラは，目止め剤として使用し，床の保護と美観を向上する.

(3) フロアポリッシュは，物理的・化学的方法により，容易に除去できない製品群をいう.

(4) フロアオイルは，主に表面加工された木質系床材の保護のために用いられる.

(5) フロアポリッシュは，水性ワックスタイプが多く使われている.

問301-3 床維持剤に関する次の記述のうち，最も適当なものはどれか．（2016年問題152）

(1) フロアシーラは，仕上げ剤として使用し，床の保護と美観を向上する.

(2) フロアオイルは，主に表面加工された木質床材の保護のために用いられる.

(3) 水性フロアポリッシュは，ろう状物質や合成樹脂を水に溶解させ乳化したものである.

(4) フロアフィニッシュは，顔料などの着色剤を含有する．

(5) フロアポリッシュは，主に目止め剤として使用する．

問301-4 床維持剤に関する次の記述のうち，最も不適当なものはどれか．（2013年問題151）

(1) 油性フロアポリッシュは，ろう状物質，合成樹脂等の不揮発性成分を揮発性溶剤に溶解又は分散させたものをいう．

(2) フロアオイルは，主に表面加工された木質床材の保護のために用いられる．

(3) フロアシーラは，目止め剤として使用される．

(4) 乳化性フロアポリッシュは，揮発性溶剤の含有量が不揮発性成分より多い．

(5) 水性フロアポリッシュは，物理的・化学的方法により除去できる．

302 建材

清掃の対象となる建材は，仕上げ材として用いられているものである．仕上げ材に用いられる石材や，ステンレスやアルミニウムといった金属材料について，清掃上留意すべき性質などが出題される．

問302-1 建材に関する次の記述のうち，最も不適当なものはどれか．（2015年問題146）

(1) アルミニウムとステンレスのカラー仕上げは，見分けがつきにくいので，建材仕上表で材質を確認する．

(2) アルミニウム建材は，耐アルカリ性に乏しい．

(3) 吸水性のある建材は，洗剤分が残っていれば再汚染を促進させる．

(4) 外装金属のシール剤は，施工によっては汚れを抱き込むことがある．

(5) テラゾは，酸性洗剤に強い建材である．

問302-2 清掃対象となる建材に関する次の記述のうち，最も不適当なものはどれか．（2014年問題147）

(1) 耐水性のある建材は，清掃しやすいものが多い．

(2) 汚れは，平滑緻密な建材表面には付着しにくい．

(3) 疎水性の建材には，水溶性物質が付着しやすい．

(4) 平滑に見える塩化ビニル系タイルでも，顕微鏡で拡大すると凹凸や孔隙があ

る．

(5) アルミニウム建材は，耐アルカリ性が乏しい．

303 床材全般

床材は，ゴム，塩化ビニルなどの合成樹脂で構成される弾性床材，石，セラミックタイルなどの硬性床材，カーペットの繊維床材に大別される．これらの床材の性質，特徴について出題される．

問303-1　床材の耐性に関する次の記述のうち，最も適当なものはどれか．（2021年問題149）

(1) 木質系床材は，耐水性に優れる．

(2) テラゾは，耐酸性に優れる．

(3) リノリウムは，耐アルカリ性に優れる．

(4) セラミックタイルは，耐摩耗性に優れる．

(5) コンクリートは，耐酸性に優れる．

問303-2　ビルクリーニング作業を行うに当たって把握しなければならない床材の特性として，最も不適当なものは次のうちどれか．（2020年問題151）

(1) 耐洗剤性

(2) 防音性

(3) 吸水性

(4) 表面の粗さ

(5) 工法・仕上げ

問303-3　木質床材の維持管理に関する次の文章の[　　]内に入る語句の組合せとして，最も適当なものはどれか．（2014年問題152）

シールされていない床は，[　ア　]がないことから保護剤としては，[　イ　]ではなく，[　ウ　]を使用する必要がある．

	ア		イ		ウ
(1)	耐水性	——	乳化性ポリッシュ	——	水性ポリッシュ
(2)	耐水性	——	水性ポリッシュ	——	油性ポリッシュ（油性ワックス）
(3)	耐油性	——	乳化性ポリッシュ	——	水性ポリッシュ

   (4)　耐油性 ——— 乳化性ポリッシュ ——— 油性ポリッシュ（油性ワックス）

   (5)　耐油性 ——— 水性ポリッシュ ——— 油性ポリッシュ（油性ワックス）

問303-4　床材の特徴に関する次の記述のうち，最も不適当なものはどれか．
（2012年問題152）

   (1)　テラゾは，耐酸性に乏しい．

   (2)　花崗岩は，耐酸性に乏しい．

   (3)　コンクリートは，耐酸性に乏しい．

   (4)　リノリウムは，耐アルカリ性に乏しい．

   (5)　ゴムタイルは，耐溶剤性に乏しい．

304　繊維床材

カーペット床のことであり，「303　床材全般」でも登場するが，繊維床材のみ
を題材として出題されることがたびたびあるので，ここではそうした問題を抽出
した．各種繊維の特徴やメンテナンス方法を押さえておこう．

問304-1　繊維床材の特徴と清掃に関する次の記述のうち，最も不適当なものは
どれか．（2021年問題151）

   (1)　事務所建築物の繊維床材のしみの多くは，親水性である．

   (2)　アクリル素材は，耐久性に優れている．

   (3)　スポットクリーニングは，汚れがパイルの上部にあるうちに行う．

   (4)　ナイロン素材は，耐久性に優れている．

   (5)　しみ取り作業は，日常清掃で行う．

問304-2　繊維床材の清掃に関する次の記述のうち，最も適当なものはどれか．
（2020年問題153）

   (1)　事務所建築物の繊維床材の汚れは，約60％が油性のしみである．

   (2)　スポットクリーニングは，除じんで除去できない汚れがパイルの上部にある
　　　　うちに行う．

   (3)　ポリプロピレン素材は，親水性の汚れが取れにくい．

   (4)　カーペットのほつれは，年に1〜2回まとめてカットする．

   (5)　アクリル素材は，親水性の汚れが取れにくい．

繊維床材の特徴に関する次の記述のうち, 最も不適当なものはどれか. (2017年問題153)

(1) 玄関などの通行密度の高い箇所ほど汚れやすい.

(2) 日常作業として, パイル表面の粗ごみを, カーペットスイーパーなどにより除去する.

(3) ポリプロピレン製のパイル素材は, 親水性の汚れが取れにくい.

(4) パイル素材のうち, ウールは含水率が高い.

(5) しみは, 単に繊維に吸着していたものが, 時間の経過により染着したものである.

305　弾性床材, 硬性床材

繊維床材と同じく, 「303　床材全般」でも登場するが, 弾性 (または硬性) 床材のみを題材として出題されることがたびたびある. 特性上, 優れている点と劣っている点について問われることが多い.

問305-1　弾性床材の特徴と維持管理に関する次の記述のうち, 最も不適当なものはどれか. (2021年問題148)

(1) 床維持剤の黒ずみが生じてきたら, 床維持剤の剥離作業をし, 再塗布する.

(2) 塩化ビニルシートは, 床維持剤の密着性に優れる.

(3) 日常清掃では, ダストモップを用いて, 土砂やほこりを除去する.

(4) 塩化ビニルタイルは, 可塑剤を含む.

(5) ゴム系床材は, 剥離剤によって変色やひび割れ等を生じることがある.

問305-2　弾性床材の特徴と管理に関する次の記述のうち, 最も適当なものはどれか. (2019年問題151)

(1) 塩化ビニルシートは, 床維持剤の密着不良が起きにくい.

(2) 塩化ビニル系床材は, 耐薬品性や耐水性に富む.

(3) リノリウムは, 耐アルカリ性に富む.

(4) 床維持剤を塗布することで, 土砂・ほこりの除去頻度を減らすことができる.

(5) 塩化ビニルタイルは, 可塑剤を含まない.

問305-3　硬性床材の特徴に関する次の記述のうち, 最も不適当なものはどれか.

(1) 大理石は，耐酸性，耐アルカリ性に乏しい．

(2) 花崗岩は，耐熱性に乏しい．

(3) コンクリートは，耐酸性に乏しい．

(4) テラゾは，耐酸性に優れる．

(5) セラミックタイルは，耐酸性，耐アルカリ性，耐摩耗性に優れる．

306 床以外の清掃作業

建築物の床以外の清掃作業としては，建築物内の壁面，天井，照明器具，空調吹出口，給排気口，エレベーターかご，トイレや湯沸室の衛生器具などが挙げられる．外壁や窓ガラスなどの外装については，別項で取り上げる．

問306-1 床以外の清掃作業に関する次の記述のうち，最も不適当なものはどれか．（2021年問題152）

(1) トイレは，清掃作業により全面的に使用禁止とならないよう，工程を工夫する必要がある．

(2) 湯沸室に使用する資機材は，湯沸室専用として他の場所と区別する配慮が必要である．

(3) 玄関ホールの清掃品質は，視線の方向や高さを変えて確認する．

(4) 階段の壁面は，廊下の壁面と比較して，ほこりの付着度合が低い．

(5) 玄関ホールは，季節や天候の影響を受けるため，清掃の品質が変動しやすい．

問306-2 清掃に関する次の記述のうち，最も不適当なものはどれか．（2020年問題155）

(1) エレベータホールにある繊維床のスポットクリーニングは，6カ月に1～2回行う．

(2) 照明器具の定期清掃は，6カ月に1回行う．

(3) エレベータ内壁，手すり，ドア等では，毎日の水拭きや洗剤拭きが重要である．

(4) トイレは，清掃作業により全面的に使用禁止とならないようにする．

(5) 階段の壁面は，他の場所より，ほこりの付着度合いが高い．

問306-3 床以外の清掃作業に関する次の記述のうち，最も適当なものはどれか．

（2019年問題156）

(1) 廊下の壁面は，階段の壁面と比較して，ほこりの付着量が多い．

(2) ドア・エレベータスイッチは，冬期は夏期に比べ手垢が付きやすくなる．

(3) エレベータの壁は，手垢で汚れやすいので表面に保護膜を塗布しておくとよい．

(4) トイレの清掃は，衛生上の観点から利用者の使用を全面的に禁止して作業を行う．

(5) 照明器具は静電気でほこりがたまりやすく，照度低下があるため，毎日清掃する必要がある．

問306-4　床以外の清掃作業に関する次の記述のうち，最も不適当なものはどれか．（2018年問題155）

(1) 人の手による汚れは，化学繊維を使った製品（マイクロファイバークロスなど）を用いると除去しやすい．

(2) 階段の壁面は，他の場所より，ほこりの付着度合いが高い．

(3) トイレの清掃用具は，便器に使用するものと，洗面器に使用するものとは区別する．

(4) 湯沸室に使用する資機材は，湯沸室専用として，他の場所と区別する．

(5) ドア・エレベータスイッチ等は，冬期は夏期に比べ手垢が付きやすくなる．

307　外壁・窓ガラスの清掃

外壁の汚れ防止などに応用されている光触媒とは，酸化チタンに光を照射することで，化学反応により汚れ物質を分解する技術である．1967年，日本人により発見され，「ホンダ・フジシマ効果」と呼ばれている．

科目6
清掃

問307-1　外装のガラスクリーニングに関する次の記述のうち，最も不適当なものはどれか．（2021年問題153）

(1) 自動窓拭き設備は，洗剤又は水をガラス面に噴射してブラシ洗いし，真空吸引装置で回収する．

(2) ロープ高所作業を行う場合，ライフラインの設置が義務付けられている．

(3) 美観の維持のため，1〜2カ月に1回の頻度で洗浄を行うことが望ましい．

(4) スクイジー法は，微細な研磨剤をガラスに塗布しスクイジーでかき取る方法

[483]

である.

(5) 事前に傷の有無, 傷の大きさや数等を調査し, 業務発注者に報告する.

問307-2　外装の清掃に関する次の記述のうち, 最も不適当なものはどれか.
(2018年問題156)

(1) 金属製の外壁は, 硬質ブラシでこすり洗いをする.

(2) 石材や陶磁器タイルの壁面は, 徐々に汚れていくので, 3 〜 5 年に 1 回程度の頻度で洗浄を行う.

(3) 海岸地帯の金属製の外壁は, 年に 3 〜 4 回程度の頻度で洗浄を行う.

(4) 臨海工業地帯の窓ガラスは, 汚れが付きやすいので, 月に 1 回程度の頻度で洗浄を行う.

(5) 自動窓拭き機は, 洗剤又は水をガラス面に噴射して洗浄し, 汚水をかき集め, 真空吸引装置で回収する構造となっている.

問307-3　外装の清掃に関する次の記述のうち, 最も適当なものはどれか. (2016年問題155)

(1) 自動窓拭き設備の窓ガラスクリーニングは, 人の作業に比べて仕上がりが良い.

(2) 陶磁器タイルは, 他の素材より汚れが目立ちやすいので, 清掃回数を多くする.

(3) 光触媒 (酸化チタン) コーティングは, 清掃回数を減らす効果が期待されている.

(4) ガラスの遮光や飛散防止用フィルムは, 剥がしてから清掃を行う.

(5) 臨海工業地帯に立地する建築物のアルミニウム外壁は, 1 年に 1 回清掃する.

問307-4　窓ガラスの清掃に関する次の記述のうち, 最も適当なものはどれか.
(2014年問題155)

(1) 自動窓拭き機は, 作業が天候状況に左右されず, 作業効率が良い.

(2) 臨海工業地帯の窓ガラスは, 汚れが付きやすいので, 6 カ月 〜 1 年に 1 回洗浄を行う.

(3) スクイジー法は, 微細な研磨剤をガラスに塗布し, スクイジーでかき取る方法である.

(4) 遮光や飛散防止のためのフィルムは，必ず，剥がしてから清掃を行う．

(5) ガラスは，一般的に特殊な洗剤で洗浄を行う．

308 建築物の清掃・消毒

ノロウイルスによる感染症の多発を受けて登場してきた分野である．新型コロナウイルス対策を考えれば，今後，出題が増える可能性もある．ここで取り上げた既往問題にとどまらず，幅広い知識を吸収しておきたい．

問308-1 建築物の清掃・消毒に関する次の記述のうち，最も不適当なものはどれか．(2021年問題154)

(1) 感染症発生時の消毒のために，衛生管理の担当者は，消毒剤の種類や使用方法，対象物件等についての理解を深めておく必要がある．

(2) 清掃により，ほこり，汚れ，廃棄物，汚物等を除去することは，消毒の前処理として重要な作業である．

(3) 清掃における衛生管理の基本は，ゾーニング管理である．

(4) 平常時から，作業者に衛生管理訓練を行う．

(5) 逆性石けんは，ノロウイルスに対して消毒効果が高い．

問308-2 建築物の清掃・消毒に関する次の記述のうち，最も不適当なものはどれか．(2017年問題157)

(1) 平常時の清掃における衛生管理の基本はゾーニング管理であり，使用する清掃用具を分けて作業する．

(2) 感染症発生時の消毒のために，建築物衛生管理担当者は消毒剤の種類や使用方法，対象物件等についての理解を深めておく必要がある．

(3) ノロウイルス感染により嘔吐したと思われたので，嘔吐物をぬぐいとり，その部分を含む広い範囲を消毒した．

(4) ノロウイルスに対する消毒効果が高い消毒薬として，逆性石けんがある．

(5) 感染症対策として，トイレ清掃時に消毒剤（次亜塩素酸，過酸化水素水等）を含んだ洗剤を使用した．

309　廃棄物全般

廃棄物とは，廃棄物処理法により「ごみ，粗大ごみ，燃え殻，汚泥，ふん尿，廃油，廃酸，廃アルカリ，動物の死体その他の汚物又は不要物であって固形状又は液状のもの」と定義されている.

問309-1　建築物内廃棄物に関する次の記述のうち，最も適当なものはどれか．(2020年問題162)

(1)　家庭から排出される廃棄物より，事務所建築物から排出される廃棄物の方が，単位容積質量値は大きい.

(2)　厨芥とは，紙くずと雑芥を混合したものである.

(3)　感染性廃棄物は，長期間の保管を考慮して保管場所を決める.

(4)　建築物内に診療所がある場合は，建築物所有者が特別管理産業廃棄物管理責任者を置かなければならない.

(5)　紙くず類の収集は，一般にカンバス製のコレクタが用いられる.

問309-2　廃棄物に関する次の記述のうち，最も不適当なものはどれか．(2016年問題157)

(1)　一般廃棄物は，し尿とごみに大別され，ごみは家庭系ごみと事業系ごみに分かれる.

(2)　近年の水洗化率は，平成23年度における約93%から，微増傾向にある.

(3)　平成23年度においては，全国の焼却施設の約1/4で，余熱を利用した発電が行われている.

(4)　一般廃棄物の埋立処分は，安定型最終処分場に埋め立てなければならない.

(5)　ごみの焼却処理では，800℃以上の高温で焼却される.

310　廃棄物の管理基準・管理要領

以前は厚生労働省告示第119号に示された管理基準の条文から，昨今は「建築物における衛生的環境の維持管理について」(平成20年1月25日健発第0125001号)から，廃棄物処理の基本事項が出題されている.

問310-1　建築物における衛生的環境の維持管理について(平成20年1月25日健発第0125001号)に示された建築物環境衛生維持管理要領に基づく建築物内廃棄物の処理に関する次の文章の[　　　]内に入る語句として，正しいものはどれか．(2012

年問題157)

建築物内で発生する廃棄物の分別, 収集, 運搬及び貯留について, 安全で[　　　]かつ効率的な方法により速やかに処理すること.

- (1) 合理的
- (2) 効果的
- (3) 計画的
- (4) 衛生的
- (5) 経済的

311 廃棄物処理政策の変遷

廃棄物に関する法令の制定や改正などの変遷について出題される. 廃棄物処理政策の変遷は, 廃棄物の適正処理→廃棄物の排出抑制→廃棄物の再使用, 再利用, 再資源化へ, というのが大まかな流れである.

問311-1 廃棄物の処理及び清掃に関する法律(以下「廃棄物処理法」という.)に関する次の文章の[　　　]内に入る語句の組合せとして, 最も適当なものはどれか. (2021年問題157)

1970年に制定された廃棄物処理法では, [　ア　]から規定していた汚物に加えて, 新たに不要物の概念を導入して廃棄物を定義し産業廃棄物と一般廃棄物に分類するとともに, [　イ　]が新たに法の目的に追加された.

	ア	イ
(1)	環境面 ────	生活環境の保全
(2)	衛生面 ────	適正処理
(3)	衛生面 ────	排出の抑制
(4)	衛生面 ────	生活環境の保全
(5)	環境面 ────	排出の抑制

問311-2 我が国の廃棄物処理政策の変遷に関する次の記述のうち, 最も不適当なものはどれか. (2020年問題156)

- (1) 1950年代に, 汚物を衛生的に処理し, 生活環境を清潔にすることを目的に清掃法が制定された.
- (2) 1970年代の廃棄物の処理及び清掃に関する法律(以下「廃棄物処理法」とい

う.) の制定により,「汚物」に加えて,新たに「不要物」の概念が導入された.

- (3) 1980年代に, 最終処分場の確保難等に対処するため, 廃棄物処理施設整備の推進が図られた.
- (4) 1990年代に,「廃棄物」を「一般廃棄物」と「産業廃棄物」に分類し, 廃棄物の適正処理が図られた.
- (5) 2000年代に, 廃棄物等の発生を抑制 (リデュース) するとともに, 再利用 (リユース) 及び再生利用 (リサイクル) が図られた.

問311-3 我が国の廃棄物処理政策の変遷に関する次の記述のうち, 最も不適当なものはどれか. (2016年問題156)

- (1) 昭和45年に, 廃棄物の処理及び清掃に関する法律 (以下,「廃棄物処理法」という.) が制定され, 産業廃棄物と一般廃棄物に分類された.
- (2) 平成3年に廃棄物処理法が改正され, 廃棄物の排出抑制が法律の目的に加えられた.
- (3) 平成7年に容器包装に係る分別収集及び再商品化の促進等に関する法律 (容器包装リサイクル法) が制定され, 容器包装の分別排出, 再商品化等が図られることとなった.
- (4) 平成12年に循環型社会形成推進基本法が制定され, 同法に基づく基本計画において発生の抑制 (リデュース), 再使用 (リユース), 再生利用 (リサイクル) を進めることとされた.
- (5) 平成24年に特定家庭用機器再商品化法 (家電リサイクル法) が制定され, 使用済小型電子機器等に利用されている金属などを回収し, 再資源化を促進することとなった.

312 廃棄物の排出・処理状況

出題年度の数年前の廃棄物の排出・処理状況の概要について出題される. ごみ総排出量の内訳 (事業系・家庭系の比率) や再生利用の状況, 産業廃棄物の排出量の上位の業種などについて出題されている.

問312-1 平成23年度の廃棄物の排出及び処理状況等に関する次の記述のうち, 最も不適当なものはどれか. (2017年問題159)

- (1) ごみの中間処理量は, 4 010万トンで, そのうち, 焼却処理が85%である.

(2) ごみの総資源化量は，930万トンで，そのうち，住民団体による集団回収量が265万トンである．

(3) ごみ総排出量は，4 539万トンで，そのうち，71％が事業系ごみ，29％が家庭系ごみである．

(4) 業種別の産業廃棄物の排出量では，電気・ガス・熱供給・水道業が最も多い．

(5) 産業廃棄物の総排出量の52％に当たる約2億トンが再生利用されている．

問312-2 平成23年度の廃棄物に関する次の記述のうち，最も不適当なものはどれか．（2015年問題155）

(1) 一般廃棄物の総排出量の内訳は，家庭系ごみ（約70％），事業系ごみ（約30％）となっている．

(2) 産業廃棄物の年間総排出量は，約3億8 000万tである．

(3) 水洗化率は人口比約93％で，このうち，公共下水道によるものが約71％となっている．

(4) 一般廃棄物の一人1日のごみ排出量は，約2 000gである．

(5) 産業廃棄物の総排出量のうち，種類別では汚泥が約44％で最も多い．

313 廃棄物の定義

廃棄物は，事業活動に伴って生じた廃棄物である産業廃棄物と，産業廃棄物以外の廃棄物である一般廃棄物に区分される．すなわち，一般廃棄物とは，事業活動外の人間としての日常生活で生じた廃棄物といえる．

問313-1 廃棄物の区分に関する次の記述のうち，最も不適当なものはどれか．（2021年問題160）

(1) 事業活動に伴って生じた廃棄物のうち，燃え殻，汚泥など20種類が産業廃棄物として定められている．

(2) 木くずのうち，建設業など特定の業種から排出されたものは，産業廃棄物に該当する．

(3) 事業活動に伴い発生する油分で，グリース阻集器で阻集されるものは，産業廃棄物に該当する．

(4) 事業系一般廃棄物とは，事業活動に伴い発生する廃棄物のうち，産業廃棄物に該当しないものである．

(5) 事業活動に伴い発生する廃棄物のうち，ばいじん類は，安定型品目の産業廃棄物に該当する．

問313-2 廃棄物処理法の一般廃棄物及び産業廃棄物に関する次の記述のうち，最も不適当なものはどれか．（2020年問題160）
(1) 医療機関などから排出される感染性のおそれのある産業廃棄物は，特別管理産業廃棄物に該当する．
(2) 飲食店から排出された木くずは，産業廃棄物に該当する．
(3) 特別管理一般廃棄物には，都市ごみ焼却施設から生じるばいじん，医療機関などから排出される血液の付着したガーゼ・脱脂綿が該当する．
(4) 事業活動に伴って排出される廃棄物は，事業系一般廃棄物と産業廃棄物とに大別される．
(5) 紙くずのうち，紙製造業などの特定の業種から排出されたものは，産業廃棄物に該当する．

問313-3 廃棄物の処理及び清掃に関する法律に規定する廃棄物と対象となる廃棄物との組合せとして，最も不適当なものは次のうちどれか．（2017年問題165）
(1) 専ら再生利用の目的となる廃棄物 ——————— 廃プラスチック類
(2) 産業廃棄物 ——————————————————— グリース阻集器中の油分
(3) 特別管理廃棄物 ————————————————— 感染性廃棄物
(4) 再生利用認定制度の対象となる廃棄物 ———— 廃ゴムタイヤ
(5) 一般廃棄物 ——————————————————— ちゅう芥

問313-4 廃棄物の処理及び清掃に関する法律に基づく廃棄物の定義に関する次の記述のうち，最も適当なものはどれか．（2014年問題158）
(1) 事務所建築物から廃棄されたスチール机は，一般廃棄物である．
(2) 百貨店から排出された紙くずは，産業廃棄物である．
(3) 飲食店から排出された木くずは，産業廃棄物である．
(4) 店舗から廃棄された発泡スチロールは，一般廃棄物である．
(5) 建設工事から排出された繊維くずは，産業廃棄物である．

問313-5 廃棄物の処理及び清掃に関する法律に規定される専ら再生利用の目的
となる廃棄物として，該当しないものは次のうちどれか．（2012年問題158）

(1) 木くず
(2) くず鉄（古銅等を含む．）
(3) あきびん類
(4) 古繊維
(5) 古紙

314 廃棄物の質・性状

廃棄物の性状を表す容積質量値や，建築物の廃棄物発生に関する指標である廃棄
物発生原単位などの定義を，よく理解しておこう．建築物の用途ごとの廃棄物の
性質についても，よく覚えておこう．

問314-1 ごみの質や処理に関する次の記述のうち，最も不適当なものはどれか．
（2015年問題156）
(1) 灰分は，ごみの焼却処理後の残渣量の算出に用いられる．
(2) ちゅう芥（生ごみ）の容積質量値は，可燃ごみの2～3倍となる．
(3) 単位質量当たりの発熱量は，ごみの焼却施設の余熱利用などの算出に用いら
れる．
(4) ごみの焼却処理では，重量は15%程度まで減量化される．
(5) ごみの焼却処理では，容積は5～10%程度まで減容化される．

問314-2 廃棄物の性状などに関する次の記述のうち，最も不適当なものはどれ
か．（2014年問題165）
(1) 家庭から排出される廃棄物に比較し，建築物内で発生する廃棄物の容積質量
値は小さい．
(2) 廃棄物の発熱量は，廃棄物の焼却処理施設を設計する場合に必要となる．
(3) 建築物内で用いられている廃棄物用の圧縮装置は，圧縮率が1/4から1/3のも
のが多い．
(4) 廃棄物発生原単位（kg/m^2）を建築物の用途別に比較した場合，店舗ビルの
方が事務所ビルより小さい．
(5) 廃棄物の3成分表示法とは，水分，灰分，可燃分の3成分の比率（%）で示す．

315 廃棄物の適正処理

産業廃棄物は都道府県が，一般廃棄物は市町村が，その責任において処理を実施している．廃棄物のリサイクルを進めるために発生・排出元であらかじめ廃棄物を分別することが，廃棄物の適正処理につながる．

問315-1 ごみの処理過程に関する次の記述のうち，最も不適当なものはどれか．
(2021年問題156)

(1) 分別は，発生・排出元で，あらかじめ区分することであり，再生（リサイクル）を進める上で重要となる．

(2) 保管は，次の処理過程に移るまでの間，一時的に保管することであり，衛生害虫の発生防止などに留意する．

(3) 収集・運搬では，飛散防止，悪臭防止等に留意する．

(4) 再生（リサイクル）は，主にごみを再び製品の原料などの有用物として資源化することである．

(5) 最終処分には，焼却を行ってごみを減量化することが含まれる．

問315-2 ごみの焼却処理に関する次の記述のうち，最も不適当なものはどれか．
(2020年問題157)

(1) 800℃以上の高温で焼却されることによって，ごみに含まれる悪臭物質は熱分解される．

(2) ごみの容積は，焼却処理により，5～10％に減容化される．

(3) ごみの重量は，焼却処理により，約15％に減量化される．

(4) 約70％のごみ焼却処理施設で，余熱を利用した発電が行われている．

(5) ごみの焼却処理は，ごみの総処理量の約80％を占めている．

問315-3 ごみの処理に関する次の記述のうち，最も不適当なものはどれか．
(2019年問題159)

(1) 一般廃棄物の埋立処分は，遮断型最終処分場に埋め立てなければならない．

(2) 焼却処理では，容積は5～10％に減容化される．

(3) ごみ燃料化施設は，選別・乾燥技術を用いている．

(4) 粗大ごみ処理施設は，破砕・選別技術を用いている．

(5) 分別とは，収集や運搬，リサイクルや中間処理，最終処分が適正に行われる

ように，発生・排出元であらかじめ区分することである．

問315-4 建築物内の事業活動に伴って排出される廃棄物の処理などに関する次の記述のうち，最も不適当なものはどれか．（2018年問題159）

(1) プラスチック類のうち再生利用されないものを一般廃棄物の許可業者に委託して処理する．

(2) 生ごみのうち再生利用されないものを一般廃棄物の許可業者に委託して処理する．

(3) 古紙は専ら再生利用の目的となるもので資源回収業者に委託して処理する．

(4) し尿を含まない雑排水槽からのビルピット汚泥を産業廃棄物の許可業者に委託して処理する．

(5) グリース阻集器で阻集される油分を産業廃棄物の許可業者に委託して処理する．

316 廃棄物の取扱い

廃棄物の区分，処理業者の許可区分，特別管理廃棄物などに関する事項が出題される．汚泥や紙などの建築物から生じる廃棄物が，一般廃棄物，産業廃棄物のいずれに該当するかが出題される．

問316-1 廃棄物処理法に関する次の記述のうち，最も不適当なものはどれか．（2021年問題158）

(1) 排出事業者が，産業廃棄物の処理を委託する場合，その移動及び処理の状況を自ら把握するため，特別管理産業廃棄物の制度が設けられている．

(2) 都道府県知事は，産業廃棄物処理業の許可申請があった場合，施設及び申請者の能力が基準に適合していることを審査し，許可する．

(3) 市町村は，自ら作成した一般廃棄物処理計画に従ってその処理を行う．

(4) 一般廃棄物の処理業者は，専ら再生利用の目的となる一般廃棄物を扱う者を除き，市町村長の許可を受けなければならない．

(5) 市町村が一般廃棄物の収集，運搬，処分等を業者に委託する場合は，委託基準に従わなければならない．

問316-2 廃棄物処理法に基づく産業廃棄物の取扱いに関する次の記述のうち，

科目6 清掃

最も不適当なものはどれか．（2016年問題159）
- (1) 産業廃棄物の処理業者が，その処理を受託した産業廃棄物の移動及び処理の状況を自ら把握するため，産業廃棄物管理票制度（マニフェスト制度）が設けられている．
- (2) ビルピット汚泥のうち，し尿を含まない雑排水槽からのものは，産業廃棄物に該当する．
- (3) 産業廃棄物の適正な処理を確保するため，処理基準や委託基準が定められている．
- (4) 都道府県は，産業廃棄物の適正な処理を確保するために，都道府県が処理することが必要であると認める産業廃棄物の処理をその事務として行うことができる．
- (5) 産業廃棄物の収集・運搬，処分を行う廃棄物処理業者は，専ら再生利用の目的となる場合を除き，都道府県知事の許可を受けなければならない．

問316-3　廃棄物の処理及び清掃に関する法律に基づく廃棄物の取扱いに関する次の記述のうち，最も不適当なものはどれか．（2015年問題158）
- (1) 特別管理廃棄物には，感染性廃棄物，廃PCB，廃石綿等の有害な廃棄物が該当する．
- (2) 一般廃棄物の収集・運搬，処分を行う処理業者は，専ら再生利用の目的となる一般廃棄物を扱う者などを除き，市町村長の許可を受けなければならない．
- (3) 事業活動に伴って排出される廃棄物は，事業系一般廃棄物と産業廃棄物とに大別される．
- (4) 事業者が産業廃棄物を他人に委託して処理する場合には，政令で定める委託基準に従う必要がある．
- (5) ビルピット汚泥のうち，し尿を含まない雑排水槽からのものは，一般廃棄物に該当する．

問316-4　建築物内廃棄物の取扱いに関する次の記述のうち，最も不適当なものはどれか．（2013年問題160）
- (1) 飲食店のグリース阻集器で阻集される油分は，産業廃棄物に該当する．
- (2) し尿を含まない雑排水槽からのビルピット汚泥は，産業廃棄物に該当する．

(3) 事業活動に伴って生じたプラスチック類を産業廃棄物の許可業者に委託して処理する.

(4) 再生利用されない古紙を一般廃棄物の許可業者に委託して処理する.

(5) 建築物内にテナントとして医療クリニックがある場合,建築物の所有者が特別管理産業廃棄物管理責任者を置かなければならない.

317 廃棄物処理の用語

リデュース(発生の制御),リユース(再使用),サーマルリサイクル(熱回収),マテリアルリサイクル(再生利用),コンポスト(堆肥化),マニフェスト(移動管理票)などの用語が出題される.

問317-1 廃棄物の中間処理施設とその主な効果に関する語句の組合せとして,最も不適当なものは次のうちどれか.(2021年問題155)

(1) 焼却施設 ——————— 減量化

(2) 焼却残渣溶融施設 ——— 安定化

(3) ごみ燃料化施設 ———— 安定化

(4) 粗大ごみ処理施設 ——— 減容化

(5) 高速堆肥化施設 ———— 資源化

問317-2 ごみの処理過程と環境保全対策に関する語句の組合せとして,最も不適当なものは次のうちどれか.(2017年問題158)

(1) 保管 ——————————— 悪臭防止対策

(2) 収集・運搬 ——————— 騒音防止対策

(3) 最終処分 ———————— 水質汚濁防止対策

(4) 焼却処理 ———————— 大気汚染防止対策

(5) 破砕・圧縮処理 ———— 地盤沈下防止対策

問317-3 廃棄物処理に関する語句の組合せとして,最も不適当なものは次のうちどれか.(2013年問題158)

(1) リデュース ——————————— 発生の抑制

(2) リユース ————————————— 再使用

(3) コンポスト ——————————— ごみ燃料化

(4)　サーマルリサイクル ──────── 熱回収

(5)　マテリアルリサイクル ──────── 再生利用

318　廃棄物処理法の目的

廃棄物の排出を抑制し，および廃棄物の適正な分別，保管，収集，運搬，再生，処分等の処理をし，ならびに生活環境を清潔にすることにより，生活環境の保全および公衆衛生の向上を図ることを目的とする．

問318-1　廃棄物の処理及び清掃に関する法律の第1条に規定されている目的の項目として，該当しないものは次のうちどれか．（2013年問題159）

(1)　地球環境の保全

(2)　廃棄物の適正処理

(3)　廃棄物の排出抑制

(4)　公衆衛生の向上

(5)　生活環境の保全

319　廃棄物リサイクル関連法

リサイクルを促進するための個別法である家電リサイクル法，小型家電リサイクル法，建設リサイクル法，容器包装リサイクル法，食品リサイクル法などについて出題される．各法令の対象品目を覚えておこう．

問319-1　リサイクルに関する法律とその対象品目の組合せとして，最も不適当なものは次のうちどれか．（2021年問題165）

(1)　容器包装に係る分別収集及び再商品化の促進等に
関する法律（容器包装リサイクル法）──────── ペットボトル

(2)　食品循環資源の再生利用等の促進に関する法律
（食品リサイクル法）──────── 食品残渣

(3)　建設工事に係る資材の再資源化等に関する法律
（建設リサイクル法）──────── 木材

(4)　特定家庭用機器再商品化法（家電リサイクル法）──────── 食器洗い乾燥機

(5)　使用済小型電子機器等の再資源化の促進に関する
法律（小型家電リサイクル法）──────── 携帯電話

循環型社会形成に関する次の記述のうち，最も不適当なものはどれか．
（2019年問題158）

    (1) 生産において，マテリアルリサイクルを進める．

    (2) 消費・使用において，リデュースを進める．

    (3) 廃棄において，リユースを進める．

    (4) 処理において，サーマルリサイクルを進める．

    (5) 最終処分において，天然資源の投入を進める．

問319-3   3R（リデュース，リユース，リサイクル）を促進するための個別法に関する次の語句の組合せのうち，最も不適当なものはどれか．（2018年問題158）

(1)	家電リサイクル法 （特定家庭用機器再商品化法）	家庭用エアコン，テレビ（ブラウン管式，液晶式，プラズマ式），冷蔵庫・冷凍庫，洗濯機・衣類乾燥機の4品目
(2)	容器包装リサイクル法 （容器包装に係る分別収集及び再商品化の促進等に関する法律）	空き缶，プラスチック等容器包装廃棄物
(3)	食品リサイクル法 （食品循環資源の再生利用等の促進に関する法律）	食品関連事業者（食品の製造・加工・販売業者等）
(4)	小型家電リサイクル法 （使用済小型電子機器等の再資源化の促進に関する法律）	携帯電話，デジタルカメラ，ゲーム機器等28品目
(5)	建設リサイクル法 （建設工事に係る資材の再資源化等に関する法律）	環境負荷の少ない物品の調達の推進

問319-4   リサイクルを促進するための個別法に関する次の記述のうち，最も不適当なものはどれか．（2017年問題160）

    (1) 特定家庭用機器再商品化法（家電リサイクル法）では，小売業者の責務により，掃除機，電子レンジ，パーソナルコンピューター等の廃家電の再商品化を促進することとされている．

    (2) 容器包装に係る分別収集及び再商品化の促進等に関する法律（容器包装リサイクル法）では，容器包装の製造事業者及び容器包装の利用業者は，再商品

科目6 清掃

化を促進することとされている.

(3) 使用済小型電子機器等の再資源化の促進に関する法律（小型家電リサイクル法）では，消費者及び事業者は，使用済小型電子機器等に利用されている金属等の回収を促進することとされている.

(4) 食品循環資源の再生利用等の促進に関する法律（食品リサイクル法）では，食品関連事業者は，再生利用等の基準に従い再生利用を促進することとされている.

(5) 建設工事に係る資材の再資源化等に関する法律（建設リサイクル法）では，建設事業者は，建設資材廃棄物の分別解体と再資源化を促進することとされている.

320　排出事業者の責務，関係者の役割

廃棄物の処理及び清掃に関する法律の第3条に，事業者の責務として，次のように規定されている.「事業者は，その事業活動に伴って生じた廃棄物を自らの責任において適正に処理しなければならない.」

問320-1　建築物内廃棄物の各関係者の基本的役割に関する次の記述のうち，最も不適当なものはどれか.（2020年問題163）

(1) 国・地方公共団体は，廃棄物に関する教育・啓蒙を行う.

(2) ビルメンテナンス事業者は，建築物内廃棄物の管理責任者を選任する.

(3) 建築物内廃棄物処理事業者は，廃棄物の減容化に努める.

(4) 建築物維持管理権原者は，建築物内廃棄物の処理に必要な容器，集積場所，保管場所等を適切に準備する.

(5) ビルメンテナンス事業者は，建築物内廃棄物の収集・運搬・処理・保管を実施する.

問320-2　建築物内廃棄物の各関係者の基本的役割に関する次の記述のうち，最も不適当なものはどれか.（2016年問題161）

(1) 国・地方公共団体は，廃棄物の分別・再利用・再資源化の普及・啓発に努める.

(2) ビル入居者は，廃棄物処理のルールを徹底させるため責任者を選任する.

(3) 廃棄物処理業者・ビルメンテナンス業者は，廃棄物の減容化に努める.

(4) 廃棄物収集運搬・処分業者は，契約に基づき，排出された廃棄物の収集・運

搬・処分を実施する.

(5) ビルメンテナンス業者は, 建築物内廃棄物の処理に必要な容器, 集積場所, 保管場所等を適切に準備する.

問320-3 廃棄物の処理及び清掃に関する法律に基づく事業者の責務などに関する次の記述のうち, 誤っているものはどれか. (2014年問題157)

(1) 産業廃棄物及び特別管理産業廃棄物の処理を排出事業者が他人に委託する場合には, その処理責任を全うするため, 都道府県知事の登録業者に委託する.

(2) 一般廃棄物の処理に関しては, 一般廃棄物及び特別管理一般廃棄物の収集, 運搬, 処分等が適正に行われるように処理基準が定められている.

(3) 廃棄物の減量その他その適正な処理の確保等に関し, 国及び地方公共団体の施策に協力しなければならない.

(4) 物の製造, 加工, 販売等に際して, その製品, 容器等が廃棄物になった場合における処理の困難性について, あらかじめ自ら評価しなければならない.

(5) 事業活動に伴って生じた廃棄物の再生利用等を行うことにより, その減量に努めなければならない.

321 廃棄物の委託, マニフェスト

廃棄物の処理及び清掃に関する法律に基づく, 産業廃棄物管理票 (マニフェスト) 制度に関する事項が出題される. A〜E票の各管理票の手続き, 保存年限, 返送されない場合の対応などをよく理解しておこう.

問321-1 産業廃棄物の委託処理に関する次の記述のうち, 最も不適当なものはどれか. (2019年問題164)

(1) 排出事業者は, 電子マニフェストでも, A票, B2票, D票, E票の保存が必要である.

(2) 収集運搬業者の選定に当たっては, 排出場所と運搬先の両方の自治体の許可を取得していることを確認する.

(3) 処理業者との契約に当たっては, 収集運搬業者と処分業者とそれぞれ契約を締結しなければならない.

(4) 処理業者の選定には, 都道府県や環境省のホームページ等から選ぶ方法がある.

(5) 排出事業者は，廃棄物が最終処分まで適正に処理されたことを確認する義務がある．

<hr>

問321-2　産業廃棄物管理票制度（マニフェスト制度）に関する次の記述のうち，最も不適当なものはどれか．（2018年問題165）

(1) 電子マニフェストは，紙マニフェストに代えて，通信ネットワークを使用して，排出事業者がその処理を委託した廃棄物の流れを管理する仕組みである．

(2) 紙マニフェストの場合，排出事業者は，委託時に収集運搬業者からA票を入手し，原本を保存する．

(3) 紙マニフェストの場合，収集運搬業者は，作業が終了すると排出事業者にB2票を返却する．

(4) 紙マニフェストの場合，最終処分場での処分が完了すると，収集運搬業者にE票が返却される．

(5) 紙マニフェストの場合，排出事業者は，D票が委託から90日を経過しても返却されない場合，委託事業者に対して処分の状態を問い合わせる．

問321-3　廃棄物を排出しようとする事業者が行う，産業廃棄物の処理委託と産業廃棄物管理票（マニフェスト）の処理に関する次の記述のうち，最も不適当なものはどれか．（2016年問題162）

(1) 返却されたマニフェストの伝票を3年間保存する．

(2) 委託業者の管理に当たっては，最新の許可業者リストの確認，契約書のチェック，マニフェストの確認を定期的に行う．

(3) 産業廃棄物の処理依頼から90日経過してマニフェストのB2票及びD票が返却されない場合は，委託業者に問い合わせる．

(4) 産業廃棄物の処理依頼から180日経過してマニフェストのE票が返却されない場合は，委託業者に問い合わせる．

(5) 委託業者の選定に当たっては，許可の有無，許可の期限，事業の範囲等を調べて選ぶ．

問321-4　産業廃棄物の産業廃棄物管理票（マニフェスト）による管理に関する次の記述のうち，最も不適当なものはどれか．（2014年問題161）

(1) マニフェストA票は，排出事業者保存用である．

(2) マニフェストB１票は，収集運搬業者保存用である．

(3) マニフェストC２票は，処分業者保存用である．

(4) 中間処分作業が完了すると，処分業者よりマニフェストD票が排出事業者に返却される．

(5) 最終処分地での処分が完了すると，処分業者よりマニフェストE票が排出事業者に返却される．

322　廃棄物の量・原単位

排出されるごみの量（容量・質量）から容積質量値を算出する問題である．リットルやトンなどで示されているごみの容量・質量を，容積質量値の単位に示されるm^3やkgに換算できるようにしておこう．

問322-1　事務所建築物から厨芥が１日当たり0.25m³排出されており，その質量は全廃棄物質量の５％を占めている．いま，全廃棄物質量を１日当たり2.4tとすると，厨芥の単位容積質量（kg/m³）として，正しいものは次のうちどれか．（2020年問題161）

(1)　30kg/m³

(2) 120kg/m³

(3) 300kg/m³

(4) 480kg/m³

(5) 600kg/m³

問322-2　事務所建築物から雑芥が１日当たり５m³排出されており，その質量は全廃棄物量の50％を占めていた．いま，全廃棄物量の質量を１日当たり2.0トンとすれば，雑芥の容積質量値（kg/m³）として正しいものは，次のうちどれか．（2018年問題162）

(1)　10kg/m³

(2)　20kg/m³

(3) 100kg/m³

(4) 200kg/m³

(5) 800kg/m³

問322-3 ごみ 2 m³当たりの質量を600kgとするとき，60Lのごみ容器に収容できるごみの量として，正しいものは次のうちどれか．(2017年問題161)

  (1) 6.0kg

  (2) 10.0kg

  (3) 12.0kg

  (4) 18.0kg

  (5) 36.0kg

問322-4 事務所建築物から紙くずが 1 日当たり 2 m³排出されており，その質量は全廃棄物質量の10%を占めていた．いま，全廃棄物の質量を 1 日当たり2.0tとすれば，紙くずの容積質量値(kg/m^3)として，正しいものは次のうちどれか．(2015年問題161)

  (1) $10kg/m^3$

  (2) $20kg/m^3$

  (3) $100kg/m^3$

  (4) $200kg/m^3$

  (5) $400kg/m^3$

323   建築物内廃棄物の処理・保管

厨芥(生ごみ)，紙(コピー用紙・新聞紙・雑誌・段ボールなど)，プラスチック(ペットボトルなど)，缶，びんなどの建築物内で発生した廃棄物を処理・保管する方法について出題される．

問323-1 建築物内廃棄物の中間処理に関する次の記述のうち，最も適当なものはどれか．(2020年問題165)

  (1) 破砕機は，プラスチック類の粉砕に用いられる．

  (2) シュレッダは，新聞紙の切断に用いられる．

  (3) 冷蔵庫は，厨芥類の保管に用いられる．

  (4) 梱包機は，缶類の圧縮に用いられる．

  (5) 圧縮装置は，段ボールの保管場所の確保のために用いられる．

問323-2 建築物内における廃棄物の種類とその中間処理方法との組合せとし

て，最も不適当なものは次のうちどれか．（2017年問題163）
- (1) ちゅう芥 ―――――――― 粉砕
- (2) 新聞紙 ―――――――― 切断
- (3) プラスチック ――――― 圧縮
- (4) 缶 ―――――――――― 圧縮
- (5) 段ボール ――――――― 梱包

問323-3 廃棄物の処理・保管等に関する組合せとして，最も不適当なものは次のうちどれか．（2016年問題165）
- (1) 容器方式 ――――――――――――― 初期コストが低い
- (2) 貯留・排出機方式 ――――――― 防災・防犯性が高い
- (3) 真空収集方式 ―――――――――― 初期コストが高い
- (4) コンパクタ・コンテナ方式 ――― 小規模建築物に適する
- (5) 廃棄物計量管理システム ――――― テナントへの課金制度に活用する

問323-4 建築物内廃棄物の処理・保管設備に関する次の記述のうち，最も不適当なものはどれか．（2015年問題164）
- (1) 貯留・排出機は，貯留した廃棄物をパッカ車に自動的に積み替えることができる．
- (2) 溶融固化装置は，発泡スチロールに用いられる．
- (3) 梱包機は，段ボールの減容のために用いられる．
- (4) 冷蔵庫は，ちゅう芥類の保管庫のために用いられる．
- (5) シュレッダは，新聞紙の切断に用いられる．

問323-5 建築物内廃棄物の中間処理の目的に関する次の記述のうち，最も不適当なものはどれか．（2013年問題164）
- (1) 保管スペースの節約
- (2) 混合による均質化
- (3) 搬出・運搬の効率化
- (4) 再利用化
- (5) 減量化

324　建築物内廃棄物の収集・運搬

臭気の発生する厨芥（生ごみ）や，火災のおそれのあるたばこの吸殻など，特に取扱いに注意が必要な廃棄物を建物内で収集・運搬する方法について出題される．

問324-1　建築物内廃棄物処理の基本に関する次の記述のうち，最も不適当なものはどれか．（2016年問題160）

(1) 紙くず類の収集は，一般にキャンバス製のコレクタが用いられる．
(2) ちゅう芥類の収集は，悪臭防止などのため，蓋付きのポリバケツやステンレス製のコレクタが用いられる．
(3) 収集運搬用具は，廃棄物の種類ごとに用意し，それぞれの種類ごとに収集時間帯を決めておく．
(4) 吸殻の収集をするときは，金属製の蓋付き容器を使用する．
(5) 感染性廃棄物は，長期間の保管を考慮して保管場所を決める．

325　建築物内廃棄物の搬送

建物の各階で発生した廃棄物を建物内の保管室まで搬送する方式には，エレベーター方式，ダストシュート方式，自動縦搬送方式などがある．これらの方式の特徴が出題されるので，よく理解しておこう．

問325-1　建築物内廃棄物の搬送方式に関する次の記述のうち，最も不適当なものはどれか．（2015年問題162）

(1) 自動縦搬送方式は，ダストシュート方式より衛生性に優れている．
(2) エレベーター方式は，自動縦搬送方式より作業性に優れている．
(3) 自動縦搬送方式は，エレベーター方式より高層建築物に適している．
(4) エレベーター方式は，ダストシュート方式より分別しやすい方式である．
(5) エレベーター方式は，ダストシュート方式よりランニングコストがかかる．

326 建築物内廃棄物の貯留・搬出

収集した廃棄物を建物内の保管室に一時貯留して収集車などに搬出する方式には，容器方式，貯留・排出機方式，真空収集方式，コンパクタ・コンテナ方式などがある．これらの方式の特徴が出題される．

問326-1 建築物内廃棄物の貯留・搬出方式に関する次の記述のうち，最も不適当なものはどれか．（2021年問題162）

(1) 真空収集方式は，広域大規模開発地域に導入されている．

(2) 容器方式は，コンパクタ・コンテナ方式より作業性に優れている．

(3) 貯留・排出機方式は，廃棄物を圧縮・貯留し，パッカー車に自動的に積み替えて搬出する．

(4) コンパクタ・コンテナ方式は，圧縮機により圧縮・貯留し，コンテナごとにトラックで搬出する．

(5) 容器方式は，他の方式と比較して広い設置スペースが必要になる．

問326-2 建築物内廃棄物の貯留・搬出方式に関する次の記述のうち，最も不適当なものはどれか．（2019年問題165）

(1) コンパクタ・コンテナ方式は，容器方式より防災性に優れている．

(2) 真空収集方式は，容器方式より衛生的に優れている．

(3) 貯留・排出機方式は，真空収集方式より初期コストが少ない．

(4) 貯留・排出機方式は，コンパクタ・コンテナ方式より大規模建築物に適用される．

(5) コンパクタ・コンテナ方式は，容器方式よりランニングコストが少ない．

問326-3 建築物内廃棄物の貯留・搬出方式に関する次の記述のうち，最も不適当なものはどれか．（2015年問題163）

(1) 真空収集方式は，輸送管によって空気搬送する方式である．

(2) 真空収集方式は，貯留・排出機方式より防災性に優れている．

(3) コンパクタ・コンテナ方式は，容器方式より作業性に優れている．

(4) コンパクタ・コンテナ方式は，貯留・排出機方式より大規模建築物に適用される．

(5) 貯留・排出機方式は，真空収集方式より初期コストがかからない．

327　建築物内廃棄物の保管場所

建物内廃棄物の保管場所については，廃棄物の処理及び清掃に関する法律施行規則第8条において，産業廃棄物保管基準として，囲いや掲示板を設けるといった基準が規定されている．

問327-1　建築物内の廃棄物保管場所の算定面積として，正しいものは次のうちどれか．（2021年問題164）

ただし，作業場の必要面積及び粗大ごみ・再利用物の管理面積は考えないものとする．延べ床面積：10 000m²，廃棄物発生量：0.04kg/（m²・日），保管容器：10kg/個，保管容器1個は0.25m²を占め，保管日数は2日とする．なお，保管容器は平積みとする．

- (1)　10m²
- (2)　20m²
- (3)　80m²
- (4)　200m²
- (5)　500m²

問327-2　建築物内廃棄物の保管場所に関する次の記述のうち，最も不適当なものはどれか．（2018年問題164）

- (1)　出入口には自動ドアを設ける．
- (2)　床は傾きがないように水平にする．
- (3)　ねずみ，昆虫等の誘引，侵入防止を図るため，防虫・防鼠構造とする．
- (4)　壁面（腰壁）は，防水加工を施す．
- (5)　分別，収集，保管が支障なく行えるよう，十分なスペースを確保する．

問327-3　建築物内廃棄物の保管場所に関する次の記述のうち，最も不適当なものはどれか．（2017年問題164）

- (1)　他の用途との兼用はしない．
- (2)　ちゅう芥類などの臭気対策として冷蔵庫，冷房設備は有効である．
- (3)　排水槽や廃棄物保管設備の周辺などねずみ等の発生しやすい場所でのねずみ等の点検は，6カ月以内ごとに1回実施する．
- (4)　床排水のため，適度な床勾配を確保する．

（5）廃棄物処理に関する帳簿書類の保管期間は，5年である．

問327-4 建築物内廃棄物の保管場所に関する次の記述のうち，最も不適当なものはどれか．（2015年問題165）

（1）排水の拡散を防ぐため，通路に段差を設ける．

（2）悪臭の影響を抑制するため，第3種換気設備を設ける．

（3）廃棄物・再利用対象物の発生量を予測し，保管スペースを確保する．

（4）ねずみや害虫類の誘引，侵入防止を図るため，防虫・防鼠構造とする．

（5）廃棄物保管場所の給水栓は，大気圧式のバキュームブレーカ付きとする．

328 大量排出建物などへの市町村長の指示

廃棄物の処理及び清掃に関する法律に基づき，事業系一般廃棄物の大量排出者に対して，廃棄物管理責任者の選任など市町村長が指示できる事項について出題される．

問328-1 廃棄物処理法における一般廃棄物の処理に関する次の条文の［　　　］内に入る語句の組合せとして，正しいものはどれか．（2021年問題159）

　［　ア　］は，その区域内において事業活動に伴い多量の一般廃棄物を生ずる土地又は建物の［　イ　］に対し，当該一般廃棄物の［　ウ　］に関する計画の作成，当該一般廃棄物を運搬すべき場所及びその運搬の方法その他必要な事項を指示することができる．

	ア	イ	ウ
（1）	都道府県知事 ———	占有者 ———	減量
（2）	都道府県知事 ———	所有者 ———	適正処理
（3）	市町村長 ———	占有者 ———	減量
（4）	市町村長 ———	所有者 ———	適正処理
（5）	市町村長 ———	所有者 ———	減量

科目6 清掃

問328-2 廃棄物の処理及び清掃に関する法律に基づき，事業系一般廃棄物を大量に排出する事業用大規模建築物及び大量排出者に対して市町村長が指示できる事項に関する次の記述のうち，最も不適当なものはどれか．（2014年問題164）

（1）具体的な運搬場所

（2）適正な分別
（3）保管場所の設置
（4）清掃作業監督者の選任・届出
（5）具体的な運搬方法

278　清掃の管理基準・管理要領

問278-1　正解（3）

建築物における衛生的環境の維持管理について示す「建築物環境衛生維持管理要領」には，日常清掃の及びにくい箇所は6か月以内に1回，汚れの状況を点検して，必要に応じて清掃を行う，とある．

問278-2　正解（1）

同基準には，カーペット洗浄後に防汚剤を塗布するという記述はない．

問278-3　正解（5）

カーペット類の清掃について，日常における除塵作業のほか，汚れの状況を点検し，必要に応じ，シャンプークリーニング，しみ抜きを行うこと．

問278-4　正解（3）

収集・運搬設備，貯留設備などの廃棄物処理設備は，6か月以内ごとに1回，次の点に留意して点検し，必要に応じ，補修，消毒などの措置を講じる．

- 廃棄物処理設備が清潔に保たれ，かつ，当該建築物において発生する廃棄物を適正に処理する能力を維持していること．
- 著しい臭気，ほこりおよび排煙などの発生がないこと．
- ねずみ・昆虫等が生息あるいは出入りしていないこと．

279　清掃の作業計画

問279-1　正解（5）

日常清掃において対象となる箇所は，人の手がひんぱんに入り，ほこりが堆積しやすい部分である．専用部の窓台は，定期清掃に近いものである．

問279-2　正解（3）

廊下壁面は，高所部分は定期清掃，低所部分は日常清掃の範囲となる．外回りの除塵も日常清掃で行う．

問279-3　正解（2）

日常と定期清掃は，適正に分けて作業する．

日常清掃は，1日1回から複数回の作業を行うものをいう．

定期清掃は，週，月，年に1回など間隔をおいて行うもので，床面の洗浄や樹脂ワックスの塗布，窓ガラスの清掃など，より技術のいるものが多い．そのため外注化も進んでいる．

また汚れに応じて，清掃回数を設定するため，実施にあたっては，日常清掃と定期清掃は分けなければならない．

問279-4　正解（3）

フロアマットの洗浄は定期清掃である．建築物内の各部分は，汚れの程度がそれぞれ異なるため，それに応じて清掃作業回数も異なってくる．毎日1回あるいはそれ以上行う作業を「日常清掃」といい，これに対して週1回，月1回，年1回というように間隔をおいて行う作業を「定期作業」という．

問279-5　正解（2）

トイレ・洗面所の換気口のほこりなどの付着は，短期間に堆積はしないので，季節などを考慮しながら計画的に定期清掃として実施する．

280　清掃の作業管理・仕様書・手順書

問280-1　正解（1）

[（1）清掃作業基準表]は，縦軸に質種別，材質別の項目があり，横軸に作業種別（日常清掃・定期清掃）などが記されており，清掃回数や頻度がわかるような内容になっている．

問280-2　正解（5）

建築物清掃管理仕様書は，基本管理方針や作業範囲，作業概要，作業時間帯などを記載した総括的なもの（清掃管理仕様書）と，作業内容を詳細に図表で表したもの（清掃作業基準表）からなる．

281　清掃の安全衛生

問281-1　正解（1）

転倒防止対策として重要なのは，周囲と資機材の整理整頓，作業態度，滑り止めの効果がある靴の着用などである．

問281-2　正解（3）

ノロウイルスの不活化効果が期待されるのは，次亜塩素酸ナトリウムまたは高水準の消毒剤に限定される．クレゾールでは不活化は期待できない．

問281-3　正解（5）

床洗浄の作業範囲を確保するのに用いるのは，「とらロープ」などである．

直接の清掃器具ではないが，ビルクリーニング作業に欠かすことができない器具等として，

- 容器類：バケツ，ふた付きポリ容器など

- 足場類：脚立・はしご，ローリングタワーなど
- 専用カート類：コレクタ，小型台車などがあり，ローリングタワーは足場類の器具である．

問281-4　正解（2）

清掃作業にかかわる事故の大多数は，転倒や転落事故である．

282　清掃の作業区域

問282-1　正解（2）

管理用区域は，一般の人が立ち入らないため汚れの量は少ない．しかし，管理作業を円滑に行うためには，日常の整理整頓・清掃が重要である．

問282-2　正解（4）

建築物外周の通路・空き地・植え込みなどを外周区域という．公共の場所としての役割もあり，計画的な管理が必要であるが，毎日洗浄を行う必要はない．

283　清掃の資機材倉庫・保管庫

問283-1　正解（5）

床は，汚水などのしみ込みを防ぐ意味で，疎水性の建材とするか，防水加工が必要である．

問283-2　正解（3）

建築物の規模が大きく移動に時間を要する場合や業務用エレベーターが設置されていない場合など，エリアごとに資機材倉庫を設けたほうが便利な場合は，複数箇所に設ける．

284　清掃業の登録基準

問284-1　正解（1）

点検は，［（1）3か月］以内ごとに1回となる．

285　清掃の品質・評価

問285-1　正解（1）

きれいさの評価は官能検査が主で，測定機器による定量法は補助的な使い方となる．

問285-2　正解（2）

（1）四季の変化に合わせて，4か月ではなく3か月に1回行う．

（3）評価は，利用者の視点で行う．

（4）点検は，目視が中心の官能法となる．

（5）評価範囲は，汚染度の高い箇所に重点を置く．

問285-3　正解（3）

評価結果の改善の指導は，清掃作業者ではなく，清掃責任者に対して行う．

問285-4　正解（2）

建築物清掃管理の評価は，組織品質と作業品質の二つに大分される．うち，組織品質は事業所管理品質と現場管理品質で構成されている．

286　清掃作業の改善

問286-1　正解（5）

清掃品質の評価は，清掃作業者の立場に立って行うのではなく，建築物使用者の満足を基準に行う．

287　清掃の環境対策

問287-1　正解（1）

環境対策としては，できるだけ作業頻度と洗剤を減らして，光熱費などを抑え，廃液などを減らして，環境への負荷を低減する方法を選ぶ．

問287-2　正解（5）

洗剤を使用する場合は，清掃用途に応じた適切な水素イオン濃度（pH）のものが使用されていることが大切である．また，家庭用品品質表示法に基づく水素イオン濃度（pH）の区分を参考とすること，と記載されている．

288　ビルクリーニング5原則

問288-1　正解（1）

さまざまな汚れやしみを除去するためには，それなりの基本知識が必要であり，それらは①建材の知識，②汚れの知識，③洗剤の知識，④作業方法の知識，⑤保護膜の知識の5項目である．

289　ほこり・汚れの除去

問289-1　正解（2）

（1）アクリル板の場合は，静電気による付着なども考えられる．

（3）ほこりや汚れを長期間放置すると，湿気や酸化などで取れにくくなる．

（4）ダストコントロール法は，粘度の低い不乾性油を塗ったモップ糸でリノリウム床などの除塵を行うために開発さ

科目6　解答と解説

れたもので, 水溶性の汚れには不向き
である.

(5) ダストクロス法は, 洗剤や油の付い
ていない不織布を使用しており, 主に
床の除塵を行うものである.

問289-2　正解 (3)

(1) 水で濡れたおがくずは, ほこりを吸
着させる効果が大きい. 特に, 土砂な
どの親水性の細かい汚れには効果があ
る.

(2) ほこりを長期間放置すると, 汚れが
水分を含み, 建材に固着するため, 取
れにくくなる.

(4) バキュームクリーニングでは, カー
ペットの表面だけでなく, 奥の織り目
やパイルの底部に入った汚れも吸い上
げることができる.

(5) ダストクロスは乾式モップとも呼ば
れ, 本来洗剤などは付けず, そのまま
使用するものである. 油を含ませては
使用しない.

問289-3　正解 (5)

(1) 油溶性物質には, 有機溶剤または界
面活性剤入りの洗剤を利用する. 物理
的な作用だけでは汚れが取れにくい.

(2) 湿ったおがくずは, ほこりを付着さ
せる効果がある.

(3) はたきがけは, 密閉された空間に近
い建築物の中では, 汚れを空気中に拡
散させてしまうため厳禁である.

(4) アルカリ性洗剤は, アルミニウムを
溶かすため使用できない. 酸性洗剤も
同様である.

問289-4　正解 (3)

洗剤と汚れはなじみやすいので, 建材
に洗剤分が残っていると汚れを呼び, 再
汚染を促進させることになる.

290　ほこり, 付着異物

問290-1　正解 (3)

(1) 沈降性大気じんは 1 〜100μmの大
きさである.

(2) たばこの煙は0.1〜 1 μmの大きさで
ある.

(4) 掃除機の排気中の粒子は 1 μm以上
10μm以下の大きさである.

(5) ダストクロス清掃による発じんは
1 μm以上10μm以下の大きさである.

問290-2　正解 (3)

ほこりとは, 建築物外から持ち込まれ
る土壌の粉末を主体とする粉状のもの
と, 建築物内で生じた各種の摩耗粉であ
り, その大部分は衣類などから生じた綿
ほこりと呼ばれている繊維粉である.

291　予防清掃

問291-1　正解 (2)

高気密化している建築物の場合, 入口
からのほこりの侵入が多い.

問291-2　正解 (4)

シール剤や床維持剤を塗ることで, 美
観の向上だけでなく, 汚れにくくなり,
汚れが付いても取れやすくなる.

問291-3　正解 (4)

(1) ほこりの侵入口は, 玄関などの出入

口となる．
(2) 洗剤分は乾燥させてもべたつきが残
るため，残留させると再汚染の可能性
が上がる．
(3) 親水性の素材には水溶性の汚れが付
着しやすい．
(5) 予防清掃としての建材の改良は，人
為的原因の汚れ・自然的原因の汚れの
どちらにも効果があると言える．

問291-4　正解（5）

親水性の建材には水溶性物質が，疎水
性の建材には油溶性物質が付着しやす
い．

292　ビルクリーニング用機器

問292-1　正解（2）

(1) 三つ手ちり取りは，ふたがないので
ごみがこぼれやすい．
(3) 自動床洗浄機は，ドライ式真空掃除
機ではなく，ウエット式真空掃除機と
洗剤供給式床磨き機を組み合わせたも
のである．
(4) 樹脂床維持剤の剥離には，茶色また
は黒以上の粒子の粗いパットが使われ
る．
(5) 凹凸のある床面にはブラシが使用さ
れる．パットでは凹部分の内部の汚れ
をかき出せない．

問292-2　正解（1）

床磨き機に用いるブラシは，直径
40cm前後（15〜17インチ）のものが主に
使われる．

問292-3　正解（2）

(1) 超高速バフ機とは，毎分1 000回転
以上のものである．
(3) パットでは凹部分に入らないため，
凹凸のある床面にはブラシを使う場合
が多い．
(4) 樹脂被膜の剥離に使うパットの色
は，茶または黒である．
(5) 床面洗浄用ロボットの連続作業時間
は，1バッテリーで1〜2時間である．

293　床磨き機

問293-1　正解（4）

超高速バフ機の回転数は，毎分1 000
〜3 000回転である．

(1) 自動床洗浄機は，洗剤供給式床磨き
機と，吸水式真空掃除機とを結合した
ものである．
(2) パットは，化繊製フェルト状の不織
布に研磨粒子を付着させたものであ
る．一般に平らな床面にパットを用い
る．
(3) ブラシの直径は，8インチ（階段用），
12インチ，14インチ，16インチがあり，
これらの直径約20〜40cmのものが多
く使われている．
(5) カーペットのシャンプークリーニン
グを行うときは，繊維による抵抗が増
すため，通常はカーペット専用のもの
（低速回転）を使用する．

問293-2　正解（4）

樹脂被膜の剥離には，床用パットの茶
か黒が使われる．床用パットの青または

赤は，床材を傷めないように，表面洗浄
に用いられる．

床用パッドの種類と用途

粗さ	色	主な用途
1	黒	樹脂被膜の剥離
2	茶	樹脂被膜の剥離
3	緑	一般床洗浄
4	青	表面洗浄
5	赤	スプレーバフ
6	白	つや出し磨き

問293-3　正解（2）

床磨き機のブラシとして，シダの茎や
ナイロン繊維以外にワイヤブラシが使用
されることもある．
(1) 一般に使用されているものは，1ブ
ラシ式である．
(3) 凹凸のある床面には，研磨粒子を付
着させたブラシを使用する．
(4) 床磨き機のブラシは，直径約20～
40cmのものが多く使われている．
(5) 電動機は，交流電源を使用するもの
が大部分である．

294　カーペットクリーニング機器

問294-1　正解（2）

カーペットスイーパは，主にブラシで
パイルの表面の汚れを取るもので，パイ
ル内部の汚れの除去には不向きである．

問294-2　正解（4）

ウールのウィルトンカーペットのよう
な機械織りカーペットを，ブラシを付け
た洗剤供給式床磨き機で洗浄すると，床
磨き機の重量でパイルが傷む可能性が高

い．同方式は，ウール製ではないナイロ
ン製のタフテッドやタイルカーペットの
洗浄に適している．

問294-3　正解（3）

微粒子の径0.3μmを99％以上捕捉でき
るのは，HEPAやULPAなどの高性能の
フィルタ付きの真空掃除機である．
アップライト型真空掃除機は立て型真
空掃除機とも呼ばれ，ポット型と異なり
吸込み口に縦に回転するブラシが装着さ
れており，パイルの中の土砂をたたき出
すことができる．吸引力はポット型に劣
るが，大粒の，特に砂などの汚れを吸い
出すには効果がある．
エクストラクタは直訳すると抽出であ
り，カーペットの中の汚れを吸い取る機
器である．ウォンドと呼ばれる管の先に
洗剤を吹き付けるノズルと，回収する吸
込み口があり，カーペットに含まれる洗
剤や汚水をすばやく回収する．

問294-4　正解（2）

ドライフォーム方式の洗浄機は，洗剤
液を泡にして縦回転ブラシで洗浄する．
(1) 洗剤供給式床磨き機は，洗浄効果は
大きいが，パイルを損傷するおそれが
あるので，ウールのウイルトンカー
ペットよりは，むしろ化学繊維のタフ
テッドカーペットなどの洗浄に適して
いる．
(3) パイル表面の粗ごみを，カーペット
スイーパなどにより除去する．
(4) スチーム洗浄機は，高温の水蒸気で
汚れを分解するため，水分が少なく仕
上がりも柔らかい．

(5) エクストラクタは，操作杖（ウォンド）の先端にあるノズルから洗剤液を噴射して，ただちに吸引口（スリット）から吸引する構造になっている．

295　真空掃除機

問295-1　正解（4）

アップライト型真空掃除機は，カーペットのほこりを取るのに適している．

(1) 吸引した汚水は機内の汚水タンクに溜まる．

(2) 電動ファンによって，機械内部に空気の低圧域をつくり，ほこりを吸引する．

(3) ドライ式は，通常はコード式で，建築物内各所のコンセントを電源として使用する．

(5) 床を回転ブラシで掃きながら，ほこりを吸引するのは，アップライト型真空掃除機である．

296　洗剤

問296-1　正解（4）

(1) 表面洗剤は，非イオン系の界面活性剤を使用しているものが多く，泡立ちが少ない．

(2) 陰イオン系と非イオン系だけでなく，陽イオン系と両性イオン系もある．

(3) 界面活性剤は，液体の表面張力を下げる働きがある．

(5) 洗剤には使用に適した濃度がある．薄すぎると臨界ミセル濃度に達しない

ため，洗浄力が発揮できない．

問296-2　正解（3）

アルカリ性の強い洗剤はタンパク質を分解する．

(1) 水の表面張力を弱めるのが界面活性剤である．助剤は界面活性剤の効力を高める役割を担う．

(2) 尿石や水あかは酸性洗剤で分解する．アルカリ洗剤では分解できない．

(4) 樹脂床維持剤の表面洗浄は非イオン系の洗剤が主で，泡立ちは比較的少ない．

(5) ガム取り剤のように原液で使用する場合もあるが，一般的には洗剤は適切な濃度に希釈して使用する．

問296-3　正解（4）

真ちゅう金物の洗浄は，研磨剤入り洗剤を使用する．

(1) 一般用洗剤は，床や家具の洗浄，その他各種の洗浄作業に広く使用され，通常，pH9〜11のアルカリ性である．

(2) 酸性洗剤は，小便器に付着した尿石や，鉄分を含んだ水あかなどの除去に有効である．

(3) 洗剤の助剤は，界面活性剤の表面張力を低下させ，洗浄力を高める．

(5) アルカリ性洗剤は，ゴム系，リノリウム系などの床材に変色・ひび割れなどを生じるおそれがあるため，使用しない．

問296-4　正解（1）

合成洗剤は，広く洗浄に使用されている．

(2) 助剤は，界面活性剤の表面張力を低

下させ，洗浄力を高める．

(3) 一般用洗剤は，通常，pH9～11の<u>アルカリ性</u>である．

(4) 尿石や水あかなどの除去に有効なのは，<u>酸性洗剤</u>である．

(5) リン酸塩は，湖沼などの富栄養化の原因となったため，業務用・家庭用洗剤の助剤としての<u>使用は中止</u>された．

問296-5　正解（3）

床面に塗布した樹脂床維持剤の被膜の手入れには表面洗剤を使用する．表面洗剤は，被膜に影響を与えずに表面の汚れだけを除去するために，<u>中性または弱アルカリ性</u>で，泡立ちが少ないようにしてある．

297　剥離剤

問297-1　正解（4）

剥離剤は，木質床材，ゴム系，リノリウム系などの床材に，変色・ひび割れなどを生じるおそれがある．

(1) 塩化ビニル系床材に変色などの影響は<u>及ぼさない</u>．

(2) フロアシーラを<u>剥離することはできない</u>．

(3) 樹脂床維持剤の被膜を除去するための洗剤で，<u>アルカリ性</u>である．

(5) 剥離剤の使用後は，すすぎ拭きを<u>十分に行うか，リンス剤で中和</u>することなどが必要である．

問297-2　正解（1）

フロアシーラは，<u>剥離剤では剥離できない</u>．フロアシーラは，床仕上げ材（床材）

の保護と美観の向上に使用される化学製品で，乾燥後に被膜を形成し，物理的・化学的方法では容易に除去できない製品群をいう．

問297-3　正解（4）

剥離洗浄後，床面に剥離剤が残留していると，樹脂床維持剤を再塗布した際に被膜をつくらず，粉化する可能性があるため，すすぎ拭きを十分に行うか，リンス剤で中和することなどが必要である．リンス剤は弱酸性になっている．

(1) <u>ゴム系やリノリウム系の床材に変色・ひび割れなどを生じるおそれがある</u>．

(2) 剥離剤は，樹脂床維持剤の被膜を除去するための洗剤である．なお，フロアシーラは，物理的・化学的方法では<u>容易には除去できない</u>．

(3) すすぎ拭きは<u>十分に行う必要がある</u>．

(5) <u>低級アミンやアンモニアを主剤とし</u>，これに界面活性剤が添加されている．

298　カーペット清掃・管理

問298-1　正解（5）

パイル上部の汚れ除去には，拭取り方式を用いる．

(1) ほつれは，処置が遅れるとパイル抜けが始まり，接着や代替カーペットの埋め込みが必要になるので，<u>早急な処置</u>が必要である．

(2) しみ取り作業は，しみの種類とパイ

ルの素材に適したしみ取り剤を使用
し，早く対応することが，仕上がりの
よさと作業時間の短縮につながる．
(3) カーペットスイーパは，パイル表面
の粗ごみを手動で除去する．
(4) パウダー方式はスポットクリーニン
グとして，汚れがパイルの上部にある
うちに洗浄を行う．

問298-2　正解（2）

スポットクリーニングは，除塵で除去
できない汚れがパイルの上部にあるうち
に行う洗浄である．汚れの拡散を防ぐこ
とで，空隙の詰まりをなくし，新たな汚
れが堆積しやすくする．
(1) エクストラクタは，洗浄液を噴射し
て洗浄する．
(3) しみの染着しやすさは，ウール＞ナ
イロン＞アクリルの順である．
(4) 全面クリーニング方式には，ローラ
ブラシ方式，エクストラクション方
式，シャンプークリーニング方式があ
る．
(5) カーペットスイーパーは，パイル表
面の粗ごみの除去に用いる．

問298-3　正解（3）

全面クリーニングには，ローラブラシ
方式，エクストラクション方式，シャン
プークリーニング方式を用いる．

問298-4　正解（5）

カーペットスイーパは，パイル表面の
粗ごみを除去するために用いるものであ
る．

299　ドライメンテナンス法

問299-1　正解（5）

ドライバフ法の床磨き機は，床維持剤
のつやを上げ，補強するために使用され
るもので，土砂の除去には使われない．
土砂は，ほうきやダストクロスなどで除
去する．

問299-2　正解（3）

ドライメンテナンス法は，使う水の量
がウェットメンテナンス法に比べてはる
かに少なく，作業後にすぐに歩行が可能
となる．転倒の可能性が高いのは，水や
洗剤を多量に床に使用するウェットメン
テナンス法のほうである．

問299-3　正解（3）

バフは摩擦で熱が発生するため，床の
凸部分が摩耗してしまう場合がある．
(1) ドライメンテナンス法は，水を極力
使わないなどの点で作業上の安全性が
高い．
(2) ドライメンテナンス法で用いる資機
材は，ウエットメンテナンス法よりむ
しろ少ない．
(4) ドライバフ法は，研磨剤，洗剤を使
わずにバフだけでつやを上げる技法で
ある．
(5) 樹脂ワックスは，回転数が高いほど
つやが上がる．

300　ウェットメンテナンス法

問300-1　正解（2）

樹脂床維持剤の被膜除去の剥離剤は，

主にアルカリ性のものが使用される.

301 床維持剤

問301-1 正解 (3)

(1) フロアポリッシュの剥離剤は基本的にアルカリ性であり, そのほかに, 建材への影響を配慮した中性のものもある.

(2) フロアポリッシュは, 物理的・化学的方法により容易に剥離が可能である.

(4) フロアオイルは, 表面加工されていない木質系の床材の保護に用いられる.

(5) 床維持剤の多くは, 乳化性ではなく, 水性ポリマータイプのフロアポリッシュが使われる.

問301-2 正解 (2)

(1) フロアフィニッシュは, 床保護剤の総称である.

(3) フロアポリッシュは, 物理的・化学的方法により容易に除去が可能である.

(4) フロアオイルは, 未塗装の木質系床材に使用される.

(5) 水性フロアポリッシュは, ワックスタイプよりポリマータイプが主流である.

問301-3 正解 (3)

水性フロアポリッシュは, ろう状物質や合成樹脂を水に溶解させて乳化したものである.

(1) フロアシーラは, 目止め剤に分類される.

(2) フロアオイルは, 主に表面加工の行われていない木質系床材の保護と美観の向上に使用される.

(4) フロアフィニッシュには, 顔料などの着色剤を含有する床用塗料は含まれない.

(5) フロアポリッシュは, 仕上げ剤に分類される.

問301-4 正解 (2)

フロアオイルは, 主に表面加工の行われていない木質系床材の保護のために用いられる.

302 建材

問302-1 正解 (5)

大理石, テラゾには酸性洗剤が使用できない. また, 表面は土砂により, 長年の間につやがなくなる傾向にあるので, 日常清掃で常時除去する必要がある.

問302-2 正解 (3)

建材が親水性か疎水性かによって, 付着する汚れの状況が異なる. 親水性の建材には水溶性物質が付着しやすく, 疎水性の建材には油溶性物質が付着しやすい.

303 床材全般

問303-1 正解 (4)

(1) 木質系床材は, 耐水性が低い

(2) テラゾの種石は大理石が多く, 耐酸性は低い. 特に, セメントテラゾはバ

インダー部分も着色セメントモルタルで固められたものなので, 大理石同様, 耐酸性は低い.

(3) リノリウムは, アルカリ性の洗剤を使用すると木質系の材料部分が変色する.

(5) コンクリートは, 耐酸性に乏しい.

問303-2　正解 (2)

建材の防音性は, ビルクリーニング作業とは関連が薄い.

問303-3　正解 (2)

シールされていない床は, [ア 耐水性]がないという建材の特質上, 保護剤としては, [イ 水性ポリッシュ]ではなく, [ウ 油性ワックス]を使用する必要がある. また, 多孔質であるため, その油性ワックスは, 樹脂ワックスのような被膜を形成せず, 内部にワックスを徐々に浸透させることにより表面を保護する.

問303-4　正解 (2)

花崗岩は, 耐熱性に乏しいが, アルカリ, 酸, 油には耐性がある.

304　繊維床材

問304-1　正解 (2)

アクリル素材の強度は2.5〜5.0〔g/d〕で, ナイロンに比べて半分程度の強度である.

問304-2　正解 (2)

(1) 建築物の繊維系床材の汚れは, 共用部分で約70％（重量比）が土砂（親水性）の汚れである. 残りが水溶性のしみと

油脂系または油性のしみなどに分類される.

(3) ポリプロピレンは, 疎水性の素材のため, 油溶性の汚れが付着しやすい, (5)のアクリル素材も同様である.

(4) カーペットのほつれは, 放っておくと広がってしまうため, できるだけ早く対応する.

問304-3　正解 (3)

ポリプロピレンは, 疎水性の素材のため, 親水性の汚れは付着しにくい.

305　弾性床材, 硬性床材

問305-1　正解 (2)

塩化ビニルシートは, 可塑剤が含まれており, 床維持剤の密着性に問題がある場合がある.

問305-2　正解 (2)

(1) 塩化ビニールシートには可塑剤が含まれるため, 床維持剤が密着しにくい場合がある.

(3) リノリウムは, 主材料が木材のため, アルカリで変色しやすい.

(4) 床維持剤の塗布理由は, 建材の摩耗の防止とつやなどの美観の維持が主である. 表面が平滑になることで汚れが取りやすくはなるが, 土砂の除去頻度を減らす効果は期待できない.

(5) 塩化ビニルタイルは, シート同様, 可塑剤が含まれる.

問305-3　正解 (4)

テラゾは, 種石に大理石を使う場合が多く, セメントテラゾの場合はセメント

も含めて酸には弱い.

306　床以外の清掃作業

| 問306-1 | 正解　(4)

　階段は, 空気の流れが廊下などより多いため, 壁面にほこりが付着しやすい.

| 問306-2 | 正解　(1)

　スポットクリーニングは, 定期清掃の合間に適宜, 部分的に行うもので, 汚れが蓄積しないようにするためのものである.

| 問306-3 | 正解　(3)

(1)　階段の壁面は, 煙突効果で空気の移動が多く, 廊下よりもほこりが付着しやすい.

(2)　スイッチ回りの手あかは, 汗をかきやすい夏場に多く付着する.

(4)　トイレの清掃は, 利用者を優先して, 清掃中も使用禁止にはしないが, 転倒などの防止のため注意喚起は行う.

(5)　照明清掃や給排気口の清掃は, 定期清掃で行う.

| 問306-4 | 正解　(5)

　手あかが付きやすいのは夏期である.

307　外壁・窓ガラスの清掃

| 問307-1 | 正解　(4)

　スクイジー法は, タオルやシャンパーに洗剤を含ませてガラスを洗浄した後, ガラス用のスクイジーで汚水を取るもので, 通常は中性洗剤を使用し, 研磨剤は使用しない.

| 問307-2 | 正解　(1)

　ワイヤーブラシなどを使用すると, アルミ材やステンレス材に傷が入るため, 金属製外壁には使用しない.

| 問307-3 | 正解　(3)

　光触媒(酸化チタン)コーティングは, 清掃回数を減らす効果が期待されている.

(1)　自動窓拭き設備によるクリーニングの仕上がりは, 人の作業に比べて十分ではない.

(2)　陶磁器タイルなどの壁面は, 他の部分と同様に, 大気や雨水中の汚染物質によって徐々に汚れていくが, ただちに目立つような結果は生じない.

(4)　ガラスの遮光や飛散防止用フィルムは, ガラス清掃時にフィルムに傷をつけないよう, 清掃方法・用具などの選定を行う必要がある.

(5)　臨海工業地帯に立地する建築物のアルミニウム外装は, 1年に4～6回清掃する.

| 問307-4 | 正解　(1)

　自動窓拭き機は, 超高層建築物の窓ガラスを自動的に清掃する設備で, 屋上の台車から吊り降ろした無人の窓拭きユニットが, 遠隔操作によって下降しながらガラス面を清掃する.

　クリーニングの仕上がりは, 人の作業に比べて十分ではないが, ①天候に左右されず作業ができる, ②従事者に危険がない, ③作業能率がよい, など長所が多い.

(2)　臨海工業地帯の窓ガラスは, 汚れが

付きやすいので，月に1回の洗浄を心がける．

(3)(5) スクイジー法は，タオルまたはウォッシャと呼ばれる専用塗布器でガラス面に水を塗布し，これを端から窓用スクイジーでかき取る．汚れの落ちをよりよくするには，ガラス専用の洗剤を使うとよいが，特殊な洗剤は必要ない．

(4) 最近の建築物では，ガラスに遮光や飛散防止のため，フィルムを貼る場合が見受けられるが，フィルムを剥がさずに作業をするため，ガラス清掃時にフィルムに傷をつけないように，清掃方法・用具などの選定を行う必要がある．

308　建築物の清掃・消毒

問308-1　正解（5）

逆性石鹸は，第4級アンモニウム塩と呼ばれる陽イオンの界面活性剤のことで，低水準のため，一般細菌には不活化の効果があるが，ウイルスには不活化の効果は期待できない．

問308-2　正解（4）

消毒薬には高水準，中水準，低水準があり，逆性石けんなどの低水準では，ノロウイルスは不活化しない．中水準のアルコールも効果がないとされるが，同じ中水準の次亜塩素酸塩は効果があるため通常使用される．

それより上の高水準消毒剤は効果はあるが，人体にも影響があるため，清掃消

毒には使われない．

309　廃棄物全般

問309-1　正解（5）

(1) 家庭から排出された廃棄物のほうが水分が多いため，単位容積質量値は大きい．

(2) 厨芥は，レストランや飲食店から排出される料理の残りなどで，一般に70％の水分を含むものである．一方，雑芥は10〜20％の水分保有量である．

(3) 感染性廃棄物は，できるだけ短期間で処理をする．

(4) 特別管理産業廃棄物管理責任者は，診療所側で置く必要がある．

問309-2　正解（4）

一般廃棄物の埋立処分は，一般廃棄物最終処分場，もしくは産業廃棄物最終処分場の管理型最終処分場と同じ機能，構造を持つ処分場に埋め立てなければならない．

310　廃棄物の管理基準・管理要領

問310-1　正解（4）

建築物環境衛生維持管理要領（平成20年1月25日健発第0125001号）の「第5 清掃等」には，以下のように記されている．

「建築物内で発生する廃棄物の分別，収集，運搬及び貯留について，安全で[衛生的]かつ効率的な方法により，速やかに処理すること」

311　廃棄物処理政策の変遷

問311-1　正解（4）

清掃法（昭和29年法律第72号）は，汚物を[ア　衛生的]に処理し，生活環境を清潔にすることにより，公衆衛生の向上を図ることを目的として制定された．

廃棄物処理法第1条には，「（廃棄物の抑制，処理並びに）生活環境を清潔にすることにより，[イ　生活環境の保全]及び公衆衛生の向上を図ることを目的とする」とある．

問311-2　正解（4）

一般廃棄物と産業廃棄物は，1970（昭和45）年の廃棄物処理法の制定の際に分類された．

問311-3　正解（5）

平成24年に使用済小型電子機器等の再資源化の促進に関する法律（小型家電リサイクル法）が制定され，使用済小型電子機器等に利用されている金属等を回収し，再資源化の促進，資源の有効利用の確保を行うこととなった．

312　廃棄物の排出・処理状況

問312-1　正解（3）

総排出量の約30％が事業系で，約70％が家庭系のごみである．

問312-2　正解（4）

一般廃棄物の一人1日のごみ排出量は975gである．

313　廃棄物の定義

問313-1　正解（5）

事業活動に伴い発生するばいじん類は，特定有害産業廃棄物になる．安定型の産業廃棄物には該当しない．

問313-2　正解（2）

建設業やパルプ，木材の卸売業などから生ずるおが屑は産業廃棄物となる．しかし，飲食店から排出された木くずは産業廃棄物には該当しない．

問313-3　正解（1）

「専ら再生利用の目的となる産業廃棄物」（法第14条第1項）の対象となるものは，古紙，くず鉄（古銅等を含む），あきびん類，古繊維である．

問313-4　正解（5）

産業廃棄物には，プラスチック類（弁当容器，ペットボトル，ビニール袋，発泡スチロールなど），空き缶，空きびん，スチール製机・ロッカー，清掃に伴う汚泥などが該当する．

また，産業廃棄物の業種指定の廃棄物として紙くず（建設業，紙製造業，製本業など），木くず（建設業，木材製造業など），繊維くず（建設業，繊維工業など）がある．

百貨店からの紙くずや飲食店からの木くずは，業者指定のある廃棄物ではないため，一般廃棄物になる．

問313-5　正解（1）

専ら再生利用の目的となる一般・産業廃棄物は，(5)古紙，(2)くず鉄（古銅等を含む），(3)あきびん類，(4)古繊維で

あり，(1)の木くずは含まれていない．

314　廃棄物の質・性状

問314-1　正解（2）

厨芥は0.85t/m³，可燃ごみは0.15t/m³で，厨芥の容積質量値は可燃ごみの5～6倍となる．

ごみの種類別容積質量値の例

ごみの種類	容積質量値〔t/m³〕
可燃ごみ	0.15
厨芥	0.85
不燃ごみ	0.14
廃棄プラスチック	0.03
粗大ごみ	0.15
再生紙	0.15
ダンボール	0.08
びん	0.30
缶	0.06
容器プラスチック	0.03

問314-2　正解（4）

原単位は，建築物における廃棄物の発生量を把握する際に，「床面積1m²当たり」や「在館人員1人当たり」など，表現したい量と密接に関係のある指標を用いた表示をいう．

建築物用途別における廃棄物発生原単位（平成15年度の東京都23区年間実績）は以下のとおりである．

建築物の用途	発生量〔kg/m²〕
オフィスビル	9.21
店舗ビル	26.20
ホテルなど	17.35
工場・研究所	30.26
倉庫・流通センター	15.86
医療機関	13.30
学校	3.92
駅舎	14.30
その他	11.16

廃棄物発生原単位は，事務所ビルが9.21kg/（m²・年）で，店舗ビルは26.2kg/（m²・年）である．これは事務所建築物の2.8倍に相当するため，店舗ビルのほうが大きい．

315　廃棄物の適正処理

問315-1　正解（5）

ごみの最終処分は埋め立てである．

問315-2　正解（4）

全国のごみ焼却施設で発電している施設の割合は，全体の1/3程度となっている．

問315-3　正解（1）

最終処分場は管理型，遮断型，安定型の三つに分類されるが，廃棄物は有害物質の含有量などによっても埋立て場所が異なる．遮断型ではなく，近年は廃棄物の無害化や不溶化の処理のため，管理型での処分を推し進めている．

問315-4　正解（1）

一般廃棄物ではなく，産業廃棄物の許可事業者に委託して処理する．

316　廃棄物の取扱い

問316-1　正解（1）

産業廃棄物の移動および処理状況の把握を行うため，マニフェスト（産業廃

棄物管理票）を使うことが法律で定められている.

問316-2　正解（1）

排出事業者がその処理を委託した産業廃棄物の移動および処理の状況を自ら把握し，併せて，不法投棄などの不適正処理を未然に防止するなどのため，産業廃棄物管理票制度（マニフェスト制度）が設けられている.

問316-3　正解（5）

ビルピット汚泥については，し尿を含まない雑排水槽などからのものは産業廃棄物に該当し，し尿を含む汚水槽などからのものは浄化槽汚泥と同様に一般廃棄物として取り扱われる.

問316-4　正解（5）

建築物内に医療クリニックがある場合，発生する医療廃棄物等特別管理廃棄物を適正に保管するため，クリニック側で特別管理産業廃棄物管理責任者を置くこととされている.

317　廃棄物処理の用語

問317-1　正解（3）

ごみ燃料化施設の主な効果は，ごみの資源化である. ごみを原料として再利用すること（マテリアルリサイクル）で，ごみの焼却に伴う熱エネルギーの利用はサーマルリサイクルという.

問317-2　正解（5）

破砕・圧縮処理では，地盤沈下は起きにくい. これらは，埋め立てや燃焼の前処理として用いられる. 破砕・圧縮処理

で廃棄物の容積は減量できるが，有害物質の飛散，粉じん，騒音の問題がある.

問317-3　正解（3）

コンポストとは，生ごみや汚泥などからつくった堆肥のこと. 燃料ではない.

318　廃棄物処理法の目的

問318-1　正解（1）

廃棄物処理法第1条（目的）は以下のとおり.

この法律は，廃棄物の排出を抑制し，及び廃棄物の適正な分別，保管，収集，運搬，再生，処分等の処理をし，並びに生活環境を清潔にすることにより，生活環境の保全及び公衆衛生の向上を図ることを目的とする.

319　廃棄物リサイクル関連法

問319-1　正解（4）

特定家庭用機器再商品化法で対象となるものは，冷蔵庫，テレビ，エアコン，洗濯機である.

問319-2　正解（5）

最終処分では天然資源は投入しない. できるだけ天然資源の使用量を制限，また再利用するのが循環型社会形成の目的の一つである.

問319-3　正解（5）

建設リサイクル法は，コンクリート，アスファルト，木材等の建築系建設廃棄物の再利用の推進を行うものである.

問319-4　正解（1）

家電リサイクル法の対象には，<u>パーソ</u>
<u>ナルコンピュータは含まれない</u>，パソコ
ンのディスプレイも同様である．

320　排出事業者の責務，関係者の役割

問320-1　正解（2）

ビルメンテナンス事業者ではなく，<u>建</u>
<u>築物所有者等</u>が廃棄物管理責任者を選任
する．

問320-2　正解（5）

建物所有者等の<u>建築物維持管理権原者</u>
は，建築物内廃棄物の処理に必要な容器，
集積場所，保管場所を適正に準備する．

問320-3　正解（1）

産業廃棄物および特別管理産業廃棄物
を事業者が他人に委託する場合には，そ
の処理責任を全うするため，政令で定め
る委託基準に従い，<u>適法にこれらの廃棄</u>
<u>物の処理を業として行うことのできる者</u>
に委託することが基本となる．

321　廃棄物の委託，マニフェスト

問321-1　正解（1）

電子マニフェストでは，排出事業者も
各票の保存は必要なく，情報処理セン
ターに保存されて同センターが行うた
め，都道府県への報告も不要となる．

問321-2　正解（4）

E票は，収集運搬業者ではなく，<u>排出</u>
<u>事業者</u>に渡すものである．

問321-3　正解（1）

排出事業者は，委託時に伝票A票と返

却されたマニフェストの伝票とを照合
し，A票，B2票，D票，E票の4票を<u>5</u>
<u>年間</u>保存する．

問321-4　正解（3）

産業廃棄物管理票は以下のとおりであ
る．

A票：排出事業者保存用（収集運搬業者
　　　へ引渡し，控伝票）
B1票：収集運搬業者保存用
B2票：排出事業者送付用（収集運搬終了
　　　後に返却，90日）
C1票：処分業者保存用
C2票：収集運搬業者送付用
D票：排出事業者送付用（中間処分後に
　　　返却，90日）
E票：排出事業所送付用（最終処分後に
　　　返却される，180日）

322　廃棄物の量・原単位

問322-1　正解（4）

題意より，1日当たりの全廃棄物は，
$$0.25〔m^3〕÷\frac{5}{100}=5〔m^3/日〕=2.4〔t/日〕$$
したがって，厨芥の単位容積質量値は，
$$2.4〔t/日〕÷5〔m^3/日〕=0.48〔t/m^3〕$$
$$=480〔kg/m^3〕$$

問322-2　正解（4）

$$2.0〔t〕×0.5=1〔t〕=1\,000〔kg〕$$
$$1\,000〔kg〕÷5〔m^3〕=200〔kg/m^3〕$$

問322-3　正解（4）

1m³当たりのごみの質量は，
$$600〔kg〕÷2〔m^3〕=300〔kg/m^3〕$$
であり，1m³＝1000Lだから，60Lのご

み容器に収容できるのは，

$$300 \times \frac{60}{1\,000} = 18.0〔kg〕$$

問322-4　正解（3）

$2.0〔t〕= 2\,000〔kg〕$

$2\,000〔kg〕\times 0.1 = 200〔kg〕$

$200〔kg〕\div 2m^3 = 100〔kg/m^3〕$

323　建築物内廃棄物の処理・保管

問323-1　正解（3）

(1) びんやプラスチックの処理に適しているのは，粉砕機である．

(2) シュレッダは，事務書類の切断に使用される．

(4) 梱包機は，新聞紙や段ボールへの使用に適している．

(5) 圧縮装置は，缶類の圧縮に使用される．

問323-2　正解（2）

新聞紙は段ボールと同様に，梱包処理を行う．

問323-3　正解（4）

コンパクタ・コンテナ方式は，適用建築物規模として大規模建築物に適する．

建築物内の廃棄物・縦搬送方式の比較

評価項目	容器方式	貯留排出機方式	コンパクタ・コンテナ方式	真空収集方式
初期コスト	◎	○	△	×
ランニングコスト	△	○	◎	△
所要人員	×	○	○	◎
衛生性	△	○	○	◎
防災性	△	◎	◎	△
作業性	×	○	◎	○
設置スペース	×	○	◎	○

適用建築物規模	小規模	中規模	大規模	広域大規模

問323-4　正解（5）

系内中間処理設備として，シュレッダは，OA紙や再生紙の切断に用いられ，梱包機は段ボールや新聞紙・雑誌に用いられる．

問323-5　正解（2）

資源化や再利用しやすいように分別収集や分別廃棄などが徹底されつつあるので，それぞれ混合しないような収集方法で運用管理されなければならない．

324　建築物内廃棄物の収集・運搬

問324-1　正解（5）

感染性廃棄物の保管は，極力短期間とする．施設内で処理を行う場合には，感染性の特別管理廃棄物は焼却，溶融，高圧蒸気滅菌や乾熱滅菌が必要である．

325　建築物内廃棄物の搬送

問325-1　正解（2）

エレベーター方式は，自動縦搬送方式より作業性に優れてはいない．

建築物内の廃棄物・縦搬送方式の比較例

評価項目	エレベーター方式	ダストシュート方式	自動縦搬送方式
初期コスト	◎	○	△
ランニングコスト	△	◎	○
所要人員	×	△	○
衛生性	△	×	◎
防災性	△	△	○

作業性	×	△	◎
分別適否	◎	×	◎
設置スペース	◎	○	△
適用建築物規模	低層～高層	低層～中層	中層～超高層

326　建築物内廃棄物の貯留・搬出

問326-1　正解（2）

容器方式は，排出時に人力で各容器の移動をして中身を空けなければならないという手間がかかる．コンパクタ・コンテナ方式のほうが貯留・排出の面では優れている．

問326-2　正解（4）

貯留・排出機方式は中規模の建築物向けで，コンパクタ・コンテナ方式は大規模建築物向けである．

問326-3　正解（2）

真空収集方式は，貯留・排出機方式より防災性に優れてはいない．

建築物内の廃棄物・縦搬送方式の比較例

評価項目	容器方式	貯留・排出機方式	コンパクタ・コンテナ方式	真空収集方式
初期コスト	◎	○	△	×
ランニングコスト	△	○	◎	△
所要人員	×	○	○	◎
衛生性	△	○	◎	◎
防災性	△	◎	◎	◎
作業性	×	○	◎	○
設置スペース	×	○	◎	○
適用建築物規模	小規模	中規模	大規模	広域大規模

327　建築物内廃棄物の保管場所

問327-1　正解（2）

$10\ 000\,[m^2] \times 0.04\,[kg/(m^2 \cdot 日)] \times 2$
$(日) \div 10\,[kg] \times 0.25\,[m^2] = 20\,[m^2]$

問327-2　正解（2）

床は緩やかな傾斜をつけ，汚水などの液体が溜まらないようにする．

問327-3　正解（3）

設問の点検は，2か月以内に1回実施する．

問327-4　正解（1）

中央集積所には種々の方法で廃棄物が運搬されてくるので，通路に段差（凹凸）などの障害がないように配慮する．

328　大量排出建物などへの市町村長の指示

問328-1　正解（3）

［ア　市町村長］は，その区域内において事業活動に伴い多量の一般廃棄物を生ずる土地または建物の［イ　占有者］に対し，当該一般廃棄物の［ウ　減量］に関する計画の作成，当該一般廃棄物を運搬すべき場所およびその運搬の方法その他必要な事項を提示することができる．

問328-2　正解（4）

廃棄物処理法第6条第5項では，市町村長は，その区域内において事業活動に伴い多量の一般廃棄物を生じる土地または建物の占有者に対し，当該一般廃棄物の減量に関する計画の作成，当該一般廃棄物を運搬すべき場所およびその運搬の方法その他必要な事項を指示することが

科目6　解答と解説

できる，と規定している．そのため，市
町村は，事業系一般廃棄物を大量に排出
する事業用大規模建築物および大量排出
者に対して，適正に分別・保管するなど
市町村の一般廃棄物処理業への協力，廃
棄物管理責任者の選任，廃棄物減量計画
書の作成，具体的な運搬場所や運搬方法
などの指示を行うことになるが，<u>清掃作
業監督者の選任・届出の指示は行わない</u>．

科目 7

ねずみ，昆虫等の防除

　蚊，ゴキブリ，ダニ，ネズミなど，建築物内で発生する衛生害虫や害獣と，それらを防除するための薬剤や資機材，防除方法について出題される．害虫や薬剤の名前はカタカナ表記がほとんどで覚えにくいので，繰り返しの学習や，自分なりの暗記方法の工夫が必要．

329　蚊の生態

蚊について，種ごとの生態が出題される．蚊の種名はカタカナだとイメージしにくいが，アカイエカ（赤家蚊），ヒトスジシマカ（一筋縞蚊），ハマダラカ（羽斑蚊）などと漢字を傍記すると，多少イメージしやすくなる．

問329-1　蚊に関する次の記述のうち，最も不適当なものはどれか．（2018年問題166）

(1) アカイエカは，羽化後，最初の産卵を無吸血で行うことができる．

(2) コガタアカイエカの幼虫は，田んぼや湿地等の水域に発生する．

(3) チカイエカは，北海道にも分布する．

(4) ヒトスジシマカの幼虫の主な発生源として，道路や公園等に存在する雨水ますがある．

(5) アカイエカとチカイエカの雌成虫は，外部形態で区別することは困難である．

問329-2　蚊に関する次の記述のうち，最も不適当なものはどれか．（2017年問題166）

(1) チカイエカは，吸血せずに産卵することができる．

(2) アカイエカは，有機物の多い下水溝などに発生する．

(3) アカイエカとチカイエカの雌成虫は，外部形態で区別することができる．

(4) ヒトスジシマカの主な発生源として，公園，道路，公共施設等に存在する雨水ますがある．

(5) コガタアカイエカは，田んぼや湿地などの水域に発生する．

問329-3　蚊の主要な発生源に関する次の記述のうち，最も不適当なものはどれか．（2016年問題166）

(1) アカイエカは，下水溝や雨水ますに発生する．

(2) ヒトスジシマカは，人工容器や雨水ますに発生する．

(3) シナハマダラカは，水田や湿地帯に発生する．

(4) チカイエカは，浄化槽や湧水槽に発生する．

(5) コガタアカイエカは，海岸線近くの汽水域に発生する．

問329-4　蚊の分布に関する次の記述のうち，最も不適当なものはどれか．（2015

(1) コガタアカイエカは，関東以西に多く生息し，北海道には少ない．

(2) シナハマダラカは，九州から北海道まで広く分布する．

(3) ヒトスジシマカは，南西諸島から東北地方にまで分布する．

(4) アカイエカの分布域は，関西以西である．

(5) チカイエカは，九州から北海道まで分布する．

330　蚊の防除

蚊は，卵，幼虫，さなぎ，成虫と変態する完全変態の昆虫で，幼虫は水生昆虫，成虫は飛翔昆虫となり，幼虫と成虫とで生活環境，生態がまったく異なる．したがって，幼虫の防除と成虫の防除は著しく異なるものとなる．

問330-1　蚊の防除に関する次の記述のうち，最も不適当なものはどれか．(2020年問題166)

(1) 昆虫成長制御剤（IGR）は，成虫に対する致死効果が認められない．

(2) 浄化槽内の殺虫剤処理後も成虫数が減少しない場合は，より高い濃度の薬剤を複数回処理する．

(3) 浄化槽に殺虫剤を処理する場合には，クレゾールなどの殺菌剤を含有する製剤は使用しない．

(4) 防除を効果的に行うためには，吸血被害の聞取調査や成虫の発生状況の調査を行う．

(5) 排水槽や汚水槽の通気管は，外部からの成虫の侵入経路となる．

問330-2　蚊の防除に関する次の記述のうち，最も不適当なものはどれか．(2019年問題167)

(1) ULV処理は，成虫に対する速効性が認められる．

(2) ライトトラップや粘着トラップで捕獲した成虫の数は，維持管理の状態を評価するために重要である．

(3) クレゾールなどの殺菌剤を含む製剤は，浄化槽内の微生物に影響を及ぼすおそれがある．

(4) 殺虫剤による防除効果が得られない場合には，殺虫剤抵抗性の発達を考慮する必要がある．

(5) 樹脂蒸散剤は，密閉性が保たれていない空間であっても，殺成虫効果が期待できる．

問330-3 蚊の防除に関する次の記述のうち，最も不適当なものはどれか．（2017年問題167）

(1) 昆虫成長制御剤（IGR）は，幼虫に対する速効的な致死効果が認められる．
(2) ライトトラップや粘着トラップで捕獲した蚊の数は，維持管理の水準を評価するために有用である．
(3) チカイエカ対策として，浄化槽の通気管に防虫網を設置する．
(4) 樹脂蒸散剤は，密閉性が保たれている空間では，1〜3カ月間の効果が期待できる．
(5) 成虫防除のための燻煙やULV処理では，残効性が期待できない．

問330-4 蚊の防除に関する次の記述のうち，最も不適当なものはどれか．（2016年問題167）

(1) 昆虫成長制御剤（IGR）は，成虫に対する致死効果がない．
(2) 浄化槽内の防除効果は，粘着トラップによる成虫の捕獲数で判定する．
(3) 殺虫剤処理後の浄化槽内で成虫の発生数が減少しない場合は，薬剤抵抗性の発達を考慮する必要がある．
(4) ULV処理は，一般に成虫に対する速効性が低い．
(5) 乳剤に含まれる界面活性剤や有機溶剤は，浄化槽内の微生物に影響を及ぼすおそれがある．

331 ゴキブリの生態

ゴキブリは，卵，幼虫，成虫と変態する不完全変態の昆虫である．不完全変態の昆虫は，さなぎのステージがなく，幼虫は成虫と同様の姿をし，同様の生態で，脱皮を繰り返して成虫に成長する．

問331-1 ゴキブリの生態に関する次の記述のうち，最も適当なものはどれか．（2019年問題168）

(1) チャバネゴキブリは，卵鞘を孵化直前まで尾端に保持し続けている．
(2) クロゴキブリは，昼行性で，夜間はほとんど活動しない．

(3) トビイロゴキブリは，孵化後間もない幼虫が，単独で生活する傾向が強い．

(4) ワモンゴキブリは，動物性の食品や汚物等を餌としない．

(5) ヤマトゴキブリは，幼虫，蛹を経て成虫となる．

問331-2　ゴキブリの生態に関する次の記述のうち，最も不適当なものはどれか．
（2018年問題168）

(1) ゴキブリは，潜み場所として，暗く，暖かく，湿気が多く，狭く，餌や水場に近い所を好む．

(2) ゴキブリの潜伏場所や歩く場所における排泄物による汚れのことを，ローチスポットという．

(3) ゴキブリは，什器や壁等の縁や隅を好んで通る傾向が強い．

(4) ゴキブリ指数とは，微量な薬剤のフラッシング効果により物陰から飛び出てくる数を指数化したものである．

(5) ゴキブリは，幼虫，成虫ともに同じ場所で活動し，同じ食物を摂取する．

問331-3　ゴキブリの生態・習性として，最も不適当な項目は次のうちどれか．
（2014年問題168）

(1) 潜み場所をもつ

(2) 完全変態

(3) 夜間活動性

(4) 集合性

(5) 雑食性

問331-4　ゴキブリに関する次の記述のうち，最も適当なものはどれか．（2013年問題168）

(1) チャバネゴキブリは，卵から成虫になるまで，25℃で約半年を要する．

(2) ゴキブリの幼虫は，脱皮を繰り返して蛹，成虫となる．

(3) ゴキブリの卵塊は舟状をしているため，卵舟という．

(4) ゴキブリが集合するのは，体節から分泌されるホルモンの作用である．

(5) ゴキブリには一定条件の潜み場所があり，日中はほとんどその場所に潜伏している．

332 ゴキブリの防除

ゴキブリに限らず，害虫を防除するためには，対象となる害虫の習性，生態を知ることが大切である．ゴキブリは，夜間，餌を求めて室や廊下の縁を徘徊するので，そこにあらかじめ残効性のある殺虫剤を散布する．

問332-1 ゴキブリの防除に関する次の記述のうち，最も不適当なものはどれか．
(2021年問題169)

(1) 薬剤は，生息場所を中心に，ある程度広範囲に処理することが望ましい．
(2) 防除作業後には，効果判定調査を行うことが重要である．
(3) 毒餌処理に用いられる薬剤には，ディートやイカリジンを有効成分とした製剤がある．
(4) よく徘徊する通路などに，残効性の高い有機リン剤やピレスロイド剤を処理する．
(5) ペルメトリンを有効成分とする水性乳剤をULV機で散布すると，追い出し効果が期待できる．

問332-2 ゴキブリの防除に関する次の記述のうち，最も不適当なものはどれか．
(2020年問題167)

(1) チャバネゴキブリでは，毒餌への喫食抵抗性を示す個体が知られている．
(2) ULV処理は，室内空間に薬剤を充満させて処理する方法である．
(3) 残留処理は，薬剤を経口的に取り込ませることをねらった処理法である．
(4) 防除に先立ち，ゴキブリの生息密度調査を行うことは重要である．
(5) ピレスロイド剤は，ゴキブリに対してフラッシング効果を示す．

問332-3 ゴキブリの防除に関する次の記述のうち，最も不適当なものはどれか．
(2018年問題169)

(1) 残留処理に用いられる薬剤には，ダイアジノンやフェニトロチオン等の乳剤がある．
(2) 発生防止対策としては，食べ物の管理と環境の整備が重要である．
(3) ULV処理では，ピレスロイド剤を有効成分とする専用の水性乳剤が用いられる．
(4) 毒餌処理に用いられる薬剤には，ホウ酸やヒドラメチルノン等を有効成分と

した製剤がある.

(5) 空間処理は，ゴキブリがよく徘徊（はいかい）する通路，壁面等に薬剤を処理し，残渣（さ）に触れさせる方法である.

問332-4　ゴキブリの防除に関する次の記述のうち，最も適当なものはどれか.
(2017年問題169)
　(1) 粘着式トラップは，ゴキブリに警戒心を起こさせるので，毎日設置場所を変えると効果的である.
　(2) 残留処理とは，餌として薬剤を摂取させ，中毒死させる方法である.
　(3) ULV処理には，専用の油剤を使用する.
　(4) 空間処理法では，ホウ酸やヒドラメチルノンを有効成分とした製剤がよく使用される.
　(5) チャバネゴキブリでは，毒餌への喫食抵抗性を示す個体が知られている.

問332-5　ゴキブリの防除に関する次の記述のうち，最も適当なものはどれか.
(2016年問題169)
　(1) ゴキブリは，部屋中を歩き回る習性があるので，殺虫剤の残留処理は部屋内部の全面に行わなくてはならない.
　(2) 7か所に3日間設置した粘着トラップに捕獲されたゴキブリの総数が210匹であった場合のゴキブリ指数は20である.
　(3) 食毒剤を配置する際，毒餌に殺虫剤を噴霧するとその効果が高まる.
　(4) 燻煙（くん）処理を効果的に行うために，部屋の気密性を保ち，引出し，戸棚等の戸は開放して隅々まで薬剤がよく行きわたるようにする.
　(5) 有機リン剤は，ゴキブリ類に対して追い出し効果を示す.

333　チャバネゴキブリ

チャバネゴキブリ（茶羽ゴキブリ）は，茶色の羽をもつ小形のゴキブリで，ビル内のゴキブリの優占種である．もう一つの代表種であるクロゴキブリ（黒ゴキブリ）と生態に差異があるので，違いをよく理解しておこう.

問333-1　チャバネゴキブリに関する次の記述のうち，最も適当なものはどれか.
(2015年問題168)

(1) 前胸背板に黄白色の輪状の斑紋がある.

(2) 孵化した幼虫が成虫になるまでの期間は，25℃で約半年である.

(3) 雌成虫は，卵鞘を孵化直前まで尾端に付着させている.

(4) 本州，四国，九州の木造家屋で多く見られる.

(5) 他のゴキブリ類と比較して，野外生活性が強い.

334　ダニの生態

ダニは昆虫ではなく，クモなどと同じ節足動物に分類される．ダニは非常に種類が多く，ビル内には多種多様なダニが生息している．ダニの生態は種によってまったく異なるので，種ごとの生態をよく理解しておこう．

問334-1　ダニに関する次の記述のうち，最も適当なものはどれか．（2019年問題169）

(1) マダニ類には，ヒトの皮膚内に寄生する種類がある.

(2) ダニの体は，頭部，胸部，胴体部に分けることができる.

(3) ツメダニ類は，他のダニやチャタテムシ等を捕食することが知られている.

(4) ワクモは，室内塵中の有機物を餌として発育する.

(5) イエダニは，野鳥に寄生し，吸血する.

問334-2　ダニに関する次の記述のうち，最も不適当なものはどれか．（2018年問題170）

(1) ヒゼンダニによる角化型疥癬は，感染性が非常に高いことが知られている.

(2) イエダニは，スズメやムクドリ等の野鳥によって運び込まれる場合が多い.

(3) コナダニ類の防除対策は，ツメダニ類の対策としても重要である.

(4) カベアナタカラダニは建築物の外壁を多数歩き回り不快感を与えるが，ヒトを加害することはない.

(5) マダニ類対策として，野外活動時における忌避剤の使用も有効である.

問334-3　ダニ類に関する次の記述のうち，最も適当なものはどれか．（2017年問題170）

(1) マダニ類は，雌雄とも吸血する.

(2) ダニの体は，頭部，胸部，胴体部に分けることができる.

(3) ツメダニ類はヒトから吸血し，激しい痒みを起こす．

(4) タカラダニは，冬季に鉢植えなどに発生する．

(5) イエダニは，屋内の塵などを食べて発育する．

問334-4 ダニに関する次の記述のうち，最も適当なものはどれか．（2016年問題170）

(1) ダニの体は，頭部，顎体部，胴体部に分けることができる．

(2) マダニ類は，幼虫，若虫，成虫の全ての発育段階で吸血する．

(3) ツメダニ類は，ヒトから吸血し，激しい痒みを起こす．

(4) タカラダニ類は，冬季に鉢植えなどに発生する．

(5) イエダニは，ペットによって室内に持ち込まれる．

335 ダニの防除

ダニは，マダニやタカラダニなどの一部のダニを除いて，肉眼では見ることができない．姿の見えないものを相手にすること，環境により大発生することがあるので，防除は，駆除よりも環境対策のほうが重要である．

問335-1 ダニの防除に関する次の記述のうち，最も不適当なものはどれか．（2017年問題171）

(1) イエダニの被害があった場合，室内にネズミの巣がある可能性が高い．

(2) ヒゼンダニによる被害は，高齢者施設や病院で見られる．

(3) ツメダニの被害は，ヒョウヒダニ類の防除対策で軽減される．

(4) 家屋周辺にマダニ類を発生させないためには，ペットの衛生管理が重要である．

(5) ケナガコナダニは，長期間の乾燥状態に強い．

問335-2 ダニの防除対策に関する次の記述のうち，最も不適当なものはどれか．（2015年問題170）

(1) トリサシダニやイエダニの防除には，宿主動物の対策が重要である．

(2) ツメダニ類の対策には，他のダニ類やチャタテムシ類の防除が重要である．

(3) ケナガコナダニの対策には，乾燥状態を保つことが重要である．

(4) ヒョウヒダニ類は，殺虫剤感受性が高く，殺虫剤による防除が効果的である．

(5) 野外活動時の忌避剤使用は，マダニ類に有効である．

問335-3 ダニの種類とその対策との組合せとして，最も不適当なものは次のうちどれか．（2014年問題170）

(1) ヒゼンダニ ——— 観葉植物の管理

(2) コナダニ類 ——— 保存食品の管理

(3) マダニ類 ——— 犬などのペットの衛生管理

(4) ツメダニ類 ——— ヒョウヒダニ類の発生予防

(5) トリサシダニ ——— 鳥の巣の除去

336 ハエ

ハエの幼虫はウジと呼ばれる．ウジは足のないイモムシのような姿をしており，さなぎを経て成虫になる．建物内でみられるハエは，体長4〜8mm程度のイエバエ類と体長2mm程度のショウジョウバエに大別される．

問336-1 ハエ類に関する次の記述のうち，最も不適当なものはどれか．（2020年問題169）

(1) イエバエの主要な発生源は，畜舎やゴミ処理場である．

(2) クロバエは，夏期によく見られる小型のハエである．

(3) ショウジョウバエやチョウバエ等は，走光性を示す種類が多い．

(4) 国内のハエ症では，食べ物と一緒に幼虫を飲み込み，腹痛などを起こす消化器ハエ症が最も多い．

(5) ノミバエの主要な発生源は，腐敗した動物質である．

問336-2 ハエ類に関する次の記述のうち，最も不適当なものはどれか．（2016年問題171）

(1) イエバエの主要な発生源は，畜舎やゴミ処理場である．

(2) ニクバエ類は，卵ではなく幼虫を産む卵胎生のハエである．

(3) クロバエ類は，気温の低い時期に発生する大型のハエである．

(4) キンバエ類は，ハエ症の原因となる．

(5) ショウジョウバエ類は，浄化槽の表面に浮いているスカムから大量発生する．

337 建物内の害虫

蚊，ゴキブリ，ダニ，ハエ以外の建物内の害虫類としては，ノミ，シラミ，アリ，ガ，ハチ，カメムシ，カツオブシムシ，キクイムシなどが挙げられる．カツオブシムシやキクイムシは，食害をもたらす害虫である．

問337-1 衛生害虫に関する次の記述のうち，最も不適当なものはどれか．（2020年問題170）

(1) カツオブシムシ類の幼虫は，乾燥食品や毛織物等を加害する．

(2) シバンムシアリガタバチの幼虫は，シバンムシの体表に寄生する．

(3) コナチャタテ類は，ドライフラワーなどから発生する．

(4) トコジラミは，シラミの仲間の吸血昆虫である．

(5) ノミはシラミと異なり，飢餓に耐えることができる．

問337-2 害虫に関する次の記述のうち，最も不適当なものはどれか．（2019年問題170）

(1) ニセケバエ類は，鉢植の肥料に用いられる油粕などから発生する．

(2) ネコノミは，イヌにも寄生する．

(3) ツマアカスズメバチは，特定外来生物に指定されている．

(4) シバンムシアリガタバチの成虫は，乾燥食品や建築材料を餌とする．

(5) トコジラミは，夜間吸血性である．

問337-3 害虫に関する次の記述のうち，最も不適当なものはどれか．（2018年問題171）

(1) コガタアカイエカの性フェロモンを用いた誘引トラップがある．

(2) アルゼンチンアリは，砂糖，花の蜜，果物等を好む．

(3) ヒラタキクイムシ類による被害は，針葉樹材を使用すれば発生しない．

(4) クサギカメムシの越冬侵入に対しては，侵入場所となる窓枠などにシフェノトリンを処理すると侵入防止効果がある．

(5) ノシメマダラメイガは，貯穀害虫である．

問337-4 害虫に関する次の記述のうち，最も不適当なものはどれか．（2017年問題173）

(1) イガは，繊維や衣類の害虫である．

(2) ネコノミは，イヌやヒトからも吸血する．

(3) ユスリカ類の防除では，性フェロモンを用いたトラップを使用する．

(4) ニクバエ類は，卵ではなく幼虫を産む卵胎生のハエである．

(5) カツオブシムシ類は，乾燥食品や動物性製品を加害する．

問337-5 建築物内の害虫に関する次の記述のうち，最も不適当なものはどれか．（2014年問題171）

(1) トコジラミは幼虫，雌雄成虫ともに吸血する．

(2) 一部のカメムシ類は，越冬のために建築物内に侵入することがある．

(3) 一部のメイガ類の幼虫は，貯穀害虫である．

(4) アルゼンチンアリは，砂糖，花の蜜，果物等を好む．

(5) チョウバエ類の主な発生源は，ちゅう房の生ごみである．

338 建物内の害虫の発生源

害虫の発生源を知ることは，害虫の防除の基本である．害虫の発生源は，餌がある場所，卵を産む場所，生息する場所である．試験では，害虫の種類と発生源の組み合わせが出題される．

問338-1 害虫とその発生場所との組合せとして，最も不適当なものは次のうちどれか．（2015年問題171）

(1) ヒトスジシマカ ―――――― 雨水ます

(2) コナチャタテ類 ――――― 乾燥食品

(3) コナヒョウヒダニ ――――― 室内塵

(4) ホシチョウバエ ――――― 下水処理場の散水ろ床

(5) カツオブシムシ類 ――――― 調理室の生ごみ

339 薬剤・殺虫剤の効力

害虫の駆除に用いられる薬剤・殺虫剤の速効性，残効性，致死効果，ノックダウン効果，フラッシング効果（追い出し効果）といった効力について出題される．LC_{50}，IC_{50}などの指標の意味を理解しておこう．

問339-1　薬剤やその効力に関する次の記述のうち，最も適当なものはどれか．（2020年問題172）

(1) イカリジンは，ゴキブリ類に対する致死効力が高い．

(2) ジクロルボスを有効成分とする樹脂蒸散剤がある．

(3) LD_{50}値は，50%致死濃度を表している．

(4) 有機リン剤の処理によってノックダウンした個体は，蘇生する傾向が強い．

(5) 昆虫成長制御剤（IGR）に対する抵抗性を獲得した衛生害虫は，知られていない．

問339-2　殺虫剤やその有効成分に関する次の記述のうち，最も適当なものはどれか．（2019年問題172）

(1) メトフルトリンは，常温揮散でも効力を発揮する．

(2) ULV処理には，専用の油剤を使用する．

(3) ジフルベンズロンは，幼若ホルモン様化合物である．

(4) 乳剤は，煙霧処理に使用される．

(5) KT_{50}値が小さいほど，致死効力が高い．

問339-3　殺虫剤の有効成分やその効力に関する次の記述のうち，最も不適当なものはどれか．（2017年問題174）

(1) ピレスロイド剤は，物陰にいる虫を開放された場所に飛び出させるフラッシング効果を示す．

(2) 対称型有機リン剤に抵抗性を獲得した昆虫集団に対しても，非対称型有機リン剤は実用的な効果を示す．

(3) 速効性に優れた有効成分には，残効性が期待できないものが多い．

(4) 除虫菊に含まれる殺虫成分や，合成された類似物質を総称して，カーバメート系殺虫剤と呼ぶ．

(5) 昆虫成長制御剤（IGR）の中には，昆虫のホルモンと同様の作用を示すもの

がある.

問339-4　殺虫剤やその効力に関する次の記述のうち，最も適当なものはどれか.
（2015年問題172）

(1) 懸濁剤は，ULV処理に適した製剤である.

(2) 有機リン剤は，ノックダウンした虫がそのまま死亡する傾向が強い.

(3) ジフルベンズロンは，蚊成虫に対する致死効果が高い.

(4) エトフェンプロックスは，非対称型有機リン剤である.

(5) フェニトロチオンを有効成分とするシャンプーなどの人体用の製剤が市販されている.

340　薬剤・殺虫剤の特徴・用途

ヒドラメチルノン，ピレスロイド，ピリプロキシフェンなど，薬剤・殺虫剤の名称はカタカナで表記され，覚えにくい．フェニトロチオンやフェノトリンのように紛らわしいものもあるので，気をつけよう.

問340-1　殺虫剤に関する次の記述のうち，最も適当なものはどれか.（2021年問題171）

(1) 有機リン剤を液化炭酸ガスに溶解し，ボンベに封入した製剤がある.

(2) ピレスロイド剤によりノックダウンした昆虫は，蘇生せずに死亡することが多い.

(3) 油剤は，有効成分をケロシンに溶かし，乳化剤を加えた製剤である.

(4) プロペタンホスは，カーバメート系殺虫剤である.

(5) トランスフルトリンは，常温揮散性を示す薬剤である.

問340-2　殺虫剤の有効成分とその防除対象害虫との組合せとして，最も不適当なものは次のうちどれか.（2020年問題171）

(1)　フィプロニル ──────── チャバネゴキブリ幼虫・成虫

(2)　フェノトリン ──────── アカイエカ幼虫

(3)　プロペタンホス ──────── トコジラミ幼虫・成虫

(4)　ジクロルボス ──────── チカイエカ成虫

(5)　ピリプロキシフェン ─────── イエバエ幼虫

問340-3 下記の①～④の特徴をすべて有する殺虫剤は，次のうちどれか．（2019年問題171）

① 抵抗性を獲得した害虫集団の存在が知られている．

② 基礎的な効力は，IC_{50}値により評価される．

③ 昆虫などの節足動物以外の生物に対する影響が少ない．

④ 成虫に対する致死効力はない．

(1) ピレスロイド剤

(2) 昆虫成長制御剤（IGR）

(3) 対称型有機リン剤

(4) 非対称型有機リン剤

(5) カーバメート剤

問340-4 薬剤とその特徴や製剤との組合せとして，最も不適当なものは次のうちどれか．（2015年問題173）

(1) ヒドラメチルノン ──── 樹脂蒸散剤

(2) プロペタンホス ──── マイクロカプセル(MC)剤

(3) ディート ──────── 吸血昆虫用忌避剤

(4) ピリプロキシフェン ─── 羽化阻害効果

(5) フタルスリン ────── ノックダウン効果

341　殺虫剤の剤型

殺虫剤の剤型には，錠剤，粉剤，油剤，乳剤，蒸散剤などがある．蚊の成虫のような飛翔昆虫には蒸散剤を使用するといった具合に，有効成分を効果的に害虫に与えるように，駆除対象の生態に適合した剤型を用いることが重要である．

問341-1 殺虫剤やその剤型に関する次の記述のうち，最も不適当なものはどれか．（2018年問題172）

(1) 有機リン剤を有効成分とするマイクロカプセル（MC）剤がある．

(2) 乳剤は，水で希釈すると白濁（乳濁化）する．

(3) ピレスロイド剤によりノックダウンした虫は，蘇生する場合がある．

(4) フィプロニルを有効成分とするゴキブリ用の食毒剤がある．

(5) ジクロルボスは，残効性が高い殺虫剤である．

問341-2   殺虫剤やその剤型に関する次の記述のうち，最も不適当なものはどれか．（2016年問題172）

(1) ピレスロイド剤を液化炭酸ガスに溶解した製剤がある．
(2) ペルメトリンを有効成分とするゴキブリ用の食毒剤がある．
(3) ジクロルボスを有効成分とする樹脂蒸散剤がある．
(4) プロペタンホスを有効成分とするマイクロカプセル（MC）剤がある．
(5) 有機リン剤によりノックダウンした虫は，蘇生せずに死亡することが多い．

問341-3   殺虫剤やその剤型に関する次の記述のうち，最も適当なものはどれか．（2014年問題172）

(1) ピリプロキシフェンは，幼虫の脱皮を阻害する表皮形成阻害剤である．
(2) 有効成分をポリアミンなどで被覆し，増量剤を加えた製剤を乳剤と呼ぶ．
(3) ピレスロイド剤は，物陰にいる虫を開放された場所に飛び出させるフラッシング効果を示す．
(4) 有機リン剤は，ピレスロイド剤に比べてノックダウンした虫が蘇生する傾向が強い．
(5) フェニトロチオンは，非対称型有機リン剤である．

問341-4   殺虫剤の剤型とその使用法や使用目的との組合せとして，最も不適当なものは次のうちどれか．（2012年問題172）

(1) 水和剤 —————————— 残留処理
(2) 乳剤 —————————— 煙霧処理
(3) 樹脂蒸散剤 —————————— チョウバエ類対策
(4) 粒剤 —————————— 蚊幼虫対策
(5) 食毒剤 —————————— アリ類対策

342　ネズミの生態

建築物内の優占種であるクマネズミとドブネズミの生態がひんぱんに出題される. 特に, 両種の生態の差異がよく出題されるので理解しておこう. 体の大きさは, クマネズミよりもドブネズミのほうが大きい.

問342-1　クマネズミに関する次の記述のうち, 最も不適当なものはどれか.
(2021年問題173)

(1) 警戒心が強く, 粘着トラップによる防除が難しい.

(2) 都心のビル内では, 優占種となっている.

(3) 運動能力に優れており, 電線やロープを渡ることができる.

(4) ドブネズミと比べて雑食の傾向が強い.

(5) 尾は体長より長く, 耳は大きくて折り返すと目をおおう.

問342-2　ねずみの生態に関する次の記述のうち, 最も不適当なものはどれか.
(2018年問題173)

(1) ねずみ類は, 高圧変電器を避けることはなく, 停電の原因となることがある.

(2) ドブネズミは, クマネズミに比べて運動能力に優れ, 垂直な壁を登り屋内に侵入する.

(3) ドブネズミは, 屋外の植え込みの巣穴や下水道内部に生息している.

(4) クマネズミは, ドブネズミより警戒心が強く, 毒餌やトラップによる防除が難しい.

(5) ハツカネズミは, 好奇心が旺盛で, トラップにかかりやすい.

問342-3　ネズミの生態に関する次の記述のうち, 最も不適当なものはどれか.
(2013年問題174)

(1) クマネズミは雑食性であるが, ドブネズミは植物嗜好性が高い.

(2) ネズミの糞からは, 食中毒の原因となる病原体が検出されることがある.

(3) ネズミの移動経路は一定しているので, 体の汚れが通路となる壁やパイプに付着する.

(4) ハツカネズミは, 畑地周辺に生息しているが, 家屋に侵入することもある.

(5) ドブネズミは, 水洗便所の中から侵入することがある.

科目7
ねずみ昆虫

ネズミの生態に関する次の記述のうち，最も不適当なものはどれか.
（2012年問題173）

(1) ドブネズミの成獣は，クマネズミの成獣に比べて小形である.

(2) クマネズミの尾は，体長より長い.

(3) クマネズミは，ドブネズミに比べて警戒心が強い.

(4) クマネズミは，垂直な壁や電線を伝わって屋内に侵入する.

(5) ドブネズミは，床下や土中に巣を作ることが多い.

343 ネズミの防除

ネズミの防除は，古代の高床式の穀物倉庫で用いられている「ねずみ返し」のような侵入防止が基本であり，これは現代のインテリジェントビルにおいても同じである. そして，餌を絶つこと，巣をつくらせないこと.

問343-1 建築物内のネズミの防除に関する次の記述のうち，最も不適当なものはどれか. （2021年問題174）

(1) ジフェチアロール以外の抗凝血性殺鼠剤は，連続して喫食させることが必要である.

(2) 外部からの侵入を防ぐために，通風口や換気口の金属格子の目の幅は1 cm以下にする.

(3) カプサイシンのスプレーやパテは，ケーブルなどのかじり防止やネズミによってかじられた穴の修理に使用される.

(4) 防除は，餌を断つこと，巣を作らせないこと及び通路を遮断することが基本である.

(5) 殺鼠剤には，経口的な取り込み以外に，経皮的な取り込みによって効果を示す薬剤がある.

問343-2 ねずみの防除に関する次の記述のうち，最も不適当なものはどれか.
（2018年問題174）

(1) 殺鼠剤は，経口的な取り込みにより効果が発揮される.

(2) 侵入を防ぐために，通風口や換気口の金属格子の目の幅は1 cm以下にする.

(3) 第1世代の抗凝血性殺鼠剤であるフマリンは，速効性である.

(4) カプサイシンは，ケーブルなどのかじり防止の目的で使用される.

(5) 防除の基本は，餌を絶つこと，巣を作らせないこと，及び通路を遮断することである．

問343-3 ねずみの防除に関する次の記述のうち，最も不適当なものはどれか．
(2017年問題176)
(1) 捕獲効果を上げるため，餌をつけたうえで数日間はトラップが作動しないようにするなどの工夫をする．
(2) 防鼠構造・工事基準案では，ドア周辺の隙間は2cm以内にすることとしている．
(3) 喫食性のよい餌を確認するため，毒餌配置前の2～3日間は何種類かの餌材で予備調査を行う．
(4) 目視により生息や活動の証跡を確認する調査方法がある．
(5) 防除においては，餌を絶つこと，巣材料を管理することなどが重要である．

問343-4 ネズミの防除に関する次の記述のうち，最も不適当なものはどれか．
(2012年問題174)
(1) 抗凝血性殺鼠剤を用いた防除では，原則として毒餌を連続して喫食させる必要がある．
(2) 忌避剤であるカプサイシンは，処理空間からネズミを追い出す目的で使用される．
(3) クマネズミを対象にした毒餌は，植物性の餅を基材とする．
(4) 防除は，餌を断つこと，巣を作らせないこと及び通路を遮断することが基本である．
(5) 防鼠構造・工事基準案では，ドア周辺の隙間は1cm以内にすることとしている．

344　殺鼠剤

ネズミを駆除する目的で使用される殺鼠剤について，有効成分の薬剤名，殺鼠効果，剤型などに関する事項が出題される．設問に出てくる「カプサイシン」は，殺鼠効果はなく，忌避剤に該当するので注意しよう．

問344-1　ねずみ用の薬剤に関する次の記述のうち，最も不適当なものはどれか．
（2019年問題174）

(1) ブロマジオロン製剤は，動物用医薬部外品として承認されている．

(2) ジフェチアロールは，第2世代の抗凝血性殺鼠剤である．

(3) 粉剤は，餌材料にまぶして，毒餌として利用することができる．

(4) リン化亜鉛は，致死させるために，複数回摂取させる必要がある．

(5) カプサイシンは，忌避剤で，かじり防止などの目的で使用される．

問344-2　殺鼠剤やその剤型に関する次の記述のうち，最も不適当なものはどれか．（2018年問題175）

(1) ジフェチアロールは，ワルファリンに対する抵抗性を獲得したネズミに対しても有効である．

(2) クマテトラリルは，第2世代の抗凝血性殺鼠剤である．

(3) シリロシドは，急性殺鼠剤である．

(4) 粉剤は，餌材料にまぶして毒餌を作製するのに使用することができる．

(5) ブロマジオロン製剤は，建築物衛生法に基づく特定建築物内では使用できない．

問344-3　ねずみ用の薬剤に関する次の記述のうち，最も適当なものはどれか．
（2017年問題177）

(1) 配置された毒餌から，貯穀害虫や食品害虫が発生することはない．

(2) 抗凝血性殺鼠剤に対する抵抗性を獲得したネズミ集団は知られていない．

(3) カプサイシンは，第2世代の抗凝血性殺鼠剤である．

(4) 殺鼠剤は，経口的に取り込ませることにより効果が発揮される．

(5) シクロヘキシミドは，処理区域からネズミを追い出す効果がある．

問344-4　殺鼠剤やその剤型に関する次の記述のうち，最も不適当なものはどれ

か．（2015年問題175）

(1) 動物用医薬部外品であるブロマジオロン製剤は，建築物衛生法に基づく特定建築物内で使用できない．

(2) 殺鼠剤で死亡したネズミが，ハエの発生源になることがある．

(3) 全ての殺鼠剤は，経口的な取り込みにより効果が発揮される．

(4) 第1世代の抗凝血性殺鼠剤は，速効性のものである．

(5) 粉剤は，餌にまぶして毒餌を作製するのに使用することができる．

345　衛生害虫と疾病・健康被害

マダニによる重症熱性血小板減少症候群（SFTS），ヒトスジシマカによるデング熱といった感染症や，セアカゴケグモ，ヒアリといった毒性生物など，近年問題となっているものについて，よく理解しておこう．

問345-1　衛生害虫と健康被害に関する次の記述のうち，最も不適当なものはどれか．（2021年問題175）

(1) イエバエは，消化器感染症の病原体を運ぶことが知られている．

(2) 微小なダニや昆虫類の死骸の破片は，喘息の原因の一つである．

(3) ハチ毒中には，アミン類以外に，アレルギー反応を起こす酵素類が含まれている．

(4) ヒアリが各地の港湾地区で発見されており，皮膚炎の被害が懸念されている．

(5) トコジラミは，高齢者の入院患者が多い病院での吸血被害が問題となっている．

問345-2　衛生害虫と疾病に関する次の記述のうち，最も不適当なものはどれか．（2017年問題178）

(1) イエバエは，腸管出血性大腸菌O157などの病原体の運搬者として注目されている．

(2) トコジラミは，感染症の媒介に関わらないと考えられている．

(3) コガタアカイエカが媒介する日本脳炎の患者は，西日本を中心に発生している．

(4) ヒトスジシマカは住環境で発生が見られ，デング熱やチクングニア熱の媒介蚊である．

(5) 我が国では，ヒトノミによる吸血被害が多い．

問345-3 感染症と衛生動物との組合せとして，最も不適当なものは次のうちどれか．(2016年問題175)

(1) レプトスピラ症 ——————————— ネズミ類
(2) 重症熱性血小板減少症候群(SFTS) ——— マダニ類
(3) 日本紅斑熱 ————————————— アカイエカ
(4) デング熱 ——————————————— ヒトスジシマカ
(5) 日本脳炎 ——————————————— コガタアカイエカ

問345-4 衛生害虫とその疾病に関する次の記述のうち，最も不適当なものはどれか．(2015年問題176)

(1) セアカゴケグモは，刺咬により激しい痛みと神経系の障害を起こす．
(2) アカイエカは，チクングニア熱の媒介蚊である．
(3) コガタアカイエカは，日本脳炎の媒介蚊である．
(4) マダニ類は，重症熱性血小板減少症候群（SFTS）を媒介する．
(5) ヒゼンダニは，疥癬の原因となる．

問345-5 感染症と衛生動物との組合せとして，最も不適当なものは次のうちどれか．(2012年問題175)

(1) レプトスピラ症 ——— ネズミ類
(2) マラリア ——————— ハマダラカ類
(3) 日本脳炎 ——————— コガタアカイエカ
(4) デング熱 ——————— ネッタイシマカ
(5) ペスト ——————— コロモジラミ

346 刺咬・吸血

刺咬とは、刺したり咬んだりすること。吸血は血を吸うこと。血を吸うためには、相手を刺すか咬む必要があり、吸血する害虫は必ず刺咬する。一方、刺咬するからといって、必ずしも吸血するわけではないことに注意。

問346-1 次の害虫のうち、吸血するものはどれか。（2017年問題172）

(1) チカイエカの雄成虫

(2) オオチョウバエの雌成虫

(3) セスジユスリカの雌成虫

(4) トコジラミの雄成虫

(5) ネコノミの幼虫

347 殺虫剤などの毒性・安全性

殺虫剤などの毒性の指標の一つに選択毒性がある。選択毒性が高いと安全性は高くなる。紛らわしいのでよく理解しておこう。ネズミとヒトの体重差と体重当たりの毒性の関係も紛らわしいので注意。

問347-1 殺虫剤・殺鼠剤に関する次の記述のうち、最も不適当なものはどれか。
（2020年問題176）

(1) 昆虫体内の加水分解酵素などが、殺虫剤の解毒に関わっている。

(2) 殺鼠剤の安全性は、毒性の内容や強弱、摂取量、摂取期間によって決まる。

(3) 殺鼠剤の多くは、選択毒性が低く、ヒトに対しても毒性を示す。

(4) 殺鼠剤には、劇薬、毒薬に該当する製剤がある。

(5) 薬剤を実験動物に投与して求めたLD_{50}値は、殺虫剤の急性毒性の評価基準となる。

問347-2 殺虫・殺鼠剤の毒性や安全性に関する次の記述のうち、最も不適当なものはどれか。（2018年問題177）

(1) ヒトや動物に対するLD_{50}値が小さいほど、その薬剤の安全性は確保されやすい。

(2) 薬剤のヒトや動物に対する安全性は、毒性の強弱、摂取量、摂取期間等によって決まる。

(3) 害虫の種類が同じでも、幼虫と成虫により薬剤感受性が異なる場合がある。

(4) 殺鼠剤の有効成分の濃度は低く抑えられているので，ヒトとネズミの体重差から誤食による人体への影響は少ない．

(5) 衛生害虫用殺虫剤は医薬品，医療機器等の品質，有効性及び安全性の確保等に関する法律の規制に基づき，安全性，薬理，効力等の資料の審査により承認される．

問347-3 殺虫剤・殺鼠剤の毒性や安全性に関する次の記述のうち，最も不適当なものはどれか．（2014年問題177）

(1) 殺鼠剤の有効成分の濃度は低く抑えられているので，ヒトとネズミの体重差から誤食による人体への影響は少ない．

(2) 殺虫剤や殺鼠剤では，防除対象種とそれ以外の生物種で毒性値の差が大きいほど安全性が確保されている．

(3) 薬事法に基づく殺鼠剤の承認申請時には，安全性，薬理，効力等に関する資料を提出する必要がある．

(4) 薬剤の安全性は，毒性の内容や強弱，摂取量，摂取期間等によって決まる．

(5) ADIとは，実験動物に長期間にわたって連日投与して，毒性が認められない薬量のことである．

問347-4 殺虫・殺鼠剤の毒性や安全性に関する次の記述のうち，最も不適当なものはどれか．（2013年問題177）

(1) 殺鼠剤の多くは，ネズミに比べてヒトに対する体重当たりの毒性が弱い．

(2) ADIとは，ヒトが一生の間に毎日体内に取り込んでも，安全な1日当たりの摂取薬量のことである．

(3) NOAELとは，実験動物に長期間にわたって連日投与して，毒性が認められない薬量のことである．

(4) 殺虫製剤の毒性基準値は，剤型により異なっている．

(5) 薬剤を実験動物に投与して求めたLD_{50}値は，殺虫製剤の急性毒性の評価基準となる．

348　防除構造，防除機器

網戸などの防除構造や，ミスト機，噴霧機，煙霧機，ULV機といった散布機や電撃式殺虫機などの防除機器に関する事項が出題される．LED照明は，蛍光灯よりも紫外線量が少なく，誘虫しにくい．ついでに覚えておこう．

問348-1　防除に用いる機器類と薬剤に関する次の記述のうち，最も不適当なものはどれか．（2021年問題177）

(1) 隙間や割れ目等の細かな部分に粉剤を処理する場合には，電動散粉機を使用する．

(2) 噴霧器のノズルから噴射される薬液の噴射パターンの一つとして，扇型がある．

(3) ミスト機は，汚水槽の蚊やチョウバエの防除に使用される．

(4) 液化炭酸ガス製剤には，有機溶媒や水は使用されていない．

(5) 粘着式殺虫機は，昆虫の死骸が周囲に落ちることが少ない．

問348-2　防虫・防鼠構造や防除に用いる機器に関する次の記述のうち，最も適当なものはどれか．（2020年問題177）

(1) 通常16メッシュの網目であれば，蚊，コバエ等，多くの昆虫の侵入を防止できる．

(2) 光源がナトリウム灯の場合は，白熱灯に比べて昆虫類を誘引しやすいことが知られている．

(3) ミスト機は，100〜400μm程度の粒子の薬剤を，ゴキブリなどの生息場所に散布する場合に使用する．

(4) 食品取扱場所やその周辺では，毒餌や圧殺式トラップは，施錠可能な毒餌箱に入れて設置する．

(5) 噴霧機は，殺虫剤などに熱を加えないで，送風装置とノズル先端の衝突板で20〜100μm程度の粒子を噴射する機器である．

問348-3　防虫・防鼠構造や防除に用いる機器に関する次の記述のうち，最も適当なものはどれか．（2018年問題178）

(1) 室内灯の光源の色は，昆虫に対する誘引性とは無関係である．

(2) 超音波防鼠機は，同じ周波数の超音波を流し続けても，ネズミが慣れること

はない.

(3) 食品を取扱う場所の上には電撃式殺虫機を設置するとよい.

(4) 噴射できる薬剤の粒径は，噴霧機，ミスト機，煙霧機の順に大きくなる.

(5) 通常20メッシュより細かい網目であれば，カ，コバエ等，多くの昆虫の侵入を防止できる.

問348-4 防虫・防鼠構造や防除に用いる機器に関する次の記述のうち，最も適当なものはどれか．（2015年問題178）

(1) 電撃式殺虫機は，長波長誘引ランプに誘引されて集まった昆虫を高圧電流に触れさせて感電死させる器具である.

(2) ミスト機は，殺虫剤を0.1〜10μmの粒子にして噴射する.

(3) ローラ式の粘着クリーナは，イエダニや室内塵性ダニ類などの簡易的な調査に用いることができる.

(4) ネズミの侵入を防ぐために，通風口や換気口の金属格子の目の幅は2cm以下にする.

(5) ULV機は，低濃度の薬剤を多量に散布する薬剤散布機である.

349 殺虫剤の処理・保管

殺虫剤の処理・保管に関して，薬機法の医薬品・医薬部外品に関する事項，消防法の少量危険物倉庫に関する事項などが出題される．また，案内告知や煙感知器の誤作動などの殺虫剤の使用に関する事項も出題される.

問349-1 殺虫剤の処理や保管に関する次の記述のうち，最も不適当なものはどれか．（2020年問題178）

(1) 乳剤や油剤等には，消防法に定める第四類危険物のうち，第一石油類に該当するものが多い.

(2) 有機溶剤系の薬剤を取り扱う場合には，耐有機溶剤性のゴム手袋を用いる.

(3) 建築物環境衛生管理基準に従って衛生害虫の防除を行う場合は，医薬品又は医薬部外品を使用しなければならない.

(4) 殺虫剤の処理によって，煙感知機が作動することがある.

(5) 殺虫剤散布を行う場合は，散布前後とも3日間は，当該区域の入口に殺虫剤の種類，散布方法等を掲示するなどして，その旨を周知する必要がある.

殺虫・殺鼠剤の毒性や安全性に関する次の記述のうち，最も不適当なものはどれか．（2016年問題177）

(1) 衛生害虫用殺虫剤は，医薬品，医療機器等の品質，有効性及び安全性の確保等に関する法律（医薬品医療機器等法）の規制に基づき，安全性，薬理，効力等の資料の審査により承認される．

(2) 薬剤のヒトや動物に対する安全性は，毒性の強弱，摂取量，摂取期間等によって決まる．

(3) 薬剤を実験動物に投与して求めたLD_{50}値は，殺虫剤の急性毒性の評価基準となる．

(4) 殺鼠剤の多くは，選択毒性が低く，ヒトに対しても強い毒性を示す成分が多い．

(5) 殺虫製剤は，毒薬に該当する毒性値を示すものが多い．

350 生息調査法

ネズミや害虫の生息調査には，捕獲する方法と痕跡を確認する方法がある．害虫の捕獲は，生態に合った方法が求められ，対象害虫と捕獲方法の組み合わせについて出題される．

問350-1 ゴキブリの防除に関する次の文章についての解析・評価として，最も適当なものはどれか．（2017年問題179）

レストランのちゅう房内で，チャバネゴキブリ防除のために，殺虫剤処理を行った．

殺虫剤の処理前に，3箇所に3日間配置した粘着トラップでの捕獲数が合計180匹であった．処理後に3箇所に4日間配置したトラップでの捕獲数は合計24匹であった．

(1) 処理前のゴキブリ指数は60である．

(2) 処理後のゴキブリ指数は8である．

(3) この殺虫剤処理による防除率は90％である．

(4) 建築物における維持管理マニュアルに示される標準的な目標水準に基づけば，処理後の状況は「警戒水準」に該当する．

(5) すぐに再度の防除作業を実施する必要はなく，6カ月以内に1回，発生の多い場所では2カ月以内に1回，定期的な調査を継続する．

問350-2 建築物内のネズミ及び害虫の調査法に関する次の組合せのうち，最も

不適当なものはどれか．（2012年問題178）

(1) ハエ類の成虫 ——— 粘着リボン法

(2) ゴキブリ ————— ファン式ライットトラップ法

(3) 屋内塵性ダニ ——— 粘着クリーナ法

(4) 蚊の幼虫 ————— 柄杓すくい取り法

(5) ネズミ ————— 証跡調査法

351　防除の際の安全管理

誤飲・誤食，危険物としての取扱い，有機溶剤としての取扱い，配電盤などでの感電，魚に対する毒性（魚毒性），駆除対象外生物への影響，大理石などの建材への影響といった安全管理に関する事項が出題される．

問351-1　ねずみ・昆虫等の防除における安全管理に関する次の記述のうち，最も不適当なものはどれか．（2015年問題179）

(1) 殺虫剤散布の３日前までにその内容を通知し，当該区域の入口に散布３日後まで掲示する．

(2) 薬剤処理により，カーペットや大理石が変色する場合がある．

(3) 屋外に毒餌を配置する場合には，毒餌箱に入れて配置する．

(4) ULV処理により，煙感知器が誤作動を起こすことがある．

(5) 有機リン剤は，ピレスロイド剤に比べて，魚毒性が高いものが多い．

問351-2　ねずみ・昆虫等の防除作業における安全管理に関する次の記述のうち，最も不適当なものはどれか．（2014年問題179）

(1) ピレスロイド剤は，魚毒性が高いものが多いので，魚を飼育している場所での使用は控える．

(2) 殺虫剤の噴霧処理時には，活性炭入りの防毒マスクを着用する．

(3) 乳剤や油剤を一定量以上保管する場合は，消防法に基づく少量危険物倉庫の届出が必要となる．

(4) 殺虫剤の散布に際しては，遅くとも散布前日までにその内容を通知する．

(5) 煙霧処理により，煙感知器が誤作動を起こすことがある．

問351-3　防除作業の安全管理に関する次の記述のうち，最も不適当なものはど

れか.（2013年問題179）

- (1) ピレスロイド剤は魚毒性が低いので，魚類を飼育している場所での処理に適している.
- (2) 乳剤などの薬剤取扱い時には，耐有機溶媒性のゴム手袋を使用する.
- (3) 殺虫剤の散布に際しては，遅くとも散布3日前までにその内容を通知し，当該区域の入口に散布3日後まで掲示する.
- (4) 煙霧機を使用する場合には，煙感知器を切ってから散布処理を開始する.
- (5) カーペットや大理石に薬剤が付着すると，変色する場合がある.

352　特定建築物内の防除

建築物衛生法に基づく，特定建築物内のねずみ等の防除に関する事項が出題される. ねずみ等の防除は，人の健康に対するリスクと環境への負荷を最小限にとどめるような方法で実施する必要がある.

問352-1　建築物衛生法に基づく特定建築物内のねずみ等の防除に関する次の記述のうち，最も適当なものはどれか.（2019年問題178）

- (1) 環境的対策は，特定建築物維持管理権原者のもとで当該区域の管理者が日常的に行う.
- (2) 食料取扱い区域などのねずみ等が発生しやすい場所では，6カ月以内ごとに発生状況調査を実施する.
- (3) 調査は，目視調査や聞取り調査を重点的に行い，トラップ調査は実施しなくてよい.
- (4) IPM（総合的有害生物管理）における「警戒水準」とは，すぐに防除作業が必要な状況をいう.
- (5) IPMに基づくねずみ等の防除では，定期的・統一的な薬剤処理を行う.

問352-2　建築物衛生法に基づく特定建築物内のねずみ等の防除に関する次の記述のうち，最も不適当なものはどれか.（2018年問題179）

- (1) トラップによる捕獲調査を行った場合，1日1トラップ当たりの平均捕獲数を捕獲指数として算出しておく.
- (2) ベクターコントロールとは，感染症の媒介を断つための手段として行うねずみ等の防除である.

(3) ねずみ等の防除を行う際は，必要に応じて薬剤を使用する．

(4) ねずみ等に対する対策を行った場合，有害生物の密度調査などによって，その効果について客観性のある評価を行う．

(5) 防除は，発生予防対策より発生時対策に重点を置いて実施する．

問352-3 建築物衛生法に基づく特定建築物内のねずみ等の防除に関する次の記述のうち，最も適当なものはどれか．（2016年問題179）

(1) IPM（総合的有害生物管理）において，「警戒水準」とは，すぐに防除作業が必要な状況を指す．

(2) 環境的対策は，PCO（ねずみ等の防除業者）が日常的に行うこととされている．

(3) 調査は，目視調査や聞き取り調査を重点的に行い，トラップ等による捕獲調査は必要としない．

(4) 食料取扱い区域などのねずみ等が発生しやすい場所では，2カ月以内ごとに発生状況調査を実施する．

(5) 防除は，発生時対策に重点を置いて実施する．

353　IPM（総合的有害生物管理）

IPM（Integrated Pest Management）とは，総合的有害生物管理と訳され，利用可能な技術を駆使した総合的な方法で，有害生物を許容レベル以下に管理することである．

問353-1 建築物衛生法に基づくねずみ・昆虫等の防除に関する次の文章の[　　]内に入る語句の組合せとして，最も適当なものはどれか．（2021年問題178）

　ねずみ等の防除においては，IPM（総合的有害生物管理）の理念に基づく防除を実施しなければならない．この防除においては，[　ア　]や[　イ　]，防除法の選定，[　ウ　]等が重要視され，防除法の選定においては，[　エ　]や侵入防止対策を優先的に検討する必要がある．

	ア	イ	ウ	エ
(1)	使用薬剤の選定	防除目標の設定	利用者の感覚的評価	発生時対策

(2)	生息密 度調査	———	防除目標 の設定	———	生息指数に よる評価	———	発生時対策
(3)	使用薬剤 の選定	———	化学的 対策	———	使用薬剤 の種類	———	発生時対策
(4)	生息密 度調査	———	防除目標 の設定	———	生息指数に よる評価	———	発生予防対策
(5)	発生時 対策	———	化学的 対策	———	利用者の感 覚的評価	———	発生予防対策

問353-2　建築物内のねずみ・昆虫等の防除に関する次の記述のうち，最も不適当なものはどれか．（2014年問題180）

ただし，IPMとは，総合的有害生物管理である．

(1) IPMは，ねずみ・害虫管理の考え方（理念）である．

(2) IPMにおける措置水準とは，すぐに防除作業が必要な状況をいう．

(3) IPMにおける許容水準とは，環境衛生上良好な状態であり，定期的な調査を継続すればよい状況をいう．

(4) 防除は，発生予防対策より発生時対策に重点を置いて実施する．

(5) ねずみ等の防除は，人の健康に対するリスクと環境への負荷を最小限にとどめるような方法で実施する．

問353-3　建築物における衛生的環境の維持管理について（平成20年1月25日健発第0125001号）に示された建築物環境衛生維持管理要領による総合的有害生物管理（IPM）に関する次の文章の［　　　］内に入る語句の組合せとして，正しいものはどれか．（2012年問題179）

ねずみ等の［　ア　］を行うに当たっては，建築物において考えられる［　イ　］技術を組み合わせて利用しながら，［　ウ　］に対するリスクと環境への負荷を最小限にとどめるような方法で，有害生物を制御し，その水準を維持する有害生物の管理対策である総合的有害生物管理の考え方を取り入れた［　ア　］体系に基づき実施すること．

	ア	イ	ウ
(1)	駆除 ——— 定められた ——— 人の生命

(2) 駆除 ——— 有効・適切な ——— 人の健康

 (3) 駆除 ——— 有効・適切な ——— 人の生命

 (4) 防除 ——— 定められた ——————— 人の衛生

 (5) 防除 ——— 有効・適切な ——— 人の健康

354 複合問題

ネズミ・害虫の防除の基本は，侵入防止対策と発生源対策である．発生している
ネズミ・害虫に対しては，発生時対策を行う．侵入防止・発生源対策を重視する
こと，すなわち予防が，ビル管理技術者には求められる．

問354-1 ねずみ・昆虫等の防除に関する次の記述のうち，最も適当なものはど
れか．（2021年問題179）

 (1) ネズミや害虫に対しては，薬剤処理とトラップによる対策を優先的に実施す
る．

 (2) IPMにおける警戒水準とは，すぐに防除作業が必要な状況をいう．

 (3) 生息密度調査の結果が許容水準に該当した場合，原則として6カ月以内に一
度，又は発生の多い場所では，2カ月以内に一度の定期的な調査を継続する．

 (4) チャバネゴキブリが発生している厨房内の5箇所に3日間配置した粘着ト
ラップでの捕獲数が，成虫30匹と幼虫120匹であった場合のゴキブリ指数は
30である．

 (5) ゴキブリ防除用として，医薬品や医薬部外品として承認された殺虫剤の代わ
りに使用できる農薬がある．

問354-2 ねずみ・昆虫等の防除に関する次の記述のうち，最も不適当なものは
どれか．（2020年問題179）

 (1) ペストコントロールには，ベクターコントロールとニューサンスコントロー
ルの二つの側面がある．

 (2) 防除は，発生時対策より発生予防対策に重点を置いて実施する．

 (3) IPM（総合的有害生物管理）による，ねずみ・昆虫等の対策に当たって設定
される維持管理水準値は，該当建築物又は該当場所ごとに設定することがで
きる．

 (4) ねずみ・昆虫等に対する対策を行った場合は，対象生物の密度調査などによ

り，その効果について客観性のある評価を行う.

(5) IPM（総合的有害生物管理）における「措置水準」とは，放置すると今後問題になる可能性がある状況をいう.

問354-3 ねずみ・昆虫等及び鳥類の防除に関する次の記述のうち，最も不適当なものはどれか.（2019年問題179）

(1) ドバトの捕獲や卵の除去を行う際は，自治体等の長の許可が必要である.

(2) ネズミと昆虫では，薬剤抵抗性の発達の原理が異なる.

(3) ネッタイトコジラミは，近年，東京都内の宿泊施設でも散見されている.

(4) 防除は，発生時対策より発生予防対策に重点を置いて実施する.

(5) 吸血昆虫を対象にした人体用忌避剤として，イカリジンがある.

問354-4 害虫や薬剤に関する次の記述のうち，最も不適当なものはどれか.（2018年問題180）

(1) 殺虫剤抵抗性は，同一の殺虫剤が繰り返し使用されることによる淘汰によって発達する.

(2) 昆虫等に対する不快感の程度は，第三者による客観的な判断が困難である.

(3) 昆虫成長制御剤（IGR）による羽化阻害の効力は，KT_{50}で評価される.

(4) 建築物内に発生する昆虫などが喘息のアレルゲンになることがある.

(5) 吸血害虫の中には，幼虫，雌・雄成虫ともに吸血する種類がある.

問354-5 衛生害虫や殺虫剤に関する次の記述のうち，最も適当なものはどれか.（2017年問題180）

(1) 殺虫剤抵抗性は，様々な系統の殺虫剤に繰り返し接触することによる免疫の獲得によって発達する.

(2) 昆虫などに対する不快感の程度は，第三者による客観的な判断が困難である.

(3) 殺虫剤の速効性は，LD_{50}の数値で評価される.

(4) 農薬は，建築物衛生法に基づく特定建築物内でのゴキブリの防除に使用できる.

(5) ドバトの建築物への営巣は，ヒトに対するヒゼンダニの寄生被害の原因となる.

科目7 ねずみ，昆虫等の防除 解答と解説

329 蚊の生態

問329-1 正解 (1)

無吸血産卵を行うのはチカイエカである．アカイエカとチカイエカは，雄の外部形態(生殖器)で識別できる．

問329-2 正解 (3)

雌成虫の外部形態ではなく，雄の生殖器の形態(背腕の形)の違いで区別できる．

問329-3 正解 (5)

コガタアカイエカは，主に水田で発生する．なお，汽水域に発生するのはトウゴウヤブカである．

問329-4 正解 (4)

アカイエカは，日本国内全域に生息している．

330 蚊の防除

問330-1 正解 (2)

設問の場合，対象害虫に抵抗性ができている可能性があるので，作用機構の異なる他の薬剤に変えるべきである．

問330-2 正解 (5)

樹脂蒸散剤を使用する場合は，空間の密閉性を保つ必要がある．

問330-3 正解 (1)

IGRは成長抑制ホルモンであり，幼虫から成虫に至る成長過程の途中で羽化の際，羽化防止などに作用し，抑制ホルモンの種類によっては各ステージで発達を阻害するため，速効性はなく緩やかである．

問330-4 正解 (4)

ULVは，Ultra Low Volumeの略で，高濃度少量散布と訳される．ULV処理は，成虫対策として高濃度の殺虫剤をごく少量，室内などの空間に長い時間浮遊させる方法であり，即効性は高い．

331 ゴキブリの生態

問331-1 正解 (1)

(2) クロゴキブリは，屋外や室内を問わず，主に夜行性である．

(3) ゴキブリ類は，集合フェロモンにより集合して生活する．

(4) ワモンゴキブリは，他のゴキブリと同様に雑食性で，動物性・植物性を問わず食害する．

(5) ゴキブリには蛹の段階はない(卵から一齢幼虫となり，脱皮を繰り返しながら終齢幼虫を経て成虫となる)．

問331-2 正解 (4)

ゴキブリ指数とは，粘着トラップでゴキブリの捕獲調査を行い，1日当たりの平均捕獲数を求めて密度調査データとするものである．計算式は，

総捕獲数÷設置トラップ数÷設置日数

である．防除前後に実施し，指数が1以下となれば防除効果ありと判定できる．

問331-3 正解 (2)

ゴキブリの発育段階は，卵→幼虫(脱皮を繰り返す)→成虫であり，蛹の段階がないので不完全変態である．

問331-4 正解 (5)

日中のゴキブリは，一定の場所に潜伏

している.
(1) 25℃で約60日を要する.
(2) ゴキブリは不完全変態で, 蛹の時期がない.
(3) ゴキブリの卵塊はガマ口型で, 卵鞘（らんしょう）という.
(4) ゴキブリが集合するのは, 直腸から分泌するフェロモンによる.

332　ゴキブリの防除

問332-1　正解 (3)

ディートやイカリジンは忌避剤で, 吸血害虫の感知能力を撹乱し, 吸血行動を阻止するものである.

問332-2　正解 (3)

残留処理は, 脚や皮膚に薬品が付着することで薬剤が体内に浸透する経皮中毒によって効果を発揮する.

問332-3　正解 (5)

空間処理は, 殺虫剤を霧状や煙状にして空中に噴霧する方法である. ゴキブリが活動する通路や壁面に薬剤を処理するのは散布や塗布であり, 残留処理である.

問332-4　正解 (5)

(1) 新たに設置したトラップに警戒心を起こすが, しばらく移動しないほうが慣れて警戒心を持たなくなるので効果的である
(2) 残留処理とは殺虫成分のある薬剤を塗布したり空中散布して壁や床などに付着させ, その上を歩いたり体の一部が薬剤に触れることにより駆除効果がある. 駆除対象生物が好む餌に毒剤を

混ぜてその毒餌を食べることにより駆除するのはベイト処理である.
(3) ULV処理は高濃度少量散布のことで, 薬剤を微粒子状で空間に散布するため, 油剤などは引火しやすい. 火災予防の観点から室内などでは使用すべきでない.
(4) 空間処理には煙霧, 燻煙, 蒸散, ULV処理などがあり, 使用される薬剤はピレスロイド剤や有機リン系薬剤が用いられる. ホウ酸やヒドラメチルノンなどはベイト剤である.
(5) 毒餌のグルコースに対して忌避性を示す個体がある.

問332-5　正解 (4)

燻煙処理を効果的に行うためには, 部屋の気密性を保ち, 引出しや戸棚などの戸は開放して隅々まで薬剤がよく行きわたるようにする必要がある.
(1) 残留処理は, 床や壁際で行う.
(2) 210 ÷ 7 ÷ 3 ＝10で, ゴキブリ指数は10である.
(3) 薬剤の混合は危険である.
(4) 追い出し効果（フラッシング効果）のある薬剤は, ピレスロイド系である.

333　チャバネゴキブリ

問333-1　正解 (3)

他の大型ゴキブリは卵鞘を数日間保有し, 家具などに付着させる.
(1) 前胸背板に黄白色の輪状の斑紋があるのは, ワモンゴキブリである. チャバネゴキブリは前胸背板に2本の黒い

斑紋がある.

(2) 孵化した幼虫が成虫になるまでの期間は季節によって異なるが，気温25℃で33〜70日の飼育報告がある.

(4) 本州，四国，九州の木造家屋で多く見られるのは，クロゴキブリである. チャバネゴキブリは，都市部のビルなどで多く見られる.

(5) 他のゴキブリと比較して，室内居住性が高い.

334　ダニの生態

問334-1　正解（3）

(1) マダニ類は，動物や人の上皮から吸血し，満腹すると離れて落下する.

(2) ダニの外部形態は，顎体部と胴体部に区分される.

(4) ワクモ類は，主に鳥類に寄生して吸血する.

(5) イエダニ類は，ネズミなどの動物に寄生し，人を吸血することもある.

問334-2　正解（2）

イエダニはネズミに寄生しており，人間も吸血する. 鳥類によって家屋内に運び込まれるダニ類は，トリサシダニ，ワクモ類である.

問334-3　正解（1）

(2) 節足動物の形態の特徴として体節性が挙げられる. ダニ類の形態は体節が不明だが，顎体部（鋏角と触肢など）と胴体部（生殖盤・気門・胸版やⅡ脚〜Ⅳ脚）に分けられ，昆虫類のような頭部・胸部・腹部ではない.

(3) 刺すことにより表皮組織の細胞液を吸い，その際ダニの唾液が注入される.

(4) 関東では春（3月初旬の桜の開花時〜4月下旬の期間）である.

(5) 吸血性のダニで，人や動物（主にネズミ類）を刺して吸血する.

問334-4　正解（2）

マダニ類は，幼虫，若虫，成虫のすべての発育段階で吸血する.

(1) ダニに頭部はない.

(3) ツメダニ類は人の体液を吸い，ダニの唾液でアレルギー反応が生じる.

(4) タカラダニの発生は春から夏である.

(5) イエダニは，主にネズミに寄生して家屋内に持ち込まれる.

335　ダニの防除

問335-1　正解（5）

ケナガコナダニの生息最適環境の湿度は75％であり，それ以下の乾燥状態では繁殖などができない.

問335-2　正解（4）

ヒョウヒダニ類は，殺虫剤などの薬剤感受性が低く，防除の方法は主に温湿度管理と清掃である.

問335-3　正解（1）

ヒゼンダニは動物寄生のダニで，人体寄生の被害を受けたときは皮膚科での治療が必要である.

336　ハエ

問336-1　正解（2）

クロバエは低温期を好み，イエバエに比べて大型である．

問336-2　正解（5）

ショウジョウバエ類が発生するのは発酵ごみからである．なお，スカムから発生するのはチョウバエ類である．

337　建物内の害虫

問337-1　正解（4）

分類上，トコジラミはカメムシ目，シラミはシラミ目で，系統が異なる．

編集部注：（2）のバンムシアリガタバチは，シバンムシの幼虫の体内に卵を産んで寄生する．

問337-2　正解（4）

シバンムシアリガタバチは，シバンムシの寄生バチである．

問337-3　正解（1）

コガタアカイエカの性フェロモンを用いた誘引トラップは，市販・利用されていない．

問337-4　正解（3）

性フェロモン（Sex Pheromone）は配偶行動において異性間のコミュニケーションに利用される化学物質で，雌が雄に対し，自らの場所を教え，交尾行動を誘導するための物質である．性フェロモントラップは主に穀物類害虫調査に用いられ，一部の害虫で駆除用に使用されている

が，ユスリカ専用には市販されていない．

問337-5　正解（5）

チョウバエは，厨房やトイレなどの排水槽の有機物が多いスカムで発生する．

338　建物内の害虫の発生源

問338-1　正解（5）

カツオブシムシは繊維害虫で，主に動物性タンパク質を好み，干し魚などの乾物類も食害する．

339　薬剤・殺虫剤の効力

問339-1　正解（2）

樹脂蒸散剤は，板状の合成樹脂にジクロルボスなどの殺虫剤を練り込んであり，高い殺虫力と蒸気圧を持ち，長期間にわたって殺虫成分を蒸散させ，浄化槽，汚水槽，倉庫などといった常時人がおらず，食品や容器が直接曝露されない場所で使用する．

（1）イカリジンは，蚊・ブユ・アブなどの忌避剤（虫よけ剤）として用いられる．

（3）LD_{50}は，致死濃度ではなく「Lethal Dose, 50%」の略，すなわち「半数致死量」のことで，薬をある一定量投与したときに対象動物（虫）の半数が死んでしまう量を指す．

（4）有機リン剤は，急性毒性が高く，残効性もあるので蘇生率は低い．

（5）イエバエなどで，IGRに抵抗性を示す例が報告されている．

問339-2　正解（1）

(2) ULV処理は，霧状に散布するため，油剤などの引火性のあるものは使用しない.

(3) ジフルベンズロンは，キチン形成阻害剤である.

(4) 乳剤は，煙霧ではなく，霧状にして散布する.

(5) KT$_{50}$値が小さいほど，致死効力は低い.

問339-3　正解（4）

　ピレスロイド系殺虫剤の殺虫成分にはアレスリン，フェノトリン，メトフルトリン，トランスフルトリン，イミプロトリン，ペルメトリンなどがあり，これらは除虫菊に含まれる成分（ピレトリン，ジャスモリン，シネリン）とよく似た作用・構造の化合物である.

　カーバメート系殺虫剤の有効成分にはプロポクスルなどがあり，昆虫の神経伝達に関与する酵素であるアセチルコリンエステラーゼの働きを阻害する. 昆虫の神経を過剰に興奮させ，麻痺させることですばやい殺虫効果を示す. 効果の現れ方はきわめて速効的な物が多く，少量でも殺虫効果が現れるが残効性は短い.

問339-4　正解（2）

　有機リン剤は，ピレスロイド剤に比べて蘇生することが少ない.

(1) ULVとはUltra Low Volumeの略で，高濃度少量散布のことであり，水性乳剤が用いられる.

(3) ジフルベンズロンは表皮形成阻害物質であり，蚊の幼虫に対する効果が高

い.

(4) エトフェンプロックスはピレスロイド様殺虫剤である. 非対称型有機リン剤にはプロペタンホスなどがある.

(5) 人体用シャンプーには，フェノトリン（ピレスロイド系）が使用される.

340　薬剤・殺虫剤の特徴・用途

問340-1　正解（5）

(1) フェノトリンなどピレスロイド剤を液化炭酸ガスに溶解し，ボンベに封入した「炭酸ガス製剤」がある.

(2) ピレスロイド剤では，蘇生するものも少なからずある.

(3) 油剤は，有効成分をケロシンに溶かしたものである. 乳化剤は加えない.

(4) プロペタンホスは，非対称型有機リン剤である.

問340-2　正解（2）

　フェノトリンはピレスロイド系殺虫剤の一種で，ノミ取りシャンプーやノミ駆除スポットオン製剤などに用いられている. 魚毒性が高いので，現在は水系殺虫剤として使用されていない.

問340-3　正解（2）

　各薬剤の特性は以下のとおり.

薬剤＼特徴	①	②※	③	④
(1)ピレスロイド剤	◎	×	◎	×
(2)IGR剤	◎	◎	◎	◎
(3)対称型有機リン剤	◎	×	×	×
(4)非対称型有機リン剤	◎	◎	×	×
(5)カーバメート剤	◎	×	×	×

※（1）（3）（4）（5）はLC$_{50}$，LD$_{50}$，KT$_{50}$で表す．

問340-4　正解（1）

ヒドラメチルノンは，ゴキブリなどの毒餌式殺虫剤に配合されている．

341　殺虫剤の剤型

問341-1　正解（5）

ジクロルボス（DDVP剤）は，揮発性が高く，残効性は低いとされる．

問341-2　正解（2）

ゴキブリ用の食毒剤には，主にヒドラメチルノンやホウ酸タイプを用いる．

問341-3　正解（3）

ピレスロイド剤は，フラッシング効果によって隠れている虫を明るい場所に飛び出させる．

（1）ピリプロキシフェンは，昆虫体内で幼若ホルモンとして作用し，胚仔の発育阻害による殺卵作用，蛹化または成虫化を阻害する昆虫成長制御剤である．

（2）ポリアミンは発泡制御剤で，乳剤は有効成分を界面活性剤とともに有機溶剤に溶かしたものである．

（4）有機リン剤は，ピレスロイド剤に比べて蘇生することが少ない．

（5）フェニトロチオンは，対称型有機リン剤である．

問341-4　正解（2）

煙霧処理には油剤を用いる．

342　ネズミの生態

問342-1　正解（4）

クマネズミは植物質を好み，ドブネズミほど雑食性ではない．

問342-2　正解（2）

運動能力に優れ，垂直な壁を登ったり，電線やケーブルを伝ったりして室内に侵入するのはクマネズミである．

問342-3　正解（1）

雑食性なのはドブネズミで，クマネズミは植物性の餌を好む．

ネズミは食料とする食べ物に嗜好性があることから，生息状況調査として，そのネズミの食性を調査することによりネズミの種類が推定できる．

問342-4　正解（1）

ドブネズミは体長20〜25cmで，クマネズミより大きい．

343　ネズミの防除

問343-1　正解（5）

経皮的な取り込みによって効果を示す薬剤は，現在，殺鼠剤として使われていない．

問343-2　正解（3）

抗凝血性殺鼠剤は遅効性である．数日間喫食させることにより，内臓から出血して死に至る遅毒性で，速効性はない．

問343-3　正解（2）

ドア周辺の隙間は1cm以内にする．

問343-4　正解（2）

カプサイシンは，ネズミが嫌う辛み成

分が含まれており，屋内配線やコードなどのネズミのかじりを防ぐための忌避剤である．

344　殺鼠剤

問344-1　正解（4）

リン化亜鉛は，急性毒性である．

問344-2　正解（2）

クマテトラリルは，第1世代の殺鼠剤である．第1世代の抗凝血性殺鼠剤は数日間の摂取で致死効力を発揮するが，第2世代の抗凝血性殺鼠剤は，ワルファリンに対する抵抗性を獲得したネズミに対して有効で，単回摂取でも致死効力を発揮する．

問344-3　正解（4）

(1) 毒餌には小麦やでんぷん質などが混ざっており，穀類害虫を集めることもある．
(2) 抗凝血性殺鼠剤に抵抗性を示すクマネズミが知られている．
(3) カプサイシンは，トウガラシ成分で忌避剤として使用する．
(5) シクロヘキシミドは，味覚による忌避効果であるため，区域からの追い出し効果は期待できない．

問344-4　正解（4）

ワルファリンなどの第1世代の抗凝血性殺鼠剤は，血液に対して抗凝固があり，ほ乳動物に対して遅効性の殺鼠剤である．

345　衛生害虫と疾病・健康被害

問345-1　正解（5）

トコジラミは，都市のホテルやアパートなどでの被害の報告がある．病院での発症は知られていない．

問345-2　正解（5）

ヒトノミについては，日本国内において昭和40年代以後，その被害とヒトノミの捕獲等が報告されていない．

問345-3　正解（3）

日本紅斑熱は，日本紅斑熱リケッチア（*Rickettsia japonica*）による感染症で，マダニが媒介する．

問345-4　正解（2）

チクングニヤ熱の媒介蚊は，ネッタイシマカやヒトスジシマカなどのヤブ蚊類である．

問345-5　正解（5）

感染症であるペストを媒介するのはノミ（ケオプスネズミノミ）で，コロモジラミが媒介するのは発疹チフスである．

346　刺咬・吸血

問346-1　正解（4）

(1) 蚊は，雌のみが吸血する．
(2) オオチョウバエは，雌・雄とも非吸血性である．
(3) ユスリカは，雌・雄とも非吸血性である．
(5) ネコノミの幼虫は，ウジ状で，人や動物などから脱落した有機物を食べる．吸血はしない．

347　殺虫剤などの毒性・安全性

問347-1　正解（4）

殺鼠剤には，毒物，劇物（毒物及び劇物取締法）に該当する製剤がある．

問347-2　正解（1）

LD$_{50}$値は，半数致死量を示し，数値が小さいほど毒性が強い．

問347-3　正解（5）

ADI（Acceptable Daily Intake）とは，1日摂取許容量のことである．生涯にわたり毎日摂取し続けても影響が出ないと考えられる1日当たりの量を，体重1 kg当たりで示した値をいう．

問347-4　正解（1）

殺鼠剤の多くは選択毒性が低く，ヒトに対しても強い毒性を示す成分が多い．

ちなみに，(2)のADIはAcceptable Daily Intake（1日摂取許容量），(3)のNOAELはNo Observed Adverse Effect Level（最大無毒性量）の略である．(5)のLD$_{50}$は，50%致死薬量または中央致死薬量で，Lethal Doseの略．

348　防除構造，防除機器

問348-1　正解（1）

隙間や割れ目などの狭い所へ散布する場合は，手動式でていねいに散布するのが望ましい．

問348-2　正解（4）

(1) 16メッシュでは，小型の虫類はくぐり抜けることができる．

(2) ナトリウム灯よりも白熱灯のほうが昆虫類を誘引しやすい．

(3) ミスト機は，15〜30μmの粒子を散布する．

(5) 噴霧機は，100〜400μmの粒子を噴射する．

問348-3　正解（5）

(1) 光源の色は，波長や赤外線の強さによって異なり，白熱灯よりLEDのほうが昆虫などの誘引性が低い．

(2) ネズミは，学習能力があるので慣れてしまう．

(3) 虫の死骸が落下して食品へ混入するおそれがあるので，厨房などには設置しない．

(4) 粒子の径は噴霧器100〜400μm，ミスト20〜100μm，煙霧0.1〜50μmであり，大きくなるのではなく小さくなる．

問348-4　正解（3）

イエダニや室内塵性ダニ類（ヒョウヒダニなど）は，床面や畳，絨毯などの表面を這うことが多いので，ローラ式の粘着クリーナによる採集が可能である．

(1) 電撃式殺虫機には，短波長（400〜500μm）のブラックライトが使用されている．

(2) ミスト機は，殺虫剤を20〜100μmの粒子にして噴射する．

(4) 防鼠設備としての金属格子の目の幅は1 cm以下にする．

(5) ULV機は，高濃度の薬剤を少量散布する薬剤散布機である．

349　殺虫剤の処理・保管

問349-1　正解（1）

乳剤や油剤は，キシレンや灯油のような第二石油類で希釈される.

問349-2　正解（5）

殺虫製剤は，毒薬に該当するような毒性値を示すことはない.

350　生息調査法

問350-1　正解（3）

ゴキブリ指数は，次式で表される.

ゴキブリ指数＝捕獲総数÷設置トラップ数÷設置日数

(1) 処理前のゴキブリ指数
　　＝180匹÷3個÷3日＝20
(2) 処理後のゴキブリ指数
　　＝24匹÷3個÷4日＝2
(3) 防除率は次式で表される.

防除率〔%〕

$$= \left(1 - \frac{\text{防除後のゴキブリ指数}}{\text{防除前のゴキブリ指数}}\right) \times 100$$

$$= \left(1 - \frac{2}{20}\right) \times 100 = 90 〔\%〕$$

(4) ゴキブリ指数の標準的な目標水準は以下のとおり.
　　・許容水準：0.5未満
　　・警戒水準：0.5以上1未満
　　・措置水準：1以上
　　　したがって，設問の場合は措置水準に該当する.
(5) 措置水準は，すぐに防除作業が必要な状況をいう.

問350-2　正解（2）

ゴキブリには粘着式トラップを用いる. ファン式ライトトラップ法は，蚊などの成虫調査法である.

351　防除の際の安全管理

問351-1　正解（5）

有機リン剤は，ピレスロイド剤に比べて魚毒性は低いといわれている.

問351-2　正解（4）

薬剤を処理する場合は，少なくとも3日前までに使用薬剤名，実施場所，においの程度，化学物質などの利用者への注意書きなどを記載した事前通知書を作成して提示する.

問351-3　正解（1）

ピレスロイド剤は魚毒性が高い.

352　特定建築物内の防除

問352-1　正解（1）

(2) ねずみ等が発生しやすい場所は，日常的に発生状況を調査する.
(3) 目視調査や聞き取り調査のほか，トラップ調査も実施する.
(4) 警戒水準値に該当する区域では，整理・整頓・清掃などの環境整備の状況を見直すことが必要で，以下のような対策を実施する.
　　・ねずみ等が毎回発生する場所では，毒餌などを中心に薬剤処理を行う.
　　・複数の種が発生する場所では，清掃などを中心に環境整備状況を見直す.

(5) IPMに基づく防除では，調査をして問題点を把握し，防除を計画的に行う．

問352-2　　正解（5）

防除は，発生予防対策が重要であり，総合的有害生物管理（IPM：Integrated Pest Management）が必要である．

問352-3　　正解（4）

食料取扱い区域などのねずみ等が発生しやすい場所では，2か月以内ごとに発生状況調査を実施する．

(1) 警戒水準とは，放置すると今後問題になる可能性がある状況である．

(2) 環境的対策は，日常的に管理者が行う．

(3) 調査には，粘着トラップや照明トラップを活用する．

(5) 防除は，発生防止対策，侵入防止対策が基本である．

353　　IPM（総合的有害生物管理）

問353-1　　正解（4）

ねずみ等の防除においては，IPM（総合的有害生物管理）の理念に基づく防除を実施しなければならない．この防除においては，[ア　生息密度調査]や[イ　防除目標の設定]，防除法の選定，[ウ　生息指数による評価]などが重要視され，防除法の選定においては，[エ　発生予防対策]や侵入防止対策を優先的に検討する必要がある．

問353-2　　正解（4）

IPM（総合的有害生物管理）では，防除は発生予防対策に重きを置いている．

問353-3　　正解（5）

建築物環境衛生維持管理要領の「第6ねずみ等の防除」に，「総合的有害生物管理に基づく防除」として示されている．

「ねずみ等の[ア　防除]を行うに当たっては，建築物において考えられる[イ　有効・適切な]技術を組み合わせて利用しながら，[ウ　人の健康]に対するリスクと環境への負荷を最小限にとどめるような方法で，有害生物を制御し，その水準を維持する有害生物の管理対策である総合的有害生物管理の考え方を取り入れた[ア　防除]体系に基づき実施すること.」

354　　複合問題

問354-1　　正解（3）

(1) 薬剤処理は，環境整備（侵入防止，餌になるものの除去）後に行う．

(2) 警戒水準とは，放置すると今後問題になる可能性がある状況であり，整理，整頓，清掃など環境整備の状況を見直すことが必要となる．

(4) ゴキブリ指数＝総捕獲数÷設置トラップ数÷捕獲日数であるから，設問の場合，

$$(30+120)\div5\div3=\underline{10}$$

(5) 建築物でゴキブリ防除用として使用できる農薬はない．

問354-2　　正解（5）

「措置水準」とは，ネズミや害虫の発生や目撃をすることが多く，すぐに防除

作業が必要な状況である.

これに対し,「許容水準」とは, 環境衛生上, 良好な状態をいう. 施行規則と告示に基づき, 6か月以内に1回, 発生の多い場所では2か月以内に1回, 定期的な調査を継続する.

また,「警戒水準」とは, 放置すると今後, 問題になる可能性がある状況をいう.

問354-3　正解（2）

生き物の薬剤抵抗性の発達の原理は同じである.

問354-4　正解（3）

KT_{50}のKTは薬剤効果の速さ（速効性）, 50は50%の意味で, 全体で50%ノックダウンタイムを意味する. 一方, 羽化阻害の効力は, IC_{50}値で評価される. IC_{50}は50%阻害濃度と訳され, 50%の幼虫が成虫になるのを阻害する（成虫になれなくする）濃度を表す.

問354-5　正解（2）

(1) 同一の薬剤を使い続けることによって, その薬剤に抵抗性の遺伝子をもつ個体が集団内で増加することで, 薬剤抵抗性が発達する.

(3) 殺虫剤の速効性は, ノックダウンタイム, すなわちKT_{50}で示される. これはハエ, 蚊, ゴキブリなどに対する殺虫剤の速効性の尺度に使用され, 害虫や供試虫の半数（50%）が仰転（ノックダウン）するのに必要な時間のことを指す. なお, LD_{50}は半数致死薬量である.

(4) 農薬は作物を対象として主に屋外で使用される. ゴキブリ殺虫剤は屋内で衛生害虫などの駆除を目的に許可・認可された薬剤であり, 農薬は室内で衛生害虫駆除としての使用は認可されていない.

(5) ヒゼンダニ類は動物の表皮に孔道をつくって繁殖するが, 種類によって寄生主が決まっており, ドバトに寄生するヒゼンダニは人の表皮では繁殖できない.

必ず役立つ資料集

最重要！キーワード解説

解説 1　温度・湿度の名称と算出式

　最も出題数の多い科目 3「空気環境の調整」では，さまざまな温度や湿度の名称が使用されている．特に下記の名称については必ず覚えて，理解しておきたい．

▶乾球温度（DB：Dry Bulb temperature）

　乾球温度とは，温度計の球部を乾燥した状態（通常の状態）で計測した温度をいう．乾球温度はすなわち気温を示す．

▶グローブ温度計

　グローブ温度計とは，表面が黒色の銅球に，ガラス製温度計を挿入した温度計をいう（図 1）．周囲からの放射の影響を測定するために用いられる．

▶黒球温度（Tg：Globe Temperature）

　黒球温度とは，グローブ温度計を用いて測られる温度で，周囲からの放射の影響を表すために用いられる．

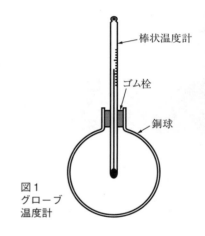

棒状温度計

ゴム栓

銅球

図 1
グローブ
温度計

▶湿球温度（WB：Wet Bulb temperature）

　湿球温度とは，水で湿らせたガーゼを温度計の球部に巻いて計測した温度をいう．空気が乾燥しているほど，乾球温度との差が大きくなる．

▶湿球黒球温度（WBGT：Wet-Bulb Globe Temperature）

　湿球黒球温度とは，暑さ指数ともいい，黒球温度，湿球温度，乾球温度をもとに，下記の算定式により算出される温度をいう．

> **▶屋外での算出式**
>
> 　WBGT[℃]＝0.7×湿球温度[℃]＋0.2×黒球温度[℃]＋0.1×乾球温度[℃]
>
> **▶屋内での算出式**
>
> 　WBGT[℃]＝0.7×湿球温度[℃]＋0.3×黒球温度[℃]

▶湿り空気

湿り空気とは，水蒸気を含んだ空気をいう．湿り空気に対して，水蒸気を含まない空気を乾き空気という．

▶修正有効温度（CET：Corrected Effective Temperature）

修正有効温度とは，有効温度に放射の影響も加味し，気温，湿度，気流，放射により示される体感温度をいう．

▶水蒸気分圧

水蒸気分圧とは，湿り空気中の水蒸気の分圧をいう．分圧とは，混合気体中に占める，ある気体の圧力をいう．

▶絶対温度

絶対温度とは，気体の熱膨張を表す法則に基づいて定められた温度で，単位は[K]（ケルビン）で表す．0[K]は−273[℃]に相当する．

▶絶対湿度

絶対湿度とは，湿り空気に含まれる水蒸気の質量を指し，乾き空気1kgに対する量として，単位[kg/kg(DA)]で表す．なお，DAとは乾き空気（Dry Air）の略である．

▶相対湿度

相対湿度とは，湿り空気の水蒸気分圧とその温度における飽和空気の水蒸気分圧との比をいい，百分率で表す．一般的に単に湿度というときは相対湿度のことを指す．

▶比エンタルピー

比エンタルピーとは，単位質量当たりの物質が保有するエネルギーをいい，単位は[kJ/kg]で表す．

▶不快指数（DI：Discomfort Index）

不快指数とは，気温と湿度から算出される蒸し暑さを表す指数をいう．

▶飽和空気

飽和空気とは，これ以上水蒸気を含むことができない湿り空気をいう．飽和湿り空気ともいう．

▶有効温度（ET : Effective Temperature）

有効温度とは，気温，湿度，風速により示される体感温度をいう．参考に，通常着衣，椅座位または軽作業の場合の有効温度図を示す（図2）．

▶露点温度

露点温度とは，ある湿り空気の水蒸気分圧と等しい飽和水蒸気分圧をもつ温度をいい，結露の生じる温度である．

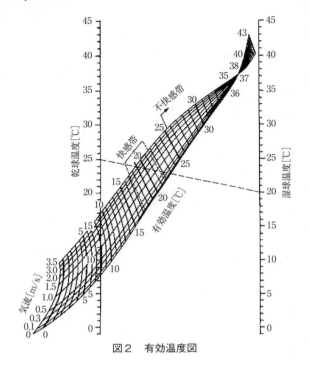

図2　有効温度図

解説2　湿り空気線図

湿り空気線図とは，線図上に乾球温度，湿球温度，露点，絶対湿度，相対湿度，比エンタルピーなどを記入し，そのうち二つの値を求めることにより，湿り空気の状態がわかるようにした線図のことをいう（図3）．

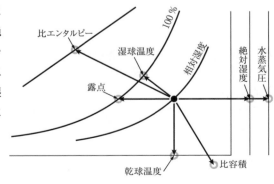

図3　空気線図の読み方

POINT　空気の状態変化と湿り空気線図上の変化

　下記のような方法で加湿や除湿を行ったとき，空気線図上では図4のとおりに変化する.

　ア　加湿器（蒸気加湿）での加湿：ほぼ真上へ移動する（絶対湿度が上がり，乾球温度がやや上がる）.

　イ　加湿器（水加湿）での加湿：左上へ移動する（絶対湿度が上がり，乾球温度が下がる）.

　ウ　冷却器での冷却減湿：左下へ移動する（絶対湿度，乾球温度がともに下がる）.

　エ　シリカゲル等の固体吸着剤による除湿：右下へ移動する（絶対湿度が下がり，乾球温度が上がる）.

　オ　液体吸収剤による化学的減湿：右下へ移動する（絶対湿度が下がり，乾球温度が上がる）.

　カ　加熱器での加熱：右へ水平移動する（絶対湿度は変化せず，乾球温度が上がる）.

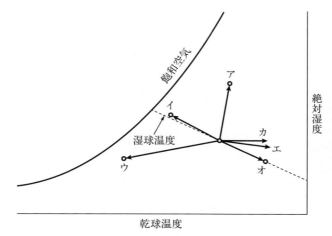

図4　空気の状態変化と湿り空気線図上の変化

- 乾球温度：横軸目盛の数値を読み，垂直線に従う．
- 湿球温度：飽和線の直上の目盛の数値を読み，右下がりの直線に従う．
- 絶対湿度：縦軸目盛の数値を読み，水平線に従う．

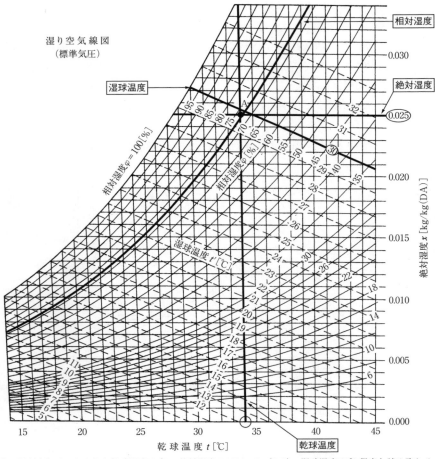

A点の湿り空気は，おおむね乾球温度 34℃，絶対湿度 0.025 kg/kg（DA），湿球温度 30℃程度と読み取れる．

図5　空気線図の読み方

太陽光線の波長と電離放射線

波長の長さにより，可視光線，赤外線，紫外線などに分類される(図6)．

▶可視光線

可視光線とは，人間が肉眼で感じることのできる，波長が380 nm～780 nm程度の電磁波をいう．

▶赤外線

赤外線とは，熱線ともいい，可視光線より長い波長の780 nm～1 000 nm程度の電磁波をいう．

▶紫外線

紫外線とは，化学線ともいい，可視光線より短い波長の200 nm～380 nm程度の電磁波をいう．

← 短波長　　　　　　　　　　　　　　　　　　　　　　　　　　　　　　長波長 →

X線	紫外線			可視光線	赤外線			マイクロ波
	UV-C	UV-B	UV-A		近赤外線	中赤外線	遠赤外線	

200 nm　　280　　　315　　　380 nm　　　　　780 nm　1 500　　4 000 nm　1 mm

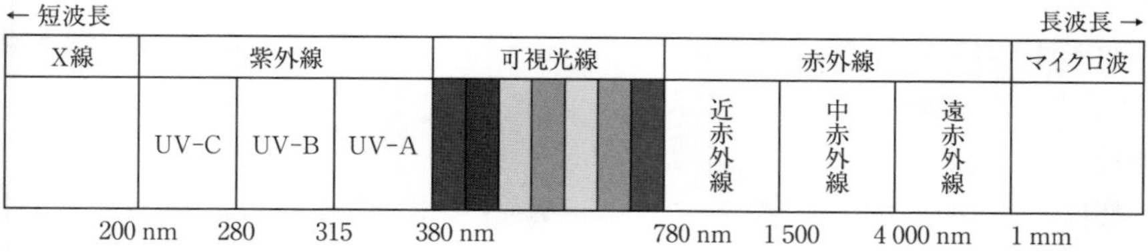

図6　太陽光線の波長の区分

▶電離放射線

電離放射線とは，物質に電離作用を及ぼす放射線である．電離とは，電荷的に中性な原子，分子を，正または負の電荷をもったイオンとすることをいう．放射線とは，放射性同位元素の核の崩壊に伴って放出される粒子線や電磁波をいう．電離放射線には，下記の種類がある(図7)．

- α(アルファ)線 ：電離放射線の一つで，高い運動エネルギーをもつ^{4}He(ヘリウム4)の原子核の流れをいう．
- β(ベータ)線　 ：電離放射線の一つで，高速度の電子または陽電子の流れをいう．
- γ(ガンマ)線　 ：電離放射線の一つで，波長が約 0.01 nm以下の電磁波をいう．
- X(エックス)線：X線とは，高速の陰極線が陽極に衝突したときに発生する電離放射線で，波長が紫外線より短く，γ線より長い電磁波をいう．

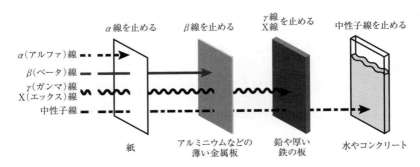

図7 電離放射線

解説4 照明の計算

▶色温度

色温度とは，色合いを表す数値で，その色合いと同等の光を放射する完全放射体（黒体という）の絶対温度で示す．

▶照度

照度とは，明るさの指標の一つで，被照射面の単位面積当たりに入射する光束をいう．単位は[lx]（ルクス）で表される．

▶光束

光束とは明るさの指標の一つで，人の視感度により表した光の明るさをいい，単位は[lm]（ルーメン）で表される．

▶光度

光度とは，明るさの指標の一つで，単位立体角当たりの光束をいい，単位[cd]（カンデラ）で表す．

▶輝度

輝度とは，明るさの指標の一つで，単位投影面積当たりの光度をいい，単位[cd/m²]（カンデラ毎平方メートル）で表す．

▶水平面照度の計算

水平面照度は，下記の式で求めることができる（図8）．

$$E_\mathrm{h} = E_\mathrm{n} \cos\theta = \frac{I}{r^2} \cos\theta \ [\mathrm{lx}]$$

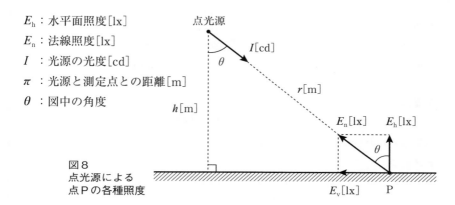

E_h：水平面照度[lx]
E_n：法線照度[lx]
I　：光源の光度[cd]
π　：光源と測定点との距離[m]
θ　：図中の角度

点光源

$I[cd]$

θ

$r[m]$

$h[m]$

$E_n[lx]$　　$E_h[lx]$

θ

図8
点光源による
点Pの各種照度

$E_v[lx]$　　P

▶平均照度の計算

平均照度は，下記の式で求めることができる．

$$E = \frac{FNUM}{A}$$

E：平均照度[lx]，F：1灯当たりの光束[lm]，N：灯具数，U：照明率，M：
保守率，

A：照射面の面積[m^2]

解説5　　ウイルス・細菌・真菌

　身の回りの目に見えない多くの微生物類(ウイルス，細菌，真菌(カビ，酵母など))
のうち，感染症を引き起こすものを病原体という．代表的な粒径や気体物質の大き
さについては，図10を確認していただきたい．併せて，「エアロゾル」などの関連
用語も覚えておこう．

▶アスペルギルス

　アスペルギルスとは，自然界に広く存在しているカビ(真菌)の一種で，免疫力が
低下している人などが菌を吸い込むことで，肺の感染症を引き起こす．

▶ウイルス

　ウイルスとは，他の生物の細胞を利用して自己を複製する微小な構造体をいう．

▶芽胞

　芽胞とは，一部の細菌が形成する耐久性の高い細胞構造をいう．

▶原虫

原虫とは，原生動物ともいい，単細胞の最も原始的な動物をいう．

▶細菌

細菌とは，バクテリアともいい，原核細胞からなる単細胞生物をいう．

▶真菌

真菌とは，葉緑素をもたない真核生物で，単細胞あるいは連なって糸状体をなす．単細胞のものが酵母，糸状体のものがカビ，菌糸が大型化したものがキノコとなる．

▶スピロヘータ

スピロヘータとは，スピロヘータ科の細菌の総称をいう．糸状でらせん形をなし，分裂によって繁殖する．スピロヘータの一種に，レプストピラがある．

▶ノロウイルス

ノロウイルスとは，ウイルス性胃腸炎を引き起こすウイルスの一つをいう．

▶ペニシリウム

ペニシリウムとは，青かびのことである．

▶リケッチア(*Rickettsia*)

リケッチアとは，リケッチア目に分類される非常に小さなグラム陰性の細菌群をいう．

POINT 微生物の分類(図9)

- **真核生物**：細胞の中に細胞核と呼ばれる細胞小器官を有する生物
- **原核生物**：細胞内に明確な核がない生物

図9　微生物の分類

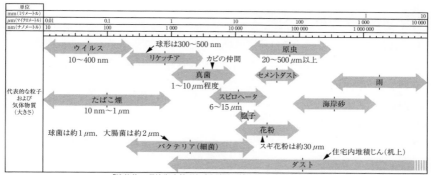

単位								
mm（ミリメートル）							1	10
μm（マイクロメートル）	0.01	0.1	1	10	100	1 000	10 000	
nm（ナノメートル）	10	100	1 000	10 000	100 000	1 000 000		

代表的な粒子
および
気体物質
（大きさ）

ウイルス　10〜400 nm
球形は300〜500 nm　リケッチア
カビの仲間
真菌　1〜10 μm程度
原虫　20〜500 μm以上
セメントダスト
雨
たばこ煙　10 nm〜1 μm
スピロヘータ　6〜15 μm
海岸砂
胞子
球菌は約1 μm，大腸菌は約2 μm
花粉
スギ花粉は約30 μm
バクテリア（細菌）
住宅内堆積じん（机上）
ダスト

『建築物の環境衛生管理』（公益財団法人 日本建築衛生管理教育センター刊）に基づいて作図

図10　代表的な粒子および気体物質の大きさ

▷エアロゾル

　エアロゾルとは，気体中に浮遊する微小な液体または固体の粒子をいう．一般的には，大気中に浮遊するちりなどの微粒子を指す．

▷相当径

　相当径とは，実際のエアロゾルの粒径は微細であり，かつ，不整形，不均一であるので，形状や特性に相当する粒径に置き換えて表した粒径をいう．相当径には，幾何形状から算出される幾何相当径と，物理的性状やふるまいが同等である球形粒子の大きさに換算する物理相当径がある．幾何相当径には，最大長や最大幅で表される長径や短径，一定方向の径として求められる定方向径，定方向等分径，定方向最長幅などがある．物理相当径には，重力沈降速度から求められるストークス径，比重から求められる空気力学径，等価な光散乱現象を呈する球形粒子の光散乱相当径，拡散や静電気などで分級される移動度相当径がある．

▷ファンデルワールス力

　ファンデルワールス力とは，分子間に働く力をいう．

▷フューム

　フュームとは，物質の加熱や昇華によって生じる粉じん，煙霧，蒸気，揮発性粒子をいう．

解説6　感染症・疾患名

　病原体によって引き起こされる空気媒介の感染症，アレルギーによる疾患や公害による疾患，その他の疾患についても，「アスベスト」などの関連用語とともに覚えておこう．

感染症

▶クリプトスポリジウム症

　クリプトスポリジウム症とは，寄生虫の一種であるクリプトスポリジウム原虫による感染症をいう．

▶つつが虫病

　つつが虫病とは，ダニの一種ツツガムシによって媒介される，リケッチア病原体による感染症をいう．

▶麻しん

　麻しんとは，はしかともいい，麻しんウイルスによって引き起こされる急性の全身感染症をいう．

▶レジオネラ症

　レジオネラ症とは，細菌の一種であるレジオネラ属菌による感染症で，レジオネラ属菌を含むエアロゾルを吸引することにより，肺炎様の症状を呈する疾病である．レジオネラ属菌は，土壌や水中の自然界に広く存在している．レジオネラ属菌の殺菌には，塩素消毒と55℃以上の環境下に置くことが有効である．

▶ワイル病

　ワイル病とは，病原性レプトスピラに起因するスピロヘータ感染症による急性熱性疾患をいう．

公害病

▶イタイイタイ病

　イタイイタイ病とは，公害病の一つで，富山県の神通川流域で発生したカドミウムによる慢性中毒症をいう．

▶水俣病

　水俣病とは，公害病の一つで，熊本県の水俣湾周辺に発生したメチル水銀中毒による慢性の神経系疾患をいう．

▶アトピー性皮膚炎

アトピー性皮膚炎とは，アレルギー反応による皮膚の炎症をいう．

▶花粉症

花粉症とは，植物の花粉によって引き起こされるアレルギー疾患をいう．くしゃみ，鼻水，鼻づまり，目のかゆみなどの症状が現れる．

その他の疾患

▶気管支喘息

気管支喘息とは，気管支の炎症により，発作的に気管支が狭くなる疾病をいう．

▶心筋梗塞

心筋梗塞とは，心臓の筋肉細胞に酸素や栄養を供給している冠動脈に閉塞や狭窄などが起きて血液の流量が減り，心筋が虚血状態になって壊死してしまった状態をいう．

▶肺気腫

肺気腫とは，肺組織の弾力性がなくなり，肺胞が拡張して肺が過度に膨張した状態をいう．

▶パーキンソン病

パーキンソン病とは，脳の異常のために，体の動きに障害が現れる病気をいう．

▶白血病

白血病とは，血液中の白血球が悪性腫瘍(がん)になった血液がんの一つをいう．

▷アスベスト

アスベストとは，石綿(「せきめん」「いしわた」)ともいい，天然に産する繊維状のけい酸塩鉱物の一種である．

▷光化学オキシダント

光化学オキシダントとは，大気中の窒素酸化物，揮発性有機化合物などが，太陽からの紫外線を受け，光化学反応を起こして作り出される物質の総称をいう．

▷シックビル症候群

シックビル症候群とは，密閉性が高く，空調にも再循環システムを利用するなど，新鮮な空気の入替えが少ないビルで働く人にさまざまな症状を引き起こす状態のことをいう．

▷ストレッサ

ストレッサとは，ストレスの原因となる刺激をいう．

▷ダニアレルゲン

ダニアレルゲンとは，ダニの死骸や糞など，アレルギー疾患の原因（アレルゲン）となるものをいう．

▷内分泌系

内分泌系とは，ホルモンを生成し，分泌する臓器系をいう．

▷ヒスタミン

ヒスタミンとは，生体に広く分布するアミン（アンモニア化合物）の一種で，通常は肥満細胞や好塩基球などに不活性状態で存在しているが，外傷や毒素などで活性化され，発赤・かゆみ・痛みや気管支収縮などのアレルギー症状を起こす原因となる．

▷ホルムアルデヒド（化学式：HCHO）

ホルムアルデヒドとは，刺激臭，発がん性のある無色の可燃性，水溶性の気体で，揮発性有機化合物の一つである．水溶液はホルマリンという．

▷免疫グロブリン

免疫グロブリンとは，血液や体液中に存在し，抗体としての機能と構造をもつタンパク質の総称で，IgG，IgA，IgM，IgD，IgEの5クラスに分かれている．

解説7　音圧・騒音レベル

▶音圧レベルの式

音圧レベルは，次式で表される．

$$L_\mathrm{P} = 10 \log_{10} \frac{P^2}{P_0^2} = 10 \log_{10} \left(\frac{P}{P_0}\right)^2 = 20 \log_{10} \left(\frac{P}{P_0}\right) = 20(\log_{10} P - \log_{10} P_0)\ [\mathrm{dB}]$$

L_P：音圧レベル[dB]，P：ある音の音圧[Pa]，P_0：基準の音圧[Pa]

▶騒音レベルの式

騒音レベルは，次式で表される．

$$L_\mathrm{I} = 10 \log_{10} \frac{I}{I_0} = 10(\log_{10} I - \log_{10} I_0)\ [\mathrm{dB}]$$

L_I：騒音レベル[dB]，I：ある音の強さ[W/m^2]，I_0：基準の音の強さ[W/m^2]

$$\boxed{\text{公式1. } \log_a MN = \log_a M + \log_a N}$$

$$\boxed{\text{公式2. } \log_a \frac{M}{N} = \log_a M - \log_a N}$$

$$\boxed{\text{公式3. } \log_a M^n = n \log_a M}$$

▶音の合成

同じ音圧レベルの音 L_0〔dB〕を x 個合成したときの音圧レベル L〔dB〕は以下の式で計算できる.

$L = L_0 + 10 \log_{10} x$

$\log_{10} 2 = 0.3010$, $\log_{10} 3 = 0.4771$ とすると,

同じ音を2つ合成したとき（x = 2のとき），音圧レベルは約3 dB上昇する.

$L = L_0 + 10 \log_{10} 2 = L_0 + 3.01$〔dB〕

同じ音を3つ合成したとき（x = 3のとき），音圧レベルは約4.8 dB上昇する.

$L = L_0 + 10 \log_{10} 3 = L_0 + 4.771$〔dB〕

試験問題では「$\log_{10} 2 = 0.3010$」などのように，数値が決められているので，基本公式に当てはめていけば，簡単に答えが求められる.

▶音源からの距離による音圧レベルの減衰特性

点音源の場合，音源からの距離が2倍で6 dB，距離が10倍で20dB減衰する.

線音源の場合，音源からの距離が2倍で3 dB，距離が10倍で10dB減衰する（点音源の半分の減衰特性を示す）.

寸法が a×b（a＜b）の面音源の場合，音源からの距離が a/π までは，面音源としての減衰特性を示す．距離が a/π～b/π の範囲では，線音源としての減衰特性を示す．距離が b/π 以上の場合は，点音源としての減衰特性を示す.

解説8　音の強さ・音の周波数

等ラウドネス曲線の読み方について，理解を深めておこう．また，音の強さや音圧など，音に関する用語も，併せて覚えておきたい.

図11は横軸に周波数[Hz]，縦軸に音圧レベル[dB]をとったグラフである．人の耳で聴き取ることができる範囲の音を**可聴音**といい，**周波数は20〜20 000 Hzの範囲**である．可聴音の最小値の音圧レベルを最小可聴値，可聴音の最大値の音圧レベルを最大可聴値といい，周波数により数値が変化する．

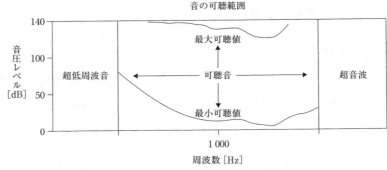

図11　等ラウドネス曲線

▶等ラウドネス曲線

　等ラウドネス曲線とは，縦軸に音圧レベル，横軸に周波数をとったグラフ上に示された曲線をいう．同じ音圧レベルでも，周波数により人が感じる音の大きさが異なるので，人が同じ大きさに感じる音（phon）を示した曲線が，等ラウドネス曲線である．

▷オクターブバンド

　オクターブバンドとは，音の周波数帯のことで，ある周波数からその2倍の周波数までの幅をいう．

▷音の強さ

　音の強さとは，単位面積，単位時間当たりに物質が音から受けるエネルギーの量で，単位[W/m^2]で表す．

▷音圧

　音圧とは，音により物質が受ける圧力で，単位[Pa]で表す．

▷音圧レベル

　音圧レベルとは，音圧を基準値との比の常用対数で示したもので，単位[dB]で表す．

解説9　錐体細胞・杆体細胞ほか

　錐体細胞と杆体細胞の機能と特徴をよく理解しておこう（図12）．併せて，ロドプシンなどの関連用語も覚えておきたい.

▶錐体細胞
　錐体細胞とは，網膜に存在する色を検知する円錐型の視細胞をいう.

▶杆体細胞
　杆体細胞とは，視細胞の一種で，眼球の網膜上に存在し，色素としてロドプシンをもつ．医学分野では杆体細胞，生物学分野では桿体細胞と記述されることが多い.

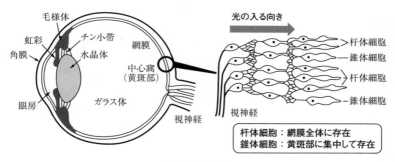

図12　眼球図

▷エネルギー代謝
　エネルギー代謝とは，生命維持活動に必須なエネルギーを獲得するために，生体内で起こる生化学反応の総称をいう.

▷代謝
　代謝とは，生命維持活動に必須なエネルギーの獲得や，成長に必要な有機材料を合成するために生体内で起こるすべての生化学反応の総称をいう.

▷ヘモグロビン親和性
　ヘモグロビン親和性とは，ヘモグロビンとの結合のしやすさをいう．ヘモグロビンとは，血液中の赤血球に存在するタンパク質をいい，全身へ酸素を運搬する役割を担っている.

▷ロドプシン
　ロドプシンとは，視紅という視色素のことで，光を受けてその信号を脳へ伝える

視機能のうち，光を受け止める作用を担っている．

▷VDT

　VDTとは，Visual Display Terminalの略で，コンピュータのディスプレイなどの表示機器をいう．

解説10　伝熱の単位と算定式

▶貫流熱流量

　貫流熱流量とは，熱貫流による，単位面積$[m^2]$，単位時間$[s]$当たりの熱量$[J]$であり，単位$[W/m^2]$で表す【$J/(s \cdot m^2) \rightarrow W/m^2$】．

▶熱貫流率

　熱貫流率とは，単位面積$[m^2]$，単位温度差$[K]$当たりに熱貫流する単位時間当たりの熱量$[W]$をいい，単位は$[W/(m^2 \cdot K)]$で表す．

▶熱貫流抵抗

　熱貫流抵抗とは，熱貫流率$[W/(m^2 \cdot K)]$の逆数をいい，単位は$[m^2 \cdot K/W]$で表す．

A部材　B部材

屋外　室内

$$R = \frac{1}{室内側熱伝達率} + A部材の熱伝導抵抗 + B部材の熱伝導抵抗 + \frac{1}{屋外側熱伝達率}$$

R：熱貫流抵抗

▶熱貫流量の算定

$$Q = K \times A(t_i - t_o)$$

　　Q：熱貫流量$[W]$，K：熱貫流率$[W/(m^2 \cdot K)]$，A：壁体面積$[m^2]$

　　t_i：室内気温$[℃]$，t_o：屋外気温$[℃]$

▶熱伝達率

　熱伝達率とは，単位面積$[m^2]$，単位温度差$[K]$当たりに熱伝達する単位時間当たりの熱量$[W]$をいい，単位は$[W/(m^2 \cdot K)]$で表す．

▶**熱伝達抵抗**

　熱伝達抵抗とは，熱伝達率$[W/(m^2 \cdot K)]$の逆数をいい，単位は$[m^2 \cdot K/W]$で表す.

▶**熱伝導率**

　熱伝導率とは，単位面積$[m^2]$，単位温度勾配$[K/m]$当たりに熱伝導する単位時間当たりの熱量$[W]$をいい，単位は$[W/(m \cdot K)]$で表す.

▶**熱伝導抵抗**

　熱伝導抵抗とは，熱伝導率$[W/(m \cdot K)]$の逆数に物体の厚さ$[m]$を乗じたものをいい，単位は$[m^2 \cdot K/W]$で表す.

解説11　日射吸収率と長波長放射率

　建築材料表面の日射吸収率と長波長放射率の位置関係をよく覚えておこう. また, 位置関係から建築材料表面ごとの日射吸収率と長波長放射率の概数も導き出せるようにしておきたい.

　科目3「空気環境の調整」で出題される日射吸収率とは，「太陽光線中の可視光成分の入射エネルギーに対する吸収エネルギーの比」をいう.

　長波長放射率とは，「太陽光線中の波長の長い赤外線成分の入射エネルギーに対する放射エネルギーの比」をいう.

　図13は，横軸下部に日射吸収率, 縦軸左部に長波長放射率をとったグラフである. たとえば, 図中の酸化した亜鉛鉄板は, 日射吸収率は0.8程度, 長波長放射率は0.3程度と読み取れる.

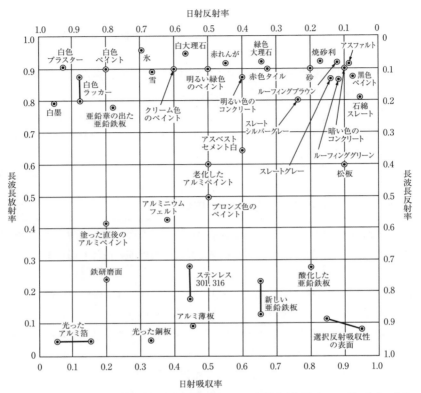

日射反射率

長波長放射率

長波長反射率

日射吸収率

『建築物の環境衛生管理』（公益財団法人　日本建築衛生管理教育センター刊）に基づいて作図

図13　日射吸収率と長波長放射率

解説12 冷暖房時における空気調和システム

▶冷房時における空気調和システム（図14）

① e＋a→b：室内空気eの還気と外気aが混合し，空気調和機に吸い込まれて，bに達する．

② b→c：bの空気はエアフィルタで除塵され，冷却器で冷却除湿されて，cに達する．

③ c→d：cの空気が送風機に吸い込まれ，加圧されてダクトに送られ，吹出口dから室内へ吹き出す．

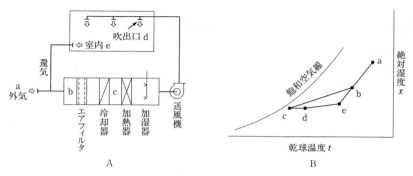

図14　冷房時の空気の状態変化

▶暖房時における空気調和システム（図15）

① h＋a→b：室内空気hの還気と外気aが混合し，空気調和機に吸い込まれて，bに達する．

② b→c：bの空気はエアフィルタで除塵され，冷却器で冷却除湿されて，cに達する．

③ c→d：cの空気は冷却器を通過してdに達する．暖房時，冷却器は稼働していないので，状態は変化しない．

④ d→e：dの空気は加熱器で加熱されて，eに達する．

⑤ e→f：eの空気は加湿器で加湿されて，fに達する．

⑥ f→g：fの空気が送風機に吸い込まれ，加圧されてダクトに送られ，吹出口gから室内へ吹き出す．暖房時はf→gの変化は考慮しない．

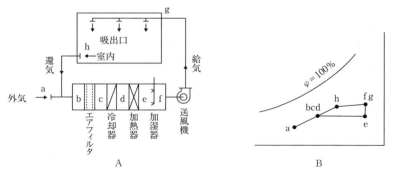

図15　暖房時の空気の状態変化

解説13　残留塩素・pH値・有害物質

▶残留塩素

　殺菌・分解しても，なお水中に残留している有効塩素を残留塩素という．残留塩素には，次亜塩素酸や次亜塩素イオンなどの遊離残留塩素と，モノクロラミン，ジクロラミンなどの結合残留塩素がある．モノクロラミン，ジクロラミンは，アンモニアの塩素化合物（クロラミン）である．

▶pH値

　pHとは，水素イオン濃度のことをいい，pH値とは0～14までの数値で表される値をいう（図16）．

　pH値＝7を中性，pH値＜7の領域を酸性，pH値＞7の領域をアルカリ性という．

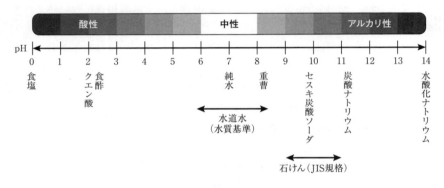

図16　pH値

▶シアン

　シアン（化学式：C_2N_2）とは，猛毒で無色，特異臭のある気体をいい，水に溶けるとシアン化水素とシアン酸を生じる．

▶トリクロロエチレン

　トリクロロエチレンとは，特有の臭気（クロロホルム臭）をもつ無色透明の液体有機塩素化合物をいう．

▶パラジクロロベンゼン

　パラジクロロベンゼンとは，芳香族有機化合物の一種で，タンスや衣類収納ケースなどの防虫剤として用いられている．

▶ヒ素

ヒ素（元素記号：As）とは，元素の一つで，単体・化合物とも猛毒である．

▶ベンゼン

ベンゼン（化学式：C_6H_6）とは，特色のある芳香を有する無色の揮発性液体である．

▶有機水銀

有機水銀とは，メチル水銀などの炭素-水銀（C-Hg）結合をもつ有機金属化合物をいう．有機水銀以外の水銀化合物を無機水銀という．

解説14　性能曲線と抵抗曲線

▶送風機

送風機とは，気体を搬送する装置をいい，気流方向により遠心式，軸流式，斜流式，横流式などに分類される．遠心式とは，気流が回転体の回転軸方向から入り，円周方向に出る送風機をいう．軸流式とは，気流が回転体の回転軸方向から入り，回転軸方向に出る送風機をいう．斜流式とは，気流が回転体の回転軸方向から入り，回転軸に対して斜め方向に出る送風機をいう．横流式とは，気流が回転体の円周方向から入り，円周方向に出る送風機をいう．

▶ブロワ

ブロワとは，圧力比1.1を超える送風機をいい，浄化槽のばっ気槽など汚水（液体）に空気（気体）を吹き込むためなどに用いられる．

▶送風機の性能曲線と抵抗曲線（図17）

特性曲線とは，横軸に風量，縦軸に静圧をとったグラフで表される送風機の特性を示した曲線をいう．

抵抗曲線とは，横軸に風量，縦軸に静圧をとったグラフで表されるダクト系の抵抗を示した曲線をいう．特性曲線と抵抗曲線の交点（図中A）が送風機の運転点となり，そのときの風量はQ_Aとなる．

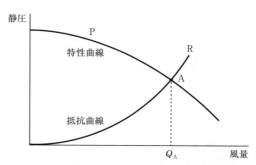

図17　送風機の特性曲線と抵抗曲線

▶ポンプの性能曲線と抵抗曲線（図18）

　特性曲線とは，横軸に水量，縦軸に揚程をとったグラフで表されるポンプの特性を示した曲線をいう．

　抵抗曲線とは，横軸に水量，縦軸に揚程をとったグラフで表される配管系の抵抗を示した曲線をいう．特性曲線と抵抗曲線の交点（図中A）がポンプの運転点となり，そのときの水量はQ_Aとなる．

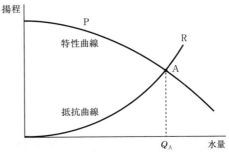

図18　ポンプの特性曲線と抵抗曲線

解説15　冷凍サイクル

▶蒸気圧縮冷凍機のサイクル（図19）とモリエル線図（図20）

　まず，蒸発器によって，低温の状態で気化させて気化熱を奪い取り，冷媒をガス化する（①）．次に，圧縮機で気体の冷媒を圧縮すると，冷媒の比エンタルピーが増加する（②）．その後，凝縮器によって冷却させると，冷媒が液化され（③），膨張弁で冷媒の圧力を下げる．

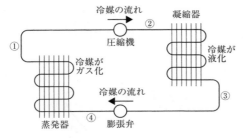

図19　蒸気圧縮冷凍機のサイクル

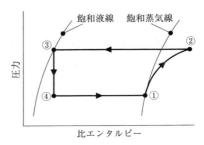

図20　モリエル線図

▶蒸気吸収冷凍機のサイクル（図21）

　①蒸発器で，水（冷媒液）を蒸発させて水蒸気（冷媒ガス）にする．②吸収器で，水蒸気（冷媒ガス）を濃い吸収液に吸収させて薄い吸収液にする．③再生器で，薄い吸収液を加熱しての水分を蒸発させ，濃い吸収液にする．④凝縮器で，水蒸気（冷媒

ガス)を凝縮させて水(冷媒液)にする.

冷媒(水)は①→②→③→④→①のサイクルで循環し，吸収液は②→③→②を繰り返す.

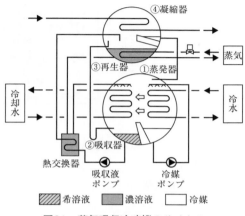

図21　蒸気吸収冷凍機のサイクル

解説16　各種空気調和機と空気調和設備

それぞれの機器の特徴や構成機器などを理解しておきたい.

▶エアハンドリングユニット（図22）

エアハンドリングユニットとは，エアフィルタ，熱交換器(冷温水コイル)，ドレンパン，加湿器，送風機をユニット化して組み込んだ空気調和機をいう.

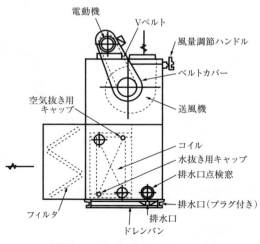

図22　エアハンドリングユニット

▶**パッケージ型空気調和機**(図23)

パッケージ型空気調和機とは，装置内に蒸発器，凝縮器，圧縮機，膨張弁などの熱源装置を内蔵した空気調和機をいう.

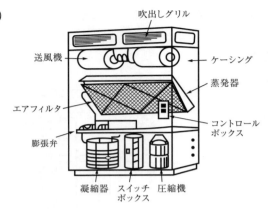

図23　パッケージ型空気調和機

▶**ファンコイルユニット**(図24)

ファンコイルユニットとは，送風機(ファン)，熱交換器(コイル)，エアフィルタなどをユニット化した空気調和機をいう.

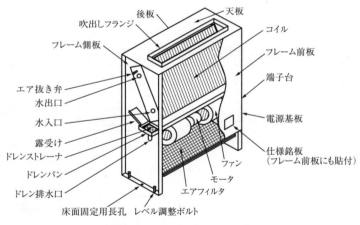

図24　ファンコイルユニット

▶**冷却塔を用いた空気調和設備**(図25)

夏期冷房時は，冷熱源の冷凍機で冷水を製造し，ポンプにより冷水配管を介して，空気調和機に冷水が供給される. 空気調和機では，冷水により冷気が製造され，給気ファンにより給気ダクトを介して，冷風が吹出口より室内に供給される.

冬期暖房時は，温熱源のボイラで温水を製造し，ポンプにより温水配管を介して，空気調和機に温水が供給される．空気調和機では，温水により暖気が製造され，さらに加湿器で加湿され，給気ファンにより給気ダクトを介して，加湿された温風が吹出口より室内に供給される．

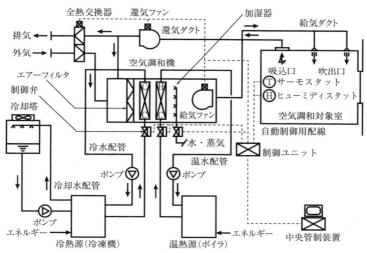

図25　冷却塔を用いた空気調和設備

　冷却塔とは，冷凍機の凝縮器を冷却するために，冷却水が凝縮器から吸熱した熱を，大気に放熱するための機器をいう（図26）．冷却塔には，冷却水を大気に開放して放熱する開放型と，冷却水を大気に開放せずに放熱する密閉型がある．

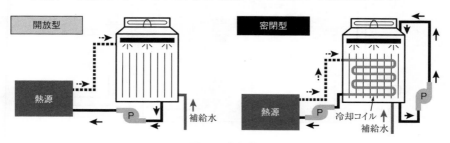

図26　冷却塔

解説18　機械換気方式

　機械換気とは，送風機や換気扇などの機械力による換気方式をいい，機械換気方式には，第1種機械換気方式，第2種機械換気方式，第3種機械換気方式がある（図27）．第1種機械換気方式とは，給気・排気ともに機械換気である方式をいう．第2種機械換気方式とは，給気のみ機械換気である方式をいう．第3種機械換気方式とは，排気のみ機械換気である方式をいう．

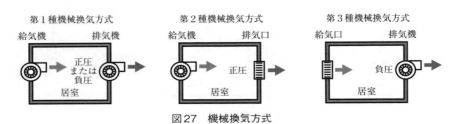

図27　機械換気方式

解説19　貯水槽

　受水槽や高置水槽などの飲料用貯水槽の構造や材質などについて，特徴をよく理解しておこう（図28）．

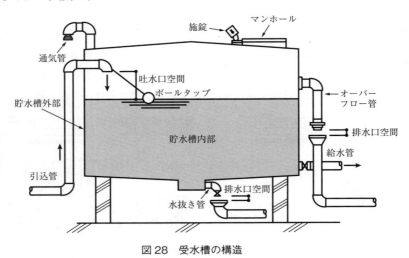

図28　受水槽の構造

[600]

解説20　排水槽

ビルの地下などにおいて，汚水を一時的に貯留する排水槽を「ビルピット」という（図29）.

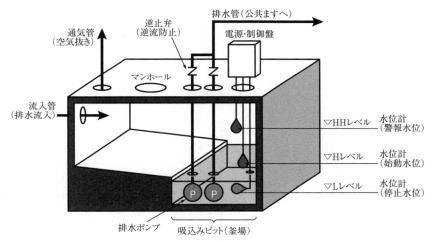

図29　ビルピットの構造

解説21　大便器の種類と排水通気設備

大便器は，洗浄水量によりⅠ形（洗浄水量8.5L以下）とⅡ形（洗浄水量6.5L以下）に分類される（JIS A 5207）. なお，JIS改正により，図30に示す洗浄方式による分類は行われなくなった.

洗浄方式と項目	サイホンボルテックス式	サイホンゼット式	サイホン式	セミサイホン式	洗い落とし式
形状					
水たまりの広さ	広い	広い	中くらい	やや狭い	狭い
洗浄水量	16L	10〜20L	10〜16L	8L	8〜12L

図30　大便器の種類（参考）

▶湿り通気管

湿り通気管とは，排水が流れる通気管をいう．

▶通気管

通気管とは，排水の流れを円滑にしたり，排水管内を換気したりするために，排水管に接続して大気に開放される配管をいう．通気管には，各器具排水管に接続される各個通気管，排水横枝管に接続されるループ通気管，逃し通気管，排水立て管に接続される通気立て管，排水立て管の頂部を延伸して大気に開放する伸頂通気管などがある（図31）．

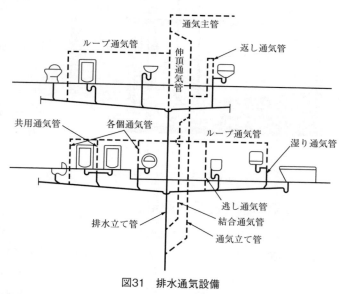

図31　排水通気設備

解説22　覚えておきたい用語

▶アスマン通風乾湿計

アスマン通風乾湿計とは，強制通風式の携帯用乾湿計で，測定球部を反射材と断熱材で覆い，一定の通風を与えることにより，周囲の熱や気流の影響を受けにくくして，乾球温度と湿球温度を計測する器具をいう．

▶インテリアゾーン

建築物の内周部をいう．

▶**インバート**

インバートとは，汚水中の固形物を円滑に流下させるために，汚水ますの底部に設けられる半円状の部材をいう．

▶**貫流ボイラー**

貫流ボイラーとは，ドラムや胴などをもたず，水管だけで構成されているボイラーをいう．

▶**逆止弁**

逆止弁とは，一方向にしか流さないようにすることにより，逆流を防止する弁をいう．逆止弁には，弁体がドアのようにスイングして逆流を防止するスイング式（図32），弁体が上下に移動することにより逆流を防止するリフト式がある．

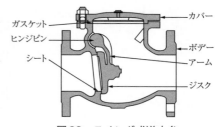

図32　スイング式逆止弁

▶**キャビテーション**

キャビテーションとは，流れている液体中の一部の圧力が飽和圧力以下に低下することにより，液体の一部が蒸発して気泡が発生する現象をいう．キャビテーションにより，配管系に振動，騒音，侵食などが生じる場合がある．

▶**給水方式**

建築設備の給水方式は，直結式と受水槽式に大別される．直結式は，配水管の圧力をそのまま給水末端に導入する直圧式と，配水管の圧力を増圧ポンプなどで増圧して給水末端に導入する増圧式に分類される．受水槽式は，受水槽の水を揚水ポンプで高置水槽に汲み上げて，高所からの落差により各所に給水する高置水槽式，受水槽の水を給水ポンプで加圧して各所に給水するポンプ直送方式などがある．

▶**合成樹脂ライニング鋼管**

合成樹脂ライニング鋼管とは，鋼管の防食のために，鋼管の内面または外面にポリ塩化ビニルなどの合成樹脂を被覆したものをいう．合成樹脂ライニング鋼管の継手には，鋼管の端部が腐食しないように，管端防食継手を用いて接続する（図33）．

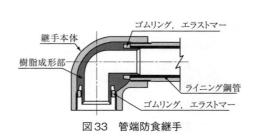

図33　管端防食継手

▶コージェネレーション

コージェネレーションとは，熱電併給と訳され，発電時に発生した熱を空調や給湯に利用するなどして，熱と電力を同時に産生して供給する仕組みをいう（図34）．

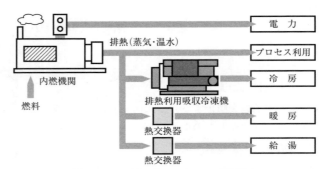

図34　コージェネレーションの仕組み

▶サージング

サージングとは，送風機，ポンプの流体機器を低流量領域で運転したときに生じる，脈動を伴う不安定な運転状態をいう．

▶サーミスタ

サーミスタとは，温度計測に用いられる電気抵抗体で，電気抵抗が温度により変化することを利用している．

▶仕切弁

仕切弁とは，ゲートバルブともいい，円筒状の弁体を上下させることにより，開閉する弁をいう．

▶軸流吹出口

軸流吹出口とは，気流がダクトの軸方向（長手方向）に吹き出す吹出口をいう．

▶真空式温水発生機

真空式温水発生機とは，大気圧より低い圧力の下で，熱媒が蒸発・凝縮することにより，水を加熱して温水を発生させる機器をいう．

▶水撃作用

水撃作用とは，ウォータハンマともいい，流水を弁などで急閉止したときに生じる圧力変動現象をいう．水撃作用により，水圧が上昇し，配管系に騒音，振動，破壊などが生じる場合がある．

▶全熱交換器

全熱交換器とは，換気によって損失となる空調エネルギーの全熱（給気と排気の温度差による顕熱と絶対湿度差による潜熱）を交換・回収する装置をいう．全熱交換器には，回転形と静止形がある．

▶たわみ継手

たわみ継手とは，空気調和機や送風機などの振動が，ダクトに伝搬するのを防止するために，空気調和機や送風機とダクトの間などに設けられる可とう性のある（変形することができる）継手をいう．

▶熱交換器

熱交換器とは，高温流体の顕熱を低温流体に移動させて，熱交換する装置をいう．熱交換器には，多数のプレートで構成されたプレート式熱交換器，管（チューブ）と胴（シェル）で構成された多管式熱交換器，管（チューブ）とフィン（ひれ）で構成されたフィンチューブ式熱交換器などがある．

▶排水管

建築設備に設けられる排水管は，一般に各衛生器具に取り付けられる器具排水管，器具排水管からの排水を合流させて立て管まで導く排水横枝管，各階の排水を集めて排水横主管まで導く排水立て管，排水立て管からの排水を排水ますまで導く排水横主管などで構成される．

▶ヒートパイプ

ヒートパイプとは，内部に封入された物質が蒸発－凝縮を繰り返すことにより，高温流体の顕熱を低温流体に効率的に移動させる装置をいう．

▶ヒートポンプ

ヒートポンプとは，冷媒と動力などを用いて低温部分の熱を吸収して，高温部分へ熱を移動させて放熱する仕組みをいい，暖房や給湯に応用されている．

▶風速計

風速計とは，気流の速度を計測する器具をいい，超音波風速計，熱線風速計などがある．そのほか，微風速の測定には，カタ温度計による方法がある．カタ温度計による風速測定は，暖められた物体の冷却率が風速によって異なる性質を利用し，温度計の指示が規定の温度降下する時間を計測し，降下時間と気温から風速を計算するものである．

▶**HEPAフィルタ** （HEPA：High Efficiency Particulate Air）

HEPAフィルタとは，高性能フィルタと訳され，JISでは「定格風量で粒径が0.3 nm の粒子に対して99.97%以上の粒子捕集率をもち，かつ，初期圧力損失が245Pa以下の性能をもつエアフィルタ」と規定されている．

▶**ペリメータゾーン**

建築物の外周部をいう．

▶**防火ダンパ**

防火ダンパとは，ダクトを経由して火災が拡大しないために，ダクト（風道）内の温度が上昇した場合に温度ヒューズの溶断などにより自動的に閉鎖するダンパをいう．ダクトが建物の防火区画を貫通するところなどに取り付けられる．

▶**ポンプ**

ポンプとは，液体に圧力を加えて送ったり，高い位置に汲み上げたりする装置をいう．ポンプは，遠心力により加圧するターボ形と，歯車やシリンダなどの密閉された空間の変位によって液体を押し出す容積形（図35）に大別され，空調用や給湯用の循環ポンプ，給水用の揚水ポンプなどにはターボ形が多用されている．

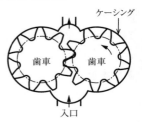

図35 容積形ポンプ
（歯車ポンプ）

▶**冷凍機**

冷凍機とは，液体を蒸発させることにより，蒸発時の潜熱を利用して対象を冷却する装置をいい，冷凍方式により蒸気圧縮式と吸収式に大別される．さらに蒸気圧縮式は，圧縮機の形式により，往復動式（レシプロ式），遠心式（ターボ式），スクリュー式などに分類される．

解説23　覚えておきたい計算式

▶**換気回数**

$$換気回数 = \frac{換気量}{室容積}$$　　　換気回数[回/h]，換気量[m³/h]，室容積[m³]

▶**二酸化炭素濃度による必要換気量の算定式**

$$Q = \frac{CO_2 発生量[m^3/(h·人)]}{(室内CO_2濃度 - 外気CO_2濃度)[ppm]} \times 10^6$$

ここで，Q：必要換気量[m³/(h·人)]

▶ベルヌーイの定理

$$\frac{1}{2}\rho U^2 + P + \rho gh = \text{一定}$$

ρ：密度[kg/m^3]，U：速度[m/s]，P：圧力（静圧）[Pa]，g：重力加速度[m/s^2]，
h：高さ[m]

▶溶液計算

水溶液の密度はほぼ水の密度と等しく，1 000kg/m^{3}である．したがって，水溶液1 m^{3}は1 000kg，1 Lは1 kg，1 mLは1 gである．また，溶液の％は重量％であり，10％溶液とは，水溶液100gの中に対象とする溶解物質10gが含まれていることを表す．

▶BOD除去量

$$\text{BOD除去量} = (C_1Q_1 - C_2Q_2) \times 10^{-3}$$

BOD除去量[kg/日]，C_1：流入水のBOD[mg/L]，Q_1：流入水の水量[m^3/日]，
C_2：処理水のBOD[mg/L]，Q_2：処理水の水量[m^3/日]

▶MLSS濃度

$$\text{MLSS濃度} = \frac{\{100 \times (\text{流入水のSS})\} + \{(\text{汚泥返送率}) \times (\text{返送汚泥のSS})\}}{100 + (\text{汚泥返送率})}$$

▶浄化槽の汚泥発生量の算定式

$$\text{汚泥発生量} = \text{流入BOD量} \times \frac{\text{BOD除去率}[\%]}{100} \times \frac{\text{汚泥転換率}[\%]}{100} \times \frac{100}{(100 - \text{含水率}[\%])}$$

▶ごみの容積質量値

$$\text{ごみの容積質量値} = \frac{\text{ごみの質量値}}{\text{ごみの容積}}$$

ごみの容積質量値[kg/m^3]，ごみの質量値[kg]，ごみの容積[m^3]

▶ゴキブリ指数

$$\text{ゴキブリ指数} = \frac{\text{捕獲総数}}{\text{設置トラップ数} \times \text{設置日数}}$$

▶防除率

$$\text{防除率} = \left(1 - \frac{\text{防除後のゴキブリ指数}}{\text{防除前のゴキブリ指数}}\right) \times 100[\%]$$

解説24　遮音等級

　床衝撃音の遮音等級の求め方と音圧レベル差の遮音等級の求め方の違いを正しく
理解しておこう.

▶床衝撃音レベルに関する遮音等級（図36）

　床衝撃音レベルは小さいほうが望ましい
ので，プロットした点が上回らない最小レ
ベルの曲線（Lr）で表される.

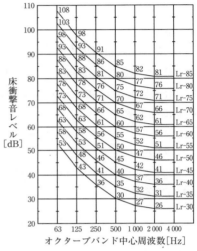

図36
床衝撃音レベルに
関する遮音等級

▶音圧レベル差に関する遮音等級（図37）

　壁における2室間の音圧レベル差は大
きいほうが望ましいので，プロットした
点が下回らない最大レベルの曲線（Dr）
で表される.

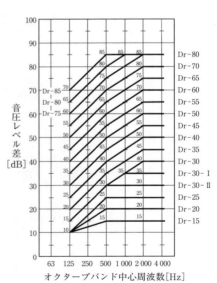

図37
壁における2室間の
音圧レベル差の
遮音等級

必読の法令と基準と単位

■日本国憲法

第25条　すべて国民は，健康で文化的な最低限度の生活を営む権利を有する．

2　国は，すべての生活部面について，社会福祉，社会保障及び公衆衛生の向上及び増進に努めなければならない．

■建築物における衛生的環境の確保に関する法律（建築物衛生法）の目的

第1条　この法律は，多数の者が使用し，又は利用する建築物の維持管理に関し環境衛生上必要な事項等を定めることにより，その建築物における衛生的な環境の確保を図り，もって公衆衛生の向上及び増進に資することを目的とする．

■特定用途の面積計算

◎特定用途の種別と算定式

1．興行場・百貨店・集会場・図書館・博物館・美術館・遊技場 2．店舗・事務所 3．右欄の学校以外の学校（研修所を含む） 4．旅館	学校教育法第1条に規定する学校（幼稚園・小学校・中学校・高等学校・中等教育学校・特別支援学校・大学・高等専門学校）
$A \geqq 3\ 000$ 〔m²〕	$A \geqq 8\ 000$ 〔m²〕

A：特定用途に供される部分の延べ面積〔m²〕	$A = a + b + c$
a：もっぱら特定用途に供される部分の延べ面積〔m²〕	事務所・店舗など
b：特定用途に供される部分に附随する部分の延べ面積〔m²〕	廊下・機械室・便所等
c：特定用途に供される部分に附属する部分の延べ面積〔m²〕 ただし，$c < (a + b)$	百貨店内の倉庫，銀行内の貸金庫，事務所内の書庫，事務所附属の駐車場等の部分で，$a + b$よりも狭いもの

(注)　1．「延べ面積」とは，当該用途に供される部分の床面積の合計をいう．
　　　2．「床面積」は，「建築物の各階またはその一部で壁その他の区画の中心線で囲まれた部分の水平投影面積」（建築基準法施行令）によって算定する．
　　　3．延べ面積の算定は，建築物ごとに行う．

◎特定用途に算入しないものの例

・地下街における地下道（広場を含む）

・建築物内に設けられている鉄道及び軌道の線路敷地内の運転・保安に関する施設，プラッ

トホーム等
・地下式変電所，地階等に設置される公共駐車場

■ビル管理技術者の職務

　環境衛生上の維持管理に関する業務を全般的に監督すること．具体的には以下のとおり．
　○管理業務計画の立案　　○管理業務の指揮監督　　○建築物環境衛生管理基準に関する測定または検査の評価　　○維持管理に必要な環境衛生上の各種調査の実施
　ビル管理技術者は，維持管理が管理基準に従って行われるようにするため必要があると認めるときは，建築物維持管理権原者に対して意見を述べることができ，維持管理権原者はその意見を尊重しなければならない（法第6条第2項）．

■ビル管理技術者の選任（兼任）

　特定建築物所有者等が，特定建築物ごとに選任する義務がある．
　一人のビル管理技術者を複数の特定建築物で選任する（兼任させる）場合は，兼任しても業務遂行に支障がないことを，特定建築物所有者等が確認する必要がある．

■特定建築物に備えておかなければならない帳簿書類等

保管期間	分　　類	帳簿書類等の例
5年間	空気環境の調整	空気環境測定記録
	給水・排水の管理	貯水槽・排水槽の清掃記録
	清　掃	統一的な大掃除の実施記録
	ねずみ等の防除状況	統一的なねずみ・衛生害虫等の防除記録
	その他環境衛生上必要なもの	騒音・照明関係の記録など
永　久	建築物・設備の図面	平面図・断面図，設備の配置図・系統図など
選任期間	一人のビル管理技術者が複数の特定建築物を兼任しても業務上支障がないことを確認した結果を記載した書面	

（注）永久とは建築物が存在する期間中，選任期間とは当該ビル管理技術者を選任している期間中．

■ビル管理技術者免状に関する手続き

交　付	講習会修了者または国家試験合格者に，厚生労働大臣が交付する
書換え	記載事項に変更が生じた場合は，戸籍謄本などを添えて厚生労働大臣に申請する
返　還	死亡または失踪の宣告を受けた場合，戸籍法による届出義務者が1か月以内に厚生労働大臣に返還する
返　納	厚生労働大臣は，法または法に基づく処分に違反したときは返納を命じることができる
欠格次項	厚生労働大臣は，返納命令を受けてから1年以内の者，法に基づく罰金刑の執行から2年以内の者には免状の交付を行わないことができる

■建築物環境衛生管理基準─空気環境

項　目		基　準　値	空気調和設備	機械換気設備
一	浮遊粉じんの量	空気1m³につき0.15mg以下	○	○
二	一酸化炭素の含有率	100万分の6（6ppm）以下	○	○
三	二酸化炭素の含有率	100万分の1 000（1 000ppm）以下	○	○
四	温度	・18℃以上28℃以下 ・居室における温度を外気の温度より低くする場合は，その差を著しくしないこと	○	－
五	相対湿度	40%以上70%以下	○	－
六	気流	0.5m/s以下	○	○
七	ホルムアルデヒドの量	空気1m³につき0.1mg以下	○	○

◎空気環境の測定方法

一	浮遊粉じんの量	グラスファイバーろ紙（0.3μmのステアリン酸粒子を99.9%以上捕集する性能を有するものに限る）を装着して相対沈降径がおおむね10μm以下の浮遊粉じんを重量法により測定する機器，または厚生労働大臣の登録を受けた者により当該機器を標準として較正された機器	2か月以内ごとに1回
二	一酸化炭素の含有率	検知管方式による一酸化炭素検定器	
三	二酸化炭素の含有率	検知管方式による二酸化炭素検定器	
四	温度	0.5度目盛の温度計	
五	相対湿度	0.5度目盛の乾湿球湿度計	
六	気流	0.2m/s以上の気流を測定することができる風速計	
七	ホルムアルデヒドの量	2,4－ジニトロフェニルヒドラジン捕集－高速液体クロマトグラフ法により測定する機器，4－アミノ－3－ヒドラジノ－5－メルカプト－1,2,4－トリアゾール法により測定する機器，または厚生労働大臣が別に指定する測定器	使用開始以後，最初の測定期間中（6月1日〜9月30日）に1回

・浮遊粉じん，一酸化炭素，二酸化炭素は，1日の使用時間中の平均値とする．
・通常の使用時間中に，各階ごとに，居室の中央部の床上75cm以上150cm以下の位置において，表の測定器（第二号から第六号までは同程度以上の性能を有する測定器を含む）を用いて行う．
・ホルムアルデヒドの測定は，特定建築物の建築・大規模の修繕・大規模の模様替を完了し，使用を開始した日以後最初に到来する測定期間（6月1日から9月30日までの期間）中に1回，行う．

◎空気調和設備の維持管理

冷却塔・加湿装置に供給する水	水道法第4条に規定する水質基準に適合させるための必要な措置を講ずる.
冷却塔・冷却水の点検	使用開始時及び使用を開始した後，1か月以内ごとに1回，定期に行う．ただし，1か月を超える期間使用しない場合は，この限りでない．
加湿装置の点検	
空気調和設備内の排水受けの点検	
冷却塔・冷却水の水管・加湿装置の清掃	1年以内ごとに1回，定期に行う．

■建築物環境衛生管理基準─給排水の管理（飲用水）

◎塩素の検査……7日以内ごとに1回．

給水栓における残留塩素の含有率	水が病原生物に著しく汚染されるおそれがある場合等
遊離残留塩素100万分の0.1(0.1mg/L)以上．結合残留塩素の場合は100万分の0.4(0.4mg/L)以上	遊離残留塩素100万分の0.2(0.2mg/L)以上．結合残留塩素の場合は100万分の1.5(1.5mg/L)以上

◎水道水の水質基準（最終改正令和2年3月25日）と建築物衛生法による水質検査項目
　　○印……6か月以内ごとに1回．
　　☆印……消毒副生成物12項目．毎年，測定期間中（6月1日～9月30日）に1回．
　　　＊地下水等を水源とする場合：上記に加えて，給水開始前に全項目を1回，
　　　　　　　　　　　　　　　　　△印を3年以内ごとに1回．

水道法による水質基準項目	基　準　値	検査項目	地下水*
一般細菌	1mLの検水で形成される集落数が100以下	○	○
大腸菌	検出されないこと	○	○
カドミウム及びその化合物	カドミウムの量に関して，0.003mg/L以下		
水銀及びその化合物	水銀の量に関して，0.0005mg/L以下		
セレン及びその化合物	セレンの量に関して，0.01mg/L以下		
鉛及びその化合物	鉛の量に関して，0.01mg/L以下	○	○
ヒ素及びその化合物	ヒ素の量に関して，0.01mg/L以下		
六価クロム化合物	六価クロムの量に関して，0.02mg/L以下		
亜硝酸態窒素	0.04mg/L以下	○	○
シアン化物イオン及び塩化シアン	シアンの量に関して，0.01mg/L以下	☆	☆
硝酸態窒素及び亜硝酸態窒素	10mg/L以下	○	○
フッ素及びその化合物	フッ素の量に関して，0.8mg/L以下		

ホウ素及びその化合物	ホウ素の量に関して，1.0mg/L 以下		
四塩化炭素	0.002mg/L 以下		△
1,4 –ジオキサン	0.05mg/L 以下		
シス– 1,2 –ジクロロエチレン及びトランス– 1,2 –ジクロロエチレン	0.04mg/L 以下		△
ジクロロメタン	0.02mg/L 以下		△
テトラクロロエチレン	0.01mg/L 以下		△
トリクロロエチレン	0.01mg/L 以下		△
ベンゼン	0.01mg/L 以下		△
塩素酸	0.6mg/L 以下	☆	☆
クロロ酢酸	0.02mg/L 以下	☆	☆
クロロホルム	0.06mg/L 以下	☆	☆
ジクロロ酢酸	0.03mg/L 以下	☆	☆
ジブロモクロロメタン	0.1mg/L 以下	☆	☆
臭素酸	0.01mg/L 以下	☆	☆
総トリハロメタン（クロロホルム，ジブロモクロロメタン，ブロモジクロロメタン及びブロモホルムのそれぞれの濃度の総和）	0.1mg/L 以下	☆	☆
トリクロロ酢酸	0.03mg/L 以下	☆	☆
ブロモジクロロメタン	0.03mg/L 以下	☆	☆
ブロモホルム	0.09mg/L 以下	☆	☆
ホルムアルデヒド	0.08mg/L 以下	☆	☆
亜鉛及びその化合物	亜鉛の量に関して，1.0mg/L 以下	○	○
アルミニウム及びその化合物	アルミニウムの量に関して，0.2mg/L 以下		
鉄及びその化合物	鉄の量に関して，0.3mg/L 以下	○	○
銅及びその化合物	銅の量に関して，1.0mg/L 以下	○	○
ナトリウム及びその化合物	ナトリウムの量に関して，200mg/L 以下		
マンガン及びその化合物	マンガンの量に関して，0.05mg/L 以下		
塩化物イオン	200mg/L 以下	○	○
カルシウム，マグネシウム等（硬度）	300mg/L 以下		
蒸発残留物	500mg/L 以下	○	○
陰イオン界面活性剤	0.2mg/L 以下		
(4S,4aS,8aR) –オクタヒドロ– 4,8a –ジメチルナフタレン– 4a(2H) –オール（別名 ジェオスミン）	0.000 01mg/L 以下		
1,2,7,7 –テトラメチルビシクロ [2,2,1] ヘプタン– 2 –オール（別名 2 –メチルイソボルネオール）	0.000 01mg/L 以下		

非イオン界面活性剤	0.02mg/L 以下		
フェノール類	フェノールの量に換算して，0.005mg/L 以下		△
有機物（全有機炭素（TOC）の量）	3 mg/L 以下	○	○
pH 値	5.8 以上 8.6 以下	○	○
味	異常でないこと	○	○
臭気	異常でないこと	○	○
色度	5 度以下	○	○
濁度	2 度以下	○	○

◎貯水槽の清掃……1 年以内ごとに 1 回.
 ・高置水槽，圧力水槽の清掃は受水槽と同じ日に行う.
 ・受水槽の清掃を行った後，高置水槽，圧力水槽等の清掃を行う.
 ・作業者は常に健康状態に留意するとともに，おおむね 6 か月ごとに，病原体がし尿に排せつされる感染症の罹患の有無（または病原体の保有の有無）に関して，健康診断を受ける．また，健康状態の不良な者は作業に従事しない.
 ・貯水槽内の沈でん物質・浮遊物質・壁面等に付着した物質を洗浄等により除去し，洗浄に用いた水を完全に排除するとともに，貯水槽周辺の清掃を行う.
 ・貯水槽の清掃終了後，塩素剤を用いて 2 回以上貯水槽内の消毒を行う.
 ・貯水槽内の消毒に用いる消毒薬は，有効塩素 50 ～ 100mg/L の濃度の次亜塩素酸ナトリウム溶液，またはこれと同等以上の消毒能力を有する塩素剤を用いる.
 ・消毒後は 30 分以上時間をおく.
 ・消毒作業が終了した後，洗浄し，洗浄水を排水した後，貯水槽内への水張りを行う.
 ・貯水槽の水張り終了後，給水栓及び貯水槽内における水について検査を行い，次の基準を満たしていることを確認する．基準を満たしていない場合は，その原因を調査し，必要な措置を講ずる.
 ・清掃によって生じた汚泥等の廃棄物は，廃棄物処理法等の規定に基づき，適切に処理する.
 ・貯水槽清掃後の水質検査項目

一	残留塩素の含有率	遊離残留塩素 100 万分の 0.2（0.2mg/L）以上 結合残留塩素の場合は 100 万分の 1.5（1.5mg/L）以上
二	色　度	5 度以下
三	濁　度	2 度以下
四	臭　気	異常でないこと
五	味	異常でないこと

■建築物環境衛生管理基準─給排水の管理（雑用水）

項　目　等		頻　　度	散水，修景または清掃の用に供する水	水洗便所の用に供する水
遊離残留塩素 100 万分の 0.1（0.1mg/L）以上．（結合残留塩素の場合は 100 万分の 0.4（0.4mg/L）以上）		7 日以内ごとに 1 回	○	○
pH 値	5.8 以上 8.6 以下		○	○
臭気	異常でないこと		○	○
外観	ほとんど無色透明であること		○	○
大腸菌	検出されないこと	2 か月以内ごとに 1 回	○	○
濁度	2 度以下であること		○	－
し尿を含む水を原水として用いないこと			○	－

■建築物環境衛生管理基準─給排水の管理（排水設備）
◎排水槽など排水に関する設備の清掃……6 か月以内ごとに 1 回．
・作業にあたっては，酸素濃度が 18% 以上，かつ硫化水素濃度が 10ppm 以下であることを測定して確認する．

■建築物環境衛生管理基準─清掃，ねずみ・昆虫等の防除
◎大掃除……6 か月以内ごとに 1 回，定期に，統一的に行う．
◎ねずみ・昆虫等の調査……発生場所・生息場所・侵入経路・被害の状況について，6 か月以内ごとに 1 回，定期に，統一的に調査を実施し，調査結果に基づき，発生を防止するため必要な措置を講ずる．
・食料を取り扱う区域・排水槽・阻集器・廃棄物の保管設備の周辺等，特にねずみ・昆虫等が発生しやすい箇所については，2 か月以内ごとに 1 回，生息状況等を調査し，必要に応じ，発生を防止するための措置を講ずる．

■建築物衛生法に基づいて登録を受けられる業種

業　種	業　務　の　内　容
建築物清掃業	建築物における床等の清掃を行う事業（建築物の外壁や窓の清掃，給排水設備のみの清掃を行う事業は含まない）
建築物空気環境測定業	建築物における空気環境（浮遊粉じんの量・一酸化炭素の含有率・二酸化炭素の含有率・温度・相対湿度・気流）の測定を行う事業
建築物空気調和用ダクト清掃業	建築物の空気調和用ダクトの清掃を行う事業
建築物飲料水水質検査業	建築物における飲料水の水質検査を行う事業
建築物飲料水貯水槽清掃業	受水槽，高置水槽等建築物の飲料水の貯水槽の清掃を行う事業
建築物排水管清掃業	建築物の排水管の清掃を行う事業
建築物ねずみ昆虫等防除業	建築物におけるねずみ，昆虫等人の健康を損なう事態を生じさせるおそれのある動物の防除を行う事業
建築物環境衛生総合管理業	建築物における清掃，空気調和設備及び機械換気設備の運転，日常的な点検及び補修並びに空気環境の測定，給水及び排水に関する設備の運転等並びに給水栓における水に含まれる遊離残留塩素の検査並びに給水栓における水の色，濁り，臭い及び味の検査であって，特定建築物の衛生的環境の維持管理に必要な程度のものを併せ行う事業

・登録の有効期間……6年.
・登録を受けなくても業務を行うことはできるが，登録を受けた旨の表示をすることはできない.
・登録は，事業区分に応じ営業所ごとに行う.

■各業種の登録基準（物的基準・人的基準）

業　種	物的基準		人的基準
	機械器具	設　備	
建築物清掃業	①真空掃除機，②床みがき機	－	・清掃作業監督者 ・清掃作業従事者
建築物空気環境測定業	①浮遊粉じん計，②一酸化炭素検定器，③二酸化炭素検定器，④温度計，⑤湿度計，⑥風速計，⑦空気環境の測定に必要な器具	－	・空気環境測定実施者

建築物空気調和用ダクト清掃業	①電気ドリル及びシャーまたはニブラ，②内視鏡，③電子天びんまたは化学天びん，④コンプレッサー，⑤集じん機，⑥真空掃除機	－	・ダクト清掃作業監督者 ・ダクト清掃作業従事者
建築物飲料水水質検査業	①高圧蒸気滅菌器及び恒温器，②フレームレス－原子吸光光度計，誘導結合プラズマ発光分光分析装置または誘導結合プラズマ－質量分析装置，③イオンクロマトグラフ，④乾燥器，⑤全有機炭素定量装置，⑥pH計，⑦分光光度計又は光電光度計，⑧ガスクロマトグラフ－質量分析計，⑨電子天びんまたは化学天びん	水質検査を的確に行える検査室	・水質検査実施者
建築物飲料水貯水槽清掃業	①揚水ポンプ，②高圧洗浄機，③残水処理機，④換気ファン，⑤防水型照明器具，⑥色度計・濁度計及び残留塩素測定器	機械器具を適切に保管できる専用保管庫	・貯水槽清掃作業監督者 ・貯水槽清掃作業従事者
建築物排水管清掃業	①内視鏡，②高圧洗浄機・高圧ホース及び洗浄ノズル，③ワイヤ式管清掃機，④空圧式管清掃機，⑤排水ポンプ	機械器具を適切に保管できる専用保管庫	・排水管清掃作業監督者 ・排水管清掃作業従事者
建築物ねずみ昆虫等防除業	①照明器具・調査用トラップ及び実体顕微鏡，②毒じ皿，毒じ箱及び捕そ器，③噴霧機及び散粉機 ④真空掃除機，⑤防毒マスク及び消火器	機械器具と薬剤を適切に保管できる専用保管庫	・防除作業監督者 ・防除作業従事者
建築物環境衛生総合管理業	①真空掃除機 ②床みがき機 ③空気環境測定業の機械器具 ④残留塩素測定器	－	・統括管理者 ・清掃作業監督者 ・清掃作業従事者 ・空調給排水管理監督者 ・空調給排水管理従事者 ・空気環境測定実施者

■感染症類型（最終改正：令和3年2月3日）

感染症の予防及び感染症の患者に対する医療に関する法律（感染症法）における感染症
- 一類感染症　　●二類感染症　　●三類感染症　　●四類感染症　　●五類感染症
- 新型インフルエンザ等感染症　　●指定感染症　　●新感染症

一類感染症 （7疾患）	エボラ出血熱，クリミア・コンゴ出血熱，痘そう（天然痘），南米出血熱，ペスト，マールブルグ病，ラッサ熱
二類感染症 （7疾患）	急性灰白髄炎，結核，ジフテリア，重症急性呼吸器症候群（病原体がコロナウイルス属SARSコロナウイルスであるものに限る），中東呼吸器症候群（病原体がベータコロナウイルス属MERSコロナウイルスであるものに限る），鳥インフルエンザ（H5N1），鳥インフルエンザ（H7N9）
三類感染症 （5疾患）	コレラ，細菌性赤痢，腸管出血性大腸菌感染症（O157等），腸チフス，パラチフス
四類感染症 （44疾患）	E型肝炎，A型肝炎，黄熱，Q熱，狂犬病，炭疽，鳥インフルエンザ（鳥インフルエンザ（H5N1及びH7N9）を除く），ボツリヌス症，マラリア，野兎病，ウエストナイル熱，エキノコックス症，オウム病，オムスク出血熱，回帰熱，キャサヌル森林病，コクシジオイデス症，サル痘，ジカウイルス感染症，重症熱性血小板減少症候群（病原体がフレボウイルス属SFTSウイルスであるものに限る），腎症候性出血熱，西部ウマ脳炎，ダニ媒介脳炎，チクングニア熱，つつが虫病，デング熱，東部ウマ脳炎，ニパウイルス感染症，日本紅斑熱，日本脳炎，ハンタウイルス肺症候群，Bウイルス病，鼻疽，ブルセラ症，ベネズエラウマ脳炎，ヘンドラウイルス感染症，発しんチフス，ライム病，リッサウイルス感染症，リフトバレー熱，類鼻疽，レジオネラ症，レプトスピラ症，ロッキー山紅斑熱
五類感染症 （46疾患）	インフルエンザ（鳥インフルエンザ及び新型インフルエンザ等感染症を除く），ウイルス性肝炎（E型肝炎及びA型肝炎を除く），クリプトスポリジウム症，後天性免疫不全症候群，性器クラミジア感染症，梅毒，麻しん，メチシリン耐性黄色ブドウ球菌感染症，アメーバ赤痢，RSウイルス感染症，咽頭結膜熱，A群溶血性レンサ球菌咽頭炎，カルバペネム耐性腸内細菌科細菌感染症，感染性胃腸炎，急性出血性結膜炎，急性脳炎（ウエストナイル脳炎，西部ウマ脳炎，ダニ媒介脳炎，東部ウマ脳炎，日本脳炎，ベネズエラウマ脳炎，リフトバレー熱を除く），クラミジア肺炎（オウム病を除く），クロイツフェルト・ヤコブ病，劇症型溶血性レンサ球菌感染症，細菌性髄膜炎，ジアルジア症，侵襲性インフルエンザ菌感染症，侵襲性髄膜炎菌感染症，侵襲性肺炎球菌感染症，水痘，性器ヘルペスウイルス感染症，尖圭コンジローマ，先天性風しん症候群，手足口病，伝染性紅斑，突発性発しん，播種性クリプトコックス症，破傷風，バンコマイシン耐性黄色ブドウ球菌感染症，バンコマイシン耐性腸球菌感染症，百日咳，風しん，ペニシリン耐性肺炎球菌感染症，ヘルパンギーナ，マイコプラズマ肺炎，無菌性髄膜炎，薬剤耐性アシネトバクター感染症，薬剤耐性緑膿菌感染症，流行性角結膜炎，流行性耳下腺炎，淋菌感染症

■廃棄物の定義と分類

廃棄物の処理及び清掃に関する法律（廃棄物処理法）

分　類		種　　　　　類
廃棄物	産業廃棄物	1）燃え殻…焼却残灰，石炭火力発電所から発生する石炭がらなど 2）汚泥…工場廃水処理や製造工程などから生じる泥状のもの 3）廃油…潤滑油，洗浄用油などの不要になったもの 4）廃酸…酸性の廃液 5）廃アルカリ…アルカリ性の廃液 6）廃プラスチック類…合成樹脂くず，合成ゴムくずなど合成高分子系化合物 7）紙くず…建設業，紙製造業，製本業などの特定の業種から排出されるもの，及びPCBが塗布され，または染み込んだものに限定 8）木くず…建設業，木材製造業などの特定の業種から排出されるもの，及びPCBが染み込んだものに限定 9）繊維くず…建設業，繊維工業などの特定の業種から排出されるもの，及びPCBが染み込んだものに限定 10）動植物性残さ…食料品製造業などの特定の業種から排出されるものに限定 11）動物系固形残さ…と畜場・食鳥処理場から排出される不要物 12）ゴムくず…天然ゴムくずなど 13）金属くず…鉄・銅等の研磨くずなど 14）ガラスくず，コンクリートくず（工作物の除去などにより排出されたものを除く），陶磁器くず 15）鉱さい…製鉄所の炉の残さいなど 16）がれき類…工作物の除去などにより排出されたコンクリート破片など 17）動物のふん尿…畜産農業から排出されたものに限定 18）動物の死体…畜産農業から排出されたものに限定 19）ばいじん…大気汚染防止法で規定するばい煙発生施設やダイオキシン類対策特別措置法に規定する特定施設から集められるばいじん，または上記1）～18）に掲げる産業廃棄物の焼却施設から集じん施設によって集められるばいじん 20）輸入廃棄物…輸入された廃棄物のうち，上記1）～18）に掲げるもの，航行廃棄物，携帯廃棄物を除く 21）上記1）～19）を処分するために処理したもの（コンクリート固形物など），または上記20）を処分するために処理したもの 注：上記7）～9），12）～16）は事業活動によって生じたものに限る.
	特別管理産業廃棄物	ア）廃油…揮発油類，灯油類，軽油類の燃えやすい廃油 イ）廃酸…pH2.0以下の酸性廃液 ウ）廃アルカリ…pH12.5以上のアルカリ性廃液 エ）感染性産業廃棄物…医療機関等から排出される，血液の付着した注射針などの，感染性病原体を含むか，そのおそれのある産業廃棄物 オ）特定有害産業廃棄物（施設や事業活動等の特定がある） 　・廃PCB等　　　・PCB汚染物　　　・PCB処理物　　　・廃水銀等 　・指定下水汚泥　・鉱さい　　　　　・廃石綿等　　　　・燃え殻 　・ばいじん　　　・廃油　　　　　　・汚泥，廃酸又は廃アルカリ

廃棄物	一般廃棄物	1）可燃ごみ…紙ごみ，厨芥等 2）不燃ごみ…ガラス，金属等 3）粗大ごみ…家具，家電製品等 4）し尿 5）浄化槽汚泥 6）その他
	特別管理一般廃棄物	a）国内における日常生活に伴って生じた次のものに含まれるPCBを使用した部品 ・廃エアコンディショナー ・廃テレビジョン受信機 ・廃電子レンジ b）処理能力200kg/時間以上，または火格子面積が2m²以上のごみ処理施設において，集じん施設によって集められたばいじん c）上記b）のばいじんを処分するために処理したもので，特定の方法で処理したもの d）特定の廃棄物焼却炉から排出されるばいじん，燃え殻で，ダイオキシン類の含有量が3ng/gを超えるもの e）上記d）のばいじん，燃え殻を処分するために処理したもので，ダイオキシン類の含有量が3ng/gを超えるもの f）特定の廃ガス処理施設を有する工場・事業場から排出された汚泥で，ダイオキシン類の含有量が3ng/gを超えるもの g）上記f）の汚泥を処分するために処理したもので，ダイオキシン類の含有量が3ng/gを超えるもの h）感染性一般廃棄物…医療機関等から排出される，血液の付着したガーゼなどの，感染性病原体を含むか，そのおそれのある廃棄物

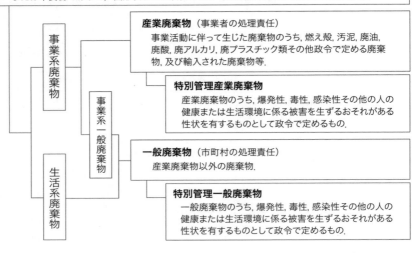

廃棄物
ごみ，粗大ごみ，燃え殻，汚泥，ふん尿，廃油，廃酸，廃アルカリ，動物の死体その他の汚物または不要物であって，固形状または液状のもの（放射性物質及びその汚染物を除く）．

事業系廃棄物

生活系廃棄物

事業系一般廃棄物

産業廃棄物（事業者の処理責任）
事業活動に伴って生じた廃棄物のうち，燃え殻，汚泥，廃油，廃酸，廃アルカリ，廃プラスチック類その他政令で定める廃棄物，及び輸入された廃棄物等．

特別管理産業廃棄物
産業廃棄物のうち，爆発性，毒性，感染性その他の人の健康または生活環境に係る被害を生ずるおそれがある性状を有するものとして政令で定めるもの．

一般廃棄物（市町村の処理責任）
産業廃棄物以外の廃棄物．

特別管理一般廃棄物
一般廃棄物のうち，爆発性，毒性，感染性その他の人の健康または生活環境に係る被害を生ずるおそれがある性状を有するものとして政令で定めるもの．

（最終改正：平成 29 年 6 月 2 日）
・水質汚濁防止法に基づく排水基準には，環境省令（排水基準を定める省令）による一律
　排水基準と，自治体の条例によるより厳しい排水基準（上乗せ・横だし基準）がある.
・排水基準は，健康項目（カドミウムその他の人の健康に係る被害を生ずるおそれのある
　物質）と生活環境項目（化学的酸素要求量その他の水の汚染状態を示す項目）に分かれる.

◎健康項目（有害物質）

有害物質の種類	許容限度
カドミウム及びその化合物	カドミウム 0.03 〔mg/L〕
シアン化合物	シアン 1 〔mg/L〕
有機燐化合物（パラチオン, メチルパラチオン, メチルジメトン及び EPN に限る）	1 〔mg/L〕
鉛及びその化合物	鉛 0.1 〔mg/L〕
六価クロム化合物	六価クロム 0.5 〔mg/L〕
砒素及びその化合物	砒素 0.1 〔mg/L〕
水銀及びアルキル水銀その他の水銀化合物	水銀 0.005 〔mg/L〕
アルキル水銀化合物	検出されないこと
ポリ塩化ビフェニル	0.003 〔mg/L〕
トリクロロエチレン	0.1 〔mg/L〕
テトラクロロエチレン	0.1 〔mg/L〕
ジクロロメタン	0.2 〔mg/L〕
四塩化炭素	0.02 〔mg/L〕
1,2－ジクロロエタン	0.04 〔mg/L〕
1,1－ジクロロエチレン	1 〔mg/L〕
シス－1,2－ジクロロエチレン	0.4 〔mg/L〕
1,1,1－トリクロロエタン	3 〔mg/L〕
1,1,2－トリクロロエタン	0.06 〔mg/L〕
1,3－ジクロロプロペン	0.02 〔mg/L〕
チウラム	0.06 〔mg/L〕
シマジン	0.03 〔mg/L〕
チオベンカルブ	0.2 〔mg/L〕
ベンゼン	0.1 〔mg/L〕
セレン及びその化合物	セレン 0.1 〔mg/L〕
ほう素及びその化合物	海域以外の公共用水域に排出されるもの　ほう素 10 〔mg/L〕
	海域に排出されるもの　ほう素 230 〔mg/L〕

ふっ素及びその化合物	海域以外の公共用水域に排出されるもの ふっ素 8〔mg/L〕
	海域に排出されるもの　ふっ素 15〔mg/L〕
アンモニア，アンモニウム化合物，亜硝酸化合物及び硝酸化合物	アンモニア性窒素に 0.4 を乗じたもの，亜硝酸性窒素及び硝酸性窒素の合計量　100〔mg/L〕
1,4−ジオキサン	0.5〔mg/L〕

備考)

1. 「検出されないこと」とは，第 2 条の規定に基づき環境大臣が定める方法により排出水の汚染状態を検定した場合において，その結果が当該検定方法の定量限界を下回ることをいう.
2. 砒素及びその化合物についての排水基準は，水質汚濁防止法施行令及び廃棄物の処理及び清掃に関する法律施行令の一部を改正する政令（昭和 49 年政令第 363 号）の施行の際現にゆう出している温泉（温泉法（昭和 23 年法律第 125 号）第 2 条第 1 項に規定するものをいう. 以下同じ．）を利用する旅館業に属する事業場に係る排出水については，当分の間，適用しない.

◎生活環境項目

項　　目	許容限度
水素イオン濃度（水素指数）	海域以外の公共用水域に排出されるもの 5.8 以上 8.6 以下
	海域に排出されるもの　5.0 以上 9.0 以下
生物化学的酸素要求量	160（日間平均 120）〔mg/L〕
化学的酸素要求量	160（日間平均 120）〔mg/L〕
浮遊物質量	200（日間平均 150）〔mg/L〕
ノルマルヘキサン抽出物質含有量（鉱油類含有量）	5〔mg/L〕
ノルマルヘキサン抽出物質含有量（動植物油脂類含有量）	30〔mg/L〕
フェノール類含有量	5〔mg/L〕
銅含有量	3〔mg/L〕
亜鉛含有量	2〔mg/L〕
溶解性鉄含有量	10〔mg/L〕
溶解性マンガン含有量	10〔mg/L〕
クロム含有量	2〔mg/L〕
大腸菌群数	日間平均 3 000〔個 /cm³〕
窒素含有量	120（日間平均 60）〔mg/L〕
燐含有量	16（日間平均 8）〔mg/L〕

備考) 略

■ JIS 照度基準 （JIS Z 9110：2010 より一部抜粋）

$\overline{E}_m$：維持照度．ある面の平均照度を，使用期間中に下回らないように維持すべき値．

U_0：照度均斉度．ある面における平均照度に対する最小照度の比．

UGR：屋内統一グレア評価値（Unified Glare Rating）．1995 年に CIE（国際照明委員会）が屋内照明施設のために規定した不快グレア評価方法に基づく値．

UGR_L：屋内統一グレア制限値．照明施設に対して許容できる UGR 値の上限値．

R_a：平均演色評価数．R_a は最大値を 100 とし，演色の質の低下に伴って減少する．

◎基本的な照明要件（屋内作業）

領域，作業または活動の種類	$\overline{E}_m$〔lx〕	U_0	UGR_L	R_a
ごく粗い視作業，短い訪問，倉庫	100	–	–	40
作業のために連続的に使用しない所	150	–	–	40
粗い視作業，継続的に作業する部屋（最低）	200	–	–	60
やや粗い視作業	300	0.7	22	60
普通の視作業	500	0.7	22	60
やや精密な視作業	750	0.7	19	80
精密な視作業	1 000	0.7	19	80
非常に精密な視作業	1 500	0.7	16	80
超精密な視作業	2 000	0.7	16	80

◎事務所

領域，作業または活動の種類		$\overline{E}_m$〔lx〕	U_0	UGR_L	R_a	注　記
作業	設計，製図	750	0.7	16	80	
作業	キーボード操作，計算	500	0.7	19	80	VDT 作業については◆を参照．
執務空間	設計室，製図室	750	–	16	80	
執務空間	事務室	750	–	19	80	VDT 作業については◆を参照．
執務空間	役員室	750	–	16	80	
執務空間	診察室	500	–	19	90	
執務空間	印刷室	500	–	19	80	
執務空間	電子計算機室	500	–	19	80	VDT 作業については◆を参照．
執務空間	調理室	500	–	22	80	
執務空間	集中監視室，制御室	500	–	16	80	制御盤は多くの場合鉛直．調光が望ましい．VDT 作業については◆を参照．
執務空間	守衛室	500	–	19	80	
執務空間	受付	300	–	22	80	

	会議室，集会室	500	–	19	80	照明制御を可能とする．
	応接室	500	–	19	80	
	宿直室	300	–	19	80	
	食堂	300	–	–	80	
	喫茶室，オフィスラウンジ，湯沸室	200	–	–	80	
	休憩室	100	–	–	80	
	書庫	200	–	–	80	
	倉庫	100	–	–	60	常時使用する場合は 200 lx．
	更衣室	200	–	–	80	
	化粧室	300	–	–	90	
共用空間	便所，洗面所	200	–	–	80	
	電気室，機械室，電気・機械室などの配電盤及び計器盤	200	–	–	60	
	階段	150	–	–	40	出入口には移行部を設け，明るさの急激な変化を避けることが望ましい．
	屋内非常階段	50	–	–	40	
	廊下，エレベータ	100	–	–	40	
	エレベータホール	300	–	–	60	出入口には移行部を設け，明るさの急激な変化を避ける．
	玄関ホール（昼間）	750	–	–	80	昼間の屋外自然光による数万 lx の照度に目が順応していると，ホール内部が暗く見えるので，照度を高くすることが望ましい．
	玄関ホール（夜間），玄関（車寄せ）	100	–	–	60	

◆ VDT を使用する視作業のための照明器具の輝度限界値

画面のクラス（JIS Z 8517 参照）	Ⅰ	Ⅱ	Ⅲ
画面の特性	一般オフィスに適する．	すべてではないが，ほとんどのオフィス環境に適する．	特別に制御された光環境を必要とする．
照明器具の平均輝度の限界値	2 000 cd/m² 以下		200 cd/m² 以下
影響を受けやすい画面及び特別な傾斜の画面を用いる場所では，上記の輝度限界値はより小さい角度（たとえば，鉛直角 55 度）を適用することが望ましい．			

■消防用設備等の種類 （消防法施行令）

区　　　分		種　　　類
消防の用に供する設備	消火設備（水その他消火剤を使用して消火を行う機械器具または設備）	・消火器及び簡易消火用具（水バケツ，水槽，乾燥砂，膨張ひる石または膨張真珠岩） ・屋内消火栓設備　　　・スプリンクラー設備 ・水噴霧消火設備　　　・泡消火設備 ・不活性ガス消火設備　・ハロゲン化物消火設備 ・粉末消火設備　　　　・屋外消火栓設備 ・動力消防ポンプ設備
	警報設備（火災の発生を報知する機械器具または設備）	・自動火災報知設備　　・ガス漏れ火災警報設備 ・漏電火災警報器 ・消防機関へ通報する火災報知設備 ・警鐘，携帯用拡声器，手動式サイレンその他の非常警報器具，非常警報設備（非常ベル，自動式サイレン，放送設備）
	避難設備（火災が発生した場合において避難するために用いる機械器具または設備）	・すべり台，避難はしご，救助袋，緩降機，避難橋その他の避難器具 ・誘導灯及び誘導標識
消防用水		・防火水槽またはこれに代わる貯水池その他の用水
消火活動上必要な施設		・排煙設備　　　　　　・連結散水設備 ・連結送水管　　　　　・非常コンセント設備 ・無線通信補助設備

■機械換気方式の種別

種　別	換気方式	室　圧	特徴・用途
第1種換気	機械給気＋機械排気	正圧または負圧	・室内を正圧にも負圧にも制御できる. ・給気量と排気量を確実に確保できる. ・設備費が高くなる. ・大規模建築物，クリーンルーム，ハザード対策施設など.
第2種換気	機械給気＋自然排気	正圧	・給気を確実に確保すべき室や，汚染空気の流入が許されない室に用いる. ・一般に外気取入れ部に空気浄化装置が設けられる. ・手術室，クリーンルームなど.
第3種換気	自然給気＋機械排気	負圧	・室内で発生する粉じんや臭い等を早く排出できる. ・汚染空気を室外に流出させたくない室に用いる. ・小規模建築物，駐車場，工場，作業場など. ・便所・湯沸し室・喫煙室などの局所換気.

■ SI 基本単位

量	記号	読み方
長 さ	m	メートル
質 量	kg	キログラム
時 間	s	秒
電 流	A	アンペア
熱力学温度	K	ケルビン
物質量	mol	モル
光 度	cd	カンデラ

■ SI 単位の接頭語

単位に乗じる倍数	接頭語	
	記号	読み方
10^{24}	Y	ヨタ
10^{21}	Z	ゼタ
10^{18}	E	エクサ
10^{15}	P	ペタ
10^{12}	T	テラ
10^{9}	G	ギガ
10^{6}	M	メガ
10^{3}	k	キロ
10^{2}	h	ヘクト
10^{1}	da	デカ
10^{-1}	d	デシ
10^{-2}	c	センチ
10^{-3}	m	ミリ
10^{-6}	μ	マイクロ
10^{-9}	n	ナノ
10^{-12}	p	ピコ
10^{-15}	f	フェムト
10^{-18}	a	アト
10^{-21}	z	ゼプト
10^{-24}	y	ヨクト

■ 固有の名称をもつ SI 組立単位

量	記号	読み方
平面角	rad	ラジアン
立体角	sr	ステラジアン
周波数	Hz	ヘルツ
力	N	ニュートン
圧力，応力	Pa	パスカル
エネルギー，仕事，熱量	J	ジュール
パワー，放射束	W	ワット
電荷，電気量	C	クーロン
電位，電位差，電圧，起電力	V	ボルト
静電容量	F	ファラド
電気抵抗	Ω	オーム
コンダクタンス	S	ジーメンス
磁 束	Wb	ウェーバ
磁束密度	T	テスラ
インダクタンス	H	ヘンリー
セルシウス温度	℃	セルシウス度, 度
光 束	lm	ルーメン
照 度	lx	ルクス

■ 人の健康を守るために認められる 固有の名称をもつ SI 単位

量	記号	読み方
放射能	Bq	ベクレル
質量エネルギー分与，吸収線量	Gy	グレイ
線量当量	Sv	シーベルト
酵素活性	kat	カタール

■主な単位と換算等

	量	単 位	読み方	換 算 等
時間・空間	平面角	rad	ラジアン	$1° = (\pi/180)$ rad
		° ′ ″	度，分，秒	$1' = (1/60)°$, $1'' = (1/60)'$
	立体角	sr	ステラジアン	
	長さ	m	メートル	
	面積	m²		1 ha $= 10^4$ m²
		ha	ヘクタール	
	体積，容積	m³		1 L $= 10^{-3}$ m³
		l または L	リットル	
	時間	s	秒	1 min $= 60$ s, 1 h $= 60$ min,
		min h d	分，時，日	1 d $= 24$ h
	角速度	rad/s		
	速度，速さ	m/s		
	加速度	m/s²		1 Gal（ガル）$= 1$ cm/s² $= 0.01$ m/s² 1 G（ジー）$≒ 9.8$ m/s²
周期現象	周波数，振動数	Hz	ヘルツ	
	回転速度，回転数	s⁻¹		1 rpm（回毎分）$= 1$ min⁻¹
		min⁻¹		$= (1/60)$ s⁻¹
力学	質量	kg	キログラム	1 t $= 10^3$ kg
		t	トン	
	密度	kg/m³		
	線密度	kg/m		
	力	N	ニュートン	1 kgf（重量キログラム）$≒ 9.8$ N
	力のモーメント，トルク	N·m		1 kgf·m $≒ 9.8$ N·m
	圧力	Pa	パスカル	1 kgf/m² $≒ 9.8$ Pa，1 kgf/cm² $≒ 98$ kPa 1 mmH₂O（水柱ミリメートル）$≒ 9.8$ Pa 1 mmHg（水銀柱ミリメートル） $= 1$ Torr（トル）$≒ 133.322$ Pa
		bar	バール	1 bar $= 0.1$ MPa
	応力	Pa または N/m²		1 Pa $= 1$ N/m²
	粘度	Pa·s		
	仕事，エネルギー	J	ジュール	1 kgf·m $≒ 9.8$ J
		eV	電子ボルト	1 eV $≒ 1.602 \times 10^{-19}$ J
	仕事率	W	ワット	

力学	質量流量	kg/s		
	流量	m³/s		
熱	熱力学温度	K	ケルビン	
	セルシウス温度	℃	セルシウス度，度	
	線膨張係数	K^{-1}		
	熱量	J	ジュール	1 cal（カロリー）≒ 4.2 J
	熱流	W	ワット	
	熱伝導率	W/(m·K)		1 kcal/(m·h·℃) ≒ 1.16 W/(m·K)
	熱伝達係数	W/(m²·K)		
	熱伝達抵抗	m²·K/W		
	熱容量	J/K		
	比熱，比熱容量	J/(kg·K)		1 kcal/kg·℃ ≒ 4.2 kJ/(kg·K)
	エントロピー	J/K		
	比エントロピー	J/(kg·K)		
電気・磁気	電流	A	アンペア	
	電荷，電気量	C	クーロン	
	電界の強さ	V/m		
	電圧，電位	V	ボルト	
	静電容量	F	ファラド	
	磁界の強さ	A/m		1 Oe（エルステッド）=(10³/4π) A/m
	磁束密度	T	テスラ	1 Gs（ガウス）= 10^{-4} T
	磁束	Wb	ウェーバ	1 Mx（マクスウェル）= 10^{-8} Wb
	インダクタンス	H	ヘンリー	
	電気抵抗	Ω	オーム	
	コンダクタンス	S	ジーメンス	
	抵抗率	Ω·m		
	導電率	S/m		
	電力	W	ワット	1 W = 1 J/s
	無効電力	var	バール	
	皮相電力	VA	ボルトアンペア	
	電力量	J	ジュール	1 kW·h = 3 600 kJ
		kW·h	キロワット時	
光・音・振動	波長	m	メートル	
	光度	cd	カンデラ	
	光束	lm	ルーメン	

	輝度	cd/m²		1 nt（ニト）= 1 cd/m²
光・音・振動	光束発散度	lm/m²		1 rlx（ラドルクス）= 1 lm/m²
	照度	lx	ルクス	
	色温度	K	ケルビン	
	日射量	W/m²		
	音響パワー	W	ワット	
	音圧レベル	dB	デシベル	1phon（ホン）= 1 dB
	音の強さ	W/m²		
	振動レベル	dB	デシベル	
分子物理	物質量	mol	モル	
	モル濃度	mol/m³		
電離性放射線	放射能	Bq	ベクレル	1 Ci（キュリー）= 3.7 × 10¹⁰ Bq
	吸収線量	Gy	グレイ	1 rad（ラド）= 10⁻² Gy
	照射線量	C/kg		1 R（レントゲン）= 2.58 × 10⁻⁴ C/kg
	線量当量	Sv	シーベルト	1 rem（レム）= 10⁻² Sv
その他	質量百分率	%	パーセント	体積百分率は，vol% または %
	質量千分率	‰	パーミル	体積千分率は，vol‰ または‰
	質量百万分率	ppm	parts per million	体積百万分率は，vol ppm または ppm
	質量十億分率	ppb	parts per billion	体積十億分率は，vol ppb または ppb
	水素イオン指数	pH	ピーエッチ	

■ギリシャ文字

大文字	小文字	読み方	大文字	小文字	読み方
A	α	アルファ	N	ν	ニュー
B	β	ベータ	Ξ	ξ	クシー，グザイ
Γ	γ	ガンマ	O	o	オミクロン
Δ	δ	デルタ	Π	π	パイ
E	ε	エプシロン，イプシロン	P	ρ	ロー
Z	ζ	ゼータ	Σ	σ ς	シグマ
H	η	エータ，イータ	T	τ	タウ
Θ	θ ϑ	シータ，テータ	Υ	υ	ウプシロン
I	ι	イオタ	Φ	ϕ φ	ファイ
K	κ	カッパ	X	χ	キー，カイ
Λ	λ	ラムダ	Ψ	ψ	プシー，プサイ
M	μ	ミュー	Ω	ω	オメガ

MEMO

- 本書の内容に関する質問は、オーム社ホームページの「サポート」から、「お問合せ」の「書籍に関するお問合せ」をご参照いただくか、または書状にてオーム社編集局宛にお願いします。お受けできる質問は本書の内容に限らせていただきます。なお、電話での質問にはお答えできませんので、あらかじめご了承ください。
- 万一、落丁・乱丁の場合は、送料当社負担でお取替えいたします。当社販売課宛にお送りください。
- 本書の一部の複写複製を希望される場合は、本書扉裏を参照してください。

JCOPY ＜出版者著作権管理機構 委託出版物＞

全7科目354分類　ビル管理技術者試験問題集

2022 年 4 月 20 日	第 1 版第 1 刷発行
2024 年 6 月 30 日	第 1 版第 4 刷発行

編　　者	設備と管理編集部
発 行 者	村 上 和 夫
発 行 所	株式会社 オーム社
	郵便番号　101-8460
	東京都千代田区神田錦町 3-1
	電話　03(3233)0641(代表)
	URL　https://www.ohmsha.co.jp/

© オーム社 2022

組版　アーク印刷　印刷・製本　図書印刷
ISBN978-4-274-22860-5　Printed in Japan

本書の感想募集 https://www.ohmsha.co.jp/kansou/
本書をお読みになった感想を上記サイトまでお寄せください。
お寄せいただいた方には、抽選でプレゼントを差し上げます。

完全図解 空調・給排水衛生設備の基礎知識早わかり

大浜 庄司　著
A5判208ページ
定価2,640円（本体2,400円＋税10%）

　ビル管理の現場技術者を志す人が空調設備と給排水衛生設備を初めて学ぶのに最適の書です．基本的な技術情報を細分化して1ページ1テーマ構成とし，ページの上半分には絵や図や表を，下半分には簡潔でわかりやすい解説文を配してあります．また，設備そのものだけでなく，維持管理（メンテナンス）に関する技術情報を解説した章を設けてあるので，基礎から実務に至る幅広い知識を習得できます．

完全図解 ビル電気設備の基礎知識早わかり

大浜 庄司　著
A5判196ページ
定価2,640円（本体2,400円＋税10%）

　ビルなどの建物・施設では，受変電設備はもちろんのこと，設備類のほとんどは電気を動力としていると言っても過言ではありません．そうした電気で動く設備のうち主要なものについて，誰でも容易に理解できるよう，イラストや模式図，マンガなどで「完全図解」したのが本書です．関連業界の新入社員教育や技術研修資料として，また，設備関連の資格受験を目指す人の入門参考書として最適です．

もっと詳しい情報をお届けできます．
◎書店に商品がない場合または直接ご注文の場合も右記宛にご連絡ください．➡ ホームページ https://www.ohmsha.co.jp/
TEL/FAX TEL.03-3233-0643　FAX.03-3233-3440